U0862292

珠江三角洲城市群年鉴

URBAN AGGLOMERATION IN THE PEARL RIVER DELTA YEARBOOK

2010

（创刊号）

珠江三角洲城市群年鉴编纂委员会　编

廣東省出版集團
广东人民出版社

图书在版编目（CIP）数据

珠江三角洲城市群年鉴（2010）/ 珠江三角洲城市群年鉴编纂委员会编.
—广州：广东人民出版社，2010.12
ISBN 978-7-218-06981-4

Ⅰ.①珠…　Ⅱ.①珠…　Ⅲ.珠江三角洲—城市群—年鉴—2010
Ⅳ.①Z526.5

中国版本图书馆 CIP 数据核字（2010）第 229028 号

珠江三角洲城市群年鉴（2010）
珠江三角洲城市群年鉴编纂委员会编
版权所有　翻印必究
出版人　金炳亮
责任编辑　柏　峰　陈其伟　张贤明
装帧设计　广州市秋阳文化传播有限公司
出版发行　广东人民出版社
地　　址　广州市大沙头四马路 10 号（邮政编码：510102）
电　　话　（020）83798714（总编室）
传　　真　（020）83780199
网　　址　http://www.gdpph.com
排　　版　广州市恒伟电脑制作有限公司
印　　刷　广州市恒远彩色印刷有限公司
开　　本　169 毫米×239 毫米　B5
印　　张　32.5
字　　数　85 万
插　　页　32
版　　次　2010 年 12 月第 1 版　2010 年 12 月第 1 次印刷
书　　号　ISBN 978-7-218-06981-4
定　　价　180.00 元

《珠江三角洲城市群年鉴》编辑部
地　　址：广州市启明横马路 7 号
电　　话：020-87665153　87669593
电子邮箱：zsjcsq@163.com
邮政编码：510080
传　　真：（020）87662941

如果发现印装质量问题，影响阅读，请与出版社（020-83795749）联系调换

序

汪 洋

珠江三角洲地区（包括广州、深圳、珠海、佛山、江门、东莞、中山、惠州、肇庆等九市）是改革开放的先行地区和前沿阵地，在我省乃至全国改革发展大局中具有特殊的战略地位。改革开放以来，珠三角地区产业和人口高度聚集，初步形成了连片的城市群，经济社会发展实现了历史性跨越，现已成为中国经济发展的重要引擎和经济最发达的地区之一，肩负着辐射和带动粤东、西、北乃至泛珠三角地区发展，促进区域协调的重任。

晴空一鹤排云上，便引诗情到碧霄。2008年底，国务院颁布实施《珠江三角洲地区改革发展规划纲要（2008～2020年）》（以下简称《规划纲要》），这为珠三角地区深化改革和加快发展进一步指明了方向，注入了强大动力。两年来，我省把贯彻实施《规划纲要》作为全省工作的中心任务全力推进，珠三角地区在应对国际金融危机冲击的过程中，经济保持了平稳较快发展，结构调整迈出了实质性步伐，区域一体化进程加快，与港澳合作再上新台阶，改革攻坚取得新进展，城乡人居环境明显改善，人民生活水平日益提高，总体上实现了"一年开好局"的工作目标，为"四年大发展"奠定了坚实基础。特别是珠三角地区城市群融合发展全面提速，经济一体化进程明显加快，广佛肇、深莞惠、珠中江三大经济圈建设成效初显，经济社会发展成效显著。2009年，面积不到广东省国土面积14%的珠三角地区实现地区生产总值32147.00亿元，同比增长9.4%，占全省经济总量的比重达79.45%；全社会固定资产投资9603.55亿元，同比增长18.0%，占全省全社会固定资产投资总量的71.92%；地方财政一般预算收入2522.29亿元，同比增长12.20%，占全省地方财政一般预算总量的69.10%；研发经费投入强度达 1.81%,同比提高 0.21 个百分点；城镇化水平达 80.19%，同比提高 0.2 个百分点。迅速崛起的珠三角城市群，在为全省、全国的经济发展作出了重要贡献的同时，也为全国城市群的改革发展探索了道路，提供了新鲜经验和启示。

潮平两岸阔，风正一帆悬。随着世界经济区域一体化发展，城市群已成为未来国际竞争的主体。展望不远的将来，随着 CEPA 和粤港澳经济一体化的加快推进，包括香港、澳门特别行政区在内的“大珠三角城市群”呼之欲出。这个庞大的城市群将是一个具有“一国两制、人文相通，资源共享、优势互补，共兴共荣、具有较强集聚力和辐射力”特征的世界级城市群，在我国乃至世界经济发展中扮演重要角色。希望珠三角各市深入贯彻落实科学发展观，继续解放思想，坚持改革开放，紧紧抓住“科学发展，先行先试”这一灵魂和精髓，认真贯彻《规划纲要》各项工作，加快转变经济发展方式，着力推进产业转型升级，着力提高自主创新能力，着力统筹城乡区域发展，着力加强节能减排和环境保护，着力提高城市化水平，着力促进社会事业发展，着力保障和改善民生，为我省努力当好推动科学发展、促进社会和谐的排头兵作出新贡献、创造新辉煌。

现实是流动的历史，历史是凝固的现实。对珠三角城市群的改革发展变化，及时全面、真实准确地加以记载、深入研究，揭示其发展规律，是广大地方志工作者的重要职责。从这个意义上讲，《珠江三角洲城市群年鉴》这部概述民生百业、纵览沧海桑田的综合性区域年鉴，在科学发展的大潮中应运而生，是我们总结和借鉴过去，展望和把握未来的重要文献。希望这部年鉴的出版，能够为读者全面了解珠三角地区提供有价值的资料，为国家制定加快城市群改革发展政策提供参考，为各级党委和政府推进城市群建设提供有益的借鉴。

是为序。

2010 年 12 月 6 日

编辑说明

1.《珠江三角洲城市群年鉴》是广州、深圳、珠海、佛山、江门、东莞、中山、惠州、肇庆9城市合作组织编纂的年度资料性文献，重点反映珠江三角洲城市群落实《珠江三角洲地区改革发展规划纲要（2008~2020年)》的基本情况和一体化发展进程。

2.《珠江三角洲城市群年鉴》每年出版一卷，以出版年号为卷次名称，内容主要记述上一年度的基本资料。2010年卷为创刊号。

3.全书的框架结构分成三大部分。第一部分是地区综述，设“基本情况”、“大事记”、“区域协调”、“合作交流”4个篇目；第二部分是各市概况，设“广州市”、“深圳市”、“珠海市”、“佛山市”、“江门市”、“东莞市”、“中山市”、“惠州市”、“肇庆市”9个篇目；第三部分是附录，设“统计资料”、“珠三角发展研究论文摘要”、“文献法规”3个篇目。各篇目下设分目、条目。条目是全书内容记述的主体，标题统一用黑体加【 】表示，个别包含多方面资料的条目在段落间加插楷体标题提示。

4.全书前有目录，后有索引，方便读者查阅，并随书附送包含全部内容的数据光盘。

5.为进一步增加信息量，增强可读性，2010年卷设有彩色图片专辑，图文并茂地反映各市日新月异的建设风貌和上年的大事、要事。

6.全书所载录的内容和数据，部分由各市政府地方志办公室或地方综合年鉴机构组织提供，部分由编辑部采集编写。文中如有数据与“统计资料”篇目的数据有出入，以广东省统计局提供的“统计资料”篇目为准。

珠江三角洲城市群年鉴编纂委员会

主　　任　张广宁

副 主 任　陈　强　甘　新　张骁儒　陈洪辉　王　玲
　　　　　李　崴　吴道闻　郝一峰　谢　端　李　天

委　　员　王林生　黄　玲　周蔚茹　卢　卫　李文照
　　　　　潘朝明　冯荣球　张世开　叶可道　莫秀吉

《珠江三角洲城市群年鉴》编辑部

主　　编　王林生

副 主 编　胡巧利　谭惠全

责任编辑　何文倩　周慧琴　蔡沛泉

《珠江三角洲城市群年鉴》各市编辑组

（按姓氏笔划为序）

马观钟　王晓杰　韦相伍　冯　军　冯荣球　卢　卫　叶可道　邝晓宁
仲诗文　刘　耀　刘念宇　刘燕玲　阳晓儒　何志玲　吴小明　吴小荃
张　缇　张世开　张世昱　张冠强　张德全　李　娜　李　钢　李丹红
李文照　李怡冰　沈晓娟　邱海权　邵昭菲　陈　绍　陈伟雄　陈惟财
麦燕云　周智锋　周蔚茹　巫晓云　金行中　胡晓静　郝红英　钟考祥
钟景业　唐广祥　袁　菁　钱锦嫦　高小兵　高小英　崔志远　傅茶生
曾艳娜　赖建民　蔡美薇　谭永多　潘朝明　黎艳玲

目 录

地区综述

■ 基本情况

■ 合作交流

各市概况

■ 广州市

■ 珠海市

■ 中山市

■ 惠州市

■ 肇庆市

附录

珠江三角洲 数字2009

土地面积:54733 平方公里

年末常住人口:4786.24 万人

城镇人口:3822.23 万人

年末从业人员:3261.00 万人

地区生产总值:32147 亿元

第一产业:723.62 亿元

第二产业:15427.46 亿元

工业:14518.51 亿元

第三产业:15995.92 亿元

人均生产总值:67407 元

地区生产总值占全省比重:79.4%

公路通车里程:54261 公里

邮电业务总量:2983.47 亿元

本地电话年末用户:2400.25 万户

移动电话年末用户:6867.61 万户

全社会固定资产投资额:9603.55 亿元

房地产开发投资:2583.17 亿元

社会消费品零售总额:10834.73 亿元

出口总额:3417.77 亿美元

进口总额:2430.46 亿美元

实际外商直接投资额:175.08 亿美元

地方财政一般预算收入:2522.29 亿元

地方财政一般预算支出:2882.33 亿元

城乡居民储蓄存款余额:25168.89 亿元

中外资金融机构本外币存款:60618.78 亿元

中外资金融机构本外币贷款:40608.44 亿元

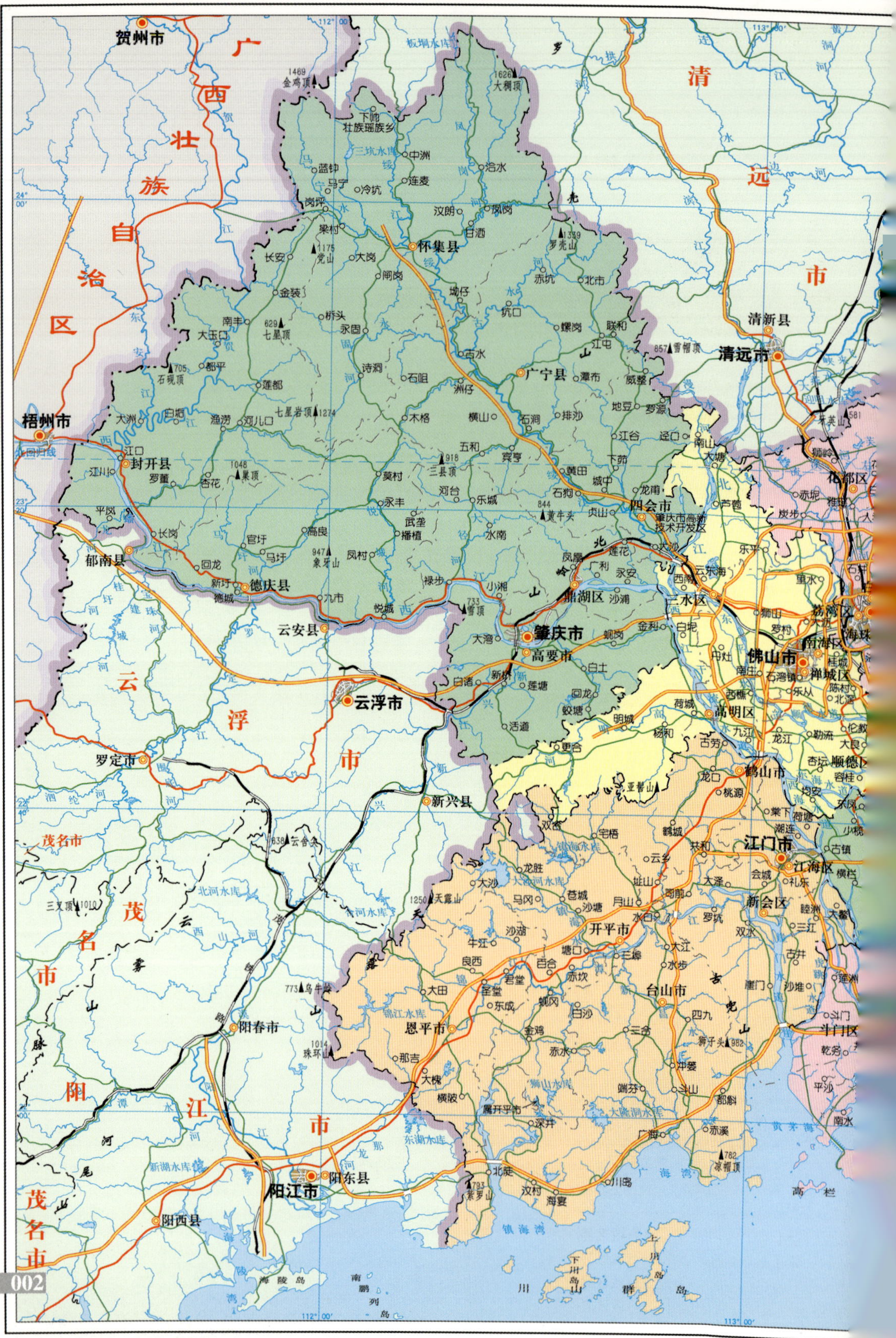

广东省地图院 编制 审图号：粤S（2010）078号

珠江三角洲地区地图

参考比例尺 1：1 420 000

珠江三角洲地区在广东省的位置示意图

注：本图界线不作权属争议依据。

1. 2008 年 11 月 15 日中共中央政治局常委、国务院总理温家宝视察佛山高新科技企业。

2. 2009 年 11 月 20 日，中共中央政治局常委李长春在东莞考察。

1 3

2 4

3. 2009 年 11 月 9～14 日，世界城市和地方政府联合组织世界理事会会议暨广州国际友城大会在广州召开。中共中央政治局常委、国家副主席习近平出席开幕式并发表重要演讲。

4. 2009 年 12 月 15 日，中共中央政治局常委、国务院副总理李克强到格兰仕中山家用电器生产基地考察。

1. 2009 年 10 月 21 日，中共中央政治局委员、广东省委书记汪洋，省委常委、组织部长胡泽君，省委常委、秘书长徐少华到肇庆四会市贞山街道独岗村委会大坑一村考察。

2. 2009 年 10 月 14 日，广州、佛山两市环保局首次联合举行“广佛突发环境事件应急监测演习”。

1 3

2 4 5

3. 2009年12月1日，广佛肇经济圈第一次市长联席会议在广州召开。

4. 2009年6月17日，广佛肇三市政府签订《广佛肇经济圈建设合作框架协议》。

5. 2009年3月9日，广州市市长张广宁和佛山市市长陈云贤分别代表两地政府签订《广州市、佛山市同城化建设合作框架协议》。

1 4
2 3 5

1. 2009 年 12 月 28 日，广州市轨道交通五号线开通。中共广东省委常委、广州市委书记朱小丹，广州市市长张广宁等出席开通仪式。

2. 2009 年 2 月 23 日，广州市西江引水工程（佛山段）用地暨原水输送服务合作项目在南海签约。广佛两市领导林元和、苏泽群、李贻伟、邓伟根等主持签字仪式。

3. 2009 年 8 月 12 日，广佛同城化城市管理领域合作协议正式签署。

4. 2009年3月24日，中共广州市委常委、广州开发区管委会主任薛晓峰与新加坡吉宝集团有限公司董事长林子安签署《关于合作建设"知识城"项目备忘录》。

5. 2009年9月27日，由广州市人民政府主办的"新一轮《广州城市总体发展战略规划》专家研讨会"在广州市鸣泉居举行。

1. 2009 年 6 月 29 日，“和声飞扬——广佛合唱艺术之旅”启动仪式暨“百歌颂中华”歌咏活动合唱初赛，在佛山琼花剧院举行。

2. 2009 年 7 月 13 日，中国科学院副院长施尔畏和佛山市市长陈云贤分别代表中国科学院和佛山市政府签署共建“中国科学院佛山产业技术创新与育成中心”协议。

3. 2009 年 6 月 30 日，佛山（国际）现代服务业暨第六届佛山（国际）物流合作洽谈会在佛山皇冠假日酒店举行。

深莞惠

4

5

6

4. 2009年4月27日，香港周大福集团总部大厦奠基典礼暨合作协议签约仪式在深圳市盐田区举行。

5. 2009年11月16~21日，第十一届中国国际高新技术成果交易会在深圳会展中心举行。

6. 2009年11月12日，第三届中国（深圳）国际游艇及设备展览会在深圳大梅沙开幕。

1 3 4 2 5

1. 2009 年 1 月 17 日，中共中央政治局委员、广东省委书记汪洋在东莞清溪镇听取关于国家可持续发展实验区建设情况的汇报。

2. 2009 年 2 月 27 日，深圳、惠州、东莞三市签署《推进珠江口东岸地区紧密合作框架协议》。

3. 2009年5月8日，东莞至惠州城际轨道交通项目开工仪式在东莞常平镇举行。中共广东省委副书记、省长黄华华出席仪式并讲话。

4. 2009年5月16日，深莞惠三市第二次联席会议在东莞市召开。

5. 2009年3月19日，中共广东省委副书记、深圳市委书记刘玉浦在深圳虚拟大学园参加《香港中文大学与深圳市政府全面合作备忘录》签署仪式及深圳产学基地奠基典礼。

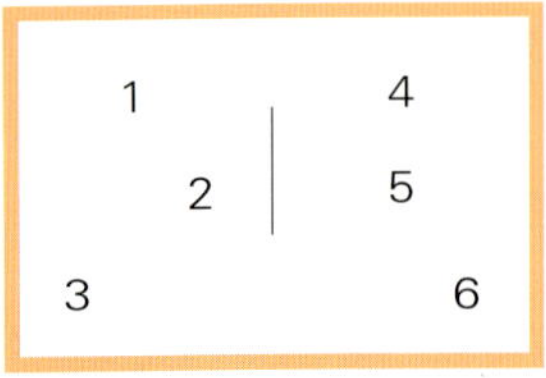

1. 2009年1月20日，东莞市举行迎接“全国文明城市”牌匾仪式。

2. 2009年9月28日，东莞市举行重点工程竣工暨动工典礼，包括东莞职业技术学院、市人民医院新院等8项工程竣工，东莞篮球中心等19项工程动工。工程总投资360多亿元。图为东江大桥通车仪式。

3. 2009年11月18日，东莞市援建四川汶川县映秀镇工作小组在援建项目现场办公。

4. 2009年11月20日，第四届惠州国际温泉旅游节在南昆山开幕，国际休闲产业协会主席王军、广东省副省长万庆良出席开幕仪式。

5. 2009年6月17日，珠江三角洲地区人才工作联盟在深圳签约。

6. 2009年5月1日，粤(深)港外贸内销商品展销会暨2009深圳购物节开幕。

1 3
2
4 5

1. 2009 年 4 月 1 日，中共中央政治局委员、广东省委书记汪洋，广东省省长黄华华在中山市南头镇松德机械制造有限公司考察。

2. 2009 年 4 月 17 日，珠海、中山、江门三市市长举行首届珠中江区域紧密合作工作会议。

3. 2009 年 11 月 10 日，珠海、中山、江门三市召开珠中江区域紧密合作第二次联席会议。

4. 2009 年 6 月 15 日，《珠中江气象服务应急联动工作方案》在珠海正式签署。

5. 2009 年 6 月 5 日，珠中江三市警方签署《珠海、中山、江门三市警务合作协议》。

1 3 4 2 5

1. 2009 年 5 月 27 日，珠中江报业联盟成立。三家地市报社社长签署《珠中江报业联盟备忘录》。

2. 2009 年 9 月 8 日，珠海、中山、江门三市中级人民法院共同签署《区域执行紧密协作框架协议》。

3. 2009年11月12日，首届“中山杯”华侨文学奖颁奖典礼在中山市文化艺术中心举行。

4. 2009年4月20～24日，全国龙狮精英赛暨第四届龙狮锦标赛选拔赛在中山举行，在闭幕式上，国家体育总局授予中山市“中国龙狮运动之乡”称号。

5. 2009年12月29日，广东省重点项目——中山保税物流中心通过海关总署、财政部、国家税务总局和国家外汇管理局的联合验收。

1. 2009年2月10日，江门鹤山市鹤南西江大桥（G325复线工程）项目投资签约。

2. 2009年12月28日，合作建设江番及江珠北延线高速公路项目签字仪式在江门举行。

基本情况

基本情况

珠江三角洲概况

【自然地理】　珠江三角洲位于广东省中南部，北纬22°02′~23°18′、东经112°35′~113°57′之间，地处北回归线以南，是我国南亚热带最大的冲积平原。

珠江三角洲旧称粤江平原，东起东江石龙，西起西江羚羊峡，北起北江芦苞，南至南海沿岸，呈倒三角形，面积约1万多平方公里。珠江三角洲是由西江、北江、东江以及增江、流溪河、高明河、潭江等在溺谷湾内合力冲积而成的复合三角洲，以珠江干流的黄埔至虎门河段为界，西部的西、北江三角洲为珠江三角洲的主体部分，占珠江三角洲总面积的93.4%，东部的东江三角洲面积较小，占珠江三角洲总面积的6.6%。

珠江三角洲基底为古生界变质岩系。燕山运动和喜马拉雅山运动形成的NE向、MW向、EW向断裂，围限成珠江三角洲中、新生代构造盆地，与周围的龙归盆地、三水盆地、潭江盆地、东莞盆地，合成广义的珠江三角洲盆地。盆地内堆积白垩系和第三系陆相碎屑岩、火山碎屑岩、细粒层凝灰岩等；第四系盖层为中更新统河床相沙砾层，晚更新统河流相、河口湾—三角洲相碎屑沉积及其风化壳等，平均厚度约30米，由陆向海增加。

珠江三角洲地势低平，可分为4个地貌类型：中部、北部高围田、高沙田（高平原），海拔0.5~0.9米，年代较老，围垦较早，占总面积的51.2%；南部近海的中沙田、低沙田（低平原），海拔0.2~0.7米，为近期围垦的平原，占总面积的25.0%；西北的塱田（积水地），海拔0.4~0.7米，占总面积的6.6%；人工地貌桑基鱼塘及蔗基鱼塘（基水地），分布在顺德及其附近，占总面积17.2%。平原上散布160多个海拔300~500米的岛丘，多为三角洲沉积前古海湾中的岛屿，如五桂山、西樵山、莲花山等。

珠江三角洲河网发育，主要水道共105条，长1738公里（其中西、北江三角洲内1600公里，东江三角洲内138公里），河网密度为0.81~0.88公里/平方公里，宽深比1.8~11.5，曲折系数1.03~1.46，属深窄且微弯曲型河流，冲刷能力强，处潮流界内，具河海交互作用。珠江水量大、含沙量小，多年平均径流量3412亿立方米，各支流进入珠江三角洲后，62.5%的水量和50.9%的沙量经东四口门（虎门、蕉门、洪奇沥、横门）流入伶仃洋，37.5%的水量和49.1%的沙量经西四口门（磨刀门、鸡啼门、虎跳门、崖门）流入黄茅海。珠江三角洲平均每年接纳泥沙8336万吨，其中约20%沉积在三角洲内，80%淤积在八大口门之外的海域中。

珠江三角洲属南亚热带湿润季风气候，终年高温，降水丰沛，水热季节配合好。年日照时数为1900~2000小时，年平均气温21~22℃，最热月平均气温28.2℃，最冷月平均气温12.5~12.7℃，极端最低气温-1.3℃（中山市沙朗，1955年），全年实际有霜日期在3天以下。年降水量1600~2000毫米，降水以夏季最多，春季次之，秋冬季最少，每年4~9月为雨季，降水量约占全年的80%左右，降水年变化呈双峰型，最高峰在6月，次高峰在8月。各大支流汛期错开，但夏秋多台风，洪涝威胁大。

珠江三角洲地带性植被为南亚热带常绿阔叶季雨林，种类组成以热带科为主，主要有桑科、大戟科、桃金娘科、樟科、金缕梅科、山茶科、壳斗科、茜草科、蝶开花科、苏木科、芸香科、梧桐科、杜英科、紫金牛科、冬青科、棕榈科和山矾科等。受人类干扰，自然植被少，局部村边保留榕树、红鳞蒲桃、鸭脚木、越南山龙眼组成的半常绿季雨林，丘陵地主要分布马尾松、岗松、桃金娘和鹧鸪草组成的疏林。

珠江三角洲的土壤主要有水稻土、堆叠土、赤红壤等。在南亚热带湿润季风气候和生物因子的长期作用下，红色风化壳深厚，土壤呈酸性，缺乏盐基物质，富铝化作用明显。水稻土成土母质以三角洲沉积物为主，土层深厚肥沃。堆叠土是在三角洲沉积物上由塘泥堆叠而成。赤红壤分布于孤山、丘陵地带，成土母岩为花岗岩、砂页岩、红色岩系等，表土层薄，磷钾缺乏，呈强酸性反应。

【资源物产】 珠江三角洲的土地资源类型多样。据统计，珠三角平原区共有土地资源546.76万公顷，其中农用地425.89万公顷，占总面积的77.89%，建设用地82.65万公顷，占总面积的15.12%，未利用地38.22万公顷，占总面积的6.99%。在农用地中，林地275.64万公顷，耕地78.28万公顷，园地30.35万公顷，牧草地0.32万公顷，其他农用地41.3万公顷。建设用地中，居民及工矿用地69.47万公顷，交通与水利设施用地13.18万公顷。珠江三角洲需节约集约地用好每一寸土地，大力提高土地资源的生态、经济、社会效益。

珠江三角洲水资源丰富。2008年，珠江三角洲年降水总量1219.68亿立方米，水资源总量713.06亿立方米，地表水资源量708.93亿立方米，地下水资源量154.6亿立方米，地表与地下水资源不重复量4.13亿立方米，供水总量246.31亿立方米，用水总量193.60亿立方米。珠江三角洲有保护区9个，源头水保护区河段6个，中华白海豚自然保护区1个，水库保护区2个（流溪河水库、深圳水库保护区）；保留区7个，其中3个为水库保留区；开发利用区153个，其中水库开发利用区78个，湖泊开发利用区2个，河涌开发利用区5个，三角洲河流开发利用程度比较高。

珠江三角洲共有矿床140个，矿产种类46种，其中大型矿床23处、中型矿床64处、小型矿床53处。主要矿产有金、银、铌、钽、水泥用灰岩、建筑用石料、石膏、盐矿、矿泉水、地下热水等。非金属矿产资源为珠江三角洲的优势矿产资源，共矿床53处，主要有高岭土、石灰岩、膨润土、硅质原料、石膏、萤石、大理岩与砂石等。珠江三角洲的能源矿床共39处，以泥炭最多，其次是地热水、矿泉水和煤。珠江三角洲金属矿床48处，主要有铷、褐铱铌矿、独居石等。可适度开发金、银、石膏、盐矿等对区内经济价值高、资源条件较好、具大中型矿床规模的短缺矿种以及对环境影响小的地下热水、矿泉水等。

珠江三角洲常见植物有500多种，分属130多科373属，其中纯热带属占42%，泛热带性属占11%。常见乔木有榕树、蒲桃、胭脂木、红锥、中华锥、厚壳桂、黄桐、假苹婆、香樟、山乌桕、谷木、猴耳环、橄榄等。主要灌木有九节、栀子、毛果算盘子、细叶五月茶、箬竹、罗伞树、车轮梅、红背山麻秆等。草本植物有扇形铁线蕨、沙皮蕨、狗脊、淡竹叶、莨草、弓果黍、山姜、乌毛蕨等。藤本植物有瓜馥木、小叶买麻藤、爬崖藤等。珠江三角洲动物以热带性广布种为主，食肉动物极少，代表性动物有树蛙科、蜥蜴科、山鹧鸪等。利用丰富的农业生物资源，珠江三角洲已发展成为我国重要的粮食、蔗糖、桑蚕、塘鱼、水果、花卉、蔬菜、家禽生产和出口基地。

珠江三角洲的海洋资源优势主要在于港口资源、旅游资源和滩涂资源。大陆海岸线长715.3公里，包括伶仃洋、磨刀门、广海—镇海湾三个岸段。大型港口区有大亚湾、荃湾、马鞭洲、秤头角、盐田、蛇口—大铲湾、沙田、沙角、黄埔、新沙、南沙、桂山、高栏、台山等。沿海主要港口与码头货物年吞吐量约8亿吨、国际标准集装箱吞吐量3000多万标准箱。2009年，广州港货物吞吐量3.64亿吨，居全国第4位，装箱吞吐量超过1120万标准箱，居全国第3位。已建设品清湖、莲花山、情侣路、横琴岛、崖门炮台、宝安等重点风景旅游区。珠江三角洲每年海产品产量约70万吨，重要渔港有新湾、新垦、莲花山、崖门、沙堤等，重点养殖区有考洲洋、范和港、大亚湾、长沙湾、北山、横琴岛南部、赤溪东部、广海湾等。

【历史沿革】 自然地理学中的珠江三角洲，一般是指西江羚羊峡以下、北江芦苞以下、东江石龙以下、流溪河江村以下、潭江开平以下的珠江平原（包括部分丘陵台地），陆地面积约1万多平方公里，称为“小珠江三角洲”。也有学者将肇庆盆地、清远盆地、惠阳盆地、广花平原、潭江盆地划入，称为“大珠江三角洲”。

1985年1月，国务院提出把珠江三角洲开辟为沿海开放区，先“小三角”，后“大三角”，分步骤、有计划地安排。小三角经济开放区包括佛山、江门、中山、东莞4市和番禺、增城、南海、顺德、高明、新会、开平、恩平、台山、鹤山、宝安、斗门12县。1986年，广东省又将三水县划入。小三角经济开放区陆地面积2.28万平方公里。

1987年12月，为进一步扩大对外开放、加强对外经济技术交流与合作，经国务院同意，广东省决定将珠江三角洲经济开放区的范围由“小三角”扩大为“大三角”，纳入花县、从化、高要、四会、广宁、惠阳、惠东、博罗8县。这样，大三角经济开放区共7市21县，陆地面积4.26万平方公里。

1994年10月8日，广东省委在七届三次全会上提出设立珠江三角洲经济区。珠江三角洲经济区包括广州、深圳、珠海、佛山、江门、中山、东莞7市，惠州的惠城、惠阳、惠东、博罗，肇庆的端州、鼎湖2区和高要、四会2县级市，陆地面积4.169万平方公里。后来，珠三角经济区的范围被调整扩大为广州、深圳、佛山、珠海、东莞、中山、惠州、江门、肇庆9市，陆地面积4.52万平方公里。

2003年7月，广东省委首先正式提出“泛珠三角”的概念。2004年6月，首届“泛珠三角区域合作与发展论坛”召开，“泛珠三角”11省区政府领导共同签署《泛珠三角区域合作框架协议》。“泛珠三角”包括珠江流域地域相邻、经贸关系密切的福建、江西、广西、海南、湖南、四川、云南、贵州和广东9省区，以及香港、澳门2个特别行政区，简称“9+2”。“泛珠三角”陆地面积200.6万平方公里。

2008年12月，国家发展和改革委员会发布《珠江三角洲地区改革发展规划纲要（2008~2020年）》，规划范围以广东省的广州、深圳、珠海、佛山、江门、东莞、中山、惠州和肇庆市为主体，辐射泛珠江三角洲区域，并纳入与港澳紧密合作的相关内容。

2009年6月，广东省政府发布《关于加快推进珠江三角洲区域经济一体化的指导意见》。明确提出以交通一体化为先导，以广州、佛山同城化为示范，省市联手推进基础设施、产业发展、环保生态、城市规划、公共服务一体化，到2012年，在珠三角基本实现基础设施一体化，初步实现经济一体化；到2020年，在珠三角实现区域经济一体化和基本公共服务均等化。

【行政区域】 珠江三角洲地区包括珠江沿岸的广州、深圳、珠海、佛山、江门、东莞、中山、惠州和肇庆9个地级市，下辖31个市辖区、8个县级市、7个县，共有263个街道办事处、2个民族乡，土地总面积5.47万平方公里。

【人口】 珠江三角洲人口数量多、密度大，城镇人口比重大，外来人口多，文化教育基础较好。据统计，珠江三角洲地区2009年年末常住人口4786.24万人，户籍人口2967.02万人。人口密度为1059人/平方公里，是广东省平均人口密度的2倍多，其中深圳市人口密度高达4563人/平方公里。户籍人口中，非农业人口2114.83万人，占71.28%，农业人口848.74万人，占28.72%。按受教育程度分，小学占

珠江三角洲行政区划数（2009 年）

单位：个

城市	地级市	县级市	县	市辖区	市辖镇	乡	#民族乡	街道
广州	1	2		10	34			131
深圳	1			6				57
珠海	1			3	15			8
佛山	1			5	21			12
惠州	1		3	2	52	1	1	16
东莞	1			0	28			4
中山	1			0	18			6
江门	1	4		3	62			17
肇庆	1	2	4	2	95	1	1	12
总计	9	8	7	31	325	2	2	263

珠江三角洲行政区划设置（2009 年）

城市	所辖市、县（区）
广州	越秀区 荔湾区 海珠区 天河区 白云区 黄埔区 番禺区 花都区 南沙区 萝岗区 增城市 从化市
深圳	福田区 罗湖区 南山区 宝安区 龙岗区 盐田区
珠海	香洲区 斗门区 金湾区
佛山	禅城区 南海区 顺德区 三水区 高明区
惠州	惠城区 惠阳区 博罗县 惠东县 龙门县
东莞	
中山	
江门	江海区 蓬江区 新会区 台山市 开平市 鹤山市 恩平市
肇庆	端州区 鼎湖区 高要市 四会市 广宁县 怀集县 封开县 德庆县

26.1%，初中占 49.0%，高中占 19.0%，大专以上占 5.9%。每 10 万人口中拥有大专以上人数，以广州、深圳、珠海最多，均在 7500 人以上。由于劳动力不足，每年吸引大量青壮年劳动力前来就业。

【民族】 珠江三角洲的居民以汉族为主，汉族人口比重超过 98.2%，少数民族人口不到 1.8%。主要的少数民族有壮、回、满、瑶、苗、黎、畲等。珠江三角洲古为百越族居地，土著民族大部分已被汉化，一部分发展成壮、瑶、畲等少数民族。如今，珠江三角洲的少数民族多分布在城市。据抽样统计，2005 年广东省少数民族人口 164 万，户籍人口近一半，其中 1/3 分布在 3 个民族自治县和 7 个民族乡，1/6 居住在城市，1/2 散居在 50 多个市、县；外来少数民族常住人口占一半多，主要分布在广州、深圳、佛山、东莞、江门、中山、惠州等珠江三角洲城市。珠江三角洲有 2 个民族乡，分别为怀集县下帅壮族瑶族乡、龙门县蓝田瑶族乡。蓝田瑶族乡是广东省最大的少数民族乡，有瑶族居民近万人。

【语言】 珠江三角洲居民主要使用粤方言，俗称白话、广东话，属汉藏语系汉语族的声调语言。粤方言可分为：粤海片，也称广府片，以广州为代表，在粤语中影响最大；四邑片，以台山为代表；莞宝片，通行于东莞及宝安，以莞城为代表；香山片，通行于中山、珠海（斗门除外），以石岐为代表。各片小有差别，其中四邑片与粤海片差异最大。珠江三角洲客家方言主要分布在花都、东莞、惠东、惠阳、龙岗、中山五桂山等地。珠江三角洲外来打工者一般使用普通话。由于普通话为学校教学语言，大部分珠江三角洲居民均能听懂交流。壮族、瑶族聚居区使用壮语、瑶语等本民族语言，增城、博罗的畲族使用山瑶话。

【地域文化】 珠江三角洲是广府文化核心区，历史悠久，市场经济发达，文化水平较高，地域文化独具特色。一方面，珠江三角洲的居民传承了南越人的土著风俗，如善水、使用舟楫、嗜食水产、尚鬼敬神等；另一方面，又博采中原文化、港澳文化、西方文化等外来文化之长，形成了商品意识重、不拘泥历史、敢于冒险开拓、善于接受新鲜事物等特点。珠江三角洲的农业文化、饮食文化、乐俗文化等在国内外影响深远。

珠江三角洲的农业文化起源很早。岭南是亚洲栽培稻的起源地之一，发现的原始人工栽培稻谷壳化石距今已 1.2 万年。种植水稻是南越土著的重要文化特征。“饭之美者，玄山之禾，不周之粟阳山之穄南海之秬”，其中的“秬”指的就是水稻，稻米为南越人主要的食物来源。宋代大量汉人南迁，带来先进的生产工具和技术，水田增多，一年三熟制形成，水稻得到大面积推广。明清时期，河流下游和海滩大量被围垦，耕作制度与技术提高，稻作文化模式基本定型。珠江三角洲成为专业性生产的经济作物集中种植区，顺德、南海、中山、番禺等地的基塘农业驰名于世。珠江三角洲的水稻耕作、经济作物耕作和生态农业等农业文化十分发达，并通过农产品和技术输出辐射海内外。

珠江三角洲食物资源种类丰富且四时不绝，岭南人利用蛇、狗、鼠、虫等各种食物资源，经过长期的交流与发展，形成了杂食、饮茶、食粥等具有岭南特色的饮食风俗。粤菜是我国的四大菜系之一，以其特有的菜式和韵味，在国内外享有很高的声誉。粤菜烹饪“集技术于南北，贯通于中西，共冶于一炉”。粤菜汇集广东各地优秀的民间美食，吸取我国各大菜系之精华，借鉴西方食谱之所长，其用料广博、选料精细、技艺精良、善于变化、品种多样。烹调方法以炒、煎、焖、炸、煲、炖、扣等见长，讲究火候，制出的菜肴注重色、香、味、形。口味上以清、鲜、嫩、脆为主，讲究清而不淡，鲜而不俗，嫩而不生，油而不腻。

岭南的乐俗文化源远流长。铜鼓文化是百越文化的重要特征之一，铜鼓音乐广泛用于作战、祭祀、婚丧等仪式，1983 年考古人员在广州西汉南越王墓发掘了编钟、编磬等大型乐器，古越人铜鼓音乐之发达可见一斑。流行于珠江三角洲的民间歌谣有咸水歌、客家山歌、竹枝词等，民间舞蹈有佛山醒狮、中山醉龙舞、增城火狗舞等。粤剧是珠江三角洲代表性地方戏曲之一，它利用本地民间曲调，吸取弋阳腔、昆山腔、秦腔、徽班等戏曲的优点，逐渐发展而成。2009 年 9 月，粤剧被列入人类非物质文化遗产名录。

珠江三角洲代表性的文化景观有开平碉楼与村落，它将外国不同时期、不同风格的建筑艺术移植到珠江三角洲乡村，是华侨文化的杰出代表，2007 年 6 月被列入世界文化遗产名录。

【城市化发展水平】 改革开放以来，珠江三角洲工业化发展迅速，工业体系逐步完善，产业结构不断优化，竞争能力日益增强。珠江三角洲已成为以电子、电气为主导，汽车、石化等重化工业为依托的世界制造业中心之一。工业化的高速发展加快了城市化的进程。鲜明的政府主导与地区自发增长相结合，珠江三角洲涌现出“以下促上，遍地开花”的东莞模式、“以上带下、一镇

珠江三角洲城乡建设用地拓展图

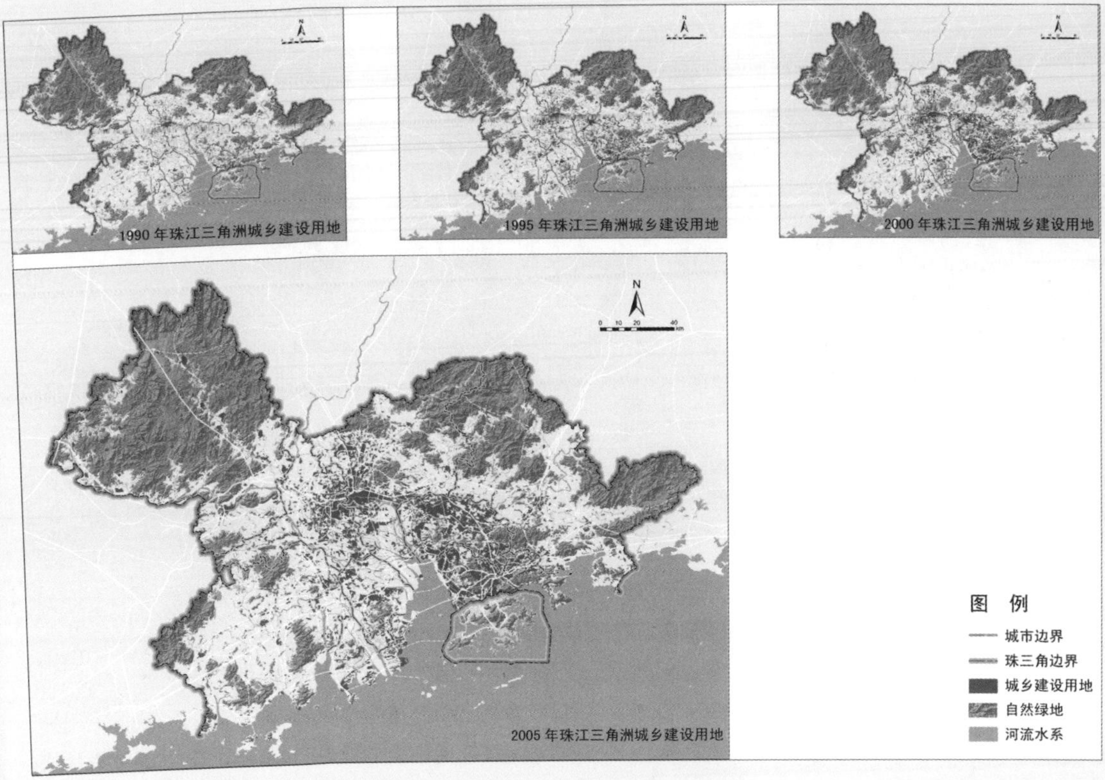

一品”的中山模式、“中间突破，带动两头”的顺德模式、“六轮齐转，各显神通”的南海模式等城市化发展模式。

城市拓展和乡村城市化的双向作用，推动了城乡一体化发展格局的形成。随着区域经济社会的快速发展，珠江三角洲城市规模增大、城市数量增加，形成了大中小城镇相结合、多层次的城镇体系，城市空间结构和布局也发生了根本性的改变。改革开放以前，广州市与周边地区城市之间属于核心—边缘结构；改革开放以来，深圳逐步发展成为又一个中心城市，珠海、佛山、中山、东莞、江门、肇庆等也发展成为中等城市，形成了以广州、深圳为“双核”的珠江三角洲城市群。近年来，珠江三角洲城市群区域性基础设施和城镇基础设施逐步完备，城市生活质量和投资环境也明显提高，已发展成一个城乡一体、类型完备的多层次城镇体系，双核模式正逐渐向网络化模式演化。

改革开放以来，珠江三角洲地区已逐步发展成为我国城镇化水平最高、开发建设强度最大的城镇密集地区之一。据统计，2008 年，珠江三

珠江三角洲城市规模结构（2009 年）

户籍非农业人口数	个数	城市
500 万人以上	1 个	广州
200 万–500 万人	2 个	深圳、佛山
100 万–200 万人	3 个	珠海、惠州、江门
50 万–100 万人	3 个	东莞、中山、肇庆
20 万–50 万人	5 个	从化、增城、惠东、开平、台山
10 万–20 万人	6 个	博罗、龙门、鹤山、恩平、高要、怀集
10 万以下	3 个	广宁、德庆、封开

珠江三角洲一体化空间结构图

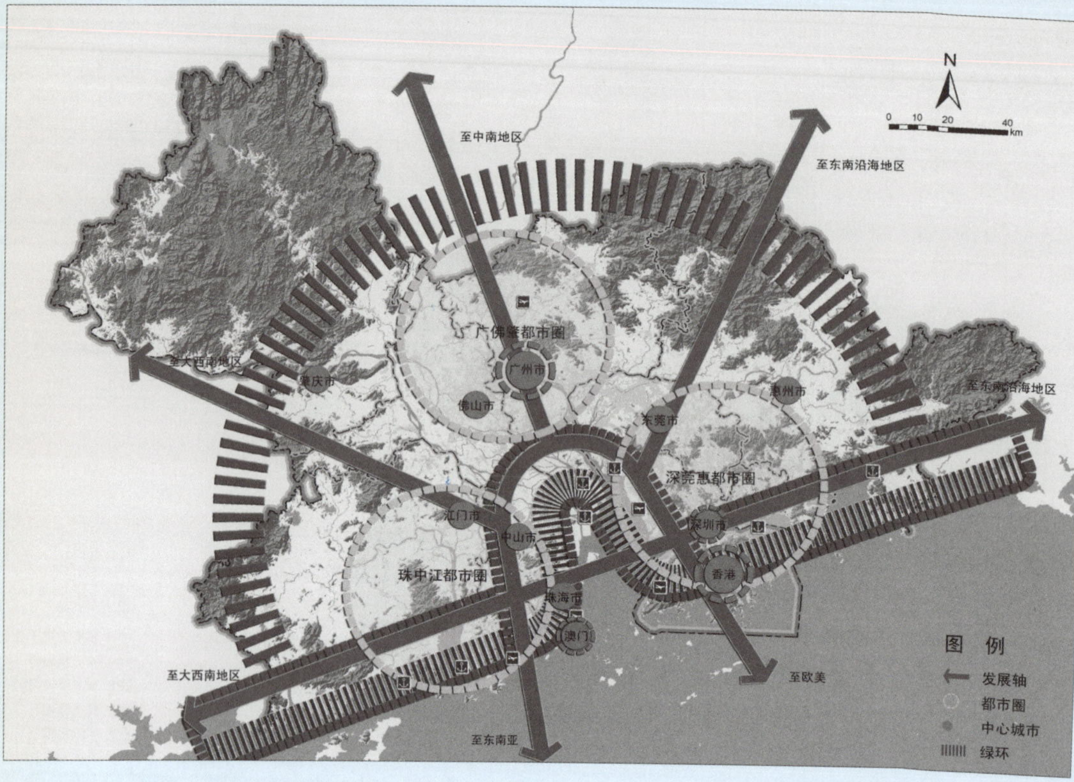

角洲拥有建设用地面积 8790 平方公里，占珠三角土地总面积的 16.00%，建设用地地均产出 3.5 亿元产值 / 平方公里，城市生活污水处理率和生活垃圾无害化处理率分别为 55.9% 和 63.9%。2009 年珠江三角洲年末常住人口 4786.24 万人，城镇人口 3822.23 万人，城市化水平已经达到 79.86%，与 2000 年（69.50%）相比提高了 10.36 个百分点。珠江三角洲 9 个城市集中了广东省 49.66%的常住人口、63.3%的城镇人口、72.7%的城镇就业人员。

《珠江三角洲城乡规划一体化规划（2009~2020 年）》提出，要“将广州、深圳建设成为世界城市，引领区域一体化；三大都市区多元化发展：广佛肇都市区形成多中心梯度分布的空间发展格局，广佛同城化发展，整体辐射能力加强；深莞惠都市区形成以深圳为核心，东莞、惠州为次中心，重要发展廊道为依托的多中心点轴发展格局；珠中江都市区形成多中心均衡分布的空间格局，人口城镇化水平达到 85%以上。环珠江口湾区建成珠三角的创新核心、生态核心、高端服务中枢和多元文化融合区”。珠三角地区已经成为我国参与全球化竞争的前沿阵地和战略空间，正朝着“亚太地区最具活力和国际竞争力的城市群”的目标迈进。

（张争胜　罗　丰　沈璐璐　王晓亚）

珠江三角洲经济社会发展概述

【经济总量稳步增长】　珠三角地区经济总量近年来呈稳步提升的态势，2009 年实现地区生产总值 32147.00 亿元，比上年增长 9.4%，占全省经济总量的比重达 82.2%，比上年提高 0.8 个百分点，经济增长主引擎作用明显。投资、消费、进出口协调性增强。全年珠三角地区共完成全社会固定资产投资额 9603.55 亿元，增长 18%。实现社会消费品零售总额 10834.73 亿元，增长 15.1%。珠三角地区仍是进出口的主要市场，占全省进出口总额的 95.7%，出口额的 95.2%。实际利用外资总额 175.08 亿美元，增长 3.3%。全年珠三角地区完成地方财政一般预算收入 2522.29 亿元，增长 12.2%，增幅高于全省平均水平 1.9 个百分点，为全省财政收入作出重要贡献。

【转变发展方式取得新成效】 2009 年珠三角地区人均地区生产总值达 67321 元，折合 9855.2 美元，接近 1 万美元大关。珠三角地区生产总值比上年增长 9.4%，人均地区生产总值增长 9.0%，两项指标增幅之差只有 0.4 个百分点，比全省缩小 0.7 个百分点，部分市还首次出现人均生产总值增幅高于生产总值增幅的好势头，珠三角地区在转变发展方式、提高生产效率方面发挥了先导作用。

【外贸增速有所回落】 2009 年，国际金融危机对珠三角外贸发展带来强烈冲击，珠三角外贸进出口增幅出现了较为明显的回落。全年珠三角实现进出口贸易总额 5848.23 亿美元，比上年下降 11.2%。其中，出口 3417.77 亿美元，下降 12.1%；进口 2430.46 亿美元，下降 9.9%。

【区域一体化进程加快】 2009 年，珠三角地区以广佛同城化为示范，带动广佛肇、深莞惠、珠中江三大经济圈发展，经济圈合作的深度和广度不断扩大。珠三角城际轨道系统建设、公路和水电油气管网一体化建设、年票互认和公共交通一卡通、电子联网收费以及电信同城化等重点工作迅速推进。

【产业发展逐步向高级化转变】 2009 年在国际金融危机的冲击下，以加工制造业为主的珠三角地区工业面临着改革开放以来最严峻的发展局面，随着国家和省一系列经济刺激政策的实施，工业经济运行好于预期，工业增速虽有所减缓，但逐步出现企稳回升的态势。全年规模以上工业增加值增长 8.1%，增速比上年回落 4.2 个百分点，低于全省平均水平 0.7 个百分点。珠三角三次产业比重为 2.3：47.8：49.9，三次产业对经济增长的贡献率分别为 0.9%、40.7%和 58.4%，分别拉动经济增长 0.1、3.8 和 5.5 个百分点。服务业在全省服务业发展中的核心地位进一步加强，增加值达 16036.06 亿元，占全省服务业增加值的 90.06%，增长 11.8%，服务业增加值占地区生产总值比重由上年 47.3%提升至 49.9%，超过第二产业 2.1 个百分点，实现三次产业三二一的结构排序。其中，占全省服务业比重最大的广州、深圳、东莞和佛山四个市，当年服务业增长速度分别达到 13.6%、12.5%、15.1%和 16.1%，高于全省服务业 11.0%的平均增长速度。

【高技术产业快速发展】 2009 年，珠三角地区继续发挥全省高技术产业聚集地和扩散源的作用。2009 年珠三角地区高技术产业产值超过 16800 亿元，比上年略有增加，占全省 97%左右；拥有 6 个国家级高新技术产业开发区和 4 个省级高新技术产业开发区。已建成广州、珠海国家软件产业基地和深圳国家软件出口基地，在建的有广州和深圳生物产业、广州和东莞信息产业、广州新材料、珠海航空产业以及深圳综合性国家高技术产业基地。珠江三角洲地区集中了全省大部分的科技创新资源，初步建立了较完善的创新体系。累计建立基因工程药物、中药提取分离过程现代化、南海海洋生物技术等 19 家国家工程（技术）研究中心，数字音频编解码技术、再生型医用植入器械等国家工程实验室 6 家，工业产品环境适应性、无线通信接入技术等 10 家国家重点实验室，33 家国家企业技术中心以及 284 家省级工程技术研究开发中心和 257 家省级企业技术中心。知识产权工作稳步推进，专利申请总量为 111974 件，授权量为 74637 件，比上年分别增长20.2%和34.6%，分别占全省的89.1%和89.3%；其中，发明专利申请量为31164件，增长14.5%，占全省的96.6%。

【交通建设取得新进展】 至2009年，珠三角地区公路通车里程约5.4万公里，通车里程占全省的29%；高速公路通车里程约2325公里，约占全省的58%。珠三角地区铁路运营里程约为630公里，占全省的29%。珠三角地区港口发展速度快，集疏运条件不断完善，2009年完成总吞吐量占全省总量的80.2%，达8.2亿吨，集装箱吞吐量占全省总量的97%，达3562万TEU。2009年，广州、深圳、珠海三个机场旅客吞吐量达6292万人次，占全省的97.4%；货邮吞吐量达158.5万吨，占全省的99.3%。

【能源建设成就显著】 珠三角地区是广东省能源电力需求总量最大的地区，能源建设投入继续加大，能源保障能力进一步增强，清洁能源发展加快，能源结构不断优化。2009年，江门台山核电站一期工程项目（2×175万千瓦）等重大能源基础设施项目获国家核准开工建设。随着经济企稳回升，电力需求增速逐步回暖，全社会用电量2706亿千瓦时，比上年增长2.14%，占全省总用电量75%。至2009年底，珠三角地区发电总装机容量达到3941万千瓦，占省内发电装机总容量的61.5%。是年区内关停小火电机组424万千瓦，约占全省当年关停机组总容量的76.7%，珠三角地区建成投产和在建电源项目全部为清洁电源或大型高效环保发电机组，电源结构进一步优化。完成电网建设投资297亿元，占全省当年电网建设总投资的64.7%。

【重点项目进展顺利】 2009年，珠三角地区共安排省重点项目141项(包括跨区域的线状工程，下同)，总投资约13618亿元，年度计划投资2193亿元，年度完成投资2411亿元，为年度投资计划的109.9%。建成投产广明高速公路西樵至更楼段、东莞至惠州高速公路东莞段、广佛扩建工程雅瑶至谢边段、广州丰田汽车有限公司整车扩建、广汽日野汽车、中海石化（惠州）1200万吨炼油等项目。开工建设港珠澳大桥、穗莞深城际轨道交通、台山核电厂一期工程、省疾病预防控制中心等项目。这批项目的实施，有效带动了珠三角地区固定资产投资的合理增长，有力贯彻落实了国家“扩内需、调结构”的发展战略，进一步推动产业结构调整，促进产业转型优化升级。

【社会事业不断进步】 2009年，珠三角地区继续实施积极的就业政策，公共就业服务体系进一步加强。至2009年12月底，参加企业养老、医疗、失业、工伤和生育保险的人数分别达1809.2万人、3351.5万人、1224.1万人、2118.3万人和1335.9万人，分别占全省的79.33%、73.36%、82.18%、86.98%和84.21%。

教育事业取得新发展，积极探索与东西北地区中等职业学校合作办学的新机制，全面推进中等职业技术学校重点项目工程建设，争取教育部支持共建珠三角职业技术教育基地。

文化事业发展步伐加快，推进珠三角地区公共文化服务一体化进程，公共文化服务设施网络逐步完善。珠三角地区县级以上公共图书馆54个，占全省的40.60%；博物馆87个，占全省的54.38%；群众艺术馆、文化馆56个，占全省的38.62%；文化站590个，占全省的37.02%。文化精品创作有新突破。文化产业发展迅速，成功举办第五届中国（深圳）文化产业博览交易会，总成交金额达到880.69亿元，比上年增加25.4%，再创历史新高。

深化医药卫生体制改革稳步推进，公共卫生体系建设全面加强，卫生应急处置能力不断提高，新型农村合作医疗制度全面建立，社区卫生服务体系逐步完善，中医药强省工作扎实推进。全民健身运动蓬勃开展，积极筹备2010年广州亚运会和2011年世界大学生运动会。人口管理和服务水平不断提高，流动人口服务管理逐步规范，低生育水平保持稳定。 （广东省发改委）

《珠江三角洲地区改革发展规划纲要》实施情况

【广东省实施《规划纲要》情况】 2009年，广东省积极推进《规划纲要》实施各项工作，取得显著成绩，实现了中共广东省委、省政府提出的“一年开好局”的目标。

强力推进《规划纲要》的全面贯彻实施　国务院批复实施《规划纲要》后，省委、省政府立即把贯彻实施《规划纲要》作为一项重大战略任务进行周密部署，动员全省上下统一思想、凝心聚力、真抓实干、狠抓落实。一是广泛发动，凝聚共识，形成实施《规划纲要》的强大合力。2009年1月初，省委召开十届四次全会，认真学习领会《规划纲要》，深化对实施《规划纲要》重大意义的认识，对全省实施《规划纲要》作出初步安排。春节后，通过举办专题研讨班、开展领导干部专题培训、组织宣讲团赴基层宣讲、组织新闻媒体开展宣传和解读等多种方式，兴起学习贯彻《规划纲要》的热潮。中共中央政治局委员、广东省委书记汪洋，省委副书记、省长黄华华在全省多个重要会议上分别作重要讲话进行动员部署，还专门召开座谈会，认真听取人大、政协、各民主党派以及社会各界对贯彻实施《规划纲要》的意见建议，激发和引导全社会共同参与实施《规划纲要》的热情，营造良好氛围。二是加强领导，周密部署，为实施《规划纲要》提供坚强的组织保障。成立由黄华华省长担任组长的实施《规划纲要》领导小组，统一指挥和协调《规划纲要》实施工作。各地、各部门也建立了相应的领导和工作机制，形成上下联动、协调统一的良好工作局面。省委、省政府先后在珠三角和粤东、粤西、粤北地区分片召开工作会议，逐市进行具体指导，协调解决实施《规划纲要》中遇到的困难和问题。省委常委会逐一听取各地级以上市工作汇报，加强检查督促。与此同时，省委常委实行分片包干制和重大项目省领导分工负责制，大力推进广佛肇、深莞惠、珠中江三大经济圈建设和相关重大项目建设。省委书记汪洋牵头督办政协提案，推动珠三角各市和省有关部门加快完善区域协调机制。三是细化目标，逐级分解，全面建设实施责任体系。省委、省政府制定出台了贯彻实施《规划纲要》的决定和实施方案，召开全省贯彻实施动员大会，明确提出“一年开好局，四年大发展，十年大跨越”的总体目标，对《规划纲要》提出的各项目标任务量化分解到珠三角各市、省各有关部门，并要求各市和省有关部门编制具体实施方案，明确了工作目标、工作重点和责任分工。四是加强督查，严格考核，建立科学的考核评估机制。制订印发了实施《规划纲要》评估考核办法。

把实施《规划纲要》与积极应对国际金融危机冲击紧密结台起来，全力以赴保持经济平稳较快发展　坚持把保持经济平稳较快发展作为首要任务和实施《规划纲要》的基础，制定实施扩大内需促进经济平稳较快发展的一揽子计划，坚持扩投资、促消费、稳外贸并举，实行外需不足内需补、外资不足内资补。一是以《规划纲要》确定的重点项目、重大工程为重点，加大投资力度。充分利用《规划纲要》赋予的政策空间，省财政筹资1000亿元用于扩大投资，省市政府与各大银行机构签订战略合作协议，授信额度达2万亿元，推动一批重大项目特别是总投资2.37万亿元的省“新十项工程”建设。　二是着力增强消费对经济增长的拉动作用。认真落实家电、汽车、农机下乡和以旧换新等政策，率先试行国民旅游休闲计划，促进家电、汽车、住房、旅游、信息服务等五大消费。组织“广东产品全国行”系列活动，省主要领导带队前往广西、湖南开展投资与经贸洽谈活动，到国内重点城市举办130多场促销活动，成交金额达5800多亿元。制定实施促进中小企业平稳健康发展的意见，省财政新增安排22亿元，并提前安排50亿元各类专项资金，帮助企业缓解融资难、开拓市场等。2009年全省社会消费品零售总额达14892亿元，比上年增长16.3%。三是力促外经贸稳定发展。

加大政策扶持力度，出台了关于积极应对国际金融危机保持外经贸稳定发展的意见。省财政拿出29亿元扶助企业抢抓订单和促进加工贸易转型升级。鼓励加工贸易企业内外销并举，成功举办“首届广东外商投资企业产品（内销）博览会”，成交509亿元；重点推动机电产品、高新技术产品和一般贸易扩大出口。

充分发挥《规划纲要》的引领作用，着力推动经济结构调整优化升级 省委、省政府及时认识到这次国际金融危机是“传统发展模式之危，科学发展模式之机”，要求紧紧抓住实施《规划纲要》的契机，充分利用市场倒逼机制，坚定不移地推进产业结构转型升级和区域协调发展。一是大力构建现代产业体系，抢占产业发展制高点。围绕《规划纲要》提出的打造“世界先进制造业和现代服务业基地”的战略定位，加快发展高端服务业，现代物流、金融、会展、商务、科技服务、工业设计等生产性服务业发展提速，金融业整体规模赶上香港。编制实施装备、汽车、钢铁、船舶等12个重点产业调整和振兴规划，推动以装备制造业为主体的先进制造业快速发展，2009年先进制造业增加值7141亿元，占全省工业增加值的44.3%。全省汽车产量达113万辆，居全国前列。推动中石油、中海油、中船、中航、南车等中央企业加速在广东省布局，龙穴造船基地30万吨自主知识产权超大油轮成功建造并交付使用。广州中低速柴油机、南沙重型机械装备和输变电设备等装备制造业基地建设加快。沿海石化产业带布局基本形成，珠海通用飞机项目和航空产业园建设顺利。积极培育战略性新兴产业，加快发展新显示、新能源、新光源、新通信及软件等“四新一软”产业。广东省成为全球最大的液晶电视模组生产基地，薄膜太阳能光伏产业基地建设顺利。二是坚定不移地实施产业和劳动力“双转移”战略，充分发挥珠三角的辐射带动作用。出台了产业转移区域布局总体规划和推进产业转移园建设，加快产业转移步伐的意见，提前集中安排专项资金45亿元，以竞争方式择优扶持省示范性产业转移园建设。三是积极推进节能减排和节约集约用地。组织实施新十项节能工程，单位生产总值和工业增加值能耗超额完成全年预定目标。

大力提高自主创新能力，推动广东制造向广东创造提升 按照《规划纲要》关于率先建成全国创新型区域的要求，深入实施建设创新型广东行动计划，大力推进十大创新工程，创新经济绩效和企业创新能力指标居全国首位。在全国率先制定落实自主创新产品政府采购政策及细则。加大对自主创新的投入，2009年珠三角地区科研经费占地区生产总值比重达1.81%，比上年提高0.21个百分点。创新人才队伍建设取得重大进展，新增两院院士5位、国家“973”计划首席科学家11位，珠三角地区研发人员达26万人，万人研发人员数位居全国前列。省部、省院产学研合作全面加速，新建省部产学研结合示范基地64个、创新联盟9个，组织引导全国高校、研究院所2200多名科技特派员入驻3000多家企业，辐射带动1万多家企业转型升级。省部产学研合作4年新增产值7000多亿元、利税1000多亿元。省院合作转移转化中科院400多项科技成果，实现产值130多亿元。制定实施产业技术路线图计划，节能减排、数字装备等重点领域关键技术取得突破。自主创新平台建设稳步推进，全省国家工程中心、重点（工程）实验室、企业技术中心总数达87家，华南新药研发大平台跻身国家生物医药重大创制平台行列，广州国际生物岛和深港创新圈等重大建设进展顺利。高新园区建设取得新突破，制定实施加快高新园区发展的意见，2009年工业增加值达3100亿元，比上年增长23.4%，出口额达850亿美元，增长33%。全省高新技术产品总产值达2.6万亿元，增长15%，占全省工业的比重保持在30%以上。深入实施知识产权、技术标准、名牌带动战略，发明专利申请量和授权量均居全国首位，分别比上年增长14.8%和49.3%，其中珠三角地区百万人口发明专利申请量达653件，超出《规划纲要》预定目标。

以广佛同城化为示范，加快推动珠三角区域经济一体化 坚持把推动珠三角区域经济一体化

作为实施《规划纲要》的重中之重，加快建设珠三角国际大都市群。一是以编制好规划为龙头引领一体化。出台实施关于加快推进珠江三角洲区域经济一体化的指导意见，把编制好基础设施建设、产业布局、城乡规划、公共服务和环境保护五个一体化规划作为推进一体化的重要基础。通过编制五个一体化规划，明晰了城市规划统筹协调、基础设施共建共享、产业发展合作共赢、公共事务协作管理的一体化发展格局。二是以经济圈建设为重点提升一体化。省委、省政府创造性地提出以广佛同城化为示范，建设广佛肇、深莞惠、珠中江三大经济圈，由省委常委分片包干牵头推进。广州、深圳两个中心城市的辐射带动作用明显增强。至年底，广佛两市确定的52个重点合作项目中，17个完成类项目已有15个顺利完成，20个启动类项目已全部启动，15个推进类项目11个推进顺利，4个在全力推动。三大经济圈建设稳步推进，各自签署框架合作协议和一系列专项合作协议，明确了合作内容和合作重点。广佛肇经济圈37项重点合作工作积极推进。深莞惠经济圈在界河和跨界河综合整治以及边界道路的建设和连接上取得积极进展。珠中江经济圈已实施年票互认，下一步将推进通信同城化和饮用水同网。三是以交通对接为突破口深化一体化。统筹规划建设珠三角城际轨道交通、高速公路等区域快速通道网络，推动城际轨道交通同城化发展，着力构建珠三角统一、快速、便捷的综合交通运输体系。修编完成《珠江三角洲地区城际轨道交通规划》，广珠、广佛肇、穗莞深、广惠城际轨道、广佛城际轨道环线、广深港客运专线等轨道交通建设加快推进。积极打通高速公路“断头路”和推进国省道“瓶颈”路段改造，大力推进珠三角地区毗邻市公共交通互联互通，广佛两地开通39条公交线路和21条快巴。同时，全部撤销政府还贷二级公路收费站，比国家规定时间提前三年完成任务。

积极落实“先行先试”，推动重点领域和关键环节改革取得新突破　按照《规划纲要》提出的“科学发展、先行先试”要求，积极承担起深化改革先行区的重任。一是大力推进行政管理体制改革。按照大部制要求，以加快转变政府职能为核心，顺利完成了省级政府机构改革，全面开展市县政府机构改革。深圳、佛山顺德区的大部制改革成效显著，为全省乃至全国探索了新路子。基本完成省本级政府第四轮行政审批事项清理工作，取消和调整的行政审批事项占总数的53.6%；省有关部门对1000家重点企业实行“直通车”服务。制定实施富县强镇事权改革指导意见，东莞、佛山等市富县强镇改革试点顺利。全面展开事业单位分类改革和人事制度改革。二是深化经济体制改革。创新融资平台，建立省级国有资本收益、交通、水利三大融资平台，2009年新增融资约550亿元，有力支持了重点项目建设。逐步完善中小企业信用担保体系，扎实推进新型农村金融组织试点工作。全省农村信用社基本完成票据兑付和组建统一法人工作，广州、东莞、顺德农信社组建为农村商业银行。创设小额贷款公司和村镇银行试点工作加快推进。深圳创业板成功推出。加大财政体制改革力度，稳步推进省直管县体制和竞争性分配财政发展资金改革，逐步引入生态激励财政机制。三是积极破解统筹城乡难题。佛山、惠州、中山及广州增城统筹城乡发展综合改革试点有效推进。四是大力改善社会管理体制。创新流动人口管理，实行以居住登记和居住证制度为主要内容的流动人口服务管理“一证通”制度。珠海市率先启动政府购买服务、慈善救助、流动人口服务管理等改革试点。中山市在全国率先试行积分制推动流动人员入户城镇。与此同时，积极推进文化体制改革，促进文化事业和文化产业大发展。制定出台深化医药卫生体制改革的实施意见，珠三角地区率先实行基本药物制度，开展医疗服务和药品价格改革试点。

携手港澳共同实施《规划纲要》，进一步深化粤港澳紧密合作关系和提高开放型经济水平　紧紧围绕共同打造亚太地区最具活力和国际竞争力城市群的目标要求，进一步强化粤港澳联动机制，深化合作领域。成立了联络协调小组，出台推进与港澳更紧密合作决定。正式签署粤港合作框架协议，协议涵盖粤港经济、社会、民生、文化等合作领域，提出以率先形成最具发展空间和增长潜力的世界级新经济区域为目标，确定以跨界基础设施、现代服务业和先进制造业、国际化营商环境、优质生活圈、重点合作区等为合作重点。联手港澳共同举办实施《规划纲要》的宣传、研讨、交流活动。

坚持把改善民生作为发展经济的根本目的，不断提高社会事业发展水平　围绕《规划纲要》提出的打造全国高水平、高品质社会事业发展示范区的目标任务，不断加大对社会民生投入力度。2009 年广东省级财政用于改善民生、均衡区域公共服务水平、帮助市县增强发展后劲的资金占总支出的 75.5%，比上年提高 1.8 个百分点。制定实施广东省基本公共服务均等化规划纲要，探索建立多元化的公共服务供给制度，推动全省逐步建立和完善覆盖城乡、功能完善、分布合理的基本公共服务体系。积极组织“南粤春暖行动”等活动，帮扶大学生、农民工等群体就业。加快完善覆盖城乡的社会保障体系，实现了省级调剂与预算管理相结合模式的养老保险省级统筹和养老保险关系省内无障碍转移，顺利启动农村居民社会养老保险试点工作。优先发展教育事业，高中阶段教育毛入学率达 79.9%，比上年提高 7.9 个百分点。

【珠三角 9 市实施《规划纲要》情况】　广州市全力以赴保增长、保民生、保稳定　2009 年，广州市以加快建设国家中心城市、全面提升科学发展实力为总目标，以迎亚运为契机，以“三促进一保持”为工作主线，积极应对国际金融危机冲击，全力以赴保增长、保民生、保稳定，推动《规划纲要》贯彻落实，实现了《规划纲要》实施工作的良好开局：一是经济实现平稳较快增长。集中力量抓好 81 项重点项目，空前加大投资力度，并大力推动“广货内拓”，2009 年全市实现地区生产总值 9138.21 亿元，比上年增长 11.7%。二是现代产业体系建设初见成效。坚持高端发展战略，积极主动调整产业结构，2009 年全市第三产业占地区生产总值比重 60.9%，对经济增长的贡献率上升到 70%，主导经济增长地位进一步增强。广州科学城、天河软件园、广州国际生物岛等重点区域和一批创新型科技企业加快发展，2009 年规模以上工业高新技术产值占工业总产值比重 32.8%。三是成为国家创新型城市试点。2009 年全市研发经费占地区生产总值比重 2.2%，比上年提高 0.2 个百分点。广州地区有国家级创新型企业 6 家、省级 19 家，国家、省级重点实验室分别达到 9 家和 114 家，以国家级创新平台为龙头，省、市级创新平台为主体的技术创新体系基本形成。广州高新技术产业区成为全国首批国家级创新型科技园区和国家海外高层次人才创新创业基地。四是城市承载能力全面提升。第 16 届亚运会和亚残运会各项筹备工作有序开展，亚运场馆建设加快。大气整治 50 条措施有效实施，全市有史以来最大规模的污水治理和河涌综合整治工程稳步推进。“三旧”改造进程加快，第一批“退二”企业年内关停或搬迁目标基本完成；“青山绿地”、“蓝天碧水”二期工程和城市绿道网建设推进实施，2009 年全市万元生产总值能耗比上年下降超过 4%。现代化的“三港双快”（空港、海港、信息港，高快速道路、快速轨道线）建设加快。五是区域合作开创新局面。广佛同城示范效应显著，同城化建设合作框架协议及一批专项协议成功签署，多层次工作机制建立运作，广佛同城化发展规划、重点领域三年工作规划和年度重点工作计划制订实施，2009 年度 52 项和 2010 年度 69 项重点工作进展顺利；广佛肇经济圈建设加速推进，37 项重点工作有序开展，2009 年广佛肇地区生产总值增幅居全省前列，三市总量之和占全省比重近四成（37.8%）。六是重大改革进展顺利。大部制改革深入推进，第四轮行政审批制度改革基本完成。成为全省民主法制建设试点，在全国率先出台实施市委政治协商规程和党政领导干部问责暂行办法。组建城市建设重要领域专业投融资集团，产权交易规模位居全国前列，成为全国跨境贸易人民币结算首批试点城市。增城市成为全省首个统筹城乡综合配套改革试点的县级市。七是民生福利持续改善。进一步落实惠民66条措施和17条补充意见，全年城镇新增就业人数72.45万人，共帮扶4.8万名就业困难人员实现再就业；提高企业退休人员和农转居人员养老保险待遇，调高农村社会养老和最低生活保障标准，农村合作医疗参合率达99.7%；全面实施免费义务教育，建成一批社区卫生服务中心；全市新开工保障性住房项目14个，为17670户低收入家庭解决了住房困难问题；城乡基层文化设施基本实现全覆盖，广州歌剧院、广州新电视塔等一批重点文化项目基本建设完成；2009年农村居民人均纯收入增长12.6%，连续2年高于城市居民人均可支配收入增幅。

深圳市创建综合配套改革试验区　2009年，中共深圳市委、市政府成立领导小组，完善工作机制，出台了工作方案及实施要求。按照《规划纲要》赋予深圳建设国家综合配套改革试验区、全国经济中心城市、国家创新型城市、中国特色社会主义示范市和国际化城市“一区四市”的战略定位，全面推进《规划纲要》实施工作：一是再创体制机制新优势，积极推进国家综合配套改革实验区建设。二是建设全国经济中心城市，提高城市综合实力。年内强力扩大投资需求，有效开拓国内外两个市场。2009年生产总值8201.23亿元，全口径财政收入2765亿元，全年出口总额1619.8亿元。全力推进区域金融中心建设，加强深港金融合作，启动了深港商品期货交易合作，成为我国跨境贸易人民币结算首批试点单位；金融机构总数首次突破200家。三是推进国家创新型城市建设，打造区域创新中心。四是加快产业结构调整和优化，构建现代产业体系。五是推进基础设施现代化，增强城市发展支撑力。六是坚持合作共赢，促进区域协调发展。七是加强资源节约和环境保护，推进低碳经济试点城市建设。八是大力推进民生项目，加快社会事业发展。九是构建开放合作新格局，推进国际化城市建设。十是加强保障机制，确保规划顺利实施。

珠海市经济运行企稳回升　2009年，珠海市以贯彻实施《规划纲要》为主线，经济运行企稳回升，调整取得突破，生态建设明显加强，社会总体和谐稳定，各项重点工作取得积极成效。是年，除人均生产总值指标外，其他19项省下达的分解目标任务全部完成。经济结构调整升级进一步加快。整合了24个工业园区，进一步优化产业空间布局。交通枢纽城市建设加快推进。港珠澳大桥珠澳口岸人工岛填海工程等动工建设。壳牌润滑油项目建成投产，中海油天然气发电厂、南海天然气陆上终端LNG接收站项目等积极推进。

佛山市强推广佛同城建设　2009年，佛山市紧扣“科学发展、先行先试”主线，首抓保增长，主攻调结构，强推广佛同城建设，着力体制机制改革，立足改善社会民生，贯彻实施《规划纲要》开局良好：一是积极应对金融危机，经济增长率先突围。全市生产总值4814.5亿元，比上年增长13.5%，高于全省平均4个百分点。二是加快建设现代产业体系，产业转型成效明显。三是推进广佛同城建设，区域一体化步伐加快。广佛同城化取得初步成效。签署合作框架协议，建立多层面的工作协调机制，出台《广佛同城化发展规划（2009~2020年）》等。广佛肇经济圈启动建设。四是促进城乡统筹发展，城市竞争力继续提升。五是深化体制机制改革，增强科学发展动力。市级政府部门由33个整合为31个。六是加快社会事业发展，共享改革发展成果。

惠州市构建深莞惠经济圈　2009年，惠州市紧扣“科学发展、先行先试”这一核心，按照“一年开好局、四年大发展、十年大跨越”的总体目标，以落实“三促进一保持”、建设“五大基地”、构建深莞惠经济圈、推进珠三角一体化为重点，扎实推动《规划纲要》实施，实现良好开局。全市经济平稳较快发展，结构调整出现积极变化。2009年，全市实现地区生产总值1410亿元，比上年增长13.2%，总量和增幅均居全省第6位。中海油一期1200万吨炼油、TCL液晶模组和整机一体化等大项目顺利投产，工业结构优化升级。

东莞市加快产业转型升级　2009年，东莞市积极落实省委、省政府关于贯彻实施《规划纲要》的决定，以促进经济平稳较快发展、加快产业转型升级为重点，积极应对金融危机冲击，推进结构调整，推动一体化发展，强化民生保障，创新体制机制，实现“一年开好局”的目标要求：一是注重打基础，保障《规划纲要》有效实施。二是全力保增长，经济实现平稳回升。三是大力调结构，发展质量有效提升。加快加工贸易转型。积极搭建服务平台，完善就地不停产转型的操作办法，是年共帮助339家来料加工企业转为三资或民营企业，比上年增长72%；全市共有外资企业研发机构90家，拥有自主品牌的加工贸易企业900家。加强园区招商引资。以松山湖、虎门港、东莞生态园等园区为载体，全年实际吸收外资26亿美元。四是着力一体化，推进城乡统筹发展。五是协力促和谐，社会事业加　快发展。六是积极谋合作，促进区域协调发展。七是突出抓创新，在重要领域和关键环节先行先试。

中山市蝉联全国文明城市　2009年，中山市紧紧把握重大机遇，科学谋划、积极先行，找准定位、真抓实干，让城市发展和人民群众共享实惠，全面实现“一年开好局”目标。全市实现生产总值1564亿元，比上年增长10.2%；常住人口人均生产总值6.2万元，增长10%。是年蝉联全国文明城市称号，通过国家生态市考核验收，连续16年评为全国社会治安综合治理先进市。

江门市实现“三个高于”、“三个体现”　2009年，江门市认真贯彻落实中央和省委、省政府的各项决策部署，牢牢把握“解放思想、先行先试”这一核心，把落实《规划纲要》以及珠三角现场会精神作为加快转变经济发展方式、应对国际金融危机、推动“三促进一保持”的重要抓手，全力推进《规划纲要》各项目标任务的落实，取得明显成效。全年生产总值1355.26亿元，比上年增长10.8%；人均GDP32.484元，增长10.4%；规模以上工业增加值700.75亿元，增长12%；地方财政一般预算收入83.63亿元，增长11.98%；特别是全社会固定资产投资增长25.3%，16年来增幅首超20%，其中国家、省重点项目建设完成进度居全省第一。实现了“三个高于”、“三个体现”：即大部分经济指标增长高于全省平均水平，地方财政一般预算收入增长高于地区生产总值增长，城乡居民收入增长高于地区生产总值增长。

肇庆市完成19项指标考核任务　2009年，肇庆市按照《规划纲要》和省委、省政府的决策部署，把落实《规划纲要》和保增长、保民生、保稳定结合起来，科学谋划、扎实推进，实现了”一年开好局”的工作目标。是年肇庆市全面完成省实施《规划纲要》19项指标考核任务，其中11项指标完成年度计划的120%。主要成效表现在：主要经济指标增速排珠三角前列。产业结构得到优化，广佛肇经济圈加快建设，发展后劲明显增强，改革发展取得实效，民生事业有力推进。

【全省实施《规划纲要》考核结果】　2009年，珠江三角洲地区9市、省有关单位贯彻落实中共广东省委、省政府的决策部署，实施《珠江三角洲地区改革发展规划纲要》工作思路清晰，目标明确，措施有力，责任到位，工作扎实，取得显著成绩，对全省积极应对国际金融危机的冲击，保持经济又好又快发展的良好势头发挥了重大作用。根据省政府对各市、各部门2009年实施《规划纲要》情况进行的评估考核，获得优秀等次单位的是：广州市、佛山市、珠海市、深圳市，省发展改革委、省经济和信息化委、省交通运输厅、省人力资源社会保障厅、省财政厅、省住房城乡建设厅、省环境保护厅、省卫生厅。获得良好等次单位的是：惠州市、中山市、江门市、肇庆市、东莞市，省国土资源厅、省科技厅、省教育厅、省水利厅、省编办、省农业厅、省物价局、省民政厅、省港澳办、省法制办、省外经贸厅、省公安厅、省旅游局、省文化厅、省金融办、省海洋渔业局、省知识产权局。

（省规划纲要办）

大事记（二〇〇九）

大事记（2009）

1月

8日　△《珠江三角洲地区改革发展规划纲要（2008~2020年）》在北京正式公布。

15日　△肇庆、中山两市产业转移工业园建设工作联席会议在中山市召开。

17日　△中共中央政治局委员、广东省委书记汪洋到东莞主持召开港澳台资企业座谈会。

20日　△在全国精神文明建设表彰大会上，东莞市、惠州市获“全国文明城市”称号。中山市经复查确认继续保留“全国文明城市”称号。

21日　△东莞市政府和香港贸发局联合签订《共同协助在莞港企业拓展新兴市场合作协议》。市委常委、副市长江凌与香港贸发局副总裁黄锦辉出席签字仪式。

2月

5日　△由香港中联办组织的香港传媒高层人士访问团一行莅临广州，共同探讨珠江三角洲地区改革发展以及穗港合作问题。

6日~7日　△中共中央政治局常委、国务院副总理李克强在深圳市考察。7日，在深圳市观澜镇出席西气东输二线东段工程开工仪式并宣布开工。

8日　△中共中央政治局常委、国务院副总理李克强到东莞调研。

9日　△第22届中山慈善万人行巡游活动在兴中道举行。本届慈善万人行活动从2008年11月26日开始，至本日结束，活动内容包括系列宣传及募捐活动、系列主题活动、巡游活动及答谢典礼，共筹得善款6639.32万元。

13日　△中共中央政治局委员、省委书记汪洋到省十一届人大二次会议广州代表团参加分组讨论时指出，落实《珠江三角洲地区改革发展规划纲要》必须加快推进珠三角区域经济一体化，突破口在于珠三角城市一体化，而推动珠三角城市一体化的突破口在于广佛同城化。

16日　△中共广东省委常委、广州市委书记朱小丹接受《广州日报》记者专访时指出：广佛同城化具有突破一点、带动全面的作用，具有携领珠三角一体化发展进而全面落实《珠江三角洲地区改革发展规划纲要》的重要意义。同城化是互补发展、互利共赢的，对广州来说，中心城市功能不会削弱只会增强。广佛同城化的突破口在于“三对接一联手”。“三对接”，一是规划对接，把两个城市作为一个城市来规划；二是交通基础设施对接；三是产业对接。“一联手”，就是联手治理珠江水系和大气污染。

18日　△广州市举办学习贯彻《珠江三角洲地区改革发展规划纲要》宣讲报告会。会议由市委常委、宣传部部长王晓玲主持，市委、市人大常委会、市政府、市政协领导，市纪委负责人，各区（县级市）、市直局以上单位领导干部等约1200人参加学习。

19日 △广东省政府发展研究中心副主任李惠武到东莞宣讲《珠江三角洲地区改革发展规划纲要》。

△肇庆市、中山市以及广州市花都区联合启动全国最大规模针对农村旅游消费市场的“旅游下乡”活动，为三地农民量身定做特惠旅游线路，给予旅游者13%的旅游消费补贴。

20日 △肇庆市在全省率先试行“国民旅游休闲计划”，鼎湖山的九龙湖风景区成为首个试点基地。

27日 △深圳、惠州、东莞三市联席会议在深圳召开，共同签署《推进珠江口东岸地区紧密合作框架协议》。

3月

1日 △全省首条跨行政区域旅游专线——“广州—中山城际旅游穿梭巴士”正式开通。

2日 △广州、佛山两市召开党政领导工作座谈会，共商加快推进广佛同城化问题。中共广东省委常委、广州市委书记朱小丹主持会议。会议议定加快推进广佛同城化的有关重大事项：建立领导机构和协调机制，成立由两市党政主要负责人组成的4人领导小组，建立市长联席会议制度，建立两市对口部门的专责小组；起草广佛同城化合作框架协议；制定广佛同城化规划；制定年度工作计划；制定专责小组工作规划。

△河源市与广州市共同签订《万绿湖直饮水项目》合作框架协议。该项目建设完成后，广州市每年从河源获得不少于1亿立方米的万绿湖优质原水。

△由广州市海外联谊会、青联、经贸委、外经局与香港青联、菁英会、国际青年商会香港总会、澳门中华总会青年委员会共同主办的“提振信心·携手共赢创未来”——穗港澳青年新春交流会在香港举行，穗港澳三地青年社团在交流会上共同签署《穗港澳促进青年就业创业合作框架协议》。

3日 △江门市农产品质量监督检验测试中心获农业部农产品质量安全中心授予农产品地理标志产品品质鉴定检测机构资格。至是日，全国共有80家检测机构获得该项资格，地级市检测机构获此资格的仅3家。

4日 △深圳、惠州、东莞三市公安局局长共同签署《深入推进珠江口东岸地区警务紧密协作备忘录》。

5日 △广东省副省长佟星率省有关部门负责人，到江肇（江门至肇庆）高速公路西江特大桥施工现场检查督导工作。

△肇庆市成立实施《珠江三角洲地区改革发展规划纲要（2008~2020年）》领导小组及其办公室。市长杨浩明任领导小组组长，常务副市长刘惠祥为常务副组长，副市长关鹏任副组长；成员由各县（市、区）、市直有关单位负责人组成。

7日 △香港、澳门、广州、深圳、珠海五大机场负责人联合签署《大珠三角地区五机场落实〈珠江三角洲地区改革发展规划纲要〉行动纲领》，在发展定位、共同争取拓展大珠三角地区空域等6个方面达成共识。

11日~13日 △惠州市公安机关开展“东江亮剑2009”集中统一清查出租屋行动。统一清查行动是深圳、东莞、惠州警方“粤安09春雷联合行动”的一项重要内容，是三地警方签署《深入推进珠江口东岸地区警务紧密协作备忘录》后首次开展联合清查行动。

中旬 △深圳、惠州、东莞开展旅游合作，分别签署《深圳市与惠州市旅游紧密合作框架协议》、

《东莞市与惠州市旅游紧密合作框架协议》。

19日 △中共广东省委常委、市委书记朱小丹，市长张广宁和市政协主席朱振中率领广州市党政考察团赴佛山学习交流。中共佛山市委书记林元和、市长陈云贤陪同广州市党政考察团参观考察并出席座谈会。两市签署《广州市、佛山市同城化建设合作框架协议》以及交通基础设施、环境保护、城市规划、产业协作等4个对接协议。

21日～23日 △由中国家具协会和中山市人民政府主办、中山市经贸局和中山市三乡镇人民政府承办的首届中国（三乡）古典家具文化节暨招商洽谈会在三乡镇举行。文化节期间接待游客50万人次，签订15项合作协议。

24日 △肇庆市印发《关于贯彻落实“三促进一保持”的实施意见》。

△中共惠州市委书记、市人大常委会主任黄业斌，市委副书记、市长李汝求率市党政考察团到东莞考察有关项目，商谈对接《珠江三角洲地区改革发展规划纲要》相关事宜。

26日 △广州、佛山两市青年联合会在佛山创意产业园召开广佛同城化青年工作交流会，两市正式签署《广州市佛山市同城化青年工作合作框架协议》，围绕扶持青年就业创业、青少年活动阵地建设、亚运会志愿服务、区（县）团委对口交流等方面的合作达成共识。

29日 △全国首个以中心城市为市场平台——珠三角产权交易统一市场在广州成立。

△珠江三角洲各市现场会（首站）在佛山召开。中共中央政治局委员、广东省委书记汪洋，省长黄华华等省领导以及珠三角地区9市市委书记、市长，省直有关部门、部分中央驻粤单位主要负责人参加会议。会议重点检查佛山市贯彻实施《珠江三角洲地区改革发展规划纲要》、推进“三促进一保持”和“双转移”等各项工作进展情况。

△肇庆、中山两市政府联合组织的“肇庆万人游中山，中山万人游肇庆”城际互游之“中山万人游肇庆”首团欢迎仪式在肇庆市七星岩牌坊广场举行，中山市1169名游客乘搭25辆大巴抵肇参观旅游。

30日 △珠江三角洲各市现场会（第二站）在肇庆召开。中共中央政治局委员、广东省委书记汪洋，省长黄华华等省领导及珠三角地区9市市委书记、市长，省直有关部门、部分中央驻粤单位主要负责人参加会议。会议重点检查肇庆市贯彻实施《珠江三角洲地区改革发展规划纲要》、推进“三促进一保持”和“双转移”等各项工作进展情况。

31日 △珠江三角洲各市现场会（第三站）在江门召开。中共中央政治局委员、省委书记汪洋，省长黄华华等省领导及珠三角地区9市市委书记、市长，省直有关部门、部分中央驻粤单位主要负责人参加会议。会议重点检查江门市贯彻实施《珠江三角洲地区改革发展规划纲要》、推进“三促进一保持”和“双转移”等各项工作进展情况。

△《江门市交通一体化规划（第一期）编制工作方案》经审议通过。方案着重全面提升江门在珠三角的交通地位，密切与“广佛”、“港深”都市圈联系。

4月

1日 △以省政协副主席汤炳权为顾问，省政协常委、经济委员会主任张远贻为组长的广东省政协“加快珠三角交通一体化建设”专题调研组到惠州市调研。

△珠江三角洲各市现场会（第四站）在中山召开，中共中央政治局委员、广东省委书记汪

洋，省长黄华华等省领导及珠三角地区 9 市市委书记、市长，省直有关部门、部分中央驻粤单位主要负责人参加会议。会议重点检查中山市贯彻实施《珠江三角洲地区改革发展规划纲要》、推进“三促进一保持”和“双转移”等各项工作的进展情况。

2 日　△珠三角 9 市旅游局负责人在罗浮山共同签署珠三角地区旅游合作《罗浮山宣言》，标志着珠三角地区 9 市旅游合作一体化正式启动。肇庆中旅等 9 家旅游企业还签署《珠三角地区旅游合作旅行社行动纲要》。

△珠江三角洲各市现场会（第五站）在珠海召开，中共中央政治局委员、广东省委书记汪洋，省长黄华华等省领导及珠三角地区 9 市市委书记、市长，省直有关部门、部分中央驻粤单位主要负责人参加会议。会议重点检查珠海市贯彻实施《珠江三角洲地区改革发展规划纲要》、推进“三促进一保持”和“双转移”等各项工作的进展情况。

3 日　△广州、佛山、珠海、惠州、江门、中山、东莞、肇庆 8 市的公积金管理中心负责人在广州共同签署了 8 城市公积金异地互贷协议。

5 日～12 日　△由全国人大常委会副委员长、九三学社中央主席韩启德率领的九三学社中央考察团到广州、珠海、东莞、深圳等四市调研发展低碳经济的有关情况。

7 日　△珠江三角洲各市现场会（第六站）在惠州召开。中共中央政治局委员、广东省委书记汪洋，省长黄华华等省领导及珠三角地区 9 市市委书记、市长，省直有关部门、部分中央驻粤单位主要负责人参加会议。会议重点检查惠州市贯彻实施《珠江三角洲地区改革发展规划纲要》、推进“三促进一保持”和“双转移”等各项工作的进展情况。

8 日　△国务院常务委员会议决定在上海市和广东省广州、深圳、珠海、东莞等 4 城市开展跨境贸易人民币结算试点。

△《广佛区域无线电管理合作框架协议》在广州签字，广州市副市长甘新，佛山市副市长王玲出席签字仪式。

△珠江三角洲各市现场会（第七站）在深圳召开，中共中央政治局委员、广东省委书记汪洋，省长黄华华等省领导及珠三角地区 9 市市委书记、市长，省直有关部门、部分中央驻粤单位主要负责人参加会议。会议重点检查深圳市贯彻实施《珠江三角洲地区改革发展规划纲要》、推进“三促进一保持”和“双转移”等各项工作的进展情况。

9 日　△珠江三角洲各市现场会（第八站）在东莞召开，中共中央政治局委员、广东省委书记汪洋，省长黄华华等省领导及珠三角地区 9 市市委书记、市长，省直有关部门、部分中央驻粤单位主要负责人参加会议。会议重点检查东莞市贯彻实施《珠江三角洲地区改革发展规划纲要》、推进“三促进一保持”和“双转移”等各项工作的进展情况。

10 日　△珠江三角洲各市现场会（第九站）在广州召开，中共中央政治局委员、广东省委书记汪洋，省长黄华华等省领导及珠三角地区 9 市市委书记、市长，省直有关部门、部分中央驻粤单位主要负责人参加会议。会议重点检查广州市贯彻实施《珠江三角洲地区改革发展规划纲要》、推进“三促进一保持”和“双转移”等各项工作的进展情况，并对珠三角各市现场会作小结。

△广州、深圳、佛山、珠海、惠州、江门、中山、东莞、肇庆等珠三角地区 9 市以及香港、澳门青联在广州市签订《珠江三角洲地区青联组织合作框架协议》，提出共享青年活动阵地、共享培训资源、推动互动互助制度、开展区域合作研究等举措。

上旬　△广州、深圳、珠海、佛山、惠州、东莞、中山、江门、肇庆9市应急管理办事机构签订突发事件应急合作协议。

11日　△中共广东省委、省政府召开全省贯彻实施《珠江三角洲地区改革发展规划纲要》动员会，公布《中共广东省委、广东省人民政府关于贯彻实施〈珠江三角洲地区改革发展规划纲要(2008～2020年)〉的决定》，标志着广东省贯彻落实《纲要》全面启动。

16日　△广佛同城化第一次市长联席会议在广州召开，会议由广州市市长张广宁和佛山市市长陈云贤共同召集，张广宁市长主持召开。会议讨论审定广佛同城化市长联席会议及工作协调机制和广佛同城化建设2009年度重点工作计划。

△广东省科技厅、惠州市政府与香港生产力促进局三方共同签署《粤港惠合作推进仲恺高新技术产业开发区发展备忘录》，省科技厅与香港生产力促进局首次联合开展粤港共建高新区的合作。

17日　△《广佛医疗卫生事业同城发展合作协议》正式签订。2010年1月1日起，市民在广州、佛山两地19家市级医院的门诊和住院检查结果可以在一定程度上互认互通。

△首次珠中江区域紧密合作会议在珠海举行，中山、珠海、江门三地共同签署《推进珠中江紧密合作框架协议》，重点在规划统领、交通先行、对接港澳、服务粤西、产业协作、环境共治、科技交流、应急协同等八个方面开展紧密合作。

△在广东省国家可持续发展实验区工作会议上，国家科技部有关负责人宣布，江门市新会区正式成为国家级可持续发展实验区。这是继广州天河区之后广东省第二个县（区）级的国家可持续发展实验区。

19日～21日　△中共中央政治局常委、国务院总理温家宝到广东视察工作，深入深圳和广州部分企业进行调研。在深圳期间，专门听取了深圳市委、市政府的工作汇报，就应对国际金融危机、推进改革开放和自主创新等问题作出重要指示。

20日　△深圳、东莞、惠州三地体育局落实《珠江三角洲地区改革发展规划纲要》研讨会在深圳体育局召开。

21日　△惠州市委、市政府在市江北会议中心召开贯彻落实《珠江三角洲地区改革发展规划纲要》动员大会，市四套班子领导，市直和驻惠单位、各县（区）和乡镇（街道）、部分企业负责人参加会议。

△深圳、东莞、惠州三地劳动保障工作对接合作联席会议在惠州市召开。三地劳动保障部门共同签署《推进珠江口东岸地区劳动保障工作紧密合作协议》。

22日　△广州、佛山、东莞、汕尾4市知识产权局在广州联合举办“第十六届亚运会举办城市签订知识产权保护协议暨亚运会知识产权宣讲会”。广州市副市长李荣灿出席签约仪式并讲话。

23日　△在广州举行的珠江三角洲地区信息化与工业化融合工作座谈会上，顺德作为唯一区级单位参会，并被授予“国家级信息化与工业化融合试验区示范试点”。肇庆被确定为珠江三角洲地区国家级信息化与工业化融合试验区。

△惠州市工商局与深圳、东莞两市工商局签署《构建珠江口东岸地区统一市场监管体系》框架协议。

△香港特别行政区政务司司长唐英年率领香港工商界代表团访问广州（首站）。此行访问目的是让香港工商界了解《珠江三角洲地区改革发展规划纲要》落实情况，并探讨粤港在新形势下加强产业合作的前景。中共广东省委常委、市委书记朱小丹会见唐英年一行。

23日～26日　△中央八部委院士专家咨询服务团应邀到惠州，围绕电子信息产业、新能源产业和化工产业开展咨询服务。咨询服务团的院士专家相继开展高层座谈会、大型报告会、学术交流会、企业座谈咨询会、市情考察、企业实地指导等“七个一”活动，为惠州市实施《珠江三角洲地区改革发展规划纲要》把脉支招。

24日　△香港特别行政区政务司司长唐英年率领香港工商界代表团访问佛山（第二站）。代表团一行先后考察了广东金融高新技术服务区和佛山创意产业园，表示进一步加强佛港合作。

25日　△在“广佛同城万人游”活动仪式上，广佛两市优惠推出首批5万张“广佛同城旅游一卡通”。

28日　△肇庆市印发《关于贯彻落实〈珠江三角洲地区改革发展规划纲要（2008~2020年）〉的实施意见》，由战略意义、指导思想、战略定位、基本原则、主要目标、主要任务、重点发展载体和保障措施等八部分组成。

30日　△肇庆市召开贯彻落实《珠江三角洲地区改革发展规划纲要》动员会，各县（市）区及肇庆高新区通过视频设分会场。

5月

1日　△广东省旅游局和肇庆市政府联合举办的“城际旅游大联盟”启动仪式在牌坊广场举行，来自广州、深圳、香港、无锡、衡阳、桂林等全国各地的30位旅游局局长共同签署《城际旅游大联盟（肇庆）宣言》，承诺城际品牌共建、资源共享、客源互送、宣传互动、市场共管，各成员单位每月轮值组织当月城际联盟活动；广东省副省长万庆良、省旅游局局长杨荣森出席仪式并讲话。

8日　△珠江三角洲城际轨道交通网络的重要组成部分——东莞至惠州轨道交通项目开工仪式在东莞市常平镇举行。中共中央政治局委员、广东省委书记汪洋，省长黄华华，常务副省长黄龙云，省委秘书长徐少华，省人大常委会副主任钟阳胜，副省长佟星，省政协副主席汤炳权，省政府秘书长徐尚武，中共东莞市委书记刘志庚，中共惠州市委书记黄业斌等出席开工仪式。

10日　△南方日报社与西江日报社深化合作框架协议签约仪式在肇庆举行。根据协议，两社共同组建西江传媒有限公司，通过资产合作，按现代企业制度进行组建和运营。新组建“西江文化发展中心”，发展肇庆文化产业。同时，西江日报社作为广东省“城市综合信息门户网站工程”五家试点单位之一，获省新闻出版局授牌。

11日　△由广州佛山两地政府和省经贸委主办，广州市经贸委、佛山市经贸局共同承办的“广佛春季欢乐购物节”系列活动落幕，购物节15天期间，广州3300家参与购物节活动的主要批发零售餐饮企业实现销售184亿元，同比增长17%。

13日　△广东省交通厅在惠州召开《惠州市与周边地市公路网衔接规划》评审会。该《衔接规划》是广东省第一个市际公路网络衔接规划。

15日　△佛山和肇庆达成共识，拟在文化资源共享、发展文化产业方面建立“沟通交流、对口互助、信息发布、产业推动”四大合作机制，通过文化遗产传承保护工程、文化成果资源共享工程、文化流动服务共享工程、文化产业催化拓展工程、文艺精品创作培育工程、文化队伍交流共建工程等六项文化合作工程共同打造都市文化圈。

15日～18日　△第五届中国（深圳）国际文化产业博览交易会在深圳会展中心举行。中共中央政治局委员、国务委员刘延东宣布开幕。中共中央政治局委员、广东省委书记汪洋，全国政协副主席厉无畏出席开幕式。本届文博会总成交额877.62亿元，比上届增加175.3亿元，其中超亿元项目102个，呈现“文化＋科技”的鲜明特色。

16日 △广州市教育局与佛山市教育局在佛山举行广州市、佛山市同城化建设教育合作协议签字仪式，标志着广佛教育同城化启动，两市在基础教育、职业教育、高等教育、成人教育、教育科研、信息化建设、师资队伍建设和合作办学等八大教育领域实现联手。

△深圳、东莞、惠州三市在东莞召开深莞惠一体化第二次联席会议，进一步明确三市紧密合作的组织架构、工作机制和10个重点领域，并就25项近期工作重点事项和3项工作计划签署协议。

18日 △深圳、东莞、惠州三地旅游局在深圳签署《深莞惠三地旅游紧密合作框架协议》。

中旬 △深圳、东莞、惠州三市办公厅（室）在深圳签署《贯彻落实〈推进珠江口东岸地区紧密合作框架协议〉加强信息工作交流合作协议》，根据协议要求，三市办公厅（室）将共享七类信息资源。

△珠三角地区9市及港澳地区青联组织签订《珠江三角洲地区青联组织合作框架协议》、《珠江三角洲义工（志愿者）宣言》。

21日 △2009年佛山城市可经营项目投资推介洽谈会暨签约仪式举行。共推出城市可经营项目178项，投资经营总额达823.7亿元。其中“岭南天地”一期项目和东平新城交通枢纽项目分别获得投资金额31亿元和28.56亿元。

△国务院研究室司长陈文玲一行到肇庆就落实《珠江三角洲地区改革发展规划纲要（2008~2020年）》、深化粤港澳合作开展专题调研。

22日 △省科技厅、省金融办联合认定中山市为广东省首批科技金融结合工作试点市。

26日 △来自广州、深圳、珠海、佛山、江门、东莞、中山、惠州、肇庆9市的近400名民营企业家代表在广州参加由9市市委统战部、工商联联合主办的“携手珠三角，共促大发展——珠三角9市统一战线贯彻实施《珠江三角洲地区改革发展规划纲要》及民营企业协作机制启动仪式”。广州市市长张广宁出席启动仪式并讲话。

△国家发改委、省发改委、深圳市联合在深圳召开新闻发布会，正式对外发布日前获得国务院批准的《深圳市综合配套改革总体方案》。

△珠三角地区9市安监局负责人签订《珠江三角洲区域安全生产应急救援协作框架协议》。

△中央人民政府驻香港特别行政区联络办公室组织香港传媒采访团到肇庆，了解在实施《珠江三角洲地区改革发展规划纲要（2008~2020年）》背景下肇港合作的新方向。

29日 △“珠三角城际旅游大联动”第八站“万人游惠州”在惠州市启动。

6月

1日～13日 △肇庆市召开落实《珠江三角洲地区改革发展规划纲要》部署、加快推进“双转移”和“三促进一保持”各县（市）区现场会。

2日 △香港特别行政区政务司司长唐英年率百余人组成的香港政府及工商界代表团访问深圳（第三站），就《珠江三角洲地区改革发展规划纲要》和《深圳市综合配套改革总体方案》的实施与深圳方面进行沟通与磋商，共同探讨深港两地在新形势下加强合作的前景。中共广东省委副书记、深圳市委书记刘玉浦会见唐英年一行。

△由广东省贸促会牵头，珠三角地区9市贸促会共同打造的珠三角地区贸促系统信息互动平台——“珠三角贸促网”开通。

△广东省政府正式批准设立江门市产业转移工业园，认定开平翠山湖新区和恩平产业转移工业园区为省级产业转移工业园，享受省产业转移政策和资金的双重扶持。

5日　△深圳、东莞、惠州三市签署《深莞惠加强金融业合作协议》。

△香港特别行政区政务司司长唐英年率领香港工商界代表团访问江门（第四站）、中山（第五站），分别与江门、中山领导座谈。香港工商企业将重点投资江门产业转移工业园，并与中山开展服务业合作。

9日～13日　△第五届泛珠三角经贸洽谈会在广西壮族自治区南宁市举行。佛山市共推出50个项目，合作金额达102亿元；肇庆市签约项目总金额91.4亿元。

10日　△广东省政府办公厅出台《关于加快推进珠江三角洲区域经济一体化的指导意见》。

△惠州旅游（香港）推介会在香港举行。推介会上，港惠两地共同签署《香港旅游业议会与广东省惠州市旅游局旅游紧密合作框架协议》、《香港中国旅游协会与广东省惠州市旅游协会旅游紧密合作框架协议》、《惠州环宇国际旅行社与香港美丽华旅游有限公司合作协议》等合作协议。

△广东省（中山市）流动儿童登记制度项目正式启动，该项目是联合国儿童基金会与国务院妇儿工委、公安部联合开展的一个国际合作项目，中山市是该项目在广东省的唯一一个试点城市。

11日　△第五届“泛珠三角省会（首府）城市市长论坛”在广西南宁开幕，广州市市长张广宁在论坛上作主题演讲。

15日　△中共广东省委常委、广州市委书记朱小丹出席市政协提案办理工作座谈会，就其督办的市政协关于《建议制定港口经济发展战略，促进实施〈珠江三角洲地区改革发展规划纲要〉》提案的办理情况进行协商和研究。

△香港特别行政区政务司司长唐英年率领香港工商界代表团访问珠海（第六站），探讨珠港两地在新形势下加强合作的前景。市长钟世坚会见唐英年一行。

16日～17日　△中共广东省委常委、广州市委书记朱小丹，广州市市长张广宁率领广州市党政考察团，中共佛山市委书记林元和，佛山市市长陈云贤率领佛山市党政考察团，到肇庆市学习考察，并与中共肇庆市委书记覃卫东，市长杨浩明等肇庆市党政领导班子召开广佛肇经济合作工作会议。

17日　△“珠江三角洲人才工作联盟”在深圳正式签约成立。

18日　△中海油1200万吨/年惠州炼油项目投产庆典在惠州大亚湾举行。该项目是中海油独资兴建的首个大型炼油厂，项目占地2.68平方公里，厂区分为主厂区、成品油罐区和码头、原油码头及库区，总投资为200多亿元，加工规模达1200万吨/年，是目前国内单系列加工能力最大的炼油厂。

△广东省人民政府与中国海洋石油总公司在惠州大亚湾经济开发区签订全面战略合作协议。中共中央政治局委员、广东省委书记汪洋出席签约仪式。省长黄华华和中海油总经理傅成玉分别代表双方签署全面战略合作协议。

△首届广东外商投资企业产品（内销）博览会开幕。中共中央政治局委员、广东省委书记汪洋，省委副书记、省长黄华华，商务部副部长易小准，副省长万庆良，省政协副主席汤炳权，香港商务及经济发展局局长刘吴惠兰等出席开幕式。

△广州、佛山、肇庆三市的青年企业家协会、青年商会在肇庆举行《广佛肇青企组织合作框架协议》签约仪式暨广东青年企业家肇庆行启动仪式，探索建立广佛肇青年创业园、打造广佛肇青企网、实施三地青年企业家人才培训等计划。

20日　△中共中央政治局委员、广东省委书记汪洋在东莞松山湖科技产业园会见台湾高科技企业考察团一行。

21日　△广东省首家台资医院——东莞台心医院正式开工建设。海协会会长陈云林、国台办经济局副局长张世宏、卫生部国际合作司副司长王立基、广东省卫生厅副厅长耿庆山，东莞市领导刘志庚等出席开工典礼。

22日　△珠江三角洲地区各市教育局局长座谈会在东莞召开。

23日　△广东省铁路建设投资集团有限公司惠州考察座谈会暨《莞惠城际轨道交通项目征地拆迁实施协议》签字仪式在惠州市举行。

△在肇庆市兴建的超级计算机中心投入运行。该中心由中国科学院计算技术研究所布点投资2000多万元，是全国地级市首个、也是广东省第一个每秒2万亿次浮点运算能力的超级计算中心。

24日　△香港特别行政区政务司司长唐英年率香港工商界代表团访问肇庆（第七站），探讨产业、旅游等方面的合作。

25日　△香港特别行政区政务司司长唐英年率香港工商界代表团访问惠州（第八站）。访问期间，惠港双方就应对国际金融危机、产业对接、旅游合作等诸多领域达成重要共识和相关协议。惠州市金融办分别与恒生银行（中国）有限公司、汇丰银行（中国）有限公司签订金融服务合作协议；惠州市旅游局与香港旅游业议会签订旅游紧密合作协议。

△粤港城市规划及发展专责小组第五次会议、粤澳城市规划及发展专责小组第二次会议在中山市举行，广东省、香港和澳门的代表对三地共同关心的区域与城市规划合作事务进行深入的交流和探讨，这是粤港、粤澳城市规划与发展专责小组三方成员的首次聚会。

25日～26日　△广东省落实《珠江三角洲地区改革发展规划纲要》与体制创新专题研讨会在惠州市举办。省人大常委会副主任钟阳胜，中国经济体制改革研究会会长宋晓梧，省人大常委会副秘书长陈华一等出席研讨会开幕式。

26日　△惠州市举行落实《珠江三角洲地区改革发展规划纲要》建设世界级石油化工产业基地研讨会。国内6名石化行业知名专家学者和企业界人士参加研讨会，为惠州市石化产业发展“把脉问诊”、出谋献策。

△香港特别行政区政务司司长唐英年率领香港工商业界代表团访问东莞（第九站），与东莞市市长李毓全，副市长江凌等进行座谈。

28日　△广东省新十项重点工程之一——奥特莱斯世界名牌折扣店华南旗舰中心现代服务产业区在佛山市三水区奠基。该项目总投资138亿元。

29日　△仁深高速公路惠州博罗至深圳段控制性工程在惠州市惠阳区新圩镇动工。该项目线路全长约63.2公里，其中惠州段约38.5公里，双向6车道，设计行车速度100公里/小时。

30日　△惠州市惠城区至大亚湾、博罗、龙门3条城市快线开通。

△博深高速公路先行标段开工。项目跨惠州、东莞、深圳3个城市，全长约63.2公里，总投资91.3亿元。

7月

1日　△《惠州市国民经济和社会发展规划编制管理办法（暂定）》正式施行，惠州市成为广东省首个对规划编制工作实行统一管理的城市。

2日　△广东省农村土地承包经营权流转论坛暨试点现场会在肇庆市高要举行，“肇庆模式”在全省推广。

3日　△以全国政协常委、全国政协港澳台侨委员会副主任陈佐洱为组长的调研组一行10余人访问东莞，就“在实施《珠三角改革发展规划纲要》中，加强粤港澳合作，积极应对金融危机”专题进行调研。

5日　△台湾亚洲大学参访团抵达肇庆开展旅游交流与参访活动。

6日　△《江门市贯彻落实〈纲要〉工作方案》出台。方案制定江门发展七大任务：以先进制造业为重点构建现代产业；自主创新，加快发展高新技术产业；与珠三角现代交通网络全面衔接；推进珠三角生态型宜居典范城市建设；以“五个一体化”实现无障碍对接；深化与港澳的合作；以改革创新、先行先试为原动力促进科学发展。

8日　△“2009中国城市分类优势排行榜”新闻发布会在香港举行。深圳居十大创新城市排行榜榜首。

10日　△广佛肇三市环保局在肇庆市召开环保合作局长会议，成立广佛肇经济圈建设环境保护专责小组。7月16日及8月14日，分别在肇庆、佛山召开广佛肇经济圈环境保护合作座谈会，研讨广佛肇环境保护对接相关问题。

16日　△广州、佛山两市林业考察团一行在两地考察城市林业绿化建设，并签署《广州市佛山市城市林业同城化建设与发展合作协议》。

18日～19日　△“广东县域经济发展高要研讨会”召开。出席会议的专家、学者深入研讨近年来县域经济发展的“高要现象”，认为高要市是广东县域经济发展的好典范，其经验和做法对推动全省县域经济发展有示范作用。

20日　△民政部和深圳市政府在深圳签订推进民政事业综合配套改革合作协议。这是深圳市为落实《珠江三角洲地区改革发展规划纲要》和《深圳市综合配套改革总体方案》与国家部委正式签订的首个“部市”合作协议。

△深圳、惠州两市界河及跨界河综合治理工作协调会在惠州市召开。会议协商讨论《深、莞、惠界河及跨界河综合治理专责小组章程》，对年内重点工作进行协商对接。

21日～22日　△香港与珠三角地区9市落实《珠江三角洲地区改革发展规划纲要（2008~2020年）》交流会在香港举行。

22日　△深圳市政协主席王顺生率深圳市政协考察团到东莞考察，了解开展政协工作、应对金融危机、贯彻落实《珠江三角洲地区改革发展规划纲要》等方面的做法和经验，并与东莞市党政领导进行交流。

22日～23日　△珠江三角洲的7家报社、数十家旅行社、景点（区）、旅游酒店和肇庆各县（市、区）旅游局等聚集肇庆市，参加“首届珠三角地市媒体旅游发展论坛暨肇庆市首批省级国民旅游休闲示范单位”颁牌仪式。

23日　△广州市政府在中大码头举行“爱护母亲河，治理水污染”——2009年广州横渡珠江活动。中共广州市委副书记、市长张广宁，佛山市委副书记、市长陈云贤分别带队同游珠江。

24日～25日　△环境保护部环境影响评价司主持召开《佛山市城市快速轨道交通建设及线网规划环境影响报告书》审查会。

28日　△“江门青年文明号”网站开通，江门成为全省最先开通青年文明号网站的地级市。至是日，全市有全国级青年文明号11个，省级杰出青年文明号3个，省级青年文明号78个，市级青年文明号430个。

8月

5日　△广肇文学艺术合作座谈会在肇庆市举行。两地文联互赠书画作品，并进行艺术创作经验交流。广州考察团一行还参观阅江楼、端砚文化村、广宁县农民运动旧址、封开县杨池古村等。

10日　△广、佛、肇外经贸合作协议签约仪式在广州举行，合作协议明确广州、佛山、肇庆三市外经贸合作的8大领域。

11日　△全省首个城乡居民社会养老保险一体化试点（博罗）启动仪式在惠州市博罗县泰美镇举行。

△佛山、肇庆两市公安局在肇庆签署《警务协作框架协议》，标志着两市警务协作正式开始。

12日　△广州市和佛山市的城管部门负责人签订《广佛同城化城市管理领域合作协议书》。

△中共中央政治局委员、广东省委书记汪洋与省委常委、秘书长徐少华，省政协副主席、省民盟主委温思美，到东莞大朗、松山湖、厚街等3个镇区的10多家企业以及产业园区调研。

13日　△首条深惠跨市公交线路正式开通。该公交线路从惠州市惠阳区沙田镇至深圳市龙岗区坑垶镇。

△香港民建联副主席、香港行政会议成员、立法会议员刘江华率队走访东莞。副市长江凌，市政协副主席林明枢会见访问团一行。

14日　△广州、佛山、肇庆三市工作座谈会在广州召开。会议由中共广东省委常委、广州市委书记朱小丹主持，中共佛山市委书记林元和，肇庆市委书记覃卫东分别作讲话，广州市常务副市长邬毅敏、佛山市市长陈云贤、肇庆市市长杨浩明分别代表三市政府介绍各市经济社会发展和推进广佛同城化、广佛肇经济圈建设情况。

16日　△在“2009中外旅游投资高峰论坛暨建国六十周年旅游业成果颁奖盛典”上，肇庆市被亚太旅游联合会、中国营销学会、中国国际旅行家协会评为“建国六十周年中国最具投资价值旅游城市”。

17日　△总投资达3亿美元的伯恩光学惠州工业园在惠州市惠阳秋长举行奠基仪式。伯恩光学惠州工业园项目由伯恩光学有限公司投资。

18日　△深莞惠3市档案部门在深圳召开第一次联席会议，正式签署《深圳、东莞、惠州市档案部门合作协议》。

20日　△深圳广播电影电视集团、东莞广播电视台和惠州广电传媒集团签署三方战略合作协议。

24日　△在香港举行的佛山—香港CEPA合作交流会上，佛山与香港有关单位签署合作协议。

25日　△广东省高新技术产业园区工作会议暨2008年度广东省科学技术奖励大会在广州召开。

27日　△由广东省政府召开的广州、佛山水环境整治现场会上，广州、佛山两市签订同城化建设环境保护合作协议，分别成立水环境整治工作领导机构，基本建立区域共同治污工作机制。副省长林木声出席会议。

△由广州市科协主办的“2009年科技社团与自主创新论坛”在广州举行。广州、深圳、珠海、佛山、江门、东莞、中山、惠州、肇庆等珠三角地区9市的科协签署《珠三角科技团体交流合作备忘录》。中共广州市委常委、组织部部长方旋，市人大常委会副主任杨武，市政协副主席林生珠，中国工程院院士钟南山出席签约仪式。

△由广州和佛山两市劳动保障部门策划组织的“广州·佛山就业招聘会”在广州市人力资源市场中心市场举行。入场招聘企业115家，共提供岗位4694个。

27日～28日 △全省加快公共文化服务体系建设工作会议在惠州市召开。会议提出到2012年，建成城市“十五分钟文化圈”和农村“十公里文化圈”。

28日 △广州市、佛山市、肇庆市旅游局联合主办的健康生态游广佛肇首团暨广州“翡翠生态游地标群”专线产品启动仪式在广州市举行，标志着三地正式开启“广佛肇同城旅游新时代”。

30日 △海关总署近日公布2008~2009年中国城市外贸竞争力100强城市名单，深圳居首位。

9月

2日 △佛山市首条公路隧道——位于顺德区的大金山隧道通车，总投资为7174万元。同日，投资3040万元新建2个环形匝道桥的顺德立交桥投入使用。

△惠州市贯彻落实《珠江三角洲地区改革发展规划纲要》专场新闻发布会在广州举行，市长李汝求向媒体介绍惠州市贯彻落实《珠江三角洲地区改革发展规划纲要》情况，并就媒体普遍关心的问题回答记者提问。

△惠州市政府与港铁深圳公司签订《惠州市轨道交通项目合作框架协议》，标志着惠州轨道交通1号线项目正式启动。惠州轨道交通1号线全长44.7公里，规划总投资132亿元，沿途共设站点20个，平均站点间距2.18公里，计划2020年之前建成。

3日～4日 △广州市政协第十一届十六次常委会召开，会议以“推进广佛同城化发展”为主题进行专题议政，并公布《关于推进广佛交界区域先行同城化的建议》。

9日 △全省重点项目建设工作会议在肇庆市召开，中共广东省委常委、常务副省长黄龙云参加并作讲话。

12日 △国家发改委和商务部正式批准深圳创建首个国家电子商务示范城市。

17日 △由广州、佛山两地政府和省经济贸易委员会共同举办、为期24天的“千年商都·让生活更精彩——广佛金秋欢乐购物节”在佛山启动，购物节系列活动之一“时尚名品展销会”也于是日在顺德展览馆开幕。中共广州市委常委、副市长李荣灿，佛山市副市长王玲出席开幕式。

22日 △珠江三角洲地区率先实现农业现代化工作会议在江门市召开。广东省副省长李容根强调，农业现代化珠三角要先行。

24日 △深莞惠一体化第三次联席会议在惠州市召开。会议审议通过深圳市、东莞市、惠州市《规划一体化合作协议》、《社会公共服务一体化合作框架协议》、《交通运输一体化补充协议》和《界河及跨界河综合治理专责小组章程》，标志着深莞惠一体化合作向制度化、常态化、纵深化迈进。

△深莞惠三市药品安全监管工作联席会议召开，共同签署《深莞惠三市药品安全监管紧密合作框架协议》。

25 日　△广佛同城化第二次市长联席会议在佛山举行，两市共同审议《广佛同城化发展规划》和交通基础设施、产业协作、环境保护三个专责小组三年工作规划，听取城市规划三年工作规划编制情况说明；检查《广佛同城化建设 2009 年度重点工作计划》52 个具体项目执行情况；讨论研究《广佛同城化建设 2010 年度重点工作计划编制工作方案》。广州市市长张广宁、佛山市市长陈云贤、广州市常务副市长苏泽群、佛山市常务副市长周天明以及广佛同城联席会议各成员单位负责人出席会议。

26 日　△广佛肇交通一体化工程省道 272 线肇庆高要市至佛山高明区段动工建设。

△广东产品全国行暨东莞名优特产品展销活动之东莞品牌服装鞋帽（东北）推广周在长春市欧亚卖场会展中心开幕。开幕现场东莞市服装鞋帽企业与当地经销商共签下 58 个合作项目，合作金额达 215.7 亿元。东莞市政协主席刘树基、市人大常委会常务副主任张继雄、副市长邓志广等领导出席启动仪式。

27 日　△广东省政府通报表彰“2008 年度产业转移目标责任考核评价优秀等次”。

28 日　△经中山大学、东南大学等单位的专家团审核评定，《江门无线城市规划建设方案》获得一致通过，成为全省 21 个城市中首个“无线城市”规划文本。

29 日　△广肇城际轨道交通佛山至肇庆段项目开工仪式在肇庆高新区举行。省领导汪洋、黄华华、欧广源、姚志彬，佛肇两市领导林元和、覃卫东、杨浩明等出席，当地干部群众近 1200 人参加。广肇城轨项目是经国务院批准的珠三角城轨交通线网规划的放射线之一，佛山至肇庆段起于佛山西站、止于肇庆站，速度目标值为每小时 200 公里，线路全长 84.52 公里，计划 2012 年底建成通车。

30 日　△CMI 游艇（香港）有限公司与沙田镇政府签订建设豪华游艇制造基地合作项目意向合作协议。市长李毓全参加签约仪式。

10 月

2 日　△粤、港、澳联合申报的粤剧被联合国科教文组织批准列入《人类非物质文化遗产代表作名录》。

9 日　△肇庆的四会市与佛山的三水区签署区域合作框架协议，成为广佛肇经济圈内首个签署的县级区域合作框架协议。

10 日　△广州、佛山、肇庆三市食品药品监督管理局在肇庆市签订《广佛肇食品药品安全监管合作框架协议》及《广佛肇药品稽查联合工作协议》。

14 日～16 日　△第十一届东莞电博会举行。工信部副部长杨学山，广东省副省长佟星，东莞市领导刘志庚、李毓全、张继雄等参加开幕式。

15 日　△中山古镇—江门荷塘的 351 路公交车开通，成为珠中江交通一体化框架协议签订后的首条跨市互通公交线。该线路往返古镇国际灯饰城与荷塘镇荷花池，线路里程为 11 公里，设 17 个上落站，其中中山境内 5.5 公里，设 9 站。

△佛山市南海中心城区的联河路（即桂澜路北延线）和一环东路北延线通车。至此，一环东路北延线与西二环连通，极大促进了珠三角交通

一体化发展。

16日 △广州市总工会、佛山市总工会、肇庆市总工会签订《广佛肇工会框架合作协议》。广州市人大常委会副主任、市总工会主席陈伟光，以及佛山、肇庆市总工会的主要负责人出席签字仪式。

△中山市政府颁布实施《中山市流动人员积分制管理暂行规定》，以“总量控制、统筹兼顾、分类管理、分区排名”为原则，依据流动人员个人素质、工作经验、居住情况、社会贡献、诚信记录、违法犯罪等情况登记积分，采取择优轮候方式，给予流动人员子女入读公办学校、迁入户籍等待遇，推动流动人口公共服务均等化和市民化。

19日 △《江门市高新技术产业开发区LED产业发展优惠暂行办法》获审议通过。《暂行办法》规定，对LED产业补贴优惠多，税收留成高；专设款项奖励优秀人才。

20日 △深圳、东莞、惠州3市民政局签署《推进珠江口东岸地区民政事业发展合作备忘录》，这是珠三角地区三大经济圈中签署的首个民政事业发展合作文件。

22日～25日 △第十届中国休闲服装博览会在中山市举行，120个国家名牌、省名牌名标及英美等国家和港台等地区品牌企业参展，展位720个，展出面积2万平方米，签订贸易投资总额80.53亿元。

23日 △中国股票上市公司创业板启动仪式在深圳隆重举行。中共中央政治局委员、广东省委书记汪洋与中国证监会主席尚福林共同启动中国创业板开板。首批28家创业板公司集中在本月30日深交所挂牌上市。首批28家企业已发行新股，成功募集154.78亿元。

△中共广东省委书记汪洋在东莞会见由台湾智原科技股份有限公司董事长宣明智率领的台湾高科技企业考察团。省委常委、秘书长徐少华，副省长万庆良，东莞市领导刘志庚、李毓全、冷晓明、江凌等参加会见。

23日～25日 △2009中国（江门）摩托车工业博览会暨经贸洽谈会开幕。3天共吸引7万人次参观，签订各类投资项目107个，总额达17.83亿美元。

27日 △深莞惠三市消委会签署为期3年的《深圳惠州东莞消费者委员会合作协议书》，建立消费纠纷联合解决机制与消费维权长效合作机制。

28日 △由粤港澳三地合作完成的《大珠江三角洲城镇群协调发展规划研究》报告发布，粤港澳将共建世界级城镇群。

11月

1日～4日 △第八届中国（大朗）国际毛织产品交易会在东莞举行。广东省副省长佟星，中国纺织工业协会副会长陈树津等出席开幕式。

6日～8日 △“2009年中国国际食品工业经贸洽谈会”在中山市举行，设标准展位600个，特装展位12个，境外企业展位数占总展位数的52%，落实贸易与投资项目23个，交易额近20亿元。

7日 △2009～2010赛季珠江三角洲职业五人制超级足球联赛（简称“珠超联赛”），在肇庆市体育中心荷花馆开幕，这是中国内地第一个由民间组织主办的职业足球联赛。

9日 △惠州市政府与美国科锐公司LED芯片

项目签约，标志着中国首个大批量量产LED芯片项目落户惠州。

12日　△孙中山诞辰143周年纪念日，孙中山故乡中山市与宋庆龄故乡海南省文昌市缔结友好城市。

13日　△第14届中国（虎门）国际服装交易会开幕典礼在东莞虎门举行。中联办副主任黎桂康，广东省外经贸厅厅长梁耀文等出席开幕式。

△肇庆市副市长孙德率由市外经贸局、市旅游发展局、市招商局及有关县（市、区）组成的经贸代表团参加“2009广东国际旅游文化节暨泛珠三角旅游招商会”。

13日～18日　△“广佛肇传统文化交流展”在广州市越秀区文化艺术中心举办。展出广州市的广绣、戏服、牙雕，肇庆市的端砚，佛山市的“石湾公仔”等传统民间工艺精品。

14日　△“2009广东国际旅游文化节·肇庆旅游嘉年华”开幕式暨环星湖国际市民徒步大会在牌坊广场启动，16个国家和地区的游客、徒步爱好者及肇庆市民共3万人参加。

16日　△为期6天的第十一届中国国际高新技术成果交易会在深圳会展中心隆重开幕。全国人大常委会副委员长周铁农宣布开幕，全国政协副主席白立忱致开幕辞。本届高交会共有来自49个国家和地区的106个代表团、3000多家参展商、1800多家投资商和1.5万多个项目参会。

16日～19日　△由文化部社会文化司、广东省文化厅、中山市人民政府联合主办，中山市文广新局、中国合唱协会承办的首届全国农民合唱大会在中山举行。

18日　△佛山机场时隔7年后，正式复航。

20日　△广东省数字证书认证中心与富士通香港有限公司在佛山南海区共建数据中心项目举行签约仪式，正式落户南海，成为在中国首个世界顶级数据中心。

△中共中央政治局常委李长春在中共中央政治局委员、广东省委书记汪洋等陪同下到东莞考察。

△广珠轻轨江门段西江特大桥架通。

24日　△东莞市贯彻落实《珠江三角洲地区改革发展规划纲要》新闻发布会举行。市委副书记、市长李毓全介绍东莞市贯彻落实《规划纲要》情况及加强珠三角区域合作的思路和举措，并现场接受媒体采访。

△交通运输部部长李盛霖一行7人在广东省副省长佟星、省交通运输厅厅长何忠友、中共肇庆市委书记覃卫东、代市长郭锋等领导的陪同下，考察西江内河航运状况及封开华润水泥厂码头、三榕港建设经营情况，李盛霖对如何发挥西江“黄金水道”优势，推动区域经济协调、可持续发展提出了意见。

25日　△深莞惠三地医保同城化取得实质性进展。深圳市社保局近日与东莞、惠州11家定点医院签订了《深圳市社会保险定点医疗机构医疗服务协议书》，从12月1日起，常住东莞、惠州的深圳市参保人可在当地刷深圳社保卡就医，各项医保待遇和报销比例完全按照深圳市的标准执行。

△为期四天的“2009中国（塘厦）国际高尔夫运动用品博览会”在东莞开幕。塘厦镇被授予“中国高尔夫产业名镇”牌匾和证书。

△广东省物价局在肇庆市召开“广佛肇”三市价格工作座谈会，研究贯彻落实《珠江三角洲地区改革发展规划纲要》、污水处理收费改革、推行路桥通行费年票制和实现珠三角区域年票互通、打造“广东价格”话语权等问题。省物价局局长孙庆奇，省局相关处室和广佛肇三市物价局负责人出席会议。

26 日 ~ 29 日　△第九届中国（长安）国际机械五金模具展览会在东莞长安镇举行。十届全国政协常委、中国机械工业联合会名誉会长于珍，中共东莞市市委书记刘志庚等出席开幕式。

27 日　△由广州、佛山和肇庆三市政府主办的“广佛肇名优商品展销会”在南京开幕。广、佛、肇三市企业与长三角地区企业现场签约经贸合作项目 26 项，总金额 110.84 亿元。

△东莞市台商投资企业协会举行 16 周年庆典。海峡两岸关系协会副会长王富卿、广东省台办主任陈国兴、中共东莞市市委书记刘志庚等参加庆典。

27 日 ~ 29 日　△广佛肇名优商品展销会在江苏南京市举行。佛山市与江苏省达成经贸合作项目 83 个，合作金额 95 亿元。

28 日　△全国中药房规范化建设与管理高层论坛暨中药煎药室管理与中药饮片质量管理培训班在江门市召开。

△珠江三角洲地区 9 市“2010 届高校毕业生联合招聘大会肇庆市供需见面会”在肇庆学院举办，进场招聘单位 220 多家，提供 4000 多个就业岗位，约 1 万名大学生参加。

30 日　△广东省政府新闻办公室在广州举行贯彻落实《珠江三角洲地区改革发展规划纲要》肇庆专场新闻发布会。肇庆市代市长郭锋在会上介绍贯彻落实《规划纲要》情况及加强珠三角区域合作的思路和举措，提出肇庆市力争 2012 年人均地区生产总值达到 3 万元。

12 月

1 日　△广佛肇经济圈第一次市长联席会议在广州举行。会议研究审定广佛肇经济圈市长联席会议及工作协调机制、广佛肇经济圈建设 2009 ~ 2010 年度重点工作计划（第一批）和广佛肇经济圈发展规划编制工作方案，并签署交通运输、环境保护、教育培训和产业合作 4 个专项合作协议。广州市市长张广宁主持会议并讲话。

△肇庆、广州、佛山三市的卫生部门负责人在肇庆市皇朝酒店签订《关于加强广佛肇卫生领域合作意见》。

3 日　△广东省住房和城乡建设厅、省文化厅联合公布第二批历史文化街区、名镇、名村，中山市孙文西街区、西山寺街区、南区沙涌街区、从善坊街区列入历史文化街区，南朗镇、南圃镇列入历史文化名镇。

△肇庆市援建汶川县的 4 个项目在“新家园，新希望——广东省援建汶川县十大民生工程交付使用仪式”上交付使用。

6 日　△2009 年中国房车锦标赛（CTCC）第六站总决赛在肇庆高新区广东国际赛车场举行，30 支车队的 100 辆赛车同场竞技。

7 日　△江门市政府常务会议通过《江门市绿色（半导体）光源产业发展规划（2009~2015 年）》和《江门市推广高效节能半导体照明（LED）产品示范工程实施方案》。

10 日　△深莞惠医疗卫生合作第一次联席会议在深圳召开，三市卫生行政部门签署了《深莞惠医疗卫生紧密合作框架协议》。2011 年起，深圳、东莞、惠州三级医院将实现“一单通”，门诊、住院病历、检验（检查）申请单、报告单全部统一，三级公立医院的医学检验和医学影像结果　互认。

11 日　△首届中国（江门）传统家具精品鉴赏会在江门五邑华侨广场展览中心开幕。

12 日　△2009“肇庆金秋”经贸洽谈会开幕。

签约、奠基（开工）和剪彩（投产）项目共159个，投资总额537.32亿元，其中签约项目67个，投资额365.15亿元。广东省省长黄华华、副省长万庆良及社会各界人士约1200人出席开幕仪式。

15日　△深圳、东莞、惠州3市规划部门联席会议第一次会议在深圳举行，签署《深莞惠三市城市（乡）规划紧密合作框架协议》。

△惠州市政府出台《珠江三角洲地区一体化（惠州）环境保护规划》。

18日　△广佛肇三市教育合作研讨会在肇庆市召开。研讨广佛肇教育合作专项规划和2010年广佛肇教育合作工作，制定广佛肇教育合作工作机制。会议印发《广佛肇经济圈建设教育培训合作专项规划任务分工和目标管理责任制一览表（讨论稿）》，三市教育交流与合作的项目共40多个，涉及基础教育、职业教育、高等教育、教育科研、教育人才、合作办学六大领域，实施时间为2010～2013年。

21日　△由中国广东核电集团和法国电力公司按70%和30%的比例投资设立的台山核电合营有限公司，在北京人民大会堂宣布正式成立。由该公司负责的、采用欧洲先进压水堆三代核电技术建设的重大清洁能源项目——台山核电站一期工程同时宣布正式动工。

24日　△广佛同城化首场专场新闻发布会在广州召开。广州市常务副市长邬毅敏，佛山市常务副市长周天明宣布《广佛同城化发展规划（2009～2020年）》正式出台。

28日　△广东省公路管理局与江门市政府合作建设的江门至广州番禺高速以及江珠高速北延线项目签字仪式在江门市公路局举行。

30日　△中国城市竞争力研究会在香港发布第八届（2009年）中国城市竞争力排行榜，深圳连续5年居中国城市成长竞争力排行榜榜首。

△为期五天的首届中国国际影视动漫版权保护和贸易博览会在东莞国际会展中心开幕。中宣部副部长、国家广电总局局长、博览会组委会主任委员王太华，广东省省长、博览会组委会主任委员黄华华，国家广电总局副局长、博览会组委会副主任委员胡占凡，中共广东省委宣传部部长林雄，省人大常委会副主任钟阳胜，省人民政府副省长、博览会组委会副主任委员雷于蓝等出席开幕式。

△2009中国（中山）南方绿化苗木博览会在中山市古镇镇举行，国内外8个协会和近300个单位直接参展或举办各种苗木、艺术花卉大型活动。

△广佛肇三地卫生部门制定《广佛肇重大传染病和突发公共卫生事件联防联控工作方案》。

区域协调

区域协调

重要会议

【国新办发布珠三角规划纲要】 2009年1月8日，国家发展和改革委员会在国务院新闻办公室新闻发布会上公布《珠江三角洲地区改革发展规划纲要（2008~2020年）》（以下简称《规划纲要》），从战略全局和长远发展出发，促进珠三角地区在严峻挑战下进一步发挥对全国的辐射带动作用和先行示范作用。发布会上，国家发展和改革委员会副主任杜鹰、广东省人民政府常务副省长黄龙云介绍《规划纲要》内容，并答记者问。

《规划纲要》对珠三角地区各城市的功能进行了全新定位：以广州、深圳为中心，以珠江口东岸、西岸为重点，推进珠三角区域经济一体化，支持粤港澳合作发展服务业，到2020年形成粤港澳三地分工合作、优势互补、全球最具核心竞争力的大都市圈之一。《规划纲要》还提出，支持粤港澳在协商一致的前提下，共同编制区域合作规划。港珠澳大桥有望年内开工，中央已经明确对大桥的主体工程出资50亿元资本金。《规划纲要》为珠三角地区改革发展首次确定了五大战略定位：探索科学发展模式试验区、深化改革先行区、扩大开放的重要国际门户、世界先进制造业和现代服务业基地、全国重要的经济中心。同时明确提出珠三角的两个阶段性发展目标：2012年率先建成全面小康社会，2020年率先基本实现现代化。

【省委举办规划纲要研讨班专题报告会】 2009年2月1日，中共广东省委理论学习中心组在省委礼堂举办《珠江三角洲地区改革发展规划纲要》研讨班专题报告会。中共中央政治局委员、广东省委书记汪洋主持报告会并在结束时作重要讲话，省委副书记、省长黄华华就贯彻落实《规划纲要》提出要求，国家发改委副主任杜鹰作关于编制和实施《珠江三角洲地区改革发展规划纲要》的专题报告。

省委理论学习中心组成员，省法院、省检察院主要负责人，珠三角地区9市的市委书记、市长，省委、省政府副秘书长，省委各部委、省直各单位、省各人民团体、中直驻粤有关单位副厅以上领导干部等，共约1800人参加专题报告会。会上，珠三角地区9市主要负责人分别汇报各组学习讨论情况及本市贯彻落实《规划纲要》的意见。

【珠三角（佛山）现场会】 2009年3月29日，珠三角各市现场会（第一站）在佛山市召开。中共中央政治局委员、广东省委书记汪洋，省长黄华华，省领导刘玉浦、黄龙云、朱小丹、徐少华、王宁生、宋海、佟星、林木声、万庆良、陈蔚文以及珠三角地区9市市委书记、市长，省直有关部门、部分中央驻粤单位主要负责人参加现场会。会议重点检查佛山市贯彻实施《珠江三角洲地区改革发展规划纲要》、推进“三促进一保持”和“双转移”等各项工作的进展情况。上午，与会人员先后考察佛山创意产业园、中国陶瓷城、广东东鹏陶瓷股份有限公司、南海经济开发区、广东平板显示产业技术研究院、中山大学佛山研究院、广东金融高新技术服务区、广佛地铁桂城站等企业、园区和重点建设项目。下午，汪洋主持召开座谈会并发表讲话。会上，佛山市委、市政府就金融高新区建设、推进统筹城乡发展、解决发展用地缺口、申报“国家液晶电视集成制造产业基地”等问题向省委、省政府以及省有关部门提出要求。省有关负责人就有关问题现场作了答复或当场予以解决，并要求各部门继续跟踪督察佛山市落实《珠江三角洲地区改革发展规划纲要》的情况。

【珠三角（肇庆）现场会】 2009年3月30日，珠三角各市现场会（第二站）在肇庆市召开。中共中央政治局委员、广东省委书记汪洋，省长黄华华，省领导刘玉浦、朱小丹、徐少华、王宁生、佟星、万庆良、陈蔚文及珠三角地区9市市委书记、市长，省直有关部门、部分中央驻粤单位主要负责人参加现场会。会议主要内容是检查肇庆贯彻实施《珠江三角洲地区改革发展规划纲要》、推进“三促进一保持”和“双转移”等各项工作的进展情况，提出广佛同城带动肇庆、打造广佛肇经济圈的任务和要求。上午，与会人员考察中山（肇庆大旺）产业转移园、肇庆市高级技工学校实训操作室、广东风华高新科技股份有限公司、肇庆市鸿特精密压铸有限公司、肇庆市亚洲金属资源再生工业基地和肇庆新中亚铝业有限公司等园区、企业，听取中共肇庆市委书记、市人大常委会主任覃卫东的工作汇报，并就重大项目和重点产业布局、肇庆高新区申报国家级高新技术开发区、增加建设用地规模指标、建设华南地区职教基地等问题进行座谈。

【珠三角（江门）现场会】 2009年3月31日，珠三角各市现场会（第三站）在江门召开。中共中央政治局委员、省委书记汪洋，省长黄华华等省、市领导出席现场会。现场会对江门贯彻实施《珠江三角洲地区改革发展规划纲要》、推进“三促进一保持”和“双转移”等各项工作进行检查指导，要求江门要争先进位，转“危”为“机”，努力实现弯道超车。省长黄华华代表省委、省政府作讲话。

上午，与会人员考察江门滨江大道和滨江新区，江门市大长江集团有限公司、松下电子部品（江门）有限公司、无极限（中国）有限公司、广东银洲湖纸业基地及维达纸业（江门）有限公司等园区、企业。下午，汪洋主持召开座谈会。会上，江门市委、市政府就解决重大项目地方资本金不足、调整五邑大学管理体制、与港珠澳大桥对接的路网建设、加快交通基础设施建设等问题向省委、省政府以及省有关部门提出支持请求。省有关领导和省发改委、省交通厅、省教育厅、省财政厅等部门主要负责人就有关问题现场答复，表示支持江门加快交通基础设施建设、做好与周边城市路网对接的建设，同时也希望江门扩大外贸出口、大力发展旅游业、加强宜居城乡建设。

【珠三角（中山）现场会】 2009年4月1日，珠三角各市现场会（第四站）在中山召开。中共中央政治局委员、省委书记汪洋，省长黄华华等省、市领导出席会议。与会人员先后考察广东格兰仕集团有限公司（中山）家用电器生产基地、中山市松德包装机械股份有限公司、中山火炬开发区临港工业园和明阳风电产业基地。会议指出，中山在鼓励自主创新、提升集群经济、深化城乡统筹、扩大公共服务等方面取得重要进展，在建设适宜创业、适宜创新、适宜居住的现代化城市中努力探索新路，为全省争当实践科学发展观排头兵作出积极贡献。中山的实践充分证明，广东要争当提升中国国际竞争力的主力省，关键在于提高珠江三角洲地区的自主创新能力。会议要求中山围绕落实《珠江三角洲改革发展规划纲要》，在保增长、培育和发展更高水平的经济新增长点、增强自主创新能力、推进城乡一体化四个方面取得新突破。

【珠三角（珠海）现场会】 2009年4月2日，珠三角各市现场会（第五站）在珠海市召开。中共中央政治局委员、省委书记汪洋，省长黄华华等省、市领导出席会议。现场会对珠海贯彻实施《珠江三角洲地区改革发展规划纲要》、推进“三促进一保持”和“双转移”等各项工作进行检查指导，提出要全力打造珠江口西岸核心城市，尽快完善珠三角区域发展布局。与会人员先后考察珠海高栏经济区，其中包括中船珠海大型海洋工程装备制造基地、中海油深水海洋工程装备制造业基地、南海天然气陆上终端，金湾液化天然气珠海接收站、中化格力扩建工程、4个10万吨集装箱码头项目、壳牌润滑油项目、中石油珠海物流仓储工程等重点项目。此外，还考察珠海杰腾造船有限公司、珠海汉胜科技股份有限公司。会议指出，珠海要按照《珠三角地区改革发展规划纲要》要求，继续建设交通枢纽工程，推进游艇、通用飞机、海洋工程装备制造等一些有发展前景项目，完善区域功能布局，加大珠澳合作力度，将珠海全力打造成珠江口西岸核心城市，尽快完善珠三角区域布局。

【珠三角（惠州）现场会】 2009年4月7日，珠三角各市现场会（第六站）在惠州市召开。中共中央政治局委员、省委书记汪洋，省长黄华华等省、市领导出席会议。现场会对惠州贯彻实施《珠江三角洲地区改革发展规划纲要》、推进“三促进一保持”和“双转移”等各项工作进行检查指导。与会人员先后考察TCL液晶模组工厂、联想科技园、惠州比亚迪实业有限公司、中海壳牌石化联合工厂、中海油惠州炼油工厂。会议指出，惠州生态良好，社会和谐，支柱产业突出，发展后劲明显，但人均地区生产总值增速偏低，服务业比重偏低。应重视提高人均地区生产总值水平和发展服务业，创文明城市、建惠民之州。同时推进建设世界级石化基地、国家级电子信息产业基地、全国统筹城乡发展综合改革试验基地、粤港澳地区休闲度假基地、广东清洁能源基地等“五大基地”建设。会议还要求深圳、东莞、惠州加快一体化进程，重点在高速公路对接、跨界河流污染治理等方面率先突破。

【珠三角（深圳）现场会】 2009年4月8日，珠三角各市现场会（第七站）在深圳召开。中共中央政治局委员、省委书记汪洋，省长黄华华等省、市领导出席会议。现场会对深圳在结构调整和产业升级，自主创新以及体制和机制创新，深化开放，城市规划建设和社会管理等方面进行了考察和研讨，对深圳贯彻实施《珠江三角洲地区改革发展规划纲要》、推进“三促进一保持”和“双转移”等各项工作进行检查指导。与会代表视察福田区、上沙工业园和深圳自主品牌汽车比亚迪公司。会议指出，深圳在机制体制转型和创新方面值得其他城市学习，但需要以发达国家和地区为目标，具体落实《珠江三角洲地区改革发展规划纲要》所要求的增创体制机制新优势、构建现代产业体系、提高自主创新能力、推进基础设施现代化、加快全市经济社会一体化发展、促进区域协调发展、加强资源节约和环境保护、加快社会事业发展和构建开放合作新格局九个方面的重点任务。

【珠三角（东莞）现场会】 2009年4月9日，珠三角各市现场会（第八站）在东莞召开。中共中央政治局委员、省委书记汪洋，省长黄华华等省、市领导出席会议。现场会对东莞贯彻实施《珠江三角洲地区改革发展规划纲要》、推进“三促进一保持”和“双转移”等各项工作进行检查指导。与会人员先后视察虎门港、大岭山污水处理厂、松山湖等重点园区。会议指出，东莞在国际金融危机中沉着应对，保持经济平稳较快发展和产业结构调整成效显著。今后东莞要加快中小企业的转型升级，为全省乃至全国创造样板。

【珠三角（广州）现场会】 2009年4月10日，珠三角各市现场会（第九站）在广州召开。中共中央政治局委员、省委书记汪洋，省长黄华华等省、市领导出席会议。现场会对广州贯彻实施《珠江三角洲地区改革发展规划纲要》、推进“三促进一保持”和“双转移”等各项工作进行检查指导，要求广州加快建设国家中心城市，全面提升科学发展实力。与会人员先后考察中国电信亚太信息引擎、广州科学城、威创视讯科技股份有限公司、广州毅昌科技股份有限公司、增城工业园区、广州本田汽车有限公司增城工厂、广州福耀玻璃有限公司。汪洋主持召开座谈会并就广州落实《珠江三角洲地区改革发展规划纲要》、建设国家中心城市发表讲话。广州市市长张广宁汇报广州发展情况。会议指出，广州要实现“强化国家中心城市、综合性门户城市和区域文化教育中心的地位”，“建设成为广东宜居城乡的‘首善之区’，建成面向世界、服务全国的国际大都市”的定位，目标是从资源配置功能、经济发展和社会事业辐射功能两个方面在全国形成影响。会议最后对珠三角地区各市现场会作小结。

（卫 茅）

【实施珠三角规划纲要征求意见座谈会】 实施《珠江三角洲地区改革发展规划纲要》征求意见座谈会2009年4月3日上午在广州举行。广东省省长黄华华听取14位省人大代表、省政协委员和各民主党派代表发言并作讲话。副省长佟星主持座谈会，副省长林木声出席会议。省政府秘书长徐尚武通报省委、省政府推动实施《规划纲要》工作情况和《关于贯彻实施〈珠江三角洲地区改革发展规划纲要〉的决定》、《〈珠江三角洲地区改革发展规划纲要〉实施方案》起草情况。会上，省人大代表卢光霖、刘洪一、俞雪花，省政协委员田秋生、刘纪显、欧晓明，各民主党派代表沙振权、李竞先、徐志达、鲁开垠、魏光群、吴毅、温洋、孔令人先后发言，从完善发展目标指标体系、加强统筹规划、加强社会监督、推进珠三角一体化、加强自主创新等角度，就如何贯彻实施好《规划纲要》提出意见。（赵殿川）

【广东省贯彻落实珠三角规划纲要动员会】 2009年4月11日，中共广东省委、省政府以电视电话会议形式召开全省贯彻落实《珠江三角洲地区改革发展规划纲要》动员会。中共中央政治局委员、广东省委书记汪洋主持会议并作重要讲话，省委副书记、省长黄华华部署落实纲要工作。汪洋在会上指出，省委、省政府出台贯彻落实《规划纲要》的决定，充分体现《规划纲要》要求，操作性强，各市一定要按照决定要求完成任务，在推动经济发展模式转变、构建互动协调的区域发展格局、提升开放型经济水平、发展民生和社会事业、体制机制创新等5个方面取得新突破。

黄华华部署落实《规划纲要》工作，他指出各地要准确把握《规划纲要》总体目标和基本原则，要全面推进珠三角区域经济一体化，推进粤港合作，积极应对金融危机，力保经济平稳较快发展。省委常委、常务副省长黄龙云作省委、省政府关于贯彻实施《珠江三角洲地区改革发展规划纲要》的决定的起草说明。（珠海广播电视台）

【第五届泛珠三角高层论坛】 2009年6月10日，第五届“泛珠三角区域合作与发展论坛暨经贸洽谈会高层论坛”在广西南宁举行，来自“9+2”省（区）行政首长分别作主题演讲。广东省省长黄华华出席会议并发言。泛珠合作是“9+2”各省区增进交流、促进发展的重要平台。泛珠合作启动以来广东省与各省区签约项目3681个，总金额5400亿元。会议指出，加强“泛珠”合作发展，既是“9+2”兄弟省区深入贯彻落实科学发展观、进一步推进合作发展的重大举措，也是共同克服国际金融危机影响、保持经济平稳较快发展的务实之举。面对新挑战新机遇，会议要求各方当前重点在突出加强市场、产业、旅游、交通和创新五个方面的合作。 （舒 涓）

【“推进珠三角一体化对策与建议”省长与专家座谈会】 2009年8月20日在广州召开。会上，来自京港两地的专家就广东如何贯彻落实《珠江三角洲地区改革发展规划纲要》、推进珠三角一体化、调整优化经济结构、转变经济发展方式等重大战略问题各抒己见。讨论总结认为：第一，要以经济结构调整为核心加快推进珠三角一体化；第二，要以提升自主创新能力为支撑加快推进珠三角一体化；第三，要以率先改革为动力推进珠三角一体化；第四，要以粤港澳紧密合作为依托加快推进珠三角一体化。 （刘晓星）

【中海油加大在粤投资力度座谈会】 2009年3月4日，中共中央政治局委员、广东省委书记汪洋，省长黄华华来到中国海洋石油总公司，与中海油公司总经理、党组书记傅成玉等举行座谈，共商双方战略合作大计。座谈会上，中海油方面介绍了在广东投资情况以及发展规划：广东是中海油最主要的战略发展基地，虽然当前面临国际金融危机，但中海油在广东的投资力度还要加大。迄今为止，中海油在广东的投资已经超过1200亿元，未来五年将超过3000亿元，预计纳税超过800亿元。近期中海油公司将积极参与《珠江三角洲地区改革发展规划纲要》的实施，加快惠州炼化一体化等项目建设，打造特大型石化产业基地。

【共建珠三角城际轨道交通省部会谈】 2009年5月29日，中共中央政治局委员、广东省委书记汪洋，省长黄华华在广州与铁道部部长刘志军会谈。双方认为，贯彻落实中央“扩内需、保增长、调结构”的重要部署，必须紧紧抓住铁路发展的黄金机遇期，通力合作，发挥优势，进一步加快广东铁路发展，实现互利双赢。

广东按照中央的要求和部署，贯彻实施《珠江三角洲地区改革发展规划纲要》，全面推进珠三角区域经济一体化。重中之重是推进交通基础设施一体化，抓住珠三角城际轨道交通系统建设这个重点，加快建设统一、快速、便捷的综合交通运输体系。铁道部方面表示，将全力支持广东经济转型升级，通过加快铁路交通建设为广东“双转移”提速；务实推进部省合作，加强在广东铁路建设项目的组织实施，确保工程进度和质量；同时注重城际轨道交通与城市公共交通的有机衔接，与快速铁路网实现互联互通，促进形成区域发达完善的综合交通体系。双方同意加快广东在建铁路项目建设进度，全力做好新开工项目前期工作，合作建设珠三角地区城际轨道交通，共同推进广东省铁路装备工业建设，探索城市轨道交通网建设、管理、运营的新模式。

【香港与珠三角9市落实规划纲要交流会】 2009年7月21日，香港与珠三角地区9市落实《珠江三角洲地区改革发展规划纲要》交流会在香港举行。香港特别行政区行政长官曾荫权出席会议并致开幕辞，广东省副省长万庆良和香港政务司司长唐英年分别讲话。会上，9市市领导分别以“广佛肇”、“深莞惠”、“珠中江”分组发言，并与参会香港企业家互动交流。香港中华总商会、中华厂商联合会、工业总会、香港大珠三角商务委员会等香港主要行业、协会、商会负责人以及香港工商界人士200多人参加交流会。是年4~6月，唐英年率香港工商界代表团先后访问了珠三角地区9市。此次交流会既是珠三角9市对香港的回访，也是推进实施《规划纲要》的深化。

【对港服务业开放措施政策宣讲会】 2009年9月23日，由广东省政府、香港特别行政区政府和商务部共同主办的落实CEPA及服务业对香港开放在广东省先行先试措施政策宣讲会在香港召开。广东省省长黄华华、香港特别行政区行政长官曾荫权、商务部副部长姜增伟以及香港特别行政区财政司司长曾俊华分别致辞，中央驻港联络办副主任郭莉出席开幕式，中共广东省委常委、深圳市代市长王荣及副省长万庆良参加会议。商务部以及广州、深圳、珠海、佛山和东莞5个落实CEPA重点市主要负责人分别在会上演讲，共有来自粤港两地工商企业界代表400余人参加会议。

《珠江三角洲地区改革发展规划纲要》明确提出，支持深化粤港澳服务业合作，鼓励CEPA在广东先行先试。CEPA实施6年来，中央共批准34项对港服务业开放政策。粤港积极抢抓CEPA先机，在货物贸易、服务贸易、贸易投资便利化等方面取得重大成效。是年，粤港服务业合作在国际金融危机影响下逆势上扬，前8个月广东实际吸收香港服务业投资35.5亿美元，比上年增长18.1%，远高于制造业增速，占同期香港对广东实际投资43.8%，充分展现粤港服务业合作强大活力和潜力。

开幕式结束后，14个国家有关部委、19个省直有关部门以及珠三角地区9市主要负责人按行业分组，向香港业界介绍CEPA及服务业先行先试措施内容、落实配套措施，并与香港业界就服务业先行先试涉及的34项开放措施进行广泛深入交流。

【广东新加坡发展论坛】 2009年3月24日，以“应对危机，共谋发展”为主题的中国广东—新加坡发展论坛在广州举行。论坛由广东省人民政府、新加坡贸易及工业部主办，广东省人民政府外事办公室、新加坡驻穗总领事馆承办。中共中央政治局委员、广东省委书记汪洋，新加坡国务资政吴作栋出席论坛并分别作演讲。论坛由广东省副省长万庆良主持，来自广东和新加坡政府、商界和学术界的人士共论粤新合作大计。

论坛上，万庆良与新加坡教育部兼新闻、通讯及艺术部高级政务部长吕德耀签署《新加坡与广东合作理事会备忘录》；中共广州市委常委、广州开发区管委会主任薛晓峰与新加坡吉宝企业集团董事长林子安签署《关于合作建设“知识城”项目的备忘录》。双方政府部门、企业界代表及专家学者发表了演讲。中共广东省委常委、广州市委书记朱小丹，广州市市长张广宁，新加坡国家发展部兼教育部高级政务部长傅海燕，新加坡驻华大使陈燮荣等参加论坛并见证签约仪式。 （卫 茅）

制度创新

【行政审批制度改革】 从2009年初开始，广东省启动第四轮行政审批制度改革，实行“并联审批”制度，全年取消和调整的行政审批事项占总数的53.6%。珠三角地区9市审批制度改革成绩显著：广州市清理816项行政审批事项，实现精简50%以上审批事项的目标；佛山市实行“两横两纵”行政审批流程改革，整合审批职能，集中窗口服务，通过实施流程分类压缩“体内循环”，并实行并联审批和推进网上审批，使审批时间大大压缩；肇庆市调整目录为广东省委托市、县管理的行政许可事项29项，省下放市、县按一般业务管理的事项45项，省予以确认和调整的行政审批事项26项；深圳市31个政府工作部门及相关部门共取消、调整、转移284项职责和行政审批事项，同时增加直接涉及群众切身利益、关系国计民生的部门职责70多项；东莞市制定《东莞市行政审批管理监督办法》，加强对行政审批的管理和监督；惠州市行政审批制度改革领导小组办公室对全市39个部门现行573项重新进行清理，实现减幅达到50%以上的目标；珠海市出台《珠海市建设工程项目行政审批管理办法》，提高基建项目审批效率；中山市审批事项从原来1404项削减为463项，减幅近70%，并将全市53个部门的《办事指南》网上公开，530个审批流程实现网上办理，占应上网审批事项的90%，日办理审批事项超过1000宗，办结总量超过89万宗；江门市建成集OA办公自动化系统、网上行政服务系统和行政中心门户网站于一体的江门市人民政府行政服务中心综合信息系统，实现在行政中心办理的审批事项网上全程审批率达到100%。

【省发改委发布深化经济体制改革工作意见】 2009年6月，广东省发展和改革委员会发布《关于2009年深化经济体制改革工作的意见》。《意见》按照广东省“十一五”规划，结合贯彻实施《珠江三角洲地区改革发展规划纲要》，就全省2009年度深化经济体制改革工作提出意见。意见主要包括：加快行政管理体制改革，进一步转变政府职能；深化财政和投资体制改革，健全科学调控体系；完善基本经济制度，促进多种经济成分融合发展；深化涉外经济体制改革，完善开放型经济体系；加大农村综合改革力度，推动城乡一体化发展；大力发展要素市场，健全现代市场体系；完善就业、收入分配和社会保障制度，促进社会和谐；深化社会领域改革，推进社会事业健康发展；加强组织领导，确保各项改革顺利进行。

【珠三角率先实行审批管理“零收费”制度】2009年1月23日，广东省物价局与珠三角地区9市物价局负责人召开贯彻落实《珠江三角洲地区改革发展规划纲要》座谈会。会议讨论以价格手段推动珠三角地区加快改革发展，决定率先在珠三角地区实行审批管理“零收费”制度，以建立起反映市场供求状况、资源稀缺程度和环境损害成本的价格形成机制，推动珠三角地区发展方式转变。惠州市政府将行政许可收费改革纳入市第四轮行政审批制度改革重点，率先在全省实现行政许可“零收费”，全市取消涉及40项行政审批的30项收费。

【珠三角政府机构改革与职能转变】 2009年3月，广东省启动政府机构改革，突出转变政府职能，加快推进政企、政资、政事、政府与市场中介组织分开，充分发挥市场机制配制资源的基础性作用，切实减少政府的微观管理职能；深化行政审批制度改革，将行政审批事项减少一半左右；强化直接服务，突出不同层级政府履行职责的重点，形成全面衔接、分工合理的职能体系。珠江三角洲地区9市响应省政府号召，贯彻落实《珠江三角洲地区改革发展规划纲要》要求，至年底，各市政府机构改革精简均取得显著成效。广州市以政府转型为目标深化行政管理体制改革，涉及调整、撤并的机构一共有29个，政府工作部门和办事机构从49个精简为40个。珠海市政府工作部门精简至27个，精简幅度约为1/3，议事协调机构减少83.3%。另外在“先行先试”原则指导下，深圳、佛山顺德区开展大部门制改革试点，为其他各市政府机构改革与职能转变提供成功样本。

【大部门制改革试点显成效】 2009年3月，在广东省市县政府机构改革工作电视电话会议上决定探索推进大部门体制改革，鼓励珠三角地区优先进行大部制改革试点。大部制即为大部门体制，就是在政府的部门设置中将职能相近部门、业务范围趋同事项相对集中，由一个部门统一管理，最大限度地避免政府职能交叉、政出多门、多头管理，从而提高行政效率，降低行政成本。7月31日，深圳市大部制改革方案出炉，市政府各机构统称工作部门，根据部门的职能定位作出区分，其中主要承担制定政策、规划、标准等职能，并监督执行的大部门称为“委”；主要承担执行和监管职能的机构称为“局”；主要协助市长办理专门事项，不具有独立行使行政管理职能的机构称为“办”。各委、局对市政府负责。一部分主要承担执行和监管职能的局，由主要承担制定政策、规划、标准等职能的委归口联系。调整后，政府部门减少15个，精简幅度近1/3；打破原有局、办的通行政府机构设置，首次按照大行业，整合决策、规划职能设立七大委员会（发展和改革委员会、科技工贸和信息化委员会、财政委员会、规划与国土资源委员会、交通运输管理委员会、卫生和人口计划生育委员会、人居环境委员会）。改革使现有政府职能中部分重心下移，最终推动形成服务型、高效率的“小政府”。9月16日，佛山市顺德区正式公布大部制改革方案。顺德区在维持建制不变的前提下，开展综合改革试验，除党委、纪检、监察、法院、检察院系统及需要全市统一协调管理的事务外，其他所有经济、社会、文化等方面的事务，中共广东省委、省政府赋予顺德区行使地级市管理权限。顺德区积极推进职能有机统一的大部门体制改革，将改革前的41个党政部门、群团组织及垂直管理单位调整为16个，各方面效果显著，备受社会各界关注。为支持顺德区综合改革试验，佛山市政府分两批次向顺德区下放595项行政审批和日常管理权限事项，部分下放19项行政审批和日常管理权限事项。

【珠三角区域经济一体化指导意见出台】 2009年6月10日，广东省政府办公厅出台《关于加快推进珠江三角洲区域经济一体化的指导意见》。

在公共交通方面，《意见》要求大力推进交

2009年11月4日，广东省深化行政审批制度改革工作现场会在中山市举行。 （中山市志办供稿）

通管理一体化。加快推进珠江三角洲区域高速公路电子联网收费，减少高速公路主线收费站；加大政府还贷公路项目的债务重组和政府还贷力度，逐步撤销区域内普通公路收费站，并于2012年实现区域年票互认。积极推进城市间公交互通互连，推进珠江三角洲各地级以上市公交IC卡并网，并扩展至城际轨道交通，力争五年内实现公共交通“一卡通”。

在能源水资源方面，统筹推进能源基础设施一体化。建设与珠江三角洲成品油管道网络相连的新管道，形成连接炼油中心、主要消费城市、成品油储备基地，并延伸至粤东西北地区的珠江三角洲成品油输送干线。按照“全省一张网”的原则，建设覆盖珠江三角洲以及全省的天然气主干管网，尽快形成珠江三角洲东西两岸双回路天然气主干管网。加大电网建设投资力度。逐步推进区域内油、气、电同网同类型同价。同时加快推进水资源开发、配置和保护一体化。推进城镇供水向农村延伸，实现城乡水务一体化。

在信息化方面，《意见》指出，将分步推进珠三角地区电信同城化，重点加快通讯资费服务一体化，珠三角地区内部长途漫游资费将逐步降低直至取消。实施数字家庭普及计划，推进城域网高速互联，整合区域内有线电视网络资源，建设珠江三角洲高清互动数字家庭网络，率先实现电信网、有线电视网和互联网“三网融合”。另外要实施电子政务畅通工程，积极发展珠江三角洲“物联网”，并连接税务、工商、海关、外经贸、检验检疫等。

在产业方面，要协调优化区域产业布局。明确区域内产业发展定位、发展重点和空间布局，广州—佛山—肇庆、深圳—东莞—惠州和珠海—中山—江门三大经济圈的核心城市要充分发挥带动作用，整合、集聚区域内优势资源，构建特色突出、集约发展、错位发展、梯度发展、优势互补的区域产业格局。共建珠江三角洲创新圈。构建区域一体化金融产业体系和金融服务体系。重点促进广州、深圳区域金融中心和广东金融高新技术服务区建设。

在环保方面，要求珠三角地区共同提高可持续发展能力。统一规划建设区域环境基础设施，实现共建共享；共同设立珠江三角洲环保专项基金，加大环境污染整治力度；落实生态功能分区管理，探索建立生态补偿机制，合力构筑区域生态支持体系，建成生态城镇群。建立健全区域环境污染联防联治机制。统筹建设区域自然生态系统。

在公共服务方面，意见提出构建一体化社会保障网。建立各项社保关系跨市转移接续制度，实施区域内养老保险关系无障碍转移与社保“一卡通”，并力争三年内统一城镇企业职工养老保险费率。加快城乡医疗保险一体化步伐，率先融合城镇居民基本医疗保险制度和新型农村合作医疗制度，建立基于居民健康档案的区域化医疗卫生服务系统，实现医疗卫生服务“一卡通”，区域医疗卫生服务协同共享。实现户籍劳动力凭《广东省就业失业手册》在珠江三角洲平等享受各项政策扶持和就业服务。加快户籍制度改革，建立区域统一的流动人员服务管理平台。建立紧急事务协调协商机制。加快推进基本公共服务均等化进程。

《意见》还要求构建广佛一体化发展示范区。广州和佛山要强化同城效应，编制实施广佛同城化规划，全面提升整体发展水平。推进交通全面对接，重点加强两市各区域与广州铁路南站、白云机场、南沙港等战略性基础设施的交通连接；提供快捷便利的同城化客运服务，完善广佛年票制，率先实现公共交通“一卡通”。加大联合整治水和大气环境污染的力度。统一公共服务标准，逐步实现两地市民享受基本公共服务同城待遇。

【佛山东莞简政强镇事权改革试点】 2009年，广东省政府倡导的简政强镇事权改革率先在佛山市与东莞市进行试点。佛山市南海区狮山镇、顺德区容桂街道是中共广东省委、省政府开展“简政强镇”事权改革的试点。佛山市委、市政府专门制定《佛山市“简政强镇”事权改革试点指导意见》，提出除需由区统一协调管理的事项外，在经济发展、市场监管、公共服务、社会管理、民生事业等方面，依法赋予试点镇（街）县级经济社会管理权限，优化机构设置和编制配备，并提出了延伸政府服务职能、完善公共服务体系等要求，改革试点进入实际操作阶段。东莞市委、市政府选择石龙镇、塘厦镇开展简政强镇试点工作部署，市扩权强镇试点工作领导小组办公室会同市委政策研究室等有关部门草拟《东莞市扩权强镇试点工作实施意见（送审稿)》，10月，市委印发《中共东莞市委东莞市人民政府关于扩权强镇试点工作的实施意见》。扩权内容包括下放事权、扩大财权、改革人事权。11月，由试点办草拟，市委办、市府办联合印发《关于进一步加大放权力度的通知》，对进一步加大放权力度原则作3点要求：一是凡属县一级的经济社会管理权限，要坚决下放；二是凡属法律法规无规定不能下放至县一级的权限，都应该下放；三是借鉴佛山顺德、南海区放权给容桂街道和狮山镇的做法，对照其事项目录，凡属佛山方面能下放事项，东莞都必须下放。

【佛惠中开展统筹城乡发展综合改革】 2009年，广东省将佛山、惠州、中山三市列入开展统筹城乡发展综合改革试点。三个试点市按照城乡规划一体化、产业布局一体化、基础设施一体化、公共服务一体化的总体要求，探索率先形成城乡一体化发展新格局。三市围绕《珠江三角洲地区改革发展规划纲要》，先后制订实施意见和操作方案。佛山市出台《关于深化农村改革发展推进城乡一体化进程的意见》和《佛山市深化农村改革发展加快城乡一体化进程重点工作“四定”分工安排表》明确目标任务，落实部门职责；惠州市制定出台实施细则和《惠州市建设全国统筹城乡发展综合改革试验基地实施方案(2009~2012)》；中山市制定《中山市委、市人民政府关于加快推进城乡一体化的意见》和落实意见的工作方案，并将实施情况纳入党政领导干部考核内容。

在实施意见和操作方案指导下，三市以主体功能区划为基础，把国民经济和社会发展、土地利用和城乡建设三个规划统一起来，划定功能分区，明确具体功能定位，因地制宜改造城中村，拆除空心村，合并小型村，加快推进城乡新社区建设。基础设施方面，佛山市统一城乡公共设施建设，农村用电、电视、电话通信、邮政等网络覆盖率均达100%，自来水普及率达97%，村道路硬底化率达 99.8%；惠州市以县道、村道建设为重点，建立城乡一体化基础设施体系；中山市积极推进农村主干道“硬底化”，城乡公交一体化，加快推进城乡水利防灾减灾工程建设。在公共服务方面，三市进一步加强统筹发展，均衡教育、卫生、文化、社会保障等公共资源在城乡之间的配置，把社会事业建设的重点放在农村。佛山市将全市户籍人口统一登记为“佛山居民”，全市统一城乡居民最低生活保障补助标准和基本医疗保险，全面实现城乡免费义务教育。在金融体制方面，佛山市通过开展农村商业银行试点和推进政策性农业保险试点等方式，积极推进农村金融体制改革创新，加大金融服务“三农”力度；惠州市把村企共建新农村作为工业反哺农业的有效载体，加快重点示范村建设步伐，每年打造 20 个主题新村，研究制定企业参与新农村建设的优惠政策；中山市加大改革试点的财政支持力度，探索建立适应城乡统筹发展的新型信用机制，鼓励金融机构开展农村集体建设用地、农村承包土地使用权、农民宅基地的抵押试点工作，大力推进农业政策性保险，为现代农业构筑风险防范和转移分摊机制。

【珠三角推进农村金融试点工作】 2009 年，广东省推进农村信用社基本完成票据兑付和组建统一法人工作，以广州、东莞、顺德农信社为试点组建为农村商业银行。至年底，由广州市农信社组建的广州农村商业银行开业，成为省内第一家开业的农村商业银行；东莞市创新和完善农村金融服务体系，筹建小额贷款公司 5 家，在长安镇发起设立东莞市第一家村镇银行；惠州市完成惠城、惠阳和龙门 3 家小额贷款公司的组建工作，至年底共发放各类贷款近 120 笔，余额 2.5 亿元；肇庆市端州和高要农信联社组建商业银行也获得省政府批复。

【珠三角地区医药卫生体制改革】 2009 年 11 月 20 日，广东省政府发布《广东省医药卫生体制改革近期重点实施方案》，对珠江三角洲地区医药卫生体制改革发展提出新要求。方案规定 2010 年，各级财政对经济欠发达地区城镇居民医保和新型农村合作医疗的补助标准提高到每人每年 120 元，而珠三角地区要达到 200 元以上，基本公共卫生服务经费要达到 20 元以上。在医疗保障管理服务方面，要建立珠江三角洲地区医疗保险共同体，实现基本医疗保险信息平台及服务管理的统一和互通互惠，并逐步推广至全省。至年底广佛两市、深莞惠三市、珠中江三市之间已签订医疗卫生相关协议，逐步实现医疗保障“一证通”。在公共卫生服务能力建设方面，珠江三角洲地区要率先建立镇级卫生监督分支机构，并在 2010 年前率先完成推进中医“治未病”健康工程试点。

【东莞试行“地块包装”制度】 2009 年，为进一步提升城市规划管理水平，东莞市试行土地出让前期“地块包装”制度。顺利开展台商大厦南侧地块、光大盛世豪庭地块、玉兰中学南侧地块等 10 余个项目的地块包装研究，在合理确定土地出让条件、提升土地利用价值和塑造优质城市空间等方面取得成效。

【东莞建成城乡一体养老保险体系】 2009 年，东莞市在全省率先建成城乡一体社会养老保险体系。用职工养老保险的制度模式，全面整合“职保”和“农保”两个制度，对不同人群实行“分离”、“补缴”的分类办理，对空账运行的原农保个人账户采取“补实”还清历史欠账，对数额最大的“补实个人账户”资金采取分期投入的办法，出台《东莞市统筹城乡发展建立城乡一体社会养老保险体系方案》。11 月，城乡一体养老保险制度在塘厦、石龙两镇试点，并取得成功。11 月 18 日，召开全市建立城乡一体社会养老保险制度动员大会后，在一个月内，各镇街成立工作领导小组，加大资金筹措力度，根据自身实际合理划分镇村负担比例；对经济较困难、负担较大的村，各镇街做好资金保障方案，采取各种财政手段协助其解决资金问题。各镇街社保分局主动负起主要责任，统筹协调各项工作，因地制宜制定改革工作方案，加大补缴征收力度。12 月 20 日前，各镇街顺利地完成改革的第一阶段 6.8 万农、居民的补缴款“补缴”工作，32 个镇街补缴所需的 3.68 亿元上缴入市社保局的专户，市财政负担的 1.77 亿元及代垫的 4.10 亿元也按时到账。2010 年 1 月起，东莞按新制度向全市农、居民计发养老金，标志着城乡一体社会养老保险制度正式建立。

【惠州实行“三网合一”社保制度】 2009 年 7 月 1 日，惠州市整合城镇职工基本医疗保险、城镇居民基本医疗保险和新型农村合作医疗制度，在全省率先实行“三网合一”（电信网、计算机网、有线电视网络）的社会基本医疗保险制度，从制度上打破医疗保险城乡二元化管理模式，形成以住院、门诊特定病种项目、普通门诊及医保救助为主要内容的基本医疗保险“无缝保障”模式。

【珠中江建立医疗互通制度】 2009 年 7 月 14 日起，按照珠海、中山、江门签订的《珠中江区域医疗卫生服务紧密合作框架协议》，三市医院将根据等级建立健康体检、检验检查结果互认、病历互通制度，三市居民看病可以享受病历“一本通”和医学检验检查“一单通”。协议规定，三市还将建立医保互联互通和养老保险无障碍转移制度，医护人员也将实现跨市执业，进一步推进珠中江区域医疗卫生合作一体化。

【珠海开展社会管理综合改革试点】 2009 年，珠海市根据《珠江三角洲地区改革发展规划纲要》和中共广东省委、省政府的明确要求，开展社会管理综合改革试点。率先启动政府购买服务、慈善救助、流动人口服务管理等改革试点，设立促进就业、医疗卫生、小区管理三个咨询委员会，在翠香街道和三灶镇等地推进社区民主自治试点，赋予部分行业协会和社会组织相应的管理职能。

【中山实施流动人员积分制管理办法】 2009 年，中山市先后出台《流动人员积分制管理暂行规定》、《流动人员积分制管理实施细则》和《中山市流动人员积分制管理计分标准》等文件，在全国率先推行流动人员积分管理制度。每年以积分排名方式为外来流动人员安排一定数量的入户指标和子女入读公办学校指标。2009 年，全市 150 万流动人口已有三分之一纳入积分制管理。小榄镇、东升镇、火炬开发区已有 4781 名流动人员子女通过积分排名入读公办中小学校。根据中山各镇区教育资源情况和流动人口数量，2009 年度全市流动人员积分管理入户、入读公办学校指标数分别为 3000 名和 6000 名。在 24 个镇区设立流动人口和出租屋管理服务中心，村设立流动人口和出租屋管理服务站，全市共设 24 个中心和 235 个服务站，专职负责外来流动人口及出租屋的管理和服务工作，市流动人口管理部门负责具体实施流动人员积分制管理工作。流动人员积分制管理计分标准由三部分组成，即基础分、附加分和扣减分，其中基础分指标包括个人素质、工作经验和居住情况三项内容，附加分指标包括个人基本情况、急需人才、专利创新、奖励荣誉、慈善公益、投资纳税、计划生育、卫生防疫、登记管理、个人信用等十项内容，扣减分指标包括违法犯罪和其他违法行为两项内容。流动人员所得积分为上述分值的累计得分。参与积分制管理的流动人员可通过互联网登录该市流动人口管理部门的“流动人口和出租屋综合管理信息系统”随时查询本人及他人的积分情况。实行公示制度，根据人口变动及教育资源分布情况，各镇区于每年 3 月底向社会公布当年的流动人员入户指标及子女入读公办学校指标。对申请人的积分进行排名，并在本市主要媒体公示 10 日。公示无异议的，按得分高低就近安排流动人员子女入学。积分排名符合入户条件，经市各主要媒体公示 10 日无异议的，申请人可带齐相关资料到市公安部门办理入户手续。

（连　术）

专项规划

【珠三角水资源保护开发利用一体化规划】 2009年3月4日，为推进《珠江三角洲地区改革发展规划纲要》的实施，根据广东省政府的工作部署，广东省发展和改革委员会会同省水利厅开展《珠三角水资源保护开发利用一体化规划》(以下简称《水资源一体化规划》)的调研和编制工作。广东省发展和改革委员会会同省水利厅确定省水利水电勘测设计研究院为《水资源一体化规划》编制工作的技术支撑单位，并确定《水资源一体化规划》编制大纲，明确工作任务和工作进度。大纲明确了《水资源一体化规划》的编制原则，围绕“通过基础设施规划建设一体化，推进珠三角区域经济一体化”这一主题，强调统筹区域城乡协调发展，力求统一规划、统一建设、统一经营和统一管理，突出规划的可操作性和连续性，并注重广佛同城化和与港澳的衔接。大纲确定规划的主要任务：珠三角水资源的开发利用一体化、水资源节约保护一体化、水资源配置管理一体化，以及促进水资源保护及开发利用一体化的相关重大基础设施的一体化规划建设。3月10日起，广东省发展和改革委员会会同省水利厅和省水利水电勘测设计研究院，分三个小组赴珠三角地区9市开展实地调研，重点了解各地水资源保护及开发利用和管理的规划和总体构想，各地规划和在建的水资源调配一体化工程，污水处理设施规划建设情况，主要有取、排水口分布情况，水务一体化改革情况，以及需要跨市协调问题等，进一步明确《水资源一体化规划》的总体思路和目标任务。 (省发改委)

【珠三角城际轨道交通规划修编工作完成】 2009年3月7日，铁道部与广东省就加快广东铁路建设举行会谈，签署《关于进一步加快广东铁路建设有关问题的会谈纪要》。中共中央政治局委员、广东省委书记汪洋强调，要尽快建成发达完善的广东铁路网，以新一轮的基础设施建设带动新一轮的大发展，要求对珠三角城际轨道交通网络进行加密完善。3月11日，广东省铁路建设投资公司将网络加密修编工作直接委托给中铁第四勘察设计院完成。7月2~3日，中国国际工程咨询公司受国家发改委的委托在北京组织召开专家评估会，对《珠江三角洲地区城际轨道交通规划修编》进行评估，形成了专家组评估意见。规划修编受到与会专家和国家有关部门的认可。

珠江三角洲地区轨道交通是承担区域与港澳地区间的城际客流运输任务，实现珠江三角洲地区经济一体化，引导城镇体系健康发展的基础设施。修编后的城际轨道交通规划充分借鉴伦敦、巴黎、纽约、京阪神等大都市圈轨道交通发展的经验，立足珠三角同城化需要，把规划线路从原来的5条增加到23条；线网总长从原来的约600公里，增加到近1890公里；规划线网密度4.5公里/百平方公里，若含城市轨道交通、国家铁路等线网密度达11.8公里/百平方公里，与巴黎都市圈13.4公里/百平方公里的密度基本相当。

按照新的规划，修编以后的珠三角地区城际轨道交通规划目标要求珠三角城际轨道要建成全国示范性工程。城际轨道线路将联通珠三角9个地级以上城市和清远市，基本实现珠三角地区县级以上城镇的全覆盖，城镇覆盖率达66%以上。此外，还预留与粤西、粤东、粤东北地区的接口。本次规划修编实现了以广州为中心，主要城市间1小时互通；内圈层内部主要城市1小时互通；广州、深圳、珠海三大都市区内部1小时互通的目标，将可以为珠三角地区“公交化”的城际旅客提供运输服务。

【珠三角城乡一体化规划】 2009年8月，广东省政府正式公布《珠江三角洲城乡规划一体化规划(2009~2020年)》(下简称《城乡规划》)。《城乡规划》是针对珠三角城镇群发展中问题(如土地利用模式粗放、非农建设快速无序蔓延、区域协调机制薄弱、区域性设施建设与城镇功能、布局相脱节、城市之间各类专项规划之间缺乏衔接机制和统一的标准体系、城乡基本公共服务差距进一步加大等）而制订，在布局上遵循2005年公布的珠三角城镇群协调发展规划，使用“一脊三带五轴”发展轴带体系：“脊梁”指环珠江口湾区，“三带”指三条东西向分布功能拓展带，“五轴”指五条南北向贯联“城镇—产业”聚合轴。

在《城乡规划》中，广州和深圳将作为珠三角“双中心”城市，至2020年规划期末要建设成为世界城市，共同引领珠三角区域一体化，建设亚太地区最具活力和竞争力的世界级城镇群。广州的角色是强化国家中心城市、综合性门户城市和区域文化教育中心的地位，建成面向世界、服务全国的国际大都市。规划要形成总部决策中心在广州、企业和运作基地在珠三角的产业格局；要向珠三角、全省乃至更大的区域输出更多的文化、科技、教育等优质服务。深圳要打造创新型综合经济特区，建设国际化城市。在带动珠三角其他城市的功能上，利用深圳的技术创新和制度创新优势，将技术创新服务向珠三角其他城市延伸，以形成具有较强创新能力和国际化水平的区域产业集群，同时加强深港合作。珠三角其他主要城市方面，在广佛肇都市区内，形成多中心梯度分布的空间发展格局，佛山在广佛同城化中发展；深莞惠都市区则形成以深圳为核心，东莞、惠州为次中心，重要发展廊道为依托的多中心点轴发展格局；而珠中江都市区内，将形成多中心均衡分布的空间格局。

《城乡规划》明确提出推广TOD发展模式(即以公共交通为导向，使公共交通的使用最大化的居民或商业区规划设计方式)，将轨道交通建设与土地利用开发紧密结合，在严格执行土地招拍挂的土地政策下，加强轨道交通项目与沿线土地开发项目在规划、设计等阶段统筹和结合，促进区域一体化和城乡融合发展。在集体建设用地使用权流转方面，在保证集体建设用地与国有土地享有平等权益基础上，将通过推动“城中村”改造和新城、新社区的建设，把农民住宅建设集中起来，提高土地利用效益；在完善农村土地管理制度方面，加快农村集体土地所有权、宅基地使用权、集体建设用地使用权等确权登记颁证工作。

为城乡一体化协调建立机制，广东省政府将成立实施《城乡规划》专责工作组，由分管副省长任组长。专责工作组主要负责指导、协调和监督珠三角的各个城市，特别是广州市各类重要空间规划的制定和实施。专责小组还将制定实施《城乡规划》阶段目标及量化指标体系，分解落实到相关部门和各地级以上市，并进行评价和绩效考核；同时，对凡涉及区域战略资源和不可再生资源利用的规划进行跨行政边界协调。

【珠三角绿道网建设】 2009年8月，《中共广东省委办公厅、省政府办公厅关于建设宜居城乡的实施意见》明确提出“编制省立公园——珠江三角洲绿道建设规划”任务要求。广东省建设厅将借鉴欧美发达国家“绿道（greenway)”建设的成功经验，在珠三角进行创新：在珠三角区域绿地的框架下，沿着河滨、溪谷、山脊等自然走廊，或者铁路线、沟渠、风景道路等人工走廊建立线型开敞空间，把公园、自然保护地、名胜区、历史古迹以及其他高密度住区内开敞空间联系起来，构建珠三角绿道网，并选取若干“区域绿道”按照“省立公园”模式进行保护和利用。通过构建融合生态、环保、教育和休闲等多种功能的“绿道”体系，逐步形成联系城镇内部绿化绿地与外部区域绿地之间、城镇与乡村之间的绿色串联网络，既可起到构筑区域生态安全网络、防止城市无序蔓延、优化城乡生态格局与生态环境的作用，又可为居民提供健康可供游憩娱乐的绿色开敞空间，有力推动区域生态保护和生活休闲一体化以及宜居城乡建设，提高珠三角城乡居民的生活品质。

年内，珠三角地区正式开展6条区域绿道的建设工作。省建设厅拟选取具一定条件的生态廊道（如广佛亚运生态绿道、深莞大运休闲绿道）作为绿道建设试点，并联合省委政研室向省委、省政府提出有关调研报告和工作建议。

【《广东省宜居城乡建设工程技术指南》】 2009年8月由广东省建设厅组织编制。该指南从城乡居民居住、环境、交通出行、市政、服务配套等方面，详细归纳各类问题和矛盾，从工程技术角度提出应对规划、建设指引，并配以大量精美设计图和实景图片，以增强其直观性和指导性。例如，应对人民群众生活绿化空间不足问题，提出城镇绿地、公园的布局、建设原则、设计的要点、标准以及绿化方式的指引；应对城乡居住环境，尤其城中村、农村环境脏乱差、设施不足问题，在完善环卫设施布点、提高消防能力、增强灯光照明、增加治安岗亭、完善摄像监控网络、提高城乡污水垃圾处理能力和工艺水平等方面提出建设指引。

【广州加快打造亚洲物流中心】 2009年8月17日，广州市市长张广宁主持召开市政府常务会议，讨论并原则通过《加快推进广州建设成为亚洲物流中心工作方案》。方案提出广州要依托航空物流平台、国际远洋集装箱物流平台、区域性道路运输枢纽物流平台、铁路枢纽特大型货物物流平台，建设物流功能健全、具备完善信息网络、存储与吞吐能力强、对整个亚洲甚至全球的商品具有集散和辐射功能、并统一经营管理物流业务的物流基地。力争用6年时间，加快推进保税物流体系建设，形成空港、海港、道路、铁路复合型现代物流集聚高端基地，促进广州现代物流业实现跨越式发展。经过多年努力，广州已经具备建设亚洲物流中心的条件。建设亚洲物流中心，是贯彻落实《珠江三角洲地区改革发展规划纲要》和广东省委、省政府战略部署的具体体现，也是广州自身发展的迫切需要，各级各部门一定要进一步解放思想，按照《纲要》统一部署，以"围绕空港海港、狠抓配套园区、完善集疏运系统、强化信息化管理"为主线，全力推进亚洲物流中心系统工程建设。

【共建粤港澳优质生活圈专项规划】 "优质生活圈"是粤港澳三地政府提出并将共同实施的全新理念。立足于粤港澳的发展特征，在借鉴和发展国内外的相关理论和实践经验的基础上，2009年粤港澳三地着手共同编制《共建优质生活圈专项规划》。根据三地的初步共识，规划的基本内容将包括"环境保护，建设综合交通体系，提供教育、医疗、社会福利等公共服务，保障食品、药品安全，实施通关便利化"等方面，并初步拟从生态环境、社会民生、综合交通、低碳发展、土地利用等5大领域、共10多个方面具体问题进行规划，通过深入调研进行每个领域相关要素的定量化评价、原因分析，提出三地共建目标、评价指标、共建策略，进而明确具体的合作任务，统筹落实，在政策措施上予以保障。规划编制计划在2010年第一季度前完成。

【环珠江口宜居湾区建设计划】 在粤港城市规划及发展专责小组第五次会议和粤澳城市规划及发展专责小组第二次会议上，粤港澳三方原则通过《环珠江口宜居湾区建设重点行动计划》编制工作方案。2009年8月，三方再次召开工作会议，共商规划工作协议起草和工作大纲细节问题，规划进入编制阶段。

"环珠江口湾区"是包括港澳在内大珠三角城镇群的核心空间，资源条件优越，城镇发达、经济繁荣。粤港澳三地高度重视"环珠江口湾区"作为未来区域核心的功能、地位，将共同把"环珠江口湾区"打造成为产业核心、生态核心、交通枢纽和多元文化融合之区、享誉全球的宜居湾。《行动计划》主要内容是：研究湾区的现状及问题；提出打造湾区宜居区域的指导思想、目标和原则；重点围绕着湾区土地利用与设施协调、交通发展、环境保护与生态保育、滨水利用与休闲网络构建等内容等领域提出行动计划，并进行实施制度安排。

【《横琴总体发展规划》】 2009年10月28~29日，《横琴总体发展规划》说明会先后在澳门、香港举办。澳门特别行政区行政长官何厚铧出席会议，广东省副省长万庆良在会上作内容说明，珠海市委书记甘霖介绍珠海市落实横琴规划具体举措。

规划提出，通过10~15年努力把横琴建设成为联通港澳、区域共建的“开放岛”，经济繁荣、宜居宜业的“活力岛”，知识密集、信息发达的“智能岛”，资源节约、环境友好的“生态岛”。到2015年，总人口为12万人，人均地区生产总值达12万元；到2020年，总人口28万人，人均地区生产总值为20万元。规划将横琴岛定位为：“一国两制”下探索粤港澳合作新模式的示范区、深化改革开放和科技创新的先行区、促进珠江口西岸地区产业升级发展的新平台。在政策支持方面，一是将横琴纳入珠海经济特区范围；二是创新通关制度，实施“分线管理”通关政策；三是鼓励金融创新；四是实行更加开放的产业和信息化政策；五是支持进行土地管理制度改革。

【《大珠江三角洲城镇群协调发展规划研究》】 2009年10月28日，粤港澳三地政府有关部门在澳门联合举行《大珠江三角洲城镇群协调发展规划研究》成果发布会。研究报告提出以粤港澳合力建设充满生机与活力、具有全球竞争力的、协调可持续的世界级城镇群为总体目标，通过优化空间结构、构建高可达性交通网络和优质环境等策略，促进区域经济高度融合、人居环境提升，提高“大珠三角”整体的国际竞争力。

报告提出六大发展计划落实空间优化策略。其中，湾区发展计划旨在通过构建先行先试创新湾、高端产业合作湾、内外通达枢纽湾、蓝天碧水生态湾、疏密有度景观湾和时代前沿活力湾，发挥珠江口湾区的全球城市功能；圈层发展计划建议发挥大珠三角外围地区集聚扩展功能，增强对环珠三角地区的辐射功能，扩展泛珠三角经济腹地，并加强与国际国内两个市场的联系，拓展大珠三角城镇群的腹地空间和市场空间。

报告对于构建高可达性的交通网络，建议构建对外以珠江口湾区为枢纽、城际一小时交通圈、跨界无缝衔接的层次分明的交通网络，并详细列明拟推进的相关基建项目和相关规划研究。

针对邻接地区，报告建议建设深港河套地区、深圳前后海地区、珠海横琴新区、珠澳跨境合作区、广州南沙区等联合创新区，进行三地相关产业联合创新研发；通过深圳前海—宝安区、珠海横琴新区建设物流试验区进行CEPA物流服务业政策“先行先试”；通过深圳落马洲河套区、珠海横琴新区建设教育合作区创新教育模式，进行教育服务业方面合作；通过建设深港、澳珠旅游合作区进行边界旅游资源合作；通过口岸合作区建设提升深港、澳珠口岸通关能力带动周边地区土地开发合作。

报告提出总体目标是粤港澳三地合力建设充满生机与活力、具有全球竞争力的协调可持续的世界级城镇群。分区目标是：珠三角要建设成为世界级的先进制造业和现代服务业基地及全国重要的经济中心；香港要继续巩固亚洲国际都会的地位，进一步提升为全球重要的现代服务业中心之一，努力建设享有优质生活的全球城市；澳门要成为世界最具吸引力的旅游休闲中心和区域性商贸服务平台。分期目标是：近期（2012年）以应对金融危机为主要目标，通过区域合作、产业结构调整、政府宏观调控等手段，将金融危机的负面影响降到最低；中期（2020年）目标是实现城镇群内要素流动基本无障碍，整体空间结构得到全面优化，珠江口湾区具备最发达城市区域雏形；远期（2030年）目标是区域内外各种要素流动更为便利，内部实现区域经济高度融合，成为高度发达的世界级城镇群。（白　芷）

合作交流

合作交流

联席共商

【广佛两市党政领导工作座谈会】　为贯彻落实《珠江三角洲地区改革发展规划纲要》（以下简称《纲要》）和中共中央政治局委员、广东省委书记汪洋在省十一届人大二次会议广州团小组会议上关于加快推进广佛同城化的重要指示精神，2009年3月2日广州佛山两市召开党政领导工作座谈会，共商加快推进广佛同城大计。会议由中共广东省委常委、广州市委书记、市人大常委会主任朱小丹主持，中共广州市委副书记、市长张广宁，中共佛山市委书记、市人大常委会主任林元和，中共佛山市委副书记、市长陈云贤，中共广州市委常委、秘书长凌伟宪出席，两市有关部门主要负责人也参加会议。

会议议定近期加快推进广佛同城化有关重大事项：一是建立领导机构和协调机制。成立由两市党政主要负责人组成的4人领导小组，负责特别重大事项的决策和协调，不定期召开领导小组会议。建立市长联席会议制度，负责广佛同城化的总体组织协调。两市市长为联席会议召集人，分管副市长和政府秘书长参加，确定相关对应的政府部门主要负责人为成员，设立办公室作为日常办事机构，办公室设在两市发展改革委员会。建立两市对口部门的专责小组。先建立4个专责小组，即城市规划专责小组、交通基础设施专责小组、产业布局专责小组、环境保护专责小组。二是起草广佛同城化合作框架协议。此前，两市均就推进广佛同城化分别提出工作思路和若干建议，具备较好的基础。近期抓紧做好对接工作，尽快形成合作框架协议。三是制定广佛同城化规划。在广佛同城化合作框架协议基础上，抓紧研究制定广佛同城化规划，作为指导广佛同城化的纲领性文件。四是制定年度工作计划。由市长联席会议制度议定，排出广佛同城化年内可做的重要工作，明确目标、落实措施和责任分工。五是制定专责小组工作规划。由两市城市规划专责小组、交通基础设施专责小组、产业布局专责小组、环境保护专责小组分别对接制定3年规划，细化协议目标任务和落实措施，报市长联席会议审定后实施。六是建立新闻发布制度。由两市政府新闻办负责成立新闻发布工作小组，确定各自的新闻发言人，不定期发布推进广佛同城化建设权威信息。

（严　利）

【广佛同城化市长联席会议第一次会议】　2009年4月16日在广州召开，广州市市长张广宁、常务副市长邬毅敏，佛山市市长陈云贤、常务副市长周天明出席会议。会议商定，广佛两市市长为联席会议总召集人，两市市委宣传部、市委政研室、发改委、经贸委等22个单位为成员，两市市政府秘书长担任联席会议秘书长。双方每季度召开一次由两市常务副市长召集的联席会议，两市市长每半年出席一次会议，共同商讨两市合作的重要事宜。

双方讨论《广佛同城化建设2009年度重点工作计划（草案）》，并通过是年52个重点项目。其中，扩大“广佛公交”服务范围、出租车联运服务、协调推进广佛年票互通、建设年票互认识别系统、推进羊城通与佛山公交一卡通的融合等项目将在年内完成。

【广佛同城化市长联席会议第二次会议】　2009年9月25日在佛山召开，广州市市长张广宁、佛山市市长陈云贤、广州市常务副市长苏泽群、佛山市常务副市长周天明及广佛同城化市长联席会议成员单位主要负责人60余人出席会议。会议审议并原则通过《广佛同城化发展规划》及交通基础设施、产业协作、环境保护三个专责小组3年工作规划。根据规划，到2012年广佛地区生产总值要达到1.8万亿元，人均地区生产总值达10万元以上；到2020年，全面实现同城化，率先实现现代化，跻身世界较发达地区，成为亚太地区最具活力和竞争力的国际大都市区。

会议听取城市规划3年工作规划的编制情况说明，同时检查《广佛同城化建设2009年度重点工作计划》的推进落实情况，研究讨论2010年度重点工作计划编制的相关事宜。

广州市方面建议：广佛同城化工作以水环境治理、大气整治和交通对接为重点，以2010年亚运会为契机，将广佛同城打造成为珠三角区域合作协调发展的典范。一是水环境治理。包括河涌综合整治和西江引水工程在内的水环境治理，要按期完成任务，亚运会前实现水环境明显好转。二是大气整治。要以机动车尾气特别是货车尾气排放整治为突破口，有效改善两市空气质量。三是交通对接。要做好两市交界地区交通接驳，如龙溪大道和海八路改造问题，金沙洲地区部分市政道路对接问题等。海八路通过龙溪大道接驳广州西环外，同时还要通过龙溪大道连通鹤洞大桥，通过接驳东新快速路，多增加一条广佛快速通道，实现广州火车新客站与佛山有效衔接。

对于下一步工作，广州市方面建议：一是联手争取国家和省的支持。抓住《珠江三角洲地区改革发展规划纲要》赋予广佛同城化新的战略地位的重要机遇，联手加强与国家、省特别是国家有关部门沟通，争取在国家级专项规划编制、政策实施、项目安排、体制创新等方面给予支持。加强以同城化为主题的研究策划，酝酿一批重大项目、重大政策，报请纳入国家、省的“十二五”规划和重大发展战略，将广佛同城化打造成为珠三角区域合作、协调发展的典范。二是率先推动重点领域与重点地区同城化先行先试。选取综合服务、基础设施、居住生活、生态建设等重点领域，以及发展定位明确、合作基础较好的重要区域，规划建设成为广佛同城化发展载体。当前先行推进金沙洲、荔湾—南海等交界地区同城化融合发展，共建共享道路交通、市政设施、文化教育、医疗卫生、社区体育、就业与社会保障、生态环保等设施，为广佛同城化创造新经验。三是完善同城化工作机制。推动两市对口地区、对口部门建立健全工作机制，尽快建立和完善新闻发布制度，由新闻发布工作小组统一发布《广佛同城化发展规划》以及重点工作计划实施情况等权威消息。要重视解决群众所反映的同城化热点难点问题，造福广佛两市人民。四是加快出台发展规划和三年工作规划，全面落实本年度工作计划，并积极谋划下年工作。重点研究提出2010年度广佛同城化重点工作事项，形成《广佛同城化建设2010年度重点工作计划（草案）》，提交下一次市长联席会议审定。

佛山市方面建议：一是强化规划执行与落实。围绕《发展规划》一些重点领域、关键环节，找准突破口，干出实效。二是强化工作协调与合作。在加强对口部门协作的同时，加强多部门联合协调，对于遇到的问题，本着一定要把事情干成的态度，互相让一让。如这次金沙洲市政道路对接中的环洲三路接兴联北路项目，两条路错位38米、高差1.5米，双方协调后各让十几米，把问题解决。三是强化工作时限与进度。完善重点项目月报制度，牢牢把握明年亚运会召开这个重要时间节点，加快进度完成河涌整治、河道保洁、大气治理、广佛城际轨道、海怡大桥、海八路—龙溪大道快速化改造等项目。

对于明年工作思路，佛山市方面建议：一是项目选取要做到三个“突出”。要突出重点，集中在两市同城化建设的一些基础和瓶颈领域，如交通基础设施建设、现代物流、通讯、金融合作等，可以考虑合作推进重点物流园区、物流基地建设，顺德科技工业园（五沙）热网项目等；要突出前瞻性，如推进广佛通信资费一体化、加强金融基础设施对接等问题；要突出民生，抓紧谋划储备一批群众反映强烈、实施条件基本成熟的项目，如定点医疗机构互认等抓紧推出。二是计划内容要做到三个“对接”。跨年度的项目要对接，和明年两市各自的投资建设计划要对接，要与省重点项目计划对接。三是计划制定要做到三个“尽早”。要尽早谋划、尽早储备、尽早启动一批满足广大群众需求、有利于保经济增长和促民生发展的合作项目，明确时间节点，能快则快，以项目工作作为推进广佛同城化建设的主要抓手。

两市约定，2010 年 3 月下旬在广州举行下一次广佛市长联席会议。

【广佛同城化环保专责小组联席会议】 2009 年 5 月 10 日在广州召开，广州市环保局局长丁红都、佛山市环保局局长霍锡淮出席会议。会议主要商讨广佛两市联手治理水污染和空气污染，重点做好亚运会空气质量保障和广州西部水源整治等方面的工作计划。

广佛环保合作后，2009 年两市重点推进跨界河涌花地河、秀水涌、滘口涌、五眼桥涌、芦苞涌及白坭河的整治。2010 年 6 月前，双方将共同完成相应的截污、堤岸整治等工作。根据两市协商制定的《广佛同城化建设环境保护合作 2009 年工作计划》，两市的环境监测站还将联合在佛山水道、西南涌（官窑涌）、九曲河跨境河流布设交接断面开展水质监测，相互通报监测结果，以掌握跨境河流水质状况。此外，广州投资 3 亿元建设废弃物安全处置中心，两市将共享危险废物集中处置资源，共同打击无证经营、非法转移危险废物行为。两市还将按照省环保局的要求对汽车实施环保标志管理，互通超标车辆信息，共同控制无环保标志车辆在两市行政区域内通行，对排气超标和被举报冒黑烟车辆实行统一管理措施。

【广佛肇三市工作座谈会】 2009 年 8 月 14 日在广州召开。中共广东省委常委、广州市委书记朱小丹，中共佛山市委书记林元和，中共肇庆市委书记覃卫东出席会议并讲话。广州市常务副市长邬毅敏，佛山市市长陈云贤，肇庆市市长杨浩明分别代表三市政府介绍经济社会发展和推进广佛同城化、广佛肇经济圈建设情况。 （朱 夏）

【广佛肇经济圈市长联席会议第一次会议】 2009 年 12 月 1 日在广州市召开。会议由中共广州市委副书记、市长张广宁，中共佛山市委副书记、市长陈云贤和中共肇庆市委副书记、代市长郭锋共同召集，张广宁主持，三市的市长联席会议成员参加会议。会议听取、审议、通过广佛肇经济圈市长联席会议办公室《关于广佛肇经济圈市长联席会议及工作协调机制》、《广佛肇经济圈建设 2009～2010 年度重点工作计划（第一批）》和《广佛肇经济圈发展规划编制工作方案》的说明。商定广佛肇经济圈 2009～2010 年度首批 37 项重点项目工作计划，年内合作完成 8 项、启动 9 项、推进 20 项。会上还举行《广佛肇经济圈建设教育培训合作协议》、《广佛肇经济圈建设产业协作协议》、《广佛肇经济圈建设环境保护合作协议》、《广佛肇经济圈建设交通运输合作协议》4 个专项协议的签署仪式。会议决定 2010 年 6 月在佛山举行广佛肇经济圈第二次市长联席会议；加快《广佛肇经济圈发展规划》编制工作，2010 年 6 月前完成规划送审稿，并提交广佛肇经济圈第二次市长联席会议审议后以三市政府名义印发。市长联席会议办公室组织制订“广佛肇经济圈建设 2009～2010 年度第二批重点工作计划”。广佛肇经济圈第一次市长联席会议的召开，是三市细化和落实《广佛肇经济圈建设合作框架协议》内容的具体行动，标志着广佛肇经济圈建设进入实质性操作阶段。

（肇庆市纲要办）

【深莞惠三市联席会议第一次会议】 2009 年 2 月 27 日在深圳召开，深圳、惠州、东莞三市市委书记、市长等市领导及有关部门负责人出席会议。会议传达汪洋和黄华华的重要批示精神，就加快推进三地紧密合作、推动珠江口东岸一体化发展进行深入协商和探讨，并签署《深圳市、惠州市、东莞市贯彻落实〈珠江三角洲地区改革发展规划纲要〉推进珠江口东岸地区紧密合作框架协议》。

会议决定在年内推进八个方面的工作：一是推进和加强三市之间发展战略、经济社会发展规划、城市总体规划、土地总体利用规划和重大专项规划的衔接；二是推进产业协作，整合产业资源；三是推进区域创新，促进资源流动与共享；四是推进交通和基础设施一体化规划建设，打造“1小时通勤圈”；五是推进能源、水利和信息网络对接；六是推进市场优化，提升区域行政效能、优化区域营商环境；七是推进环保共治，打造“绿色生活圈”；八是推进社会管理合作。

为推进三地紧密合作，会议要求建立健全三市党政联席会议制度、三市政府工作协调机制和专责小组协调推进机制，协商、决策和落实重大合作事宜，三市联席会议原则上每半年举行一次(或三市任何一方提出重大事项需要协商时召开)，在深圳、东莞、惠州三市轮值召开。

【深莞惠三市联席会议第二次会议】 2009年5月16日在东莞市塘厦镇召开。广东省副省长林木声，省环保局局长李清，深圳、东莞、惠州三市市委书记、市长及有关部门负责人出席会议。会议肯定第一次联席会议以来三市合作取得的成效，包括三市加强接壤地区生态控制和海域保护、跨界河流治理、跨境重大基础设施建设、东江水源地生态保护的规划衔接；推进了广深港客运专线、穗莞深城际轨道交通、莞惠城际轨道交通、莞惠高速公路、博深高速公路等重大交通项目的建设，推进三市收费站年票互认，联合签署《深入推进珠江口东岸地区警务紧密协作备忘录》、《推进珠江口东岸地区劳动保障工作紧密合作协议》、《构建珠江口东岸地区统一市场监管体系框架协议》等协议；惠州市制定规划、交通、产业、能源、水利、信息化、环保生态和社会管理等方面与深圳、东莞对接的实施方案；东莞市与惠州市基本实现出租车互联互通，正式开通跨市公交客运线路，加快共建广东省示范性产业转移工业园的申报工作。

会议审议通过《推进深圳、东莞、惠州三市紧密合作组织架构》，同意建立“三市党政主要领导联席会议”、“三市党政主要领导联席会议办公室”和“重点领域专责小组”三级组织管理架构，统筹推进三市紧密合作的重大事项；审议通过《深圳、东莞、惠州三市紧密合作重点领域专责小组方案》，同意共同建立发展规划、产业发展、区域科技创新、交通运输、资源保障、界河及跨界河综合治理、信息网络、环境生态、警务协作、社会公共事务等十个专责小组，具体负责协商和落实三市紧密合作重点领域的推进事宜。

会议签署《深圳市、东莞市、惠州市关于推进珠江口东岸地区紧密合作近期工作重点事项的协议》、《深圳市、东莞市、惠州市界河及跨界河综合治理计划》、《深圳市、东莞市、惠州市关于边界道路建设及连接工作计划的协议》、《深圳市、东莞市、惠州市跨界客运班线公交化运营合作计划的协议》等四项协议。

会议提出，要从打造深莞惠大都市圈的高度审视三市合作，切实增强使命感和责任感；要从规划衔接、产业合作、区域创新、交通对接、基础设施、资源保障、环境治理、警务合作、市场体系、社会管理等当前最迫切需要推进的项目入手，加快推进三市合作；要从制约一体化的关键环节突破，着力解决淡水河、龙岗河、观澜河、石马河、茅洲河等跨界河流污染，边界道路建设及连接，跨界客运班线公交化运营等重点难点问题。

会议决定，下半年在惠州市召开三市第三次联席会议，要求各市根据省委、省政府在珠三角9市现场会上提出的要求和三市第二次联席会议签署的各项合作协议，将下一阶段可以推进的重点合作事项提交第三次联席会议研究审议。

【深莞惠三市联席会议第三次会议】 2009年9月24日在惠州召开。深圳、东莞、惠州三市市委书记、市长等领导及相关部门负责人出席了会议。会议通报三市经济社会发展情况和三市合作重点事项进展情况，审议通过并签署《深圳市东莞市惠州市规划一体化合作协议》、《深圳市东莞市惠州市社会公共服务一体化合作框架协议》、《深圳市东莞市惠州市加快推进交通运输一体化补充协议》及《深圳市东莞市惠州市界河及跨界河综合治理专责小组章程》。

是年深圳市制订《茅洲河、观澜河、龙岗河、坪山河四条跨界跨市河流综合治理四年行动重点项目表》，“十一五”期间在茅洲河等四条跨界跨市河流域共规划新扩建 11 座污水处理厂，新增污水处理能力 163.5 万吨，年内部分设施建成投入使用并初见成效。东莞市与深圳市就茅洲河永久规划岸线的划定进行协调，完成部分清淤清障应急工程。石马河流域综合整治规划、干流防洪规划、岸线控制等完成报批稿。在石马河、茅洲河流域规划建设的 11 座污水处理厂建成 10 座。惠州市启动淡水河防洪排涝整治工程，对淡水河秋长—永湖段及淡澳分洪河进行综合整治。编制完成《淡水河流域环境综合整治总体规划》，实施淡水河、淡澳河污水截流、河道清淤、水利防洪等一系列工程，流域内规划建设的 9 座污水处理厂有 4 座计划年底建成投入使用。

深圳、惠州两市签订关于确定深惠间公交线路互延问题的《备忘录》，开通了深圳布吉海关—惠阳秋长白石村站、惠阳沙田—龙岗坑梓汽车站两条公交化班线。深圳坑梓—大亚湾、深圳坑梓—惠阳淡水、东莞清溪—惠阳新圩等 3 条班线计划年内开通。深圳市与惠州市合作建设的服装生产加工及物流仓储园区项目、大亚湾海滨城产业 U 谷、谟岭新型产业园等产业转移园项目继续推进。东莞、惠州两市在龙门县共建东莞（惠州）产业转移园，东莞市首期投入资金到位 5000 万元，入园企业 20 家，投资总额 31.6 亿元，有 38 家企业签订投资协议。东莞凤岗（惠东）产业转移园引进企业 66 家，投资总额 31.1 亿元，52 宗项目签订投资意向，计划投资 86.5 亿元。

会议确定三市共同编制《深莞惠区域协调发展总体规划》、《深莞惠地区城镇群协调发展规划》、《深莞惠交通运输一体化规划》、《深圳龙岗、东莞清溪与惠州大亚湾西区、惠阳镇隆、新圩等三市相邻地区基础设施一体化规划》、《深莞惠旅游发展总体规划》等 5 个规划；确定三市共同推进教育、劳动就业及社会保障、卫生、文化、科技创新、信息化服务、民政、残疾人服务、老年人服务等九个方面 37 项合作意向的研究和论证；确定在第二次联席会议签署的边界道路建设及连接工作协议的基础上，新增 8 个道路桥梁建设项目和深圳至惠州城际轨道建设项目；在已签署的跨界客运班线公交化运营合作协议的基础上，在三市毗邻处新规划建设 2 个客运换乘站。

【深莞惠规划部门联席会议第一次会议】 2009 年 12 月 15 日，深圳、东莞和惠州三市规划部门在深圳五洲宾馆举行深莞惠三市规划部门联席会议第一次会议。会上，三市正式签署《深莞惠三市城市（乡）规划紧密合作框架协议》等 6 项框架协议，提出建立三方规划信息共享机制的建议。与会各方通报了各自城市（乡）规划建设总体情况，以及当前重点建设地区和重点项目规划情况；对《深莞惠地区城镇群协调发展规划》、《深莞惠基础设施一体化规划》、《深莞惠边界地区规划协调试点研究》、《深莞惠城市规划信息共享平台建设》等 4 个合作开展的规划编制研究项目进行讨论和安排。

【珠中江区域紧密合作第一次联席会议】 2009 年 4 月 17 日，珠海、中山、江门三市市长及有关负责人在珠海出席珠中江三市区域紧密合作第一次联席会议，签署以交通基础设施为先导的《推进珠中江区域紧密合作框架合作协议》，并建立三市联席会议制度。

【珠中江区域紧密合作第二次联席会议】 2009 年 11 月 10 日在中山召开，广东省政府副秘书长李春洪，省发展和改革委员会以及珠海、中山、江门三市部门相关负责人出席会议。三市在会上签署年票互认、教育、物价、质监等四个领域的合作协议。

【珠江口西岸城市社科联联席会议】 2009年5月12~14日，珠海市社科联在珠海主持召开珠江口西岸城市社科联联席会议暨西岸发展研讨会，珠海、中山、江门、肇庆、佛山五市社科联共同签署《珠江口西岸城市社科联落实〈纲要〉合作协议书》。广东省社科联党组书记、主席田丰，省社科联专职副主席林有能出席会议并发言。

【珠海江门交通合作会议】 2009年6月2日，珠海市交通局和江门市交通局在江门市召开会议。双方同意建立珠中江交通一体化工作联席会议制度，推进港珠澳大桥至江珠高速连接线建设，做好交通基础设施规划衔接，加快推进年票制互认工作及推进公交一体化。

【加快推进珠中江一体化工作会议】 2009年8月18日在江门市召开，中共广东省委常委、常务副省长黄龙云，省发改、建设、交通、物价等部门以及珠海、中山、江门三市相关负责人出席会议。会议决定成立推进珠中江一体化专责小组，要求把实现“年票互认、通信同城化、饮用水同网”作为珠中江一体化的突破口。

【珠中江旅游一体化第一次联席会议】 2009年8月25日，珠海、中山、江门三市旅游局在江门举行第一次联席会议。会议明确“珠中江”旅游品牌是今后三市推介重点；确定将香港、澳门和内陆省份作为三市今后旅游拓展重要市场，并在原合作基础上利用港澳市场平台拓展国际市场；加强对外省目标市场的宣传推介，择机联合促销，联手打造广东“珠中江”旅游品牌；发动三市旅行社、旅游景点、媒体共同推动三地一、两天游。

【珠中江金融服务同城化三次联席会议】 2009年11月17日人民银行珠海、中山、江门三地中心支行在中山市召开合作推进珠中江金融服务同城化联席会议第一次会议。会议决定开展珠中江三地政府、机关、企事业、个人等对金融服务同城化需求的调查，以在此基础上探讨、研究、制定珠中江金融服务同城化的工作方案。11月26日，合作推进珠中江金融服务同城化联席会议第二次会议在江门召开。会议研究讨论关于珠中江三地政府、金融机构、企业和个人对珠中江金融服务同城化的需求问题及需要开展的主要工作。12月4日，合作推进珠中江金融服务同城化第三次联席会议暨珠中江金融信息共享项目建设启动仪式在珠海举行。

【江门佛山推进交通一体化会议】 2009年8月，江门市交通局与佛山市交通局在佛山召开会议，决定成立佛山江门交通一体化工作协调小组，建立江门、佛山两市交通局推进交通一体化联席会议制度，并确定联席会议的召开方式、研究的主要议题及有关要求。 （朱　夏）

【珠三角9市应急管理合作联席会议第一次会议】 2009年3月30日，广州、深圳、珠海、佛山、惠州、东莞、中山、江门、肇庆9市应急管理合作联席会议第一次会议在广州召开，并共同签署合作协议。根据协议，珠三角9市将建立包括预测、预警和处置突发事件在内的信息通报机制。各方应急管理机构在接到涉及或有可能影响其他方的突发事件信息后，应在1小时内通报相关市。另外，9市将充分利用应急平台等渠道，建立应急物资、救援队伍、应急管理专家等数据库，共享信息。协议签订后，将每半年举办珠三角9市应急管理办事机构负责人联席会议，由9市轮流承办，研究决定区域合作重大事宜，协调推进区域合作。同时，建立应急管理专题论坛，探讨和交流有关观点、提出建议。

【泛珠三角9省（区）应急管理合作联席会议】 2009年4月15日上午，泛珠三角区域内地9省（区）应急管理合作联席会议筹备会在广州召开。会议通过《泛珠三角区域内地9省（区）应急管理合作协议》和联席会议成员、秘书处成员名单。与会各方一致认为，泛珠三角区域内地9省（区）在共同防范和应对区域内发生的突发事件方面已有成功合作的基础，区域内各省（区）互通信息、资源共享、加强联动。实践证明，9省（区）地域相邻，突发事件关联性强，加强应急管理区域合作对共同提升应急管理能力和水平具有十分重要的意义。泛珠三角区域内地9省（区）建立应急管理合作机制，为全国应急管理区域合作开了先河，国务院应急办对此给予高度评价，并希望为全国应急管理区域合作创造经验，树立典范。

【首届泛珠三角区域口岸合作联席会议】 2009年5月25日在广州召开。广东省副省长万庆良会见与会代表，并代表省委、省政府对会议的成功召开表示祝贺。会上，泛珠三角区域9省、区签署《泛珠三角区域九省、区口岸合作备忘录》，明确今后开展合作的宗旨、原则和主要内容，建立开展合作各项机制。

会议指出，泛珠三角区域口岸的合作重点在优化口岸通关流程、提高口岸通关效率上取得新突破，不断提高合作水平，增强合作成效，加快实现区域口岸通关便利化和一体化，为促进泛珠三角区域深化合作与发展营造开放、便捷、安全、高效的口岸通关环境。

【珠三角9市水利（水务）局长座谈会】 2009年5月26日在广东省水利厅召开。会议明确9市重点治水任务，要求各地结合实际创造性地工作，努力走出具有自身特点的水利科学发展之路。广州市要发挥带头示范作用，把水利建设与市政建设、环境保护、生态文明建设更紧密结合起来，为打造宜居宜业城市提供强力水务支撑。深圳市要在先行先试、改革创新上下工夫，应积极在水资源、水环境、水安全保障能力建设上探索科学发展新模式，努力成为水资源节约型、水环境友好型示范区。佛山市要以建设具有水乡特色现代化城市为目标，完善防洪排涝减灾体系、水资源优化配置体系和水环境与生态保护保障体系，实现水资源与经济社会和环境协调发展。加强防洪排涝减灾体系建设，加快堤围达标建设和水库除险加固，积极推进内河涌整治和电排站建设，全面提高防洪排涝能力。

【粤港澳共同推进《规划纲要》联络协调会】 2009年2月19日，粤港澳三方在香港联合举行共同推进实施《珠江三角洲地区改革发展规划纲要》（下称《规划纲要》）联络协调会议。会议由广东省副省长万庆良、香港特别行政区政务司司长唐英年、澳门特别行政区经济财政司司长谭伯源共同主持。中央人民政府驻香港特别行政区联络办公室副主任郭莉、中央人民政府驻澳门特别行政区联络办公室副主任高燕、国务院港澳办有关负责人、澳门特别行政区运输工务司司长刘仕尧、广东省政府副秘书长唐豪和粤港澳三方政府有关部门负责人出席会议。

会议认为，《规划纲要》将粤港澳合作纳入国家发展战略，为粤港澳紧密合作提供更高层次制度性保障、更丰富政策性支持和新的契机与平台，标志着粤港澳合作从着重于双边合作向三方合作新格局发展，从着重于项目合作向中远期区域合作规划的新格局发展，从着重于区域合作向构建开放的国际经济领域合作新格局发展，从着重于经济领域合作向共建优质生活圈新格局发展。共同做好《规划纲要》实施工作，应遵循科学发展、先行先试，立足当前、着眼长远，优势互补、互利共赢，一体发展、带动周边，加强衔接、联动实施的原则，出台配套措施，务实推进《规划纲要》实施。

会议要求粤港澳三地政府加强合作，探索培育粤港澳三地新的经济增长点，共同应对国际金融危机，促进三地长期繁荣发展。近期，建立三地推进实施《规划纲要》联络协调会议制度，重点在金融、产业合作（重点是服务业、旅游业、创新科技业等）、基础设施及城市规划、环保、教育培训等5个领域加强合作，并以基础设施及城市规划、旅游等两个领域为突破口，试点推进共同编制有关专项规划。

【粤澳城市规划及发展专责小组第一次会议】2009年3月，由广东省建设厅和澳门特别行政区运输工务司为牵头单位的“粤澳城市规划及发展专责小组”第一次会议在广州召开。会议讨论粤澳双方近期开展规划合作工作安排，包括补充澳门作为“大珠江三角洲城镇群协调发展研究”（以下简称“大珠三角规划研究”）主体有关情况及粤澳联合开展“澳门与珠三角西岸地区协调发展规划研究”的工作方案。

上年12月粤澳城市规划及发展专责小组成立后，澳门运输工务司提出了加入“大珠三角规划研究”的意向。粤港澳三方经充分商议，一致认为澳门作为合作方加入“大珠三角规划研究”可进一步完善研究主体，进一步配合《珠江三角洲地区改革发展规划纲要》的落实，并确保研究成果更符合三地的共同发展需求。三方同意在“大珠三角规划研究”下一步工作中深化澳门与广东、香港区域协调发展相关问题研究，并补充“澳门与珠三角西岸地区协调发展规划研究”专题。项目增加的有关研究费用由澳方承担。同时，尊重“大珠三角规划研究”在“粤港专责小组”框架下开展的现状工作机制，即澳门正式参与“大珠三角规划研究”将不改变目前粤港双方负责总体统筹该研究工作的机制，但澳方可提出建议；而新增的“澳门与珠三角西岸地区协调发展规划研究”专题则作为“粤澳专责小组”第一个合作项目在该框架下开展，港方可提出建议。

【粤港达成落实《规划纲要》重要共识】 2009年3月3日，正在北京参加全国“两会”的中共中央政治局委员、广东省委书记汪洋，省委副书记、省长黄华华会见香港特别行政区行政长官曾荫权。双方就共同推动落实《珠江三角洲地区改革发展规划纲要》、深化粤港紧密合作进行深入交流，达成重要共识。

双方认为，2008年粤港紧密合作成效显著，推进粤港紧密合作成为社会各界广泛共识。国务院出台《纲要》，充分体现中央对广东和香港的关心支持，以及对粤港紧密合作的肯定。双方一致同意，当前主要从四个方面推动落实《纲要》、深化粤港紧密合作。一是认真贯彻“一国两制”方针和《纲要》精神，共同研究制定粤港合作框架协议，出台深化粤港紧密合作的实际举措；二是共同编制“共建优质生活圈”专项合作规划和“基础设施建设”专项合作规划，为粤港两地民众提供更加优质的公共服务和生活环境，推动基础设施建设并合理配置资源，为深化粤港紧密合作奠定基础；三是重点推进重大基础设施建设，金融、旅游、创意设计等产业合作，环境保护合作和教育培训合作，为粤港经济发展提供新的增长点；四是注重创新合作方式，在中央有关部门指导下探索扩大自主协商范围，进一步完善粤港合作联席会议机制，支持商会协会、学术理论界等建立合作机制，形成推动落实《规划纲要》的合力。

【粤澳合作联席会议】 2009年7月9日在澳门举行。广东省省长黄华华和澳门特别行政区行政长官何厚铧分别率领粤澳代表团出席会议并作主题发言，国务院港澳办副主任周波、中央驻澳联络办副主任高燕到会指导。广东省副省长万庆良和澳门特别行政区经济财政司司长谭伯源在会上回顾2008年粤澳合作联席会议以来双方合作项目的进展情况。会议重点研究并确定下一阶段合作重点。双方签署《关于贯彻落实全国人大常委会决定、推进横琴岛澳门大学新校区项目的合作协议》。

会议认为，2008年粤澳合作联席会议召开以来，粤澳双方以推进落实《珠江三角洲地区改革发展规划纲要》为契机，深入实施CEPA，各领域合作全面推进，取得丰硕成果。面对联手应对国际金融危机、共同推进实施《珠江三角洲地区改革发展规划纲要》的新形势新要求，粤澳双方要充分运用中央赋予的特殊政策和灵活措施，以更加积极务实的姿态，进一步加大合作力度，创新合作机制，拓宽合作领域，提升合作层次，全面构建粤澳紧密合作新格局，在尽快走出国际金融危机影响的同时，全力促进两地长期繁荣稳定发展。

【粤港联席会议第十二次会议】 2009年8月19在香港召开，广东省省长黄华华、香港特区行政长官曾荫权出席会议。会议肯定上一年粤港合作的成果，研究确定下一阶段粤港合作思路和重点：一是加大力度共同推进实施《规划纲要》，加快制定粤港合作框架协议，共同编制好“共建优质生活圈”和“基础设施建设”专项规划；二是加大力度深化金融合作，推进粤港货物贸易人民币结算试点，推进港资银行在广东省内设立异地支行；三是加大力度推进服务业合作，加快制定CEPA及服务业开放在广东先行先试政策措施配套实施细则；四是加大力度推动在粤港资企业转型升级，构建粤港联合实验室和产业技术创新平台，加强内销平台建设；五是加大力度推进基础设施和环保合作，着力推进基础设施共建共享、区域环境污染共防共治；六是加大力度拓展教育培训合作，积极争取香港知名高校到广东联合办学，建立互认互通的人才评价交流机制。

会后双方签署《关于推进前海深港现代服务业合作的意向书》、《粤港共同落实CEPA及在广东先行先试政策措施备忘录》等8个合作协议。

（何文倩）

合作协议

【广佛同城化建设合作框架协议】 2009年3月19日，由广州市市长张广宁和佛山市市长陈云贤分别代表两市在佛山签署。广佛两地将在产业协作、城市规划、交通基础设施和环境保护四个领域率先尝试同城化，近期主要包括医疗验单互认、油气电同网同价、养老险转移医保互认、公务员交流、扩大“广佛公交”、扩大年票互认、羊城通广佛通融合、设回程的士候客点、互认读者证等9个方面。根据协议要求，广佛两地将在创新行政管理体制、拓宽合作领域、促进两地要素资源自由流动、优化配置效率等方面更加紧密融合，并全面构建城市规划统筹协调、基础设施共建共享、产业发展合作共赢、公共事务协作管理的一体化格局。

【广佛同城化青年工作合作框架协议】 2009年3月26日，广佛两市团委签署《广州市佛山市同城化青年工作合作框架协议》，两地将围绕扶持青年就业创业、青少年活动阵地建设、亚运会志愿服务等方面进行合作。协议规定，广佛两地将实行青年社会实践交流制度，在两地政府机关和企事业单位等领域推行互派青年实习生制度。为迎接亚运会，两地围绕亚运活动宣传、亚运志愿服务、亚运志愿者培训、文明交通整治等内容开展深入合作，提升广佛国际形象和区域竞争力。两市团委还将依托现有的青年文化宫、少年宫等青少年文化阵地进行人才交流和教育培训，探索建立两地青年文化宫少年宫主任、教师培训基地，互派优秀教师进行“点对点”教育，还会定期选派两地青少年文艺团体进行互访演出。

【广佛体育同城化合作框架协议】 2009年4月3日，广州市体育局局长刘江南和佛山市体育局局长杨振富代表两市体育部门在佛山市签署《广州市、佛山市体育同城化合作框架协议》。双方将共同研究制订体育产业发展战略，探索建立两地通用体育电子消费卡，联合开发各类体育赛事，开展两地体育赛事跨区域组织和经营，合作开发广佛两地体育旅游项目等。根据协议，两市体育的合作以“错位发展、资源共享、优势互补、合作共赢”为原则，其合作内容涵盖了佛山协助广州亚组委办好亚运会，以及双方在群众体育、竞技体育、体育人才方面的合作互动。特别是在群众体育方面，双方将组队参加对方主办的大型群体活动，并积极探索两市共同承办国内、国际大型体育赛事的方式方法。

【广佛区域无线电管理合作框架协议】 2009年4月8日在广州签署，广州市副市长甘新、佛山市副市长王玲出席仪式。根据协议，两市将在无线电管理上做到信息互通、资源共享，包括共享广佛地区的台站、频率资源和电磁环境资源，避免边界无线电频率的互相干扰。此外，双方还将联合监管、联合执法，对应急通信管理采取保障联动。该协议实施后，除了两市的电台能做到资源共享、频率统一外，广佛地铁面临的通信难题也将迎刃而解，广佛地铁之间的无线电通信将可申请统一频率。

【越秀区禅城区社区文化共建框架协议】 2009年4月12日，中共广州市越秀区委常委、宣传部长刘梅和中共佛山市禅城区委常委、宣传部长罗涧华在广州五仙观分别代表越秀区和禅城区在社区文化共建框架协议上签字。广佛两个城区实现文化对接，共同挖掘保护两地特有的广府文化资源。按照协议，双方将建立联席会议制度，成立戏曲、书画、武术、民间工艺、文明社区、精品之旅等专项工作小组，定期开展共建交流活动，开展社区文化交流、推动岭南文化精品之旅、共建文明社区等七大共建项目。

【广佛医疗卫生事业同城发展合作协议】 2009年4月17日，由广州、佛山两市卫生局在佛山正式签订。根据协议，广佛两地医学检验和影像检查结果将实现互认。互认通用的医学检验项目包括肝功能、肾功能、血细胞分析等；而医学影像检查包括X线、CT检查、MRI检查等。协议规定广佛两地医疗卫生事业同城发展合作的总体目标是：探索建立广佛两地医疗卫生合作模式，着力建立卫生统筹协调机制，统一规划、合理配置卫生资源，逐步实现区域卫生资源共享，形成整体发展优势。2010年实现两市医疗机构部分医学检验、影像检查结果在满足一定条件下的互认。力争在2015年达到两市基本公共医疗卫生服务均等化。协议确定双方在公共卫生服务、基层卫生服务、医疗服务、中医中药服务、人才交流及信息化建设等六大方面的合作内容。

两地第一批纳入检验、检查结果互认通用的医疗机构是两市的市直医院，广州市一共有13家，佛山有6家。以后将不断扩展到区一级的医院。首批19家互认医疗机构分别是广州市第一人民医院、广州市妇女儿童医疗中心、广州市红十字会医院、广州市中医院、广州市第八人民医院、广州市胸科医院、广州市精神病医院、广州市第十二人民医院、广州医学院附属第一医院、广州医学院附属第二医院、广州医学院附属第三医院、广州医学院附属肿瘤医院、广州皮肤病防治所和佛山市第一人民医院、佛山市中医院、佛山市第二人民医院、佛山市第三人民医院、佛山市第五人民医院、佛山市妇幼保健院。

【广佛同城旅游合作框架协议】 2009年4月25日，由广佛两市旅游局局长在广州签订。双方协定：加快旅游资源和产品的开放，做好规划衔接，提升产业发展水平；共同开发客源市场，联合对外宣传推介；加强行业服务和市场管理合作，优化两市旅游环境；加强旅游行业从业人员教育培训合作。

【广佛农业农村同城化发展合作框架协议】 2009年5月13日，广州、佛山两市农业局在佛山市正式签署《广州市佛山市农业农村同城化发展合作框架协议》。广州市农业局局长汤锦华、佛山市农业局局长霍伙参加签署仪式。按照协议，广佛两市建立农业农村同城化发展联席会议制度，并加强日常工作沟通与交流。协议重点在七大领域加强两市合作：一是抓紧制定实施农业和农村经济同城化发展专项规划，并建立规划衔接机制，推动两市农业农村经济功能合理分工、协调发展；二是逐步建立两市标准统一、步伐一致、操作协调的耕地补偿制度，推进耕地地力监测网络衔接和基础数据库等信息共享，加强两市相邻区域连片农田（鱼塘）标准化建设合作，形成集约高效、布局合理的农业生产基地，加强农业生态环境监管体系建设合作，推进循环农业、生态农业和有机农业合作交流，推进联合江河增殖放流，保护和发展两地渔业资源；三是促进相邻区域农田（鱼塘）和农村土地跨区域流转，建设土地流转信息服务联合平台，并推进两市现代农业园区（基地）合作，开展联合招商引资活动，在广佛区域内建立一批高科技农业基地、无公害基地和特色农业基地；四是加快建设统一、开放的农产品市场，探索联合举办广佛现代农业展会，推进两市农产品“绿色通道”建设，形成贯连港澳、辐射全省和全国、国内和国际双向物流、海陆空立体物流相结合的国际性农产品现代物流中心；五是推行农产品质量标准、检验检测标准、认证标准及法定检验单位鉴定结果的互相认同，推动“菜篮子”、“放心肉”产品的同城化供给，建立农产品质量安全突发事件预警信息共享平台，有效处置跨市农产品质量安全突发事件；七是加强两市农村集体经济发展合作与交流，打造乡村旅游精品线路，推动两市农村社会保障制度的贯通衔接，加强中心镇建设、城中村和旧村改造、村容村貌整治建设、农村扶贫等工作经验交流，促进两市镇村发展。

【广佛同城化建设教育合作协议】 2009年5月16日，《广州市、佛山市同城化建设教育合作协议》在佛山签署。广东省教育厅副厅长叶小山、广州市教育局局长华同旭、佛山市教育局局长李亚娟等相关负责人出席签字仪式。协议内容包括基础教育、职业教育、高等教育、成人教育以及教育科研、信息化建设、师资队伍建设、合作办学等多个领域。

根据协议，广州9所市属高校，分别为广州大学、广州医学院、番禺职业技术学院、广州市城市职业学院、广州工程技术职业学院、广州体育职业技术学院、广州铁路职业技术学院、广州科技贸易职业学院和广州广播电视大学；佛山3所市属高校，分别为佛山科学技术学院、佛山职业技术学院和顺德职业技术学院。这12所高校将划出一定招生指标，定向招收广佛两市学生。协议提出将继续探索边界学校的协管模式，统筹中小学布局，促进学生就近入学，逐步实现两地学籍互认，以解决“跨市走读”问题。按照协议内容，两地义务教育阶段学生互相报读将不存在借读费问题。此外，两市还将研究协调初中课程内容、中考及普通高中学生学业水平测试和高考模拟检测等工作。此外，合作协议提出，两地将共同打造“南方职业教育基地”。两市中职学校招生将不受地域限制，职业教育实训基地相互开放。

【广佛城市林业同城化建设与发展合作协议】 2009年7月16日，广佛两市签署《广州市佛山市城市林业同城化建设与发展合作协议》，两地将不断加强合作，实现广佛林业同城化。根据协议，广佛两市将重点把流溪河、石门和西樵山三个国家级森林公园打造成全国著名的AAAAA级森林生态旅游景区。年内这些公园对市民优惠开放，广佛市民凭身份证就可以得到门票打折优惠。双方将联合组织开展森林旅游招商会和推介会。协议提出，广佛两市将加强区域性湿地生态保护建设的对接。加强两市跨界区域湿地生态系统保护，推进流溪河、西江流域、珠江出海口水源涵养林、水土保持林保护与建设，构建布局合理、功能完善、类型多样的区域性湿地生态保护系统。沿江、沿河、沿海湿地等生态敏感地带将会划定生态保护区（“不开发区”），保护两市共有资源。

【广佛同城化政府法制合作框架协议】 2009年7月29日，由广州市法制办和佛山市法制局签署。按照协议，今后双方将以行政体制改革为突破口，建立广佛同城化政法法制合作五大机制，包括共同构建法制政府合作机制、促进规则一体化机制、法制业务合作机制、资源交流和信息共享机制以及保障合作开展的联席协调工作机制。协议具体合作内容包括，按照广佛同城化要求对市场准入、人才引进、环境保护、税费征收等方面的规范性文件进行全面清理，消除阻碍广佛同城的制度壁垒；在制定规范性文件时，要征求两地公众意见；加强对管辖、职能冲突等行政执法争议的协调力度和行政执法合作，在行政执法自由裁量权的规范和监督方面保持一致等。两地政府法制机构还将建立联席会议制度，定期召开会议研究合作事宜，并指派专门机构负责双方的日常联络工作。

【广佛同城化建设物价工作合作协议】 2009年8月5日，由广州市物价局与佛山市物价局签署。根据协议，双方将推进扩大广佛年票互通范围，改善年票互认方式，统一收费标准及统缴期限，优化设置广佛边界上的年票制次票站，推进广佛年票互认车牌自动识别系统建设。协议签订后，广佛年票将进一步扩大互认互通范围。协议中包括推进广佛能源价格一体化，如电价、水价、天然气等实行同网同价。佛山市将召开管道天然气价格听证会下调相关价格。

【广佛同城化城市管理领域合作协议】 2009年8月12日，由广佛两地城管部门签署。根据协议，广佛两地城市管理执法部门将在条件成熟时，统一广佛城市管理执法人员的着装和执法车辆标识，方便两地公众的辨识，提高认同感，树立广佛“城管”新形象。广佛主要接壤区域将试点成立城市管理联合机构实体，对接壤区域共同实施日常管理。在一些条件成熟的接壤街区设立“同城化城市管理示范区域”，联合设立“城管工作站”，职能涉及道路、水路、河涌等方面综合管理。

（云在天）

【广佛肇经济圈建设合作框架协议】 2009年6月17日，由广州、佛山、肇庆三市市长在肇庆市签署。协议以战略思维和整体理念推进一体化发展规划，引领广佛肇经济圈全面协调可持续发展。协议分“总则”、“合作机制”、“重点合作领域”与“附则”4章，另设16条。重点合作领域包括规划对接、交通运输、产业协作、科技创新、环境保护、旅游合作、社会事务与区域合作等8个方面。协议以“政府推动、市场主导，资源共享、优势互补，互利共赢、一体发展”为原则，以广州佛山同城化为示范，打造广佛肇经济圈，促进珠江三角洲地区一体化发展。

（肇庆市纲要办）

【广佛肇旅游一体化合作框架协议】 2009年6月17日，由广州市、佛山市、肇庆市旅游局在肇庆市签订，以营造三市旅游良好环境，促进广佛肇旅游向区域性国际化旅游中心的地位迈进。协议由“指导思想”、“建立工作联动机制”、“合作内容”四部分组成。协议商定成立由三市旅游局局长任组长的旅游合作专责小组；建立联席会议制度，三市旅游局局长为联席会议召集人，每月或每季召集联席会议，解决三市旅游业合作在行业管理、市场宣传推广、旅游规划、旅游资源开发和整合、旅游人才交流培训等方面的问题。“合作内容”包括4方面：（1）开发旅游资源和产品，做好规划衔接，提升产业发展水平；（2）开发客源市场，联合对外宣传推介；（3）加强行业服务和市场管理，优化三市旅游环境；（4）加强旅游行业从业人员的教育培训合作。

年内协议实施措施主要有：7月22～23日，在肇庆市湖滨大酒店宴会中心举行首届珠三角地市媒体旅游发展论坛，来自肇庆、中山、佛山、珠海、东莞、江门、惠州7个市的媒体代表和旅游局、旅行社、酒店负责人，就加强媒体与景区、旅行社之间的互动，破除旅游障碍，发展珠三角城际旅游文化、扩大市场份额、寻找亮点开辟新线路、打造旅游品牌等问题开展研讨；8月28日，广州市、佛山市、肇庆市旅游局联合主办的健康生态游广佛肇首团暨广州“翡翠生态游地标群”专线产品启动仪式在广州市增城区白水寨风景区举行，开启“广佛肇同城旅游新时代”；11月14日，2009广东国际旅游文化节·肇庆旅游嘉年华开幕式暨环星湖国际市民徒步大会在肇庆市牌坊广场举行，来自16个国家和地区的游客、徒步爱好者及肇庆市民共3万多人参加。

（戴超峰）

【广佛肇青企组织合作框架协议】 2009年6月18日，由广州市青年企业家协会、佛山市青年商会和肇庆市青年企业家协会在肇庆市签署。当日举行签约仪式暨广东青年企业家肇庆行启动仪式。中国青企协副会长、省青联副主席朱培坤，广州市团委书记、市青联主席王焕清，佛山市团委书记、市青联主席陈新文，肇庆市团委书记、市青联主席王良华等出席签约仪式。协议明确三地青企组织的合作宗旨、合作原则、合作方向及合作机制，提出将共同推进广佛肇经济圈一体化建设，探索建立广佛肇青年创业园，扶持三地青年创业，共同打造广佛肇青企网，构建三地青企的网上工作交流平台，共同组织实施三地青年企业家人才培训计划等。佛山市高明区与肇庆高要市、佛山市三水区与肇庆四会市、广州市荔湾区与肇庆市端州区也分别签署《青年工作合作框架协议》。签约双方今后将在青少年活动阵地、培训资源共享及志愿服务等方面展开合作。

(刘　创)

【广佛肇外经贸合作协议】 2009年8月10日，由广州、佛山、肇庆三市外经贸局在广州签订。合作协议提出成立由三市外经贸局局长组成的广佛肇外经贸合作工作领导小组，遵循“政府推动、市场主导，资源共享、优势互补，互利共赢、一体发展”的原则，共同转变对外贸易发展方式，提高利用外资水平，加快实施“走出去”战略，构建规范的国际化营商环境，防范国际经济风险，提升广佛肇经济国际化水平。合作协议明确广佛肇外经贸合作八大领域，包括开展联合招商、共同拓展市场、联合推动企业“走出去”、加强服务外包合作、推进区域保税物流合作、加强公平贸易合作、加强信息交流、开展共同研讨。

(肇庆市地志办)

【广佛肇食品药品安全监管合作框架协议】 2009年10月10日，由广州、佛山、肇庆三市食品药品监督管理局在肇庆市签订，同时签订的还有《广佛肇药品稽查联合工作协议》。协议由“指导思想、工作目标、合作内容、工作制度、相关工作和协议生效”6条构成，合作内容涉及三市在食品药品安全检测协作、联合打假机制、安全预警系统建设、药品专业技术人员资格互认、监管数据中心建设等方面。作为框架协议子协议的《工作协议》共10条，着重细化三市在稽查打假方面的合作内容，内容涵盖建立多元化稽查联络渠道、案件协查联动机制、大案要案联合查处机制、“三品一械”质量安全突发事件跨市应急联动机制、投诉举报受理联合机制、异地委托送达文书协助机制、稽查信息沟通机制等。

年内协议实施措施主要有：11月30日，广州、佛山、肇庆三市食品药品监督管理局稽查部门在佛山市食品药品监督管理局召开会议，部署“广佛肇非药品冒充药品联合专项整治工作”等相关事宜。12月4日，肇庆市食品药品监督管理局稽查分局协助广州市食品药品监督管理局稽查分局，开展对国家局公布的问题“人用狂犬病疫苗”流向的核查行动。12月8~9日，广州、佛山、肇庆三市食品药品监督管理局稽查部门联合开展药品经营企业非药品冒充药品专项整治统一行动。12月10日，根据广州市食品药品监督管理局稽查分局提供的信息，肇庆市食品药品监督管理局稽查分局开展对国家局公布的问题药品“舒血宁注射液”流向的核查行动。12月21~22日，在广州召开广佛肇稽查合作研讨会。12月25日，广州、佛山、肇庆三市食品药品监督管理局联合部署开展元旦、春节期间“三品一械”违法行为专项整治统一行动。12月29日下午，广州、佛山、肇庆三市食品药品监管合作第二次联席会议在佛山市召开，会议讨论食品药品监管工作的新任务、新要求，探讨药师规范管理有效机制的建立，研究加强广佛肇三市药品流通配送企业信息互通合作方式，部署2010年春节节前“三品一械”稽查联动工作。至年底，广州、佛山、肇庆三市食品药品监督管理局完成三局公文电子交换联合调试工作，三局公文实现电子交换。

(黎一斐)

【广佛肇工会合作框架协议】 2009年10月16日，广州、佛山、肇庆三市总工会签订《广佛肇工会合作框架协议》。协议中明确，三方将着力打造为农民工联动维权的新模式，还将在推进工资集体协商方面加强合作，特别是在加强行业、区域性工资集体协商方面互相借鉴经验，促进职工工资正常增长机制的建立。

【广佛肇经济圈建设环境保护合作协议】 于2009年12月1日广佛肇经济圈首次市长联席会议上签署。协议以水环境污染和空气污染联防联治为突破口，加强资源节约和环境保护，实现环境基础设施资源共建共享，改善区域整体环境质量，率先构建资源节约型和环境友好型社会，实现区域可持续发展。协议分“指导思想”、“合作内容及方式”、“合作机制”与“其他”4条。合作的主要内容：（1）联合制定和实施《广佛肇经济圈生态环境保护和建设规划》；（2）共同维护、建设区域绿色生态屏障；（3）联合防治水污染，推动珠江综合整治，严格保护饮用水源，实施主要污染物排放总量控制管理，探索建立上下游生态补偿机制；（4）联合防治空气污染，强化主要污染物总量减排、机动车尾气污染联合防治等工作，共同建立空气污染联防联治长效机制；（5）执法与审批联动，研究建立环保区域一体化政策体系，实现环境管理制度的整体对接，建立健全执法联动机制，联合打击跨界环境违法行为，建立污染型企业的退出机制与重大项目联审制度，统一审批尺度，合理调整环境功能分区；（6）统筹固废处理处置资源，探索建立固体废物统一监督管理工作机制；（7）共享信息与资源，建立突发环境事件预警信息共享平台，有效处置跨界突发环境事件，建立和完善三市河流、大气环境监测合作机制，推进水和大气环境监测资源共享。至12月底，肇庆市启动被列为“广佛肇经济圈建设2009—2010年度重点工作（第一批）”的“调整西江水系饮用水源”、“保护区环境应急监测演练”、“大气污染综合治理”三个项目。

【广佛肇经济圈建设交通运输合作协议】 2009年12月1日在广佛肇经济圈第一次市长联席会议上由三市交通运输部门的主要负责人签署。协议提出加快构建适应区域合作发展要求并与重大功能区有效对接的综合交通网络，逐步实现区域交通运输一体化的任务：一是着力推进轨道交通网络建设，加强三市轨道交通建设的衔接与协调，加快贵广铁路、南广铁路、珠三角城际轨道交通广佛肇城际、广佛环线和肇顺南线等轨道交通工程的建议。二是加快构建一体化的道路网络，继续加快三市路网衔接优化工作，稳步推进三市主干道路项目对接，重点推进珠三角环形高速公路、珠三角外环高速公路、广贺高速公路、广肇高速公路二期、广三高速公路扩建、广肇高速公路扩建及广佛肇快速连接线等项目，实施国道321线和省道272、362、118线等城际间主干道路城市化升级改造工程，优化打通衔接道路的交通节点。三是充分发挥综合性交通枢纽的聚集和辐射能力。以广州白云国际机场、广州港南沙港区、广州火车新客站等战略性综合交通枢纽设施为核心，加快广佛肇区域轨道、道路和水路交通网络与其无缝对接建设，推动区域综合交通协调发展。四是加强港口航运协同发展。整合广佛肇区域港口及航线、岸线资源，加强港口、航道规划、建设和管理衔接，充分发挥广州港作为区域性中心港口的基础平台和航运枢纽作用，以广州港南沙港区为龙头，研究制定港航合作相关政策和机制，引导并鼓励三市港航企业联合协作，拓展集装箱江海联运业务，实现广佛肇航运交通新的跨越式和一体化发展。五是深化完善道路客运与公交网络。科学布局三市城际道路客运班线、公交线路和接驳枢纽站点，加快客运、公交换乘枢纽等交通基础设施建设，适时、合理增加客运线路和投放更新运力；参照广佛道路客运同城化的运作模式，推动三市毗邻接壤地方的公路客运公交化改造工作，完善常规公交与城际轨道的无缝接驳，不断扩大公交覆盖网和规模；推行一体化公共交通服务标准，实行广佛肇年票互通，研究协调公交费用减免政策，有效降低区域交通运输成本，为三市市民提供快捷便利、无缝衔接的客运公交服务。六是实现交通管理和运输信息同城化。协调明确三市连接道路的交通管理职责，建立健全交通、交警部门的对接道路交通信息采集机制、交通信息通报机制、交通突发事件处置机制和交通事故追逃联动机制，探索跨界交通联合执法。探索交通运输信息互通机制，打造共享的交通运输信息服务平台，继续推进羊城通与广佛通的融合，扩展两卡的应用领域，形成三地市民出行和小额消费的一卡通。

【广佛肇经济圈建设产业协作协议】 2009年12月1日在广州、佛山、肇庆三市第一次市长联席会议上签署。协议提出统筹协调产业发展规划，促进广佛肇产业优势互补、联动发展，共同构建结构优化、布局合理、各具特色、协调发展的现代产业体系的目标。协议分“指导思想”、“宗旨原则”、“合作内容和方式”、“工作机制”及“协议生效”5条，合作的主要内容：(1) 研究重大问题，衔接产业规划。开展重大问题研究，加强产业规划衔接，统一规划三市产业发展，形成优势互补、协调发展的广佛肇产业发展规划体系。(2) 推进重点协作领域建设，促进产业协调发展。加强现代服务业发展合作、先进制造业和传统优势产业发展合作、高新技术产业发展合作、现代农业发展合作。(3) 大力促进区域协调发展，切实加强“双转移”合作。(4) 协调推进重大项目建设，提升产业发展水平。开展招商引资活动，促进国际国内重大建设项目进入合作区域和园区；规划建设具有重要基础性作用的重大项目，整体提升产业协作环境；以突破产业协作重大节点为目标，在重点区域和园区中合作建设一批重大产业协作项目。(5) 构建市场主体协作机制，推进公共服务机构建设。六是制定政策法规，打造良好发展环境。 (云在天)

【广佛肇经济圈建设教育培训合作协议】 2009年12月1日下午在广佛肇经济圈首次市长联席会议上签署。协议提出共同打造南方职业教育基地。广佛肇三市中等职业学校招生不受地域限制，职业教育实训基地相互开放；鼓励三市中职学校优势互补、合作办学、开拓市场，三市高职院校互招中等职业学校学生。协议由“合作宗旨”、“合作原则”、“合作内容”、“合作机制”及“协议生效”5部分组成，共分12条。合作的主要内容：(1) 推进广佛肇三市基础教育领域的交流与合作。推动教学领域的互动与合作，加强学校体育、卫生、艺术教育合作，加强学校德育领域的合作。(2) 推进广佛肇三市职业教育领域的交流与合作。共同打造南方职业教育基地；加强职业教育领域的合作与交流。(3) 推进广佛肇三市高等教育领域的交流与合作。加强高等学校之间的科研合作，协商共建共用实验室；积极推进高等教育科研机构在重大科技项目上的合作，共同建设科技创新平台和产学研合作示范基地。(4) 推进广佛肇三市教育科研领域的合作与交流。拓展教育科研合作项目；搭建教育信息化资源共享平台。(5) 推进广佛肇三市教育人才合作与交流。建立广佛肇三市教育行政管理人员、校长、教师交流合作机制，整合广佛肇三市教育培训资源，实现校长培训和教师继续教育的互联互通。(6) 鼓励合作办学。协调办学机构审批标准，实行广佛肇三市办学审批互认；支持名校跨地区建设分校或合作办学，加强广佛肇三市民办学校的合作与交流。(7) 建立广佛肇三市常规的政策信息交换机制。实现广佛肇三市教育行政部门、人力资源和社会保障部门政策信息共享，教育评估资源共享。

(肇庆市纲要办)

【广佛肇重大传染病和突发公共卫生事件防控方案】 2009年12月30日，广州、佛山、肇庆三市卫生部门联合制定《广佛肇重大传染病和突发公共卫生事件联防联控工作方案》。方案主要内容有：(1) 建立预警机制。三市联合开展重大传染病和突发公共卫生事件的监测预警和风险评估，及时通报监测预警情况。(2) 建立信息通报机制。法定传染病监测每月通报1次，由三地的市级疾控中心以《月（年）传染病疫情监测》形式，定期互相通报当地传染病疫情情况；发生突发公共卫生事件时，若预测事件有可能向另外两地扩展，则事发地卫生部门要及时将情况通报给另外两地，共同做好防范和应对工作；发生重大及以上级别突发公共卫生事件或跨三地的突发公共卫生事件时，按《广东省突发公共卫生事件应急预案》要求，在上报同级政府和省卫生厅时，同时通报另外两地。（3）建立协调机制。发生重大传染病或突发公共卫生事件，三地要加强沟通协调，迅速响应，共同研究对策，配合事发地做好防控和应急处置工作。（4）建立联合行动机制。发生重大以上突发公共卫生事件时，根据事发地的需要，三地医疗卫生机构共同配合开展医疗救治和防控工作；对于跨区域的突发公共卫生事件，加强三地之间沟通和通报，及时妥善处置。（5）建立相互支援机制。探索并逐步建立公共卫生应急队伍、应急专家、应急物资等资源共享机制；发生突发事件，根据事发地的卫生应急机构请求，其他两地在专业技术人员、诊断试剂、实验室器材、医疗器械、救治药品等方面给予支援。（6）建立卫生应急工作交流机制。三市卫生部门不定期举行卫生应急技术交流活动，互相参与对方举办的培训班、学术会议，交流有关刊物、资料，并互邀观摩或联合开展应急演练，共同提高应对重大传染病和突发公共卫生事件快速处置能力与水平。（肇庆市地志办）

【广州江门加强重点领域合作框架协议】　2009年6月30日，广州和江门两市在广州正式签署《广州市人民政府、江门市人民政府加强重点领域合作的框架协议》。协议主要包括两市合作的目标和原则、交通基础设施、产业协作与科技创新、合作机制等几部分内容。双方考虑先期将交通基础设施与产业协作列为合作的重点，进一步明确推进南沙疏港铁路、鹤山“无水港”、产业转移园等重点合作事项。

【佛山江门关于推进一体化合作意向协议】　2009年7月3日，佛山市政府、江门市政府签署《关于推进一体化合作意向协议》，　佛山市市长陈云贤、江门市市长王南健出席签署仪式。两市未来将以交通基础设施为先导、以产业协作为重点，推进多方面合作。接下来两市将成立产业、交通基础设施建设两个专责小组。

协议中双方就交通基础设施建设对接先行成为双方共识。未来两市将着力推进广州—佛山—江门—珠海城际轨道和广珠铁路建设，实现佛江两地路网对接，抓紧鹤南西江大桥、江顺大桥等重点项目的规划建设。此外，两市还约定要实现港口及航线、岸线资源优势互补和管理衔接。协议的另一项重要合作领域是产业协作，两市将对“异地发展，税收共享”的模式作进一步探索。

【高明区高要市更紧密合作框架协议】　2009年9月6日，在高明区举行的“要明鹤兴”县域经济一体化发展论坛上，肇庆高要市与佛山高明区签订《高明区高要市更紧密合作框架协议》。《协议》分“总则”、“合作机制”、“重点合作事项”3章共14条。“重点合作事项”由“交通运输”、“产业协作”、“科技创新”、“生态环境”、“旅游合作”、“教育”、“就业培训”8部分组成。根据协议，建立由两地政府首长为总召集人的联席会议，负责协调解决两地合作发展中的问题，联席会议办公室设在两地发展改革部门；联席会议原则上每半年召开一次。成立专责小组，负责两地相关领域衔接协调，落实联席会议确定的有关工作事项。建立两地政府新闻办沟通协商机制，不定期发布两地交流合作、发展建设的权威信息。采取“媒体主办、轮流承办”的形式，举办年度“要明鹤兴县域经济一体化发展论坛”，探讨高要、高明、鹤山、新兴四地合作交流问题，推动西江西岸区域合作与珠三角县域一体化发展。（云在天）

【三水四会区域合作框架协议】　2009年10月9日，由肇庆四会市和佛山市三水区在四会市签署。协议分“指导思想、合作机制、重点合作领域”3章，共12条。“重点合作领域”包括“规划、交通、产业、科技信息、环境保护、旅游、社会事务”7方面：(1) 规划对接。两地衔接协调发展战略、经济社会发展规划、城乡规划、土地利用规划等；衔接协调两地的交通运输、产业协作、科技信息、环境保护、旅游合作、社会事务等专项规划。(2) 交通对接。二广高速、肇花高速和广佛肇城际轻轨等进度对接；两地出入口路网对接；开通两地公交线路，科学布局站场，提供快捷便利的公交客运服务。(3) 产业对接。做好产业规划的衔接，形成优势互补、错位发展、协调发展的产业发展规划体系；建立统一的产业协作发展方向，促进两地产业协作相关政策的衔接；加强两地经贸交流，支持行业、企业举办各类产业对接活动；加强劳动力培训转移协作，为两地提供高技能实用型人才。(4) 科技信息对接。两地加强科技部门的交流与合作，共建科技创新平台；引导两地科技型企业加强交流与合作，共享科技创新资源；做好两地电子信息网络对接，共享信息资源。(5) 环境保护对接。建立联合防治水污染机制，保护饮用水源，监管北江水环境，联合防治工业废水和生活废水；建立联合防治空气污染机制，做好污染物总量控制、污染物减排、企业废气和机动车尾气污染联合防治等工作；建立审批联动机制，加强跨界污染项目审批的沟通合作；建立执法联动机制，联合监督执法。(6) 旅游对接。加强旅游部门之间的交流合作，建立旅游信息互通平台；整合两地旅游资源，加强旅游投资合作，实现旅游资源共享。(7) 社会事务对接。联合办学，加强区域教育学术研讨活动，建立教育教学信息共享资源库；推动就业服务协作；加强医疗技术和卫生人才的交流合作，建立协同处理突发公共卫生事件和重大传染病联防联控工作机制；建立公务员交流和培训机制，加强两地之间公务员挂职锻炼；建立社会治安联防机制，加强接壤地区的治安管理和情报信息合作；加强水利建设合作；建立应急事务协调处理机制，加强在应对突发事件的应急信息共享、应急处置协作、应急物资和应急队伍互助。

（肇庆市纲要办）

【推进珠江口东岸地区紧密合作框架协议】 2009年2月27日，由深圳、惠州、东莞三市负责人在深圳共同签订。协议分为“总则”、“合作机制”、“合作重点”、“附则”4章，另设16条，合作重点包括发展规划、产业发展、区域创新、交通运输、能源保障、水资源及城市防洪、信息网络、环境生态、社会公共事务与其他事项等10个方面。

【深入推进珠江口东岸地区警务紧密协作备忘录】 2009年3月4日，由深圳、东莞、惠州三地公安局局长在惠州签署。根据协议，三地警方将加强维稳协作，在打击犯罪领域、流动人口管理与服务、道路交通管理等领域紧密合作。三地警方还将加强信息资源共享。三市公安机关要在总结近年来矛盾纠纷排查处置工作经验的基础上，建立跨区域性矛盾纠纷排查化解预警机制、情报信息研判机制、协调机制、应急反应机制和跨区域群体性事件处置机制，加强涉法涉诉涉警信访工作协调，积极探索新形势下化解跨区域矛盾纠纷的有效途径，促进各类跨行业、跨区域性矛盾纠纷的妥善处置。

【推进珠江口东岸地区劳动保障工作紧密合作协议】 2009年5月16日，在深圳、东莞、惠州三市党政主要领导第二次联席会议上。由三市劳动保障部门正式签署。协议确定三地劳动保障对接合作框架，实现三地医保参保人异地就地结算。根据协议，2012年前，实现三地医保参保人员在三地的定点医院、定点药店享受同城化的医疗服务，即实现各地标准不变、跨区享受、实时结算和就地报销。协议提出，三地定点医疗机构互认、工伤认定互认。深莞惠联合出台三地社会保险转移接续办法，建立深莞惠城乡一体化的统一的医疗保险体系。三地将首先建立方便参保人员、三地一体化的医疗保险就医管理、结算服务体系，实现三地范围内经办机构、定点医院、零售药店信息联网，为参保人提供就医结算、信息查询等服务，同时建立完善跨地区就医协作机制。

【深莞惠边界道路建设及连接工作协议】 2009年5月16日，在东莞市召开的深圳、东莞、惠州三市党政主要领导第二次联席会议上，三地签署《深圳市、东莞市、惠州市关于边界道路建设及连接工作计划的协议》。协议共分“建设目标”、“路网衔接原则”、“项目计划”和“保障机制”四大部分，就博深高速公路、广深沿江高速公路等11条高快速路及龙凤大道、建安路至新和路跨东宝河大桥等7个国省干道项目在未来5年的建设提出规划和目标。该协议计划目标为打通断头道路，基本实现三市路网互联互通。

【深莞惠界河及跨界河综合治理协议】 2009年5月16日，在东莞市召开的深圳、东莞、惠州三市党政主要领导第二次联席会议上，三地签署《深圳市、东莞市、惠州市界河及跨界河综合治理计划协议》。协议确定以龙岗河坪山河——淡水河、观澜河——石马河、茅洲河等3条河流为治理范围，以水污染治理和防洪排涝整治为治理内容。协议明确四年治理目标：2010年，龙岗河西湖村、坪山河上垟、淡水河紫溪、观澜河企坪、石马河石马河口的交接断面基本达到地表水V类标准，茅洲河水质明显改善；2012年，龙岗河西湖村、坪山河上垟、淡水河紫溪、观澜河企坪、石马河石马河口的交接断面优于地表水V类标准，茅洲河基本达到地表水V类标准；2012年底前，龙岗河、茅洲河干流防洪标准达到100年一遇，三市界河及跨界河流于排涝标准不低于50年一遇。

【深莞惠跨界客运班线公交化运营合作协议】 2009年5月16日，在东莞市召开的深圳、东莞、惠州三市党政主要领导第二次联席会议上，三地签署《深圳市、东莞市、惠州市跨界客运班线公交化运营合作计划的协议》。协议分为“工作目标”、“基本原则”、“深莞惠三市跨界客运班线公交化运营合作计划”和“保障机制”四个部分。协议商定在年底前，三市协调开通9条毗邻镇公交班线；2010年6月底之前，联合莞惠两地交通部门制定详细的跨界客运班线公交化运营与管理规范；2010年底之前，在试行方案的基础上，制定第二批跨界客运班线公交化运营方案，成熟一条，实施一条；2011年之前，做好深莞惠三地跨界客运公交化运营整体规划方案，将构建三市之间机场、口岸、重要交通枢纽、旅游交通网络纳入规划范围，并在中远期逐步组织实施。

【深莞惠加强金融业合作协议】 2009年6月5日在深圳签署，三市政府有关部门和金融办负责人出席签约仪式。签约各方将在建立金融合作交流机制、支持各类金融机构互设分支机构、拓展异地业务、加强资本市场、中介机构以及三市支付、清算等金融基础设施建设等领域携手合作，同时建立长效合作机制，逐步实现金融产品、服务和市场等的全面对接，在更大的范围、更高的水平上完善金融服务平台。

【深莞惠规划一体化合作协议】 2009年9月24日，深圳、东莞、惠州三市市长在惠州签署《深圳市、东莞市、惠州市规划一体化合作协议》。协议明确要充分发挥深圳作为中心城市服务功能，优化区域空间布局，推进珠江口东岸地区经济一体化。协议分为“合作目标”、“合作原则”、“合作计划”、“保障机制”四个部分，在“互相尊重，合作共赢，着眼全局，突出重点”的原则下，以建设深莞惠经济圈为目标，制定和实施区域协调发展总体规划，加强三市经济社会发展总体规划的衔接，推动三市基础设施建设、重要资源开发利用、生态环保、重点产业发展、城乡建设、公共服务等专项规划的对接，充分发挥深圳作为中心城市的服务功能，优化区域空间布局，推进珠江口东岸地区经济一体化。

【深莞惠社会公共服务一体化合作框架协议】2009年9月24日，由深圳、东莞、惠州三市市长在惠州签署。协议规定，三市将重点在推进教育、劳动就业及社会保障、卫生、科技创新等9方面37项合作意向的研究论证，实施“一卡通”、“一证通”、“一单通”等互联互通工程，各合作意向将在年内形成实施方案。

根据协议，教育方面，逐步实现优先安排符合流入地政府规定就读条件的九年义务教育阶段适龄儿童相对就近入学；对具有三市户籍，符合流入地政府规定的就读条件，并在流入地参加中考的初中毕业生，逐步容许填报当地省一级普通高中学校的志愿；实现三市特殊教育资源共享；三市教育业务培训互认，三地户籍教师师资互认；三市政府联合支持社会力量兴办国际学校等。劳保方面，在劳动就业及社会保障方面，将逐步实施“一证通”、“一卡通”工程；建立三市统一开放的人力资源市场，实现供求信息的共享，建立三市共享创业带动就业的项目库，探索三市联合培训颁发职业资格证书；推动三市社会保障的信息互通，逐步实现社会保险关系无障碍转移；研究探索三市医保服务系统的互联互通。医疗方面，实施医疗卫生服务“一单通”、“一证通”工程；三市三甲医院医学检查结果互认，建立三市三甲医院技术交流工作机制；三市食品行业、公共场所从业人员健康证明、卫生培训合格证明互认；建立三市公共卫生监管和突发公共卫生事件联席会议制度，协调解决公共卫生监管和公共卫生应急事项。信息化方面，实现政府信息资源共享，电子政务网络互联互通；推动三市一卡通的应用，以公共交通IC卡的互联互通共用为突破，逐步推广应用到其他公共领域；实现三市交通违法信息和社会公共安全视频监控平台互联互通，实现交通违法信息的实时传递、驾驶员违章异地罚缴；推动三地电子签名证书互认，推广数字证书在区域内电子政务、电子商务应用。老人优待方面，实施老年人优待服务“一证通”工程，未来可实现三市老年人凭老年优待证，在三市内免费乘坐公共交通工具，乘坐城际间的交通工具享受优惠；推动三市的公园、景点、公益文化和体育设施免费对三市的老年人开放；推进三市养老服务配套政策的对接，推进异地养老服务，探索建立不同层次多样式的老年公共服务体系。

【深莞惠推进交通运输一体化补充协议】2009年9月24日，深圳、东莞、惠州三市市长在惠州签署《加快推进交通运输一体化补充协议》。协议分为两部分，第一部分为边界道路建设及连接工作补充协议；第二部分为跨界客运班线公交化运营合作补充协议。补充协议计划两年内启动道路桥梁建设项目8个，城际轨道建设项目1个。这是为进一步落实《深圳市惠州市东莞市贯彻落实〈珠江三角洲地区改革发展规划纲要〉推进珠江口东岸地区紧密合作框架协议》，在深莞惠第二次联席会议签署的《边界道路建设及连接工作的协议》和《跨界客运班线公交化运营合作协议》基础上，进一步加快三市交通基础设施和交通运输对接工作，推进三市区域交通运输一体化而制定的补充协议。

【推进珠江口东岸地区民政事业发展合作备忘录】2009年10月20日，由深圳市民政局、东莞市民政局、惠州市民政局共同签署。备忘录涉及社会福利共享、救灾联动、社会事务便民、民政业务培训等多方面内容。备忘录提出，将开展深莞惠三市养老资源规划、布局、功能定位的调研，探索适度错位发展，形成三市层次不同、内容有别、形式多样的互联、互补、互动的养老公共服务体系；深莞惠三市将积极探索推进异地养老，通过盘活三市福利资源，统一发布三市养老服务信息，联合向社会推介三市养老机构，满足日益增长的养老服务需求。三市还将探讨区域内孤残儿童和流浪人员的安置机制，整合服务资源，开展跨市委托服务的新方式；加强救灾应急联动，互相通报三市灾害监测预报和应急救援信息，协调三市特别是接壤地区的救灾行动，建立重大灾害协调救灾机制；探讨三市遗体就近接运、火化，方便市民办丧事。

【珠中江一体化合作协议】 2009年4月17日，由珠海、中山、江门三地市委书记、市长签署。协议规定三地在规划、交通、对接港澳、服务粤西、产业协作、环境共治、科技交流、应急协同等八个方面开展紧密合作。三地首次提出，这八方面的合作将以规划为统领，在广东省统一协调下，加强三市之间发展战略、经济社会发展规划、城市总体规划、土地利用总体规划及有关重大专项规划的衔接，制定本区域发展规划和实施策略，探索建立推进区域协调发展的规划和政策机制。

协议规定，一体化应加快交通基础设施建设，推进区域基础设施一体化发展；共同推进港珠澳大桥、广珠铁路、沿海铁路、广珠及广佛珠城际轨道交通、广珠西线高速等途经区域内的重大交通项目建设；完善区域城际轨道交通、高速公路、快速干线网络，推动区域内海港空港资源的高效利用；加强珠三角西岸城市与广佛肇、深莞惠经济圈的交通基础设施衔接和合作，建设开放的现代综合交通运输体系。协议还特别将三个城市提升为一个整体来对接港澳。协议约定，将充分发挥三市资源丰富、腹地广阔的后发优势，共同加强与港澳经济合作，主动承接港澳现代服务业的扩张与城市功能的辐射；积极参与国际分工，建立全方位、多层次、宽领域、高水平的开放型区域经济新格局；积极做好港珠澳大桥连接线的规划建设，深化与港澳合作，提升三市产业发展水平和服务港澳水平。

协议规定，由三市市委书记、市长组成领导小组，负责重大事项决策和协调。领导小组会议由三市协商召开。同时建立三市联席会议制度，三市市长为联席会议召集人，联席会议在三市设立办公室作为日常办事机构。联席会议原则上每半年举行一次，但三市任何一方提出重大事项需要协商时也可召开，由珠海、中山、江门三市轮流作为东道主。为让联席会议常态化进行，三市成立专责小组，具体协商和落实具体合作事宜。

【珠中江旅游质监合作协议】 2009年4月23日，珠中江三市旅游局在中山签署《江门、珠海、中山旅游质监工作互动合作协议书》。协议约定三地将在加强旅游市场管理、互通旅游信息、对旅游安全和重大旅游投诉等问题建立联合应急机制、共同处理应急事件、确保旅游市场健康发展等方面进行合作。

【珠江西岸8市流动人口计生服务合作协议】 2009年5月6日，佛山市、中山市、江门市、阳江市、湛江市、茂名市、云浮市和珠海市在珠海签署《广东省珠江西岸八市市际流动人口计生服务管理区域合作协议》，加强流动人口计生管理，探索建立以居住地为主、户籍地与居住地协调配合的流动人口计生服务管理区域一体化协作机制。

【珠中江启动区域旅游一体化】 2009年5月8日，珠海、中山、江门三市在珠海签署旅游合作协议，启动区域旅游一体化，建立珠中江区域旅游合作平台，探索以旅游业协作为突破口，整合三市旅游资源，打造区域特色旅游，联合推广珠中江旅游产品。根据《珠中江旅游合作协议书》的内容，三地将本着“平等自愿、资源共享、优势互补、互惠互利、共谋发展”的原则，实行联席会议制度，轮流担任轮值主席单位，制定三地旅游宣传促销和市场拓展方面的具体措施。三地联合促销首先以珠三角地区为主，再拓展到泛珠三角地区、国内主要旅游城市及东南亚和台湾地区，每年共同举办一至两次联合促销活动；经过协商，择机联手举办大型促销活动；三地旅游管理部门鼓励三地旅游培训机构通过旅游人才资质互认、建立各层次培训合作机制、完善区域旅游人才信息网络、及时交流人才培训信息等手段，建立长期合作关系，为区域旅游业发展提供智力支持和人才保障。

是年初，珠海圆明新园率先在中山派送旅游优惠券，活动期间中山市民首次享受与珠海同城的优惠。三地一体化合作后，将逐步实现三地居民同城化待遇，持有三地居民有效证件的居民有望获得门票优惠待遇，以此吸引更多三地居民短线旅游。

【珠江口西岸城市社科联落实《规划纲要》合作协议书】 2009年5月12~14日，在珠海市社科联主持召开的珠江口西岸城市社科联联席会议暨西岸发展研讨会上，由珠海、中山、江门、肇庆、佛山五市社科联共同签署。协议书就开展合作的原则、方式以及合作内容作了详细规定。会议决定建立珠江西岸城市社科联联席会议制度，定期开展活动。

【珠中江环境保护区域合作协议】 2009年5月26日，由珠海、中山、江门三市环保局在珠海市签署。协议以“坚持环保优先原则，积极探索具有珠中江特色的区域环境保护道路”为宗旨，主要在饮用水资源保护、跨市河流水质、环境监测数据互动机制、跨界环境违法案件区域移送机制、区域环境事故协调机制以及环境宣传工作互动方面展开合作。

【珠中江警务合作协议】 2009年6月5日，珠海、中山和江门三地警方在中山签署《珠海、中山、江门三市警务合作协议》，三地警方将紧密联手遏制跨市犯罪，并为三地群众推出一系列便民利民惠民措施，在政策允许的框架内，探索推行异地办证和年审。根据协议，珠海、中山、江门三地警方将完善指挥联动，实现应急调度高效协同；搭建共享平台，推进情报信息互联互通；加强侦查合作，确保办案效率效益最大化。实施联合整治，推动区域治安共治共赢；积极链接港澳，落实“一国两制”重要国策；服务经济建设，畅通跨区域便民利民惠民渠道；密切警队交流，促进警察培训和警营文化建设。根据协议，三地警方推出第一批共10项具体合作措施，包括：建立完善指挥联动机制、信息共享机制、侦查协作机制、联合整治机制、警务交流机制、友邻协作机制和协调解决三地案件管辖争议、建立完善警情首接制度、定期开展110警情提示、加强流动人口管理服务合作。

【珠中江体育一体化合作框架协议】 2009年7月2日，由珠海、中山、江门三市体育局负责人在珠海签署，旨在推进区域体育一体化建设，全面提升珠中江体育整体发展水平。协议要求三地要打破行政体制障碍，创新合作机制，充分整合三市体育资源，促进要素合理流动，重点在群众体育、竞技体育、体育产业协作、体育人才交流和体育宣传等五个方面开展紧密合作，全面提高区域体育发展水平和整体竞争力。

【珠中江三市党校紧密合作框架协议】 2009年7月8日，由珠海、中山、江门三市中共市委党校在珠海签署。三市党校将在教学、科研、培训、行政管理等多方面加强交流与合作，促进三地党校之间经验交流、信息沟通、资源共享和优势互补。

【珠中江区域医疗卫生服务紧密合作框架协议】 2009年7月14日，由珠海、中山、江门三市卫生部门在珠海签订。根据协议，三地成立珠中江区域医疗卫生合作委员会，委员会主任实行轮值制，定期召开会议，专题研究三地合作事宜。三地的合作重点包括规划协调、应急合作、资源共享、结果互认、多点执业、交流培训等六项。三地将成立应急合作小组，负责分析研究三地传染病疫情、突发公共卫生事件和紧急医疗救援等事项，制定相关应急预案或工作方案，建立区域协同的应急应对机制。三地将构建一体化的医疗卫生服务网络，建立共享的卫生信息系统。同时将按照医院等级，逐步推行门诊病历“一本通”，部分辅助检查“一单通”制度，建立健康体检、检验检查结果互认、病历互通制度，减轻病人负担。此次框架协议的签订，将逐步推广这些惠及三地的医疗卫生合作。

【推进珠中江区域海洋与渔业紧密合作协议】

2009年7月21日，由珠海、中山、江门三市海洋与渔业局在珠海签署。三方议定在海洋与渔业行政执法、水产品质量安全监管、海洋与渔业环境监测、产业协作、水产品加工流通、应急协同等方面开展紧密合作。

【推进珠中江区域农业紧密合作协议】 2009年7月21日，由珠海、中山、江门三市农业局在珠海签署。根据协议，三地重点在农业行政执法、动植物防疫检疫、农产品质量安全监管、产业协作、应急协同等方面开展紧密合作，全面提高区域农业发展水平和整体竞争力。此外，为强化动植物防疫检疫，保障人民群众健康，三地农业部门还将及时交流检疫信息，协同处理和控制动植物疫情，互通动植物疫情预警信息；在发生动植物疫情时实行联防联控，严防疫情扩散蔓延。

【推进珠中江区域科技合作框架协议】 2009年8月5日，由珠海、中山、江门三市科学技术局、信息产业局、知识产权局、地震局、无线电管理办公室在珠海签署。根据协议约定，珠中江三地将开展公共技术平台、科技专家、无线电管理等一系列合作，积极建设可服务三地的公共技术平台，在网站上同时公布公共技术平台的信息资源和服务内容，开展对三地企业的同等服务，共同建设区域科技专家服务合作体系、共享的专题专利数据库，构建跨地区的专利行政执法协作机制。三地将建立珠中江区域科技合作联席会议制度，原则上每季度召开一次。根据协议要求，三地将积极开展科技资源交流和共享、学研结合、产业技术联盟、重大科技项目联合攻关及招投标、科技成果推广、科技人才交流等方面的交流与合作。

【珠海、中山、江门无线电管理合作协议】 2009年8月11日，由珠海、中山、江门三市无线电管理办公室在江门签署。根据协议要求，三市今后将充分发挥各自无线电管理的优势和特色，进一步加强三市在资源共享、联合监管、联合执法、技术合作、与港澳无线电交流合作五个方面的区域合作，在互相尊重、友好协商、公平开放、相互提高前提下，形成共同发展新格局。为实现信息互通、资源共享，将建立三市工作交流和情况通报制度，及时通报有关情况，并共享三市台站、频率资源和电磁环境资源，减少边界无线电频率互相干扰。联合监管方面，将充分利用三市现有无线电监测资源，实现监测联网，从技术层面实施跨区域无线电波的监管；同时，加强无线电发射设备市场管理的协作，开展区域性联合行动等。

【珠中江劳动保障工作紧密合作框架协议】 2009年8月27日，由珠海、中山、江门三市劳动和社会保障局在珠海签署。珠中江劳动保障工作紧密合作将通过建立联席会议、信息通报、工作协商等机制，实现六个方面的对接：社会保险经办服务一体化、人力资源市场信息一体化、职业技能培训一体化、创业项目开发一体化、劳动保障监察执法机制一体化、劳动保障政策法规一体化。

【珠中江城市规划合作框架协议】 2009年9月8日，由珠海、中山、江门三市规划局在珠海签署。根据协议约定，珠中江三市规划合作将重点在六个方面加强密切合作：开展珠中江区域城市规划紧密合作专题研究，组织和协调区域发展的城市规划编制工作，推动重点地区规划相互衔接，推进高速公路、城际轨道、港口、机场等区域重大基础设施规划对接与实施，建立信息共享机制，建立政策保障机制。珠中江三市建立城市规划专责小组联席会议制度。联席会议原则上每半年召开一次，亦可视需要由珠中江三市任何一方提出召开。

【珠中江法院区域执行紧密协作框架协议】 2009年9月8日，珠中江三市中级人民法院在中山市中级人民法院签署《珠海、中山、江门人民法院推进珠中江法院区域执行紧密协作框架协议》。根据协议，被执行人有部分财产或有财产线索在其他两市，执行法院可委托其他两市法院采取查询、查控等措施；执行法院查询被执行人财产状况，可采用传真协助查询函的形式；协助查询函应当载明案号、执行依据、被执行人信息（单位应载明全称、个人应载明姓名及身份证号码）；执行法院对被执行人财产需采取查控措施，可将协助查控函、查封裁定、送达回证等原件邮寄至其他两市法院，其他两市法院收到后在三日内办理。对于情况紧急的，应在收到后立即办理。对于诉讼保全案件，保全标的在其他两市的，受理法院可委托其他两市法院依照上述程序办理。三市法院执行大协作机制，进一步集成与互补执行工作优势，对构建三市法院执行工作一体化格局和解决执行难的长效机制，进一步优化和整合资源，促进三市经济社会持续、协调发展具有重要意义。

【珠海江门跨界公路等一体化框架协议】 2009年9月25日，珠海、江门两市交通部门在江门签署《共同推进珠海与江门跨界公路、港口、公交、年票通行费等一体化框架协议书》。根据协议确认，计划从2010年1月1日起，实行珠中江年票互认。珠海高栏港将加强与江门银洲湖区域港口的合作，发挥银洲湖区域航道条件好、便于开发5至10万吨级的深水泊位的优势，推动江海联运的发展，共同加快推进统一规划布局和崖门3万吨级航道建设。根据框架协议，江珠高速公路将与港珠澳大桥连接，其连接线工程此前已由广东省交通厅委托省交通工程勘察设计院有限公司开展前期工作，两地交通部门将争取该项目与港珠澳大桥连接线同步建设，2010年完成前期工作和设计，2011年上半年动工建设，2013年前建成通车。高栏港高速公路也将与中开高速公路新会支线对接。

【珠中江区域年票互认协议】 2009年11月10日，在中山举行的珠中江区域紧密合作第二次联席会议上由珠海、中山、江门三市人民政府签署。根据协议，从下年1月1日零时起，三市实行车辆（摩托车除外）通行费年票互认。即三市机动车辆（摩托车除外）凭有效年票缴讫凭证（或标识）免费通行三市普通公路收费站（含国省道收费站）；实行高速公路代收路桥通行费的收费站免收路桥通行费次票。实施年票互认后，三市年票征缴时间统一为每年1~3月份。在年票查验过程中，每年1~3月期间，三市上年的年票缴讫凭证仍然有效，从每年4月1日起，以当年年票缴讫凭证为有效凭证。实行年票互认后，三市年票标准暂不改变，以后视情况相应调整。三市政府将共同投入资金积极探索开发年票自动识别系统和网络互报互通系统，通过先进的技术手段，确保各收费站车辆顺畅通行，同时打击逃票行为。

【珠中江区域物价部门紧密合作框架协议】 2009年11月10日，在中山举行的珠中江区域紧密合作第二次联席会议上由珠海、中山、江门三市物价局签署。协议规定，三市将在车辆通行费年票互认、通信资费一体化、能源资源价格一体化、城市公交一体化、公益公用事业价格改革、市场价格管理体制等方面进行协调，将共同研究探索电价同网同价可行性。

按照协议，三地物价局将研究制定三市共同应对价格异常波动的预案和工作机制，共同应对价格异常波动。此外，三市还将联合进行价格执法，对涉及跨市并有可能造成严重危害或重大影响，需要紧急控制的价格违法案件，采取联合执法行动和12358价格举报投诉工作的合作，实现三市价格举报投诉“无障碍”以及价格网站对接互通。

【珠中江区域教育部门紧密合作框架协议】 2009年11月10日，在中山举行的珠中江区域紧密合作第二次联席会议上由珠海、中山、江门三市教育局签署。协议鼓励和支持三地中小学（幼儿园）之间建立友好学校（幼儿园）或姐妹学校（幼儿园）关系，推进学校间（幼儿园）教育交流合作。鼓励交流双方互派教师、学生交流，交流活动包括教学交流、学习培训、体育比赛、科技节、艺术节、社会实践、高校发展及学生毕业创业、学前教育等。组建联谊学校，形成区域内国家级示范性普通高中教学联盟，加强教学合作，共同提高教学水平。

在中职教育方面，开展三地中职学校跨市招生工作，逐步扩大省级重点建设专业的跨市招生规模，协调三地中职学校的专业设置和招生计划，实施错位发展，建立三地中职学校毕业生就业、创业指导机构，指导和协调区域内毕业生的就业和创业工作，提供毕业和企业供需信息，逐步实现三地就业市场联动。

【珠中江区域质监部门紧密合作框架协议】 2009年11月10日，在中山举行的珠中江区域紧密合作第二次联席会议上由珠海、中山、江门三市质监局签署。按照协议，珠中江三市将在标准化公共服务平台、标准信息资源共享、联手建立技术标准专家库等10个方面加强合作，企业可通过所在市的标准化技术机构，获取三市的技术标准及相关信息。

【江门—中山绿化苗木产业区域合作协议书】 2009年12月30日，由江门、中山两市农业局在中山签署。根据协议，两市开展南方绿化苗木新品种的开发培育、筛选51进以及苗木种植、园林造景设计等方面的技术攻关和技术交流；建立两地产销一体化合作示范基地，推动绿化苗木生产种植标准化和产业化发展，共同打造南方绿化苗木生产销售交易平台同时开展绿化苗木产品展示、服务推广、配套材料生产、园林设计等方面合作，进一步延伸绿化苗木产业链。（云在天）

【珠三角9市突发事件应急合作协议】 2009年3月30日，由广州、深圳、珠海、佛山、惠州、东莞、中山、江门、肇庆9市应急管理办事机构在广州签订。根据合作协议，珠三角地区9市将建立包括预测、预警和处置突发事件在内的信息通报机制。各方应急管理机构在接到涉及或有可能影响其他方的突发事件信息后，应在1小时内通报相关市。另外，9市将充分利用应急平台等渠道，建立应急物资、救援队伍、应急管理专家等数据库，共享信息。协议签订后，将每半年举办珠三角地区9市应急管理办事机构负责人联席会议，由9市轮流承办，研究决定区域合作重大事宜，协调推进区域合作。同时，建立应急管理专题论坛，共同探讨意见、看法和建议。

【珠三角城市住房公积金贷款合作协议】 2009年4月3日，广州、佛山、珠海、东莞、惠州、江门、中山、肇庆等8市住房公积金管理中心的负责人，在广州市签订《广东省珠江三角洲城市住房公积金贷款合作协议》，旨在落实《住房公积金管理条例》和《珠江三角洲地区改革发展规划纲要》，解决珠江三角洲职工跨地域住房公积金贷款存在的问题，更好发挥住房公积金的社会效益。协议共10条，2009年5月1日起生效。

（肇庆市纲要办）

【珠三角旅游合作《罗浮山宣言》】 2009年4月12日，由广东省旅游局牵头，珠江三角洲地区的广州、深圳、珠海、佛山、东莞、中山、江门、肇庆、惠州九城市旅游局长于惠州罗浮山共同签署珠三角旅游合作的《罗浮山宣言》。宣言提出，九市共同开辟区域旅游绿色通道，完善交通设施，加快交通对接，形成二小时旅游经济圈，实现区域无障碍旅游；共同建立旅游应急反应和投诉机制，协调处理区域内重大旅游事件和旅游投诉，加强旅游市场联检互动，切实规范旅游市场秩序；共同打造区域旅游精品线路，实施旅游品牌战略，提升旅游服务水平，打造珠三角区域旅游品牌。

（何玉珊）

【珠江三角洲地区青联组织合作框架协议】 2009年4月10日，在广州召开的省青联九届三次常委扩大会议上由珠三角地区9市及香港、澳门特别行政区青联共同签订。协议主要由共享青年活动阵地、共享培训资源、推动互动互助制度、开展区域合作研究等内容组成。本着“平等自愿、合作发展、互利共赢”原则，通过加强珠三角地区青联组织合作，探索建立合作机制，动员广大青年在珠江三角洲地区经济再发展中建功立业。（刘 创）

【珠江三角洲地区人才工作联盟合作框架协议】 2009年6月17日，由珠三角地区9市相关负责人在深圳共同签署。根据协议，珠三角9市将本着“自愿参与、市场主导、开放公平、优势互补、互赢共利、服务大局”的原则，在人才市场建设、人才培养、人才吸引、人才流动、人才工作体制机制、人才政策研究、人才发展环境、人才信息化建设、人才评价、高校毕业生就业服务合作等10个方面展开合作。（肇庆市地志办）

【珠三角公证行业合作框架协议】 2009年12月1日，《珠江三角洲地区公证行业合作框架协议》签约仪式在广东省司法厅进行。协议约定，珠江三角洲地区9个城市需办理公证事项的居民将获得公证资料跨市调查取证的费用减免和办证享用网络平台的快捷服务。至年底，广东年办证量已经连续六年突破百万件，基本占到全国年办证量的10%，成为全国的公证大省。《珠江三角洲地区公证行业合作框架协议》的签订，打破了过去单打一、各做各的模式，能整合公证资源，发挥公证工作在服务宏观调控方面的职能作用。（赵殿川）

项目实施

【广佛交通同城化格局初现】 2009年，广州、佛山两市共同编制完成《广佛同城化交通基础设施建设三年工作规划》和《广佛道路客运同城化工作推进方案》，力促广佛交通同城化。至年底，两地衔接路网进展顺利，广佛高速公路扩建、西二环和顺立交收费站及连接线等项目完成通车；首批37条广佛客运同城化线路（广佛快巴16条，广佛城巴14条，广佛公交7条），403台客车（广佛快巴179辆、广佛城巴134辆、广佛公交90辆）的改造和开通工作已完成。广佛城巴和广佛快巴线路车辆均安装GPS和视频监控系统、羊城通刷卡机，并统一车身标识、同一线路统一票价标准、统一编码体系；广佛快巴线路推行“易登车”运作模式，旅客进站后不必按照“购票—候车—登车”正常环节，沿快速通道直接上车刷卡或购票，节约旅客等候时间。同时，扩大“广佛公交”服务范围，在两市联系较紧密的接壤区域，开通相互延伸至对方换乘枢纽站的公交线路11条。在广州设置3个佛山出租车回程点，在佛山设置16个广州出租车回程点。通过加快衔接和客运改造提升，广佛交通同城化格局初现。

【广佛电视主频道对等落地】 2009年2月24日，广州佛山两地电视主频道对等落地，从此广佛两地观众可以同等同步地享受两地的电视资讯。广州电视台的“综合频道”和“新闻频道”落地佛山，而佛山传媒集团的“新闻综合频道”则进入广州有线电视网络。对等落地后，频道的节目内容都会进行相应的调整，以适应“广佛同城”的理念。

【广佛发行首张跨区域优惠旅游卡】 2009年4月25日，“广佛同城旅游大放送”启动仪式在广州、佛山两地同时举行。副省长万庆良参加了在中山纪念堂的启动仪式。广东国旅现场派发了“广佛同城旅游一卡通”。该卡整合广佛130多个主要景区（点）、旅游饭（酒）店，持卡人能享受到优惠折扣。市民只需填写联系方式，即可到广佛两地的广东国旅营业点和广州旅游问询中心免费领取。

【广佛少年宫同网招生】 2009年6月19日开始，广佛两地青少年宫将同网招收暑期和第二学期各专业的学员，广州和佛山的少年可以互相报读对方地区的少年宫，跨地区享受优质教育资源。年内广州宫将首次实现缴费网上支付，暂时只在科技类课程中进行试点，下次招生将全面实施，真正实现报名缴费一站式服务。

广佛两少年宫向符合条件的市民提供1030个免费学位，其中广州1000个，佛山30个。福利院的孤残儿童以及5类家庭儿童首次纳入受惠行列。每个符合条件的少年最多只能报读两门免费课程。享受免费学位的人群有以下5类：18周岁以下的特困家庭子女、特困外来工子女、重症康复儿童、特殊儿童以及福利院中孤残儿童和在类家庭寄养孤儿。其中，福利院中孤残儿童和在类家庭寄养孤儿的免费学位共有50个。

【华南路三期通车】 2009年6月22日上午8时，广州“北优、西联”交通大动脉华南路三期（即华南快速干线东西线）建成通车。华南路三期是华南快速干线的重要组成部分，是一条东西向的城市快速路，总投资约27亿元，位于广州北环和北二环高速公路之间，主线全长约17.67公里，双向6车道（部分路段8车道），设计行车速度80公里/小时。华南路沿途串起了骏苑盛誉、颐和山庄、金碧雅苑、云山诗意、富力城等众多楼盘，通车后除有望缓解白云大道等北部交通压力外，还将通过广和大桥连接佛山一环，缩短广佛之间距离。

【广佛跨界治污】 2009年，广州、佛山两市将按照统一规划和标准，同步联动整治跨界河涌，实施截污管网建设，加快调水补水系统工程建设，加强河涌两岸的净化、绿化和美化，恢复城市水体生态功能。8月27日，广东省政府召开广州、佛山水环境整治现场会。会上宣布，广州市完成珠江前航道和28条（段）河涌截污，以及56条河涌综合整治，珠江广州河段水质有所改善，优于V类。佛山市近三年来整治内河涌222条，长度超过400公里，佛山水道基本消除黑臭。两市已共建污水处理厂51座，日污水处理能力达358.5万吨。

广佛两市下一步将把区域污染整治任务和交接断面水质达标纳入政府任期环境保护目标责任制，对考核不达标或督办任务完成不好的，追究相关责任人责任，以确保今年内建成所有中心镇和县级市城区污水集中处理设施，并完善配套管网，提高管网收集率，充分发挥污水处理厂的效能。

【广佛两地用工信息网络对接】 2009年，广州、佛山两地建立市、区、街（镇）、村（居）四级用工信息网络，广州市用工网络上每日有效的用工信息就达到6500多条，每日更新约500多条；佛山市每日有效用工信息则有2000多条，每日更新300多条。10月28日，广州、佛山两地的公共就业服务机构用工信息网络正式实现对接，求职者可以就近实时共享两地近万条用工需求信息，相关开通仪式及广佛同城就业专场招聘会在佛山市就业服务中心举行。从是日开始，求职者（不分本地人还是外来工）可到广州或佛山市级的人力资源中心市场，实时免费浏览用工信息，并可获得相应职业介绍岗位推荐信息，在广佛两地实现“同城”求职。

【广佛地铁首个区间标段贯通】 2009年10月29日，广佛地铁首段蠕岗至金融高新区间的双线隧道提前4个月贯通，隧道长约2.2公里。这是广佛地铁首个贯通的区间标段。蠕岗至金融高新区间的双线隧道，离地面深约16米，该区间采用的是盾构法施工，左线隧道长2260米，右线长2200米。这段约两公里长的隧道，经过了广佛地铁地质最复杂、最差的路段，开挖的2台盾构机穿越了砂层、溶洞、河道，各类建筑物等六类不同的地质环境。2009年2月开始施工，提前4个月实现贯通，是广佛地铁首个贯通的区间标段。

【广佛肇高速公路肇庆段项目完成编修】 该项目即珠江三角洲外环连接线鼎湖区莲花镇至高要

市小湘镇段，起于莲花镇附近与筹建的珠三角外环高速公路相接，经过肇庆市的鼎湖区、端州区，穿北岭山，止于高要市小湘镇西江柴油厂附近。全长46.33公里，其中四会新江至端州（大冲）段27.4公里为六车道，其余18.93公里为四车道；总投资为40.6亿元。2009年4月，项目通过省交通运输厅专家评审；全面开展环评、水土保持、防震、地质评估等八项评估报告工作，12月完成编修。（宋披云）

【广佛肇旅游一卡通发行】 2009年6月17日，广州、佛山、肇庆同时发行和启用“广佛肇旅游一卡通”。当天在广州、佛山向市民发行30万张；肇庆市加入45个景点、酒店、景区后，增发10万张；原“广佛同城旅游一卡通”自动升级为“广佛肇旅游一卡通”，三地市民可享受200多家景区、酒店、旅行社最低至5折的优惠。“一卡通”是广东国旅旅行社有限公司发行的“天下卡”的升级版，由广佛肇三地旅游管理部门、承办单位负责制作，“卡”全部由广东国旅免费提供；凡属广佛肇三地的旅游景区（点）、旅游饭店或相关单位都可成为“一卡通”的成员；市民只需填写联系资料，填妥相关表格，就可免费申请“一卡通”。加入“一卡通”的旅游企业，要坚持“自愿、惠（折扣）自定、免费”原则，在有效期内为游客提供承诺的折扣优惠，优惠折扣不能随意更改；价格优惠幅度自行确定；加入“一卡通”不收取加盟单位任何费用。“一卡通”通过广佛肇三地广东国旅营业部与网站、广佛肇三地旅游问讯中心或指定发放点及广佛肇三地旅游局网站等渠道发放。到2009年底，已发行“广佛肇旅游一卡通”50万张，加盟的旅游单位达230多个。（戴超峰）

【佛肇公交2条线路开通】 2009年12月28日，大旺（肇庆高新区）至佛山市三水区西南街道、大旺至三水区南山镇2条跨区市际公交线路开通。（贺广玲）

【广佛肇城际轻轨开工】 2009年9月，广东省政府组织广州市、佛山市及肇庆市三地政府在肇庆举行广肇城际轻轨开工仪式，并于10月在佛山市签订《广佛肇城际轨道交通佛山段征地拆迁协议》。广肇城际轻轨肇庆段在高新区举行启动仪式，建设时限为2009年9月至2013年12月。广肇城际轻轨项目位于珠三角地区的中西部，是广州—佛山—肇庆沿线城镇带上重要的交通走廊，是“三环八射”城际轨道交通网络中重要的一条放射线，是珠三角城际网的重要组成部分，由广东省和沿线市政府出资共建，总投资91.2亿元。佛山西至肇庆段线路起点为佛山境内贵广、南广铁路线的佛山西站，向西在佛山境内经南海的罗村、狮山、三水的西南和云东海，跨北江进入肇庆境内。其中佛山市境内33.07公里，肇庆市境内50.3公里。项目永久用地数量420.23公顷，拆迁43.86万平方米。其中，佛山市境内用地172.81公顷，拆迁25.65万平方米；肇庆市境内用地247.42公顷，拆迁18.21万平方米。至2009年底，控制性工程进展顺利，正在推进全线征地拆迁工作，累计完成投资4.11亿元。（宋披云）

【广肇高速公路二期工程】 2008年6月25日动工，项目起点位于南海区丹灶镇横江（接珠江三角洲环形高速公路西环段），经洲北村，终点在三水区上官村（接已建成的广肇高速公路一期工程）。路线全长5.39公里，总投资5.8亿元，采用双向六车道高速公路标准设计，设计行车速度每小时120公里。建设年限为2008～2010年。至2009年12月，全部完成征地任务，拆迁工作进展顺利，完成路基、涵洞、桥梁工程，完成投资2.8亿元，累计完成投资4.5亿元，占总投资的77.5%。（叶秀荣）

【广州至中山首条城际旅巴开通】 2009年3月1日，为响应广东省“国民旅游休闲计划”，中山市旅游局和南湖国旅·西部假期推出广州至中山城际旅游穿梭巴士。这是广东省内首条跨行政区域的旅游专线。该线路每天上午8点在广州烈士陵园发车，途经孙中山故居、中山詹园等多个景点停留后依原路返回广州，游客亦可选择在当地住宿，次日仍可免费乘坐返程巴士返回广州。该旅游巴士的乘坐与景点捆绑销售，游客需要报团参加方能搭乘，但即使只有一个旅客也会按时发车。

【广珠城际轻轨（江海段）加快建设】 2009年3月，江门市政府批准设立江门城际轨道交通投资有限公司，负责轻轨站场配套设施工程的投资、建设、开发和运营。广珠城际轻轨江海段共设3个车站，依次为外海站、江门站、利乐站，地点分别位于江海区东部、中部和西部江海段。3个站场配套设施项目总投资9亿元，规划总占地19.27公顷，分2期建设。江门站首期工程投资3978万元，规划用地6.3公顷；外海站首期工程投资3638万元，规划用地3.53公顷；礼乐站首期工程投标782万元，规划用地1.33公顷。3个站场配套设施项目实施招标工作均完成。该项目江海段征地拆迁工作于2007年底完成。广珠城际轻轨西江特大桥，位于外海大桥、中江高速外海桥之间，起于中山古镇，止于江门江海区外海街道办事处，横跨一级航道西江，由主桥和东西引桥组成，共100个墩99跨，全长3809.99米。主桥长621.6米，主跨210米。西江特大桥主桥于2009年11月5日全线合龙。

【广珠铁路（蓬江段）完成征地拆迁】 广珠铁路项目起于广州市江村编组站，经广州市、佛山市、江门市、和珠海市，止于珠海市高栏港站。线路全长约186.23公里，其中江门境内段长约79.7公里，设鹤山、江门南、古井三个车站，预留沙堆站。项目总投资为131.6亿元，资本金为52.6亿元，江门市出资5%为2.63亿元。该项目需征收蓬江区杜阮镇北芦、长乔、龙榜、南芦、松园村委会，棠下镇三堡、迳口、莲塘村委会集体土地合共46.06公顷。2008年3月，蓬江区开展广州至珠海铁路蓬江区路段的征收土地及拆迁房屋工作。至2009年底，完成征收土地和拆迁房屋工作。

【二广高速公路怀集至三水段全面施工】 二广高速公路怀集至三水段是国家高速公路“7918”网中的“一纵”二连浩特至广州高速公路粤境段及广东省高速公路网第七纵的重要组成部分。工程路线北起肇庆市怀集县横洞，接拟建的连州至怀集高速公路，经广宁县、四会市、肇庆高新区，南止佛山市三水区，接建成的广州至三水高速公路终点三水西互通。该路段全长118公里，总投资84.59亿元，全线采用双向六车道高速公路标准设计，建设年限为2007~2010年。三水至四会互通段设计车速每小时100公里，路基宽33.5米；四会互通段至怀集设计车速每小时80公里，路基宽32米。至2009年12月，肇庆段路基工程基本完成，路面工程的施工全面展开，完成投资21.5亿元，累计完成投资75.6亿元，占批复概算的89.38%。

【广州开发区液晶面板产业技术创新联盟成立】 2009年12月29日，广州开发区液晶面板产业技术创新联盟宣告成立。这是广州开发区积极贯彻落实《珠江三角洲地区改革发展规划纲要》和对接国家战略性新兴产业发展的又一举措。该联盟由韩国乐金显示（广州）有限公司、广州凯得科技发展有限公司、华南理工大学、广州市光机电技术研究院等单位共同提议建立，已有来自广州、深圳、东莞的30家成员单位。创新联盟将通过政府、企业、学研机构之间的相互合作，深度整合生产、科研、市场等各方面的资源力量和优势，充分发挥技术溢出效应，为创新企业提供一个整合资源、优势互补、共同发展的良好平台，促使企业技术保持国内领先、国际先进的水平。

2006年，广州开发区引进了当时广州最大的外商投资高科技项目——乐金显示（广州）有限公司，带动了汉成电子、新谱电子、光一电子、LG化学、金发科技等一大批内外资上下游配套企业落户。2009年11月，由韩国乐金显示公司与广州市政府合资建设的8.5代LG液晶面板项目又正式落户广州开发区。该项目是液晶平板显示产业链中最先进的核心项目，项目总投资40亿美元，成为广东省加快彩电产业升级换代和构建平板显示产业链的重要引擎和载体。至年底，该区有平板显示相关企业30多家，主要从事高世代液晶平板、数字电视、新型平板显示器件以及精密注塑模等，集聚了台湾光宝集团、索尼、欧姆龙、威创、京信通信等大型电子信息制造企业，瑞仪、3M、依利安达、金发、毅昌等平板器件制造企业，形成产业分工细密、产业辐射能力较强的液晶平板显示产业链。可以预见，今后几年8.5代LG液晶面板项目将全方位辐射上游的半导体、集成电路、背景光、粘接技术行业，以及下游的手机、电脑、液晶电视制造行业，并带动相关电子、机械、化工等制造产业，在广州开发区及周边形成完整的液晶平板显示产业链。而此次液晶面板产业技术创新联盟的成立，将加快推动区域液晶平板显示产业链由模组制造向更高端的面板生产和设计研发延伸。

【珠三角首个万亩湖蓄水】 2009年2月9日，佛山三水区举行云东海湖（北湖）蓄水仪式，一个规划面积达万亩（666.67公顷）的大湖将在佛山的西北部出现，佛山600万市民和珠三角地区九市可共享生态发展的成果。云东海湖（北湖）从2008年3月起开始建设，水面规划面积466.67公顷，目前已还原413.33公顷。2009年，面积200公顷的南湖亦动工建设。建成后，云东海湖水面面积将超过万亩，与秦汉时期水面规模相当。云东海湖从北江引入江水，清水经过三条水道从三个方向注入北湖。云东海湖平均水深2米，最深处5米。北江清水经过北湖流向南湖，在南湖通过溢流堰流入大塱涡涌，形成循环水体，约一个月时间湖水就可实现一次更换。在北湖与北江之间，还将建设面积约133.33公顷的生态湿地公园。

【国道321线四会至高要段改造工程】 2009年7月21日，肇庆市公路局与肇庆粤肇公路有限公司签订国道321线四会马房大桥东岸至肇庆市小湘段资产及收费权益移交确认书，该路段由经营性公路变为非经营性的政府还贷公路。工程项目全长60.196公里，省交通厅批复项目大修概算3.72亿元。项目分二期按八车道扩建，总投资7.5亿元。4月29日，国道321线马房至小湘段文明样板路工程的一期工程动工建设，至年底完成投资1.5亿元。二期工程进入需征地部分的前期工作。

【珠外环高速江门至肇庆段工程进展顺利】 珠江三角洲外环高速公路江门至肇庆段全长107公里，其中肇庆段全长48公里，双向六车道，设计速度为每小时100公里。起点是江门市杜阮镇，途经高明区，终点为肇庆四会市东城街道黄岗村，沿线与江鹤、佛开、广明、广肇、广贺高速公路及国道、省道干线公路相连接。建设年限为2008~2011年，总投资46.94亿元。2009年，完成投资13亿元，累计完成投资18.19亿元，占总投资的44%。已完成大部分征地拆迁工作，路基工程、涵洞工程、桥梁工程进展顺利。

【贵广铁路肇庆段开工】 贵广铁路是全国铁路“十一五”规划的重点项目，自贵州省贵阳市至广东省广州市，是一条客货兼顾、以客为主的区际快速铁路干线，设计时速200公里。贵广铁路全长857公里，其中广东境内207.5公里，肇庆段全长143.41公里，途经怀集县、广宁县和四会市。铁路建成后，肇庆到贵阳只需4小时。建设时间为2004~2014年，总投资143.07亿元。2009年2月11日，贵广铁路肇庆段在四会贞山街道白龙村委会上兴村举行开工仪式。肇庆市成立“贵广铁路肇庆段项目建设指挥部”办公室，开展相关工作，市交通局设立专责协调工作小组，协同各方及时研究解决工作中碰到的各种障碍，促进铁路征地拆迁工作的顺利开展。至2009年12月底，贵广铁路肇庆段累计完成投资

19.55亿元。控制性工程进展顺利，征地481.11公顷，占应征面积的95%；交地施工387.67公顷，占应交面积79%；临时用地交付使用289.07公顷。

【南广铁路肇庆段开工】 南广铁路自广西南宁站至广州新客站，全长577公里，设计时速200公里，建成后广州至南宁3小时内可到达。广东境内227.3公里。南广铁路肇庆段西起云浮市云安县，途经高要市、端州区，东至肇庆市鼎湖区，全长50公里，总投资91.2亿元。建设时限为2008~2013年。2009年2月，南广铁路肇庆段由中铁隧道集团中标兴建。肇庆市成立“南广铁路肇庆段项目建设指挥部”办公室开展相关工作，市交通局设立专责协调工作小组，协同各方及时研究解决工作中碰到的各种问题，开展征地拆迁工作。开工建设6座桥梁、37条隧道；完成征地547.07公顷，占应征面积的94%；临时用地交付使用17.43公顷。至2009年12月底，南广铁路肇庆段累计完成投资6.1亿元。

【肇庆新港建设】 肇庆新港位于肇庆市鼎湖区广利镇的西江北岸，上游可通广西、贵州、云南等省区，下游可达中山、江门、广州、香港、澳门等地，可直航沿海各地，是交通部确定的全国28个主要内河港口之一。肇庆新港是肇庆港重要组成部分，是西江流域广东省境内内河主枢纽港，为5000吨级江海轮能够通行到达的西江最上游港口，距港区6公里即可与321国道、广茂铁路以及珠外环高速公路（在建）相接，相距肇庆高新区、四会南江工业园、亚洲金属资源再生工业基地等肇庆重点工业园区均在30公里内，新港西北8公里处就是规划建设中的贵广铁路和南广铁路交汇点。肇庆新港港区占地面积15.95万平方米，包括集装箱堆场、散货堆场、仓库等，码头面积7920平方米。新港首期工程码头设计年吞吐量为75万吨。规划建设10个5000吨级泊位和2个1000吨级泊位，已建成2个5000吨级江海轮泊位（一为集装箱、件杂货泊位，一为散货泊位），码头岸线长264米，码头前沿水深在6米以上。新港建成后，利用其5000吨级江海直达水运优势，开通江海直达和内河运输航线，经营集装箱和散杂货业务，服务范围涵盖西江流域，成为西江流域的枢纽港和香港、深圳、广州等沿海港口的喂给港。

1994年肇庆新港首期工程经广东省计委批准立项。经过近10年的论证、规划、设计，2003年4月，省交通厅同意肇庆新港项目报建。2005年6月，该项目批准由肇庆市福加德投资控股有限公司承建。2007年1月，省政府批准肇庆新港为二类口岸。2007年7月，交通部编制的《全国内河航道与港口布局规划》再次把肇庆港规划为全国内河主要港口之一。2007年12月8日，肇庆新港首期工程竣工，举行开港试营运典礼；全长6.25公里、投资2500万元的进港公路也正式通车。至2008年3月底，新港累计完成投资1.08亿元，完成港口货物吞吐量21.54万吨、集装箱运输量1.74万标箱。至2009年底，肇庆新港完成投资1600万元，累计完成投资1.63亿元；新港进港公路二期扩建工程累计完成投资1300万元，完成全线路基、涵洞、沥青路面及路肩建设工作。 （宋披云）

【西江（界首—肇庆）航道开展整治工程】 西江（界首—肇庆）航道综合整治工程是珠江综合整治的组成部分，全长171公里，按内河Ⅱ级航道标准（都城以下同时满足Ⅲ级港澳线标准）建设，界首至都城37公里航道尺度为3.5×80×550米，都城至肇庆134公里为4.0×80×550米。建设年限为2008~2011年，总投资3.66亿元。至2009年12月底，开展水下清礁、清挖覆盖、护岸抛石、征地等各项工作，完成投资6613万元，累计完成投资1.04亿元，占总投资的28.3%。 （贺广玲）

【深莞惠信息化对接】 2009年，深圳、东莞、惠州三市签署《推进珠江口东岸地区紧密合作框架协议》，加快推进深莞惠信息化对接实施方案。

方案主要从信息化规划对接层、信息化基础设施层、信息化应用支撑层、信息化应用层这四个依次提升的层面开展信息化对接工作，以信息化广泛深入应用，促进深莞惠三市紧密合作，实现深莞惠三地信息流的有效对接。推进三市政府信息内网连接，建设政府信息资源共享平台，将开展政府基础信息的先行共享、“市民一卡通”平台对接、多领域信息平台对接、统一深莞惠三市通信资费标准四项工作列入近期的重点对接工作。在政府网站上建成深莞惠一体化宣传专栏，并在交通车辆行驶记录GPS平台、电子口岸（加工贸易）平台、治安视频监控等信息平台上进行对接。

【惠州跨界河流综合整治】 2009年，惠州市根据深莞惠《界河及跨界河综合治理计划的协议》，综合整治深惠跨界河流“龙岗河坪山河—淡水河”、深莞跨界河流“观澜河—石马河”、深莞界河“茅洲河”。淡澳河惠阳段综合整治完成工程量的70%；淡水河综合整治工程和淡澳河大亚湾段综合整治工程于年底前动工建设。淡水河流域有3座污水处理厂建成投入运行，4座污水处理厂在建设之中，5座污水处理厂列入新增规划；58家企业被责令关停或限期整改，清拆300多家非法养殖场。此外，惠州市与东莞市密切配合，加快推进潼湖围达标加固工程和观洞水库扩建工程各项前期工作。

【惠州推进边界道路建设连接】 2009年，惠州市根据深圳、东莞、惠州三市《关于加快推进边界道路建设及连接工作的协议》和《加快推进交通运输一体化补充协议》，推进边界道路的建设和连接。广惠高速公路东延线已开工，惠大高速、莞惠高速东延线前期工作启动，深惠城际轨道交通已纳入《珠江三角洲城际轨道规划》并上报国家发展和改革委员会，园洲至石龙公路、沙河大桥、东平大道建设选址、龙江东江大桥、东平东江大桥建设、博深高速沥林立交周边道路衔接等事项已分别与深圳、东莞方面达成共识。此外，惠州市推进惠州港、惠州机场与深圳盐田港、宝安机场联动发展。莞惠高速公路及惠深沿海高速公路主体工程完成；厦深铁路惠州段项目累计完成投资11.6亿元，占总投资的29%；莞惠城际轨道交通项目累计完成投资8000万元，占总投资的1%；粤湘高速公路博罗至深圳段（博深高速）动工建设，累计完成投资2.8亿元，占总投资的6%；从莞深高速公路惠州段（从莞高速公路）项目累计完成投资4567万元，占总投资的1%，并于2009年11月25日获得省发改委的立项批复；惠深高速公路改扩建工程完成项目勘察设计招标。惠州大亚湾与深圳龙岗交通对接方面，西南大道—兰竹东路建成通车，石化大道—锦绣东路、龙海二路—丹梓东路列入城建计划，并启动前期工作。国省道交通项目方面，G205线惠州陈江至深圳坑塘径段改造工程完成项目可行性报告的编制工作，S120线广永段大修和潼侨段改造工程完成投资1635万元，占总投资的60%。

【惠州实行跨界客运班线公交化运营】 2009年，惠州市根据《深莞惠关于跨界客运班线公交化运营合作计划的协议》，与深圳、东莞开通7条跨界公交化班线。其中包括惠州惠阳沙田—深圳坑梓、惠阳秋长白石—深圳布吉海关、惠州博罗园洲—东莞石排、惠州博罗石湾—东莞石龙、惠州大亚湾汽车客运站—深圳坑梓、惠州惠阳淡水汽车客运站—深圳坑梓、惠州惠阳新圩—东莞清溪等。市区在原有26个异地出租车返程配客点的基础上，新增设28个配客点，允许外市、县（区）出租车跨市载客。

（宋披云）

【莞惠城际轨道交通动工】 东莞—惠州城际轨道交通线路途经东莞市道滘、南城、东城、寮步、松山湖、大朗、常平、谢岗等镇，全长约67.46公里。在东莞市境内设道滘、新城中心、东城南、寮步、松山湖北、大朗、常平、常平东、樟木头、谢岗等10个站点（洪梅站算在穗莞深城际线中）。其中道滘、常平东、樟木头、谢岗为高架站，其他为地下站。该线东莞段总投资概算约190亿元。全线设计最高时速200km/h，目标平均时速140km/h。该线东莞段初步设计阶段总概算约164亿元。莞惠城际采用城际A型车，初、近、远期均选用6辆编组。其中，站站停模式采用25kV、140km/h的城际A型车，大站停模式采用25kV、200km/h的城际A型车，编组方式为4动2拖，动拖比2∶1。按照线路设计能力，每小时将能开通24对列车，每列车6节车厢。只停大站的直达车可以载客468人，而每站停的普通车可载1048人。在高峰时段，列车间隔仅4.5分钟，每小时可以运输2.5万人，运能接近地铁。莞惠城轨开通后，将实行公交化运营，达到铁路干线的速度和地铁运行的精度，乘客可以随时掌握列车的运行时刻。该线建设及运营归广东省东南城际轨道交通有限公司负责，于2009年5月动工建设，计划在2012年底完工。（关敬辉）

【莞深高速与环城路共线段（东江大桥）工程建成通车】 工程跨越东江南支流，采用并线合流建设的双层公路桥，上层为6车道莞深高速公路，下层为8车道环城路，总投资约21亿元。高速公路部分起于莞深高速东城段莞龙互通立交，向北跨东江南支流、终于东江北干流主航道中间线，接增莞高速增城段，全长约5.64公里（桩号为K46+560—K52+200，属莞深高速的K51+840—K52+818于2008年12月29日建成通车），新建石碣互通立交、完善莞龙互通立交，采用双向6车道高速公路技术标准，设计速度100公里/小时，路基宽度33.5米，投资约12亿元。环城路部分起于环城路东城上桥，向北跨莞龙公路后与莞深高速并线，与莞深高速形成双层桥共同跨越东江南支流，在崇焕路附近与莞深高速平行，设崇焕路互通立交，向北与庆丰路、西沙路设互通立交，在梁家村附近向西与莞深高速分离，接环城路北段，全长约5.464公里（桩号为WK46+547—WK52+011，其中的WK49+205—WK52+011于2008年12月29日建成通车），采用双向8车道城市快速路标准，设计速度80公里/小时，投资约9亿元。

工程的核心部位——东江大桥，通过方案竞赛，全国知名桥梁专家和设计大师评选，从15个方案中精选出“刚性悬索加劲钢桁梁桥”方案，主桥长432米，主跨208米，边跨112米，桥面宽度2×16.25米，造价约4亿元；大桥结构新颖，首创三片钢桁梁结构，节省钢材约3000吨，桥梁宽度及通行能力居全国公路双层桥之首；由中铁大桥勘测设计院有限公司设计，武汉大通公路桥梁工程咨询监理有限责任公司监理，中铁十四局集团第五工程有限公司施工，中铁九桥工程有限公司负责钢结构制造安装。大桥建设中，引进设计监理，强化主桥设计管理；施工中引进第三方检测，为检验项目质量提供较为客观的依据；成立专家技术顾问组开展技术咨询，先后聘请2名院士、3名设计大师开展技术指导，引进高校和科研院所开展10多项科研课题研究，解决桥梁杆件制造、架设安装、精确合龙等技术难点问题。大桥建设关键节点“平行弦合龙”、“加劲弦合龙”分别于2009年3月30日、5月31日顺利完成。

莞深高速与环城路共线段（东江大桥）于2009年9月28日建成通车，成为东莞市一个标志性建筑，将东莞桥梁建设提高到新水平，环城路、莞深高速全线贯通。经省政府办公厅、省交通厅、省物价局有关文件批准，莞深高速东城至石碣段工程交工验收通车后，设置石碣匝道收费站，纳入全省高速公路联网收费系统，对过往车辆实行封闭式收费。环城路成为市中心区外围的交通大环，莞深高速实现南联北接，南接深圳梅观高速，北接增莞高速增城段，连通广惠高速、京珠高速，成为广深间的第二条快速通道，对进一步提升东莞市道路通行效率，确保内外畅通，推进“珠三角交通一体化”，具有十分重要的意义。（姚庆保）

【莞韶、莞惠产业转移工业园坚持高起点建设】 2009年，东莞市制定产业转移规划和实施方案，市财政投入1亿元加快建设莞韶、莞惠产业转移工业园。东莞市密切配合莞韶产业转移工业园管委会，坚持高起点、高标准地对整个园区实行统一规划、统一建设、统一管理，使各个片区实现优势互补，引导培育优势产业集群发展。是年莞韶产业转移工业园克服了金融危机带来的影响，各项经济指标逆市飘红。完成工业总产值50.3亿元，比上年增长14.05%，工业增加值12.6亿元，增长18.42%，其中园区的电子信息、玩具、机械制造三大产业的工业增加值分别占园区工业增加值总量的12.3%、35.08%和17.41%；完成固定资产投资16.41亿元，增长24.75%，其中园区基本建设投资完成13.87亿元，完成基础设施投资5.9亿元，增长171.74%；外贸出口1.83亿美元（10月份海关数），增长20.75%。2009年，莞韶产业转移工业园共签订项目合同、协议143个，增长522%；项目投资总额达61.89亿元，增长407%；实际到位资金11.28亿元，增长41%；新开工项目24个。预计所签项目全部投产后年产值达91.9亿元，年税收约5.5亿元以上。其中，深圳市比亚迪汽车项目已于11月10日落户莞韶产业转移工业园，项目首期投资15亿元。

莞惠产业转移工业园于2009年6月经省政府批准，由原省级产业转移工业园东莞桥头（龙门金山）产业转移工业园整合认定而成。园区2009年累计投入各类基础设施建设资金5.35亿元，完成规划设计、土地平整等前期准备工作，基本实现了“四通一平”，设施配套日趋完善。至2009年，园区日供水能力达4万吨/日，远期将实现6万吨/日，区内220KV昆山变电站已投入运营。园区已建成处理能力1万吨/日的污水处理厂一座，园区内通讯基站完善，实现了网络信号全覆盖。莞惠产业转移工业园入园企业共17家，投资总额16.36亿元，占地面积124.9公顷。其中：建成14家，投资总额为13.18亿元，占地面积106.5公顷；在建3家，投资总额为3.17亿元，占地面积23.3公顷。入园项目中，投资额过亿元的项目就有2家；电子信息类5个，约占项目总数的29.4%，占总投资额的29%；新型建材类5个，约占项目总数的29.4%，占总投资额的65.8%。完成工业总产值10.6亿元，增长26.4%；工业增加值完成3.17亿元，增长25.6%；实现税收6670万元，增长35.9%。

（胡晓静）

【虎岗高速（常平至谢岗段）工程竣工】 虎岗高速常平至谢岗段，原称惠州惠东至东莞常平高速东莞段，属省重点工程，起点位于惠州市与东莞交界处的谢岗镇黎村（与在建的惠州惠东至东莞常平高速惠州段相接），向西经谢岗镇、樟木头镇，终于常平镇（与常虎高速相接），全长14.91公里，设计概算投资13.62亿元，采用双向6车道高速公路标准，设计速度120公里/小时，路基宽度34.5米（分离式路基宽度17.0米），桥涵与路基同宽；全线设谢岗、樟木头互通立交2座，隧道1座（合计单洞长722米），设分离式大桥7座，整体式大桥4座，分离式中桥1座，整体式中桥5座，设匝道大桥6座，匝道中桥2座，涵洞及通道50座，于2009年9月28日建成通车。经省政府办公厅、省交通厅、省物价局有关文件批准，惠州惠东至东莞常平高速东莞段为经营性收费公路，工程交工验收通车后，设置谢岗、樟木头匝道收费站，纳入全省高速公路联网收费系统，对过往车辆实行封闭式收费。

惠州惠东至东莞常平高速东莞段建成通车，与常虎高速相接后，组成东莞市第一条东西走向的高速公路，为方便行车使用，两段合并改称虎岗高速公路（以起点虎门镇、终点谢岗镇的名称命名），该段称虎岗高速常平至谢岗段，原常虎高速称虎岗高速常平至虎门段。虎岗高速向东连接计划于2010年初通车的惠州惠东至东莞常平高速惠州段（届时，东莞、惠州两市将实现直通高速公路），向西通过广深高速连通虎门大桥、江中高速，组成珠三角腹地一条东西走向的快速通道，对推进珠三角交通一体化，密切粤东、粤西交通联系，具有重要意义。

（姚庆保）

【莞深高速三期建成通车】 2009年9月29日，莞深高速公路三期建成通车，广深之间形成另一条快速通道。该项目为是年广东省计划建成项目之一，全长5.6公里，属广惠高速与莞深高速的连接线。据计算，从深圳通过莞深高速、增莞高速、广惠高速至广州全线长约129公里。莞深高速三期的建成通车，使莞深高速公路实现了全线通车，为往来莞深和广州之间的车辆增加了一条快速通道，在一定程度上缓解了广深高速公路的交通压力。

【穗莞深城轨全面开工】 2009年9月30日，穗莞深城际轨道全面动工。为建设穗莞深城轨，沙田镇总共征收7.33公顷土地，拆迁面积约3.1万平方米，首日施工的是全线首个交付施工的红线内地块，线路长13.9公里，其中包括全线控制性工程东江南特大桥。该桥为钢桁梁双塔斜拉桥，跨度为143+264+143米，其中264米的主跨是全线之最，需要用钢2万多吨。东江南支流行道为三级航道，通航能力为5000吨级，通航净高34米、净宽230米。穗莞深城轨以高架桥轨道为主，时速可达200公里，设计发车间隔为3分钟，6节编组，每辆车可以容纳1200多名乘客。

穗莞深城轨是珠三角城轨网珠江东岸主轴线之一，全长98公里，计划于2011年建成通车。它起于新塘，与广州市轨道线衔接，经东莞中堂、望牛墩、洪梅、沙田、厚街、虎门、长安等镇，并与东莞城市轨道网多次换乘，在洪梅与莞惠城轨衔接，在深圳松岗与深圳地铁11号线换乘。

【珠中江建立气象服务信息共享平台】 2009年6月，《珠中江气象服务应急联动工作方案》签署后，珠海、中山、江门三市建立珠中江三市气象灾害预警信息联防通报和应急联动工作机制，建立“珠中江”三市气象服务信息共享平台，实现三市气象局内部气象信息资源共享，以及气象信息预警及气象数据分析互通。

【江肇高速公路动工兴建】 江肇高速公路是国家高速公路网珠三角经济区外环高速公路的重要组成部分，起于江门市蓬江区杜阮镇，接已建成的江门至鹤城高速公路，经桃源、杨梅、明城、蚬岗、沙浦、黄岗，止于肇庆四会市新江，接在建的二连浩特至广州国家高速公路怀集至三水段，全长约108公里，累计完成投资16亿元。江肇高速公路项目需征收蓬江区杜阮镇亭园、龙榜、双楼、松岭、松园、长乔、木朗、南芦、北芦村委会，棠下镇三堡、迳口、莲塘村委会集体土地合共114.94公顷。2008年6月，蓬江区开展江肇高速公路蓬江区路段的征收土地及拆迁房屋工作。至2009年底，完成征收土地和拆迁房屋工作。2009年8月28日，江肇高速公路正式开始动工兴建。

【省市合建江番及江珠北延线高速公路】 该项目全长约69公里，总投资约115亿元。其中江番高速全长约50公里，起于佛开高速赤草立交，经江门雅瑶、棠下、荷塘、佛山均安、中山小榄、东风、南头、黄圃，至广州番禺，连接建设中的东新高速；江珠高速公路北延线全长约19公里，起于中江高速，经外海、潮连、荷塘、古镇、小榄，止于江番高速公路天连互通立交，连接佛山一环南延线。该项目从2009年3月底珠三角现场会提出初步设想，4月份确定由省公路局和江门市政府合作建设，并解决资金和出资比例的问题，11月份获省政府批准为政府还贷项目，签署项目合作协议，历时8个月。

【编制《珠中江城市（镇）饮用水同网实施方案》】 2009年8月，江门市发改局启动《珠中江城市（镇）饮用水同网实施方案》（以下简称《方案》）编制工作。2009年11月底，《方案》征求意见稿完成。为从根本上解决珠中江饮用水受咸潮影响以及水质污染等问题，按照“管网联通、多水源应对突发事件、确保供水安全”要求，《方案》重点放在供排水及水源总体布局、供水体制改革等方面。《方案》将澳门纳入珠中江城市供水同网体系。2009年12月14日，江门市发改局召集省水利电力勘察设计研究院专家，市建设局、规划局、水利局、物价局等10个单位召开座谈会，进一步研究讨论《方案》，并对《方案》作修改补充。

【G325复线Ⅰ期工程奠基】 该工程起于佛山市南海区龙高路，接佛山市“纵三”线（与广州“西二环”及佛山市“一环”相连），跨西江建鹤南大桥，经鹤山市古劳镇、龙口镇，与江肇高速公路相接，全长15.06公里，其中鹤南大桥长5293米，双向6车道，设计时速为100公里/小时，总投资17.5亿元。2009年9月30日，G325复线Ⅰ期工程（九江至龙口，含鹤南西江大桥）举行奠基仪式。

【中江首开跨市公交】 2009年10月15日，中山至江门的首条跨市公交线路开通，票价初定为市内2元，跨市3元。新开线路编号为351路，由中山市公共汽车公司和江门市蓬江区荷塘侨联客运有限公司联合经营。线路全程11.4公里，由中山古镇国际灯饰城与江门荷塘镇荷花池对开，每15分钟一班。其中中山境内5.5公里、设九个站，江门境内5.5公里、设八个站。运营时间为早上6时至晚上6时30分。该线路选择古镇与荷塘两地。两地边界旁的三个站点设置为收费缓冲区，乘客在缓冲区内上车和下车，即使跨市仍只收费2元，避免只坐一站路却收费3元的情况。

【珠三角东西两岸计划新增两通道】 为了解决珠江三角洲地区东岸和西岸间连接通道不够的问题，根据《珠江三角洲地区改革发展规划纲要》要求，广东省将在虎门大桥上下游各建一条过江通道。一是莲花山大桥（东莞厚街至番禺东涌公路），西起番禺东涌，接南环和京珠高速，向东横跨狮子洋，贯穿东莞厚街与广深高速公路相接。2009年该项目确定业主，并全力开展相关前期工作。二是深圳至中山过江通道。起点位于中山市新隆（接江中高速公路），一直向东延伸，分别跨越东宝沥、基沙沥、西沥河、洪奇沥水道，与广深沿江高速公路相交叉后继续往东接上机荷高速公路，终点在深圳机荷高速公路与广深高速公路相交的鹤洲互通，总长度约46公里。年内完成工程可行性研究报告的编制工作。这两个项目对缓解虎门大桥交通压力、均衡珠江东西两岸经济发展、促进珠江西岸经济崛起等方面都有着重要意义。

【珠三角8城公积金互贷】 2009年4月3日，广州、佛山、珠海、惠州、江门、中山、东莞、肇庆8市的公积金管理中心在广州签署8城市公积金异地互贷协议。按照协议，从5月1日开始，在这8个城市缴存公积金者，只要符合条件，就可在任一城市申请公积金贷款购买住房。至于首付比例、贷款额度、年限等，都遵循原有规定，在珠三角地区8市范围内，职工不管在哪个城市缴存公积金，到其他城市买房时，都可向该市的公积金管理中心申请公积金贷款，只需加多一份外地公积金的缴存证明即可。

是年4月，珠三角8城市统一的《住房公积金缴存和贷款情况证明》制定完成，该证明包括当地住房公积金管理中心、申请人姓名、身份证号码、住房公积金账号、每月缴存额、工作单位、缴存单位、当前缴存工资（基数）、缴存状态（是否正常）、最近一年缴存明细以及在该中心住房公积金贷款余额，可帮助8市居民更灵活地使用住房公积金。

【9市区域人才工作平台启动】 2009年6月17日，广州、深圳、珠海、佛山、江门、东莞、中山、惠州、肇庆9市代表共同签署《珠江三角洲地区人才工作联盟合作框架协议》，启动建立人才市场建设、人才培养、人才吸引、人才流动、人才评价、人才工作体制机制、人才政策研究、人才发展环境和信息化建设以及高校毕业生就业服务等领域的区域共享合作平台。

年内，在人才培养方面，各市党校、高等院

校、科研院所、技工院校和职业院校加强科技与教育资源应用的合作，探索中青年干部异地互派培训协作机制，协调开展紧缺人才培养；在人才交流方面，逐步取消区域间人才交流的各项限制，鼓励区域间的党政领导干部双向挂职交流，同时建立企业经营管理人才等的柔性流动机制和区域合作机制。在高校毕业生就业服务方面，九市进一步简化了毕业生区域内流动相关手续，推进建立区域性高校毕业生就业服务体系。

（宋拔云）

交流活动

【广州市党政考察团赴佛山考察】 2009年3月19日，广州市党政主要负责人第三次率考察团赴佛山考察。此次考察最大背景在于2009年初国务院颁布《珠江三角洲地区改革发展规划纲要(2008~2020年)》，贯彻落实《纲要》突破口是珠三角一体化发展，珠三角一体化发展突破口是广佛同城化。推进广佛同城化，具有突破一点带动全面携领珠三角城市群发展的重要意义。是年3月2日，广佛两市党政领导在广州第一次聚首，共商加快推进广佛同城化大计，当场议定当前加快推进广佛同城化有关重大事项。这次广州党政考察团赴佛山考察重要内容是签署广佛同城化合作框架协议及一系列专项对接协议。

【广佛春季欢乐购物节】 2009年4月23日至5月7日，广佛两地同时举行“广佛春季欢乐购物节”。此次购物节发动广佛两地各大百货、超市、电器专业店等商贸企业在各自门店，以统一主题开展百货电器名牌欢乐购促销活动，并推进服装等各类专题优惠促销活动。广佛两地有近万家企业参与，商家让利金额超过12亿元。

该次购物节首次实现由广东省经贸委和广州、佛山两地政府共同主办，包括“广佛时尚名品展销会、广佛全城欢乐购、广佛同城旅游大放送、广佛美食欢乐行”等系列活动。作为该次购物节重点展会的广佛时尚名品展销会，4月23日至26日在广州锦汉展览馆开幕，主推“广佛货”，主要产品涉及家电、日用百货、服装、食品饮料以及时尚商品等。由广州市政府无偿提供近900个摊位供两地企业参展，展销会四天进馆人数超过31万人次，销售额超过4500万元。除了时尚产品，该次购物节期间广佛两地有近200家餐饮企业参与。由广州市政府印制可在相关餐饮企业获得九折优惠的饮食优惠券，价值1000万元，分别于4月23日在锦汉展览馆和4月26日在正佳广场向广大市民大赠送，优惠券广佛通用。

【广佛商会结盟】 2009年4月27日，广州商业总会与佛山市零售商业行业协会签订了《战略联盟协议书》，将构建统一的发展纲要。战略联盟协议签署后，两地将以“双赢”的目标构建统一的发展纲要，加强两地经营经验的沟通交流，共同推介商业项目，为两城零售企业培育、推荐管理精英，实现资源共享共同发展。

【广佛少年同城游】 2009年5月31日，100名来自广州越秀区和佛山禅城区的小朋友牵手参加“广佛少年同城游”首发团，欢度“六一”国际儿童节。他们同游五仙观、广州培正中学和位于佛山的“陶瓷活化石”南风古灶，还互赠亲手制作印有“广佛少年同城游”字样的彩灯和绘有两地市花木棉、白兰的广彩作品。 （白 芷）

【广佛合唱艺术之旅】 2009年6月，“和声飞扬——广佛合唱艺术之旅”启动仪式暨佛山市“百歌颂中华”群众歌咏活动在佛山琼花大剧院举行，两市共有13支队伍参加表演。11月，“迎九艺，闹金钟”第七届中国音乐金钟奖暨“和声飞扬——广佛合唱艺术之旅”闭幕式广场音乐会在中山大学北门文化广场隆重举行，两市12支合唱队伍现场献艺。自“和声飞扬——广佛合唱艺术之旅”启动以来，广州越秀、荔湾、海珠、萝岗、番禺等5个区分别与佛山禅城、南海、三水、高明、顺德结对合作，年内举办多场群众性歌咏交流活动，包括2009年7月23日，南海区与荔湾区合作举办“百歌颂中华”社区合唱活动；2009年9月23日，禅城区与越秀区合作举办“禅城区庆祝建国60周年暨广佛合唱艺术之旅”文艺晚会；2009年9月23日，南海区与荔湾区合作举办“南海红歌颂国庆，职工心系中华情”南海区第二届职工文化艺术节文艺汇演——南海荔湾合唱交流展演；2009年9月28日，三水区与海珠区合作举办“百歌颂中华——广佛合唱之旅”三水海珠歌咏活动；2009年9月30日，高明区与萝岗区合作举办“颂祖国、庆华诞”高明区庆祝新中国成立60周年文艺晚会暨“百歌颂中华”广佛合唱艺术之旅；2009年11月3日，高明区与萝岗区合作举办“送文化进基层”文艺晚会暨“广佛同城，和声飞扬”文化交流晚会；2009年11月9日，三水区与海珠区合作举办“百歌颂中华——广佛合唱之旅”海珠三水歌咏活动；2009年11月18日，禅城区与越秀区合作举办“贺金钟·迎亚运”广佛合唱艺术之旅暨亚运歌曲传唱活动；2009年11月21日，顺德区与番禺区合作举办“广佛同城·和声飞扬”顺德番禺文艺交流演出；2009年12月，顺德区与番禺区合作举办第六届星海艺术节闭幕式晚会。（佛山市府办、市文广新局）

【广佛人才一体化大学生专场招聘会】 2009年6月2日，由广州、佛山两地人事局主办，中国南方人才市场和佛山市人才服务管理办公室承办的“广佛人才一体化大学生专场招聘会”在广州举行。这是广佛一体化战略下两地人事部门首次合作，招聘会吸引包括93家佛山企业在内的260多家用人单位前来“揽才”，用人单位提供3200多个岗位，吸引4000多名大学生。

【广佛商定交通建设四项原则】 2009年6月12日，广州市副市长甘新率团奔赴佛山，与佛山政府部门共同研究广佛同城化交通基础设施规划建设工作。会谈中广佛两地确定“属地负责、分别立项、协调设计、同步建设”四项原则，珠江大桥放射线接广佛新干线等10个交通项目将力争年内实施。

【广佛联动就业招聘】 为实现广佛同城化就业服务对接，2009年8月27日广州和佛山两市劳动保障部门策划组织的“广州·佛山就业招聘会”在广州市人力资源市场中心市场举行。这是继7月广佛招聘信息首次对接后，两地就业服务同城化又一新推进。广州市人力资源市场中心市场开设“广佛同城服务专窗”，通过信息联动，求职者可实现“一份简历，两地求职”。该次招聘现场，两地人力资源市场共组织80多家企业参加，其中来自佛山的企业有近40家，广州当地企业44家，提供2000多个就业岗位。

【广佛跨区域支援防空演习】 2009年9月19日，广州、佛山两市联合举行防空演习，两市所属的15个区和两个县级市范围内同时进行防空警报试鸣，广州市黄埔区、番禺区、萝岗区、从化市和佛山市南海区、顺德区、高明区、三水区专门组织了近万名人员进行紧急疏散等演练。此次是广州、佛山首次合作组织防空演习。双方采取“同平台、同训练、同演习、同试鸣”的技术手段和措施，模拟了战时的跨区域支援行动。上午11时32分，广佛两市同时响起防空警报，广州黄埔、番禺区、萝岗区、从化市和佛山市南海区、顺德区、高明区、三水区的7000多名士兵、数百名警察以及2000多名群众进行了紧急疏散等演练。结合明年将在广州召开亚运会的实际，黄埔体育馆则组织人员临战疏散至萝岗区九龙镇。此次演习主要目的是围绕广佛同城化主题，实现两市情报互通、网络互通、信息互通。防空警报试鸣期间，广州市除黄埔区、番禺区、萝岗区局部区域组织部分民众疏散演练外，全市生产、生活秩序和社会活动照常进行。

【广佛首次环境应急演习】 2009年10月14

日，广佛两地首次举行的“2009 年广佛突发环境事件应急监测演习”。演习以环境应急监测和监察为主要内容，通过远程指挥和现场演练相结合，检验广佛环保应急预案和两地环保部门的快速协调反应能力。为加快推进广佛同城化环保合作发展进程，广佛两市环境监测中心站此前签署《广佛同城化环境监测合作协议》，在各自环保网站开设“广佛环境监测数据共享平台”，用于数据互通共享，并在佛山水道、西南涌、九曲河等跨境河流布设断面进行水质监测。

【广佛肇经济圈发展论坛】 2009 年 4 月 17 日，由南方日报社主办的广佛肇经济圈发展论坛在佛山市佛山宾馆万豪殿举行。中共广州市委常委、常务副市长邬毅敏，中共佛山市委副书记吴志强，佛山市副市长邓伟根，中共肇庆市委常委、副市长刘惠祥，南方报业传媒集团总编辑王春芙，广东省人民政府发展研究中心副主任李惠武等广佛肇三市政府负责人、学者、市民、媒体记者近 500 人参与。 （白 芷）

【广佛肇环境保护合作交流】 2009 年，广州、佛山、肇庆三市积极开展环境保护交流合作。7 月 10 日，三市在肇庆召开环保合作局长会议，成立广佛肇环保合作专责小组。7 月 16 日在肇庆市、8 月 14 日在佛山市分别举行广佛肇经济圈环境保护合作座谈会，研讨广佛肇环境保护对接相关问题。12 月 1 日，三市环保局长在广州签订《广佛肇经济圈建设环境保护合作协议》。正式启动与环境保护相关的《广佛肇经济圈建设 2009~2010 年度重点工作》。 （刘昌波）

【广佛肇文化交流联谊晚会】 2009 年 9 月 30 日晚，“庆国庆·贺中秋”广佛肇文化交流联谊晚会在肇庆市粤剧演艺中心举行，同时庆祝肇庆市粤剧演艺中心投入使用。肇庆市市长杨浩明，市委常委、宣传部长陈以良，市人大常委会副主任黄三和，副市长孙德，市政协副主席黄新华等领导出席，并为市粤剧演艺中心的落成揭幕。广州、佛山、肇庆三市文化部门领导，市直有关单位负责人以及广大粤剧爱好者观看晚会。晚会由广州市文化局、佛山市文广新局、肇庆市文广新局主办。来自广州红豆剧团、佛山市青年粤剧团的著名粤剧表演艺术家与肇庆市粤剧团、肇庆市歌舞团的演员同台献技，共庆新中国成立 60 周年。10 月 3 日晚，该活动在中央电视台“新闻联播”节目中播出。 （谈植秀）

【广佛肇民间工艺联展】 2009 年 11 月 13 日，广州、佛山、肇庆三地传统文化手工艺精品展在广州市越秀区文化艺术中心开展。该次展览展出广州的广绣、戏服、牙雕，肇庆端州的端砚，佛山禅城的陶塑、剪纸、灯饰、木雕等传统手工艺品，汇聚了三地 20 多位国家级、省级工艺大师的精品。

【首届广佛肇自行车赛】 2009 年 11 月 29 日上午，佛山西樵镇旅游与文化部门协同广佛肇三地自行车运动协会举行首届广佛肇三地自行车山地直道竞速友谊赛，赛事共吸引了 218 名自行车运动爱好者参加。参赛车手年纪最大的 62 岁，是西樵当地有名的自行车奇人张健；年纪最小的只有七八岁。夺得男子公路组冠军的许汝杰仅用 10 分 47 秒走完了这段 3.5 公里的赛段。

（白 芷）

【广佛肇三市教育合作研讨会】 2009 年 12 月 18 日上午，广佛肇三市教育合作研讨会在肇庆召开。广佛肇三市教育局有关领导及相关科室（单位）负责人共 40 多人参加会议。会议研究讨论广佛肇教育合作专项规划和 2010 年广佛肇教育合作重点工作，印发《广佛肇经济圈建设教育培训合作专项规划任务分工和目标管理责任制一览表》（讨论稿），提出三市教育交流与合作的项目 40 多项，涉及基础教育、职业教育、高等教育、教育科研、教育人才、合作办学六大领域，拟将按照“资源共享，优势互补；量力而行，先易后难；分步探索，点面推进”的原则组织实施，实施时间为三年（2010～2013年）。会议还研究三市教育合作专项规划实施的保障措施，表示拟将成立由三市教育局领导及相关科室负责人组成的三市教育合作领导机构和工作机构，建立完善的工作协调机制、运行机制和督促机制。（肇庆市地志办）

【高要高明交流会】 2009年5月8日，肇庆高要市和佛山市高明区的领导在高要市就加强交流与合作、推进区域统筹协调发展等进行交流。高明区区长潘志文、高要市委书记武临黔和市长徐敏坚等领导，共同主持贯彻实施《珠江三角洲地区改革发展规划纲要》交流会，探讨交通、产业、环保、教育等方面的合作问题，并达成共识。5月25日，形成《高明区高要市贯彻实施〈珠江三角洲地区改革发展规划纲要〉交流会备忘录》，成立由政府办公室和发改局领导参加的"两地合作交流工作协调小组"，督促、协调各相关部门落实交流会所拟定的事项；牵头草拟两地合作交流框架协议等文件；筹备在高明举办合作交流论坛或活动；开展两地合作交流工作。

【"要明鹤兴"县域经济一体化发展论坛】 2009年9月6日，高要市、高明区、鹤山市、新兴县联合在佛山市高明区召开"要明鹤兴"县域经济一体化发展论坛，就"交通路网、产业结构、城市规划、基础设施、旅游文化、社会管理"等方面加强交流与合作的问题进行研讨，以实现经济、社会、民生的相互促进、相互支持和合作共赢。南方日报社、佛山市、省委党校、省社科院、高要市、高明区、鹤山市、新兴县的专家、学者和领导参加。（肇庆市纲要办）

【广州组团参加泛珠省会（首府）市长论坛】 2009年6月11日，泛珠三角省会（首府）第五届城市市长论坛在广西南宁开幕，广州市政府组团参会，市长张广宁在论坛上作主题演讲，中共市委常委、常务副市长邬毅敏和代表团其他成员参加活动，会后接受泛珠各省（区）市媒体的联合采访。

2009年是泛珠三角省会城市签署合作协议第六年，区域合作为各地发展注入强大动力。"泛珠三角省会城市市长论坛"为各市交流合作构筑良好平台。南宁是北部湾经济区核心城市，在中国—东盟自由贸易区中的作用越来越凸显。广州代表团表示，将进一步加强与南宁等兄弟城市多领域合作，并认真学习南宁在城市规划、城市生态环境建设等方面成熟经验，进一步将广州建设成适宜创业和适宜居住的"首善之区"。会议期间，中共广西壮族自治区党委常委、南宁市委书记荣福，市长黄方方来到驻地，欢迎张广宁率领的广州代表团一行，并对广州的支持表示衷心感谢。双方就借助"泛珠"和东盟平台，进一步加强穗邕两地在经贸、旅游、文化等多领域交流合作交换了意见。（舒　涓）

【"构建深莞惠经济圈"战略研讨会】 2009年5月27日，由深圳市社科联、东莞市社科联、惠州市社科联在东莞市召开，深莞惠三地理论社科界专家共60余人参加会议。会议旨在贯彻落实《珠江三角洲地区改革发展规划纲要》和《推进珠江口东岸地区紧密合作框架协议》精神，进一步加强深莞惠三市社科界合作，为深莞惠区域经济一体化提供智力服务和理论支撑。

关于深莞惠经济圈的定位。与会代表提出深莞惠经济圈应该成为八个示范区：即国家综合配套改革的攻坚与延伸区、全国经济中心城市总部经济重要的布局与辐射区、国家创新城市跨区域创新体系的形成区、中国特色社会主义示范市的共同示范区、深港国际化大都会产业升级的后备与支撑区、四大中心的产业配套区、珠三角城市群未来发展优质要素的聚集区、迎接经济全球化挑战，打造国际化大都会后发优势的凸显区。

关于产业发展的对接。与会代表认为，加快推进深莞惠三市产业布局一体化，必须共同重点打造工业、研发和金融等产业生态链，推进深莞惠工业发展、科技创新和融资服务的一体化。如共同打造金融生态链，建立三市金融业发展协调机制。加强融资项目对接服务，建立三市融资项目数据库。定期或不定期举办投融资对接会，组织莞惠项目参加深圳高新区创业投资广场每周定期举办的投资说明会。在产业链的完善整合方面，深莞惠三市应紧密合作，不断完善信息产业链条，发展新材料、新能源、新光源“三新”产业，推进产业的集约化和高端化发展。与会专家认为，发展现代物流业是推进深莞惠产业对接的重要突破口。要尽快做好三市发展现代物流业的产业规划，成立跨部门、跨系统、跨行业、跨所有制的物流管理机构，建设物流基地、大型物流中心、城市配送中心和企业内部的配送中心；要制定物流业发展的鼓励政策，积极筹措发展资金和培养物流人才；要建立物流基础数据库和物流信息网络平台。

关于平台机制的对接。与会代表认为，要尽快创建深莞惠合作的四大平台：即创建三地政府间的市长联席会议平台，使之成为三地合作的决策枢纽；创建三地行业协会间的企业合作平台，使之成为产业协作的市场联盟；创建三地学术机构间的智力合作平台，使之成为创意聚合的思想论坛；创建三地媒体机构间的信息交流平台，使之成为资源共享的信息网络。

为使三地能够共享合作成果，与会代表提出，要通过探索区域合作中均衡各方利益的制度安排，建立起利益的分享和补偿机制，如在分税制的财政体制下，要重点解决合理分摊一体化各方的支付成本、合理划分财权与事权的关系等问题。要建立区域自发合作机制，实现成员之间的利益转移。在港口开发问题上，不一定各市各自开发，可通过量化股权到各市，互相分担开发风险和收益，实现整体开发。

【深莞惠举行紧密合作高峰论坛】　2009 年 6 月 9 日，由南方日报社主办的深莞惠紧密合作高峰论坛在深圳举行，深圳、东莞、惠州三市常务副市长到会阐述对一体化的理解与部署。此次论坛由南方日报社主办，深圳市罗湖区委区政府协办。南方报业传媒集团总经理钟广明、深圳市常务副市长许勤、东莞市常务副市长冷晓明、惠州市常务副市长黄仕芳等出席论坛。论坛就深莞惠一体化的时代机遇、深莞惠一体化的推进路径以及与香港对接等热点问题进行热烈讨论。

（白　芷）

【粤港澳文博交流】　2009 年 5 月 19 日，由广东省文物局、中共东莞市委宣传部、东莞市精神文明建设委员会办公室、东莞市文化广电新闻出版局等 9 家单位联合主办的 2009“国际博物馆日”粤港澳文博交流活动暨“走进东莞文明”、纪念虎门销烟 170 周年系列活动启动仪式在虎门镇威远岛海战博物馆广场举行。仪式上，林则徐后裔代表、中央戏剧学院教授林岷，林则徐研究知名专家中山大学吴义雄，澳门博物馆馆长陈迎宪，香港特区政府民政事务局康乐及文化事务署助理署长吴志华等嘉宾、学者也先后发言。有关领导为 19 家“博物馆与旅游共建单位”进行授牌。2009 年“走进东莞文明”活动，充分融合纪念虎门销烟 170 周年、粤港澳文博交流、“国际博物馆日”博物馆与旅游三个主题，推出了展览、讲座、文艺展演、比赛等 36 项活动，通过大力弘扬林则徐虎门销烟精神，充分展示东莞城市文明风采，扩充文明城市内涵。　（沈志攀）

【广东女企业家自主创新交流会】　2009 年 3 月 27 日，江门市女企业家协会与广东省女企业家协会在江门举办企业“自主创新”交流会暨江门市女企业家协会 2008 年会。江门、广州、中山、佛山的 100 多名女企业家共同研究探讨企业如何创新发展，应对全球金融危机。

【珠中江经济圈发展高峰论坛】　2009 年 6 月 1 日，由南方日报社主办在中山举行。300 多名珠海、中山、江门的政府代表以及企业高管、专家学者出席此次论坛。珠海市常务副市长何宁卡、中山市常务副市长谢中凡、江门市常务副市长吴紫骊、华南农业大学经济管理学院院长罗必良等，围绕三市实现一体化发表演讲。

【珠中江惠联合海域环境趋势性监测】 2009年8月13~14日，珠海、中山、江门、惠州4市海洋与渔业局共派出监测人员20多人联合参加珠江口近岸海域海洋环境趋势性监测，使用省渔政总队500吨渔政船44183号进行监测采样工作。

【珠中江气象规划发展研讨】 2009年12月1日，珠海、中山、江门三市气象局有关负责人在中山市气象局总结2009年“珠中江”气象合作进展情况和三市气象“十一五”规划的落实情况，提出“十二五”规划的设想，并讨论《“珠中江”落实〈规划纲要〉气象发展规划建议书》中所涉及的建设合作项目。

【珠三角城际旅游大联欢】 2009年3月4日，“珠三角城际旅游大联欢”在广州启动。2000名广州游客分赴深圳、珠海、惠州、东莞、中山、江门、佛山、肇庆等8市旅游。这是充分调动珠三角地区丰富的旅游资源和客源资源以拉动内需、迈出珠三角地区“旅游一体化”的第一步。

【《珠江三角洲地区义工（志愿者）宣言》发布】 2009年4月12日，珠江三角洲地区9城市的共青团组织在深圳市举办“义工（志愿者）发展国际论坛”，共同发布《珠江三角洲地区义工（志愿者）宣言》。宣言表示，珠三角地区各市要加强区域合作，建立交流合作机制，深化与港澳地区义工组织共谋发展，增强与环珠江三角洲地区、泛珠江三角洲地区义工组织的信息交流。

（刘 创）

【珠三角9市跨区域安保演练】 2009年6月26日，在省公安厅统一指挥下，广州、深圳、珠海、佛山等珠三角地区9市公安机关出动公安特警880多名、特警专用车辆140多辆，在佛山市南海区开展跨区域调动暨大型体育活动安保演练。此次演练是为迎接新中国成立60周年、2010年广州亚运会和2011年深圳世界大学生运动会召开，参照北京奥运会异地调动公安特警队支援奥运安保做法而开展的。演练背景设置为：2009年6月某日，佛山市某体育场承办一场大型足球赛事，包括警卫级别的领导人及群众数万人到场，当地公安机关掌握到，有恐怖分子和骚乱滋事人员准备混进观众里，制造事端、煽动群众闹事。佛山市公安机关警力不足，请求省公安厅从邻近市调动警力支援。省公安厅根据跨区域调动工作预案，应急调动珠三角其他8市公安特警队赶赴比赛现场参与安保工作。8市特警队接到省公安厅紧急调动指令后，迅速行动，依时抵达体育比赛场馆周边地区集结。这次演练主要内容是针对大型体育活动中的安检和防排爆、要人保卫、处置大规模聚众滋事事件、密集人群的紧急疏散及处置劫持人质等暴力恐怖事件。

（白 芷）

【首届珠三角地市媒体旅游发展论坛】 2009年7月22~23日，首届珠三角地市媒体旅游发展论坛暨肇庆市首批省级国民旅游休闲示范单位颁牌仪式在肇庆举行。活动由肇庆市旅游协会及西江日报主办，肇庆、中山、佛山、珠海、东莞、江门、惠州等珠三角地区7家地级市的媒体代表和7市的旅游局、旅行社、酒店负责人共120多人参加。论坛主题是“创新发展合作共赢”。与会人员就如何加强媒体与景区、旅行社之间的互动，破除旅游障碍，发展珠三角城际旅游文化，扩大市场份额，寻找亮点开辟新线路，打造旅游品牌等进行讨论。活动还为肇庆市七星岩、鼎湖山、盘龙峡20家景区，肇庆中旅等10个旅行社，肇庆香江酒楼等21家旅游酒店授予“省级国民旅游休闲计划示范单位”牌匾。（戴超峰）

【珠三角9市科技大协作】 2009年8月27日，由广州市科协主办的“2009科技社团与自主创新论坛”在广州召开，论坛为期两天，珠三角地区9市科协及港澳科技团体协办，各地均有科协成员参加。9市科协签署《珠三角科技团体交流合作备忘录》，今后将举办年度珠三角地区科技团体论坛，建立日常协作机制、科普资源共建共享机制，还将构建科普讲坛、科普一日游、科普展览等合作平台，并拓展与港澳及海外科技团体交流合作。

【珠三角9市高校毕业生联合招聘会】 2009年11月28日，珠三角地区9市2010届高校毕业生联合招聘大会正式开始，其中广州为主会场，深圳、珠海、佛山、江门、东莞、中山、惠州、肇庆作为分会场，这是首次统一时间、统一名称联合举办大型招聘活动，近2000家企业提供3.7万个职位。此次招聘大会为公益性质，围绕“政策促就业，服务助成功”这一主题，对2010届应届高校毕业生和往届未落实工作单位的高校毕业生一律实行免费服务。高校毕业生可以跨城市参加招聘大会，本地生源高校毕业生前往其他城市参加招聘大会的，同样享受免费服务。该次招聘会民营、私营企业占70%，国企占15%，外企占15%。从所需毕业生专业需求看，前5位分别为市场营销、计算机、机械/电气、文职/行政、工程/建筑；理工类高校毕业生是企业需求数量最多的学科类型，约占50%，文科类占30%，其他类占20%。从学历要求看，要求专科及以上学历的占58%，要求本科及以上学历的占37%，要求必须具有研究生学历的占5%。

【粤湘合作推进泛珠三角合作】 2009年5月21~22日，中共中央政治局委员、广东省委书记汪洋，省长黄华华率领广东省党政代表团在湖南学习考察并出席“广东产品湖南行”启动仪式。湖南省委书记张春贤、省长周强等陪同考察并出席相关活动。中共省委常委、广州市委书记朱小丹，中共省委常委、秘书长徐少华，副省长佟星、万庆良，广州市市长张广宁、深圳市市长许宗衡，省政府秘书长徐尚武，珠三角各市与广西、湖南相邻的有关市主要负责人，省直有关部门主要负责人等共50多人参加考察和交流活动。

广东省党政代表团湖南之行重要内容是推动“广货北上”。代表团出席“广东产品湖南行”启动仪式、广汽集团与长丰集团战略合作签约仪式，并参观了广货展销洽谈区。5月21日下午，湖南·广东经济社会发展合作交流会在长沙举行，双方签署《湖南省人民政府广东省人民政府关于落实〈珠江三角洲地区改革发展规划纲要〉进一步加强湘粤合作的框架协议》。 （白　芷）

对外开放

【港媒高层访粤交流】 2009年2月5日，以星岛报业集团行政总裁卢永雄为团长，亚洲电视、南华早报等港媒高层一行共18人访粤，就《珠江三角洲地区改革发展规划纲要》的实施问题，与广东省常务副省长黄龙云、广州市常务副市长邬毅敏等省、市有关负责人举行座谈，就应对金融危机、共建优质生活圈、粤港金融合作等问题进行交流。

【粤港澳联络协调会议】 2009年2月19日在香港举行，三地政府代表广东省副省长万庆良、香港政务司司长唐英年和澳门经济财政司司长谭伯源出席会议。该次会议由香港政务司司长唐英年召集，共同推进实施《珠江三角洲地区改革发展规划纲要》。三地明确了发展目标和发展方向，并确认《规划纲要》是三地的行动纲领，确定三地重点合作领域，即金融、产业合作（重点是服务业、旅游业、创新科技业等）、基础设施及城市规划合作、环保合作及教育培训合作，研究考虑选择基建、旅游两领域作为突破口，并选定八大近期重点推进的具体项目：1. 港珠澳大桥；2. 珠海横琴新区建设；3. 全力帮助在粤的港澳资企业延伸产业链条，抵抗金融海啸；4. 金融创新；5. 促进粤港澳区域发展与城市规划项目协调；6. 积极支持创新圈建设；7. 广深港高速铁路建设；8. 珠澳跨境合作区开发。 （燕飞虹）

【粤港澳签署文化交流合作发展规划】 2009年

2月20日，第十次粤港澳文化合作会议在香港举行。广东省文化厅厅长方健宏、香港民政事务局局长曾德成以及澳门文化局局长何丽钻出席会议，并签署《粤港澳文化交流合作发展规划(2009~2013)》。会议分别就“演艺人才交流培训及节目合作”、“文化资讯的相互交流”、“博物馆网络的发展和文物挖掘、保护与推广”、“图书馆合作交流”、“粤剧艺术的推广”以及“文化创意产业发展研究”六个范畴进行讨论。

（李　培　刁定宏）

【粤港经贸交流会】　2009年6月23日，粤港经济技术贸易合作交流会在香港会议展览中心隆重开幕。粤港两地政府和工商企业界人士共商推进落实《珠江三角洲地区改革发展规划纲要》，抢抓合作新机遇，谋划合作新方略，力促合作新发展。此次粤港经贸交流会由广东省政府和香港特别行政区政府联合主办，省外经贸厅和香港商务及经济发展局共同承办。在开幕式上，副省长万庆良和香港财政司司长曾俊华分别代表粤港两地政府作演讲。中央政府驻港联络办副主任周俊明，外交部驻香港特派员公署副特派员詹永新，香港立法会主席曾钰成，前全国人大常委、香港中华总商会永远荣誉会长曾宪梓，全国政协常委陈永棋、余国春、戴德丰、伍淑清、杨孙西等出席开幕大会。会上还举行粤港投资贸易合作重大项目签约仪式，现场签约共25个项目，签约总金额12.47亿美元。

交流会期间，广东省外经贸厅与香港贸易发展局还联合举办“广东易发网”与“香港贸发网”合作新闻发布会暨“粤港国际商贸通”揭幕仪式，万庆良出席仪式并为“粤港国际商贸通”网站揭幕。同期还举办广东21个市和企业与港商对口洽谈、加工贸易政策宣讲会和服务外包专题推介会等活动。

【粤港澳合作促进会成立】　2009年9月10日下午在广州举行成立大会。粤港澳合作促进会是为加强粤港澳三地民间合作而成立的团体。促进会集中粤港澳关心和支持三地合作的知名人士和各界代表，将推动三地民间合作从分散、局部、自发的合作阶段向全方位、多层次、多形式合作阶段转变。

大会听取了筹备工作情况报告，讨论并通过粤港澳合作促进会章程，选举产生理事会、会长、副会长、常务理事以及监事会等，决定聘任顾问、名誉会长、名誉副会长、名誉常务理事人选。促进会首任会长李文岳向大会介绍了促进会定位、组织结构、会员组成等情况，明确下一阶段工作思路和重点。中共中央政治局委员、广东省委书记汪洋会见出席成立大会的全体代表。省长黄华华到会祝贺并发表讲话，为新当选的促进会顾问、名誉会长、会长等颁发证书。大会由副省长万庆良主持，全国人大华侨委员会主任委员高祀仁、国务院港澳办副主任周波、省人大常委会副主任钟阳胜、省政协副主席汤炳权以及香港特区政府政务司司长唐英年、澳门特区政府经济财政司司长谭伯源、香港中联办副主任黎桂康、澳门中联办副主任高燕等到会。

【《大珠江三角洲城镇群协调发展规划研究》成果发布】　2009年10月28日，粤港澳三地政府在澳门联合举行《大珠江三角洲城镇群协调发展规划研究》成果发布会。研究报告提出以粤港澳合力建设充满生机与活力、具有全球竞争力的、协调可持续的世界级城镇群为总体目标，通过优化空间结构、构建高可达性交通网络和优质环境等策略，促进区域经济高度融合、人居环境提升，提高“大珠三角”整体的国际竞争力。

该次研究提出很多新的构想和概念。其中，空间结构优化策略是指构建“一湾三区”集聚、“三轴四层”拓展、“三域多中心”发展的整体空间结构，涉及三个全新的概念。“一湾三区”是指珠江口湾区和广佛、港深、澳珠三大都市区；“三轴四层”包括穗深港发展轴、穗珠澳发展轴、沿海发展轴，以及以珠三角湾区为核心层、大珠三角外围地区为集聚—扩散层、环珠三角地区为直接腹地层、泛珠三角地区为腹地层的四层次发展空间；“三域多中心”则指港深莞惠、广佛肇和澳珠中江三个次区域，以及区域内各类功能中心。

【中新知识城项目启动】 2009年11月16日，中新知识城项目汇报会在广州科学城举行。中共广东省委常委、广州市委书记、知识城项目领导小组组长朱小丹出席会议并作讲话，市委常委、广州开发区管委会主任薛晓峰汇报知识城项目推进情况，新加坡雅思柏设计师事务所刘太格博士、国家发展改革委员会宏观经济研究院经济研究所所长臧跃如、国务院发展研究中心对外经济研究部部长隆国强分别就知识城总体规划、知识城产业发展、知识城政策体系作主题发言。

由广州开发区管委会和新加坡淡马锡集团星桥国际公司共同合作开发的中新知识城项目，自是年3月签订合作备忘录以来，项目可行性研究、商业谈判、总体规划等各项前期工作进程顺利并取得显著成果。在前期工作的基础上，年内正式启动知识城开发建设，继续扎实推进各项重点工作：一是加快知识城商业谈判进度。积极借鉴苏州工业园和天津生态城建设的成功经验，本着精诚合作、互利共赢原则，既要重视当前、更要重视长远，既要重视经济效益、更要重视社会效益，既要重视硬件建设、更要重视软件建设，加快商业谈判进度，形成务实高效合作机制，争取在12月签署合作协议。二是加快编制知识城整体发展规划。充分考虑城市综合承载力和生态宜居要求，突出新城功能布局，突出生态环境保护，突出现代化基础设施建设，突出城市设计和新城文化品位，以高标准规划引领高端发展、协调发展和可持续发展。广州方面要全力配合刘太格率领的新加坡一流规划团队开展知识城整体发展规划编制工作。三是加快推进轨道交通等基础设施规划设计和起步区建设报批筹备工作。按照为全国树立典范的要求高标准规划设计知识城轨道交通、地面路网等基础设施体系，尽快研究制定知识城轨道交通规划，创造条件先行推进连接知识城的轨道交通线路建设，高标准规划设计绿色生态主干道路，完善快捷连通知识城与空港、中心城区及周边地区的交通路网。同时争取各方支持抓紧推进起步区建设报批筹备工作，为知识城顺利启动创造条件。四是加快制订知识城政策法规体系。作为知识经济聚集区和生态宜居城市样板区，知识城需要科学、开放的政策体系作支撑。要立足于前瞻性、开放性和可行性，从产业、技术、金融、财税、土地、投资、融资、环保、人才等多方面，深化研究、加快制订知识城政策体系，加快利用法规形式明确知识城发展定位、管理体制和管理权限，加强知识产权保护，使知识城建设得到全方位、强有力的政策支撑。五是加快推进知识城项目招商引资。坚持招商引资的高端取向，实行项目招商与商业谈判、规划编制齐头并进，充分发挥新加坡全球招商网络优势和全球资源营运优势，大力进行宣传推介和招商引资，力争知识城启动建设之际，签约落户一批知识密集度高、市场潜力大、产业关联度强的知识经济项目，加快打造知识经济“旗舰”。

知识城建设将致力于实现四大发展目标：一是打造引领广州、广东乃至中国产业高端发展尤其是知识型经济发展新引擎。以发展知识经济为核心，坚持产业高端化、技术内生化和环境生态化的发展方向，形成以知识密集型新兴产业为主体的现代产业体系，引领现代服务业、高新技术产业和先进制造业有机融合、互动发展。二是打造汇聚全球精英人才的人才高地。着力营造有利于精英人才集聚创业的良好环境，构建全方位人才服务体系，努力吸引海内外精英人才尤其是世界一流科学家和科技领军人才，把知识城建设成为汇聚全球精英人才的智慧之城。三是打造国际一流水平生态宜居新城。借鉴新加坡城市建设和管理经验，坚持以人为本、生态优先，保护和优化自然生态环境，节约集约用地，推进节能环保，建设配套完善的市政设施和公共服务体系，率先形成节约能源资源和保护生态环境的产业结构、增长方式、人居模式，建成宜业宜居高度统一现代化新城。四是打造中新战略合作代表作品和杰出典范。遵循“企业先行、政府推动、市场运作”原则，完善政策支持体系，创新管理体制机制，使新加坡先进管理经验与中国国情相融合并得到成功运用，成为中新战略合作新典范。

【佛港澳青年经济论坛座谈会举行】 2009年10月15、16日，佛山市海外联谊会组织70多名佛港澳三地青年齐聚佛山，就当前的国内外经济形势举行“应对危机”佛港澳青年经济论坛座谈会。会上港澳资深企业家、海联会执行会长连广成、霍树添为主讲嘉宾，邀请市发改局负责人介绍佛山经济发展情况。演讲嘉宾以亲身经历、结合自己企业实际情况，介绍企业如何应对金融海啸、如何抓住危机中出现的变化转变成商机的体会和经验。还举行第一届海联青委杯高尔夫球友谊赛。

（燕飞虹）

【佛港澳宽领域、多层次交流】 2009年佛山市加强与港澳官方高层互动，推动CEPA（《关于建立更紧密经贸关系的安排》）向纵深实施。年初，由市长陈云贤、副市长李子甫率领的市政府代表团赴港与香港商务及经济发局局长刘吴惠兰和财政事务及库务局局长陈家强会面，探讨佛港双方的合作领域；9月市长陈云贤赴港参加商务部、香港特区政府和广东省政府在港联合举办的“落实CEPA及服务业先行先试宣讲会”；副市长麦洁华率团赴港考察社会福利事业；市委书记林元和会见香港特区政府政务司司长唐英年率领的工商界代表团；市领导林元和、卢汉超、冼瑞伦等会见香港中联办副主任周俊明率香港民建联主席谭耀宗一行的来访；市委书记林元和会见香港贸发局主席苏泽光先生。

此外，佛山市切实负担起CEPA工作领导小组副组长的单位职能，充分利用“落实CEPA示范城市”的机遇，协助市政府相关部门赴港举办“佛山—香港CEPA合作交流会”，有效促进两地政府、工商界对接合作；配合市政府做好商务部、广东省政府联合在佛山市举办“内地与港澳利用CEPA加强商业领域合作论坛”系列活动，达到展示成果、扩大合作和争取政策的预期效果；有针对性的加强与港澳地区相关专业团体和业界的交往，接待香港公共政策研究机构考察团、香港汇贤智库理事会主席叶刘淑仪一行访问团、香港九龙西区各界协会考察团等多个团体；积极争取省有关部门的支持，主动配合市政府相关部门，促进国际金融后台服务落户佛山，新鸿基金融集团在广东金融高新区投资的天安鸿基国际金融中心项目进展顺利，香港大华银行、永亨银行已初步确定在禅城区设立分行，东亚银行、渣打银行等一批香港银行对“同城异地”设立支行表示了浓厚的兴趣。

（朱慧君）

【肇庆加强与港澳台合作】 2009年，肇庆市新批港资项目168个，合同投资总额10.3亿美元，实际投资额5.67亿美元，比上年增长0.68%；对香港进出口贸易总额5.4亿美元，下降21.7%，其中出口4.1亿美元，下降21.1%。新批澳资项目2个，合同投资总额0.20亿美元，实际投资额0.14亿美元，增长60.95%；对澳门进出口贸易总额2000万美元，下降14.8%，其中出口202万美元，下降85.4%。新批台资项目1个，合同投资总额3416万美元，实际投资额861万美元，下降61%；对台进出口贸易总额1.45亿美元，下降27.1%，其中出口2385万美元，下降24.4%。至年末，在肇庆市投资额超过3000万美元的港资、澳资及台资知名企业有：肇庆亚洲铝厂有限公司、华润水泥（封开）有限公司、美亚（肇庆）金属制品有限公司、肇庆万亚电子科技有限公司、肇庆市海骏达房地产开发有限公司、肇庆市华锦包装印刷有限公司、肇庆市多乐电子科技有限公司、四会金宝利橡胶鞋厂有限公司、肇庆市昆庆毛绒厂有限公司、肇庆市宝信金属实业有限公司等。

（李雅静）

【深圳观澜西气东输二线东段工程开工】 2009年2月7日，中共中央政治局常委、国务院副总理李克强在深圳观澜出席西气东输二线东段工程开工仪式并宣布开工。中共中央政治局委员、广东省委书记汪洋，香港特别行政区行政长官曾荫权参加开工仪式。

西气东输二线是新中国成立以来投资规模最大的能源项目，是我国第一条通过陆上利用境外天然气资源的战略性工程，也是世界上距离最长的天然气管道工程。管道通达14个省份和香港特别行政区，可使数亿居民直接获益。该工程由中国石油天然气管道集团公司负责承担，近万里的管道建设中，将遭遇包括沙漠、戈壁、黄土、丘陵、平原、水网、山地和海底在内的世界管道建设史上所经历的所有地质地貌情况。根据初步预算，西气东输二线工程总投资2500亿元左右，主要气源为中亚土库曼斯坦的天然气，补充气源为哈萨克斯坦和乌兹别克斯坦的天然气，国内塔里木和长庆气区天然气为应急和保安气源。可供我国的中亚天然气资源总量为每年450亿~500亿立方米。管道设计输气能力每年300亿立方米，可稳定供气30年以上。

【莞港两地政府联手帮港企开拓市场】 2009年，东莞的港资企业因世界金融危机影响而陷入空前困境。东莞、香港两地政府开始了联合拯救行动。1月21日，东莞市政府与香港贸发局联合举行新闻发布会，签署了合作协议，出台了包括参展费用补贴50%等多项措施，助推港资企业开拓国内和中东、印度、南美、东欧等新兴市场，帮企业抢订单。

合作协议包括大量帮助企业开拓国内市场和中东、印度、南美、东欧等新兴市场的措施。东莞市外商投资企业协会会长梁伟浩说，优惠措施可以惠及东莞6000多家港资企业，100%的企业都可以享受到。此外，所有展览费，东莞补贴50%。据了解，对企业内销产品，东莞市政府将按上年度该企业销售环节增值税（新增税额不能低于100万）的10%给予奖励，最高奖100万。香港贸发局也会为在莞港资企业参与“企业逆市寻商机方案”给予特别优惠。

【台湾水泥公司在莞投资】 2009年6月3日，台泥国际（香港）有限公司与东莞望牛墩镇政府签署投资协议书，计划投资15亿元在该镇建设一座年生产能力为600万吨的熟料水泥粉磨站及相关物流项目，其中首期投资额超过6亿元，这是东莞改革开放以来首期投资额最大的外商投资项目。台湾水泥公司还计划将旗下物流企业、电子项目进驻望牛墩镇，在该镇建设台湾水泥公司华南地区总部。台湾水泥公司巨资入莞投资，突显台湾大型企业集团对东莞良好投资环境与广阔发展前景的高度信心。

【东莞松山湖高科技园对台引资】 2009年6月19日和10月23日，中共中央政治局委员、广东省省委书记汪洋先后两次在东莞松山湖会见由智原科技公司董事长宣明智率领的台湾高科技企业考察团，亲自为东莞推介投资环境和产业优势，鼓励台商抓住机遇到松山湖投资发展高科技项目。该考察团由联电集团、联华神通集团、裕隆企业集团、纬创资通、联相光电、胜华科技、欣兴电子、神基科技、联强国际、京元电子、公信电子、联能科技、秉亮科技、晶奇光电及和舰科技等台湾高科技企业董事长组成，这些企业大部分是全球IT（信息技术）及IC（电子元件）前10强企业。考察团成员纷纷表示有意来莞发展，计划将其科技含量较高的新兴产业项目和东莞市产业链缺失项目引进东莞发展，共同把松山湖台湾高科技园打造成“珠三角IC硅谷”。汪洋要求东莞市积极创造条件与台商携手合作，把松山湖台湾高科技园打造成产业结构调整的示范园区。9月，市委书记刘志庚率团赴台湾回访考察团成员，推动落实投资意向。至2009年底，松山湖台湾高科技园已与十余家台资企业达成合作意向或投资协议，引资20多亿元。秉亮科技公司与松山湖签约合作建立硅知识产权与集成电路服务中心；中盟光电公司计划投资10亿元建设太阳能光电研发生产基地；智原科技公司计划投资1.2亿元建设IC设计与服务基地；胜华科技公司计划投资1.2亿元建设中小型液晶显示器和模块研发生产基地。正崴电子、致伸科技公司等一批已在莞投资的企业也表示将其部分研发、设计功能转移到松山湖，共同推动莞台经贸合作向科技化、高端化方向发展。

【东莞市台商投资企业联合服务处挂牌运作】2009年，东莞市委、市政府积极应对国际金融危机，促进台资企业稳定与发展，专门设立10亿元产业转型升级专项资金，市财政从中划拨专款用于引入台湾专业产业服务机构并为其提供办公场所和设施，对接受台湾产业服务机构初次“诊断”和深入辅导服务的台资企业，每家分别给予4万元和不高于30万元的经费补助。11月27日，东莞市台商投资企业协会转型升级联合服务处举行挂牌仪式并正式开展运作。台湾电电公会、生产力中心、物流协会、外贸协会、金属中心、台商张老师、中卫中心、工研院、资策会、纺拓会等十大产业服务机构进驻该服务处集中办公，为台资企业转型升级提供辅导服务，并配合东莞市引进产业缺失项目。2009年，全市有160家台资企业接受首批“诊断”服务，市财政划拨640万元予以资助，市台湾事务局配合有关部门，按规循程严格做好监管工作，市台商投资企业协会具体落实，确保款项使用落到实处。

【富邦银行（香港）东莞代表处成立】 2009年12月3日，台湾富邦金融控股股份有限公司旗下富邦银行（香港）东莞代表处举行挂牌成立仪式，该公司董事长蔡明忠，东莞市领导冷晓明、江凌，中国人民银行东莞市中心支行行长林平，以及市台湾事务局局长游匡正等领导和嘉宾出席。富邦银行（香港）东莞代表处是台湾金融机构在东莞市设立的首家分支机构，其来莞设点并尽快升格分行开展实质性经营，有助于解决台资企业融资难问题，对促进莞台经贸合作由实体经济领域扩展到金融领域，更具里程碑式的意义。

【港珠澳大桥动工】 2009年12月15日上午10时20分，港珠澳大桥在伶仃洋畔、珠江口西填海动工。中共中央政治局常委、国务院副总理李克强宣布工程开工。这是粤港澳首次合作建设大型跨境基建工程。大桥设计全长49.968公里，是世界上设计跨度最长的跨海大桥。主体工程采用双向6车道高速公路标准建设，设计寿命为120年。其中主体工程“海中桥隧”长达35.578公里，相当于9座深圳湾公路大桥。按照总体方案，港珠澳大桥主体工程耗资约327亿元、整体工程估计逾700亿元。

根据规划，港珠澳大桥东接香港，西接广东省（珠海市）和澳门，是国家高速网规划中珠江三角洲地区环线的组成部分和跨越伶仃洋海域关键性工程，将形成连接珠江东西两岸新的公路运输通道。大桥预计将在2015年建成，届时珠海至香港的车程将由目前的3个半小时缩短至半小时，形成大桥两端和珠江口东西两岸市民半小时生活圈，港澳两地车程也将从3小时缩短至20分钟以内。

中共中央政治局委员、广东省省委书记汪洋出席开工仪式。国家发改委副主任张晓强、广东省省长黄华华、中国交通建设集团总裁孟凤朝、香港特别行政区行政长官曾荫权、澳门特别行政区行政长官何厚铧先后在开工仪式上致辞。中共广东省委常委、常务副省长黄龙云主持开工仪式。候任澳门特别行政区行政长官崔世安、国家住房城乡建设部部长姜伟新、交通运输部部长李盛霖、国务院副秘书长尤权、澳门中联办主任白志健、国务院港澳办副主任周波、香港中联办副主任郭莉，广东省领导欧广源、徐少华、佟星、万庆良、梁国聚等出席开工仪式。

【江门与香港商会签订战略合作协议】 2009年，江门市政府积极推动与香港总商会的战略合作。1月17日，江门市人民政府与香港中华总商会在香港签署合作协议，就推动江门产业转移工业园开发建设事宜达成共识。3月24日，江门市人民政府与香港总商会在香港签署战略合作协议备忘录。内容包括建立定期互访、互通机制，在经贸交流、招商引资等方面开展全方位、多层次的合作等，有效期2年。5月8日，江门市人民政府与香港总商会在江门签署合作备忘录。备忘录内容包括两地互相交流有关经贸政策、市场信息、投资项目等方面的信息；为两地代表团互访活动提供协助；共同协助两地企业发展业务；互相交流两地举办博览会、展览会、研讨会等经贸活动信息，协助安排有需要参会方报名参会。

【江港妇女海内外联谊会】 2009年4月23日，江门市妇联、江门市五邑妇女海内外联谊会，香港江门同乡会、香港妇联共同举办江港姐妹“颂亲恩”共庆母亲节联欢活动，交流学习妇女工作经验。

【江门香港签署食品合作意向书】 2009年4月28日，江门市食品安全委员会与香港质量保证局在江门市签署《食品合作意向书》，明确双方建立工作信息交流机制，制定适合江门市的食品安全管理体系标准，以及支持成立“江门食物安全及营养中心”三个方面合作内容。两地食品安全工作区域合作正式启动。

【江门香港加强全面战略合作备忘录】 2009年5月23日，江门市人民政府与香港贸易发展局在江门签署《加强全面战略合作备忘录》，在贸易推广方面展开战略合作。备忘录内容包括双方在信息交流、贸易推广、投资推广、咨询和培训等领域展开合作，提升江港两地的国际形象和国际竞争力；进一步帮助两地企业开拓市场和承接、进行产业转移，扩大两地的对外贸易，吸引更多国际投资在两地共同发展。

【江门香港合作产业转移园】 2009年6月4日，江门市人民政府与香港工业总会在江门签署合作补充协议，共同推动江门产业转移工业园开发建设。香港工业总会支持会员单位参与江门产业转移工业园的开发建设，并动员在珠三角其他地方投资的会员转移到江门产业转移工业园。6月16日，江门市人民政府与香港中华厂商联合会在香港签署合作补充协议，就推动江门产业转移工业园开发建设达成共识。协议内容包括江门市为有意前来江门产业转移工业园投资的会员单位提供协助；合作的商会推介会员单位参与江门产业转移工业园的开发建设，鼓励在珠三角其他地方投资的会员转移到江门产业转移工业园。

【鹤港清洁生产研讨会举行】 2009年7月29日，由江门鹤山市经贸局、环保局、科技局及相关企业，与香港特区政府环保署、香港生产力促进局在鹤山碧桂园凤凰酒店举行。各方交流介绍企业清洁生产操作流程和经验。香港特区政府环保署、香港生产力促进局介绍清洁生产伙伴计划资助项目相关政策及分享成功实例。鹤山市先后有6家港资企业获得香港政府资金的资助，成为广东省第一批获得港资支持的县级市。

【江门举办进出口商品展销会】 2009年9月18~20日，江门市人民政府在江门市首次举办“2009江门进出口商品展销会”，邀请香港四大商会（香港工业总会、香港中华总商会、香港中华厂商联合会、香港总商会）、香港贸易发展局、香港生产力促进局、香港品质保证局、澳门贸易投资促进局参与，规模超300个国际标准展位。参展的产品来自江门外向型企业及部分港资企业，以质量安全、有竞争优势的终端消费品为主，主要包括家电、餐厨用品、服装鞋帽、玩具礼品、家居饰品、休闲日用品以及食品七大类。

【澳门与珠三角西岸协调发展专题调研】 2009年10月13日，澳门与珠三角西岸协调发展专题调研组到江门市进行调研。江门市发改局、国土局、交通局、环保局和规划局的领导以及相关工作人员参加调研讨论会，就江门市与澳门合作的重点地区和重点项目的存在问题、相关政策措施以及落实《珠江三角洲地区改革发展规划纲要》的工作情况等方面的问题进行交流讨论。

（燕飞虹）

【2009年中山招商经贸洽谈会】 2009年3月

28日，在中山市博览中心举行，并举办中山·瑞典企业经贸合作交流会。其间，有113家瑞典企业和国内企业参展，共签订境外项目142个，其中来料加工项目6个，投资总额10.66亿美元。境内市外项目89个，投资总额16亿美元。出口贸易成交合同965宗，成交额14.89亿美元。国内贸易成交合同2321宗，成交额48.96亿元。签约境外项目中，投资2000万美元以上项目17个，其中包括日本三洋电机公司投资2500万美元的“三洋电梯项目”。除五金、服装等传统项目外，还涉及装备制造、汽配、医药、商贸物流等新兴行业。广东依顿电子科技股份有限公司增资6000万美元，广基科技（中山）有限公司增资2500万美元。在这次洽谈会中，中山市还与瑞典达拉纳省政府、瑞典企业分别签署区域经贸合作协议以及教育、旅游等合作项目。

【中山市赴韩国、日本系列经贸交流活动】2009年11月上旬，分别在韩国首尔和日本东京举行。共签订投资项目14个，合同投资总额为3.2亿美元，利用外资2.05亿美元，签约项目平均投资总额2286万美元，平均合同利用外资额1465万美元。所签项目高新技术项目多、利用外资技术含量高，包括汽车零部件项目、工程塑料及塑料合金项目等。

【2009印度·广东中山出口商品推介会】2009年10月24日，在印度新德里举行。共签订贸易成交协议24宗，涉及中山市出口企业24家，金额4.4亿美元。签约项目7个，分别为风电产品1个，灯饰产品2个，游乐设备、公园游乐设备、游戏游艺项目、户外设备各1个，协议金额2.2亿美元。其中，明阳公司签订1亿美元风电产品出口合同。中山特色产业及优势产业产品包括风电制品、游艺游戏机、灯饰制品、机电产品、电器产品等交易较多。大型品牌产品较受欢迎，其中包括美的吊扇、换气扇、风扇产品，蒂森电梯产品、格兰仕空调压缩机、大洋电机的机电产品、金马游艺机、华裕灯饰等。

【2009粤港·澳大利亚经济技术贸易合作交流会】2009年10月下旬，在澳大利亚悉尼举行。中山市共签订投资项目12个，合同投资总额2.49亿美元，合同利用外资额2.22亿美元，贸易成交总额5000万美元（其中出口额4562万美元，进口额438万美元）。签约项目平均投资总额2070万美元，平均合同利用外资1850万美元，项目利用外资比例89.34%。

【2009中国广东·越南经贸合作洽谈会】2009年10月20日，在越南首都河内举行。中山市共签订贸易合同金额1500万美元，其中出口额1277万美元，进口额223万美元。较大宗交易产品为棉纱，交易额为500万美元。越南同业中国有限公司增资100万美元。中山特色产业及优势产业方面的产品较受欢迎，其中有纺织品、电器产品、机电产品等。

【2009中国广东中山（河内）经贸合作暨产品展销会】2009年10月19～21日在越南河内国家展览中心举行，由中山市人民政府、广东省经济和信息化委员会、广东省对外贸易经济合作厅联合主办。展会设167个国际标准展位，展览总面积5100平方米，其中特装展位22个。中山市有100家企业参展，参展产品共1200多种。进场参观观众4万多人次，贸易成交总额18.2亿美元。

珠江三角洲城市建设风貌

广州市

1
2 3 4 5

1. 珠江两岸华灯初上

2. 美丽的珠江

3. 广州亚运城

4. 广东省博物馆新馆

5. 繁忙的南沙港

1. 罗湖区

2. 深南大道

3. 荔枝公园

4. 深圳中心公园

5. 福田保税区

1		
2		3 4
	5	

深圳市

珠海市

1			4
2		5	6
3			7

1. 珠海渔女塑像

2. 宜业宜居的滨海新城

3. 临海城区一角

4. 璀璨迷人的千灯湖夜景

5. 如诗如画的三水城区

6. 美丽的佛山新城

7. 亚洲艺术公园宜居区

江门市

1. 电视中心大楼
2. 金汇城市广场
3. 开平城市广场
4. 恩平市区鸟瞰

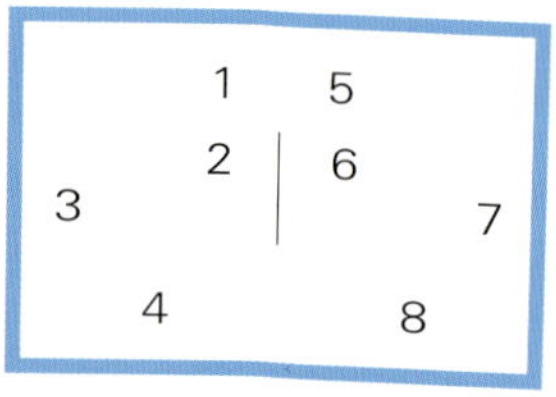

东莞市

5. 莞城区

6. 虎门镇

7. 石龙镇

8. 东莞中心广场

1. 中山市城区一角

2. 中山城区夜景

3. 繁华的兴中路

惠州市

1	4	
2		5
3	6	

4. 科技馆博物馆

5. 大亚湾石化区

6. 惠州西湖

肇庆市

1. 四会大道

2. 广宁县城夜景

3. 山水如画的城区

广州市

广州市

基本情况

【地理位置】 广州市是广东省省会，广东省政治、经济、科技、教育和文化的中心。广州市地处中国内地南方，广东省的中南部，珠江三角洲的北缘，接近珠江流域下游入海口。其范围是东经 112° 57′ ~114° 3′，北纬 22° 26′ ~23° 56′。东连惠州市博罗、龙门两县，西邻佛山市的三水、南海和顺德区，北靠清远市的清城区和佛冈县及韶关市的新丰县，南接东莞市和中山市，隔海与香港、澳门特别行政区相望。

由于珠江口岛屿众多，水道密布，有虎门、蕉门、洪奇门等水道出海，使广州成为中国远洋航运的优良海港和珠江流域的进出口岸。广州又是京广、广深、广茂和广梅汕铁路的交汇点和华南民用航空交通中心，与全国各地的联系极为密切，因此，广州有中国“南大门”之称。

【资源物产】 土地资源 广州市耕地面积为 8.57 万公顷，林业用地面积 25.3 万公顷。广州市土地类型多样，适宜性广，地形复杂。地势自北向南降低，最高峰为北部从化市与惠州市龙门县交界处的天堂顶，海拔为 1210 米；东北部为中低山区；中部为丘陵盆地；南部为沿海冲积平原，是珠江三角洲的组成部分。由于各种自然因素的互相作用，形成多样的土地类型。根据土地垂直地带可划分为以下几种：(1) 中低山地。主要分布在广州市的东北部。(2) 丘陵地。在增城市、从化市、花都区以及市区东部、北部均有分布。(3) 岗台地。主要分布在增城市、从化市和白云、黄埔两区，番禺区、花都区、天河区亦有零星分布。(4) 冲积平原。主要有珠江三角洲平原，流溪河冲积的广花平原，番禺和南沙沿海地带的冲积、海积平原。(5) 滩涂。主要分布在南沙区南沙、万顷沙、新垦镇沿海一带。

水资源 广州市地处南方丰水区，境内河流水系发达，大小河流（涌）众多，水域面积广阔，集雨面积在 100 平方公里以上的河流共有 22 条，老八区主要河涌共有 231 条，总长约 913 公里。不仅构成独特的岭南水乡文化特色，也对改善城市景观、维持城市生态环境的稳定起到突出的作用。广州市水资源的主要特点是本地水资源较少，过境水资源相对丰富。全市水域面积 7.44 万公顷，占全市土地面积的 10%，主要河流有北江、东江北干流及增江、流溪河、白坭河、珠江广州河段、市桥水道、沙湾水道等，北江、东江流经广州市汇合珠江入海。本地平均水资源总量 79.79 亿立方米，过境客水资源量 1860.24 亿立方米，是本地水资源总量的 23 倍。客水资源主要集中在南部网河区和增城市，其中由西江、北江分流进入广州市区的客水资源量达 1591.5 亿立方米，由东江分流进入东江北干流的客水资源量为 142.03 亿立方米，增江上游来水量为 28.28 亿立方米。南部河网区处于潮汐影响区域，径流量大，潮流作用也很强。珠江的虎门、蕉门、洪奇沥三大口门在广州市南部入伶仃洋出南海，年涨潮量 2710 亿立方米，年落潮量 4088 亿立方米，与三大口门的年径流量 1377 亿立方米比较，每年潮流可带来大量的水资源，部分是可以被利用的淡水资源。

生物资源 广州市的自然条件为多种动物栖息繁衍和植物生长提供良好的生态环境。生物种类繁多，生长快速。地带性植被为南亚热带季风常绿阔叶林，但天然林已极少，山地丘陵的森林都是次生林和人工林。

栽培作物具有热带向亚热带过渡的鲜明特

征，是全国果树资源最丰富的地区之一，包括热带、亚热带和温带3大类、41科、82属、174种和变种共500余个品种（其中荔枝就有55个品种），是荔枝、龙眼、乌（白）榄等起源和类型形成的中心地带。蔬菜向以优质、多品种著称，共有14类300多个品种。花卉包括鲜切花、盆栽植物（观叶植物、肉质植物、盆花、盆景）、绿化苗木、工业及其他用途花卉、草坪、种苗等六大类，传统品种和近年引进、开发利用的新品种共2000多个。粮食、经济作物、畜禽、水产和野生动物种类也很多，且不乏名优特品种，其中，增城丝苗米是广州市第一个获得地理标志的保护品种。

矿产资源　广州市的地质构造相当复杂，有较好的成矿条件。已发现矿产47种，矿产地820处，其中大、中型矿床18处。主要矿产有建筑用花岗岩、水泥用灰岩、陶瓷土、钾、钠长石、盐矿、芒硝、霞石正长岩、萤石、大理岩、矿泉水和热矿水等。区内能源矿产和有色金属矿产十分短缺，呈零星分布，规模较小，品位不稳定。

【面积人口】　广州市总面积为7434.40平方公里，占全省陆地面积的4.21%。其中，市辖10区面积为3843.43平方公里，占全市总面积的51.7%；2个县级市面积为3590.97平方公里，占48.3%。

2009年末广州市户籍总人口为794.62万人，比上年末增加10.45万人。其中市区人口654.68万人，县级市人口139.94万人。全市农业人口80.61万人，非农人口714万人。

【历史文化】　广州是国务院颁布的全国第一批历史文化名城之一。早在六七千年前的新石器时期，先民们就在这块土地上生息繁衍，创造了灿烂的史前文明，揭开了广州人文史的初页。秦始皇三十三年（前214），秦平岭南，南海尉任嚣在此筑番禺城（俗称任嚣城），为广州信史记载的建城之始，到2009年已有2223年。秦末汉初，赵佗在岭南建南越国，定都番禺（今广州），奠定了广州在岭南的中心城市地位，南汉、南明两个封建王朝也在此建都。三国时期，番禺属东吴管辖。吴黄武五年（226），分交州为交、广二州，广州由此得名。广州又称为羊城、穗城。传说古代有五位仙人，骑五色羊，羊衔谷穗，降临广州，把谷穗赠与百姓，祝愿这里“永无饥荒”。如今，越秀公园的五羊雕像已成为广州的象征。

广州自秦汉至明清2000多年间，一直是中国对外贸易的重要港口城市。汉武帝时期，中国船队从广州出发，远航至东南亚和南亚诸国通商贸易，东汉时期航线更远达波斯湾。唐代广州已发展成为世界著名的东方大港，也是当时世界最长的海路航线“广州通海夷道”的起点，中央王朝首先委派专门管理对外贸易的官员市舶使到广州。宋代在广州首设全国第一个外贸管理机构市舶司。明清时期，广州更是特殊开放的口岸，一段较长时间曾是全国唯一的对外贸易港口城市。

广州是具有光荣革命传统的英雄城市。在近代史上，有三元里人民反抗帝国主义侵略的抗英斗争，孙中山领导的反对封建统治的“三·二九”起义，中国共产党领导的广州起义。所以，广州既是中国资产阶级民主革命的策源地，又是无产阶级政党领导人民群众进行革命斗争的英雄城市。

广州历代名人辈出。秦朝任嚣，汉朝赵佗，清朝学者屈大均，农民起义领袖洪秀全，思想政治家康有为、梁启超，领导中国民主革命、推翻几千年封建统治的孙中山等，为广州名城的形成和发展作出了卓越的贡献。

广州的文物古迹众多。截至2009年，已公布的国家、省、市三级文物保护单位共321个，其中国家级文物保护单位24个，省级文物保护单位45个，市级文物保护单位252个。南越王墓、光孝寺、六榕寺、怀圣寺等都有1000多年的历史。此外，还有建于隋朝的南海神庙，明朝的五仙观、镇海楼、莲花塔，清朝的陈家祠、馀荫山房等。近代革命历史纪念地有毛泽东同志主办的农民运动讲习所旧址、广州起义烈士陵园、黄花岗七十二烈士墓、黄埔军校旧址、中山纪念堂、洪秀全故居等。广州还有众多的风景名胜，自古以来享有很高的声誉。宋、元、明、清历代都有评选“羊城八景”活动。中华人民共和国成立后，广州城市建设与发展日新月异。1963年、1986年，广州两次重新评选“羊城八景”。2001年8月，广州又举办“新世纪羊城八景”评选活动。2002年7月，评选的新八景为云山叠翠、越秀新晖、珠水夜韵、古祠留芳、黄花皓月、天河飘绢、莲峰观海、五环晨曦。

【行政区划】 中华人民共和国成立后，广州市的行政隶属关系和行政区划设置，有过几次较大的变动和调整。

1949年10月14日广州解放，一度为中央直辖市。1950年改为中南军政委员会领导，1954年划归广东省领导，为省辖市。

解放初期，广州市划分为28个区，其中城区20个（逢源、黄沙、西禅、长寿、沙面、陈塘、太平、惠福、靖海、小北、德宣、西山、东堤、汉民、前鉴、大东、东山、洪德、蒙圣、海幢），水上区1个（珠江区），郊区7个（南岸、沙河、芳村、石牌、新洲、沥滘、三元里）。1950年调整行政区划设置，把28个区合并为16个区，其中城区8个（长寿、河南、惠福、永汉、太平、越秀、大东、荔湾）、水上区1个（珠江区）、郊区7个（南岸、沙河、芳村、石牌、新洲、沥滘、三元里）。1951年10月，把郊区7个调整为4个（白云、芳村、西村、新滘）。1952年9月，把原来8个城区合并为5个（东区、中区、西区、北区、河南区），仍保留珠江区。1953年5月，西村区撤销并入白云区。同年6月，黄埔区成立。1956年6月，黄埔、白云、新滘3个区合并为广州市郊区。1958年12月，撤销珠江区，同年撤销广州市郊区；原属郊区的人和、太和、竹料、钟落潭等4个公社与花县合并设立广北县，划归广州市；原广州市郊区的三元里、鹤洞、江村、石井、沙河、新滘、黄埔、萝岗8个公社设立广州市近郊区。1959年3月，撤销广北县，把花县划回佛山地区；恢复广州市郊区，原从广州市郊区划出的4个公社划回广州市郊区；同时，撤销广州市近郊区。1960年4月，从佛山地区划出花县、从化县归属广州市。同年8月撤销中区、郊区，设立越秀区、东山区、海珠区、荔湾区4个城区和黄埔区、芳村区、江村区3个郊区。1961年，原属韶关地区的佛冈县划归广州市（1963年又划归韶关地区管辖）。1962年5月，把3个郊区合并为1个郊区。1973年重新从郊区划出部分区域再设黄埔区。1975年，把原属佛山地区的番禺县、惠阳地区的增城县和龙门县、韶关地区的新丰县划归广州市。1983年，把韶关地区的清远县、佛冈县划归广州市。1985年1月，从广州市郊区划出部分区域设置天河区、芳村区。1987年1月，把广州市郊区改称为白云区。1988年，广州市行政区划作出较大调整，1月7日，经国务院批准，把龙门县划归惠州市管辖，新丰县划归韶关市管辖，清远县和佛冈县划归清远市管辖。1992年5月，经国务院批准，撤销番禺县，设立番禺市（县级），隶属广东省人民政府，由广州市代管。1993年6月，经国务院批准，撤销花县，设立花都市（县级），隶属广东省人民政府，由广州市代管。同年12月，经国务院批准，撤销增城县，设立增城市（县级），隶属广东省人民政府，由广州市代管。1994年3月，经国务院批准，撤销从化县，设立从化市（县级），隶属广东省人民政府，由广州市代管。2000年5月，经国务院批准，分别撤销番禺市和花都市（县级），设立番禺区和花都区。2005年4月，经国务院批准，广州市行政区划作出重大调整：撤销东山区，将其行政区域划归越秀区管辖；撤销芳村区，将其行政区域划归荔湾区管辖；设立南沙区和萝岗区。调整后的行政区划，广州市辖越秀区、海珠区、荔湾区、天河区、白云区、黄埔区、花都区、番禺区、南沙区、萝岗区10个区和从化、增城2个县级市。

（李永健 黄 滨）

【传统民俗】　广州是一个历史悠久的城市，其地理位置、气候条件和多元文化的交汇，形成具有鲜明岭南特色的传统民俗，包括岁时节庆、生活习惯、社会习俗、情感信仰、民间文艺等方面。

广州有已延续100多年的春节逛花市的习俗。每年农历十二月二十八日至除夕深夜，全城长街如锦，百花争艳，游人如织，欢声笑语。家家必置鲜花装点，表达对美好生活的追求。波罗诞是广州地区最大的民间传统庙会之一，保留了中国南方海洋民俗文化演变的轨迹。每年农历的二月十一至十三日，南海神庙（波罗庙）方圆数十里，热闹非凡。逛庙会的游人，常购一种叫"波罗鸡"的工艺品留念。

饮食习俗是最能反映广州地方特色的习俗。广州人饮食支出的比重远高出全国大城市的平均水平。"食在广州"一语广为人知。其食肆营业时间之长，饮茶风气之盛，食谱之广泛，烹饪技巧之精湛，都使外来者留下深刻印象。

西关大屋是广州传统民居的代表。20世纪二三十年代，临街骑楼建筑十分兴盛，也出现了东山花园洋房式的西式民居。

名扬海内外的广州民间工艺和民间传统艺术集中体现了广州人的审美情趣，是千百年来岭南人民智慧的结晶。其中，广绣为中国"四大名绣"之一；广彩从清代开始已行销国外，在国际上享有盛誉；广雕以象牙雕刻中的镂空、透深技法闻名；广东音乐、粤剧与岭南画派被誉为"岭南三大艺术瑰宝"。丰富的民间传统艺术有咸水歌、沙坑醒狮、黄阁麒麟舞、沙湾飘色、市桥水色、鳌鱼舞、麻车火狗、木鱼书说唱、八音锣鼓等。市井爱好戏曲者茶余饭后常三五成群，吹拉弹唱，自娱自乐，以曲会友。这种被称为"私伙局"的自发的群众娱乐组织形式，至今仍十分普及。

广州传统民俗正不断变化，逐渐淘汰陈旧的形式与内容，不断丰富生活内涵。它植根于民众，保持着与时代同步的生命力。

（郭　凡　温向月）

经济社会发展概况

【经济总体保持平稳较快增长】　2009年，广州市积极贯彻落实中央和省扩内需保增长政策措施，大力实施《珠江三角洲地区改革发展规划纲要（2008~2020年）》，有效抵御国际金融危机的冲击和影响，全市经济回升比预想的要快，运行态势比预料的要好。全年实现地区生产总值9138.21亿元，比上年增长11.7%。全社会固定资产投资增长22.3%，社会消费品零售总额增长13.4%，商品出口总值降幅缩窄到-13%。经济增长的质量和效益进一步提升，全年财政一般预算收入增长达13%，万元生产总值能耗下降4%以上。居民收入稳步提高，全年城市居民人均可支配收入和农村居民人均纯收入分别为27610元、11067元，分别比上年增长9.1%和12.6%；城市居民消费价格下降2.5%。

【内需成为拉动经济增长的主动力】　2009年，广州市重点项目拉动投资快速增长，全市重点项目累计完成投资945.58亿元，完成年度投资计划的119%，拉动全社会固定资产投资2659.85亿元，增长22.3%。消费增长逐步提升，实现社会消费品零售总额3615.77亿元，比上年增长13.4%，其中，批发和零售业增长15.8%，住宿和餐饮业增长18.3%，商品房累计完成销售面积1375.42万平方米，增长34.2%。外贸进出口降幅逐步收窄，全年商品进出口总值767.37亿美元，比上年下降6.4%，服务外包成外贸新增长点，全年服务外包规模超过550亿元。

【现代产业体系建设步伐加快】　2009年，广州市出台实施《广州市建设现代产业体系规划纲要（2009-2015年）》，着力促进现代服务业、高新技术产业和先进制造业融合互动发展。服务业发挥了经济增长"稳定器"的作用，全年第三产业实现增加值5545.56亿元，比上年增长13.6%，

广州市国民经济发展情况（2009 年）

表一

项目 \ 区市别	户籍人口	地区生产总值		人均地区生产总值		工业总产值		农林牧渔业总产值		全社会固定资产投资额	
	（万人）	绝对值（亿元）	比上年增长（%）	绝对值（元）	比上年增长（%）	绝对值（亿元）	比上年增长（%）	绝对值（亿元）	比上年增长（%）	绝对值（亿元）	比上年增长（%）
合计	794.62	9138.21	11.7	89082	10.1	12355.46	11.7	295.62	3.9	2659.85	22.3
越秀区	116.69	1485.58	9.2			51.94	2.0			594.88	11.3
海珠区	93.73	600.35	9.6			276.64	−0.5	4.85	0.2	229.16	18.3
荔湾区	70.65	523.52	10.0			380.62	8.3	6.93	0.7	90.47	1.7 倍
天河区	74.53	1610.54	12.6			911.47	5.8	5.19	4.3	556.54	34.4
白云区	80.65	808.87	11.7			787.87	8.0	45.09	2.6	129.31	58.0
黄埔区	19.85	491.98	8.1			1418.29	4.5	2.04	−5.6	55.65	8.2
花都区	65.16	542.28	13.6			1328.61	14.2	40.75	2.3	115.59	21.8
番禺区	99.92	880.58	12.5			1487.93	10.1	66.89	5.3	257.97	25.4
南沙区	15.23	396.18	14.1			1099.80	15.1	20.26	4.0	173.55	−8.8
萝岗区	18.27	1161.91	15.0			3304.13	16.5	10.60	0.8	252.53	23.8
从化市	56.58	155.96	12.1			300.06	6.9	27.38	4.0	72.93	22.9
增城市	83.36	480.46	13.4			1008.09	15.8	65.65	6.3	131.27	21.9

表二

项目 \ 区市别	外贸出口总额		实际利用外资		地方财政一般预算收入		社会消费品零售总额		城镇居民可支配收入		农村居民人均纯收入	
	绝对值（亿美元）	比上年增长（%）	绝对值（亿美元）	比上年增长（%）	绝对值（亿元）	比上年增长（%）	绝对值（亿元）	比上年增长（%）	绝对值（元）	比上年增长（%）	绝对值（元）	比上年增长（%）
合计	374.03	−12.9	37.73	4.2	702.65	15.0	3615.77	13.4	27610	9.1	11067	12.6
越秀区					31.72	6.2	681.63	9.1	27963	9.8		
海珠区					27.37	14.0	377.10	10.8	25905	8.8	14707	
荔湾区					27.18	12.4	334.42	14.6	27018	10.8	13936	
天河区					31.50	11.6	703.16	15.3	28266	10.6	20431	
白云区					29.51	17.4	478.56	16.0	26828	10.4	11442	12.3
黄埔区					9.71	2.7	66.89	8.6	26055	8.1	14853	
花都区					37.77	23.9	181.67	10.4	23194	10.0	10076	11.1
番禺区					50.92	18.0	488.93	15.9	25432	10.1	12988	13.0
南沙区					20.19	6.5	32.97	17.1			12895	11.1
萝岗区					74.17	12.4	84.86	22.0	28228		12700	13.2
从化市					15.34	32.5	53.97	13.7	17566	11.5	7361	13.5
增城市					31.66	20.4	131.61	14.5	21390	12.4	9281	17.2

对经济增长的贡献率达 70.1%，金融、信息服务、商务服务、文化创意等现代服务业快速发展。支柱产业支撑工业保持增长，全年规模以上工业总产值 12502.08 亿元，增长 10.2%，三大支柱产业总产值达 5243.09 亿元，增长 20.3%，占规模以上工业总产值的比重为 41.9%，其中汽车制造业增长 30.4%，电子产品制造业增长 32.1%。民营经济增势良好，全年规模以上民营工业增长 16.4%。高新技术产业逆势快速发展，全年规模以上工业高新技术产品产值 4103.85 亿元，增长 17.3%，其中电子及通信设备制造业、医疗设备及仪器仪表制造业和医药制造业快速增长。

【城市环境建设取得显著成效】 2009 年，广州市坚持亚运筹备和城市发展工作两手抓，以承办亚运为动力，大力开展城市建设和环境整治。亚运城市行动计划全面实施，亚运城、亚运场馆及配套设施建设、城区主干道外观整饰工作加快推进。交通基础设施建设不断完善，白云国际机场、武广铁路及广州新客站相关工程和广州港出海航道三期等一批枢纽型交通基础设施相继大规模施工或陆续建成，贵广、南广铁路及广佛线、广珠线、广清线等城际轨道建设加快推进，地铁五号线已通车，地铁开通里程达 150 公里。实施空气整治 50 条措施，全市空气质量优良率达 95.1%，二氧化硫、二氧化氮、可吸入颗粒物平均浓度优于国家环境空气质量二级标准。开展水环境综合整治，重点整治 121 条河涌，建设 38 座生活污水处理厂和覆盖全市 32 个镇（街）245 个村的农村生活污水处理设施，对全市 228 处水浸街进行改造。全市森林覆盖率达 38.2%。林木绿化率 44.8%，比上年提高 0.4 个百分点。新增 32 个公园免费对市民开放。

【民生福利持续改善】 2009 年，广州市继续实施“惠民 66 条”和“补充 17 条措施”，民生福利持续改善。全年城镇新增就业人数 72.45 万人，培训农村劳动力 5.45 万人，转移就业 7.15 万人，全年全市城镇登记失业率为 2.25%，低于年初 3.6%的调控目标。提高了近 60 万名企业退休人员的养老保险标准，通过阶段性降低失业、医疗、工伤保险缴费比例，全年减轻企业及参保人员负担约 53.4 亿元。完善人口计生利益导向政策体系，推进包括流动人口在内的人口计生公共服务全覆盖。全面实施免费义务教育，市、区两级政府共投入 5.3 亿元，惠及 79 万学生。拨付 1.1 亿元用于落实国家高校和中等职业学校国家奖助学金，全年招收 358 名梅州农村贫困家庭学生入读市属公办中等职业学校。建成市妇女儿童医疗中心等医疗设施项目以及一批社区卫生服务中心。新开工保障性住房项目 14 个，建筑面积 186.17 万平方米。全年为 17670 户低收入家庭解决了住房困难问题。 （韩　涛）

基础设施建设

【交通基础设施建设】 2009 年，在迎接 2010 亚运会和国家加大基础设施投资力度等因素带动下，广州地区重点交通项目加快推进，交通基础设施体系进一步完善。（1）港口航道建设。是年，广州港口在建工程 11 项，完成固定资产投资 17.93 亿元，比上年增长 63.6%。其中，新、改、扩建港口工程建设项目 9 个，完成投资 17.13 亿元；技术改造项目 2 个，完成投资 0.8 亿元。全年完成广州华润南沙热电“上大压小”新建工程配套码头等工程交工验收项目 5 个，广州南沙货运区 2 号码头等工程竣工验收项目 11 个。开工建设广州港出海航道三期工程、南沙港区粮食及通用码头工程，计划 2011 年完成；鸿业石化码头、华润热电厂配套码头竣工；广州港南沙港区集装箱三期工程、南沙散货码头工程和新中国船厂南沙小虎岛造船基地等项目前期工作按计划推进。（2）机场建设。白云机场重点推进联邦快递亚太转运中心项目、机场扩建工程、白云空港综合保税区项目，继续拓展国际航线网络，增强综合服务功能。其中，联邦快递亚太转运中心项目已正式投产，项目投产初期，每周共有16条国际货运航线、136架货机进出，往返于联邦快递所提供服务的220多个国家和地区；机场扩建工程完成投资29.7亿元，其中中性货运站工程和东三、西三指廊工程已完工，待行业验收，北滑行道系统桥梁工程完成总体形象进度的58%，第三跑道建设工程已完成部分征地工作；空港综合保税区申报工作正在推进，广东省政府已将广州市提出的设置方案呈报国务院。(3) 铁路及城市轨道交通建设。12月26日，武广铁路专线工程投入试运营。贵广、南广铁路、穗深港客运专线加快建设，新开工建设广佛城际、广珠城际轨道项目，广清城际、广佛肇城际建设项目正在推进。地铁四号线车陂南至万胜围段、地铁五号线于12月底开通试运营，使全市地铁开通总里程延长至150公里。二/八号线延长线、三号线北延段、四号线黄村至车陂南段、六号线浔峰岗至长湴段、珠江新城旅客自动输送系统、广佛线等加快推进，地铁六号线二期、九号线的试验性工点开工建设。(4) 公路及城市道路建设。华南快速路三期项目通车，为广州北部新添一条连接东西方向的市内交通主干道；东新高速、广深沿江高速、广河高速广州段、南二环高速、增从高速分别完成总投资的77.6%、62.1%、47.3%、60.5%和19%；广明高速广州段、黄榄快速干线开工建设；大广高速粤境段、北三环二期等重点项目前期工作继续推进。是年全市高速公路完成投资82.86亿元，为年度投资计划的109.3%。全年完成公路大中修、城市化改造工程12项，完成桥梁改建5座、桥梁加固26座，修复破碎板25万平方米、沥青罩面3.5万平方米，提前完成整治省市交办的26处危险路段，完成绿色通道建设81公里、升级改造绿地100公顷。(5) 运输站场及其他公交设施建设。广州火车东站客运站、南沙汽车客运站和一批公交中途港湾站竣工投入使用；快速公交系统(BRT)加快建设。广州南站汽车客运站推进前期工作。滘口和石马2个公交枢纽站项目基本建成，新增公交站场面积4.7万平方米。

【交通运行情况】 2009年，广州地区交通邮政行业克服国际金融危机的持续影响，总体呈现回升向好的发展态势。(1) 客运。全社会完成客运量57053万人次（不含公交、地铁），比上年增长3.01%；完成客运周转量14538626万人公里，增长5.72%。其中：铁路客运量7953万人次、旅客周转量3288775万人公里，分别比上年

广州市基础设施基本情况

项目	单位	2008年	2009年
铁路营业里程	公里	1404	1468
公路通车里程	公里	8971	9089
其中：高速公路	公里	574	691
港口泊位	个	794	816
其中：万吨级泊位	个	59	61
内河通航里程	公里	855	855
本地电话年末用户	万户	651.54	633.31
移动电话年末用户	万户	1917	2099
电力消费量	万千瓦小时	545.92	567.08
商品房屋实际销售量	万平方米	1024.96	1375.42
商品房屋实际销售额	亿元	935.07	1286.15

下降 5.04%和 4.45%；公路客运量 43921 万人次、客运周转量 3934422 万人公里，分别增长 3.69%和 5.80%；水路客运量 237 万人次、旅客周转量 20586 万人公里，分别下降 6.69%和 10.99%；民航客运量 4942 万人次、旅客周转量 7294843 万人公里，分别增长 12.39%和 11.06%。此外，市内公共交通客运量（不含番禺区、花都区、从化市、增城市）39.36 亿人次，比上年增长 5.81%，其中地铁客运量 6.5 亿人次，增长 10%。是年春运期间（40 天），广州地区铁路、公路、水路、民航共发送旅客 2618.2 万人次。(2) 货运。全社会完成货运量 52525 万吨，比上年增长 5.93%；完成货物周转量 21762287 万吨公里，下降 11.61%。其中：铁路货运量 6358 万吨、货物周转量 2322804 万吨公里，分别比上年下降 9.18%和 12.53%；公路货运量 36983 万吨、货物周转量 4039731 万吨公里，分别增长 11.68%和 18.02%；水路货运量 8388 万吨、货物周转量 15242308 万吨公里，分别下降 2.28%和 17.09%；民航货运量 68 万吨、货物周转量 154028 万吨公里，分别增长 3.03%和下降 0.74%；管道货运量 728 万吨、货物周转量 3416 万吨公里，分别下降 11.33%和 12.72%。(3) 港口吞吐量。全市港口完成货物吞吐量 37549 万吨，比上年增长 1.61%，其中广州港货物吞吐量 36395 万吨，增长 4.86%，在全国沿海港口中排名第四。全市港口货物进口量 22816 万吨，比上年增长 0.64%；港口出口量 14733 万吨，增长 3.14%；集装箱吞吐量 1131 万标准箱，下降 3.5%。广州港集装箱吞吐量 1118.78 万标准箱，比上年增长 1.8%，居全国沿海港口集装箱吞吐量第三位。广州港南沙港区全年完成集装箱吞吐量 655.5 万标准箱，比上年增长 1.8%，占全港集装箱吞吐量的 58.5%，累计开通集装箱班轮航线 29 条，其中外贸航线 21 条、内贸航线 8 条。(4) 机场吞吐量。广州地区民航旅客吞吐量 3705 万人次，比上年增长 10.79%；货邮吞吐量 96 万吨，增长 39.3%。是年，白云机场新开通广州至台北、曼谷等 23 条国际和地区航线，累计开通国内国际航线 199 条，其中开通定期国际（地区）航线 79 条，通航的外国航空公司达 38 家，每周国际航班数量达 500 班。(5) 邮政业务。完成邮政业务收入 15.91 亿元，比上年增长 3.8%。

（叶卓朗）

【白云空港建设】 2009 年，民航广州地区有运输机场 1 个（广州白云国际机场），运输航空公司 3 家（南方航空公司、深航广州分公司、海航广州分公司），主要油料公司 1 家（华南蓝天航油公司）。是年广州白云国际机场通过国家民航局安全审计，完成飞机起降 30.89 万架次，实现旅客吞吐量 3704.87 万人次、货邮吞吐量 95.53 万吨，分别比上年增长 10.2%、10.8%和 39.3%。全年新开通国际和地区航线 35 条，国际航线总数达到 92 条。开通广州—长沙和广州—武汉空中快线。新增异地城市候机楼 5 个，总数达 16 个。第二个异地货站珠海斗门货站正式运营，与湛江机场和梅县机场联合设立异地远程货站。年内，白云机场借鉴首都机场奥运服务工作经验，邀请韩国仁川机场帮助全面提升服务质量，对社会公布 11 大项 50 条服务承诺，成为全国率先实现无纸化登机的机场，航站楼实现无线网络业务覆盖，亚运改造项目航站楼国内安检通道扩建完工，公务机坪改造项目开工建设。

（王志伟）

【广州铁路新客站（南站）建设】 2009 年，广州铁路新客站工程总投资 87.99 亿元，正线全长 4.16 公里，按客运专线标准、200 公里时速建造。站场设 15 座站台、28 条股道，总建筑规模 61.34 万平方米（不含地铁层）。日接发客车对数（含通过）近期 479 对，远期 620 对；日均旅客发送量近期 24.5 万人，远期 35.6 万人。2004 年 12 月开工，2009 年完成投资 43.6 亿元，开工累计完成投资 71.33 亿元，占总投资的 81.1%，计划 2010 年 1 月 30 日开通武广场 1～7 股道。

【武广高速铁路开通运营】 2009 年 12 月 26 日，迄今为止世界上一次建成里程最长、运营速度最高的高速铁路——武（汉）广（州）高速铁路（武汉至广州北段）正式开通运营。武广高速铁路北起武汉站，途经咸宁、岳阳、长沙、株洲、韶关等市，南至广州南站，运营里程1069公里，时速350公里，2005年6月23日动工建设。全线设18个车站，广铁（集团）公司管辖920公里、14个车站。武广高速铁路采用的无砟轨道、CTCS-3列控系统、CRH3型高速动车组等先进装备和技术均达到世界领先水平。试验运行时速394.2公里，创下世界高速铁路动车组重联运行最高速度。

武广高速铁路是中国铁路“四纵四横”快速客运网的重要组成部分，是武汉“1+8”城市圈、长株潭“3+5”城市圈、珠江三角洲经济圈间彼此联系的现代化交通纽带。开通运营后，武汉至广州的铁路旅行时间由10.5小时缩短至3小时左右，缓解了京广铁路武广之间运输能力紧张的问题。

（梁末妮）

【港口建设】 2009年，广州港口在建工程11项，完成固定资产投资17.93亿元，比上年增长63.6%。其中，新、改、扩建港口工程建设项目9个，完成投资17.13亿元；技术改造项目2个，完成投资0.8亿元。完成5项工程交工验收、11项工程竣工验收。主要工程是：（1）广州港出海航道三期工程。9月份开工建设，全年完成投资5亿元，占总投资的17.3%，计划2011年底完工。该工程水深-17米，有效宽度243米，满足10万吨级集装箱船不乘潮单向通航、12万吨级散货船乘潮单向通航、5万吨级集装箱船舶不乘潮双向通航。（2）广州华润南沙热电“上大压小”新建工程配套码头工程。建设规模为1个3.5万吨级散货泊位（结构按5万吨级设计），码头岸线长230米，年设计吞吐能力384万吨，总投资2.7亿元。（3）广州集装箱码头有限公司驳船码头扩建工程。建设规模为1个5000DWT多用途驳船泊位，码头岸线长151米，年设计吞吐能力8万个标准箱、6万吨件杂货，总投资2799.64万元。（4）广州鸦岗储运货场码头改造工程。建设规模为改造加固1个500吨级码头泊位，码头岸线长60米，总投资约300万元。

（杨春恒）

【广州城市轨道交通建设】 至2009年底，广州市地下铁道总公司（简称广州地铁公司）拥有资产354亿元、员工14035人，在建线路包括广州市轨道交通二/八号线延长线、三号线北延段、四号线（黄村至车陂南段）、六号线以及珠江三角洲城际快速轨道交通广州至佛山段、广州市珠江新城旅客自动输送系统。2009年，广州地铁工程建设投资和资金支付（含广佛线佛山段）再创历史新高，分别达到158.5亿元和143.04亿元，分别比上年增长29.81%和19.5%。五号线、四号线车陂南至万胜围段开通试运营，地铁开通总里程延长至150公里。线网运营服务水平进一步提升，全年安全运送乘客近6.8亿人次；日均客运量185万人次，比上年增长13%；最大日客流量达321万人次，增长18%；实现运营收入13.9亿元，增长9%；多种经营业务实现收入8.9亿元。

广州地铁公司全年完成技改项目24个，备品备件国产化31项，地铁车辆、相关设备和关键零部件的自主研发能力和国产化水平不断提高，确保整个线网系统综合功能的先进性。完成一、二号线车辆的大修、架修任务，开展变频空调、LED节能灯、列车低压无功补偿装置的改造安装，有效降低运营成本。

是年，广州地铁五号线和四号线万胜围—车陂南段顺利开通，基本完成2010年开通新线土建主体工程。

二/八号线延长线 全线20座车站主体结构全部封顶，20个区间全部贯通，嘉禾车辆段和大洲停车场进行土建、机电施工，轨道施工进行整体道床铺设，10座车站安装装修进场施工，至年底，机电系统安装及装修工程累计完成总量的30%。

三号线北延段 全线10座车站主体结构全部封顶；11个区间中，9个区间已贯通，2个区间进行实体施工；轨道施工进行整体道床铺设；9座车站安装装修进场施工，至年底，机电系统安装与装修累计完成总量的5%。

四号线（黄村—车陂南段） 全线2座车站主体结构全部封顶，进行附属工程施工；2个区间贯通；2座车站进行车站安装施工，至年底，机电系统安装与装修累计完成总量的10%。

六号线（浔峰岗—长湴段） 全线22座车站中，9座车站主体结构封顶，12座车站进行主体工程施工，1座车站进行竖井施工；21个区间中，5个区间贯通，2个区间进行实体施工，10个区间进行盾构掘进前期准备，1个暗挖区间进行开挖初支，3个高架区间进行下部、架梁结构施工；浔峰岗停车场进行土方开挖和出入段线隧道施工；燕岭主变电站进场施工；二期段试验性工点已开工。

珠江新城旅客自动输送系统 全线共9座车站8个区间，广州地铁公司负责土建施工的6座车站、6个区间和1个停车场中，除海心沙站外其余工程主体结构完成；7座车站和停车场均进行机电安装施工；区间进行运行面、强电、弱电系统施工。

广佛线 魁奇路至西朗14座车站中，12座车站主体结构封顶，2座车站进行主体结构工程施工；13个区间中，10个区间双线贯通，3个区间进行实体施工；轨道施工进行整体道床铺设；5座车站安装装修进场施工。西朗至沥滘7座车站中，2座车站主体封顶，4座车站进行围护结构施工，1座车站进行前期准备；1个区间开始实体施工。夏南车辆段综合楼封顶，进行检修库、运用库、轨道、电务施工。至年底，全线土建工程累计完成总量的63%。 （李沛文）

【信息基础设施建设】 2009年，广州市出台实施《关于加快“信息广州”建设的意见》，确立信息化在全市经济社会发展中的战略地位，促进信息产业快速发展。一批重大先进电子产品制造业项目落户广州，产业结构得到优化；“无线广州”初具规模，信息惠民效果明显，服务型电子政务扎实推进；一批信息化法规规章相继出台或酝酿出台，信息化发展保障体系进一步完善；组建广州市科技和信息化局，信息化发展空间更大、组织更有力，科技和信息化成为自主创新发展的主战场。

信息产业重大项目快速推进。与LG合资建设8.5代液晶面板生产线协议正式签署，项目投资40亿美元，实现广州市液晶面板产业零的突破。一批重点项目加快发展，成为推动广州市信息产业增长和经济增长的重要力量：平板显示产业链、LGD液晶模组二期和创维、东门子液晶电视等重大项目投产，中华液晶城开展基础设施建设；集成电路产业集群建设加快推进，与广晟公司组建大型集成电路投资公司，8英寸芯片项目谈判取得进展；国家数字家庭应用示范产业基地启动数字家庭研发、服务和生产园区的规划建设。

信息产业自主创新及产业化能力显著提高。是年拥有中国完全自主知识产权的准国际标准高清互动接口标准（DiiVA）落户广州，其推广者不仅包括国内各大电视机厂商，还有国际消费电子企业巨头三星，此外东芝、奇景、兆赫、astrodesign、友达等5家公司也被批准成为DiiVA贡献者，标准已具备大规模产业化条件，将实现从支付专利费用给国外企业到国外企业支付专利费用的质的改变。国家数字音频标准（DRA）产业化取得实质性进展，打破了杜比、DTS等外企长期以来在音频编解码领域形成的专利垄断局面，在CMMB、高清机顶盒、蓝光光盘和碟机等领域均获得采用。国家数字音视频标准（AVS）落户广州，数字视频编解码技术国家工程实验室研究开发与产业化中心落户广州，已开发出AVS机顶盒，并在视频监控领域应用。平板显示、新一代宽带无线移动通信、数字家庭和现代信息服务等产业重点领域创新发展取得新成绩，下一代移动通信网LTE芯片和基站研发、中高速传感器网络等项目顺利推进，整机模组一体化、LED背光源等项目投产。

2009年3月25日，国家数字家庭应用示范产业基地揭牌暨开工仪式在广州大学城举行。广州国家数字家庭应用示范产业基地包括“数字家庭研发园”、“数字家庭商务园”和“数字家庭制造园”3个园区，也是工业和信息化部与广东省人民政府共建广东数字家庭应用示范及产业化基地的主要内容，是探索部委与地方协作，形成资源集聚，推动产学研合作，在重要地区、重点领域实现关键技术突破和产业升级的重要举措。至年底，“数字家庭研发园”已聚集数字家庭国家标准的5大技术支持中心和71个单位入驻，成为“标准聚集和企业对接之区”。7月18日，由广州开发区管委会主办，广州北斗大三通导航科技有限公司承办的广东省卫星导航产业示范基地揭牌仪式在广州科学城举行，这标志着国内唯一的卫星导航产业基地正式成立。

【社会信息化建设】　2009年，广州市创新城市管理模式，城市数字化、网络化建设取得新进展。全市累计建成视频监控点26.2万个，初步实现全市视频监控资源大联网，综合应用于社会治安防控、公共事件应急、城市管理、水利三防等方面，成为广州市社会治安和城市管理的重要手段。国土资源和房屋管理系统建设应用稳步发展，逐步形成市、区（县级市）两级上下贯通的土地管理系统。“数字城管”建设覆盖全市10个区的调度中心无线对讲平台，实现即时性案件快速处理；建设移动监控指挥平台，强化应急能力，提高亚运城市管理保驾护航能力。“数字市政”加快推进审批提速、污水整治、重点地区城市设计等重点工作，在审批提速方面，通过规划验收违法的案例审批系统促进整个办案流程由100天缩短至45天，实现高效、便捷的服务。“数字公安”深入推进“工作执法一网考”、“视频监管一网控”、“办案办公一网通”、“信息情报一网综”、“服务措施一网办”等“五个一网”建设，全市开通网上社区警务室1409个，社区警务接入率89.78%，信息化手段促进指挥决策水平、打击防控效能、行政管理水平和服务群众质量明显提升。“数字水利”初步整合原水利、供水、排水三大业务信息系统，全面启动市水利数据中心建设，打造水利资源共享平台。

“无线城市”建设全面推进。以“智慧广州”为主题的广州无线城市门户正式开通，共建成WLAN接入点4437个，3G基站7103个，3G室内接入点4466个，3G信号覆盖广州市区域的95%以上，无线上网用户数达42.4万户。广州市电子政务外网接入单位145个，12个区（县级市）就近接入广州市电子政务外网。800兆数字集群共网项目正在建设。广州超级计算中心启动前期培训等准备工作。

广佛信息一体化取得重大突破。是年，广州、佛山两市签署《广州市佛山市信息化建设合作框架协议》。广佛电信同城化取得进展，并于6月1日下发《关于成立推进广佛电信同城化工作领导小组的通知》。两市信息化主管部门与三大运营商初步拟订两地电信资费同城化计划。

信息化保障体系不断完善。信息化政策法规制订取得重要进展，市委、市政府发布《关于加快“信息广州”建设的意见》，提出广州今后5年信息化发展的目标、任务和具体对策；《广州市信息化促进条例》进入立法程序。网络与信息安全建设全面推进，初步建立起“一案三制”的网络与信息安全管理体系；成立广州市信息安全测评中心，加强电子政务信息和网络安全管理；扩大信息知识技能普及范围，开展面向政府、企业及农村的信息化培训。

文化领域信息化建设成效显著。升级改造“广州数字文化网”，实现市与各区（县级市）图书馆联合共建，促进文化信息资源整合共享，网站辐射力大大提升，访问者覆盖港澳台、欧美等30多个国家和地区。文物保护信息化工作继续推进，不断充实文物信息数据库内容，开展第五至第七批市级文物保护单位文物保护范围和建设控制地带划定工作。

旅游信息化服务能力进一步提升。广州旅游网服务能力不断拓展提升，网上旅游宣传力度加大，网站资讯服务能力不断提高，同时整合携程网、广东银旅通信息网络发展有限公司等电子商务网站资源，共同打造广州旅游电子商务平台。

（郑　健）

现代产业

【农业运行情况】　2009年，广州市都市型现代农业加快发展。深化农业产业结构调整，粮食生产稳中有升，蔬菜、花卉、水果、畜禽、水产产量高于上年、质量好于上年。全年全市农业总产值295.7亿元，比上年增长4.2%，主要"菜篮子"产品供给能力增强。累计完成9万公顷农田和0.89万公顷鱼塘的标准化建设，分别达到建设目标任务的94.5%和89.3%。农业机械化加快发展，农业科技进步贡献率57%。全市农村土地流转面积3.47万公顷，占家庭承包经营土地的35%。市级农业龙头企业80家，其中国家级6家。涌现花都天生卫康现代化养猪场等一批投资大、档次高的新兴农业企业；广东海大集团股份有限公司成功上市，成为广州市首家农业上市公司。农民专业合作社281家，比上年增加183户，覆盖领域不断扩大，合作层次不断提升。南沙都市型现代农业产业园、从化友生玫瑰产业园被纳入省级现代农业园区。农业融资渠道拓宽，落实广州农村商业银行首批授信29亿元。广州亚运无规定马属动物疫病区建设通过农业部评估验收，成为中国内地首个无疫区。开展农产品质量安全整治暨农产品质量安全执法年活动，选定48个供亚运食用农产品生产基地，加快建设农产品标识追溯系统。海洋综合管理不断强化，海洋与渔业自然保护区建设稳步推进。与佛山市、肇庆市签订农业农村合作框架协议，加强与珠三角其他城市的农业农村合作发展。

【农业产业化经营】　2009年，广州市农业产业化扶持政策进一步完善。制订《广州市农业贷款担保管理办法》等优惠政策，与银行、信用社部门签订支农贷款合作协议，帮助农业企业破解"融资难"困境。搭建公益性名优产品推介平台，帮助广州名优农产品开拓国内市场。农业产业化经营取得重大进展。是年新增省级农业龙头企业3家，国家级、省级农业龙头企业分别发展到8家和27家，至年底全市有市级农业龙头企业80家、都市型现代农业示范区30个。市级以上农业龙头企业总资产达136.8亿元，实现销售收入152.5亿元；29家企业总资产过亿元，24家企业销售额过亿元，5家企业市场交易额超过10亿元；全年完成农产品出口2.5亿美元，上缴税金2.4亿元，吸纳就业人数3.9万人（其中吸纳本地农民就业1.4万人）。农业产业化社会效益显著。市级以上农业龙头企业带动农民45万户（其中带动本市农民16.2万户），带动农民增收8.7亿元，户均增收1933元。现代农业园区建设成效明显，南沙都市型现代农业产业园、从化友生玫瑰产业园被评为省级现代农业园区。

【名优农产品】　2009年，广州市继续推广一批水稻、甜玉米、番薯等粮食新品种，促进水稻和旱粮作物优质高产。重点推广粤晶丝苗2号、合美占、广源占5号等水稻主导品种和粤甜13号、粤甜16号、正甜68、广糯2号，广紫薯1号、广薯98等旱粮品种。

20个蔬菜专业村建设进展顺利，累计完成农田标准化建设面积2556公顷，占应建面积的68.1%，经过整治的菜田租金普遍提高20%~30%；蔬菜专业村的配套建设逐步发展，组建的农民专业合作社有11个，注册商标有"文岗葱蒜"、"联安蔬菜"、"企山龙蔬菜"、"城康葱头"、"廖江韭菜"、"方石霸王花"、"增城菜心"、"莲塘水晶粉葛"、"莲塘番茄"、"横塱瓜豆"等11个。

全市菜区推广蔬菜优良品种38个，面积89419.9公顷，主要品种是：绿宝70天菜心、油绿80天菜心、绿胜1号丝瓜、冠华4号节瓜、穗丰8号豆角、夏宝2号青瓜、丰绿苦瓜、长丰2号红茄、广甜2号玉米、辣优4号辣椒等。

（许　琳）

【工业经济运行情况】 2009年是21世纪以来广州市工业经济发展最困难的一年。面对国际金融危机影响持续加深、企业产能受抑、市场需求萎缩的严峻形势，广州市工业系统积极调整产业结构，加快拓展内需市场，工业经济稳步回升。全年完成工业增加值3117.34亿元、工业总产值12355.46亿元，分别比上年增长9.2%和11.7%。

工业经济稳步回升。广州市规模以上工业总产值增速自2008年四季度受全球金融危机的严重冲击开始逐月回落至2009年1月的0.3%，出口持续低迷，企业订单严重不足，经济效益下降。随着国家和省市出台应对危机系列政策效应的逐步显现，规模以上工业生产逐步由一季度低位徘徊（增长3.1%）、二季度缓慢回升（增长4.3%）、三季度企稳提速（增长7.8%）后，全年实现工业总产值11376.76亿元，比年增长12.2%，整体经济逐步向好。一是重点区域支撑工业回升。广州开发区工业总产值规模（3438亿元）继续居各区（县级市）首位，汽车产业带动花都区规模以上工业总产值增速（增长18.5%）领跑全市。二是七成以上工业行业生产回升。35个工业行业中有25个比上年增长。三是工业出口止跌转升。全市规模以上工业出口产品产值从7月起单月增速由负转正后逐月向好，全年累计完成工业出口产品产值2255亿元，增长4.5%。四是扩大内需成效明显。规模以上工业内销产值10100亿元，增长12.6%；对工业销售产值增长贡献率为94%，拉动增长10.2个百分点。

【三大支柱产业】 2009年，广州市三大支柱产业完成工业总产值5290.34亿元，比上年增长20.1%，增速高于全市平均水平7.9个百分点，对全市规模以上工业增长的贡献率达71.8%，拉动全市规模以上工业增长8.8个百分点。其中，全市规模以上汽车制造业和电子产品制造业分别完成工业总产值2317.57亿元和1359.85亿元，分别增长30.5%和36.7%；石油化工制造业完成工业总产值1612.92亿元，下降1.3%。装备制造业实现产值4667亿元，占全市规模以上工业产值比重为37.3%，提高3.6个百分点。汽车、船舶、手机产量分别增长27.7%、46.5%和74.1%，其中汽车产量首超百万辆（113万辆），国内首台百万千瓦级核反应堆压力容器和30.8万吨超大型油轮相继出厂和下水试航。传统产业在调整结构中稳步提升。饮料、纺织服装、木材加工及竹藤棕草制品、烟草、食品制造等消费类生产行业得益于扩内需举措实施，5个行业工业总产值分别增长71.8%、18.9%、33.2%、18.4%和12.6%，高于全市平均水平。 （寇正军）

【高新技术产业】 2009年，广州市着力提高自主创新能力，加快发展高新技术产业，积极推动经济发展方式向创新驱动转型。通过做好高新技术产业发展规划、政策的制订和实施，进一步营造有利于自主创新发展的大环境；推动高新技术产业园区建设，促进高新技术产业集聚发展；谋划和组织重点高新技术产业和战略性新兴产业，推动高新技术产业发展。广州市高新技术产业在全球金融危机背景下表现出较强的抗风险能力，实现逆势快速增长。全市规模以上工业实现高新技术产品产值4103.85亿元，比上年增长17.3%，比全市规模以上工业平均增速高7.1个百分点，占规模以上工业总产值的32.8%。

电子信息产业发展迅猛。全市规模以上电子产品制造业实现产值1359.85亿元，比上年增长36.7%。全市电子商务交易额达3600亿元，增长23%。LGD8.5代线液晶面板项目正式签约，为广州市电子信息产业的跨越式发展奠定了坚实基础。产业发展呈现多极增长的新格局，其中光电显示产业产值比上年净增136.3亿元，增长1.07倍；家庭数字音视频产业产值净增90.4亿元，增长1.10倍，国家数字家庭应用示范产业基地正式启动建设；宽带无线移动通信产业产值净增62.6亿元，增长47%；广播电视设备及终端产值净增17.6亿元，增长2.27倍。

软件业持续快速增长。全年全市软件业技工贸收入达720亿元，比上年增长28%。软件外包服务呈快速增长态势，至11月软件离岸外包服务合同额4.78亿美元，同比增长65%。全市软件和信息服务企业达2000多家，其中市认定重点软件和动漫企业61家，被列入国家规划布局内的重点软件企业11家，分别比上年增加10家和1家。由天河软件园和广州科学城、南沙资讯科技园、黄花岗科技园等组成的“一核三区、梯次分布、错位发展”的产业发展空间格局基本形成，其中天河软件园获批为“广东省现代信息服务业重点园区”。

先进装备制造业发展势头良好。在核电装备方面，东方电气集团实施“核电CPR1000蒸汽发生器研制及批量化生产项目”。广州市敏嘉制造技术有限公司完成的“基于直线电机驱动的五轴数控滚珠丝杆磨床”项目，技术达国内领先水平，可替代进口设备。广州广船国际股份有限公司实施“50500吨化学品/成品油轮优化研究及产业化”项目。

生物产业保持良好发展态势。一是广州国家生物产业基地建设稳步推进。总建筑面积达70万平方米的广州科学城科技企业加速器一期正式交付使用，广州国际企业孵化器三期工程全部建成投入使用；冠昊公司、阳普公司、倍绣公司等一批高新技术生物企业在广州科学城生物产业园区实现产业化，增强产业优势；广州国际生物岛建设开发有新的进展，新增立项项目5个。二是一批龙头骨干企业发展迅速。广州医药集团与中科院广州生物医药与健康研究院等科研院所合作，加强创新资源整合，积极开展国际认证与合作；天普公司、万孚公司、金域公司、冠昊公司、康盛公司等一批骨干企业不断提升企业创新能力和服务水平，企业进入快速发展轨道。三是产学研合作和产业联盟建设进一步加快。广州干细胞与再生医学技术联盟成功举办多次干细胞技术国际会议，承办国家863计划干细胞与组织工程“十二五”战略研讨会。广州地区20家生物技术外包服务重点研发机构和企业，发起成立广州生物技术外包服务联盟，推动联盟成员之间的知识流动、技术转移和技术合作，推进相关领域成果转化和产业化。

新材料产业实现快速稳步增长。新材料高新技术产品产值比上年增长30%。产业创新平台建设不断完善。10月，国家发改委批准金发科技股份有限公司建设“塑料改性与加工国家工程实验室”，至此，广州市国家级重点实验室、工程中心和企业技术中心机构达到8个。

节能与新能源产业发展势头向好。在相关领域取得一批具有自主知识产权的关键技术和产品。“大功率LED室内照明灯及路灯技术产业化”和“1瓦高亮度、高稳定性蓝光LED芯片研发与产业化”被列入广州市重大科技专项；11个可再生能源利用和应用技术研发项目获市科技支撑项目立项。加强节能与新能源产业基地建设，广州（花都）光电子产业基地正在建设，主要包括国家半导体照明产业基地（筹）、光电产业企业孵化器与加速器、半导体照明监测中心、半导体照明研发公共服务和周边生产服务性基地。

（曾国兵）

【广州高新区】　广州高新技术产业开发区（简称“广州高新区”）实行“一区多园”的管理模式。全区由广州科学城、天河科技园、黄花岗科技园、广州民营科技园和南沙资讯科技园组成，总体规划面积48.39平方公里，其中政策区面积37.34平方公里。2001年9月，广州市政府委托广州高新区负责开发、建设和管理广州国际生物岛，该岛面积1.82平方公里。2009年，广州高新区实现营业总收入2918.43亿元，比上年增长46.94%。其中，高新技术产品收入1585.4亿元，增长23.78%。全年专利申请3347件，其中发明专利申请1819件；专利授权1602件，其中发明专利授权509件。区内企业广东威创视讯科技有限公司的“一种基于服务器端/客户端结构远程显示处理方法”获2009年广东专利金奖。加大对知识产权的资助力度，全年审批知识产权资助申请300多项，资助金额200余万元；该区被国家科技部批准为首批国家创新型科技园区，并获广东省2008年度唯一的科技进步特等奖。

【广州开发区】 广州开发区由广州经济技术开发区、广州高新技术产业开发区、广州出口加工区、广州保税区4个国家级经济功能区组成。2009年，广州开发区贯彻落实《珠江三角洲地区改革发展规划纲要》和省市关于“三促进一保持”的工作部署，全力以赴保增长，着眼长远调结构促转型，各项工作取得重要进展。在全国54个国家级开发区中，继2008年取得地区生产总值、税收收入、工业增加值3项第一后，2009年又一举拿下地区生产总值、财政收入、税收收入、工业增加值、工业利润、外商投资企业税收收入6项全国冠军。广州高新区被批准为首批国家创新型科技园区，广州开发区被评为国家海外高层次人才创新创业基地。广州开发区工业设计产业化示范基地被国家工业和信息化部批准成为首批国家新型工业化产业示范基地。中新（广州）知识城项目取得重大进展；广州科学城总部经济区首期建成并投入使用；广州国际生物岛完成征地拆迁工作，编制完成了产业规划，标准产业单元一期主体工程基本完成；华南新药创制中心列入国家重大新药创制专项，被批准成为综合性新药研究开发技术平台，推动了8个新药项目研发；中科院广州生命健康研究院一期工程建成投入使用；推进广州开发区创新发展模式试验和行政事业性收费综合改革，在全市范围内率先实行工商业用水同价改革。2009年，广州开发区党工委、管委会办公地址从广州经济技术开发区西区志诚大道303号搬迁至广州科学城香雪三路1号广州开发区、萝岗区行政服务中心。

2009年，广州开发区实现地区生产总值1321.8亿元，同比增长17.91%；工业总产值3437.8亿元，同比增长18.89%；财政收入311.41亿元，同口径增长23.13%；外贸出口102.32亿美元，同比下降3.34%；新投产企业123家。全区单位GDP能耗同比下降4%，化学需氧量（COD）和二氧化硫（SO_2）排放量同比分别下降3.3%和3.03%。 （康文斌）

【产业和劳动力双转移】 近年，广州实施产业和劳动力双转移战略，不断优化产业结构。至2009年末，广州市向市外转移企业147家，其中转移到省认定的产业转移园92家；全市责令停产企业（项目）1500多家（个），淘汰落后产能270多家，腾出土地约150万平方米，减少粉尘排放量约1000吨。主要采取的措施：一是实施梯度转移。分层次打造省内三大共建产业转移工业园、省外湘西工业园和市内九大“退二”产业承接基地。省内广州（梅州）、广州（阳江）和广州（湛江）产业转移工业园均被评为省示范性产业转移工业园；湘西（广州）工业园成为广州市在省外的首个产业转移工业园；市内9个产业承接基地中，增城汽车产业基地、从化明珠工业园等承接园区已初具规模。二是建立政策扶持机制。重点从资金、引资、人才、基础设施等方面支持产业转移园区建设；支持广州（梅州）产业转移工业园资金拨付到位；广汽集团选派干部到广州（梅州）产业转移工业园挂职并参与园区管理；组织300多家企业与梅州、阳江、湛江、湘西举办产业转移工业园招商推介会。三是采用多种模式实施“退二进三”工作。初步形成优势互补、产业链集聚、异地改造、“筑巢引凤”等独具特色的现代产业发展模式。四是开展“双转移”目标责任考核评价。萝岗区、黄埔区、天河区、番禺区、增城市、从化市等获2008年考核“优秀”等次。广州市人民政府被评为“全省农村劳动力技能培训转移就业工作先进单位”。

【居民服务业】 2009年，广州市居民服务和其他服务业实现增加值121.44亿元，比上年增长12.9%，占全市第三产业的2.2%；全市工商注册的理发美容、家电维修、摄影扩印、洗染、家庭服务等居民服务和其他服务业企业（个体户）5万多家，从业人员超过30万人。其中，家政服务市场需求增长最快。居民服务业显示出强大的市场需求与产业化前景。广州市继续推进生活服务业“便利消费进社区，便民服务进家庭”为主要内容的“双进工程”，提升城市人民生活品质。制定《广州市家政服务工程实施方案》，建成商务部重点支持的“96909社区生活服务中心”示范公共社区服务平台和广州市职工高等职业培训中心、广州市正祥和家政服务有限公司等家政服务人员培训基地。其中，“96909社区生活服务中心”采用“一网（网站）一线（服务热线）一点（社区服务点）”的经营运作模式，服务坐席扩充至60位，并实现IVR及ACD处理功能，为广大市民提供保洁、送货、护理、订票、快递、搬家、家庭装修、家电维修以及送水、送花、送煤气等多元化家政服务。两个家政服务人员培训基地全年共培训家政服务人员2000多人，并由输送企业与其签订就业合同并实现上岗。广州市电器维修网、广州市美丽事业网等开设政策法规、咨询、投诉、公告以及行业规范等信息窗口，为公众和相关企业提供相关信息服务。

（陈绮琳）

【信息服务业】　至2009年底，广州市有软件和信息服务及相关企业2000多家，其中经认定并享受软件企业优惠政策的有932家；认定市级重点软件（动漫）企业61家，其中被列入国家规划布局内的重点软件企业11家。全年全市软件和信息服务业实现产值1150亿元，比上年增长26.3%，其中软件产业产值720亿元，增长28%。软件出口5.33亿美元，增长18%。年收入超10亿元的软件企业有2家，超5亿元的有7家，超亿元的有43家；通过ISO9000质量体系认证的有341家，获CMM-2级以上认证的有66家，获系统集成三级以上认证的有128家。全市登记软件产品总数5255个。由广州天河软件园和广州科学城、南沙资讯科技园、黄花岗科技园等组成的“一核三区、梯次分布、错位发展”的产业发展空间格局基本形成。（曾国兵）

【商务会展业】　2009年，广州市举办展览580场次（下称市内展），比上年增长51.83%。其中，市内机构办展占93.79%，外地机构来穗办展或参与办展占6.21%；举办场地为专业场馆、宾馆酒店的分别占42.07%、55.34%。市内展接待参展参观者1023.27万人次，增长1.72%。其中，市外（国内）参展参观者234.14万人次，境外参展参观者83.56万人次。

全市会展活动企业（单位）接待会议3.71万场次，比上年增长16.00%。其中，国际会议124场次，比上年下降23.93%；接待参会人数357.55万人次，增长7.91%。宾馆酒店是会议接待服务的主要机构，全年共有125家宾馆酒店参与会展业活动，其接待会议的场次和人次分别占全市接待会议场次和人次的97.94%和93.99%。

至年底，全市从事会展活动企业（单位）342家，其中会展业企业（单位）182家，发生会展活动的主要宾馆酒店125家，附营会展业相关业务的其他非会展业企业（单位）35家；私营企业140家，国有企业（单位）13家，三资企业（即外商和港澳台投资企业）13家，集体企业3家，其他企业13家。全市会展业企业（单位）期末资产总计143.64亿元，比上年增长9.71%；从业人员5562人，增长3.38%。全市拥有主要会展场馆（含非会展业企业单位）1008个，增长7.92%；场馆面积71.84万平方米，下降7.69%。全市会展活动企业（单位）实现增加值31.17亿元，增长10.39%。会展活动经营收入51.28亿元，增长0.63%。其中，场馆租金收入26.66亿元，配套服务收入13.71亿元，展台设计装搭收入4.46亿元，与会展业直接相关的非会展业服务收入6.45亿元，分别占51.99%、26.74%、8.70%和12.57%。全市会展业企业（不含非会展业企业单位）上缴各种税金6.79亿元，利润总额14.65亿元，劳动报酬4.06亿元，分别比上年增长3.76%、5.89%和8.38%。

展览场次大幅增加，展览规模持续扩大。广州市各类办展机构举办展览比上年增长50.48%，其中市内展增长51.83%。广州市举办展览场次的增加主要是宾馆酒店举办展览场次的增加，比上年增加210场次，增长1.89倍。展览总面积和参展商规模也呈扩大之势。全市主要展览项目累计展览面积比上年增长54.90%，接待参展商增长14.43%。全市展览规模的扩大主要是招商式展览规模的扩大。

会展业集聚效应明显，名展大展影响增强。会展业务相对集中于实力较强的企业。全市会展活动经营收入超500万元的会展业活动企业（单位）39家，经营收入41.02亿元，占全市的79.99%。其中，中国对外贸易中心（集团）和中国对外贸易广州展览公司2家企业的会展活动经营收入合计占全市59.91%。展馆与展会集聚区已成型。中国对外贸易中心、锦汉展览中心、中洲国际展览中心、白云国际会议中心、广州国际采购中心和保利世贸中心等6个专业场馆共拥有场馆面积54.42万平方米，占全市75.75%，名展和大展大部分在以上场馆举办，全年接待展览总面积达541.73万平方米，占全市主要展览总面积的86.40%。单项展览面积在2万平方米以上的展览34个，名展大展规模扩大。其中，春秋两届广交会展览面积225万平方米，比上年增长1.54倍；第七届中国（广州）国际汽车展览会展览面积15万平方米，增长20.0%；第十一届中国（广州）国际建筑装饰博览会展览面积21万平方米，增长16.67%；第十六届广州酒店用品展览会展览面积11.25万平方米，增长14.80%。

会展继续走向国际化，会展经济辐射国内外。是年，在主要展览中，市外（国内）参展商7.80万家，比上年增长11.19%；境外参展商0.73万家，增长25.29%。境外参展商参展面积达38.49万平方米，增长12.51%。全市举办国际性展览63场次，举办国际性会议124场次，外地机构在穗办展36场次，广州市机构赴市外（国内）办展46场次，赴境外办展3场次。

展览项目类别齐全，消费类展览表现活跃。全年241项展览涉及29个类别，综合类的展览最具号召力。以扩大内需为导向的消费类展览表现活跃，2009年春秋两季广州国际美容美发化妆用品进出口博览会、第七届中国（广州）国际汽车展览会、2009广东折扣商品展销会、2009广佛春季欢乐购物节分别接待国内外参展参观者49.50万人次、49.17万人次、32.63万人次和31.11万人次。促进本地市民物质与文化消费贡献最大的依次为食品饮料烟酒、综合和艺术三大类展览。另外，以第三产业内容为主的展览项目和规模也具有一定的分布，涉及旅游、人才交流、房地产、艺术、物流等方面。

会展经济实现增长。会展业增加值31.17亿元，比上年增长10.39%；会展业上缴各种税金、利润总额、劳动报酬分别比上年增长3.76%、5.89%和8.38%，增速均高于会展活动经营收入的增速。

（卞虹虹　陈　洁）

城乡发展

【城乡一体化规划编制】　2009年，广州市规划局理顺规划编制和审批环节，将规划编制工作由多头编制改为由一个单位牵头。全年组织完成126个规划项目编制，为历年最多，比上年增长近1倍。年内，为贯彻落实《珠江三角洲地区改革发展规划纲要》，完成《广州城市总体发展战略规划》，该规划提出国家中心城市等城市定位及“从城市到区域、从制造到创造、从实力到魅力、从安居到宜居、从二元到一体”五大战略，实现“从拓展到优化与提升”的战略转型，制订片区发展指引及空间布局指引，提出“生态优先、串珠发展、优化主城、构建新区”的实施策略。同时，积极推进《广州市城市总体规划（2010~2020）》的编制工作和控制性详细规划市域全覆盖工作。组织开展白云区、番禺区、花都区共计79个在编控制性详细规划、620个规划管理单元、547平方公里编制范围的在编控制性详细规划整合工作，完成整合成果的终审。继续推进“中调”重要地区城市设计工作。深化上年4个重点地区城市设计工作。其中，白云新城城市设计深化成果向社会公布，控制性详细规划成果已经市规划委员会审议通过；琶洲—员村地区城市设计深化方案经市政府常务会议通过，并完成控制性详细规划初审成果；白鹅潭地区完成整体城市设计最终成果和启动区详细城市设计初步成果；新中轴线南段地区城市设计竞赛完成深化初步方案。推进是年 5 个重点项目城市设计，新中轴线北段地区城市设计方案通过市规划委员会审议；白云湖地区、奥林匹克体育中心周边地区、广东新客站地区等城市设计通过初审；白云新城文化建筑群设计竞赛完成。

完成全市 1139 个行政村的规划编制工作，基本实现农村规划全覆盖。开展村民住宅布点规划，其中萝岗区、花都区完成村民住宅布点规划编制；番禺区、白云区的控制性详细规划继续深化完善；南沙区、增城市、从化市推进试点工作。解决农民建房难问题，明确农民住宅建设的规划管理要求。

启动广州市、佛山市同城化规划的组织编制工作。成立广佛同城化城市规划专责小组，制订《广佛同城化城市规划编制工作方案》，签署广佛同城化建设城市规划合作协议。完成《广佛同城化城镇空间发展战略规划》、《广佛同城化区域交通一体化规划》、“新客站周边地区”、“芳村桂城地区”等重点地区规划整合共 4 项规划。主动谋划珠三角一体化交通网络，提出《以广州为中心的珠三角一体化交通网络规划建议》。开展广佛同城交通网络规划，规划广佛两市对接道路 55 处，对接城市轨道交通通道 7 条。开展《珠三角城际轨道交通网与广州城市轨道交通一体化规划》，确定广州界内 11 条城际线的基本走向和主要枢纽点。着力构建国家铁路、城际轨道和城市轨道“三铁合一”的轨道线网。7 月，《广州市轨道交通线网规划》通过市政府常务会议审议。编制完成《广州市轨道交通线网控制性规划》、《广州市新外环道路系统规划》等交通专项规划。完成《奥体中心周边道路整治规划深化方案》、《广州景观路规划构想》等交通规划研究任务。

组织编制完成《广州市地下空间综合利用布局规划》、《城市自然生态及历史文化特色区步行系统规划》、《珠江新城二层连廊规划》等专项规划。完成《广州市生态控制线划定与城市绿地系统规划》修编，构建区域—组团—社区三级生态廊道体系。协助编制《广东省油气主干管网规划》。推进历史文化名城保护规划，建立从整体到局部层次清晰的历史文化名城保护规划体系。推进“数字详细性规划”编制，完成 83 平方公里数字现状模型数据库建设；建立三维规划管理系统，为国土及规划管理提供专业服务。

推进广州旧城更新改造规划的编制工作。制定“三旧”（旧城、旧村、旧厂）改造规划控制指引和《广州市旧城更新规划纲要》。针对各地区的特点分类制定技术指引并落实到法定控制性详细规划层面，引导和规范“三旧”改造工作。

规划管理。2009 年，广州市规划局健全规划法规体系，为依法实施规划管理提供制度保障。制订上报的《广州市关于贯彻实施〈城乡规划法〉的意见》通过市政府常务会议审议；开展《广州市城乡规划条例》的立法调研，推进广州市城乡规划管理程序规定和技术规定两部规章草案的修订工作；开展《关于完善建设工程规划管理的规定》、《关于贯彻执行市人民政府〈关于推进市区产业“退二进三”工作的意见〉规划管理要求的通知》、《关于规范住宅加建电梯规划管理要求的通知》等一系列规范性文件的制订工作。制定一系列指引性文件，及时实施对规划管理的引导，规范相关案件的办理，提高工作效率。制定《广州市户外广告规划管理办法（指引）》，引导户外广告规范化设置；制定《广州市污水治理和河涌综合整治工程项目规划审批指引》，下放治水项目规划审批权，提高审批效率；制定《关于结合产业用地和城中村改造统筹集约解决农村留用地问题的工作办法》，指导农民留用地审批工作；制定部队建设经济适用房、离退休老干部住房项目审批管理办法；针对花都区、番禺区历史用地，制定具体、明确的清理处置方案等。

开展规划专项治理工作。开展建设工程领域突出问题专项治理、房地产开发领域违规变更规划调整容积率问题专项治理和有关审计工作，对政府投资项目和房地产开发项目规划审批进行全面核查。建立“以制度管人，以技术手段管事，提高变更规划和技术指标准入门槛，制约自由裁量权滥用”的防范机制。（余宏炳）

【中心镇建设规划】 2009年，广州市制订《广州市镇级土地利用总体规划编制指引（试行）》，指导各镇土地利用总体规划编制工作。完成16个中心镇总体规划的编制审查工作，13个中心镇用地规模已经省核准。加大投入力度，市财政共投入1.65亿元专项资金支持中心镇建设，各区（县级市）在继续落实配套扶持资金的同时，落实各项政策性扶持资金的返还，全年返还各项资金27.88亿元，支持了各中心镇的基础设施建设。出台《关于进一步促进中心镇发展的若干意见》、《广州市中心镇建设扶持资金管理办法》等一系列促进中心镇发展的政策文件。推进中心镇行政执法体制改革试点工作，采取委托或派驻等形式，将劳动和社会保障、建设、卫生、水务、农药、安全监管等6个方面的行政执法权限下放到中心镇，提高了行政执法效率。下达“退二”产业基地基础设施补助项目计划，其中涉及中心镇补助项目15个，安排补助资金8920万元。（瞿现春）

【城乡路网建设】 2009年，广州市完成市政路桥固定资产投资41.23亿元，完成小北路市政化改造、东濠涌维修加固、盘福立交加固维修、内环路及放射线高架桥涂装工程，建成并开通新滘东路海军基地立交、广园中路大金钟立交、林和西路人行隧道、黄埔大道支线工程（主线部分），建成南洲路—海珠客运站、大金钟路（白云山西门段）、白云大道—盈翠华庭、寺右新马路、新港西路—食为天酒家、新港西—怡乐路、增槎路—富力半岛、新港中路—赤岗北、黄石西路—马务段天桥等9座人行天桥，完成广州国际会展中心周边交通整治，安装高架桥及沿线居民楼隔声屏11公里、隔音窗9.07万平方米。全年新增道路长度20.56公里、道路面积70.14万平方米、桥梁13座，排水管道31.44公里。（廖丽萍）

【污水治理和河涌综合整治】 2009年，广州市开展有史以来最大规模的污水治理和河涌综合整治。全面禁止向江河湖泊直接排放污水。加快治水工程建设进度。按照“截污、清淤、补水、景观”的思路，全面推进污水治理、河涌综合整治、调水补水、中心城区雨污分流和水浸街改造等五大工程。建设38座生活污水处理厂和覆盖全市32个镇（街）245个村的农村生活污水处理设施，铺设截污管网1140公里，生活污水处理能力达233万吨/日，城市生活污水集中处理率81.06%。大力推进121条河涌、388.52公里河道综合整治。西江引水工程进入主体工程施工阶段，完成管网铺设30公里。珠江西航道、前航道和海珠、荔湾等4个调水补水系统工程有序推进。沙河涌、猎德涌和车陂涌联合补水工程进入试运行阶段。全市污水治理和河涌综合整治581个项目中，完成293个，完成率50.43%，工程总体进度72.34%。

从严控制污水排放。落实《关于禁止向江河湖泊直接排放污水的通告》及其配套的综合执法方案，对涉及污水治理、饮用水源保护的145户企业和11家建设进度较慢的中心镇污水处理厂实施挂牌督办，促使企业全面整改、污水处理厂加快建设。全年全市责令限期拆除或封闭排污口的企业5371户、排污口5440个，饮用水源一级保护区内排污口全部拆除，饮用水源二级保护区内排污口和集污范围内排放污水单位前期整治工作完工。（庄　雄）

【亚运工程建设】 2009年，广州市积极推进以亚运场馆为重点的文化体育设施建设。亚运城房建工程全部封顶，进入机电安装和装修阶段。亚运场馆及相关配套设施建设进展顺利。新电视塔、广州歌剧院基本建成，新图书馆、广州电视台新址、南越王博物馆扩建等文化工程建设按计划推进。

【城中村改造】 2009年，广州市138个城中村中，已有10个村完成或在实施改造，9个村启动改造的前期工作，其他119个村开展环境优化整治。完成全市17个中心镇总体规划的编制和审查工作，完成全部行政村的控制性详细规划编制。指导各镇开展道路、管网、消防、环卫、供电等基础设施规划编制，合理安排建设时序，避免重复建设。制定并颁布实施《关于进一步解决农民建房问题的实施意见》，解决农民建房问题。

（陈骏程）

【城市环境综合整治】 2009年，广州市整合环卫、爱卫和市政的相关职责，成立新的广州市城市管理委员会，实现管理、协调、执法“三位一体”。全面推进区街（镇）城市管理综合执法工作，实施城管执法重心下移，扩大基层执法权限。继续整治城市“六乱”，加强建设工地、户外广告等城市各项管理，开展专项整治。同时，与佛山市签署《广佛同城化城市管理领域合作协议书》，共同推进广佛两地在城市管理领域的合作。开展“广佛同城、城管同行”执法活动，联手佛山市综合执法局开展建筑垃圾专项执法行动，严厉打击在广佛两地交界处“泥头车”无证排放、超载、洒漏污染等行为，实现广佛两地城市管理的优势互补、资源共享，广佛两地城管部门同城化合作进入实质性阶段。

整治城市“六乱” 2009年，广州市城市管理综合执法局组织开展“春雷”、“靓穗”等市容环境专项执法行动，抓好主要道路、重点地区、投诉热点和早、午、晚、深夜4个重点时段的“六乱”整治工作，完成清明、端午、国庆、中秋、重阳等重要节日以及花市、春运、高考、广交会、亚运会一周年倒计时活动等重大活动的市容环境服务保障工作，营造整洁、舒适、干净的城市环境。全年共组织开展各类整治行动800余次，取缔乱摆乱卖34万多宗，整治占道经营20万多宗，教育处罚乱丢吐3万多宗、乱张贴3万宗、乱拉挂2.4万宗。

加强工地管理 2009年，广州市城市管理综合执法局加强夜间工地施工管理，结合“12319”城管投诉服务热线，组织开展“静夜”专项执法行动，坚决遏制夜间无证超时施工行为，从严查处一批群众反复投诉的夜间施工工地。加强工地扬尘污染执法工作，及时查处扬尘污染行为，监督工地控制扬尘污染做到“六个100%”。加强袋装水泥和实心黏土砖执法工作，建设工程新型墙体材料使用率明显提高。

查控违法建设 2009年，广州市城市管理综合执法局落实违法建设地段巡查责任制、“零报告”制度和协同查处机制，及时发现、及时制止新的违法建设。全年全市共制止新的违法建设80万多平方米，清拆违法建设52万多平方米。

规范户外广告 2009年，广州市城市管理综合执法局对全市79条主要路段两侧无工商登记证的违法户外广告招牌分6期进行整治，共拆除违法户外广告739宗、922块、72707平方米，城市空间环境得到净化。同时，编制22条路段的户外广告设置详细规划，对外分期分批公开拍卖户外广告位置的使用权，正佳广场、华林国际等地段户外LED显示屏试点拍卖工作取得阶段性成果。此外，加强与规划、工商、交警、建设等部门的协作，采取“双证管理”模式，实现管理与执法统一，从根本上解决了户外广告管理难的问题。

（高　嵘）

【社会主义新农村建设】 2009年，广州市确定100个市级新农村建设试点村，安排新农村建设资金2000万元，专项用于新农村建设规划和村容村貌改造项目。重点扶持打造一批新农村典型示范村，并确定市领导新农村建设联系点21个。基本完成全市行政村的规划编制工作，推进新农村绿化建设，村庄居民区绿化覆盖率达到35%以上，人均公共绿地面积10平方米；农村自来水、卫生厕所基本普及，农村环境卫生质量明显改善。农村社会事业加快发展，全市已建村文化室1082个，建室率达50%以上，基本建成农村“十里文化圈”；人均体育设施用地面积3.6平方米，远超国家标准。

（许　琳）

资源环境

【基本农田保护】 2009年，广州市国土资源管理部门完善土地管理政策。提出建立基本农田保护补偿制度的方案；完成市储备项目信息备案工作，落实建设项目的先补后占要求，为用地报批耕地占补平衡打下基础；与市农业局联合制定出台《关于规范广州市农业产业化生产配套设施用地管理的意见》，简化农业配套设施用地审批手续，明确农业配套设施用地的报批程序。

加强农用地开发整理工作。全年投入资金1.67亿元，实施本地农用地整理项目42个，涉及总面积15.9平方公里，可新增耕地10平方公里。在从化市通过社会自筹资金落实11个补充耕地项目，总建设规模235公顷，新增耕地228公顷，完成省国土资源厅下达的土地开发整理补充耕地任务。同时，继续加强与省内相关城市协作，以多种形式开展易地补充开发耕地资源，全年投入资金5.9亿元，向清远、肇庆、茂名、湛江等市有偿受让补充耕地储备指标33.3平方公里，确保耕地先补后占和占补平衡。

【建设用地管理】 2009年，广州市国土资源管理部门针对新增用地报批工作效率制约重点项目工程进度的问题，着力提高用地报批质量和效率。全年分解下达新增建设用地年度计划指标11.44平方公里。累计上报农转用和征收用地122宗，用地面积47.24平方公里，其中新增建设用地面积41.01平方公里，分别比上年增长1.65倍、2.15倍和2.27倍。共获得国家和省批准农转用和征收用地85宗，用地面积23.87平方公里，其中新增建设用地面积18.89平方公里，分别比上年增长90.6%、22.8%和18.6%。

是年，广州市加大商业服务用地供应规模，达到2.23平方公里，比上年增长近6倍，满足了白云新城万达广场、琶洲金融商贸中心、珠江新城广发证券总部、大学城科技孵化中心、东沙国际医药港等项目用地的需求，有力支持了广州市产业升级转型，促进现代服务业发展。在亚运城项目中积极探索“政府主导、成片开发、完善配套、整体出让”的新模式。全年全市十区共供应建设用地274宗，用地面积18.81平方公里，实际收取土地出让金230.78亿元，分别比上年增长6.61%、45.25%和1.01倍。

土地储备开发 广州市深化土地储备投融资体制改革，提高土地储备效率和储备规模。全年完成土地开发建设投资74.3亿元，新增红线储备32.26平方公里，新增实物储备7.5平方公里，分别比上年增长10%、1.8倍和97%。实施一批大型土地储备项目，如广州新客站、白云新城等。

土地市场 广州市公开出让经营性用地13次，包括珠江新城D8～C3、M1~5等地块35宗，总用地面积473.62万平方米，总建筑面积866.35万平方米，出让价款总额389.44亿元。办理划拨用地出让5宗。土地出让金收取、追收历年拖欠地价及滞纳金工作进展顺利，全年收取土地出让金201亿元，其中纳入广州市财政收入182亿元；追收历年拖欠地价12.8亿元，追收滞纳金1.6亿元。琶洲、白云新城等重点区域商业地块的出让工作取得进展，与新华社、碧桂园、南方电网、宝钢集团、万达集团等有意向在白云新城和琶洲建立总部经济或拿地的单位协商，成功出让白云新城商业地块4宗。

闲置地处理 为进一步规范广州市的闲置土地处置工作，广州市国土房管局制定下发《关于进一步做好闲置土地处置工作的通知》，进一步明确市、区两级的工作分工和安排，全市十区按照统一做法、统一标准、统一进度的要求处置闲置土地。该局起草的《关于已作延期处置的批准书阶段闲置土地逾期未开发问题的意见》经市国土资源管理联席会议审议通过执行，对经延期仍未开发的闲置土地，在用地单位与市国土房管局签订补充合同并缴纳保证金后，再次以延期方式作出处置。据此，全市十区对22宗此类闲置土地作出处置，解决了此类因受报建手续繁琐、规划调整影响等逾期未开发闲置土地的延期问题。对460宗闲置土地（面积10.49平方公里）开展调查，对其中91宗闲置土地（面积2.02平方公里）依法作出处置，收取土地闲置费3060.59万元。

这一年，广州市国土房管局修改《广州市闲置土地处理办法》，并于12月15日经市政府常务会议审议通过，将于2010年3月1日正式实施。（邵　山）

【发展循环经济】　2009年，广州市出台《广州市新能源和可再生能源发展（2010~2020年）中长期规划》，大力发展太阳能、生物质能、新能源汽车、新能源装备制造业等重点领域。重点抓好130多家耗能企业、33家循环经济示范工程、38家清洁生产企业工作，以及支持广州开发区开展国家级循环经济试点，创新推进“穗港清洁生产互利合作工程”，11家清洁生产企业获得广州市第二批清洁生产优秀企业称号。规模以上工业综合能源实际消费量比上年下降1.8%；与上年单位工业总产值能耗水平相比，减少超过200万吨标准煤。

【节能减排工作】　2009年，广州市加大对空气污染、水环境噪声污染、固体废物与危险废物污染的综合整治，狠抓主要污染物减排工作，取得显著成效。全年全市化学需氧量和二氧化硫排放量比上年分别下降6.31%和9.41%，超额完成广东省下达的主要污染物总量减排任务。是年，广州市加快推进污水处理厂、排污管网及污水泵站建设。至年底，全市已建成并投入运行生活污水处理厂17家，生活污水处理能力达233万吨/日；大沙地、龙归、竹料等3家污水处理厂通水运行；九佛、大岗、化龙、龙美（中部）等4家污水处理厂进入生产调试；沥滘、西朗、大坦沙、花都新华等污水处理厂处理水量和进水浓度大幅提高；17个中心镇污水处理厂建设全面铺开，已建成3个；开展农村小型污水处理设施建设，强化房地产污水处理监督管理。基本完成全市脱硫项目建设，脱硫能力累计达到12.3万吨/年。中石化广州分公司自备电站1、2号煤粉锅炉烟气脱硫装置建成投入试运行，并关闭3、4号锅炉；广州造纸集团热电分厂3号炉烟气脱硫设施投入运行；广东南方制碱公司和广州南玻玻璃公司炉窑脱硫除尘改造项目完成。关停恒运B厂、员村电厂及黄埔电厂1、2号机组等23个小火电项目共209.87万千瓦机组，占广东省关停小火电机组容量的18.8%，完成省下达的任务。全部淘汰落后水泥产能，提前两年完成省下达的任务。

【城乡生态环境建设】　2009年，广州市围绕“天更蓝、水更清、路更畅、房更靓、城更美”和建设全省“首善之区”、举办“绿色亚运”的目标，切实加强空气、水、城乡环境综合整治，全面推动珠江三角洲区域污染联防联治，促进广州市环境质量持续改善。全年全市环境空气质量优良天数347天，点总天数的95.07%，比上年增加0.81个百分点；二氧化硫、二氧化氮和可吸入颗粒物浓度连续5年优于国家二级标准要求；酸雨频率60.5%，减少17.3个百分点。全市集中式饮用水源地水质达标率82.23%，比上年增加1.27个百分点；珠江广州河段水质平均达到国家Ⅳ类标准，丰水期达Ⅲ类标准。区域环境噪声平均值和道路交通噪声平均值分别为55.0分贝和69.2分贝，城市声环境质量保持稳定。

亚运环境保障　2009年，广州市围绕举办“绿色亚运”的目标，高标准开展空气和水环境整治。制定实施亚运空气质量保障的目标和战略，推进《广州市2008~2010年空气污染综合整治实施方案》和《亚运前落实广州市空气污染综合整治措施建议》的落实，制定实施《2010年第16届广州亚运会空气质量保障方案》及其配套的污染控制、应急预案、空气质量测报、环境监管、机动车限行演练测试等5个方案。围绕“2010年珠江水变清”目标，颁布实施《关于加快推进河涌综合整治和污水处理工程建设的通告》及其配套的综合整治工作方案、《关于禁止向江河湖泊直接排放污水的通告》及其配套的综合执法方案等一系列治水措施，把饮用水源保护、污水治理和河涌综合整治作为治水重点，水环境质量取得阶段性改善。制定实施《2010年第16届亚运会水环境保障总体方案》及其配套的整治工程建设、水质监控、饮用水源安全保障、应急和监测等5个行动计划。积极争取国家、广东省和周边城市对亚运环境保障工作的支持。广东省建立珠三角区域大气污染防治联席会议制度，协调解决区域环境问题，省环境保护厅制定实施《珠江三角洲清洁空气行动计划》和亚运空气及水环境保障等方案。广州市分别与佛山市、肇庆市签署广佛同城化及广佛肇经济圈环保合作协议，使合作走向制度化、常规化。广州、佛山两市交界的荔湾与南海、花都与三水、番禺与顺德等6个区也开展一系列同城化环保合作的具体对接。省、市环保、气象部门联合在珠江三角洲9个城市和清远市近5万平方公里区域内布设监测点位76个，对空气质量进行全方位、立体式监控，形成共同保障亚运环境的良好格局。

农村环境保护　2009年，广州市推进农村小康环保行动计划的实施，按照从化市1000元/人、其他地区800元/人的补助标准，支持农村污水处理设施建设，补助金额5.43亿元。至年底，全市已有88个村完成分散式污水处理设施建设。市环保局安排801万元环保专项资金补助21个村开展生态示范建设。大力开展农业面源污染控制，加强水源保护区内禁养、限养区的巡查和监督管理，及时清理整顿违法禽畜养殖场。支持环保型、标准化的现代化生猪养殖场建设，在花都、白云、从化等地扶持建设近80个猪场废水治理沼气工程，达到养殖废水减量化、无害化。推进农药减量使用，禁止使用高毒高残留农药，减少杀虫剂用量，加强病虫预测预报，适时、适量使用农药，全年全市农药施用量6000吨，生物农药使用率55%，农药施用量逐年下降15%。

生态环境建设　2009年，广州市推进青山绿地、迎亚运等城乡重点绿化工程建设。在中心城区范围外，围绕通往亚运场馆的城市主干道、重要景观节点及亚运场馆周边，实施公路林带、出入口绿化、新农村绿色家园等工程65项，新增和改造绿地1300公顷。在中心城区范围内，实施16条迎亚运路段绿化改造、18个城市出入口景观改造和市属公园迎亚运升级改造等。全年新增、改造绿地155万平方米，建成区绿化覆盖率38.21%、绿地率34.16%，人均公共绿地面积13.01平方米。全市林木灌木绿化率44.7%、森林覆盖率38.2%。加快森林公园和自然保护区基础设施建设。已批建森林公园和自然保护区48个、面积78666公顷，占全市总面积的10.6%。做好水源保护区、流溪河水土保持林和水源涵养林建设。全市已界定生态公益林159333公顷，占全市林地总面积的53.3%，其中水土保持林39333公顷、水源涵养林80666公顷。（庄　雄）

社会事业

【科学研究与发展】　2009年，广州市成立市科技和信息化局，加强对全市自主创新和信息化工作的统筹协调和推进力度。萝岗区、天河区、越秀区、荔湾区和增城市被评为全国科技进步考核先进市（县、区）。广州地区新增两院院士5名，其中：科学院院士3名，工程院院士2名，创历年之最，累计两院院士32名；华南植物园等单位参与主编完成的《中国植物志》获2009年度国家自然科学奖一等奖；广州市4个创新科研团队和11名领军人才成功入选广东省引进创新科研团队、领军人才资助计划。高新技术产业实现逆势快速增长，全市规模以上工业实现高新技术产品产值4103.85亿元，比上年增长17.3%。

自主创新能力提升。加紧制订和完善建设国家创新型城市的系列政策文件，编制《广州市关于实施自主创新战略，加快建设国家创新型城市的决定》、《广州市建设国家创新型城市总体规划》和《广州华南科技创新中心建设方案》等文件。重大科技专项计划突出安排电子信息、先进制造、生物技术、现代信息服务业等领域，实施软件和动漫、电子信息、生物、先进制造、现代服务示范等5个重大科技专项计划共43个项目，合计投入市本级财政科技经费35656万元。继续组织实施“自主创新一区一项目行动计划”，联合各区（县级市）组织筛选11个项目，市级科技经费投入5500万元，带动区级科技经费投入5500万元，企业科技研发投入6亿元，预计11个项目投入生产后，每年将新增产值30亿元、利税6亿元。争取国家、省级科技资源对广州市自主创新的支持，是年共获国家973、863、科技支撑、星火等计划立项80个，获国家科技经费支持5.36亿元，获省科技部门立项支持的科技项目共218个，获得省级科技经费支持1.36亿元。推进公共创新平台建设，加快广州大学城国家数字家庭应用示范基地建设，启动与教育部合作共建广州现代产业技术研究院，推动中科院广州生物医药与健康研究院、广州中科院工业技术研究院、华南新药创制中心等平台创新发展。加强科研基础条件建设。至年底，全市共启动建设行业工程中心31个，累计投入财政科技经费1.1亿元，已有14个行业工程中心通过验收；全市共有国家重点实验室9个，省级重点实验室114个，市级重点实验室（培育）26个；广州科技信息资源共享服务平台门户网站正式开通，建立了生物医药、软件公共信息资源等5个服务端点，形成“总门户＋服务端点”的布局。推动产学研合作，全年市级科技计划项目共支持93个产学研合作项目，投入市本级科技经费8015万元，带动新增投入41457万元；积极实施省部产学研合作计划，共有96个产学研合作项目获得资助，资助金额6660万元。

企业技术创新主体地位不断提升。落实对企业研究开发费税前加计扣除优惠政策，建立企业研究开发费税前扣除政策实施工作联席会议制度，全年有475家企业申报的2038个项目通过评审确认，为申报企业实际减少应纳所得税额13.56亿元。落实认定高新技术企业优惠政策，全年有359家企业进入拟认定高新技术企业公示名单；全市高新技术企业获减免2008年的企业所得税8.42亿元；向省科技主管部门推荐首批20家技术先进型服务企业，其中17家通过省的审核，将于2010年初享受国家相关优惠政策。共认定登记技术合同4365项，合同总成交金额92.39亿元，为企业实现税收减免技术交易额42.09亿元，减免税1.7亿元。出台《广州市自主创新产品认定管理办法》，正式认定2009年自主创新产品167个。新认定市级创新型企业10家，给予每家市级创新型企业200万元经费支持；帮助企业争创国家和省级创新型企业，至是年底，全市共有认定的国家级创新型企业6家，国家级创新型试点企业2家，省级创新型企业19家，省级创新型试点企业17家，市级创新型企业20家。修订《广州市工程技术研究开发中心管理办法》，全年新组建市级企业工程技术研究开发中心16个。截至年底，广州地区共组建工程技术研究开发中心151个，其中省级60个、省属托管17个、市级91个。

科技园区建设迈上新台阶。广州高新区被科技部批准成为全国首批国家级创新型科技园区，被中央人才工作协调小组批准成为首批国家海外高层次人才创新创业基地，“广州高新技术产业开发区创新发展的实践”项目在全省科学技术奖励大会上获唯一的科学技术特等奖。高新技术企业的孵化—加速—规模化生产的孵化链条渐趋完整，至年底全市有科技企业孵化器28个，面积达173万平方米。广州联矩科技企业孵化器有限公司新获批为国家级孵化器。全市国家级孵化器9个，在孵企业数近2300家，毕业企业近2500家。

创新人才队伍建设取得突破。成功举办第12届中国留学人员广州科技交流会。会议期间，共有689个项目达成合作意向或签订协议，累计投资总额15亿元，引进外资1.65亿美元。继续组织实施企业难题攻关求解招贤项目，组织24家企业的26个科技难题张榜招贤，共有280名留学人员与企业进行接洽。起草《广州市支持高层次人才创新创业发展办法》。发挥市软件和动漫产业资金作用，共奖励企业高级技术和管理人员 1839 人。形成由 8 个认定人才培训中心为核心的软件动漫人才培养培训网络体系，共培训各类软件和动漫人才 1.20 万人，比上年增长 31%。实施企业科技特派员行动计划，全年从全国知名高校吸收 163 名专家教授为科技特派员，下派到广州市 140 多家企业，共有 13 家企业获得省部产学研合作专项资金特派员经费支持，共获 290 万元经费资助。（曹　刚）

【广州科学城】　广州科学城是广州市软件产业重要集聚区域之一，随着其产业发展定位逐步向高端服务业延伸，各项政策措施力度大、配套到位，软件产业集聚能力明显增强。2009 年，建筑面积 12 万平方米的“创意大厦”正式建成投入使用，加上原有 8 万平方米的“广东科技创新基地”，构成广州科学城软件产业新的集中孵化中心。（曾国兵）

【广州知识城】　2009 年 3 月 24 日，中共广州市委常委、广州开发区管委会主任薛晓峰与新加坡吉宝企业集团董事长林子安正式签署《关于合作建设“知识城”项目的备忘录》，拉开广东与新加坡合作建设中新（广州）知识城（以下简称知识城）的序幕。知识城承载着借鉴国际经验、促进发展方式转变和产业转型升级、实现“科学发展、先行先试”的重大使命，致力于实现 4 大发展目标：一是打造引领广州、广东乃至中国产业高端发展尤其是知识型经济发展的新引擎。二是打造汇聚全球精英人才的人才高地。三是打造国际一流水平的生态宜居新城。四是打造中新战略合作的代表作品和杰出典范。其选址位于国务院颁布的《珠江三角洲地区改革发展规划纲要》明确要加快发展的广州科学城北区范围。2009 年 7 月，知识城项目列入新加坡—广东合作理事会第一次会议议题；8 月，列入中新两国合作联合委员会（JCBC）第六次会议议题。至是年底，知识城项目完成可行性研究、概念性总体规划初稿、产业规划、政策体系研究等工作，中新双方共进行 8 轮商业谈判（内容参见本年鉴【合作交流·对外开放·中新知识城项目启动】条目）。（康文斌）

【文化设施建设】　2009 年，广州市围绕迎接第九届中国艺术节、亚运会，大力推进各项文化设施建设，重点做好辛亥革命纪念馆建设、西汉南越王博物馆环境整治和南越王宫博物馆建设、第九届中国艺术节场馆改造等工程。

辛亥革命纪念馆建设完成项目立项和落实资金，通过公开招标确定勘察设计方案和代建单位，征地拆迁工作基本完成，文物征集工作同步推进，主题展览和专题展览策划工作正在推进，并于 12 月 29 日举行了奠基仪式。

西汉南越王博物馆环境整治和南越王宫博物馆建设工程。年内完成西汉南越王博物馆环境整治工程项目修建性详细规划方案和建筑设计方案的编制和送审工作，编制《南越王博物馆整治工程一期拆迁补偿安置方案》报市政府审批，基本完成整治工程一期拆迁工程。8 月 27 日，动工兴建南越王宫博物馆，完成南越国宫署遗址保护规划、遗址保护与展示方案、南越王宫博物馆建筑设计方案编制工作并通过国家文物局审批，完成遗址本体保护工程。

第九届中国艺术节场馆改造工程。广州歌剧院主体工程完工；广州蓓蕾剧院改造后投入运营；同时，推进南方剧院、彩虹曲苑、江南大戏院、杂技艺术剧院小剧场等 7 处场馆改造工作。

广州文学艺术创作中心项目工程完成验收。沙河顶艺术苑、广州新图书馆等在建项目正在推进。

【公共文化服务】　2009 年，广州市大力实施文化惠民工程，公共文化服务网络不断健全，服务质量和水平不断提升。

基层公共文化设施基础不断夯实。市文化馆海珠分馆建成开馆，总面积 8300 平方米，超过文明城市 A 级标准。全年新建文化室 329 个，改造 145 个，并将 90 多个祠堂改造为文化室，实现城乡公共文化基础设施全覆盖，基本形成社区“10 分钟文化圈”和农村“十里文化圈”。

群众文化活动精彩纷呈。组织开展电影免费放映、送戏送书下乡等多种形式的公共文化服务。市、区两级财政共投入专项经费 160 万元，支持农村电影放映“2131 工程”。公益文化春风行、“书香羊城——全民阅读系列活动”、庆祝中华人民共和国成立六十周年系列文化活动、“羊城之夏”青少年暑期系列活动广受好评。开展广佛同城文化交流活动，在广佛两地举办的《“传承与超越”广佛现代陶艺展》、“和声飞扬——广佛同城合唱交流”系列活动。

图书馆公共服务水平不断提升。从化、增城图书馆建成开放。全市 14 个图书馆全部被评为国家一级馆，公共图书馆总面积 14.1 万平方米，总藏书量 968 万册，人均 1.67 册，超过创建全国文明城市的指标要求。开展公共图书馆读者服务周、全国少年儿童阅读年、“羊城学堂”、“广州文化讲坛”等活动，营造良好的“书香羊城”阅读氛围。

【物质与非物质文化遗产保护】 2009 年 10 月 2 日，粤港澳三地政府通过中央政府共同申报的粤剧正式被联合国教科文组织批准列入《人类非物质文化遗产代表作名录》。

是年，广州市公布第二批市级非物质文化遗产代表作名录，共计 33 项：民间文学类有增城市何仙姑与挂绿的传说，萝岗区萝岗香雪，黄埔区金花娘娘的传说；传统音乐类有南沙区广州咸水歌（第一批名录为海珠区），增城市、从化市、天河区、萝岗区、花都区广州客家山歌（第一批名录为越秀区）；传统舞蹈类有萝岗区舞貔貅（第一批名录为增城市），从化市从化水族舞，增城市、萝岗区舞春牛；传统戏剧有荔湾区岭南木偶戏表演艺术；传统技艺类有花都区广州珐琅制作技艺，越秀区广州戏服制作技艺，越秀区广州箫笛制作技艺，越秀区醒狮扎作，荔湾区、海珠区岭南盆景，荔湾区西关打铜工艺，白云区红木宫灯制作技艺，市非物质文化遗产保护中心广州檀香扇制作技艺、广式腊味制作技艺和广式莲蓉饼食制作技艺，海珠区小凤饼（鸡仔饼）制作技艺；传统医药类有海珠区小柴胡制剂方法，萝岗区端午午时茶，荔湾区采芝林传统中药文化，市非物质文化遗产保护中心敬修堂传统中药文化，荔湾区关正骨；民俗类有萝岗区扒龙舟（第一批名录为黄埔区），萝岗区玉岩诞，增城市畲族拜祖公图，荔湾区粤剧八和祖师诞，荔湾区黄大仙祠庙会，番禺区沙亭龙船鲳崇拜，黄埔区横沙会，花都区花都元宵灯会。完成第三批国家级名录项目和第三批省级名录项目的申报推荐工作。完成全市普查工作，出版普查成果汇编《广州市非物质文化遗产名录图典（2006~2008）》。“三雕一彩一绣”正式列入广州美院设计学院装饰艺术系必修课程，在华南师范大学美术学院设立非物质文化遗产传习基地。继续推进“海上丝绸之路”申报世界遗产工作。著名粤剧艺术家红线女被人力资源和社会保障部、文化部授予“全国非物质文化遗产保护先进工作者”称号。

（温向月）

【教育强市建设】 2009 年，广州市预算内教育经费投入 130.41 亿元，其中市本级财政投入 34.6 亿元，预算内教育经费占财政支出的比例为 18.08%。推动公共教育资源向农村和困难地区倾斜，设立农村教育发展专项资金 2000 万元，用于改善农村学校办学条件和培训农村教师。从 2009 年秋季学期起，市农村义务教育免杂费补助标准，达到城镇免费义务教育补助标准。推进合作交流，签订《广州市、佛山市同城化建设教育合作协议》，起草《广佛肇经济圈建设教育合作协议》。稳步推进香港耀华国际教育管理有限公司耀华教育项目落户广州的各项工作。完成广州市及 12 个区（县级市）党政领导干部履行基础教育工作责任考核。

落实教育民生工程 5 月，增城市小楼、正果镇通过广东省教育强镇督导验收，实现 100% 的区（县级市）成为广东省教育强区（县级市）、100%的镇成为广东省教育强镇的目标。义务教育规范化学校建设进一步加强，至年底，广州市有规范化学校779所（含自然过渡的省、市一级学校），达标率为70.05%。启动《广州市中长期教育改革和发展规划纲要》编制工作。制定《广州市“百校扶百校”行动计划实施方案》，并开始实施。制定《广州市中小学校舍安全工程实施方案》等文件，完成校舍安全的排查鉴定，基本完成中小学校舍信息管理系统一期建设。制定《广州市民办教育发展专项资金管理办法》，完成2008年和2009年2000万元专项资金资助工作。民办学校（教育机构）年检合格率达92%。市人大常委会对全市实施《民办教育促进法》进行执法检查。《关于进一步做好优秀外来工入户和农民工子女义务教育工作的意见》获广州市政府常务会议和广州市委常委会议审议通过。全年全市中等职业学校有4.78万人享受国家助学金，免除1275名本市户籍贫困家庭应届初中毕业生和255名梅州对口扶贫学生的学费和实习实验费。与中国扶贫基金会、恒大地产、广州日报社共同举办“助百名贫困生圆大学梦”活动，恒大集团捐资50万元，资助100名2009年被高校录取的贫困生入学。

协调发展基础教育　农村地区幼儿教育条件进一步改善。海珠区南武中学等5所学校通过示范性普通高中初期督导验收，广东华侨中学等5所示范性普通高中创建学校通过广东省高中教学水平评估并获“优秀”，全市的省、市一级学校提供的优质学位占普通高中总学位数的89.12%，其中示范性普通高中提供的学位数占38%。是年，广州市的普通高考各批次上线人数大幅增长，上线率大幅提高，高分段考生在全省的比重大幅增加，文理科650分以上考生占全省的25%。

推进职业教育和高等教育　是年，广州市成为全国唯一自行组织英国伦敦工商会考试局（LCCI）英语等级认证考核的城市。广州市代表团获2009年广东省中职技能大赛地级以上市团体总分第一名，参加全国决赛获奖总分占广东省代表团总分的63%，为广东省夺得全国总分第三名做出重要贡献。进一步做好退役士兵职业技术培训工作，招收退役士兵学员411名。广州大学被增列为全国艺术教育硕士培养单位，成为省内第一所获得该专业培养资格的综合性大学。市属高校全年获国家级教学成果奖3项，新评出国家级精品课程4门，国家级双语教学示范课程1门，国家级教学名师1名，国家级教学团队1个，国家特色专业建设点1个。

开展德育教学与实践　结合新中国成立60周年等节庆活动，组织开展以爱国主义、民族精神等为主题的系列德育实践和体验活动。配合开展亚运宣传活动，组织全市中小学生学习亚运知识。市关工委和市教育局关工委联合开展广州市中小学生心理健康状况调查。E-channel学生频道获广东省“团建创新年”活动创新奖，《打开心天空》电台节目获广州市新闻节目三等奖。年内新增省、市安全文明校园24个。

开展教育科研　试行《义务教育学科学业质量评价标准》，构建促进每个学生发展的学业评价体系。组织开展广州市教育科学“十一五”规划（第四批）课题申报工作，启用“广州市教育科学规划课题管理系统”，实现匿名网络评审。评选首批教育系统创新学术团队25个。开展广州市第七届教学成果奖评选，并推荐21个优秀项目参加广东省第七届普通教育教学成果奖评选。正式启用广州“教育e时代”同步教学资源及教学资源开发、应用试验项目。

重视学生的全面发展　年内市第五中学足球队获中国中学生足球锦标赛冠军，市聋人学校获全国特殊教育学校男子聋人篮球赛亚军。组织全省、全国第三届中小学生艺术展演广州、佛山赛区的选拔工作，广州市获奖节目、作品继续在全省保持领先地位。积极应对甲型H1N1流感疫情，落实各项防控措施。在第24届全国青少年科技创新大赛中，广州市获一、二、三等奖项目分别占全省获奖项目的80%、60%和86%。海珠区同福中路第一小学成为国内首个与国际空间站宇航员实时对话的小学。

加强教师队伍建设　全年普教系统共引进人才2050人，其中接收应届普通高校毕业生1379人。荀万祥等4人被评为“广东省第三批基础教育系统名校长”，宋曼蕾等7人被评为“广东省第二批基础教育系统名教师”。启动广州市中小学优秀校长培养工程，遴选40名中小学校长参加首批、第二批优秀校长培养。教育部“教育技术促进中小学教师专业化发展广州试验区”通过评估验收。制定《广州市市属义务教育学校绩效工资实施办法》，教师工资待遇与广州市直机关公务员待遇基本相当，大部分区（县级市）教师待遇接近、达到或超过当地公务员工资水平。《广州市解决中小学代课教师问题工作方案》、《关于我市解决中小学代课教师问题的实施意见》等政策文件出台，市、区（县级市）最大限度解决符合条件的代课教师入编问题，对不符合入编条件的代课教师，多渠道妥善安置。是年，广州市2246名中小学代课教师中，已有1217人通过“代转公”考试和正常公开招聘考试转为公办教师，544人被转为学校工勤人员或推荐就业。

教育信息化建设成效显著　建立覆盖城乡各级各类学校的教育网络。广州市教育科研网成为全国基础教育规模最大的光纤城域网，光纤总长度近2万公里。“数字教育城”战略构想纳入“信息广州”总体规划。完成全部农村地区教育信息中心及493所农村学校接入市教育科研网工作。制订《广州市教育资源下乡行动计划(2010~2015年)》，推进优质教育教学资源下乡。

优化教育发展环境　实现行政审批项目在原有基础上减少50%的目标。推进政务公开、校务公开，完善广州市教育门户网站建设。将开展机关服务年活动和学习实践科学发展观活动整改落实相结合，组织开展优质服务竞赛活动，提高机关干部的服务意识和能力。推进基层民主建设，表彰依法治校示范校和民主管理星级单位。开展对各类评估的整顿清理，在全市原有的18个评估项目中，撤销10个，合并1个，保留7个，并建立评估准入制度。制定《广州市中小学校党组织工作暂行规定》、《广州市中小学校长工作暂行规定》和《广州市中小学校教代会工作暂行规定》等规范性文件，进一步完善中小学校长负责制。首次对广州市教育局属42个单位开展党风廉政建设分析工作。加强廉政文化示范点建设，召开广州市廉洁文化进校园经验交流会。建立教育系统违法违纪案件报送制度，开展教育收费检查和“小金库”专项治理。12月22日，广

广州市文教卫体事业基本情况

教育				医疗文化体育			
项目	单位	2008年	2009年	项目	单位	2008年	2009年
普通高校校数	所	63	74	医院、卫生院数	个	251	253
普通高校在校学生数	万人	73.62	79.60	医院、卫生院床位数	张	48531	51690
中职和技校学校数	所	190	178	平均每千人口医院、卫生院床位数	张	6.23	6.51
中职和技校在校学生数	万人	44.03	49.32				
普通中学学校数	所	465	471				
普通中学在校学生数	万人	58.21	57.53	群众艺术、文化馆数	个	14	14
小学学校数	所	1035	1022	公共图书馆数	个	15	15
小学在校学生数	万人	86.29	82.89	博物馆数	个	31	31
学龄儿童入学率	%	100.00	100.00	档案馆数	个	28	28
幼儿园数	所	1498	1357	国民体质合格率	%		
在园幼儿数	万人	29.72	27.35	人均公共体育场面积	平方米		

州市召开家长学校现场会，会上表彰100所优秀家长学校，并为获得“2009年百优家长学校”的代表授牌。（柳恩铭　温小来）

【公共卫生】　2009年，广州地区有医疗卫生机构2341个（不含村卫生站），其中医院224个（内含公立医院165个）、卫生院29个、社区卫生服务中心（站）232个、妇幼保健院13个、疾病预防控制中心（预防保健中心）19个、卫生监督所15个；医疗床位5.90万张，其中医院床位5.04万张、卫生院床位0.13万张；卫生技术人员8.92万人，其中执业（助理）医师3.29万人、注册护士3.51万人。全市各类医疗卫生机构向社会提供门诊服务9564.79万人次，提供住院服务161.43万人次，分别比上年增长11%和12.41%。国家免疫规划疫苗，继续保持高接种率。新型农村合作医疗参合率99.7%。人均期望寿命78.95岁。孕产妇死亡率、婴儿死亡率按户籍人口计算分别为11.68/10万和4.46‰。

是年，广州市成立深化医药卫生体制改革工作领导小组和调研小组，起草广州市医改实施意见和近期重点实施方案。召开全市重大公共卫生服务项目启动会议，制订广州市重大公共卫生服务项目实施方案及5个配套文件，免费为15岁以下儿童补种乙肝疫苗、为农村妇女检查“两癌”、为农村育龄待孕妇女和孕早期妇女提供叶酸预防神经管缺陷、为贫困患者施行白内障手术，对农村孕产妇住院分娩予以补助。市妇女儿童医疗中心、市第八人民医院、市疾病预防控制中心迁建、广州医学院附属第一医院改造二期、广州医学院附属第二医院临床教学楼、广州血液中心业务大楼、市皮肤病防治所业务大楼扩建、市南沙中心医院、番禺区中心医院一期等重大项目相继落成；市第一人民医院内科大楼结构封顶，萝岗中心医院完成土建工程，黄埔区启动公共卫生基地项目建设。农村卫生工作稳步发展，新型农村合作医疗继续加强。社区卫生服务、妇幼保健工作扎实推进。卫生监督工作力度不断加大，医疗卫生秩序逐步好转。中医药强市建设深入推进。人才队伍、科研、信息化工作协调发展。

【社区卫生】　2009年，广州市推进67所政府举办的社区卫生服务中心业务用房建设，有27所建成投入使用、21所在装修改造，政府举办的社区卫生服务中心全部配置基本医疗设备。完成社区公共卫生项目成本研究。出台社区公共卫生服务项目工作规范，开展基本公共卫生均等化服务全员培训、全科医学岗位和全科医师骨干培训。启动社区卫生服务中心网格化服务试点。海珠、越秀、荔湾、天河区组建社区卫生服务团队，对居民健康实行分片包干管理；黄埔区定为全国开展高血压自我管理试点区。实施社区基本医疗补助项目考核。全市128所社区卫生服务中心全部开展社区卫生诊断、健康教育、传染病防制、慢性病防治、老年保健、精神卫生、残疾康复、妇幼保健和计生咨询指导等服务，93%的社区卫生服务中心开展计划免疫。完成5年一次全市社区卫生诊断工作。全年全市举办健康教育讲座3500多场次，受益居民266万人次，为130万居民建立健康档案；社区卫生服务机构门诊量1183万人次，占全市门诊量的11.6%。居民对社区卫生服务总体满意度为95.2%。（赖玉红）

【就业失业】　2009年，广州市城镇登记失业人数27.88万人，比上年增加1.82万人；广州生源高校毕业生人数4.5万人，增加0.8万人。年底城镇新增就业人数72.45万人，比上年增长12.91%，其中本市城镇户籍人口新增就业人数34.38万人，增长34.03%；失业人员再就业19.53万人，增长10.40%；失业人员再就业率70.07%，增加2.17个百分点；广州生源高校毕业生就业率88%，增加3个百分点。城镇登记失业率2.25%，比上年减少0.07个百分点；期末尚有失业人员75085人，减少1368人。

在经济遭遇国际金融危机严重冲击的特殊时期，广州市为促进就业工作，健全三项机制，完善三大体系，重点帮扶三类人群。健全三项机制。一是健全失业预警机制。密切跟踪监测企业破产关闭、停业整顿、经济性裁员、产业结构调整等造成从业人员减少和岗位流失状况。二是健全就业形势分析报告机制。及时收集和报送就业形势数据和分析报告，为全面掌握就业状况、制定针对性措施提供依据。三是健全社会保险促进就业机制。实施降低失业保险、医疗保险、工伤保险缴费比例，调整失业、工伤保险最低缴费基数，阶段性调整城镇企业职工基本养老保险缴费基数下限，阶段性扩大失业保险基金支出范围，加大对就业困难人员援助等措施，全年累计为18万家参保企业和320万名参保人减轻负担53.36亿元，为支持企业、保就业岗位发挥重要作用。完善三大体系。一是完善积极就业政策体系。出台《关于促进就业工作的意见》等12个促进就业的文件，推进城乡就业一体化和公共就业服务均等化进程。二是完善就业目标责任制考评体系。增加考评单位，补充完善考评项目，建立奖励办法，联合各部门力量共同做好就业工作。全市1447个社区中，有1039个社区创建为"充分就业社区"，占社区总数的71.80%；全市1149个村中，有159个村创建为"充分就业村"，占村总数的13.84%。三是完善创业带动就业帮扶体系。制定促进劳动者创业的财税、金融、工商、社保补贴等政策；扩大创业培训范围，提高创业培训质量，推进创业实训基地建设；提供创业信息、政策咨询，创业指导等服务。至年底，全市建立各类创业基地30个；特困人员自主创业"春林"品牌实现由创办肠粉小吃店到运营5000吨运输船、由带动8人就业到带动106人就业的质的飞跃。重点帮扶三类人群。一是重点帮扶就业困难群体就业。发挥人力资源市场平台作用，举办全市性"再就业援助月"、"春风行动2009百场招聘会"等专项活动。全年全市公共就业服务机构举办招聘会738场，进场求职者78.96万人次，达成初步意向26.05万人次。实施《广州市公益性岗位申报和安置困难群体就业实施办法》，全年对214.56万人次发放就业帮扶补贴2.90亿元。二是重点帮扶高校毕业生就业。组织各类专场招聘会近1000场，提供就业职位10万多个，比上年增长1.45倍。推进就业见习活动，分两批授予85家知名企业为"广州市高校毕业生就业见习示范基地"称号，全年全市有3996名高校毕业生参加就业见习活动，审核发放见习补贴560万元，参加人数和发放补贴金额均比上年增长近3倍。三是重点帮扶农村劳动力就业。开展农村劳动力资源摸查、职业介绍服务、对口劳务帮扶等工作，以及本市农村劳动力和本省户籍在职农民工技能培训。全年全市培训本市户籍农村劳动力54510人，新增转移就业71450人。年内对4.81万名非本市户籍农村劳动力开展职业技能培训；全年新吸纳粤东西北地区农村劳动力9.61万人次。是年，广州市政府被省政府评为"全省农村劳动力技能培训转移就业工作先进单位"。

【劳动工资】 2009年，为帮助企业度过国际金融危机影响的难关，广州市暂缓是年企业最低工资标准调整工作。同时，积极帮扶企业，指导企业执行劳动标准，对受外部因素影响、订单明显减少、难以均衡生产的部分企业，经申请批准实行综合工时制。公布450个工种的市场工资指导价格和不同行业、学历、技能水平及新就业劳动者的劳动力市场工资指导价位，指导用人单位和劳动者合理确定薪酬水平；引导企业建立工资指导线实施方案制度，逐步构建职工工资水平与企业经济效益协调增长机制。

【社会养老保险】 2009年，广州市养老保险参保人数415万人，比上年增加75万人，增长22.06%。全市企业离退休人员63万人。建立企业年金制度的企业340家，参加企业年金的职工7万人。

是年，广州市连续3次提高企业退休人员养老保险待遇，人均比上年增加510元/月，增长33%。至年底，广州市企业退休人员人均养老金增至2057元/月。年内，首次调整农转居人员基本养老金，每月人均增发48元，调整后达521元/月·人。

推进被征地农民和农村农民参加养老保险。在新征地项目工作中落实“即征即保”机制，至年底，审核新征地项目374个，预存保障资金21.8亿元，涉及被征地农民7.8万人。采取措施，促进农民参加农村养老保险。至年底，全市有33万名农村居民（含被征地农民）参加农村社会养老保险。

印发《关于阶段性调整企业、职工和城镇个体工商户、灵活就业人员养老保险缴费基数下限的通知》，为企业和参保个人减负10.2亿元。

2009年7月1日起，广州市启动实施养老保险市级统筹工作。是年，广州市养老保险市级统筹工作顺利通过广东省人力资源社会保障厅的验收。

是年，广州市稳妥推进社保费地税全责征收工作，并实施国家和省养老保险关系转移办法等，均衡共享的社保体系日趋完善。（郑　勇）

体制改革

【行政管理体制改革】　2009年，广州市以政府转型为目标深化行政管理体制改革，服务型政府建设不断发展。

启动新一轮政府机构改革工作，涉及调整、撤并的机构一共有29个。调整后，广州市政府工作部门和办事机构从49个精简为40个。参照《省事业单位模拟分类目录》标准，完成了对全市事业单位进行模拟分类的工作。推进第四轮行政审批制度改革，清理816项行政审批事项，实现精简50%以上审批事项的目标。出台了《广州市党政领导干部问责暂行办法》，处理了天河棠下梅园大街噪音扰民、从化鱼洞水库建筑质量事故、番禺污水处理厂项目招标过程违规等三起问责事件。调整公共支出结构，财政一般预算支出安排于民生和公用事业的资金达220.5亿元，比重远大于2008年。在全国率先网上公开114个政府部门预算。推进资源环境价格改革和行政事业性收费改革。

【经济体制改革】　2009年广州市以保增促调为主线深化经济体制改革，转型升级的体制机制加快建立。

国有企业改革继续深化　推进10家市直属企业的战略重组，重组涉及企业占其直属企业近3成。跨地区、跨部门、跨行业重组取得突破。广汽集团成功重组湖南长丰汽车制造股份有限公司。国资监管进一步加强。办理22家直属企业的264家境外国有资产产权登记，取消了50家国有企业的行政级别及可视作的行政级别待遇。向28家直属企业派出外部董事85人，大部分企业的外部董事人数达到董事会成员的1/3。

大力发展非公有制经济　按照促进中小企业平稳健康发展的实施意见，扶持中小企业信用担保体系的专项资金，由1500万元增加到5000万元，并且安排1亿元增加市融资担保中心的注册资本金。启动中小企业融资对接机制，联合多家金融机构探索小企业融资一揽子解决方案。省市联动实施政银企合作专项资金等项目，317家企业获省财政贷款贴息资金1.4亿元。安排3000万元来支持中小企业开展电子商务的应用。

促进产业升级的体制机制进一步完善　制定总部经济、现代物流、金融保险、现代会展、信息服务、创意产业、服务外包等重点领域的配套政策，推动现代服务业发展和产业结构优化升级。建立“退二进三”促进机制，加快工业结构优化升级和工业发展方式转变。安排1.74亿元用于支持企业技术改造创新。启动国家创新型城市和华南科技创新中心建设，从2009年开始，市财政每年安排6000万元实施“自主创新一区一成果行动计划”，推动产学研联合。国家级开发区创新发展模式改革试验积极推进。

金融体制改革实现突破　广州市商业银行实施改革重组取得了实质性进展，获银监会批准更名为“广州银行”。推进广州市农信社组建农村商业银行，广州农村商业银行已于2009年底开业，成为省内第一家开业的农村商业银行。积极推动广州产权交易所设立广州私募股权交易所、广州环境资源交易所、广州农村产权交易所和广州企业财务清算公司等专业化交易平台。由广州产权交易所发起，联合顺德、南海、汕头等15个产权交易机构成立广州产权交易共同市场。与新华社“新华08”合作共建金融信息平台，形成“立足广州，全面覆盖珠三角地区”的统一市场信息网络体系。设立了花都万穗、越秀海印、增城新粤、天河益建、荔湾信德等5家小额贷款公司，积极推动筹建2家村镇银行等新型金融机构。探索推进广州市保险业综合改革试验，吸引保险机构来穗发展，2009年广州市新增6家保险区域总部机构。积极推进7个具有农业常住人口的区（县级市）政策性农房保险工作。开展跨境贸易人民币结算试点，截至2009年底，累计发 生跨境贸易人民币结算业务64笔，金额约3.8亿元。

积极转变外经贸发展方式 下放部分外商投资项目审批事项，简化部分外商投资企业审批手续，推进投资便利化。积极推进加工贸易的转型升级，按照加快广州市服务外包发展的意见，明确了全市每年不少于1亿元专项资金促进服务外包发展，成为全国首批服务外包示范城市。积极推动国家级开发区、保税区、空港和海港发展模式转型。广州南沙保税港区（一期）通过了海关总署验收，正式封关运作，广州保税物流体系进一步完善。

【社会体制改革】 2009年，广州市以改善民生为着力点深化社会体制改革，基本公共服务均等化的体制机制不断完善。

就业促进机制进一步完善 实施推进农村劳动力技能培训和转移就业、安置困难群体就业以及高技能人才队伍建设等意见。作为全国82个首批国家级创建创业型城市之一，2009年全市城镇登记失业率为2.25%，低于年初3.6%的调控目标。

社会保障体系更加健全 提高企业退休职工基本养老金人均增至2057元/月。农村居民养老保险大力推进，失业保险基金支出范围试点继续扩大。实施外来从业人员基本医疗保险办法，进一步扩大了基本医疗保险参保覆盖面。阶段性降低城镇职工基本医疗保险和工伤保险的缴费费率。从2009年7月1日起实施社会养老、失业和工伤保险市级统筹。通过新建、收购廉租住房和发放廉租住户租赁住房补贴，逐步解决廉租户的住房困难。

医药卫生体制改革稳步推进 加快中心镇医院、镇卫生院和村卫生站建设。扩大花都区参合农民在村卫生站看病减免收费试点，由16个村扩大至55个。加强新型农村合作医疗建设，新农合人均筹资标准由2008年的122元提高到210元，参合率达99.7%。

社会管理体制改革不断深化 推进社会管理改革先行先试。创新社区社会组织登记管理和备案管理双轨制。建立行业协会综合评价体系，积极推进社会组织评估管理。出台《关于落实促进行业协会商会改革发展财政扶持措施的意见》，积极推进行业协会商会承接政府转移的职能。开展政府购买社区服务项目试点，安排1000万元开展政府购买服务项目试点。在全市19条街道组织开展了社区综合服务中心建设试点，在越秀、荔湾、天河区的3条街道开展社区居委会改革试点，在7个有农村的区（县级市）共20个村开展了农村社区建设实验试点。成立了广州市社会工作协会，初步形成了政府管理和行业自治互动合作的管理格局。

【农村改革】 2009年，广州市以城乡一体化为要求深化农村改革，统筹城乡发展的体制加快形成。

推进农村集体土地流转机制改革探索。安排专项资金1000万元推动农村土地承包经营权流转，在花都花山镇、从化城郊街、增城小楼镇先行开展农村土地承包经营权流转试点，成立了土地承包经营权流转服务管理中心，三个试点镇土地流转面积超过2666.67公顷。

农村宅基地使用制度改革稳妥推进。积极探

索开展农村宅基地制度创新。萝岗区制定《萝岗区实施〈广州市农村村民住宅建设用地管理规定〉办法》，最大限度地减少违法用地的数量。增城市全面规范农村建房，加快新型农民社区试点建设，探索建立健全符合实际、农民接受的宅基地置换机制。

城乡基础设施共建共享机制加快建立。探索城乡基础设施共建共享机制，促进基础设施向农村延伸。城乡交通一体化加快推进，广州地铁二/八号线延长线，三号线北延段，广州至河源、高明高速公路广州段，广州增城至从化高速公路等正在抓紧建设。

积极推进增城市统筹城乡综合配套改革试点。省政府正式批复同意增城市开展统筹城乡综合配套改革试点，要求增城市按照省政府批复的《增城市统筹城乡综合配套改革试点总体方案》组织实施。增城市成为广东省第一个开展统筹城乡综合配套改革试点的县级市。

【政府法制工作】 2009年，广州市以民主法制建设试点为契机，社会主义民主政治实现重大突破。推进重大决策的规范化和程序化。率先在全国制定和出台市人大常委会讨论决定重大事项办法和市委政治协商规程。首次明确，今后广州市有关城乡建设的总体规划和行政区划的重大调整、广州市重大建设项目、关系民生和事关全局的重大问题、应对重大危机的预案和实施方案，都必须事先经过政治协商。 (市发改委)

【财政监督】 2009年，广州市人大常委会加强对财政专项资金的监督。从2010年起将基本建设统筹资金、城市维护建设资金、技术研究与开发资金等三项政府投资项目预算草案列入代表大会审查范围。听取和审议市政府关于2008年市本级财政专项支出绩效情况报告，监督政府推进财政绩效管理，提高财政资金使用效益。听取和审议市政府关于2008年市本级预算执行和其他财政收支情况的审计工作报告，跟踪监督常委会对2007年审计工作报告审议意见的研究处理情况，要求市政府落实财政责任问责制，加强对有关问题整改。听取财政预算专家顾问的意见建议，提高财政预算监督的准确性、有效性。

【司法监督】 广州市人大常委会在2009年度首次听取和审议市政府关于依法行政的专项工作报告，针对存在的问题，提出尽快完善重大事项决策程序、深化行政审批制度改革、强化行政执法监督、完善信息公开及加强区、县级市政府法制机构建设等的审议意见。听取和审议市法院关于劳动争议案件审判工作情况的报告，针对劳动案件审理期限过长、裁审标准不够统一等问题，提出审议意见。听取和审议市检察院关于开展诉讼监督工作情况的报告，要求市检察院加大诉讼监督的力度，提高诉讼监督工作的透明度和公信力，不断提高诉讼监督的质量。听取和审议并批准广州海事法院工作报告，作出《关于广州海事法院工作报告的决议》。监督落实《关于进一步加强公共消防设施建设和火灾隐患整治工作的决议》，结合代表重点建议督办，促成市政府成立消防站建设工作领导小组，加快消防站建设进度，4个新建消防站投入使用，基本完成市政消火栓的维护、翻新，火灾隐患整治。受理人民群众反映的涉法涉诉案件，将关系群众切身利益、影响社会和谐稳定、带有共性的问题作为监督的重要内容，全年共处理涉法涉诉案165件。

(邓穗平)

深圳市

深圳市

基本情况

【地理位置】 深圳市位于祖国的南疆；陆域位置位于东经113°46′～114°37′、北纬22°27′～22°52′之间；东临大亚湾与惠州市相连，西濒珠江口伶仃洋与中山市、珠海市相望，南至深圳河与香港毗邻，北与东莞市、惠州市接壤。全境地势东南高、西北低，大部分为低丘陵地，间以平缓的台地，西部沿海一带为滨海平原，最高山峰为梧桐山，海拔943.7米。全市陆地总面积1952.84平方公里。深圳经济特区是深圳市的一部分，位于东经113°52′～114°21′、北纬22°27′～22°39′之间。东起大鹏湾背仔角，西至珠江口安乐村，南临深圳河，北靠梧桐山、羊台山山脉，面积395.81平方公里，东西长49公里、南北宽平均7公里，呈狭长形。

深圳市属亚热带海洋性气候。年平均气温22.4℃，最高气温38.7℃（1980年7月10日）、最低气温0.2℃（1957年2月11日）。每年4~9月为雨季，年降雨量1933.3毫米，年降雨量最多纪录为2662毫米（1957年），年降雨量最少纪录为913毫米（1963年）。平均年日照时数2120.5小时，太阳年辐射量5225年兆焦耳/平方米。常年主导风向为东南偏东风，平均每年受热带气旋（台风）影响4~5次。

深圳市依山临海，有大小河流160余条，分属东江、海湾和珠江口水系，但集雨面积和流量不大。流域面积大于100平方公里的河流有深圳河、茅洲河、龙岗河、观澜河和坪山河等5条，主要河流深圳河全长35公里。深圳市有水库24座，其中中型水库9座，总库容5.25亿立方米。位于市区东部的深圳水库，总库容4000多万立方米，是深圳与香港居民生活用水的主要来源。地下水资源总量6.5亿立方米/年，年可开采资源量1亿立方米。天然淡水资源总量19.3亿立方米，人均水资源拥有量仅500立方米，约为全国和广东省的1/3和1/4。

【历史沿革】 深圳的历史源远流长，早在6700年前的新石器时代中期就有人类繁衍生息。距今四五千年前的夏、商年代，在深圳沿海沙丘谷地，已聚居着与中原民族不同的部族，这些部族种类繁多，被称为“百越部族”。生活在深圳区域的百越部族称为“南越部族”。他们善于捕鱼、航海。深圳是古代百越部族远征海洋的一个驻脚点。公元前214年，秦始皇统一中国并在岭南设置了南海、桂林、象郡，深圳隶属于南海郡。东晋咸和六年（331），朝廷设东官郡，辖宝安、海丰、兴宁等六县，其范围包括珠江三角洲及惠州、潮州一带。当时宝安县辖地涉及今天的东莞市、深圳市和香港特别行政区。东官郡的郡治所在地就设在宝安县内的南头。隋开皇十年（590），朝廷废东官郡，宝安县改属南海郡，县治仍在南头。唐至德二年（757），宝安县更名为东莞县，县治从南头迁往东莞，于南头设屯门军镇。明洪武二十七年（1394），在今深圳境内设立了东莞守御千户所及大鹏守御千户所；稍后，又在南山半岛设立了庞大的军事机构——南头寨，戍卫范围东至潮汕，西至上、下川，南至大洋，有“虎门之外卫，省会之屏藩”之说。明朝遣使出使南洋，舰队开航前必到深圳赤湾的天后庙祭祀祷告，方可成行。明万历元年（1573），朝廷取“革故鼎新，转危为安”之义，新设新安县，并建县治于南头。清道光二十二年（1842），中英签订不平等条约《南京条约》，新安县的香港岛被英国占领。清咸丰十年（1860），新安县的九龙半岛也因不平等条约《北京条约》而被迫割让给英国。清光绪二十四年（1898），清政府与英国签订《展拓香港界址专条》，又将新界租借给英国，为期99年。此后，新安县原有的3076平方公里土地中，有1055.61平方公里脱离其管辖，成为英国殖民地。民国三年（1914），因新安县与河南省的一个县同名，为免混淆，又复称宝安县，县治仍在南头。1949年10月15日，宝安县解放。1953年，因深圳连接广九铁路，交通便利，人口聚居较多，工商业较兴旺，便将宝安县治东迁至距南头10公里外的深圳墟。1979年3月，宝安县改为深圳市，同年11月，深圳市改为地区一级的省辖市。1980年8月，在深圳设置经济特区。1981年10月，深圳市升格为副省级市。1983年在经济特区外设置宝安县。1988年10月，国务院批准深圳市在国家计划中实行单列，并赋予其相当于省一级的经济管理权限。1990年1月，深圳经济特区内设立福田、罗湖、南山三区。1992年7月，全国人大常务委员会授予深圳市人民代表大会及其常委会、深圳市人民政府制定地方法律和法规的权力，同年11月撤销宝安县设立宝安区和龙岗区。1997年10月，从罗湖区分出设立盐田区。2004年深圳市成为无农村的城市。

【土地与物产】　深圳市耕地总资源3846.64公顷，水果种植面积3087.7公顷，林业用地7.22万公顷。盛产龙岗“三黄鸡”、沙井蚝、南头荔枝、南山桃、石岩沙梨、金龟桔和龙华方柿等农副产品。栖息繁衍的国家级野生保护动物有虎纹蛙、蟒蛇、猕猴、大灵猫和穿山甲等；经济价值较大的两栖类动物5种、爬行类动物23种、鸟类30种、兽类33种。矿产资源已发现的有23种，部分已探明具有一定的工业储量。

【海岸与海洋资源】　深圳市西部和西南部是珠江口、伶仃洋，东部和东南部是大亚湾、大鹏湾，海洋水域总面积800平方公里，海岸线长230公里，海岸资源丰富。可建深水港的主要有盐田、妈湾、赤湾、大铲湾、大梅沙、土围、西涌等，可建中型港的主要有蛇口和塘仁涌、大鹏湾等，可建小型港的有十多处。海域辽阔，水产资源丰富，马友鱼、蛇遛、兰圆鲹、金色小沙丁、金钱鱼、大眼鲷、带鱼、三刺鲷、盲曹和鲈鱼等40种名贵鱼种，还有虾、蟹、贝类和藻类。

【旅游资源】　深圳市依山面海，是风光秀丽的海滨城市。大鹏湾海岸线长70多公里，分布着大梅沙、小梅沙、溪涌、迭福、水沙头和西冲等水碧沙白的海滩。海滩宽约30~50米，长约1000~3000米，沙质柔软，海水清碧洁净，是迷人的海滨浴场；梧桐山雄伟险峻，山上溪涧纵横，有深不可测的梧岭天池；深圳湾畔70多公顷的红树林是候鸟迁徙的中途站，可观赏到品种诸多的候鸟。

深圳的自然景观和人文景观较为丰富。经过多年发展，形成了欢乐谷（深圳华侨城）、世界之窗（深圳华侨城）、锦绣中华民俗文化村（深圳华侨城）、明思克航母世界（盐田区沙头角）、仙湖植物园（罗湖区莲塘）、深圳野生动物园（南山区西丽湖）、西部海上田园（宝安区沙井街道）、客家围龙屋（龙岗区坪山街道大万世居、龙岗街道鹤湖新居）、大小梅沙（盐田区大小梅沙海滨）、大鹏所城（龙岗区大鹏街道）等十大旅游景点。较为知名的历史古迹景点有：大鹏所城（龙岗区大鹏街道）、新安故城（南山区南头天桥旁）、赤湾天后宫（南山区赤湾六路）、赤湾炮台（南山区赤湾）、东江纵队司令部旧址（龙岗区葵涌街道土洋村）、东纵军政干部学校旧址（龙岗区大鹏街道）。

【“深圳八景”】　“深圳八景”是2004年由100多万深圳市民评选出的代表深圳城市形象、反映深圳旅游特点的景区、景点或景观。“深圳八景”富有浓厚的时代气息，体现了深圳的历史文脉，反映了深圳市民的家园意识，是深圳的窗口景点。“深圳八景”是：大鹏所城（大鹏守御千户所城，建于1394年）、深南溢彩（深南大道）、侨城锦绣（深圳华侨城）、莲山春早（福田区莲花山）、梧桐烟雨（罗湖区梧桐山）、梅沙踏浪（盐田区大小梅沙海滨）、一街两制（沙头角中英街）、羊台叠翠（宝安区羊台山）。

（叶博珂）

【人口】　2009年年末，深圳市常住人口891.23万人，比上年净增14.4万人，增长1.64%。其中：户籍人口241.45万人、增长3.65%，占常住人口比重的27.1%；非户籍人口649.78万人，占比重的72.9%。深圳市户籍人口政策生育率99.17%，比上年提高0.29个百分点，比省下达计划低1.8个千分点；流动人口政策生育率93.59%，提高1.38个百分点。全年深圳市共引进中级以上职业技术等级的技术技能型人才1.96万人，其中高级人才676人，占技术技能型人才总数的3.19%。（钟伟梅　董　彧）

【民族】　深圳市自改革开放以来，从单一的民族成分，发展到2009年的拥有55个少数民族，是继北京之后全国第二座汇聚齐56个民族成分的大城市。2009年，全市少数民族人口60.37万人，少数民族人口约占全市常住人口的6.8%，占全省少数民族人口的1/4，成为广东省少数民族人口最多的城市。年内，深圳市少数民族常住人口最多的是壮族（25.8万人），其次是土家族和苗族（分别为7.43万人和6.78万人），万人以上的少数民族还有侗族、瑶族、回族、满族、布依族、彝族等，人数最少的是珞巴族，仅有1人。深圳市少数民族的特点是：年轻化，文化程度较高，没有专门的聚居区，民族感情比在内地更浓，上进心强，联系面广。

【民俗】　深圳原居民民风淳朴，保留了较多的民间习俗。“渔民娶亲”是南澳最具特色的民俗之一。当渔村女子成亲之日，新娘被众多渔家姐妹簇拥前行，身后有锣鼓乐队和几组舞龙舞狮队载歌载舞，而他们身后，有着一名男扮女装的渔民带领着一群头戴渔帽、手操船桨的渔家妇女，列队而行，一路撑桨，迎亲到家。

“女子哭嫁”是龙岗客家人很有特色的传统习俗。每个女子在出嫁前，有七天以上的“哭嫁期”。完婚之日，新娘娇婉缠绵地哭辞父母，款款出门，频频回望，之后登轿起行，陪嫁女亦随轿送行至夫家。随着时代的变迁，龙岗“女子哭嫁”习俗现已不流行。

客家围龙屋是一种富有特色的典型客家民居建筑，与北京的“四合院”、陕西的“窑洞”、广西的“杆栏式”和云南的“一颗印”被中外建筑学界称为中国民居建筑的五大特色之一。龙岗罗瑞和村“鹤湖新居”的罗氏、龙岗坪山街道大万世居的曾氏、坑梓龙田世居的黄氏、茂盛世居的何氏，他们历经几代修建的大规模围龙屋，见证了这些家族的兴衰。客家人选择丘陵地带或斜坡地段建造围龙屋，主体结构为“一进三厅两厢一围”，建筑材料有沙、石、土、瓦等，砌墙用的黏合物大部分是石灰、桐油、红糖的混合土，黏性特别强。普通的围龙屋占地0.54~0.67公顷，大围龙屋的面积在2公顷以上，建好一座完整的围龙屋需要5～10年，甚至更长时间。一间围龙屋就是一座客家人的巨大堡垒，适合几十个人、百多人或数百人居住。

大盆菜是深圳福田下沙一带的习俗。深圳本土乡民，大凡遇到中国传统节日或嫁娶、祝寿、添丁、酬神、宗亲祭祖诸项活动，各方亲朋好友团聚其间，围着大盆菜，数百、数千人饮酒庆贺。大盆菜多数以牛腩鼓萝卜角为菜底，往上铺叠的是菜胆、粉丝、猪肉、竹笋、腐竹、冬菇、卤鹅、烧鸭、炸鱼、白斩鸡等，一层一道菜，一菜一道味。百桌千筵，风味独特，老少皆宜，煞是热闹。

妈祖诞庆是每年三月深圳沿海渔民和农民在天后庙举行的庆祝庙会，祭祀天后，求航海平安、渔业兴旺、五谷丰登。在祭祀后还举行文艺表演和贸易活动。

坪山打醮是坪山客家人独特的传统习俗。每八年一次的打醮（集体祭奠神灵），地点聚在关帝庙前的广场上，一片喧腾，热闹非凡，附近小贩也云集于此趁此机会大做买卖。祭典仪式由坪山圩的首脑主持，祭桌上摆满精美的果脯酒馔，大香炉里插满檀香，一片香雾缭绕。乡民们在广场上连续嬉戏七天八夜，尽情吃喝嬉闹，通宵达旦，一片喧嚣气氛。由于打醮习俗劳民伤财，在1943年被废除。

凉帽遮羞是大鹏妇女的习俗。其凉帽是用竹条和布料做成的，把竹条分成竹篾，织成圆圈，中间穿孔，竹篾周围用布条缝挂。其他客家妇女的凉帽是用黑布条缝挂，而大鹏妇女的凉帽用蓝士林布条。戴凉帽既轻便又凉爽，因此世代相传，一直流行至今。

【深圳特产】 沙井鲜蚝 蚝是深圳著名的特产，产于珠江口咸淡水交汇之地，以沙井蚝最为著称。因沙井的蚝田处于咸淡水交汇之地，蚝吸食海水里的浮生物特别多，所以这里的蚝长得比其他地方肥大，味道也更鲜美。沙井产的蚝不仅个体肥壮、色泽乳白，而且肉质嫩美可口，极富营养，是蚝中珍品。沙井蚝富含蛋白质和维生素A1、B1、B2、D等，含碘量是牛奶和蛋黄的200倍，1980年曾获农牧渔业部“国内质量最佳奖”。沙井鲜蚝及其制品蚝干（豉）和蚝油畅销于香港、南洋及欧美等地，一直供不应求，深受好评，是深圳主要的出口创汇渔业产品。

南山荔枝 深圳市是广东省的重要荔枝产地，而南山荔枝因其种植历史悠久、风味独特、品质优良而闻名遐迩。南山半岛独特的地理生态环境为荔枝的生长提供了丰富的微量元素，使得南山荔枝果脆皮簿，肉嫩汁多，味道甜美，食后余味无穷。南山荔枝有两个显著的特点：一曰老，二曰好。老，指其种植历史悠久。早在唐宋时期即作为贡品上贡，至今仍存“百岁古树”600余棵，50年以上老树2.6万棵。好，是指品质好。所植荔枝中，八成以上为桂味、糯米糍，而桂味更是荔枝中的上品。

西丽芒果 芒果是深圳的特色水果之一，主产于南山区的西丽。西丽芒果不仅产量高，而且个大果甜，富含糖分和多种维生素，有刺激食欲令人胃口大开的作用。加工后的酱芒果及干芒果也备受欢迎。

大鹏云雾茶 大鹏云雾茶是自然生长在南澳镇七娘山上的一种野生茶，富含茶碱、茶丹宁、维生素。其品质优良，未受污染。由于产量少，采摘也较艰苦，已很难品尝到。

金威啤酒 金威啤酒是金威啤酒集团有限公司采用世界先进酿造技术和绿色工艺酿制而成的一种优质啤酒，口感纯正清新，2002年被评为“中国名牌产品”。

【市树与市花】 1986年，荔枝树被深圳市民评选为深圳市的“市树”。深圳荔枝主要品种有糯米糍、桂味、黑叶、淮枝、妃子笑、挂绿等。深圳人不仅把荔枝作为会亲访友的佳礼，而且在每年六七月间荔枝成熟时，都要和亲朋好友一起去荔枝园品鲜，还举办各种以荔枝为主题的经贸和文化联谊活动。

红树 深圳是世界上唯一红树生长在市区中心地带的城市。2007年，具有顽强生命力，象征兼蓄包容、团结互助的红树被深圳市民评选为深圳市的第二“市树”。

簕杜鹃 1986年，簕杜鹃被深圳市民评选为深圳市的“市花”。簕杜鹃具有花色艳丽、美观大方、适应性强、容易栽培、便于造型和花期较长等特点，体现了深圳的无限活力和丰姿，深受深圳市民的喜爱。

【口岸】 深圳是国内拥有口岸数量最多、出入境人员最多和车流量最大的口岸城市，也是中国海陆空口岸俱全的城市。至2009年底，已建成通往境外的各类口岸17个，经国务院批准的一类口岸14个。空港口岸有深圳宝安国际机场。该机场是中国四大航空港之一，是集海、空于一体的口岸。每周有客运航线150多班，国际货运航线定期航班40多班。深圳已开通的海港口岸有蛇口、妈湾、赤湾、东角头、梅沙、大亚湾核电站专用码头等7个。

罗湖口岸是全国客流量最大的旅客出入境陆

路口岸。位于深圳市罗湖区罗湖商业中心南侧，与香港新界一河之隔，深港两地由一座双层人行桥和一座铁路桥相连，地下B层和一层为入境检查通道，二层和三层为出境检查通道。

皇岗口岸位于深圳市福田区南端，是全国规模最大的客货综合性公路口岸。该口岸与香港新界落马洲隔河相望，南面的皇岗—落马洲大桥横跨深圳河连接深港两地。该口岸旅检大厅东西向排列，东侧为入境大厅，西侧为出境大厅，大厅两侧为客车通道。

福田口岸位于深圳市福田区南端，与香港新界落马洲隔河相望，是新开通的旅客出入境陆路口岸。

深圳湾口岸位于南山区西部通道，是连接深港的大型跨海跨界公路口岸。该口岸实施“一地两检”的通关模式，即两地人流、物流车辆只需在设于深圳一方的联检大楼内检查证件及办理清关手续便可顺利过关。

文锦渡口岸位于深圳市罗湖区南面、香港新界北面，是供港鲜活产品过境的公路客、货运综合性公路口岸，由两座公路桥与香港新界相连。

沙头角口岸位于深圳市盐田区沙头角街道西面，东接沙头角保税区和盐田港，北邻梧桐山公路隧道，是辅助性的客、货综合性口岸。

【特区检查站】 深圳市的管辖范围分为经济特区内和经济特区外两部分。特区内包括罗湖区、福田区、南山区、盐田区4个区，特区外包括宝安区、龙岗区及光明新区、坪山新区。从经济特区外进入经济特区内要经过各“二线关”检查站。至2009年底，在深圳126公里特区隔离线上设立了蛇口（码头）、南头、同乐、白芒、梅林、清水河、布吉、沙湾、盐田坳、溪冲、背仔角共11个检查站，进出特区要进行边境证、身份证检查。

【行政区划】 深圳市是广东省省辖市，国家副省级计划单列市。深圳经济特区在其辖区内。深圳市辖6个行政区和光明新区、坪山新区。其中，福田区、罗湖区、南山区、盐田区位于经济特区内；宝安区、龙岗区和光明新区、坪山新区地处经济特区外。全市有57个街道办事处。

福田区位于深圳经济特区中部，是市委、市政府所在地。于1990年1月4日建制，区政府于同年10月7日成立。区政府驻沙头街道。该区总面积78.04平方公里；行政区域东至红岭路与罗湖区相连，西达侨城东路、海园一路与南山区相接，南临深圳河、深圳湾与香港新界隔河相望，北靠白尾石、大脑壳、黄竹园等山脊与宝安区毗邻；辖园岭、南园、福田、沙头、香蜜湖、梅林、华富、莲花、华强北和福保10个街道；皇岗口岸、莲花山、特区纪念公园等在该辖区内；2009年年末常住人口120.61万人，其中户籍人口71.59万人。

罗湖区位于深圳经济特区中部，是深圳市开发较早的商业中心区。于1990年1月4日建制，区政府于同年9月21日成立。区政府驻黄贝街道。该区总面积78.36平方公里；行政区域东起梧桐山与盐田区接壤，西至红岭路与福田区相连，南临深圳河与香港新界毗邻，北靠龙岗区和宝安区；辖黄贝、东门、南湖、桂园、笋岗、清水河、翠竹、东晓、东湖和莲塘10个街道；罗湖口岸、深圳火车站、国贸大厦在该辖区内；2009年年末常住人口88.5万人，其中户籍人口43.47万人。

南山区位于深圳经济特区西部。于1990年1月4日建制，区政府于同年9月24日成立。区政府驻南头街道。该区总面积193.3平方公里（包括内伶仃岛和大铲岛）；行政区域东起侨城东路与福田区相连，西濒珠江口与珠海市水域相接，南至深圳湾和内伶仃岛与香港隔海相望，北背羊台山与宝安区毗邻；辖南头、南山、招商、蛇口、粤海、沙河、西丽和桃源8个街道；世界之窗、锦绣中华、海上世界、大学城和科技园等在该辖区内；2009年年末常住人口98.89万人，其中户籍人口49.52万人。

盐田区位于深圳经济特区东部。于1997年10月建制，区政府于1998年3月成立。区政府驻海山街道。该区总面积72.63平方公里；行政区域东起大鹏湾背仔角与龙岗区相连，西至梧桐山与罗湖区相邻，南临大鹏湾与香港新界相望，北靠龙岗区；辖沙头角、海山、盐田和梅沙4个街道；盐田港、中英街和东部华侨城在该辖区内；2009年年末常住人口22.77万人，其中户籍人口4.26万人。

宝安区位于深圳市西北部。于1992年11月11日建制，区政府驻新安街道（原宝安县城）。该区总面积560.59平方公里；行政区域东与龙岗区相连，西临珠江口与中山市相望，南与南山区、福田区和罗湖区接壤，北靠东莞市；辖新安、西乡、福永、沙井、松岗、石岩、观澜、大浪、龙华和民治10个街道；深圳宝安国际机场在该辖区内；2009年年末常住人口359.33万人，其中户籍人口41.22万人。

龙岗区位于深圳市东部。于1992年11月11日建制，区政府驻龙岗街道。该区总面积675.7平方公里；行政区域东临大亚湾与惠州市相邻，西接宝安区，南连罗湖区与盐田区、隔大鹏湾与香港新界相望，北靠惠州市、东莞市；辖平湖、坂田、布吉、南湾、横岗、龙城、龙岗、坪地、葵涌、大鹏和南澳11个街道；大亚湾核电站在该辖区内；2009年年末常住人口201.12万人，其中户籍人口37.95万人。

光明新区位于深圳市西北部。于2007年5月31日设立，新区管委会驻光明街道。该辖区总面积156.1平方公里；东与观澜街道相连，西临松岗街道，南与石岩街道毗邻，北与东莞市接壤；辖公明、光明2个街道；深圳市光明集团有限公司在该辖区内；2009年年末常住人口80余万人，其中户籍人口4.2万人。

坪山新区位于深圳市东北部。于2009年6月30日设立，新区管委会驻坪山街道。该辖区总面积168平方公里；行政区域东靠惠州大亚湾石化城，南连大鹏三镇，西邻盐田港，北与龙岗中心城接壤；辖坪山、坑梓2个街道；广东深圳出口加工区在该辖区内；2009年年末常住人口约60万人，其中户籍人口3.6万人。（叶博珂）

经济社会发展概况

【概况】 2009年，深圳市认真贯彻落实《珠江三角洲地区改革发展规划纲要》和《深圳市综合配套改革总体方案》，加快建设国家综合配套改革试验区、全国经济中心城市、国家创新型城市、国际化城市和中国特色社会主义示范市。经济社会获得全面协调可持续发展，国民经济和社会发展预期目标执行情况良好。2009年，全市地区生产总值8201.23亿元，比上年增长10.7%，完成年度预期目标的100.6%；规模以上工业增加值3429.9亿元，增长8.7%，完成年度预期目标的97.9%；全社会固定资产投资1709.15亿元，增长16.5%，完成年度预期目标的103%；社会消费品零售总额2598.68亿元，增长15.4%，完成年度预期目标的100.3%；进出口总额2701.55亿美元，比上年下降10.4%，完成年度预期目标的85.8%，其中出口总额1619.79亿美元、下降10.6%、完成年度预期目标的85.8%；地方财政一般预算收入880.82亿元，增长10.1%，超额完成年度预期目标80.82亿元；居民消费价格指数98.7%，低于年度预期目标4.3个百分点。高新技术产业、现代物流业、金融服务业以及文化产业是深圳市努力发展的四大支柱产业。在中国社科院公布的《2009年中国城市竞争力蓝皮书中国城市竞争力报告》中，深圳市名列中国内地最具竞争力城市首位。

【宏观调控与管理】 2009年，深圳市出台《深圳市现代产业体系总体规划》、《深圳国家创新型城市总体规划实施方案》、《深圳综合性国家高技术产业基地发展规划》和《深圳市综合配套改革三年（2009～2011）实施方案》等一系列政策，构建有深圳特色的现代产业体系，高新技术产业和先进制造业稳步发展，总部经济加快推进，高端服务业蓬勃发展；国家创新型城市建设取得突破，循环经济试点城市建设启动，加快节

深圳市国民经济发展情况（2009年）

表一

项目 区别	常住人口 （万人）	地区生产总值 绝对值 （亿元）	地区生产总值 比上年增长 （%）	人均地区生产总值 绝对值 （元）	人均地区生产总值 比上年增长 （%）	工业增加值 绝对值 （亿元）	工业增加值 比上年增长 （%）	农林牧渔业总产值 绝对值 （亿元）	农林牧渔业总产值 比上年增长 （%）	全社会固定资产投资额 绝对值 （亿元）	全社会固定资产投资额 比上年增长 （%）
全　市	891.23	8201.32	10.7	92772	8.8	3597.61	8.6	15.48	−12.9	1709.15	16.5
福田区	120.61	1620.00	10.1	135476	9.8	165.41	−10.0	0.64	−40.1	168.34	5.1
罗湖区	88.50	865.00	7.5	98678	7.6	61.31	−0.9	0.18	−1.0	68.32	6.1
盐田区	22.77	251.00	10.1	110852	6.3	55.37	−3.6	0.12	−57.4	87.20	2.6
南山区	98.89	1720.50	11.3			971.26	10.0			270.52	5.2
宝安区	359.33	2206.50	12.1	62900	10.5	1256.00	10.8	2.55	−6.7	585.00	25.0
龙岗区	201.12	1529.80	10.8			921.80	10.0	2.06	2.0	530.10	19.1

表二

项目 区别	外贸出口总额 绝对值 （亿美元）	外贸出口总额 比上年增长 （%）	实际外商直接投资额 绝对值 （亿美元）	实际外商直接投资额 比上年增长 （%）	地方财政一般预算收入 绝对值 （亿元）	地方财政一般预算收入 比上年增长 （%）	社会消费品零售总额 绝对值 （亿元）	社会消费品零售总额 比上年增长 （%）	城镇居民人均可支配收入 绝对值 （元）	城镇居民人均可支配收入 比上年增长 （%）
全　市	1619.79	−10.6	41.60	3.2	880.82	10.1	2598.68	15.4	21526.10	8.8
福田区	293.36	−16.4	10.00	9.9	46.70	10.4	800.18	15.2		
罗湖区	209.65	−10.0	7.06	17.7	34.42	1.3	539.08	10.3		
盐田区	81.11	−14.0	0.36	−58.7	13.20	10.0	30.87	14.6		
南山区	138.93	−7.7	4.30	2.4	38.45	15.2	322.68	15.6		
宝安区	633.92	−10.2	12.74	5.5	114.00	13.0	561.00	20.2		
龙岗区	253.90	−6.6	5.00	11.1	77.79	13.6	345.30	16.6		

能与新能源汽车示范推广试点城市建设；扩内需与稳外需取得成果，落实国家出口退税等一系列政策措施，外贸出口形势逐步回暖；改革开放与区域协调合作加强，行政管理体制改革取得进展，医药卫生体制改革加快推进，继续实施“走出去”战略，深港合作全方位加强，建立深、莞、惠多层次合作机制，对口扶持工作取得新成果；城市发展质量提高，成立坪山新区，特区内外一体化步伐加快，城市交通基础设施进一步完善；人口就业和社会保障工作有序推进，实行户籍人口增长指令性计划与实际管理服务人口指导性计划相结合的管理方式，中国国际人才交流大会长期落户深圳，获批首批国家级创建创业型城市，开展就业援助活动，在全国率先实现“全民医保”；社会民生福利改善，全面实施9年免费教育，铺开深圳大学医学院、市信息学院新校区建设，南方科技大学人才引进和校园基建进展顺利；卫生事业“一大一小”发展战略加快实施，市第三人民医院、市滨海医院等项目加快建设，社区健康服务中心达634个；文化事业日趋繁荣，推进当代艺术馆与城市规划展览馆、国家动漫画产业基地等重大文化项目，“大运会”建设项目取得进展；社会管理和生态环保工作成果显著，“城中村”综合整治工作扎实推进，能源资

源保障水平提高，推进国家生态文明示范城市建设。2009年，深圳市获“全国平安建设先进城区”和“全国和谐社区建设示范单位”称号；“深圳市民文化大讲堂”和“城市街区自助图书馆”获文化部“创新奖”；深圳市获“全国未成年人思想道德建设工作先进城市”称号。

（张　茜）

【固定资产投资】　2009年，深圳市全社会固定资产投资累计完成1709.15亿元，比上年增长16.5%。其中：基本建设投资1043.62亿元，增长26.1%；房地产开发投资437.46亿元，减少0.7%；更新改造投资166.96亿元，增长7.1%；其他投资61.11亿元，增长40.7%。年内，面对极其严峻复杂的国内外发展环境，市委、市政府年初确定全年全市全社会固定资产投资完成1659亿元、增长13%的目标。根据上半年全市经济指标完成情况，下半年市政府在年初计划的基础上，将全年目标调高2.7个百分点，达到15.7%，投资规模达到1698亿元，以弥补出口下滑等其他因素对经济增长的影响。　（陈　兴）

基础设施建设

【交通运行情况】　2009年，深圳市完成交通固定资产投资324.4亿元、比上年增长22.4%，超额完成年度计划；深圳港完成货物吞吐量1.94亿吨、集装箱吞吐量1825.02万标准箱，比上年分别下降8.34%和14.78%；深圳机场完成旅客吞吐量2448.62万人次、货邮吞吐量60.52万吨，分别增长14.42%和1.22%；物流业增加值790.46亿元、增长7.62%，占全市生产总值比重的9.58%；邮政业务总量18.75亿元，增长9.43%。

【机场扩建工程】　2009年，深圳机场航站区基坑支护及土石方工程全部完工并组织验收，T3航站楼桩基础工程及轨道预留工程桩基础工程于8月开工，开展施工图设计工作；飞行区二跑道道面工程完成招标文件报审及资格预审工作，一跑道西联络道设计方案确定，西区排水施工招标工作启动，完成下穿货运通道桩基施工图设计并启动施工招标工作，其他相关工作顺利实施；机场轨道交通枢纽土建预留工程北段区间围护结构工程锚索施工完成83%，土方开挖完成90%，车站围护结构工程冠梁施工全部完成，锚索施工完成45%，土方开挖完成47%；客货油码头迁建等工程完成各项施工准备工作，进行承台浇灌，客货码头完成1号引桥104根PHC管桩试打，完成1号引桥和客运泊位冲孔平台搭设并开始冲孔，油码头迁建工程水工结构完成65%，占总工程的35%，110KV变电站软基处理工程全部完成。完成UPS亚太转运中心、南停机坪二期、综合服务区值班宿舍、OA二期等项目建设。至年底，深圳机场站坪面积105.8万平方米，机位95个。

（吴宏业）

【深圳地铁建设】　2009年，深圳地铁完成投资121.63亿元，完成市政府下达投资计划87.86亿元的138%。至年底，市地铁（集团）有限公司累计完成收支结余1.41亿元，总资产396亿元，负债137亿元，所有者权益259亿元；公司员工总数约5300人，其中运营人员约4200人；组织管理架构设置完善，直属部门、新设二级部门及分公司、子公司和参股控股企业共29个，具备了大型集团公司的规模效应、可控资源和管理结构。

深圳市加快地铁二期工程建设。深圳地铁二期工程包括1号线续建工程、2号线、3号线、4号线续建工程及5号线，总长约156公里。其中，1号线续建工程、2号线和5号线由深圳市地铁（集团）有限公司负责建设，3号线由深圳市地铁三号线投资有限公司负责建设，4号线续建工程由港铁（深圳）轨道交通有限公司负责建设。1号线东起罗湖站，西至机场东站，线路全长40.7公里，设车站30座，其中换乘站9座，

深圳市基础设施基本情况

项目	单位	2008 年	2009 年
铁路（含地铁）营业里程	公里	234.98	234.98
公路通车里程	公里	2010.10	1620.48
其中：高速公路	公里	346.72	341.72
港口泊位	个	165	168
其中：万吨级泊位	个	64	67
内河航运	公里		
本地电话年末用户	万户	487.42	469.20
移动电话年末用户	万户	1862	1856
国际互联网用户	万户	205.50	247.58
电力消费量	万千瓦小时	5837586	5856800
商品房屋实际销售量	万平方米	466.71	
商品房屋实际销售额	亿元	591.09	

设前海、竹子林2座车辆段；罗湖站至世界之窗站已开通运营；续建段东起世界之窗站、西至机场站，长23.6公里，共有15座车站，其中三站三区间（世界之窗站—白石洲站—深大站）于9月28日开通。2号线东起新秀站、西至赤湾站，线路全长36公里，设车站29座，其中换乘站10座，设蛇口西车辆段、后海停车场。3号线东起双龙站、西至益田站，线路全长41.7公里，设车站30座，其中换乘站12座，设横岗车辆段、中心公园停车场。4号线南起福田口岸站、北至清湖站，线路全长20.4公里，设车站15座，其中换乘站3座，设龙华车辆段；续建段南起少年宫站、北至清湖站，线路全长15.8公里，设车站10座。5号线东起黄贝岭站、西至前海湾站，线路全长40公里，设车站27座，其中换乘站11座，设塘朗车辆段、上水径停车场。深圳地铁二期工程完成投资167.2亿元，完成年度计划133.39亿元的125.35%，其中1号线续建工程完成投资18.99亿元，占年度计划18.6亿元的102%；2号线完成投资35.08亿元，占年度计划26.8亿元的131%；3号线完成投资40.57亿元，占年度计划37亿元的110%；4号线续建工程完成投资16.81亿元，占年度计划16亿元的105%；5号线完成投资55.76亿元，占年度计划35亿元的159%。 （蔡 闽 吴宏业）

【铁路建设】 广深铁路 2009年，广深铁路股份有限公司在广深线顺利实施“站站停”运营模式，联合中国工商银行深圳市分行发行“广深铁路牡丹金融IC卡”，自主研发“快通卡”系统并上线运行。至年底，广深线日开行旅客列车156对，其中广九直通车12对、广深城际“和谐号”动车组100对，在客流高峰期每5分钟开行一对“和谐号”动车组，自深圳站有直达北京、上海、长沙、福州、桂林、九江、武昌、岳阳、郑州、常德、西安、沈阳等城市的长途旅客列车。全年公司完成客运量1.65亿人次，完成旅客发送量8183.8万人次，其中深圳站旅客发送量1928.7万人次；完成货运量6798.7万吨，其中货运发送量1762.5万吨；完成换算周转量406.8亿吨公里。公司被评为“上市公司‘金牛奖’百强”、“上市公司‘金牛奖’A股市值百强”、“广东纳税百强企业”、“2009年广东上市公司综合实力十强”、“深圳百强企业”，并获香港《财资杂志》“2009年企业投资者关系及社会责任”金奖。

平南铁路 平南铁路公司营业里程44公里，

设有深圳西、坂田、西丽、妈湾、蛇口、塘郎6个车站（预留前海站），全线预留复线和电气化。道岔设备55组，桥梁21座2724延长米，隧道5座1061.61延长米，内燃机车5辆。该公司把握外部机遇，大幅增开客车，开行“点对点”矿砂专列。全年深圳西站开行至天津、甘肃、山东、湖南、湖北、安徽、江西、河南、江苏、四川等地长途客车14对，承担深圳市铁路长途客运量的45%。发送旅客343.7万人次，比上年减少15.9万人次、下降4%；到达旅客332.2万人次，比上年增长6.4%；完成货运量501万吨、增长8.2%，货物发送量占深圳地区铁路货物发送量的86%，其中港口重点疏运物资占80.6%；完成总收入1.72亿元，增长13.8%。

广深港客运专线建设 该专线是国家《中长期铁路网规划》中“四纵四横”之一“北京—武汉—广州—深圳—香港”客运专线的重要组成部分。专线北起广州南站，经东莞、深圳至香港西九龙站，线路全长143.52公里，其中内地段115.52公里，深圳境内长47.8公里，设新广州、东涌、虎门、公明、深圳北和福田6个车站，投资总概算249亿元。专线内地段的建设由广深港客运专线有限责任公司负责。至年底，专线内地项目累计完成投资161.8亿元，完成总概算的65%。

厦深铁路 厦深铁路北起厦门西站、南至深圳北站，全长502公里，设车站19个，投资估算总额417亿元。该铁路在广东省境内线路长357公里，占厦深铁路全长的71%，投资估算288.3亿元，于2008年1月6日正式动工建设。2009年7月，厦深铁路深圳境内重点控制工程梅林隧道工程率先开工。至年底，厦深铁路广东段项目累计完成投资104.7亿元，完成总概算的36.4%。该段的建设由厦深铁路广东公司负责。

【港口建设】 2009年，深圳市港口建设进展顺利。大铲湾港区完成投资6.93亿元，投资项目主要包括港区陆域形成及地基处理工程、港区物流配套设施工程及一期码头部分泊位后方道路堆场项目；一期码头5个深水泊位及后方道路堆场全部建成，达到全面投产条件；盐田港港区集装箱码头扩建工程完成投资2.94亿元，完成5个泊位建设，15号泊位和工作船泊位已在建设中；蛇口港SCT码头三期工程完成投资2亿元。

（吴宏业）

【能源基础设施建设】 2009年，深圳供电局完成电网基建投资56.62亿元，投产输变电工程28项，新增线路长度386公里，新增变电容量7564MVA，位居南方电网第一；500千伏鹏城站扩建后成为全省容量最大的枢纽变电站；深圳供电局拥有110千伏以上变电站177座，变电总容量4.89万MVA，其中500千伏变电站3座、主变容量8262MVA、输电线路3641公里（其中电缆400公里）。完成核电建设投资55.3亿元，其中岭澳核电二期1号机组提前完成“冷试”，进入联调阶段，2号机组推进“冷试”准备工作；宝安老虎坑垃圾焚烧发电厂二期工程获得核准建设；完成深圳风电场示范工程风力资源测评工作。至年底，深圳拥有电厂总装机规模1060.8万千瓦，其中煤电180万千瓦、核电397万千瓦（其中供应香港144万千瓦）、气电252万千瓦、油电221.5万千瓦（其中126万千瓦已实施“油改气”，可油、气两用）、可再生能源10.3万千瓦。天然气高压输配系统工程正式动工。建成高压管线6.6公里，次高压管线12公里，中压管道66公里，新增管道天然气用户7.4万户，总数96万户，燃气工程建设完成投资7亿元。至年底，深圳市建成天然气门站2座，LNG气化站5座（含1座安全应急气化站），调压站16座，中高压天然气管网总长度2650公里。LNG（液化天然气）接收站项目建设取得进展。大鹏LNG接收站码头增大靠泊船型获得国家能源局批复，第三号储罐配套设施建设工作顺利推进，完成投资2.1亿元；西气东输二线深圳大铲岛LNG应急调峰站10月获国家能源局批准控制性工程提前开工，西气东输二线深圳段于8月底完成可行性研究；建成营运LNG汽车加注站3座，完成投资0.27亿元，其中盐田港区橇装加注站2

座、中山园 LNG 汽车加气示范站 1 座，投入运营 LNG 公交大巴 95 辆，核准新建 LNG 橇装加注站 2 座。

【信息化基础设施建设】 2009 年，深圳市所有通信管道按照市政府确定的“统一规划、统一建设、统一管理”原则要求进行建设与使用管理；落实工信部和国资委 2008 年联合下发的《关于推进电信基础设施共建共享的紧急通知》精神，规范市场管理与运行机制，遏制了诸多道路开挖成“拉链路”和乱建、抢建、抢夺资源等现象的发生；组建独立于通信运营商之外的深圳市信息管线有限公司实施通信管道建设与维护管理工作；协调理顺龙岗区通信管道管理关系，建立市与龙岗区两级管理机制。 （徐 撼）

【口岸基础设施建设】 2009 年，深圳市口岸管理部门按照《珠江三角洲地区改革发展规划纲要》和《深圳市综合配套改革总体方案》要求，推进新口岸建设，先后完成莲塘 / 香园围口岸前期规划、落马洲河套地区 C 区综合规划研究第一阶段招标及前海湾保税港区查验监管设施建设相关协调和查验单位增编申报工作。皇岗口岸旅检场地改造工程市政道路部分完成工程量 85%；文锦渡口岸旅检场地改造工程完成方案设计、方案设计审批和初步设计等前期准备工作，并形成实施封闭改造方案；福田、深圳湾口岸服务配套设施逐步完善，旅客和车辆通关流量稳步增长；深圳湾口岸完成设施、设备移交和综合服务楼及停车楼立项工作；福田口岸完成西广场交通接驳场地一期改造工程相关工作；罗湖、皇岗、文锦渡、沙头角 4 个老口岸“穿衣戴帽”综合整治工程纳入市容环境提升行动计划，其中罗湖、文锦渡和沙头角口岸整治完成方案设计、立项报批等前期工作。市口岸管理部门协调配合全市交通道路规划建设，推动“二线”检查站相关设施建设和维护；完成背仔角检查站营区 4 号和 5 号楼主体工程施工，协调解决清水河检查站建设项目问题；丹平快速路建设“二线”隔离设施拆迁补偿、盐排检查站建设项目整改、玉龙检查站临时查验执勤点建设、南坪二通道跨越新城、南头检查站规划选址方案确定、地铁 5 号线建设项目与留仙检查站建设项目交叉衔接和北山大道规划建设涉及盐田检查站改造工程前期工作等顺利推进。 （李 岩 吴 军）

现代产业

【农业运行情况】 2009 年，深圳市农业增加值 6.69 亿元，比上年增长 4.5%。农林牧渔业总产值以生产价格计为 15.48 亿元，比上年减少 12.9%，其中种植业 4.26 亿元、畜牧业 5.6 亿元、渔业 3.96 亿元、服务业 1.46 亿元；按可比价格计为 16.36 亿元，增长 13.61%，其中种植业 4.23 亿元、畜牧业 6.2 亿元、渔业 4.2 亿元、服务业 1.49 亿元。至年底，全市有饲料生产企业 41 家，总产值 21.6 亿元，增长 2.5%，其中预混料企业 12 家、添加剂生产企业 9 家。全市饲料生产总量 84.2 万吨，增长 2.5%。其中：配合饲料产量 67 万吨，增长 1.4%；浓缩饲料产量 8.9 万吨，增长 3.4%；添加剂预混合饲料产量 8.3 万吨，增长 2.8%。

种植业 全市农作物播种面积 6913.33 公顷，比上年下降 5.21%。其中：粮食播种面积 13.33 公顷；蔬菜播种面积 6566.67 公顷，比上年增长 5.1%，蔬菜产量 10.72 万吨，下降 6%；水果种植面积 3700 公顷，增长 19.87%，产量 0.39 万吨，下降 13.33%；花卉种植面积 333.33 公顷，下降 53.27%。

畜牧业 全市生猪饲养量 41.04 万头，比上年下降 15.14%。其中：出栏量 29.83 万头，下降 8%；存栏量 11.21 万头，下降 29.59%。家禽饲养量 687.17 万只，下降 23.91%；出栏量 518.08 万只，下降 32.23%；存栏量 169.1 万只。其中：活鸡饲养量 606.54 万只，下降 9.24%；出栏量 445.2 万只，下降 19.2%；存栏量 161.34 万只；

鲜蛋产量282吨；鸽子出栏量26.14万只。肉类总产量2.55万吨，下降5.55%。奶牛存栏量5035头；产奶量1.07万吨，下降33.95%。

渔业　全市水产品养殖面积2020公顷，其中海水养殖面积1746.67公顷、淡水养殖面积206.67公顷。水产品总产量3.03万吨，比上年下降21.3%。其中：淡水产品0.18万吨，比上年增长38.46%；海产品2.85万吨，下降23.18%。

【农产品生产基地建设】　2009年，深圳市农业（海洋）部门动员企业参与生产基地建设，组织开展无公害农产品产地认定、供深基地认定工作，组织专家对基地进行现场考核评审；按照市政府扶持政策及基地认定办法规定，认定并公布第七批主要农产品生产基地71个，其中生猪基地64个、水产品基地7个。至年底，深圳市已在市内外建立7批共584个农产品生产基地，其中蔬菜基地170个、生猪基地304个、水产品基地110个。4～7月，市农业（海洋）部门组织6个检查组对农产品生产基地进行检查整顿，6个检查组共出动56人分别对蔬菜、生猪和水产品的46个农产品生产基地建设企业、89个农产品生产基地进行检查；对存在问题的农产品生产基地采取有效措施推进整改。全年全市农产品生产基地供应深圳市场蔬菜69.3万吨、生猪174.36万头、水产品15.37万吨。

【农业产业化】　2009年，深圳市有农业产业化经营企业70家，其中种植业22家、畜牧业20家、水产业19家；带动各地农户56.08万户，带动农户增收14.58亿元，户均增收2600元。市农业（海洋）部门贯彻落实《深圳市发展农业“龙头”企业实施方案》，加大农业“龙头”企业奖励力度；市芭田生态工程股份有限公司、望家欢实业有限公司被认定为省级重点农业“龙头”企业；市级以上农业“龙头”企业达20家，其中国家级6家、省级12家。市农业（海洋）部门加强与农业企业联系，了解并协调解决企业在发展中存在的困难和问题，与市财政部门协调，组织申报省重点农业“龙头”企业贷款贴息资金项目；组织农业企业参加第七届中国国际农产品交易会、第七届中国花卉博览会、粤湘经贸合作洽谈会、第二十届香港美食博览会和武汉农产品交易博览会等，在第七届中国花卉博览会上深圳市获组织金奖。市农业（海洋）部门对全市农业产业化经营情况进行调查统计，对省级以上重点农业“龙头”企业的发展运行状况进行监测。至年底，全市拥有4个“中国名牌农产品”、21个“广东省名牌农产品”，拥有9个交易面积1万平方米以上农产品交易专业批发市场，其中农业部定点农产品批发市场3个。　（廖其年）

【工业经济运行情况】　2009年，深圳市经济受到国际金融危机的严重影响，除进出口3项指标负增长外，科技、工业、贸易主要指标均有不同幅度的增长。工业增加值增速稳步回升，高新技术产业产值比重继续提高；外贸出口降幅逐步缩小，外贸出口总额继续居全国大中城市首位，实现“十七连冠”；实际利用外资和对外工程及劳务合作保持正增长；社会消费品零售总额保持较快增长；电力供应保障能力提高，成品油供应充足。全年实现地区生产总值8201.23亿元，比上年增长10.7%；全口径工业和商贸流通业分别实现增加值3597.61亿元、1054.61亿元，占地区生产总值的比重分别为43.9%、12.9%。全市实现规模以上工业增加值3429.9亿元，增长8.7%；完成规模以上工业总产值1.55万亿元，增长1%。全市工业总体呈现“前低后高、稳步回升”的运行态势，工业增加值增速逐月提高，由1～2月的-7.4%逐月提高到全年的8.7%。

电子信息业较快增长，机械装备制造业小幅增长，石油开采业和电力行业小幅下降。全市规模以上轻工业实现增加值880.51亿元，增长3.5%；重工业实现增加值2549.39亿元，增长10.4%，轻工业、重工业比重为25.7∶74.3。电子信息产业增加值增速高于全省和全国平均水平。全市电子信息产业实现规模以上工业增加值

1721.23亿元，占规模以上工业增加值的50.2%，增长12.6%，高于全市工业增加值增速（8.7%）3.9个百分点，对全市工业增长贡献率为70.2%。市机械装备行业实现规模以上工业增加值556.13亿元，占规模以上工业增加值的16.2%，增长3.6%，专用设备制造业实现规模以上工业增加值99.57亿元，增长22.2%；交通运输设备制造业实现规模以上工业增加值47.55亿元，增长14.6%。

全市石油开采业实现工业增加值277.26亿元，占规模以上工业增加值的8.1%，下降5.4%；全市电力行业工业增加值仍然负增长，实现规模以上工业增加值201.05亿元，占全市规模以上工业增加值比重的5.9%，下降2.8%；重点企业增加值增速略低于全市平均增速，部分本土企业保持较快增长。全市工业"百强"企业实现规模以上工业增加值1928亿元，占规模以上工业增加值的56.2%，增长8.3%，低于全市工业平均增速0.4个百分点。比亚迪汽车、宇龙计算机等企业产值增速较快。

全市规模以上工业企业实现主营业务收入1.41万亿元，下降5.6%；利润总额837.67亿元，增长10.8%；产成品产值1149.75亿元，增长8.9%；应收账款3130.54亿元，增长15.3%；工业经济效益综合指数179.3%；工业产品销售率95.4%，工业全员劳动生产率12.8万元/人，下降1.8%。

（胡小剑）

【高新技术产业】　2009年，深圳市全年实现高新技术产品产值8507.81亿元，比上年增长3.56%。其中：电子信息高新技术产品产值7538.03亿元，增长1.96%；光机电一体化高新技术产品产值386.51亿元，增长18.37%；新材料及新能源高新技术产品产值446.35亿元，增长12.57%；生物技术及医药和环保行业分别实现高新技术产品产值80.05亿元和56.87亿元，增长35.18%和42.45%。全年全市高新技术产品实现增加值2611.15亿元，增长9.6%。本土自主创新企业高新技术产品产值3345亿元，增长15%；实现高新技术产品增加值1003.5亿元，增长15.5%。全年全市高新技术产品出口850.48亿美元，比上年下降5.5%，低于全市外贸出口同期降幅（-10.6%）5.1个百分点。其中，电子信息产业高新技术产品出口814.88亿美元，下降1.5%；光机电一体化高新技术产品出口26.41亿美元，下降10.8%；生物技术高新产品出口5.45亿美元，增长12%；新材料、新能源高新技术产品出口1.19亿美元，增长3.6%；其他高新技术产品出口2.56亿美元，下降0.5%。深圳市申请国内专利共计4.23万件，增长16.6%，高于上年增速（1.2%）的15.4个百分点，居全国第三位。其中，发明专利申请量2.05万件，增长9.4%，占国内专利申请总量的48.53%，居全国第二位。PCT（专利合作协定）申请量3800件，增长近40%，占全国PCT申请总量的47%，连续6年居全国第一位。深圳市国内专利授权量2.59万件，增长37.7%；其中发明专利授权8132件，增长50.3%。

（吕　睿）

【深圳保税区】　2009年，深圳保税区（包括福田保税区、沙头角保税区及盐田港保税物流园区）实现工业增加值100.77亿元；工业总产值600.7亿元；进出口总额371.34亿美元，其中进口总额184.5亿美元；实际利用外资6166万美元；税收总额66.01亿元，比上年增长24.8%。保税区每平方公里土地创造34.28亿元的增加值、204.34亿元的工业产值、126.29亿美元的进出口总额和22.45亿元的税收收入，并创造5万多个就业岗位。福田保税区全年实现工业增加值86.69亿元，占深圳保税区总量的86%；实现工业总产值512.9亿元，占深圳保税区总量的85.4%；实现进出口总额331亿美元，占深圳保税区总量的89.2%；实现税收49.08亿元，占深圳保税区总量的74.4%。沙头角保税区全年实现工业增加值14.1亿元、工业总产值87.8亿元、进出口总额21.6亿美元。因区内部分主要企业搬迁，对沙头角保税区经济形成较大冲击。盐田港保税物流园区全年实现进出口总额18.7亿美元，增长39.4%；进出区货物总额实现69.2亿美元、增长49.2%，实现税收收入15.2亿元、增长260%。物流园区加强全市产业衔接，加快全市货物流通，在实现区域经济一体化和功能互补方面发挥了重要作用。至年底，3个保税区有企业1438家，其中有27家“世界500强”企业在保税区直接或间接投资设立32家企业。年内，全区新批准设立企业97家，其中加工企业22家、仓储物流企业10家、贸易及其他企业65家。全年全区引进外资项目23个，其中研发型生产企业3个、加工企业7个、贸易企业8个、其他企业5个。全年保税区合同利用外资3102万美元。（刘金华）

【深圳高新技术产业园区】 2009年，深圳高新技术产业园区通过国家知识产权试点园区、国家标准化示范园区验收，获得国家海外高层次人才创新创业基地、国家新型工业化产业示范基地认定。全年该园区实现工业总产值2549.68亿元，比上年增长13.33%；总收入2669.65亿元，增长21.6%；工业增加值622.91亿元，增长20.26%；出口创汇127.15亿美元，增长13.21%；税收总额134.35亿元，增长12.16%；净利润145.23亿元，增长25.65%，各项经济指标增长幅度远高于全国、广东省和全市平均水平，在国家级高新区中居于领先地位。该园区专利申请1.03万件，发明专利申请7759件，占全市发明专利申请的37.8%；专利授权4216件，发明专利授权2072件，占全市发明专利授权的25.5%，专利申请量、发明专利申请量继续居国家级高新区第二位，国际专利（PCT）申请量继续居国家级高新区首位。深圳高新区在2009年度科技部对全国54个国家级高新区测评中综合排名位列第二。

【深圳软件园】 2009年，深圳软件园骨干企业超过500家，软件与服务销售收入超过1000亿元，占全市的87.8%，软件与服务出口50亿美元。经过7年的建设与发展，深圳软件园在嵌入式系统设计、IC设计与行业应用软件与软件出口外包方面形成自身特色，成为中国重要的软件产品研发基地、软件企业孵化基地、软件产品出口基地、软件人才培养基地和国际软件技术合作基地，在全国软件行业占有重要的地位。深圳（国家）软件与信息服务外包平台通过工信部验收并获授牌。（赵大治）

【蛇口工业区】 2009年，招商局蛇口工业区有限公司全年营业收入、利润总额分别比上年增长80%和22%。公司房地产业务实现销售面积超过100万平方米、销售金额超过100亿元的“双百”目标，创历史最好成绩；科技孵化业务继续探索与投资业务有机结合新模式，适时调整入孵企业结构，完善孵化基地配套设施，加强增值服务；水、电供应等公共设施及园区配套业务，保持经营总体稳定；该公司启动“再造新蛇口”工程，成立新机构、搭建产业升级工作平台、加强产业规划研究和客户引进、推进园区软硬件升级，取得良好开局。（群　笙）

【产业转移与劳动力转移】 2009年，深圳市制定《深圳市促进产业有序转移行动方案（试行）》，按照“政府推动、市场运作、企业自主、互惠双赢”原则，加强与对口山区及广东省各地级市的经济联系与交流，并在实际工作中体现对山区、贫困地区的关心和扶持，不以追求直接的经济效益为目标，引导全市企业与周边地区及山区合作，延伸深圳产业腹地，实现优势互补、合作共赢。至年底，深圳市与广东山区及东西两翼联手共建的并经省政府认定的“省产业转移工业园”有福田（和平）、龙岗（吴川）、南山（潮州）、罗湖（源城）、龙岗（汕头潮南）、深圳（汕尾）、南山（龙川）等7个产业转移工业园；制定《深圳（汕尾）深圳（潮州）产业转移工业园合作共建机制》，8月，市政府安排4亿元用于支持深圳（汕尾）、深圳（潮州）产业转移工业园建设。落实劳动力转移工作。制定并实施《关于做好本省农村劳动力培训及转移就业工作的实施意见》、《农村劳动力转移就业工作方案》、《农村劳动力转移技能培训工作方案》、《深圳市推进优秀农民工进城落户的意见》和《深圳市人力资源培训和配置工作的实施方案》等配套文件，推进劳动力转移工作落实；联合省人力资源和社会保障厅、深圳报业集团、南方日报社在深圳五洲宾馆和湛江市体育馆分别举办广东省“双转移”深圳接收粤东西北农村劳动力洽谈会和深圳—湛江劳务合作招聘会，1～9月深圳市接收粤东西北地区劳动力就业8.23万人。

（刘洪涛）

【产业转移工业园建设】 2009年，深圳市产业转移工业园建设取得新进展。出台《深圳市促进产业有序转移行动方案（试行）（2009～2012年)》，重点推进与汕尾、潮州两市结对共建市级产业转移工业园，其中深圳（潮州）产业转移工业园被省政府认定为“省示范性产业转移工业园”；为加快园区建设，研究制定《深圳（汕尾）、深圳（潮州）产业转移工业园合作共建机制》，分别一次性各拨付2亿元园区基础设施建设启动资金到汕尾、潮州园区，并帮助汕尾完成园区规划和测绘工作。至年底，深圳（汕尾）产业转移工业园引进企业47家，其中投产企业24家、在建企业13家、合同项目10个、投资额141亿元；深圳（潮州）产业转移工业园签订入园协议78个、意向金额282亿元，在建项目53个、投资额115亿元，已建成项目46个、投资额80亿元，就业人数1.8万人。9月，深圳市与连云港市签订共建连云港—深圳新型产业园合作协议。

（余丽娟）

【物流服务业】 2009年，深圳市现代物流业继续保持稳健增长趋势。年内，深圳市现代物流业实现增加值789.53亿元，比上年增长7.49%，增幅回落4.79个百分点，占全市生产总值比重的9.63%，增加0.22个百分点；社会物流总费用1238.38亿元，增长5.09%，占全市生产总值比重的15.1%，上升0.01个百分点。年内，深圳市物流运营效率接近中等发达国家水平；现代物流业结构竞争力和集群竞争力较强，以第三方物流企业和供应量管理企业为主体的现代物流体系基本形成，涌现出招商物流等一批国内知名的第三方物流企业。

物流园区建设 深圳市物流园区建设进展顺利。年内，市交通运输委员会以“推动、协调、服务”为宗旨，加强对各物流园区的指导协调和督办落实，通过建立健全物流园区建设责任体系，推进园区建设和运营工作全面提速。年内，前海湾、平湖、笋岗—清水河等3个在（改）建园区建设工作取得新进展，前海湾填海区陆域已基本成型，完成前海公共服务平台研究，平湖重点项目相继动工并有部分项目落成使用，笋岗重大项目陆续启动；龙华、盐田、机场等3个已建成园区整体经营状况良好，运营情况和抗风险能力明显高于全市其他一般性物流区域；完成固成物流园区前期规划研究工作。

（吴宏业）

城乡发展

【城乡规划编制】 2009年，深圳市加快重点地区规划。市规划和国土资源委员会完成前海地区概念规划国际招投标工作，加快推进前海法定图则编制与审批工作；以前海中心和前海保税港区为重点，加快发展金融信息、供应链管理、中介服务、保税物流和现代港口等现代服务业，将前海地区建设成为“深港现代服务业合作示范区”。成立前海地区规划编制与实施机构，完成总体方案初稿编制报市政府审批；《光明新区规划》、《光明新区再生水及雨洪利用规划》、《光明新区共同沟详细规划》以及由深圳市政府与新加坡对外合作局共同推动的《光明新区中心区开发指导规划》等20余项规划先后通过审查并付诸实施，光明新区中心区城市设计获2009年深圳勘察设计“金牛奖”，中央公园城市设计获2009年美国建筑师协会AIA优胜奖。推进坪山新区发展规划优化提升和坪山中心区概念规划国际咨询活动，筹备召开坪山新区发展战略国际咨询峰会，加快推进《坪山新区新能源汽车产业发展空间布局规划》报批实施。

法定图则编制　法定图则全覆盖工作是2009年市政府工作“十大突破”目标任务之一。年内，深圳市规划和国土资源委员会召开法定图则委员会会议16次，审批通过37项法定图则，覆盖面积约177平方公里；召开规划技术委员会会议47次，审议通过73项法定图则草案及63项法定图则公示意见处理情况，其中法定图则草案覆盖面积约357平方公里，超额完成年度法定图则编制任务。该委员会管理在编图则160项，其中通过图则委员会或技术委员会审议的超过100项，加上历年审批的图则，全市法定图则覆盖率超过70%。

城市设计　深圳市规划和国土资源委员会完成华强北城市更新规划、华强北立体街道城市设计、水晶岛规划设计方案国际咨询、后海中心区城市设计深化调整、前海地区城市设计国际咨询前期准备、南方科技大学校园规划及首期建筑设计方案国际竞赛方案深化、机场空港枢纽规划、大运中心及景观设计方案深化、福田中心区深交所片区金融商务办公楼“4+1”重点工程项目联合招标、光明新城中心区城市设计国际咨询和光明新区中央公园概念规划方案国际咨询等。委员会针对深圳城市特征以及各种城市设计成果转换的一般性原则，吸取国内外城市设计和建筑设计先进管理经验及建筑技术最新成果，提出适应全市城市设计管理的技术规章和规范要求，加大城市与建筑设计在标准化和规范化方面的管理力度，制定《深圳市城市设计标准与准则》。

专项规划　2009年6月，《深圳市城市轨道交通近期建设规划（2011～2020）》上报国家发改委。该《规划》规划建设8条线路、长254公里，以完善中心城区轨道网络，覆盖中心城区主要客流集散点，缓解中心城区交通压力；形成合理的城市布局结构，与城市重点发展和改善地区协调，与国家干线铁路、珠三角城际轨道等设施建设相协调。12月17日，《深圳市应急避难场所专项规划》通过市政府联席会议审查。市规划和国土资源委员会完成《深圳市黄线规划》、《深圳市蓝线规划》和《深圳市橙线规划》，为系统划定全市各类市政设施用地、提供保障水生态系统完整性提供规划依据，对制定重大危险设施周边区域土地利用和建设活动进行引导或限制起到界线作用。其中，《深圳橙线规划》为城市安全增加一项空间管制辅助手段，属国内首创。至年底，全市已建成轨道交通1号线、4号线共25公里，在建1号线、4号线延长线和2号线、3号线、5号线共153公里；完成外环高速公路和东部过境通道规划选址，开展上述两条道路以及南坪二期、沿江高速、西部港区疏港道路等高速和快速路规划协调工作。

城市产业空间规划　2009年7月2日，深圳市政府四届一百三十九次常务会议审议通过《深圳市海洋产业发展空间布局规划》。该《规划》按照深圳市城市总体规划和相关产业规划，结合深圳海岸线空间资源潜力情况，组织编制海洋产业发展空间布局规划，为未来深圳海洋产业的发展提供明确空间指引，并对规划实施提出保障措施。《深圳市现代制造业发展空间布局规划》上报市政府常务会议审议。该《规划》旨在通过对全市制造业空间引导和城市功能合理安排，建立一套适应空间减量化发展模式下的产业管理模式，通过土地资源管理刚性政策手段，实现空间结构优化、用地集约高效、产业空间集聚的目标，以推进深圳转型期工业经济和产出效益持续增长，以及深圳经济、社会、资源环境的协调发展。

（吴　莉）

【水污染治理】　2009年，深圳市58项水污染治理重点工程已建成南山二级污水处理厂等16项，建成污水管道200公里；福永污泥处理厂建成投产，老虎坑、上洋污泥处理厂处于实施阶段；深圳水库排洪河综合整治全面完成，成为全市第一个河流生态景观示范项目；福田河、新洲河、布吉河、大沙河综合整治工程按计划推进；

观澜河干流截污工程基本完工；茅洲河界河段治理取得进展，深莞双方就岸线划定达成一致意见，清淤清障工作基本完成；龙岗河下游排涝、东部海堤重建等项目完成初步设计；深圳河河口治理一期工程和深圳河治理三期工程竣工验收。

（詹　卡）

【人居建设】　2009年，深圳市人居环境委员会完成《深圳住宅产业现代化发展战略研究》课题，摸清全市住宅产业现代化现状及存在的问题，提出解决问题和促进发展的政策与建议；拟定《关于推进住宅产业现代化提升住宅品质的若干规定》，开展《深圳市住宅产业现代化发展纲要》编制工作，对近期和远期全市住宅产业现代化工作进行全面规划；完成屋顶绿化普查工作，建立集查询、统计和分析于一体的数据库；运用“四节一环保”技术，在保障性住房项目建设中引入雨水收集、中水回用、太阳能光热光伏利用和节能门窗玻璃等技术，侨香村成为全国最大的太阳能技术应用示范住宅小区。委员会成功举办2009中国（深圳）第六届住宅产业国际博览会，组团参加第八届中国国际（北京）住宅产业博览会，开展《深圳市建设宜居城市背景研究》课题，启动深圳市宜居城市创建现状自评工作，明确推进宜居城市建设指导思想和方向。

【生态城市创建】　2009年，深圳市“绿色社区”达305个、“生态街道”达49个，福田区生态区创建通过国家现场考核，罗湖区、南山区生态区创建通过省考核验收，全年全市共创建学校、机关、企业和商场等“绿色单位”78个。推进生态工业示范园区建设，启动全市生态工业示范园区摸底调研，观澜高新技术产业园区创建成为“深圳市生态工业示范园区”；以“建生态城市、圆绿色梦想”系列宣传活动和“绿色家园”系列创建活动为载体，宣传深圳市实施节能减排和建设生态宜居城市方针、政策及措施，利用电视、报刊、论坛等形式渗透教育，按年龄、职业、教育程度有所侧重地开展各类环境教育活动，先后举办“人居环境建设与水环境保护”国际高端论坛、“绿韵悠扬”——深圳环保演出季和“环境教育与生态文明”论文征集等活动；环境信息公开体系日趋完善。

【空气污染整治】　2009年，深圳市深入开展空气污染整治。市人居环境委员会加强机动车排气污染防治工作，推进油气污染治理，开展加油站、储油库及油罐车油气污染治理改造；强化机动车环保车型目录管理，对新车上牌严格执行机动车国Ⅲ排放标准；加大在用车监管力度，全年路检高排放车辆2.16万辆次，抽检公交车5949辆次，专项治理客货运、环卫等行业车辆2652辆次；强化公众参与和社会监督，受理查处被举报黑烟车7921辆次；扩大黄标车限行区域，施行第八、第九阶段限行措施；完成推广国Ⅳ车用燃油、在用车简易工况法排气检测、在用车排气检测与强制维护制度前期准备工作；加强施工扬尘监管，组织专项执法行动，公布全市9个重点扬尘源名单，责令5个重点源安装视频监控。

【水污染防治】　2009年，深圳市进一步加强水污染防治工作。市人居环境委员会组织开展饮用水源保护“雨季行动”，出动执法人员5388人次，对深圳水库等26个重点水库流域进行专项检查，清理暴露垃圾3000余吨，拆除乱搭建窝棚11.25万平方米，清理零散回流生猪1.45万头，拆除8处违建，检查企业1642个；完成全市饮用水水源保护区排污口调查，建立饮用水源保护区排污口信息系统；推进水源地污染防治工程建设，完成石岩水库支流上屋水截污工程和深圳水库大望溢流管建设，加快推进石岩水库环库截污工程、西丽水库前置库工程建设、9座水库水源涵养林建设和8座主要水库的隔离管理；开展跨市河流污染整治工作，推进坪地横岭等5座污水处理厂和配套管网工程，加快工业污染源整治进度，全面推进龙岗河、坪山河流域污染综合整治工作；加强与惠州、东莞等周边城市环保联络，建立水质通报制度和支流联合监测计划，继续推进深圳河污染底泥治理策略研究。2009年，深圳市新开工及在建污水处理厂18座，总投资约46亿元，在建污水管网工程18项，总投资约27.5亿元，是水污染治理方面历年来强度最大、项目最多的一年。（胡守丽）

【市政工程管理】 2009年，深圳市建筑工务署对前期工作架构进行优化调整，按专业成立建筑组、结构组，按项目类别成立教育组、医疗组、民政组，不同工作由相对应小组完成，提高前期工作效率；对全市90多个设计单位进行分类整理，初步建立设计承包商数据库，创新和改进前期招标模式；建立土建装饰材料参考品牌库，制定《建筑工务署土建装饰材料参考品牌库管理办法（试行）》并开始试行，节约招标时间，降低招标成本，提高招标效率；牵头制定《与场馆建设相关的“大运会”赞助企业产品（服务）定向采购程序》，探索合理、可行、制度化的集中采购方式，研究制订实施战略合作伙伴关系初步方案。完成“大型土石方与桩基计量课题”研究，制定计量手册，解决大型土石方计量工程计量标准化这一工程建设领域的普遍难题；与深圳大学合作的“深港西部通道侧接线科研立项——混凝土高性能技术的研究与应用”、“阻燃沥青的研究”项目分别获2009年度“广东省科学技术奖”二等奖和“湖南省科学技术奖”二等奖。狠抓工程质量管理；市粮食储备库、市老干部中心获“市优质结构工程奖”；大运中心主体育场获广东省和深圳市“安全生产文明施工优良工地”称号，并被住房和城乡建设部评为深圳市唯一“全国建筑施工安全质量标准化示范工地”，主体育馆获国家钢结构最高奖“金刚奖”和广东省首批钢结构金奖“粤钢奖”；滨海医院、信息职业技术学院（大运村）、市残疾人服务中心、梅山苑二期被评为“深圳市安全生产与文明施工优良工地”；西部通道侧接线、香梅路跨线桥获国家市政工程最高荣誉中国市政工程“金杯奖”；滨海医院被指定为2009年度中国建筑工程“鲁班奖”颁奖典礼暨“全国建筑工程质量”论坛与会专家现场观摩样板工地，大运中心主体育场、梅山苑二期保障性住房分别被列为深圳市质量观摩工地。开展安全检查200多次，排查场所8600多处，排查安全隐患5184个，并全部进行整改；组织开展应急预案演练，通过模拟施工现场火灾，检验和提高项目组在事故发生时的快速反应以及现场作业人员自救能力；开展“农民工夜校”安全生产再教育培训活动，制定《建筑工务署项目代建管理办法》，将代建工程纳入规范建设轨道，全年共有委托代建项目37个，涉及概算金额13.3亿元，代建项目完成投资4.15亿元，所有代建项目的质量、工期、投资控制、安全生产均进展良好。年内，市建筑工务署进入竣工结算阶段项目共55项，已完成50项，5项在办理中，完成率91%。（刘　戈）

【市容环境综合整治】 2009年，深圳市城市管理局（行政执法局）拟定《深圳市市容环境提升行动计划》提交市政府常务会议和市委常委会审议；印发《深圳市市容环境提升行动任务细化表》，成立行业协调组和行动督办组，协调督促各成员单位同步推进市容环境提升行动和“城中村”环境综合整治；组织成立专家组，审查主要交通干道及轨道交通沿线建筑立面刷新方案、重点片区建筑屋顶改造方案、重要节点花卉布置方案；制订《深圳市建筑物和公共服务设施清洗翻新管理规定》、《深圳市建筑立面刷新和屋顶改造技术指引》和《深圳市街道家具分类整治图示及标准》，修改《深圳市户外广告设置指引》，印发《市城管局系统市容环境提升行动工作方案》，要求各直属单位全面完成自管辖区内的整治任务。启动清洁深圳百日专项行动，开展广深铁路沿线市容环境专项整治，龙岗区拆除广深铁路沿线“乱搭建”7.2万平方米，罗湖区清理沿线废品收购摊档40多宗，沿线绿化改造工程抓紧施工；对特区内主、次干道两侧和特区外各区、街道中心城区街道家具进行清洗刷新，各区示范点和样板路清洗刷新工作有序开展；推进主要道路和重点商业街区的“城市装修”计划，福田区推进皇岗南路福田村福新坊段、彩田路跨北环路段、广深高速公路福田出口段的建筑立面刷新和屋顶改造，罗湖区完成119栋建筑物外立面改造，推进“五横六纵”等11条主干道及布吉关口、梧桐山中心街、广深铁路罗湖段沿线相关建筑的环境治理，南山区推进南山大道等3条道路综合整治以及后海湾片区、南海大道“星光大道”灯光夜景工程，盐田区推进深盐路、深沙路等主干道重要节点的刷新工作，宝安区实施宝安大道等4条（段）道路的街景整治、机场候机楼视线范围内10万平方米建筑屋顶及鹤洲路口周边建筑立面刷新，龙岗区完成黄阁路、龙城路等8条主要道路绿化改造，完成深惠路沿线、龙岗街道示范段街景整治，推进龙园路、如意路两侧建筑立面刷新和屋顶改造，光明新区推进华夏路沿线建筑物立面刷新工程，坪山新区推进创业路街景改造示范工程。制定《以消防安全治理为重点的新一轮“城中村”综合整治工作方案》和系列配套文件，确立从2009年起3年内消除“城中村”消防安全隐患工作目标，对综合整治的内容与范围、考核验收程序、专（兼）职消防队伍建设及装备配置等提出明确要求，在龙岗区和宝安区分别召开整治工作现场动员会，成立督办小组深入各区、各街道督促指导整治工作；组织对全市“城中村”现状进行调查，提出整治项目建设资金标准及拨付计划，市级首期建设资金及盐田、龙岗两区追加的一般整治类项目建设资金已到位；各区采取先点后面、带动整体的方式实施整治工作，各区确定的先行点整治工作取得良好示范效果，273个二类项目有34个项目开始施工，其中14个项目已完工，598个三类项目完成设计并通过消防审核，已开工项目655个，超额57个，盐田区、南山区、龙岗区和光明新区进入施工阶段，罗湖区开工率96%，福田区开工率50%，宝安区179个项目全部竣工，光明新区4个项目竣工。发布《关于在全市范围内禁止设置各类横幅标语的通告》，要求户外广告设置单位11月20日前自行拆除；对公路和高速公路沿线特别是广深高速公路深圳段的违法立柱广告开展集中整治；指导龙岗区、宝安区、光明新区开展设置户外广告占用公共用地使用权的拍卖工作，受理特区内户外广告、举办活动和临时构建物行政许可申请1460件；协助市委宣传部组织21个户外广告企业发布1万多平方米庆祝新中国成立60周年公益宣传画。

（深志办）

资源环境

【基本农田改造】 2009年，深圳市农业（海洋）部门规范基本农田改造管理，会同市法制、财政、规划国土等部门制订或完善《深圳市基本农田保护区管理办法》、《深圳市基本农田改造政府补助资金管理办法》、《深圳市基本农田改造主体管理办法》等法规和规范性文件；对2009年基本农田改造范围进行全面现场踏勘，调整不适宜改造的地块范围；按照市基本农田改造领导小组确定的原则选择基本农田改造主体，会同相关部门研究并完善基本农田改造工程资金补贴方案，对改造范围地块现状进行现场测绘，全市基本农田改造做到集约用地、建设和保护并重、合理布局。

（廖其年）

【耕地保护】 2009年，在广东省2008年度土地利用计划执行和耕地保护责任目标考核情况评比中，深圳市获综合奖三等奖和保护耕地单项奖。建立健全耕地保护制度，建立耕地和基本农田保护台账。市规划和国土资源委员会推进土地开发整理补充耕地工作，编制《深圳市土地开发整理补充耕地专项规划》；提请市政府出台《关于实施广东省土地开发整理补充耕地项目管理办法的意见》；12月，坪山新区大工业片区土地开发整理补充耕地试点项目通过省级抽查验收。加强与河源、梅州两市的沟通，协调做好委托易地开发耕地验收报备和台账管理工作；组织开展基本农田布局调整工作，划定2009年基本农田改造范围线，做好基本农田改造相关工作。

【建设用地管理】 2009年，深圳市加强建设用地管理工作。市规划和国土资源委员会严格实施近期建设计划落实，报审建设项目用地符合年度计划的比例从上年的98%提升至99%；上报建设用地项目11批次、专题项目9个，基本做到常规项目一月一报、重大建设项目随时专报；上报市政府审批项目用地579项，面积15.6平方公里；提交“招、拍、挂”用地2.74平方公里；核发建设项目选址意见书921份、用地方案图1216份；完成住房用地选址1.23平方公里。完成广深沿江高速、穗莞深城际轨道交通、博深高速、厦深铁路和广深港客运专线等5个重大项目用地报批工作；完成2009年度农用地转用方案编制工作并通过国土资源部审批；完成穗莞深城际轨道交通项目（深圳段）、深圳地铁2号线东延线工程、地铁3号线西延段工程、东部过境高速公路、深圳港大铲湾二期工程和深圳中石油LNG项目等十余个项目预审转报工作，完成深圳电网500千伏紫荆西乡北变电站工程建设项目等10个变电站项目规划修改和预审转报工作。组织开发完成“招拍挂业务管理系统”，对“招、拍、挂”用地管理业务实行电子信息化管理；按照机构改革和严格建设用地审批要求，参与建设用地审批流程优化研究工作；草拟《关于加强城市化转地非农建设用地后续管理的意见》，提出非农建设用地开发利用和调整置换处理原则和工作程序；坚持建设用地项目每月一报，缩短用地报批周期。

（张　奇）

【节能减排】 2009年，深圳市总计关停小火电112万千瓦，全面完成“十一五”关停小火电机组任务；关停月亮湾和南山热电各1台9E机组合计36万千瓦。加快天然气发展和电厂油改气。西气东输二线天然气供应深圳供销合同谈判工作初步完成。与中海油和广东大鹏公司协调向深圳供应现货天然气和卡塔尔天然气事宜，增加气量供应25.7万吨，一定程度上满足了油改气电厂需求；协调推进宝昌等燃油电厂供气管线设施建设。推进能源节约和梯级利用。南山热电冷热电联供项目、污泥干化项目和南天电厂向滨海医院和深云村集中供热等项目有序推进，宝昌、钰湖电厂冷热电联供项目核准建设；深圳供电局开展节能发电调度，年平均线损率2.25%，比上年下降59%；建立大客户差异化节能服务机制，为大客户和重要客户提供节能诊断和建议书近1500份；开展绿色变电站试点前期工作，完成国内首座220千伏直降20千伏变电站初步设计和审查；妈湾电厂实施汽轮机通流节能改造工作；大鹏LNG接收站冷能利用研究工作有序推进。

（吴波浪）

【生态环境建设】 2009年，深圳市全年建成社区公园33个，超额完成20个社区公园建设任务；市属儿童乐园、安托山、罗芳、红岗、银湖山、布心山、梅林山等7个市政公园和郊野公园完成立项、划线工作，总体规划已获批准，儿童乐园已动工建设；全市已立项森林公园和自然保护区11个、总面积超过480平方公里，羊台山森林公园小羊台片区景观工程已开工，大羊台片区景观工程开展前期工作，凤凰山、三洲田、清林径、松子坑、观澜、光明、五指耙森林公园和田头山、大鹏半岛自然保护区及铁岗—石岩水库湿地自然保护区建设相关工作积极推进。大鹏半岛国家地质公园建设完成施工图设计、审图和预算编制等前期工作，年度政府投资计划下达；深圳湾15公里滨海休闲带建设项目补充可行性研究报告获批，建设工程完成95%的年度计划，护岸和示范区工程完工开放；梧桐山风景区道桥等基础工程基本完工，体育公园、登山步道及景观台抓紧施工；仙湖植物园门区立体停车库建设进入主体施工阶段，仙湖驳岸改造工程完工，蝶谷幽兰景区对外开放；中国科学院、深圳市政府共建仙湖植物园合作备忘录签署，院市共建仙湖植物园工作进入实质性阶段；深圳湾滨海红树林修复一期工程完成可行性研究等前期工作，进入设计阶段；完成生态风景林建设工程中后期抚育和补植工作，幼林保存率95%以上；主干道背景山体林相改造工程完成总任务的74%；国家扩大内需新增投资项目沿海防护林建设工程项目建议书和可行性研究报告获市发改委批复，作业设计和工程监理招标已完成；市野生动物救护中心建设工程于9月动工。全市共实施绿地改造项目32项、突击整治任务21项、绿化迁移种植恢复工程155项；完成南头关、皇岗口岸、罗沙路—罗芳立交绿化景观改造和市民中心广场灯塔安全隐患整治等工程；开展广深高速公路特区内路段、福龙路南坪快速立交和皇岗—落马洲第二公路桥绿化景观改造等项目前期工作；龙岗区中心城8条主要道路及“大运会”场馆周边道路绿化改造完成；南山区启动以前海路、南山大道街景改造为重点的绿化工程80余项，种植乔灌木3万余株、花灌木1.5万平方米，铺植草皮5.6万平方米，悬挂摆设各类时花花盆2.9万盆；盐田区完成海鲜街、盐田路等道路绿化增植及盐三路局部拓宽配套管线迁移工程；推进市花簕杜鹃种植工作，全市共种植簕杜鹃215.6万株。市城管局组织开展“园林式、花园式单位（小区）”达标创建活动，全市共有71个单位（小区）达标，累计达标单位（小区）2349个；主办深圳市第四届公园文化节，全市770个单位2636个节目参加演出，参演人数4万人，接待游客290多万人，住房与城乡建设部领导和全国31个城市的170多位国家重点公园代表、园林专家观摩该届公园文化节；与中国公园协会共同主办首届“国家重点公园可持续发展研讨会”；组织承办各项花事活动，完成第七届中国（济南）园林花卉博览会深圳参赛景点建设任务，市属莲花山、园博园、人民公园、洪湖公园分别举办市花簕杜鹃、杜鹃花、月季花、荷花等花事活动，人民公园成为国内第一个获得“世界玫瑰名园”称号的公园；全市有18万人次以各种方式履行植树义务，完成植树62万株，“全国绿化模范城市”复查工作组对深圳市创建“全国绿化模范城市”以来的义务植树活动和国土绿化工作予以肯定；办理征占用林地申请62宗、临时借占用绿地申请652宗，处理绿化投诉4982宗，组织开展两次公共绿地管理考核；全市有2300多万平方米的城区公共绿地实行市场化管理，占全市城区绿地面积的90%以上；举办深圳市第七届梧桐山登高节，吸引市民游客11万人参加。全市共完成松材线虫病防治面积604.27公顷，无公害防治率100%；完成病疫区林分改造面积124.27公顷，开展全市松林及松材线虫病疫区分布情况调查和松林健康示范林效果评估等工作；投入薇甘菊防治资金1200多万元，完成防治面积8600公顷，组织开展全市统一清理薇甘菊行动2次；刺桐姬小蜂防治面积8.67公顷共3900棵；在羊台山和凤凰山森林公园开展红火蚁防治工作，防治面积80公顷。市城管局出具野生动物物种鉴定书26份，拯救海关、工商、森林公安等执法部门和市民移送、移交的野生动物1300只（头），其中国家一级保护动物50只（头）、国家二级保护动物422只（头）、“三有动物”876只（头）。

2009年，深圳市城市管理局继续强化市容环境卫生管理工作。对“鹏城市容环卫杯”竞赛活动部分考评项目内容和分值进行调整，取消已完成任务的环卫基础设施建设项目，增设环卫机械化作业项目，对机械化清扫率、集装箱式垃圾压缩转运站的使用情况进行考评，对竞赛优胜奖、单项奖及“鹏城优秀美容师”获得者进行表彰。组织各区全面核准辖区内清扫保洁面积，建立《深圳市市政道路清扫保洁分级管理目录》，实施分级管理、按级核费；制定《市政道路清扫保洁检查考核办法》，实行扣分、扣款和考评不达标淘汰制度；借鉴香港环卫作业先进经验，推广高压冲洗与人工刷洗相配合的群组作业模式；推进机械化清扫工作，全市适宜机扫市政道路面积为9323万平方米，机扫率52.6%；完善日常巡查检查机制，对全市余泥渣土管理情况进行全天候、全覆盖的巡查检查，夜间及早晨不定期进行抽查；会同公安交警部门协助区渣土执法队开展跨区、跨部门的大型执法行动，查处各类违章车辆2896辆次，整治工地355个次，清理无主垃圾3.4万立方米；联合华中科技大学起草《关于推进我市建筑垃圾受纳场市场化改革的意见》

和相关配套文件，完成《深圳市建筑垃圾受纳场市场化改革研究报告》；规范垃圾处理收费，加强垃圾处理及设施监管，配合相关部门开展垃圾处理费征收标准、征收方式测算准备工作，拓宽征收监管领域，提高收缴率，共征收垃圾处理费4亿元，焚烧垃圾54万吨，填埋垃圾107万吨，处理垃圾渗滤液13.2万吨、污泥15.6万吨，处理畜禽30多万头（只）、杂类冻品150多吨，投资400多万元建设的全市环卫垃圾处理监管系统投入使用，实现对垃圾处理收费、垃圾车运输、垃圾计量、垃圾处理污染物排放等垃圾处理设施的在线监管。加快新型垃圾转运站建设，提高使用效能，特区内垃圾进站转运率达到73.1%，特区外垃圾进站转运率达73.3%，制定《深圳市城市生活垃圾收运管理规定》；规范环卫工具房建设和管理，特区内落实工具房选址103座，宝安区、龙岗区分别落实100座、70座，盐田区建成15座；提升公共厕所品质，在滨海公园A区绿化带隔离设置3座移动公厕，福田、罗湖和盐田区实现环卫系统所有公厕免费开放，完成罗湖区社会公厕分布情况普查工作，拟定《深圳市公共厕所管理办法》；推进治污保洁重点工程建设，粪渣无害化处理厂完成初验，解决进场道路征地补偿问题，新建卫生处理厂完成主体土建工程，下坪场完成填埋区F3单元工程建设，污泥固化处理项目投产使用；加快塘郎山受纳场扩容建设和水径、部九窝等余泥渣土受纳场建设规划，完成《全市余泥渣土受纳场及余泥渣土管理体制中长期（2008～2030）规划》，并通过专家评审，上报市政府待批；针对车容不整、车况差以及沿途洒漏污水等污染问题开展垃圾运输车辆整治，重新核发垃圾处理场（厂）入场（厂）卡，依程序办理垃圾运输车辆准运证，对特区内垃圾运输车辆实施有序调度和严格管理。下坪场加强CDM项目（清洁发展机制项目）管理，填埋气体收集率从2000m/h提升到4500m/h；填埋气体收集量2850万立方米，火炬用气量850万立方米，发电用气量2000万立方米，总发电量3100万千瓦时；玉龙坑固废中心完成市粪渣无害化处理厂太阳能光伏光热利用项目施工图审查；建筑垃圾综合利用厂综合利用建筑垃圾42万吨，生产标砖35万块，实现年产值970万元；南山循环经济产业园餐厨垃圾处理项目主体设备安装完毕，罗湖区餐厨垃圾收运工作启动。组织开展迎新春爱国卫生运动、甲型H1N1流感防控工作和2009年“清洁深圳月”活动，召开动员会115次，组织整治活动209次；创建63个“省卫生村”和24个“市卫生村”，评选表彰行业“卫生标兵单位”8个、行业“最佳卫生单位”13个；开展外来务工人员聚居地爱国卫生工作试点，全国爱卫办对福田区上沙村、长城科技工业园两个试点单位进行考察，对深圳市试点工作予以肯定；开展春秋两季病媒生物防治运动和防控“甲流”消毒杀虫专项行动，全市投放消杀药物21.6吨，储备消杀应急药物1.4吨，控制病媒生物传染病的发生。

（李长虹）

社会事业

【文化设施建设】　2009年，深圳市关山月美术馆维修改造和大剧院舞台改造工程完成；中波台办公大楼竣工并投入使用，中波发射基地项目建设启动；艺术学校新址、当代艺术馆等新建项目建设取得实质性进展。

【公共文化信息服务】　2009年，深圳市文化部门拓展文化活动发布渠道，创新公共文化服务信息传播载体，每月推出《深圳市文化艺术活动导引》；每周通过“深圳文化网”推出“每周文化活动预告”；继续及时通过媒体发布重大公共文化活动信息，在市内主要报纸整版刊载“十一”、春节等重要节日文化活动预告。“深圳文化网”年访问量超过1380万人次，比上年增长34.5%。

【“文化品牌”建设】　2009年，深圳市“文化品牌”建设独具特色。举办第九届“鹏城金秋”

社区文化艺术节；组织第四届学校艺术展演季暨第九届少儿艺术花会，展示少儿艺术教育成果；“文博会”艺术节成为展示当地演艺成果的窗口；第七届“全球通”中外艺术精品演出季，汇聚多个国家和地区的精湛表演；第六届深圳国际水墨画双年展凸显关注本土、推崇创新理念。市文体旅游局努力打造周末、流动和高雅艺术三大系列活动品牌。市群众艺术馆“周末剧场”内容丰富，现场观众达1.6万人次；创设“流动大舞台”演出品牌，观看人数逾10万人次；深圳音乐厅在“美丽星期天”推出“音乐下午茶”；深圳大剧院创设“戏聚星期六”；深圳图书馆和深圳交响乐团联合举办“深图艺苑”公益大讲堂活动；中心书城“深圳晚八点”公益文化品牌形成系列，成为市民文化生活新的选择。（杨作乾）

【文化市场】 2009年，深圳市有歌舞娱乐场所563家，以“量贩式”卡拉OK为特色，从业人员1.87万人，营业收入32.2亿元；游艺娱乐场所150家，销售收入0.18亿元，行业从业人员886人；音像制品发行经营单位715家，其中音像连锁经营单位及其直营门店109间、其他独立门店656间，总产出2.71亿元，从业人员3082人；各类演出经营单位67家，其中演出场所19间、文艺表演团体39个、演出经纪机构9个、从业人员1675人、演出3208场；全市有948间网吧，网吧连锁企业3家（拥有直营或加盟店88间，其中直营店72间、加盟店16间），总产出11.3亿元，从业人员1.6万人；艺术培训经营单位369家，其中以钢琴培训最有特色，行业从业人员4631人，全行业销售收入0.88亿元；营业性画店、画廊近千间（其中大芬油画村进驻832间），从业人员超过3200人，配套服务人员超过1.5万人，年产值超过4.1亿元；出版物发行企业2434家，总产出11.8亿元，其中深圳发行集团实现销售收入5.3亿元。

【非物质文化遗产保护】 2009年，深圳市加强非物质文化遗产保护工作，发布第二批市级非物质文化遗产名录和代表性传承人名单，“大船坑舞麒麟”等6个项目入选广东省第三批非物质文化遗产名录，5个项目由省推荐申报国家级名录；出台《深圳市非物质文化遗产名录项目申报评审管理暂行办法》、《深圳市非物质文化遗产传承认定及管理暂行办法》，完善非物质文化遗产保护长效机制。

（熊德昌）

深圳市文教卫体事业基本情况

教育				医疗文化体育			
项目	单位	2008年	2009年	项目	单位	2008年	2009年
普通高校校数	所	8	8	医院、卫生院数	个	1806	1963
普通高校在校学生数	万人	6.56	6.69	医院、卫生院床位数	张	9477	21399
中职和技校学校数	所	13	13	平均每千人口医院、卫生院床位数	张	2.3	
中职和技校在校学生数	万人	2.77	2.86				
普通中学学校数	所	277	285				
普通中学在校学生数	万人	29.89	31.60	群众艺术、文化馆数	个	7	7
小学学校数	所	342	346	公共图书馆数	个	597	617
小学在校学生数	万人	58.59	58.94	博物馆数	个	20	21
学龄儿童入学率	%	100	100	档案馆数	个		
幼儿园数	所	865	974	国民体质合格率	%	87.2	
在园幼儿数	万人	19.12	22.11	人均公共体育场面积	平方米	15.5	

【公共卫生概况】 2009年深圳市卫生和人口计划生育委员会贯彻《珠江三角洲地区改革发展规划纲要》和《深圳市综合配套改革实施方案》，推动医药卫生体制改革，推进重大医疗卫生设施建设步伐，强化卫生事业全行业管理，提高医学学科建设水平，增强基层医疗卫生服务能力；贯彻落实《流动人口计划生育工作条例》和《广东省人口与计划生育条例》，构建以人口公共服务体系为载体的人口计生新机制；药品监管体制改革实现创新和突破，药品、医疗器械、化妆品、保健品四大健康相关产品由单一部门进行专业化、全程化监管，探讨“大市场”综合监管模式，建立部门综合协调、单一部门具体监管、多个单位协调联动模式。

【就业】 2009年，深圳市人力资源和社会保障局发布实施《关于做好促进就业工作的意见》、《关于促进以创业带动就业工作意见》及自主创业补贴办法、灵活就业补贴办法等配套政策，提出促进就业“十大工作体系”建设目标，引导和扶持各类群体自主创业并带动就业。全年全市共促进失业人员就业3.08万人，完成目标任务102.6%，城镇登记失业率2.55%；14.3万家企业和837万人办理就业登记。建立一批创业示范基地和创业孵化园区，引导、鼓励应届高校毕业生、失业人员、归国留学人员和“农转居”人员创业并带动就业。市人力资源和社会保障局运用失业保险基金对困难企业给予社会保险补贴、稳定岗位补贴、在岗职工职业技能培训补贴，阶段性降低医疗、工伤保险费率，减轻企业负担。自4月起，全市人力资源市场由连续5个月岗位短缺状态逐步回暖，就业率稳步回升。

就业服务 深圳市人力资源和社会保障局面向农民工开展“春风行动”，免费提供就业服务，举办招聘会1091场，达成就业意向52.5万人次；面向困难群众实施就业援助制度，消除“零就业”家庭434户；面向深圳市院校毕业生举办“民营企业招聘周”、“大学生公益招聘周”和“深圳高校毕业生就业双选会”等活动，全年深圳市院校毕业生就业率高于全国、全省平均水平，其中深圳技师学院、市技工学校毕业生就业率达98%以上；面向地震灾区和对口扶持的甘肃、四川及省内湛江、梅州等地组织大型劳务合作招聘会14场，达成就业意向3.2万人，提前超额完成陇南地震灾区劳动力转移和广东省“双转移”工作任务。 （刘 超）

【居民收入与消费】 2009年，深圳市居民人均可支配收入2.92万元，比上年增长9.4%；扣除物价因素，实际增长10.8%。年末全市居民储蓄存款余额5723.76亿元，比年初增长16.7%。在岗职工年均工资4.67万元，增长7.5%。全年全市居民消费价格总水平比上年下降1.3%，其中消费品价格下降1.7%，服务项目价格下降0.5%。居民人均消费性支出2.15万元，增长8.8%，扣除物价因素，实际增长10.2%。城镇恩格尔系数为35%。 （叶博珂）

【养老保险】 2009年，深圳市养老保险参保人数584.09万人，比上年增长7.8%，其中深圳户籍员工131.29万人，非深圳户籍员工452.8万人。全年全市享受离退休待遇14.79万人，企业正常退休人员月人均养老金3604元；参加企业年金人员约7.3万人，领取企业年金待遇人员2699人，支付企业年金待遇约1.38亿元；新增通过审核准予方案备案企业59家，通过审核准予合同备案企业14家，新增企业年金基金约2.6亿元。市社保部门就农民工养老保险和城镇企业员工养老保险关系转移接续问题及原基建工程兵特殊工种遗留问题进行调研，向人力资源和社会保障部及市政府报送有关意见和报告；打破原专属管理规定，实行属地管理，退休人员在全市任何社保网点养老保险窗口均可办理社保卡换卡及加密等事宜。全年全市共采集指纹1.17万人，采集率98.1%；验证指纹13.18万人，验证率97.8%；出台《企业退休人员社会化管理服务业务工作规范》，各区社会申办退休人员退管活动经费全部落实，至年底共有3.9万名社会申办退

休人员移交社区实行社会化管理；上报新增社会化管理服务省级示范点5个，确定第一批市级示范点32个。（胡建和）

体制改革

【综合配套改革】 2009年5月6日，国务院正式批复《深圳市综合配套改革总体方案》，提出深圳要争当科学发展的示范区、改革开放的先行区、自主创新的领先区、现代产业的集聚区、粤港澳合作的先导区和法治建设的模范区，强化全国经济中心城市和国家创新型城市地位，加快建设国际化城市和中国特色社会主义示范市的目标定位。2009年7月11日，深圳市出台《深圳市综合配套改革三年（2009~2011）实施方案》，提出“当年起好步，每年有成效，三年大突破”的工作目标，提出力争用三年左右时间，在行政管理、经济发展、社会和谐、自主创新、对外开放与区域合作、建立资源节约和环境友好的体制机制等六大方面推动实施84项重大改革内容。

【政府机构改革】 2009年3月，深圳市出台《关于深化行政管理体制改革的意见》，提出新一轮行政管理体制改革的总体构想。7月底，以大部制为主要特征的深圳市人民政府机构改革方案获中央编办正式批复。7月31日，深圳市召开全市机构改革动员大会，正式启动该轮改革。该轮改革有3个特点。加大机构整合力度。改革后，市政府设置31个工作部门，共减少机构15个，精简幅度27%；“三定”方案中减少内设、下设及派出机构151个，减少领导职数394名，减少人员编制492名，减少事业单位60个。突出转变政府职能。31个政府工作部门及相关部门共取消、调整、转移284项职责及行政审批事项，其中取消和调整行政审批事项194项，约占原有审批事项的1/3；取消、调整和转移政府部门承担的评比表彰、统计考核、宣传培训、办展办会等事务性职责共90项。优化行政运行机制。改革后市政府共设置7个委员会，“委”规定为承担制定政策、规划、标准等职能并监督执行的大部门；设置18个局，“局”规定为主要承担执行和监管职能的机构；设置6个办公室，“办”规定为主要协助市长办理专门事项、不具有独立行政管理职能的机构。将一部分主要承担执行和监管职能的“局”，由承担制定政策、规划、标准等职能的“委”归口联系，将一部分“办”交由政府办公厅归口联系。通过改革，初步形成决策、执行和监督既相互制约又相互协调的运行机制，集中解决行政管理体制中一些突出矛盾和问题，部门职能、职责更加清晰明确。

【民政事业改革】 2009年7月20日，民政部和深圳市政府签署《推进民政事业综合配套改革合作协议》，在34项涉及改善民生、发展民主、服务社会领域的改革创新展开合作。这是深圳市与国家部委正式签署的首个“部市合作协议”。协议提出“先行推进两项改革（基层管理体制改革和社会组织管理体制改革），率先建立两项制度（普惠型的社会福利制度和现代社会工作制度），健全完善三个体系（综合性社会救助体系、慈善事业发展体系和优抚安置体系）的改革任务。（张 平）

【医药卫生体制改革】 2009年9月16日，《深圳市委市政府关于医药卫生体制改革的意见》颁布实施。年末，全市医药卫生体制改革动员大会举行，印发《深圳市医药卫生体制改革近期重点实施方案（2009~2011年）》。此次医药卫生体制改革的重点工作是完善基本医疗保障体系，提高参保人员就医的便捷性和减轻市民医疗费用负担；建成比较完善的基本药物制度，促进市民和医疗机构合理用药；以全面加强社康中心建设为“抓手”，完善基层医疗卫生服务体系；以促进公共卫生服务均等化为目标，完善公共卫生服务体系；围绕实现公益性服务目标推动公立医院改革试点，着力促进其实现公共服务最大化。

（王海金）

【经济体制改革】 2009年，深圳市政府印发《深圳市社会投资项目核准试行办法》、《深圳市社会投资项目备案试行办法》、《深圳市外商投资企业固定资产投资项目核准试行办法》等文件，7月1日起全面实施。为创新投融资体制、多渠道筹集建设资金，光明新区和坪山新区组建城建投资公司。扩大土地资源市场化配置范围，将邮政设施用地、通信机楼和供电生产营业中心用地等纳入“招、拍、挂”出让范围；探索旧改新模式，采取“捆绑”挂牌出让项目改造权和土地使用权方式，出让回龙埔、锦龙新村等旧改用地使用权；推进土地资源综合管理，推进城市更新改造工作。制定《关于建立深圳金融改革创新综合试验区的实施方案》，启动金融改革创新综合试验区建设工作；为缓解中小企业融资难问题，市政府发布《深圳市小企业金融服务体系建设工作方案》，健全中小企业金融服务体系；小额贷款公司试点工作进展顺利；金融机构发挥金融创新功能，在“保增长、保民生、保稳定、调结构”中发挥重要作用；10月23日创业板在深圳开板。制定《深圳市争创国家教育综合改革示范区方案》，开展前期研究，争取教育部和省教育厅的支持，深化深港教育合作，筹备与北京师范大学签订战略合作框架协议。（孙维德）

【地方性法规制定】 2009年，深圳市人大常委会共制定法规或通过有关法规的决议14项，其中新制定法规9项、修改2项、废止3项。立法工作着重突出四个重点：以促进经济稳步增长为重点，起草审议《中小企业发展促进条例》、《企业技术秘密保护条例》；以改善民生为重点，起草审议《保障性住房条例》、《无障碍建设管理条例》、《中医药条例》、《集体协商条例》，修改《员工工资支付条例》、《职业技能鉴定条例》；以加强环境保护为重点，修订《建筑废弃物减排与利用条例》、《环境保护条例》；以加强城市管理为重点，审议制定《关于农村城市化历史遗留违法建筑问题的处理决定》、《关于加强房屋租赁安全责任的决定》、《安全管理条例》、《道路交通管理处罚条例》，修改《消防条例》。坚持科学立法、民主立法，制定《关于科学立法、民主立法的若干意见》，从制度上规范和完善法规的制定、审议、执行、公布等工作。对涉及人民群众切身利益和社会普遍关注的法规草案，通过新闻媒体向社会公布，广泛征求社会各界和广大市民的意见，在修改《道路交通安全管理处罚条例》过程中共收集有关意见和建议1万多条、召开立法座谈会20多次，在社会上引起强烈反响。

【人大监督工作】 2009年，深圳市人大常委会先后听取专项工作报告5项，开展执法检查2项，开展视察、检查工作18项；对市政府各项计划预算、决算和其他财政收支情况进行严格审查监督；委托中介机构对政府重点投资项目开展跟踪监督，促进财政资金更多地向社会民生领域投入，提高财政资金使用效益；通过听取和审议市政府专项工作报告加强监督，重点听取和审议市政府关于应对国际金融危机冲击、保持经济稳步增长专项报告，与市政府共同研究保持经济平稳及较快增长的措施，推进经济结构调整和发展方式转变，确保圆满完成“三保”任务；听取和审议市政府科技创新专项工作报告，与市政府共同研究提高科技创新水平措施，促进全市自主创新工作。听取和审议《实施和谐劳动关系促进条例》、人民调解工作、公安机关专业化改革和检察机关反渎职侵权工作等方面报告，促进相关工作的落实。重点开展《城市规划条例》和《出租小汽车管理条例》两项执法检查，促进城市规划建设科学发展，规范出租小汽车营运和管理；配合全国人大、省人大进行《食品安全法》、《计划生育条例》执法检查，得到上级人大的充分肯定。年内，市人大常委会首次通过召开新闻发布会形式向社会公布年度监督内容，促进监督工作落实。（朱原平 陈 洪）

【民主党派参政议政】 2009年9月，民革、民盟、民建、民进、农工党、致公党、九三学社深圳市第四届委员会任期届满，台盟深圳市委会筹备委员会同时进行领导班子调整，产生新一届领导班子。各民主党派深圳市新一届委员会的规模适当扩大，7个民主党派各增加委员职数2人，委员总职数共159人；市各民主党派新一届领导班子成员37人（含台盟调整后的领导班子成员3人），新进主委3人，占党派主委总数的37.5%；新进副主委9人，占党派副主委总数的24.3%；37名领导班子成员中女性11人，占29.7%，平均年龄49.3岁；文化程度均在大专以上，其中博士17人、硕士6人、高级职称29人，占81.1%；新当选的领导班子成员普遍具有较好的政治把握能力、参政议政能力、组织领导能力和合作共事能力，有较广泛的群众基础，在行业和专业领域内具有一定的代表性。年内，市委统战部认真贯彻中发〔2005〕5号、〔2006〕15号文件精神，协助组织民主党派、无党派人士出席中共深圳市委召开的全会、协商座谈会、征求意见会、专题调研会7次（分别是市委四届十一次和十二次全会、市委四届十一次全会报告征求意见座谈会、民主协商会议、换届协商座谈会、市委加强党建工作调研座谈会和2009年度市委市政府领导班子民主生活会征求意见座谈会）；2月，市委统战部组织召开全市民主党派工作座谈会，深入了解各区、高校和有关单位开展民主党派工作、落实多党合作制度的情况；7月，市委常委、市委统战部部长王毅主持召开全市民主党派、无党派人士工作会议，部署民主党派和无党派人士工作，促进民主党派工作的开展和多党合作制度的贯彻落实；市委统战部引导市各民主党派、无党派人士服务科学发展，积极建言献策，反映社情民意，投身于“三促进一保持”系列行动；组织各民主党派开展形势教育及报告会、研讨会和论坛等活动12次，开展“应对危机、科学发展”建言献策活动13次，12条意见、建议得到市主要领导批示或有关部门采纳；召开解读《珠江三角洲地区改革发展规划纲要》专题报告会5场，组织600余人参加报告会，开展《规划纲要》专题调研7次；组织特约人员工作干部赴南昌等地学习考察。市委统战部协助市各民主党派，把换届工作作为发扬优良传统和贯彻民主集中制原则的思想教育过程，搞好政治交接，组织开展坚持走中国特色社会主义道路学习教育活动；协助市各民主党派推进组织建设，强调“三个为主”的民主党派组织发展原则，物色一批年轻、优秀的民主党派成员，为做好民主党派后备干部队伍建设打好基础；协调解决民主党派设置专职副主委、党外干部的培养与选拔、民主党派后备干部队伍建设、机关编制、工作经费、民主党派兼职领导工作补贴等问题；协调解决民主党派机关办公用房及其相关业务经费问题。

（谢国民）

珠海市

珠海市

基本情况

【地理位置】 珠海市位于广东省南部，珠江出海口西岸，“五门”（金星门、磨刀门、鸡啼门、虎跳门、崖门）之水汇流入海处。地处北纬21°48′~22°27′与东经113°03′~114°19′之间。市区东与深圳、香港隔海相望，距香港36海里，南与澳门陆地相连，西临新会市、台山市，北与中山市接壤，距广州市140公里。海陆域总面积7653平方公里，其中陆地总面积1687.8平方公里。珠海市南北长77.3公里，东西宽123.4公里，是珠三角中海洋面积最大、岛屿最多、海岸线最长的城市。珠海市海岸线长691公里，有大小岛屿190个，其中，面积大于500平方米的有128个，有常住居民的岛屿有11个，素有“百岛之市”之称。2009年末，珠海市常住人口149.12万人，其中户籍人口102.65万人，是广东省21个地级市中人口规模最小的城市。

珠海是中国最早设立的经济特区之一，享有全国人大赋予的地方立法权。珠海市辖香洲区(中心城区)、金湾区、斗门区3个行政区，并设立横琴经济开发区、珠海国家高新技术产业开发区、珠海保税区、珠海万山海洋开发试验区、珠海高栏港经济区5个经济功能区以及珠海大学园区工作委员会。

珠海是个港口城市。珠海港是全国20个沿海主枢纽港之一，规划建设有8个港区。主体港区高栏港是珠江口西岸唯一的深水港。珠海港已建成各种生产性泊位100个，码头总长8492米，其中万吨级以上泊位9个，货物通过能力为2508万吨/年。高栏港、九州港、桂山港、唐家港、香洲港、洪湾港、井岸港、斗门港等港区形成分工明确、布局合理的港口网。

珠海市是中国重要的口岸城市。设有拱北、九洲、珠海港、万山、横琴、斗门、湾仔、跨境工业区等国家一类口岸8个，国家二类口岸6个。九洲港、香洲港、斗门港每天有30多班快船直达香港、深圳。珠海市拱北口岸是中国第二大陆地进出境口岸，珠海九洲口岸是中国第一大海港进出境口岸。

【行政区域】 从珠海市发掘的文物证明，上溯至四五千年前的新石器时代，就有先民在这块土地上繁衍生息。唐至德二年（757）设立香山镇，属东莞县管辖。南宋绍兴二十二年（1152）划出南海、番禺、新会、东莞四县濒海之地为一体，设香山县。隶属广州府，沿至元、明、清三代。明末在前山筑城池，称“前山寨”，既是军事要塞，又兼管澳门和前山行政、外交事务。辛亥革命以后，香山县隶属广东省。1925年4月15日为纪念孙中山先生，香山县易名中山县，隶属第一行政督察专员公署。1930年5月至1934年10月，中山县政府设在唐家。

1949年10月30日，珠海内陆地区解放，1950年8月3日万山群岛海岛地区解放。1951年1月，从中山县划出鸡头角、涌口山、万山群岛、淇澳岛，从东莞县划出万顷沙、五涌、一涌、龙穴岛，从宝安县划出内伶仃、固戊、蛇口、盐田、外伶仃岛、佳蓬列岛等组成广东省人民政府海岛管理局珠江分区，后改为珠江专区海岛管理处，隶属珠江专署。1952年7月，海岛管理处移交给中山县，同年10月，在唐家镇设立渔民区人民政府，管理48个大小岛屿和海湾。为加强海边防管理，发展渔农业生产，经中华人民共和国政务院批准，于1953年4月20日成立珠海县，将中山县属的中山港乡、东莞县属的万顷沙及珠江口外附近的三灶、大横琴、小横琴、南水、北水、高栏、荷包、淇澳、龙穴、内伶仃、外伶仃、三门列岛、万山群岛、担杆列岛、佳蓬列岛等全部100多个海岛划归珠海县，县政府设在唐家，隶属粤中行政区管辖。下设一区（唐家）、二区（前山）、三区（三灶）、四区（万顷沙）。1955年珠海划为边防区，设立上涌、下栅边防检查站和发边防居民证。1956年底，撤区并大乡，并将中山县的翠微、康济、造贝、下栅、官塘、东岸六个小乡划入珠海县。1958年10月各乡成立人民公社，不久全县成为一个大公社。1959年3月20日，珠海县撤销并入中山县。1961年4月17日恢复珠海县建制，县政府设在香洲。

1979年3月5日，珠海县改为珠海市，市革命委员会（1980年改为市人民政府）设在香洲。同年11月定为省辖市。1980年8月26日，中华人民共和国第五届全国人民代表大会常务委员会第十五次会议批准，在珠海市内设立经济特区，面积为6.81平方公里。1983年6月29日，国务院批准调整珠海经济特区范围面积为15.16平方公里。1983年5月5日，斗门县划归珠海市管辖。1984年6月，在原珠海县范围管辖区域设立香洲区，为县一级建制。珠海境内由广东省管辖的红旗、平沙农场划归珠海市。1988年4月5日，经国务院批准，珠海经济特区面积扩大到121平方公里。2001年4月4日，经国务院批准，成立金湾区（含原三灶管理区、平沙管理区和红旗管理区），12月29日，斗门撤县建区。

【历史文化】　珠海人杰地灵，古往今来，涌现出众多闻名中外的历史名人，有中华民国第一任内阁总理唐绍仪，1931~1934年为实施中山模范县计划，回乡先后担任中山县训政实施委员会主席和中山县（模范县）县长。有中国资产阶级革命团体兴中会第一批会员郑仲（南屏人），他倾心革命，鼎力相助孙中山，为发动国内起义筹措急需资金，受到孙中山称赞。有中共五届中央委员杨匏安（南屏北山人），是五四运动时期华南地区最早传播马克思主义的理论家，也是中国共产党早期杰出的无产阶级革命家。有中华全国总工会第一任委员长林伟民（三灶人），是早期中国工人运动的杰出领导人。有中共中央五届政治局委员苏兆征（淇澳人），是中国共产党早期领导人之一，曾领导省港大罢工。有清华学校（清华大学前身）第一任校长唐国安（唐家鸡山人），他培养了一批高等学科的毕业生并送往美国留学。有中国第一位在美国取得博士学位的留学生、担任过中国第一任驻美副公使的容闳（南屏人），是我国近代著名的爱国华侨和教育家。他致力于改变祖国的贫穷落后状况六十年，首倡和主持了中国官派青少年出国留学事业，开创了中国近代留学教育的先河。有中国第一批赴日留学生唐宝锷（唐家人），创办中国第一家水泥厂（唐山士敏土厂）。中国近代著名实业家唐廷枢，创办中国近代史上最大的煤矿——开平煤矿，建造中国自建的第一条铁路——唐胥铁路，主持制造中国第一台蒸汽车（“龙号”火车头），编辑中国第一部英汉词典，被誉为“中国第一企业家”。徐润与唐廷枢合作，创办了第一家保险公司（仁和水险公司）、第一家民营机器印刷厂（同文书局）、上海第一家医院——仁济医院。还有创建中国最大的百货公司（上海大新公司）的蔡昌（金鼎外沙人）。中国第一位世界冠军——第25届乒乓球锦标赛男子单打冠军容国团（南屏人）。中国近代集画家、诗人、文学家、革命家于一身的僧人苏曼殊（沥溪人）等。

珠海市是一个现代化花园式的海滨旅游城市，1998年率先获联合国人居中心颁发“国际改善居住环境最佳范例奖”，成为中国第一个获此荣誉的城市，也是迄今为止中国唯一以整个城市景观获此荣誉的城市。是入选“中国旅游胜地四十佳”城市。珠海市还先后获得“全国科技进步先进市”、“国家园林绿化城市”、“国家环境保护模范城市”、“国家卫生城市”、“国家级生态示范区”、“全国双拥模范城”和“全国精神文明十佳城市”等光荣称号。2007年，珠海市又先后荣膺“中国最具幸福感城市”和“中国和谐名城”称号。

珠海人文古迹丰富，拥有新石器至青铜器时代的高栏岛宝镜湾摩崖石刻、光绪皇帝御赐的首任清政府驻檀香山总领事陈芳的梅溪牌坊以及中华民国第一位内阁总理唐绍仪在清宣统一年至民国四年建造的唐家共乐园。作为珠海历史文物的代表的“宝镜湾摩崖石刻”和“陈芳家宅”早在1989年就成为广东省级文物保护单位，尤其是“宝镜湾摩崖石刻”，自1989年被发现起就不断得到全国考古界权威的高度评价，因为它使我国东南沿海岩画遗迹从江苏经福建、广东至广西连成一线，填补了广东省空白。专家公认“宝镜湾遗址”和“陈芳家宅”均具有很高的历史和艺术价值。在国务院2006年公布的第六批全国重点文物保护单位名单中，珠海“宝镜湾遗址”和“陈芳家宅”名列其中。 （珠年鉴）

经济社会发展概况

【综合经济实力提高】 2009年，珠海市经济发展实现三大突破（地区生产总值突破1000亿元，财政一般预算收入突破100亿元，人均地区生产总值突破1万美元），综合经济实力迈上新的台阶。其中：全市实现地区生产总值1038.66亿元，比上年增长6.6%。三次产业比重为2.8：51.7：45.5，对经济增长的贡献率分别为1.4%、18.2%和80.4%。现代服务业增加值278.43亿元，增长17.3%，占地区生产总值的26.8%。人均地区生产总值达6.99万元，增长5.2%；按平均汇率折算约合10218美元。居民消费价格总水平下跌3.0%。城镇居民人均可支配收入22859元，增长9.1%，近十年来首次高于地区生产总值增速。完成农林牧渔业总产值51.62亿元，增长4.1%。农渔民人均纯收入8575元，增长6.6%。工业完成增加值499.47亿元，增长1.2%。完成全社会固定资产投资410.51亿元，增长9.0%。实现社会消费品零售总额404.46亿元，增长12.3%。全年接待游客2087.7万人次，增长9.1%。实现旅游总收入168.83亿元，增长8.9%。来源于珠海的财税总收入305.4亿元；财政一般预算收入101.4亿元，增长9.9%。年末全市中外资金融机构本外币各项存款余额2105.20亿元，比年初增长33.6%。全年进出口总额实现374.4亿美元，其中出口177.8亿美元，年末全市共有20家企业上市。珠海市2009年有3个项目获国家科技进步二等奖，13个项目获广东省科学技术奖，并通过省级科技成果鉴定。全年申请专利2778件，增长23.9%。

【主动应对国际金融危机】 2009年，珠海市把贯彻落实《珠江三角洲地区改革发展规划纲要》的长期性任务与应对危机保增长的短期目标结合起来，服务企业、刺激经济、扩大需求，化传统发展模式之危为科学发展之机。一是及时出台政策。国际金融危机爆发以来，珠海市迅速出台稳定企业生产、保持外贸稳定发展、加强招商引资、促进中小企业和民营经济发展、鼓励企业自主创新、改善企业融资环境、减轻企业负担等一系列政策措施，与国家、省出台的扶持政策一起形成了强有力的政策保障体系。二是加快重大项目建设。实施总额69.7亿元的政府投资计划，确定总投资超过3000亿元的“十大重点建设工程”67个项目。建立重大项目领导分工负责制，修订政府投资项目管理条例和工程招投标管理办法，向各区（经济功能区）下放市级审批权限，着力突破资金、审批和效率瓶颈。三是加快建设现代产业体系。启动服务业发展规划、产业布局一体化规划编制，修订产业发展导向目录，制订旧工业厂房改造升级政策。推动十字门中央商务区规划建设，申报国家现代服务业综合改革试点。加强对重点央企招商引资，加快园区资源整合与园区配套基础设施建设。制定和完善科技政策法规，优化自主创新环境。四是积极帮扶企业。开展治理整顿乱收费工作，着力解决金融危机冲击下企业融资难问题，举办第二届政银企交流会，现场签订授信协议220亿元。

珠海市国民经济发展情况（2009 年）

表一

项目＼区别	户籍人口（万人）	国土面积（平方公里）	地区生产总值		人均地区生产总值		规模以上工业总产值		农林牧渔业总产值		全社会固定资产投资额	
			绝对数（亿元）	比上年增长（%）	绝对数（亿元）	比上年增长（%）	绝对数（亿元）	比上年增长（%）	绝对数（亿元）	比上年增长（%）	绝对数（亿元）	比上年增长（%）
全　市	102.65	1701.04	1038.66	6.6	6.99	5.2	2405.04	−1.6	51.62	4.1	410.51	9.0
香洲区	55.61	535.82	663.90	11.7	7.71	9.4	1191.15	1.7	5.04	22.5	213.20	22.9
金湾区	13.48	534.89	236.50	9.7	9.83	9.4	645.53	5.5	10.94	5.0	110.01	9.9
斗门区	33.56	625.3	138.26	−15.2	3.60	−15.1	568.36	−17.6	35.64	2.0	70.77	8.0

表二

项目＼区别	外贸出口总额		实际吸收外商直接投资额		地方财政一般预算收入		社会消费品零售总额		中资机构城乡居民储蓄存款余额	
	绝对数（亿元）	比上年增长(%)	绝对数（亿元）	比上年增长(%)	绝对数（亿元）	比上年增长(%)	绝对数（亿元）	比上年增长(%)	绝对数（亿元）	比上年增长(%)
全　市	177.83	−16.0	11.80	3.3	101.41	9.9	404.46	12.3	823.11	13.9
香洲区	81.43	−7.0	6.21	7.7	14.59	11.7	327.47	12.7	666.39	14.3
金湾区	35.34	−9.0	2.98	−17.6	9.61	17.1	22.71	7.5	51.89	13.5
斗门区	58.14	−30.4	2.61	27.8	10.70	17.7	54.28	12.8	104.83	11.2

注：本表数据为初步统计数，最终数据以年报数为准。

【经济结构调整和自主创新成效明显】　2009年，珠海市三次产业增加值比重由上年的2.9∶54.6∶42.5调整为2.8∶51.7∶45.5，服务业占生产总值的比重提高了3个百分点。初步形成了家电电气、电子信息、精密机械制造、生物医药、电力能源、石油化工、软件和集成电路设计、打印耗材等产业集群。高栏港经济区成为省重化产业集群升级示范区，高新区成为广东省现代信息服务业重点园区，航空产业园成为国家高技术产业基地和省市共建先进制造业基地。以装备制造业为代表的先进制造业发展势头良好，优特电力入选全省50家装备制造业骨干企业，华冠电子等3家企业入选全省100家重点培育装备制造业企业，格力电器等6家企业入选广东省工业企业100强，兴业太阳能等3家企业入选福布斯中国潜力企业200强。文化产业产值355亿元，比上年增长22%。财政一般预算收入占生产总值比重10%左右，居于珠三角各市前列。全年高新技术产品产值950亿元；生物医药和一批民营高科技企业逆势增长，生物医药产业产值76亿元，增长12.2%；新认定国家高新技术企业59家。发明专利申请量、授权量达到2366件和1738件，分别增长18%和6.2%。新增2家省部产学研结合示范基地、1家国家级企业技术中心；21个产品被认定为广东省自主创新产品，省级创新型企业增至15家，知识产权优势企业增至36家。健帆生物科技获2009年国家科技进步二等奖。全市企业参与制订和修订国际、国家标准151项，国家打印耗材质检中心建设稳步推进，“中富”被认定为“中国驰名商标”。

【掀起了新一轮发展热潮】 2009年，珠海市高栏港经济区港口建设和临港产业发展加快推进，地区生产总值、工业增加值、财政一般预算收入、固定资产投资、引进内资注册资本金、港口吞吐量等主要经济指标均实现高速增长。高新区坚持产业发展与新城建设并举，滨海科技新城一期填海造地工程加紧建设，金山软件园动工，巨人网络南方总部暨研发基地奠基，高端产业聚集效应日渐明显。香洲区打造“香洲服务”品牌，服务业占生产总值比重提高到56%。金湾区、斗门区以园区整合为契机，促进航空产业园和富山工业园产业发展初见成效。保税区、跨境工业区和万山海洋开发试验区发展势头良好。

【重大产业项目取得新突破】 2009年，珠海市中船1100万吨级造船基地配套工程、中国海油深水工程基地、中航通用飞机产业基地和玉柴发动机等一批总投资1300多亿元的重大项目陆续动工。引进内资注册资本金总额56.9亿元，比上年增长88.8%。实际利用外商直接投资11.8亿美元，增长3.3%。中央和省属企业在珠海累计投资项目34个、总投资超过1300亿元。重大项目招商势头良好，协议总投资200亿元以上的项目2个、100亿元以上的6个、50亿元以上的7个。

【固定资产投资】 2009年，珠海市完成全社会固定资产投资410.51亿元，比上年增长9.0%。其中，基本建设投资200.16亿元，增长2.7%；更新改造投资30.79亿元，增长9.3%；房地产开发投资168.44亿元，增长14.1%。分城乡看，城镇投资407.56亿元，增长10.1%；农村投资2.95亿元，增长36.4%。其中，国有经济投资140.01亿元，增长95.9%；非国有经济投资270.51亿元，下降10.1%；其中民营经济投资96.30亿元，下降21.7%。第二产业投资102.53亿元，下降21.0%，其中制造业投资82.39亿元，下降28.0%；第三产业投资306.46亿元，增长26.3%。全年在建项目843个，新开工项目537个，分别增长10.3%和18.3%。商品房住宅投资102.22亿元，增长10.1%。全年商品房施工面积1132.31万平方米，下降1.0%，商品房竣工面积366.77万平方米，下降9.5%，商品房销售面积280.44万平方米，增长60.9%，年末商品房空置面积71.19万平方米，增长39.0%，商品房销售额209.91亿元，增长72.4%。（珠年鉴）

基础设施建设

【基础设施项目投资】 2009年，珠海市政府投资项目和重大项目建设取得突破。全年完成政府投资72.3亿元，超额完成年度计划目标。一号工程广珠铁路全面施工，资本金筹措及时到位，累计完成投资57亿元，占总工程的41.9%。港珠澳大桥于12月15日正式宣布开工，珠澳口岸人工岛填海工程动工建设。中航通用飞机项目、高栏港海洋工程装备制造基础设施配套工程、中石油物流中心、城镇污水处理厂配套管网工程、高栏港区十万吨级煤炭码头等一批重点项目陆续动工。城乡防灾减灾工程、竹银水库工程加快推进。省道S272线白蕉高速路口至机场段改造、金凤路凤凰山隧道按计划实施。省道S366线（珠海大道）、S365线（井岸二桥至中心涌段）改造项目顺利开工。前山河整治项目进展顺利，前山河清淤保洁一期工程基本完工，前山河道路一期、二期已复工，三期已开工建设。垃圾发电厂技术改造、香洲凤凰河综合整治等环保迎检项目进展理想。横琴口岸出入境客货通道建设、情侣路海堤修复工程顺利完工，高栏港高速、机场高速正式开工建设。重大项目建设方面，全年十大重点建设工程完成投资137.88亿元，占年度投资计划176.61亿元的78.1%。其中，港口枢纽工程、机场枢纽工程、口岸枢纽工程、石化及海洋装备制造工程、航空及高新技术产业工程、商务休闲旅游工程、生态环保工程、市政基础设施工程、公共服务工程、能源保障工程分别完成投资49.73亿元、2.11亿元、31.20亿元、19.68亿元、3.88亿元、4.93亿元、8.13亿元、6.36亿元、0.37亿元和11.50亿元。

农村基础设施、文教卫体及党政群等公共服务设施基建项目完成投资9.40亿元，人大议案华侨农场项目市补助资金全部到位，城乡防灾减灾项目、竹银水源工程、农村公路及危桥改造、北师大附属高中二期、市高级中学等按进度实施，横琴口岸出入境客货通道完工。其他基础设施项目建设完成投资6.35亿元。情侣路海堤修复工程完工，屏西路复工。

【环境基础设施建设取得新突破】 2009年，珠海市生态建设“四个百分百”32项重点工程和环保模范城迎检36个重点工程顺利推进，南水污水处理厂、拱北污水处理厂一、二期改造扩建工程已完成，三灶污水处理厂、新青污水处理厂土建工程完工；西坑尾垃圾渗滤处理工程、海岛环保基础设施建设加快，桂山岛已完成了产业政策制定，污水管网建设、小火电关停、锅炉脱硫、环保能力建设等工程均取得实质性进展。研究编制《珠海市饮用水水源地环境保护规划》，制定了《珠海市饮用水源保护区扶持激励办法(试行)》，积极做好竹银水源工程建设。

【交通运输生产】 2009年，珠海市公路运输完成客运量16492万人次、旅客周转量560510万人公里，比上年分别微降1.5%和0.6%；完成货运量4892万吨、货运周转量286763万吨公里，分别下降12.2%和5.4%；水路运输完成客运量366万人次、旅客周转量15236万人次，分别下降4.5%和7.5%；完成货运量1790万吨，货运周转量1198140万吨公里，分别下降8.4%和增长17%；城市公交完成客运量27199万人次、旅客周转量398957万人公里，分别下降2.8%与1.4%。珠海机场完成运输飞行起降13359架次、旅客吞吐量138.6万人次，货物、邮件、行李吞吐量13760吨，增长20.3%、23.5%和23.5%。

【广珠铁路、广珠城际轨道交通项目】 2009年，广珠铁路、广珠城际轨道交通项目顺利推进。广珠铁路规划全长133公里，北起广州，南至珠海，干线途经佛山、南海、顺德、鹤山、江门、新会，通过广州铁路枢纽与京广、广深、广茂、广梅汕铁路相连接，2000年动工兴建。广珠城际轨道交通由北面的广州南站途径顺德、中山，南至珠海市拱北口岸的珠海站，并延伸连接珠海机场。全线规划177.3公里（包括珠海机场支线、小榄至新会支线）。广珠城际轨道交通2005年动工兴建，全线计划2011年建成。

【加强水利基础设施建设】 2009年，珠海市以“巨爵”强台风后水毁工程修复为重点，加大市财政对西部地区水利基础设施建设的投入。全市

珠海市基础设施基本情况

项目	单位	2008年	2009年
机场	个	1	1
铁路营业里程	公里	0	0
公路通车里程	公里	1361	1368
其中：高速公路	公里	70.59	70.83
港口生产泊位	个	120	123
其中：万吨级泊位	个	14	15
内河通航里程	公里	676	676
发电装机容量	万千瓦	315	304
电话用户（含小灵通）	万户	91.78	79.9

财政安排2400万元用于西安泵站、天生河水闸重建工程以及白蕉灌区节水配套改造等农村水利基础设施建设，提高围内农田灌溉、排涝工程体系的能力，完善围内水利基础设施。全市城乡水利防灾减灾工程完成总投资8.74亿元，占全部项目总投资的46.24%。

【珠澳口岸人工岛填海工程开工】 2009年12月15日，珠澳口岸人工岛填海工程开工仪式在珠海市情侣南路东延长线一段举行，中共中央政治局常委、国务院副总理李克强出席仪式并宣布工程开工。该填海工程的动工，标志着港珠澳大桥工程项目正式启动。将要建设的港珠澳大桥全长50公里，跨海逾35公里，连接香港、珠海、澳门，建成后将成为世界最长的跨海大桥。整体工程超700亿元，由中央及粤港澳三地政府共同出资兴建。（内容参见本年鉴【合作交流·对外开放·港珠澳大桥动工】条目） （珠年鉴）

现代产业

【珠海市横琴新区】 2009年8月，国务院正式批准实施《横琴总体发展规划》，要求逐步将横琴建设成为“一国两制”下，探索粤港澳合作新模式的示范区、深化改革开放和科技创新的先行区、促进珠江口西岸地区产业升级的新平台。

2009年，横琴新区地区生产总值2.47亿元，比上年增长9.4%；实际利用内资（注册资本）5.01亿元，增长398.5%；固定资产投资额3.30亿元，增长64.5%。年内启动澳门大学新校区、横琴岛市政基础设施（BT）、横琴多联供燃气能源站、珠海长隆国际海洋度假区、珠海十字门中央商务区五大重点项目，总投资超过726亿元。全力做好项目服务，提前完成澳门大学新校区1.09平方公里用地范围的收地谈判、青苗补偿及用地清理，完成从横琴大桥至澳大新校区环岛路等6公里道路改造修复，清理横琴大桥东至三洲仔近岸海面150公顷蚝桩；用2个月时间建成现代化的横琴规划建设展示厅，保证澳门大学新校区顺利奠基。与130余户村民签订搬迁安置补偿协议，确保长隆国际海洋度假区顺利供地。做好新区教育规划工作，投入100多万元改善办学条件。加强企业的社保管理，出台《横琴镇被征地农民参加医疗保险政策补贴试行办法》，全区农保参保率达100%。健全医疗卫生体系，对社区卫生服务中心实行全额拨款，收支两线管理。积极扩大就业，完善社会救助制度，全年发放住房最低生活保障金4.14万元。 （江顺生）

【珠海国家高新技术产业开发区】 该高新区主园区唐家湾位于珠海市北部，由唐家、金鼎、淇澳3镇组成，占地面积139平方公里。唐家湾镇辖唐家、唐乐、鸡山等16个社区，常住人口10.51万人，其中户籍人口5.28万人。

1992年12月，经国务院批准成立珠海国家高新技术产业开发区，是全国54个国家级高新区之一，总面积9.8平方公里。1993年3月，珠海国家高新区正式挂牌运作，与三灶管理区合署办公。1999年12月，科技部对高新区区域范围作出由南屏、三灶、白蕉、新青科技工业园及广东珠海高科技成果产业化示范基地组成的调整。2000年8月，珠海市政府与国家科技部火炬中心签署共建珠海科技创新海岸框架协议，地域面积1.4平方公里。

2009年，高新区地区生产总值250亿元，比上年增长8%；工业总产值1145亿元，增长9%，其中工业增加值219亿元，增长33%；出口创汇75亿美元，实现净利润52亿元；高新技术企业工业总产值555亿元，工业增加值122亿元；软件企业营业总收入76.1亿元，增长14.1%。高新区主园区（唐家湾）地区生产总值50.4亿元，增长0.4%；规模以上工业总产值119.9亿元，下降11.6%；规模以上工业增加值23.1亿元，下降8.4%；全社会固定资产投资额21.1亿元，增长15.2%；外贸进出口总额8.1亿美元，下降23.1%；财政一般预算收入4.7亿元，增长 27.9%；城镇居民人均可支配收入 2.29 万元，增长 9.1%；社会消费品零售总额 6.81 亿元。

招商引资　2009 年，高新区面对国内外投资放缓的形势，积极与有实力的投资机构、风险投资机构和区内的龙头企业合作招商，引进国内最大的网络游戏门户网站公司、政采软件、掌媒新媒体、汇流信息等一批行业技术领先项目，香港上市公司控股企业投资的新能源项目、国内知名品牌读书郎学习机等一批项目已落户高新区。全年引进外资项日 12 个，实际吸收外资 0.9 亿美元，比上年增长 3.5%；引进内资项目 21 个，引进内资注册资本金 3.5 亿元，增长 85%。落实国家、省、市各项产业扶持政策，发挥总规模 1 亿元的高新技术创业投资引导基金的作用，重点扶持高新技术企业发展。推动产业项目加快建设，促成巨人网络南方总部暨研发基地项目奠基、金山总部暨研发基地等 6 个项目动工、长园电力珠海生产基地等 9 个项目建成投产、赛米控等 54 个项目增资扩产，以上项目总投资 52 亿元。

【珠海保税区】　该保税区于 1996 年 11 月 3 日经国务院批准设立，面积 3 平方公里。保税区位于珠海经济特区南部紧靠湾仔口岸，与澳门隔水相望，通过横琴大桥和莲花大桥与澳门陆路连通。

2009 年，该区新批项目 17 个，全区工业总产值 115 亿元；进出口总额 13.6 亿元，其中出口额 5.8 亿元，进口额 7.8 亿元；实际利用外资 5360 万美元，实际利用内资 9600 万元；固定资产投资额 2.6 亿元；完成各类税收 8.3 亿元，保税区税收留成 1.1 亿元。

珠澳跨境工业区　2009 年，珠海市政府将“推动珠澳跨境工业区向珠澳跨境合作区转型发展”作为重点推进工作，相关工作取得积极进展。在珠澳合作战略框架下成立珠澳跨境工业区转型工作小组；珠澳双方就跨境合作区的合作模式达成初步共识；珠澳跨境工业区转型工作已经启动；确定珠海园区产业发展方向，即：以服务粤港澳、互利共赢为原则，积极推动产业转型，重点发展高端物流、服务外包、展览展销、中转贸易产业，适度发展金融服务、酒店及展览服务、文化创意、信息研发等配套产业，着力引进行业龙头企业和总部经济，着力打造高端消费品进入中国市场的贸易平台。随着一批符合产业发展方向的项目相继落户，跨境工业区也从以一般加工贸易为主导的产业向展览展销、总部经济为主的高端服务业转型。

【珠海万山海洋开发试验区】　1988 年，珠海市委、市政府设立万山管理区。1998 年，广东省政府在万山管理区基础上批准设立珠海万山海洋开发试验区。该试验区是全省第一个地方性海洋综合开发试验区，辖桂山镇、担杆镇、万山镇 3 个建制镇、7 个行政村，常住人口 1.04 万人，其中户籍人口 3003 人。

该区地处珠江入海口，东邻香港，西接澳门，所辖海域面积 3200 平方公里。海岛驻有海关、边检、检验检疫和海事等口岸联检单位，2003 年开通的万山港口岸是国家一类客货运口岸。全区拥有岛屿 106 个，主要有桂山岛、东澳岛、大万山岛、小万山岛、白沥岛、黄茅岛、外伶仃岛、担杆岛等，海岛陆地总面积 80 多平方公里，岛岸线总长 289 公里。拥有地文景观、水域风光、遗址遗迹、海洋生物等海洋海岛旅游资源，万山渔场是全国著名渔场，区内还设有国家级中华白海豚自然保护区，省级猕猴自然保护区，市级珊瑚保护区和国际游艇垂钓区。

2009 年，万山区地区生产总值 1.34 亿元，比上年增长 8.1%；引进企业 42 家，注册资金 2.4 亿元，增长 4%；渔业产值 1.03 亿元，增长 50.6%；海岛旅游人数 17.4 万人次，增长 12.8%；海岛旅游综合收入 7876 万元，增长 17.3%；社会消费品零售总额 4007 万元，增长 6%；固定资产投资额 5750 万元，增长 17%；外贸出口 2.92 亿美元，增长 64.5%；财政一般预算收入 1.18 亿元，增长 14.2%；海岛渔民人均收入 11200 元，增长 5.6%；实际利用外商直接投资额 32 万美元，实现引进外资零的突破。

海洋渔业结构调整有新举措　万山镇开展

“海产动物种苗生产及养殖推广”等项目的试验，桂山镇建设贝藻类养殖基地和海产品一条街，担杆镇完成紫菜试养殖项目，初步建成竹湾头岛大网箱养殖中转基地；桂山蚬、荔枝螺、海胆等近岸特色渔业资源增养殖项目不断开发，龙须菜、东风螺和鲍鱼等贝藻类试验养殖规模扩大，万山生晒海味和“海琴馆”海鲜系列食品，桂山白花胶、曹白咸鱼和担杆、外伶仃鱼虾加工等渔业产品精细加工进一步深化，全区渔业结构呈多元化发展，取得良好的经济和社会效益。全区渔业产量8560吨，增长30.1%。

社会管理服务水平提高 通过向市人大、市政府争取，海岛渔民乘船与珠海市民乘坐公交车同等待遇的问题得到解决，全社会60岁以上的老年人和中小学生实行5折乘船优惠，海岛户籍60岁以上的老年人实行免费乘船优惠。每天增开一个从香洲到海岛的班次，并首次开通桂山岛至东澳岛、大万山岛的岛际间船班，解决海岛居民出行难的问题。扩大社保覆盖面，海岛居民参保率98.4%。逐步落实最低生活保障对象基本医疗救助制度，对低保户等特殊人群做到100%参保。通过举办就业招聘会、组织职业技能培训，提高海岛居民的职业技能。落实优惠教育政策，使未能继续升学的海岛籍初中毕业生免费和补贴就读技工和中等职业学校。征兵工作连续19年获得全优，桂山镇被广东省人民政府、广东省军区授予“全省拥军先进单位”。推进应急管理网络建设，与南海第一飞行大队建立陆岛空中救援网，建成桂山岛直升飞机降落点。

【珠海高栏港经济区】 该经济区是依托全国沿海主枢纽港之一的珠海港主体港区——高栏港而设立的经济功能区，经授权具有市级经济管理权限和独立的财政管理权，开发区总面积380平方公里。全区常住人口5.6万人，其中户籍人口1.2万人。高栏港口岸为国家一类对外开放口岸，拥有珠江三角洲最大吨位的液体化工品码头泊位和建设30万吨级石化大码头的良好自然条件。

2006年7月1日，珠海市委、市政府对高栏港经济区和南水镇实施“区镇合一”体制改革，南水镇由金湾区管辖调整为高栏港经济区管辖。2009年10月18日，珠海市委、市政府对金湾区、高栏港经济区管理体制进行调整，平沙镇由金湾区管辖调整为高栏港经济区管辖。

2009年，该经济区累计完成（不含平沙镇）工业产值323.3亿元，比上年增长6%；地区生产总值92亿元，增长10.5%，工业增加值76.14亿元，增长11.8%；全社会固定资产投资额56.9亿元，增长11.1%；实际利用外资2.06亿美元，增长3.1%；实际利用内资5.51亿元，增长45.8%；财政一般预算收入7.01亿元，增长23.4%；港口吞吐量2829万吨，增长13%；外贸进出口总额50亿美元，下降10%；农民年人均纯收入8690元，增长3%。

招商引资取得重大进展 该经济区全年新开工建设项目17个，总投资超过300亿元。其中，中国海油深水工程基地于12月28日正式开工建设。全年共有壳牌润滑油、中化格力二期、宝塔石化一期等总投资36.7亿元的26个项目竣工投产。签约引进项目6个，其中包括：投资50亿元的中冶东方大型数控机床基地项目、投资2亿美元的路博润项目、台湾宏昌电子及环氧树脂项目等。

生态港区建设顺利推进 该经济区全年环境保护投入1110万元，支持循环经济发展和企业减排，成效明显。港区被列为广东省循环经济发展试点工业园区，珠海发电厂成为广东省第七批清洁生产企业。粤裕丰脱硫治理工程已经基本完成。南水水质净化厂建成运行。平沙排污管网工程、平塘河西岸整治工程等环境工程完工，全年完成山体复绿面积23.9万平方米。（周蔚茹）

【农业】 2009年，珠海市农林牧渔业总产值完成了51.62亿元，比上年增长4.1%，其中水产业产值28.07亿元，增长约2.5%。农渔民人均纯收入8575元，增长6.6%。

全年农作物播种面积1.79万公顷，比上年增加0.17万公顷。其中：粮食作物播种面积7993.33公顷，增加1086.67公顷，总产量4.12

万吨，增长 21.2%；甘蔗种植面积 1073.33 公顷，调减 426.67 公顷，总产量 10.93 万吨，减产 25.6%；蔬菜播种面积 6533.33 公顷，增加 400 公顷，总产量 13.27 万吨，减产 6.9%。水果年末实有种植面积 8733.33 公顷，总产量 11.76 万吨，减产 17.5%。其中：香蕉面积 4466.67 公顷，总产量 10.3 万吨；荔枝面积 3066.67 公顷，总产量 3930 吨；龙眼 466.67 公顷，总产量 0.1 万吨；番石榴 333.33 公顷，总产量 0.59 万吨；其他水果面积 400 公顷，总产量 0.4 万吨。全市水稻优质率 100%，玉米、薯类生产向优质、高效发展，完成了省下达的粮食工作考评任务。特色效益农业得到较快发展，全市主要园艺作物菜、果、花等特色园艺增加值 47039.75 万元，占种植业增加值的 85.06%。岭南特色水果香蕉、荔枝、龙眼、台湾番石榴、火龙果、莲雾等逐步形成了珠海品牌。

全年生猪饲养量 73.19 万头，存栏量 32. 7 万头，出栏量 40.49 万头，分别比上年增长 5.9%、1.81% 和 8.1%。家禽饲养量 1074.19 万只，出栏量 803.58 万只，存栏量 270.61 万只，分别增长 7.36%、10.59% 和减少 1.21%。奶牛的存栏量 3693 头，减少 13.25%。禽蛋产量 7032 吨，增长 64.99%；牛奶产量 11448 吨，增长 14.11%；肉类总产量 40898 吨，增长 9.32%。全市饲料和饲料添加剂生产企业 33 家，饲料加工产品总量 55.3 万吨，其中配合饲料 54.1 万吨，浓缩料 0.5 万吨，添加剂预混料 0.7 万吨，工业总产值（现行价）20.17 亿元。

【农村沼气建设】 2009 年，珠海市积极推广农村沼气建设，实行清洁生产和废弃物资源优化利用。年内已对未来三年内需建设沼气池的养殖户进行了统计，并做好规划，提出每一个有条件的养殖场都配套建设沼气池的目标，提升全市畜牧业规模化、集约化、标准化、无害化的生态养殖水平。6 月 10 日，在万兴畜牧有限公司举行了大型沼气发电启用仪式暨省重点生猪养殖场挂牌仪式。此外，还争取新增中央预算内投资计划的农村沼气建设项目资金支持。是年，中央下达珠海市沼气建设项目 2 个，总投资 355 万元。

【开展生鲜乳专项整治工作】 2009 年，珠海市开展生鲜乳收购站的清理整治工作。整治工作主要围绕生鲜乳生产、收购、运输和质量管理等方面进行。一是建立生产和收购环节质量管理制度。建立了《斗门区生鲜乳质量监督管理制度》、《斗门区生鲜乳收购站卫生管理制度》等。二是建立了产品质量可追溯制度。要求养殖户自觉按照要求建立养殖档案，从饲料及兽药供应到乳品生产、收购等环节建立台账制度，如实记录产品来源、数量、质量、批次、日期等相关信息。三是规范整治奶站，实行许可证制度。斗门区共有 4 个生鲜乳收购站，全部实施机械化挤奶，日收奶量合计约 28 吨。经过整治，除“广州强强兴”奶站因存在没有建立生鲜乳独立贮存间、卫生条件不合格、存在安全隐患、缺乏检测设备等原因尚在改造，尚未取得《生鲜乳收购许可证》外，其余 3 个收购站已按照有关要求实施标准化改造，并取得了《生鲜乳收购许可证》和运输车《生鲜乳准运证》。同时，签订了省、市、区和开办者四级职责的生鲜乳收购站监管工作责任书，进一步落实相关责任，规范管理。

【海洋产业】 2009 年，珠海市海洋产业总产值 321.14 亿元，比上年增长 21.0%。全市海洋养殖面积 1.56 万公顷，海洋渔业总产值 5.2 亿元，海水养殖成了渔村和渔民重要的生产生活收入来源。年内，发挥万山海洋开发试验区的海洋开发试验作用，加大对海岛基础设施建设的投入，利用海岛发展海岛旅游、中转仓储、海洋渔业三大海岛产业。试验区全年引进企业 42 家，注册资金 23943 万元，全区财政一般预算收入 11448 万元。全区启动了“海产动物种苗生产及养殖推广”等三个项目取得成效，渔业产值 9880 万元，海岛渔民人均收入达 11200 元。利用外伶仃岛获批为国家 AAA 级旅游景区机遇，在海岛举办了国际海钓比赛、中国旅游小姐珠海赛区决赛等海岛旅游品牌活动，全年海岛旅游人数173050人次，海岛旅游综合收入8100万元。全区固定资产投资5750万元，加大了基础设施建设力度，增加了往返海岛的新高速客轮航班，改善了海岛交通条件。吸引外商投资海岛兴办企业，全年外商直接投资32万美元，广东国通物流城有限公司等几家大型海上物流相继落户海岛，发展中转仓储业，全年中转仓储量165万吨。

【发展特色滨海旅游业】 至2009年底，珠海市已开发滨海旅游区（包括海岛岸线旅游点）20多个，滨海浴场5处，其中红树林保护区、金海滩浴场等8处，及情侣路沿岸一批大型观光景区和景点，建设了以海洋垂钓为特色的全国首个面积约1000平方公里的港澳游艇垂钓区、高栏岛飞沙滩旅游度假区、横琴岛自然生态旅游景区、荷包岛大南湾泳场等旅游场所，开辟了广州—万山群岛环海游、邮轮停泊外伶仃岛和东澳岛海上风光游等。

【增殖渔业资源】 2009年，珠海市配合南海实施伏季休渔制度、响应第二届广东“休鱼放生节”主题活动，于6月6日组织在东澳人工鱼礁区进行渔业资源增殖放流活动，增殖放流品种为青斑、黑鲷、鲷科鱼苗等，其中500克/尾以上规格的青斑、黑鲷各600尾，鲷科鱼苗248万尾。7月10日，农业部、广东省人民政府在珠海联合举办2009年南海生物放流活动，由省海洋与渔业局和珠海市人民政府具体承办，组织在珠海市海滨浴场共放流海龟666只，紫红笛鲷、黑鲷、石斑鱼等鱼类苗种200万尾，巴非蛤750万只。另外，6只装载卫星定位仪的大海龟也被放归大海。全部完成外伶仃生态型人工鱼礁区的建设任务，共投放各类礁体1781个，礁体47205立方米（空方），礁区占海面积216公顷，并于6月25日顺利通过验收。

【落实各项支农惠农政策】 2009年，珠海市实施《关于加强粮食生产的意见》，大幅度提高水稻补贴标准，扩大了粮食补贴范围。水稻补贴从过去的20元/亩增加到100元/亩，并在全省率先对玉米、番薯和马铃薯实行补贴（50元/亩）。全年共落实种粮补贴面积8028.59公顷，累计种粮各项补贴总额1697万元，种粮农民直接增收近930多万元。

【开展农资打假活动】 2009年，珠海市制定《2009年度珠海市农资打假专项治理行动实施方案》和《珠海市种植业产品专项整治行动实施方案》，围绕“四重一大”，即重点季节、重点地段、重点市场、重点品种和大要案查处，重点打击制售假冒伪劣种子、农药、肥料、兽药、饲料和饲料添加剂、农机及零配件等农资产品的违法行为，进一步规范农资市场秩序。坚持以部门日常监管，单独执法为主，统一专项联合执法相结合等多种方式，有计划、分阶段、有针对性地组织全市性的农资打假行动5次，全市共出动执法人员950人次，检查企业1350家次，依法查处农资企业3家，查处案件3宗（简易程序），依法没收假冒伪劣农资产品（172件）32公斤，商品货值2700元，未发现销售和使用甲胺磷、对硫磷、甲基对硫磷、久效磷和磷胺等5种高毒农药的行为，有机磷农药使用得到了有效的控制。

【继续推进标准农田建设】 2009年，珠海市落实项目建设资金2733万元，完成标准农田整治面积1106.67公顷。标准农田整治工程主要是改造运输路，新架设及改造供电线路，泵站变压设备更新，铺设通水涵管，修建排灌站（坝），开挖河渠（清淤）、引淡供水管道、田间机耕路、排水沟，吹填造田等。

【加快生态农业园区建设】 2009年，珠海市推进斗门北部生态农业园区建设，宏林循环农业生态园和莲洲镇莲江村生态农业园两个生态农业项目年内动工。落实农产品加工区33.33公顷建设用地，推进土地规划修编和园区招商工作。台湾农民创业园建设进展顺利，出台了《广东珠海金湾台湾农民创业园优惠政策》和《广东珠海金湾台湾农民创业园建设年度目标考核暂行办法》，完成了台创园总体规划初稿修编工作；至年底，完成投资10986.8万元，整合核心区土地资源100公顷，改造低产鱼塘333.33公顷，已有14家企业落户园区，总投资超过4.2亿元，另有在谈项目10多家。市农发行1.3亿元的贷款资金已经获得总行批准，这是珠海市第一次大规模贷款用于农业园区建设，获省农业厅的充分肯定并拟向全省宣传推广。

【推进外向型渔业发展】 2009年，珠海市支持广东国通流通公司和珠海之山水产发展有限公司在万山区建立供港水产品流通中转基地，并协助之山公司与香港万佳草签年交易额达2亿元的水产购销协议。组织水产品加工企业及流通大户前往广州五湖四海国际水产交易中心考察，通过与市场管理方洽谈磋商，达成了供货意向，部分流通户更签订进驻合同。

【农业产业化经营】 2009年，珠海市增加了珠海琮盛物流有限公司、珠海市之山水产发展有限公司2家省级农业龙头企业，全市省级农业龙头企业达到8家。推进三大农产品培育工作。是年，获无公害农产品产地证书的有3家，分别是珠海市大成农业发展有限公司（肉兔产地）、珠海市平沙万兴畜牧有限公司（生猪产地和生猪产品）和深圳市金情农业投资发展有限公司（近江牡蛎）；获得绿色食品认证的农产品有2个，分别是斗门永业发展有限公司的宏林紫甘薯和宏林南瓜、珠海市金湾区平沙敏达农场的台湾珍珠芭乐；通过区、市级无公害农产品产地认定和产品认证初审的有2家，分别是珠海嘉宜水产有限公司（罗非鱼养殖基地和罗非鱼产品），和珠海年丰水产养殖有限公司（翘嘴红鲌产地）；到期的珠海市洪浩水产有限公司斗门小赤坎南美白对虾养殖基地等5家已通过无公害产地认定复查换证。珠海海一水产饲料有限公司"海一牌"南美白对虾饲料和珠海市粮油进出口公司活肉猪2个新产品获得"省级农业名牌"称号，溢多利公司的溢多酶、农丰公司的"乡意浓"有机米、大海公司的对虾饲料和金果达的有机荔枝4个复审产品通过省级农业名牌产品公示。珠海顺明公司的顺明鸡蛋获得"省级农业类著名商标"称号。组织推荐顺明鸡蛋、乡意浓有机米参加"2009ZHTV观众最喜爱的品牌"评选活动。

培育农民专业合作社 全市有农民专业合作社43个，辐射带动农户5700多户，经营范围涉及水产品、香蕉、园林花卉、畜禽产品、农业生产资料等。开展"农超对接"活动，向省推荐了华润万家生活超市（珠海）有限公司申报鲜活农产品对接企业，珠海斗门绿美水果专业合作社、珠海市金湾区康平果蔬专业合作社、珠海市金湾区平沙罗非鱼专业合作社申报鲜活农产品对接农民专业合作社。组织珠海市有关农民专业合作社参加省举办的"农超对接"展示洽谈会。在斗门区海源海鲈产销专业合作社举办全市的"农超对接"展示洽谈活动，海源海鲈产销鱼干合作社生产的生晒鲈鱼干作为珠海特色水产品多次参加国家、省市农业博览会和展销会。

【农业机械化】 2009年，珠海市争取和落实农机购置补贴专项资金合计650多万元，其中：中央财政资金458.77万元，省市区财政共配套资金187.31万元，补贴农户购买先进适用的农机具9548台/套，秧盘9.02万个，受理农户2996户。全市农业机械总动力16.75万千瓦，水稻机械化收割率85.3%，水稻机耕率90%以上。全市水稻早晚二造机插秧面积609.76公顷，机插率10.25%，位于全省先进水平。加大各类先进适用的新型农机推广示范和农机操作技能培训力度。全年举办了各式类农机推广现场会及培训班12场次，培训机手和农户400人次，完成插秧机推广任务21台。耕水技术与健康环保养殖、高速插秧机操作技术、水稻育插秧机械化技术及大型耕作机械操作与维护等现场培训学习活动深受广大农民的欢迎。越来越多的新型农机具及技术走进千万家农户。

【绿色证书培训和农村实用人才培训】 2009年，珠海市农科中心和市属各农业技术推广站采取多种形式开展科技下乡活动、农民“绿色证书”培训和实用技术培训。全年共培训农民113班次、9000人次，获得绿色证书50人，发放各种资料约2万份，现场提供技术服务5000次。主要培训内容包括防风防灾、无公害标准化栽培、高产优质实用技术、生态农业技术培训。在培训方法上强调图文并茂，课堂与现场并举，技术人员讲授与农民参与提问研讨相结合，使培训的理论与实践紧密结合。建立养殖示范基地，多次带领周边群众参观学习，并在塘头实地开设培训班，解答养殖户生产养殖过程中出现的问题；采用情景现场培训、邀请专家教授做专题讲座，外出考察参观经验交流等办法，使接受培训的农民切实提高培训效果。

【推进金湾农业科技推广示范园建设】 2009年，珠海市金湾农业科技推广示范园完善园区喷滴灌设施，着重引进2009年广东省主导品种，包括8个玉米品种，5个花生品种5个甘薯品种，1个大豆品种。配套示范主要技术有：测土配方施肥，控释肥应用新技术；有害生物综合防治技术，示范采用杀虫灯诱杀害虫；甜、糯玉米优质高产栽培技术及节水技术（喷滴灌技术）。以八一园区为核心，结合测土配方施肥及控释肥应用与粮食创高产示范工作，并在红旗、平沙、乾务、斗门等选点做好辐射示范推广，与区镇农技站合作，建立新品种新技术示范田。推广花生品种粤油13号，玉米品种粤甜10号、新美夏珍、金银粟2号等优质品种133.33多公顷。11月25日，举办珠海金湾农业科技试验推广示范园良种展示现场会，参加人员400多人，并现场初步与相关镇村、农户商定了推广品种。

【做好农业信息服务】 2009年，珠海农业信息网积极开展农业信息服务工作，把农业新品种、新技术、供求信息等信息上网。由市海洋和农渔局主办、市农科中心承办，7个市级农业技术推广站协办出版的《珠海农业科技与推广信息》月刊年内创刊，全年累计发行1万多份，免费发送到各村、镇、专业大户、龙头企业，主要内容是刊载国家惠农政策、结合珠海市的农业农技知识，推荐名牌产品，介绍季节农事，反映农民心声和成功之道，得到种养户的好评。与中国移动珠海分公司合作建立了“珠海农信通”短信平台，共有用户1.8万多户，信息栏目从10个栏目发展到20多个栏目，信息渠道来源扩展到20多个。

【农业科技】 2009年，珠海市农科中心共完成了25项、超过40万字的科研项目申报工作，成功申报国家级科研项目3个，省级项目11个，市级项目9个，获得的项目经费总额较上年增长21.9%。斗门、金湾被确定为国家测土配方施肥资金补贴项单位，建成在珠海乃至珠三角地区均具有权威性和实用性的检测机构，市农科中心率先创建土肥检测分析实验室，填补了珠海在测土配方施肥工作等方面的空白。大型综合课题项目“珠海现代农业科技园区发展模式与配套技术研究”通过专家组评审，获得2009年度广东省科技进步二等奖，这是珠海市农科中心成立以来首次获得的省级科技进步奖。珠海市农科中心还获得“广东省农业科技创新先进单位”、“广东省现代农业产业技术体系花卉创新团队综合示范与培训站”、“广东省现代农业产业技术体系蔬菜创新团队综合示范与培训站”等称号。

【旅游业】 2009年，珠海市接待旅游总人数为2087.7万人次，比上年增长9.1%，其中接待入境游客413.57万人次，增长6.57%，国内游客1674.08万人次，增长9.71%。旅游总收入168.83亿元，增长8.87%。其中旅游（外汇）收入10.27亿美元，增长8.33%，国内旅游收入98.71亿元，增长10.69%。共接待过夜游客1208.74万人次，增长8.36%，其中国内游客910.89万人次，增长9.85%，入境游客297.85万人次，增长4.06%。在入境游客中，外国游客47.86万人次，下降了2.94%；香港同胞101.98

万人次，增长了5.22%；澳门同胞68.04万人次，增长11.49%；台湾同胞79.97万人次，增长1.28%。全市共有住宿设施400多家，其中星级饭店97家，五星级饭店8家，客房4万多间、床位8万多张。旅行社102家，其中出境组团社9家，非法人分社8家，拱北口岸中旅社是全国百强旅行社之一。有景区（点）40多个，其中海泉湾和御温泉已成为国内外知名的休闲旅游品牌，圆明新园为国家首批AAAA级景区，农科奇观为国家AAAA级景区和全国农业旅游示范点，外伶仃岛为AAA级景区。

是年2月22日，举行了由珠海市旅游局与体育局联合主办、粤财假日酒店与澳门登峰公司承办的珠海首届半程马拉松邀请赛。邀请赛吸引了1833名来自世界各地的长跑爱好者，其中境外1230人，来自欧、美、日、澳洲、东南亚及台、港、澳等共14个国家和地区。10月4日~5日珠海市旅游局、香洲区人民政府、珠海市文化广电新闻出版局、珠海特区报社、珠海广播电视台和珠海华发集团联合主办“爱与分享–2009第七届珠海沙滩音乐派对”大型户外公益活动，共吸引了8万多名群众参与。

【文化产业】　2009年，珠海市推进新闻出版、图书音像、软件开发、动漫画制作、文化艺术服务等优势产业，扶持创意设计、会展、旅游、休闲、网络游戏等新兴产业的发展，全年文化产业的生产总值355亿元，增加值55亿元，比上年增长22%，占全市生产总值比重的5%。

增强产业的扶持力度。市政府每年安排1000万元设立文化产业发展专项资金，分别对43个文化产业项目给予扶持，拨付扶持资金1650万元。同时建立健全文化产业管理服务体制，组建财政、金融、科技、合作以及园区建设等“五大服务平台”，加强文化产业重点项目的跟踪服务。加大招商引资力度。珠海市组团参加深圳第五届中国国际文化产业博览会，现场签约五个项目总金额4.7亿元。引进了投资10亿元的金山软件及网络设计研发中心，投资3亿美元的巨人南方网游研发基地和投资100亿元的长隆国际海洋度假区等大型项目落户珠海。投资规模日益增长。珠海文化产业投资主体呈多元化格局。民营等社会资本投资比重为90%，其中超过50%来自海外投资。除在建的香港特思数码、和维科技、杨氏设计、金地创意动力港等20多家文化企业外，华强动漫主题城、奥飞动漫影视基地、香港文化传信创意园等大型项目也落户珠海。为此，珠海市在横琴岛划出3万平方公里建设粤港澳文化创意产业园，引进港澳及国际知名文化创意企业，形成集群效应和规模效应。

电子音像　是年，电子音像出版业继续强化行业管理，调整产业结构，鼓励企业对内挖潜，通过技术改造，调整产品方向，重点发展与音像制品相配套的电子版、软件系列产品。同时以外向型产品为主，提升产品档次和质量。珠海译士代、杨智、世纪鼎利等三家软件生产企业向海外出口自主研发的音像软件，年创汇187万美元。加强技术的引进工作。全年先后有6条生产线投产，珠海海纳激光制作有限公司引进的2条DVD只读类生产线和珠海新奥林光盘制造有限公司引进的3条CD–R可录类光盘生产线验收投产，珠海得享电子科技有限公司引进的DVD–R光盘生产线投产，填补了珠海DVD–R光盘生产企业的空白。扶持有营销前景企业面向海外市场，珠海已有6家企业开展光盘生产进出口业务，全年办理光盘进出口业务28项，其中3家软件企业自主研发的软件出口创汇187万美元。珠海特区音像出版社以文化科普教育为重点，共出版教育类、音乐、地方戏曲及电视专题片15个品种，发行DVD20.4万张。珠海市音像行业全年生产光盘2.9亿张、母盘2.3亿张，生产总值2亿元，创税464万元。

印刷企业　是年，全市共有印刷从业单位645家。其中出版物印刷企业15家，出版物专项印刷企业8家，包装装潢印刷品印刷企业255家，其他印刷品企业179家，复印、打印单位187家。直接从业人员1.63万人，总资产24.83亿元，年生产总值35.9亿元。

图书出版发行　是年，珠海出版社出版各类图书286种，其中多次再版的长篇历史小说《胡雪岩》、《薛岳传》、《原谅我红尘颠倒》、《糖》，青春网络文学《云和山的彼端》，打工题材长篇小说《天堂凹》，广东纪念改革开放30周年重点图书《感恩广东》，长篇报告文学《驻军澳门》，以及“特工”系列《十大红色特工》、《十大黑色特工》、《去台高官大结局》等。该社出版的《原谅我红尘颠倒》和《天堂凹》、《薛岳传》分别获第21届全国城市出版社优秀图书一等奖、二等奖。年内，该社还陆续引进《江户川乱步侦探小说系列》、《西村京太郎侦探小说系列》、《福赛斯政治惊险小说系列》、《亨宁·曼凯尔侦探小说系列》，出版后畅销市场。重点抓好科学文化知识及教育读本书籍的出版，先后出版重点图书《邓小平经济特区思想论纲》、《珠海和谐社区建设》、《珠海社会基础情况调查与和谐社会构建》等6种；反映地方历史文化和历史人物的《珠海历史名人与香山文化》、《珠海民俗》、《珠海九问》、《珠海历史文化名人的乡土口述史料》等10种。全年图书出版实现销售2900万元，图书销售6406万册，主营业务收入1031.5万元，比上年增长2.14%。　（梁　旭）

城乡发展

【城乡规划建设加快推进】　2009年，珠海市发挥规划在城市建设中的先导作用，完成30多项规划编制工作。交通、能源、防灾减灾、环保和供水工程完成投资11.4亿元，比上年增长25%。维修翻新30座桥梁，新建37座候车亭。拱北口岸客车通道“一站式”电子验放系统工程和横琴口岸扩建工程竣工使用。电网工程完成投资15.6亿元，500千伏国安输变电工程等15个电网项目竣工投运。

新农村建设成绩喜人。市财政投入“三农”资金23.9亿元，比上年增长19.5%。出台《珠海市饮用水源保护区扶持激励办法》，对保护区实行财政补助。累计改造华侨农场危房3760户，改造农村公路12条、危桥14座。开发补充耕地250.69公顷，超额完成省下达的任务。农业产业化水平不断提高，国家和省级农业龙头企业达到9家。农民专业合作社43家，辐射带动农户5700多户。“白蕉海鲈”成为珠海市首个国家地理标志产品。完成119条行政村新农村建设规划初步成果。加强海洋综合开发和保护，在全省率先完成海岸保护与利用总体规划。南海生物放流活动和举办首届海洋博览会。

【国家级新区横琴新区挂牌运作】　2009年8月14日，国务院正式批复《横琴总体发展规划》要求把横琴建设成为带动珠海、服务港澳、率先发展的粤港澳紧密合作示范区。继国家成立了上海浦东新区、天津滨海新区后，珠海横琴新区于2009年12月16日正式挂牌运作。累计投资超过726亿元的横琴新区市政基础设施建设、横琴多联供燃气能源站、珠海长隆国际海洋度假区、珠海十字门中央商务区4个重点项目与横琴新区挂牌仪式同时宣布启动。横琴新区主要包括面积106.46平方公里的横琴岛，位于珠海市南部，珠江口西侧，与澳门三岛隔河相望。岛内人口约7600人，其中常住人口4203人。岛内设一区（镇），三个社区居委会，辖12个自然村。此前的6月27日第十一届全国人民代表大会常务委员会第九次会议上，通过了澳门特别行政区政府以租赁方式取得横琴岛澳门大学新校区的土地使用权，授权澳门特别行政区自横琴岛澳门大学新校区启用之日起，在租赁期限内对该校区依照澳门特别行政区法律实施管辖。

【扶贫工作】　2009年，珠海市财政共拨出对口帮扶重庆资金1100万元，建设项目15个，新建或改建学校1所，解决600余学生上学难问题。安排840万元，实施整村推进高山移民安置点建设，易地移民147户、910人，受益人口近1万人。加大对扶贫系统干部培训和农村劳动力的培训转移力度，安排60万专项培训资金，对四川巫山、巫溪、奉节三县有一定种养殖技术的农民工进行15天的实用技术及转移就业培训，每县50名农民工，共计150人。举办2期干部培训，共计培训110人。安排60万产业化项目资金，扶持巫山县金银花基地建设，新建苗圃基地2个共5.33公顷，发展种植基地33.33公顷，引进栽培良种种苗21万株，项目建成后受益人口3万人。拨出对口帮扶揭西县资金600万元，建设项目10个，包括产业化项目3个，建设冬瓜基地配套设施、甜玉米基地配套设施、农业科技示范园砂糖桔喷灌设施建设，培育主导产业，辐射带动农户增收。整村推进项目6个，培训项目1个，组织培训电脑技术、电子琴生产技术人员200名，促进农村富余劳动力向二、三产业转移就业，增加非农收入。

珠海社会热心人士捐赠50万元在重庆建一所希望小学。配合国务院扶贫办、中国扶贫基金会发起的“爱心包裹”5.12灾区学生六一关爱行动，在“5.12汶川地震”周年纪念和“六一”儿童节之际，组织全市社会各界，依托中国邮政网点在全市开通的捐赠点，一对一的将自己的关爱送给需要帮助的人。珠海市扶贫系统广大干部职工共募集善款8700元、认购87个学生型“爱心包裹”。全市共募集善款40.83万元，认购3043个学生型和104个学校型“爱心包裹”，为灾区中小学生募集学习和生活用品，送上一份关爱。“爱心包裹”活动自4月26日开展以来，全市邮政局所有网点共受理市民捐购5·12灾区　“爱心包裹”3176件，其中学生型包裹3071件，学校型包裹105件。

加强与帮扶村党支部之间的联系和帮扶，通过一对一结对帮扶困难户。动员全市扶贫系统干部职工为市内广丰村贫困大学生捐资0.56万元、结对帮扶广丰村困难中小学生39名，共资助1.29万元，解决上学难问题。做好市内“规划到户、责任到人”扶贫工作，把年人均纯收入低于2500元（含2500元）作为市内贫困线标准，明确欠发达村和低收入困难户，制定帮扶方案。对市内斗门、金湾区34个欠发达村及家庭年人均纯收入低于2500元（含2500元）的低收入困难户，通过实施“规划到户、责任到人”扶贫开发工作责任制，对全市低收入困难户建档立卡，实行动态监测，电脑管理，确保被帮扶的贫困户年人均纯收入增长达到10%以上。（黎彩丽）

【创建全国文明城市工作】　2009年，珠海市制订《2009~2011年创建全国文明城市工作规划》，并以市委、市政府的名义印发给各单位贯彻执行。同时，制订《珠海市创建全国文明城市责任分解表（2009年版）》，把测评项目分解到各相关责任部门，做到分工明确，责任落实。成立了创建全国文明城市工作指挥部，由市委书记担任总指挥，市长担任执行总指挥，市委常委、副市长担任副总指挥，相关责任单位一把手为成员，牵头协调开展各项工作。召开了全市创建全国文明城市联席会议，通报珠海市2008年获“全国创建文明城市工作先进城市”的情况，总结经验，查摆问题，全面部署创建工作。

【学习型城市建设】　2009年，珠海市坚持举办珠海文化大讲堂，突出公益性宗旨，每周一期，开设中国传统文化、当代中国国情、外国文化风情、珠海历史文化、科技教育、养生保健、艺术鉴赏、城市人文精神八大系列讲座，年内邀请徐冠华、陆天明、于丹、何亮亮、胡润等知名专家学者登台开讲，至年底，累计举办100讲，直接间接受众80多万人次。举办珠海读书节，评选表彰了一批“书香家庭”和“优秀学习型家庭”，有5所学校被评为广东省“书香校园”称号。继续办好全球通VIP讲堂、社区论坛等多层次、宽领域的教育平台。编印《珠海市文明礼仪手册》2万多册，免费发放给各中小学校和市民，组建“珠海市文明礼仪宣讲团”，深入社区、企业、学校宣讲，普及文明礼仪知识。各区以“阅读获得知识，礼仪传承文明”为主题，举办礼仪知识竞赛活动，在全市学校开展青少年文明礼仪活动，三灶鱼林小学、红旗实验小学被评为全国文明礼仪普及活动示范基地。

【开展群众性精神文明创建活动】 2009年，珠海举办第八届“家庭文化节”，评选表彰了一批文明家庭。开展“广东创业之星”、“十杰百优”进城务工青年、第一届“珠海市十佳卫士”、巾帼文明岗、文明诚信工商企业、文明交通、文明诚信广告、文明出租车司机等评优表彰活动。珠海历史名人林伟民、苏兆征、容国团获得全国“双百”人物称号。推荐了8个省级文明单位、5个文明村镇、3个文明社区、2个文明窗口和1个先进个人。开展了首届“道德模范”评选活动，经过广泛推荐，评选出“助人为乐模范”、“见义勇为模范”、“诚实守信模范”、“敬业奉献模范”和“孝老爱亲模范”共10名道德模范，举办了“爱在珠海——珠海市道德模范暨珠海公益奖”电视直播颁奖晚会。举办第三届“珠海公益奖”，活动得到社会各界广泛支持，评选出一批在扶危济困、助医助学、见义勇为、帮助残疾等公益事业方面做出突出贡献的集体和个人。

围绕“新中国成立60周年”、“澳门回归10周年”等主题，在全市开展“回顾党的光辉历程、坚定中国特色社会主义理想信念”宣讲活动100多场次，命名了8家第三批市级爱国主义教育基地，举行授牌和挂牌仪式，制订了爱国主义教育基地管理办法，加强管理和协调，爱国主义教育基地对未成年人全部免费开放。举办了“歌唱祖国”群众性歌咏活动暨“第二届珠海合唱节”系列活动，有来自全市各行业合唱爱好者组成的42支合唱团队约2000多人参加，优胜团体香洲区合唱团、金湾区教师合唱团、珠海港合唱团在广东省第九届百歌颂中华歌咏活动总决赛中分获合唱A、B、C级组金奖。

成立了由团市委、市文明办牵头的珠海市志愿者联合会，实现了管理服务“四统一”（统一的组织架构、统一的标识与视觉识别系统、统一的志愿服务时数认证平台、统一的志愿者晋级制度与奖励机制）。成立总额100万的“珠海青年志愿基金”，弘扬“奉献、友爱、互助、进步”的志愿精神，广泛开展援助孤残、义务家教、知识培训、普及文明风尚等志愿服务行动，全市注册志愿者人数11.6万人。创建“香洲义工”品牌，香洲区拥有专业义工服务队100多支，义工2.8万人，累计组织各类主题公益活动和经常性活动近1100场次，参加义工约19万人次，打造“松柏之爱”、“生命之泉”、“漫步心林”、“与你同行”、“环保卫士”等多项活动，志愿服务在传播文明方面发挥着越来越重要的作用。

【历史人文资源保护与开发】 2009年，珠海市公布首批68项历史文化遗存保护名录、第二批市级非物质文化遗产保护名录和传承人名单，加强“陈芳家宅”与“宝镜湾遗址”全国重点文物保护单位、唐家湾全国历史文化名镇、斗门“水上婚嫁”国家级非物质文化遗产的保护与开发，修复一批历史名人故居和文物古迹。加强文艺精品创作。每年拿出300万元设立文艺精品创作基金，开展珠海历史普及年活动，拍摄创作《容闳》、《唐国安》、《陈芳》等电视剧，珠海市政府被评为“2009年度支持中国动漫游戏产业发展模范政府”，金山软件公司、巨人网络公司被评为“中国游戏行业2009年度优秀企业”，多个自主研发产品获多项国家级荣誉。总投资15亿元的珠海歌剧院、博物馆新馆、文化馆新馆三个文化建设项目在紧张施工中，其中珠海歌剧院项目是珠海建市以来投资额最大的标志性文化基础设施。举办以“唱红社区”为特色品牌的广场文化活动，全市社区开展广场文化活动1500多场次。加快“农家漂流书屋”建设。自2007年推出“农家漂流书屋”文化惠民工程以来，全市已建成132个农家书屋，为农民群众建立了一个“永在村里的图书室”。

（珠年鉴）

资源环境

【推进生态建设】 2009年，珠海市在全省“环保目标责任考核”中荣获“优秀”称号，“城市环境综合整治定量考核”总分名列全省前茅，连续三年完成减排目标。开展生态城市建设规划研究，制定生态建设四个百分百行动（即新增工业项目百分百进入园区、污水垃圾百分百达标处理、裸露山体百分百恢复绿化、节能减排百分百实现目标）方案，修订《珠海市环境保护条例》。加快推进全国生态文明建设试点工作，通过国家园林城市复查。推进36项国家环保模范城市“迎检重点工程”，拱北污水厂改扩建工程完工，南水、三灶水质净化厂建成启用。前山河综合治理工程顺利推进，相关配套工程如期完成。加快城区排洪渠截污分流改造，完成凤凰河综合整治。整合和盘活存量土地，清理处置闲置土地259宗、总面积18.1平方公里。超额完成年度节能任务，珠海市被省推荐为可再生能源建筑应用项目示范城市。实施“双十百绿”工程，新改建绿地53.3万平方米，种植树木约70万株，建成开放将军山公园，提升海天公园绿化美化水平。完成情侣路沿线海域清理工作，开展全民清洁和市容整治活动，清拆违规户外广告牌2452宗，改造柠溪、朝阳、三灶唐人街等3个农贸市场。

【生态环境质量持续改善】 2009年，珠海市大气环境优良水平保持在100%，区域环境噪声、道路交通噪声达到国家标准，建有自然保护区10个，建成区绿化覆盖率45.03%，绿地率39.89%，人均绿地面积12.84平方米，城市生活污水处理率80.15%，生活垃圾无害化处理率86.71%，成功摘掉“重酸雨区”帽子，环境质量总体保持较高水平。

【开展生态文明创建活动】 2009年，珠海市深入开展绿色创建、生态创建活动，创建了珠海市第四批市级“绿色学校”21所、第二批市级“绿色社区”11个、环境教育基地7个、各级生态示范区93个，生态示范区覆盖率35%。是年通过开展污水垃圾处理工程、水源地保护工程、自然景观保护工程、环境综合整治工程建设，查处遮山挡海、严重影响市容的违法建筑，创造宜居环境和创业环境。修订政府投资项目管理条例和工程招投标管理办法，签署了珠中江合作框架协议，拟定《珠海市创建生态文明城市行动纲要》，积极加大对生态工程等项目的资金投入力度，推进经济、环境建设双赢。

【三项环保考核顺利通过检查】 2009年省环保局公布了上年三项考核结果，珠海市第一项“污染减排”考核指标，达到省政府的要求，连续三年实现“百分百”完成减排目标。污染指数有所下降。化学需氧量减排0.10万吨，二氧化硫减排0.21万吨，分别比上年下降3.50%和5.40%，顺利完成国家、省下达的目标。第二项“环保目标责任考核”，珠海市考核结果为全省优秀。第三项是“城市环境综合整治定量考核”，珠海市考核总分名列全省前茅。

【环境质量状况】 2009年，珠海市生态环境质量持续改善，总体保持较高水平。

城市空气 城市空气环境质量良好，空气污染指数保持优良水平，各项污染物浓度平均值符合国家《环境空气质量标准》（GB3095-1996）二级标准；2009年第三季度有198天空气质量级别Ⅰ级（优），占65.13%；106天空气质量级别Ⅱ级（良），占34.87%。空气中首要污染物为可吸入颗粒物。酸雨发生率为42.9%。与上年同期比较，二氧化硫、二氧化氮、可吸入颗粒物季日均值均有不同程度的下降；酸雨发生率42.9%，比上年同期下降7.7个百分点。

水环境 水环境质量处于较高水平：前山河珠海市段水质监测所有项目月平均浓度值均符合国家《地表水环境质量标准》（GB3838-2002）Ⅳ类标准；黄杨河尖峰断面水质监测所有项目月平均浓度值均符合国家《地表水环境质量标准》（GB3838-2002）Ⅲ类标准；跨市边界河流磨刀门水道布洲断面和前山河南沙湾断面水质监测所有项目月平均浓度值分别符合国家《地表水环境质量标准》（GB3838-2002）的Ⅱ类和Ⅲ类标

准；主要的集中式饮用水源地大镜山水库、竹仙洞水库、杨寮水库、乾务水库、平岗泵站、广昌泵站、黄杨河泵站和裕洲泵站水质达标率为100%，与上年同期相同。大镜山水库、竹仙洞水库、杨寮水库、乾务水库、平岗泵站、广昌泵站、黄杨河泵站和裕洲泵站的营养化状态均属于中营养级别。近岸海水4个功能区监测点所监测项目浓度平均值均符合所属海水功能区各类别国家海水水质评价标准，11个环境质量监测点位中，除3个监测点位（GD0401、GD0402和GD0403）的悬浮物出现超标现象，其余10个监测点位符合国家《海水水质标准》（GB 3097-1997）第二类标准。

城市噪声　功能区噪声0、1、2、3类环境噪声功能区昼、夜平均等效声级基本保持稳定。4类区夜间平均等效声级超标。声源构成以生活噪声源为主；区域环境噪声昼间平均等效声级为55.0分贝，符合国家考核标准，与去年相比基本保持稳定；达标路段为98.8%，与上年持平。道路交通噪声平均等效声级为67.9分贝，符合国家考核标准。

【加强海洋渔业环境监测】　2009年，珠海市完成近岸海域水质监测、重点增养区监测、中华白海豚自然保护区监测、陆源入海排污口及邻近海域监测和主要淡水渔业水域环境质量等监测任务。加强赤潮监测工作，投入使用多套实时在线监测摇报系统，10月25日珠海市近岸海域发生类似甲藻类赤潮，市政府立即启动赤潮应急响应，迅速组织市海洋与渔业环境监测中心技术人员与相关单位组成联合调查组，会同省海洋与渔业环境监测中心和暨南大学赤潮专家开展现场调查和采样分析，认定为甲藻类赤潮。11月6~8日，甲藻类赤潮消退，又出现棕囊藻赤潮。此次赤潮面积最大时约350平方公里，历时22天。期间布置做好渔业生产的各项防范措施，赤潮发生期间未接到因赤潮造成的渔业损失报告。组织编制并向社会发布《珠海市2008年海洋环境质量公报》。

（珠年鉴）

社会事业

【改善民生成效显著】　2009年，珠海市政府用于社会事业的投资72.3亿元，比上年增长29.8%，完成投资计划的103.7%。市财政一般预算对教育、社保就业、医疗卫生、文化事业、环境保护、农林水事务等六项民生总投入50.5亿元，增长20%；民生支出占一般预算支出的41.6%，比上年提高1.8个百分点。统筹区域发展，加大对西部地区投入，全年对西部地区教育和医疗卫生、社保就业、环境保护、公共交通、防灾减灾、农林水利、供水设施改造等方面共投入21.8亿元。

就业和社会保障水平不断提高　全市城镇新增就业岗位40877个，城镇登记失业率2.8%。推进“百企扶百村就业工程”，全市农村劳动力转移就业6779人，吸纳粤东西北地区农村劳动力6506人。为大学生见习、就业和创业提供服务，市内生源高校毕业生就业率达91%。实施适龄青年百分百接受技工教育、百分百实现技能就业工程，5882名普通初高中毕业生免费入读市高级技工学校和中等职业学校，中职毕业生一次性就业率超过98%。社会保险参保人数389.5万人次，新增17.7万人次。建立社会基本医疗保险普通门诊统筹制度，提高医疗保险待遇水平。出台《珠海市最低生活保障实施办法》，提高重点优抚对象补助标准。农民和被征地农民全部参加医保，12.4万人参加养老保险，参保覆盖率85%，养老保险参保补贴比例由20%提高到35%。海岛居民乘船享受60岁以上老人免费、中小学生5折优惠。

教育卫生等社会事业实现新发展　14.7万人享受免费义务教育和高中阶段免学费教育，普通高考总上线率为86%，高校全日制在校大学生超过10万人。实施中小学校舍安全工程，加固校舍65栋。解决中小学代课教师问题，招录代课教师216人。学前教育加快发展，新增3所省一级幼儿园。出台关于镇卫生院改革与发展的意见，镇卫生院改造顺利推进，121个农村卫生服务中心竣工。有效防控甲流等重大疫情，保障了居民健康。连续21年完成人口计划控制任务。

社会保持和谐稳定　推进社会治安打防管控，全市社会治安持续平稳。建成镇街综治信访维稳中心23个，入选“2009年中国最安全城市”。圆满完成迎国庆、庆回归十周年等重大活动的安保工作。安全生产形势保持稳定，事故宗数、伤亡人数和直接经济损失比上年分别下降20.8%、20.1%和24.1%，连续三年火灾事故零死亡。加强应急管理体系建设，应急管理水平得到提升。食品药品、产品质量安全、打击假冒伪劣产品和传销违法活动等工作扎实推进，工商、质监、食品药品监督等部门有效维护了市场经济秩序。香洲区成为“全国和谐社区建设示范城区”、“全国平安建设先进区”，拱北街道成为“全国和谐社区建设示范街道”，三灶镇三灶社区成为“全国和谐社区建设示范社区”，吉大海大社区成为“全国综合减灾示范社区”。

【社会文化活动】　2009年，珠海市组织了一系列群众性文化艺术活动。主要有：1月23日晚，“2009年春节联欢会”在珠海电视台举行。2月2日斗门区举办第五届民间艺术大巡游，共有10项400多人的民间艺术表演；2月8日，举办“迎新春·闹元宵——第三届民间艺术大巡游”；2月9日晚，唐家湾高新区举办“共乐唐家湾——2009年元宵灯会”；8月6日晚，第二届珠海合唱节“歌唱祖国”合唱大赛总决赛在珠海大会堂隆重举行。9月20日晚，市文化主管部门主办《祖国颂》大型交响合唱音乐会。由市委宣传部、市文广新局主办历时一个多月的首届珠海金秋艺术节，自9月26日晚至10月31日晚，共为广大市民献上了17场专场演出，2100多名珠海文艺工作者、2万多名市民参加活动。12月6日至月底，珠海市委宣传部、市文广新局主办“濠江水一两地情”群众文艺系列活动，包括专场音乐会、合唱专场、戏剧专场演出、澳门风光摄影展、社区少儿书画赛、庆回归趣味游园和电影放映等60多场活动。12月17日晚，中国第一部以海洋文化为主题的大型原创音乐组歌《奔向蔚蓝色》海港大合唱在珠海大会堂首演，由珠海港合唱团主唱。12月29日晚，珠海市文联在香洲柠溪文化广场举行迎新年大型文艺晚会。12月30日晚，比利时布鲁塞尔乐团在珠海大会堂献上一台以“新春欢乐颂”为主题的新年音乐会，市领导与1200多名乐迷观看演出。全年全市举

珠海市文教卫体事业基本情况

教育				医疗文化体育			
项目	单位	2008年	2009年	项目	单位	2008年	2009年
普通高校校数	所	10	10	医院（含卫生院）	个	46	48
在校学生数	万人	8.99	10.16	区级医院数	个		
成人教育院校数	所	1	1	等级医院数	个		
高等教育人数	万人	9.82	11.01	医院总床位	张	5851	6341
中等教育人数	万人	11.19	11.67	平均每千人口拥有医院床位	张	3.99	4.27
普通中学学校数	所	58	58				
在校学生数	万人	9.09	9.39	影剧院（含电影放映单位）	个	9	9
小学学校数	所	132	130				
在校学生数	万人	13.15	12.56	体育场馆数	个	7	8
学龄儿童总数	万人	6.95	6.16				
学龄儿童入学率	%	100	100				

注：“平均每千人口拥有医院床位”调整为按年平均常住人口计算，以前年度此表按年平均户籍人口。

办高雅艺术演出70多场，组织广场文艺演出及下乡演出800多场，举办各类展览160场，为社区、部队、企业、乡镇组织放映电影968场。

【艺术创作】　2009年，珠海市共有113部文艺作品获省部级以上奖励，其中歌曲《欢乐山寨》、《祖国美》获广东省第七届精神文明建设“五个一工程”优秀作品奖；牙雕《皆大欢喜》获广东省第八届鲁迅文学艺术奖；青年女作家裴蓓的中篇小说《我们都是“天上人”》获第十三届百花奖中篇小说奖；香洲区合唱团等在广东省第九届百歌颂中华歌咏活动中获4项金奖，位居全省首位。中国第一部以海洋文化为主题的大型原创音乐组歌《奔向蔚蓝色》首演成功。拍摄电影《澳门一九四九》，于澳门回归10周年前夕隆重推出，并分别在澳门、广州、珠海举行首映式。华发艺术团献艺亚洲艺术节，汉胜艺术团获邀参加中央电视台举办的春节晚会。组织完成第三届珠海市文学艺术“渔女奖”评奖工作，在文学、戏剧曲艺、美术、书法等九大艺术门类近千件参评文艺作品中，曾维浩长篇小说《离骚》等48件文艺作品获奖，本土文艺家先后创作粤剧《唐涤生》、话剧《大国商魂》、舞剧《苏曼殊》、舞剧《陈芳故事》等重点珠海历史人文题材的剧本作品。其中粤剧《唐涤生》、话剧《大国商魂》剧本创作已完成。

【文化市场管理】　2009年，珠海市健全文化市场监管机制。建立了相关部门开展“扫黄打非”工作的责任分工和责任追究制度，对歌舞娱乐场所、电子游艺经营场所、网吧经营场所以及出版单位、书报摊经营点、音像销售点等加强巡查和抽检，强化经营场所的规范管理和行业自律，要求所有经营场所与文化部门签订守法经营责任书和承诺制。

深入开展“扫黄打非”斗争。全市共出动检查执法人员9192人次，检查音像经营单位4123家次，书报刊经营单位1621家次，电子出版物经营单位229家次，印刷企业147家次，互联网上网服务经营场所653家次，歌舞娱乐场所197家次，营业性演出单位15家次，收缴非法音像制品73万多张，非法书报刊8124册，非法彩报8838份，非法电子出版物3637张，取缔无证照文化经营场所196家，立案查处违法行为53宗，移送公安机关行政拘留19人，刑事拘留2人。打掉批销非法音像品窝点15个。

规范文化市场的行政执法。加强执法人员相关法律和专业知识的培训，举办8个培训班，实行业务学习和工作考评结合，提高队伍的执法水平；健全执法工作机制，规范执法行为。制定完善文化市场处罚备案、审理规则、执法规定等制度，以及健全相关执法人员公平执法的纪律和公正执法的廉洁守则，按市场分管的项目和区域执法职责与个人签订岗位目标责任和廉政承诺，依章守法搞好文化市场的管理。

【珠海市图书馆】　2009年，珠海市图书馆坚持“读者第一、服务至上”的宗旨，举办珠海文化大讲堂和各类型展览，全年共举办珠海大讲堂讲座37场，先后邀请了蒋子龙、陈建功、张铭清、中里巴人等国内外知名专家学者登台开讲，直接现场听众2万人次，全年新办理读者借书证6949个，借还图书629990册，上门借书151024人次，接待读者共932332人次，比上年增长了3倍。还新增加30台资源共享工程服务电脑，推出视频讲座和影视资料播放服务；开通“珠海图书网站”链接“珠海政府网”、“电信”、“珠海视窗网”，实现网上检索，网上续借。通过网上拓展参考咨询、检索数据库、“珠海信息公开”检索链接、新书推介等多项功能的服务。图书馆网站主页还设立“政府信息公开”、“少儿之窗”、“读书榜集合”、“新闻聚合”、“珠海文化聚合”等内容，满足网友和读者的需求。

该馆建立社会信息资源共享平台。分别举办“珠海2009书香岭南读书月”、“4·23世界读书日”、“图书馆服务宣传周”等系列主题活动。推进“图书馆志愿者”服务工作，组建“图书馆义工服务队”，全年共接收上万人次志愿者和义工参与图书馆的管理服务和交流，为青少年的社会教育提供独特的活动平台。分别与古元美术馆、珠海城市职业技术学校、高栏港经济管理区等6个单位建立图书分馆，实行图书统一采购编目以及“一卡通”的互借互还，扩大图书的服务点和流通量。该馆还举办业务培训班以及开展文献信息交流和学术研究活动。该馆全年采购、分编加工图书21242种63881册，订阅报刊1450份，特藏文献2280册。接受捐赠图书8868册。至年底馆藏书总量为56万册。2009年，珠海市图书馆经第四次全国公共图书馆评估定级验收，被国家文化部评定为一级图书馆。

【珠海市博物馆】 2009年，珠海市博物馆抓好历史人文资源的保护工作。全年完成文物、资料征集共73批1712件（套），包括珠海民俗用品、家具、海防铁炮、岭南特色的广彩瓷器、珠海地方族谱、珠海经济特区时期的史料、珠海挖掘发现的古墓碑、界碑等。为市民代管文物资料共4批304件（套）。同时完成对征集入库的文物（资料）进行整理、修复、登记工作。办好各类展览。全年举办有《黄埔军校校史展》、《广东省自然保护区暨珍稀动物展》《辽宁省博物馆藏齐白石绘画精品展》及《纪念珠海改革开放三十周年大型图片展》等展览40个，参观人数达9.8万人次。还组织开展乡村、社区、学校的巡展活动，全年下基层巡展22场次。提前完成珠海市第三次全国文物普查和登录的工作。全市共调查登记不可移动文物点424处，其中新发现文物点230处，复查文物点194处，调查登记消失文物点34处。做好文物保护单位的申报工作。已将东澳沙丘遗址等7处市级文物保护单位向广东省申报第六批省级文物保护单位；杨氏大宗祠等五处向国家申报第七批国家文物保护单位。公布珠海市第一批历史文化遗产保护名录68项，市级非物质文化遗产保护名录12项，市级非物质文化遗产传承人18名。文博研究取得新的成果。该馆人员通过参加“珠澳文化论坛——珠海澳门与近代中西文化交流研讨会”、宁夏贺兰山岩画研讨会、杨匏安学术研讨会等学术会议，出版了一批论文。同时出版《南海北岸史前渔业文化》、《珠海非物质文化遗产图典》、《斗门民歌集》等一批历史文化著作。2009年，该馆经评估定级验收，被文化部评定为二级博物馆。

【广播电视】 2009年，珠海市加快推进数字电视普及，重点解决农村用户和驻珠海部队官兵看电视难的问题。对唐家、南湾、南水辖区的9000多用户实施了数字电视转换，至年底，全市数字电视用户35.57万户，新增用户9.27万户，其中数字电视用户32.74万户，有线宽带总用户1.83万户。有线数字电视整体转换后，拓展了数字电视增值业务、交互电视业务、重点频道广告业务和网络营销等业务，促使增值业务和广告市场经营有新突破。

是年，珠海广播电视台推进品种战略和市场战略，以正确的舆论导向为统领，发展事业、壮大产业，全年总收人25807.43万元，比上年增长4.77%。

该台充分利用自身资源创新栏目。发挥广播、电视、网络传播的优势，运用直播手段丰富节目的内容和形式，提高广播电视频道的收视率。民生品牌栏目《珠海新闻》、《城事点评》、《新闻搜寻》、《市民热线》、《百姓说事》注重人民群众普遍关心的环境保护、就业上学、楼价股市、医疗卫生等社会热点难点问题加强正面舆论引导。宣传珠海贯彻落实《珠江三角洲地区改革发展规划纲要》，推进“三大格局”建设、推进“十大重点工程”和横琴新区开发的举措与成效。先后制作了《风起正是扬帆时》、《珠海市投资环境专题片》、《为了绿色的家园》、《横空出世、琴鸣天下》、《好风凭借力、崛起粤港澳》等10多部专题片。该台开辟《珠海特区》、《珠海故事》外宣栏目，与广东电视台海外中心合作制作《珠海特区》，全年播送节目156期，通过珠江频道在海外落地播出。《珠海故事》栏目与中山、江门电视台合作推出《珠江西岸》系列专题，并与中山、江门电视台、澳门广视，莲花卫视实现交换播出新闻。该台还参与中央电视台《中国电视澳门行》采访，与中央人民广播电台并机直播“庆祝澳门回归10周年”节目。该台还创办珠海特色的各类主题活动和晚会活动，举办2009“ZHTV观众最喜爱的珠海品牌评选”、“珠海经济年度人物评选”、“珠海公益奖评奖”等品牌活动，组织了“珠海市春节联欢晚会”、“中央首长新春晚会”、“广东省广播电视节目奖颁奖典礼”、“童心祝福祖国——全国少儿文艺电视展演”、“珠海市道德模范奖及公益奖颁奖晚会”等一系列有影响的晚会活动，精心打造《天天故事会》、《黄金剧场》、《悬疑剧场》等多个精品剧场，引进一批既弘扬主旋律又有较高艺术水准的电视剧集，在提升两个频道收视率的同时，增强创收时段，增加电视剧经营广告的收益。

（梁　旭）

【体育】　竞技体育　第十一届全国运动会，珠海市有皮划艇、水球、射击等15个项目共41名运动员入选广东代表团，夺得了5金、3银、3铜的佳绩，计入珠海参加第十三届省运会总成绩：7金、5银、7铜，共378分。

2009年广东省青少年锦标赛于5~12月举办，珠海市共有380多名运动员参加了21个项目的比赛，共获金牌32枚，银牌19枚，铜牌25枚，顺利地完成了参赛任务。

全市共有田径等21个项目，505名运动员完成了省注册。为省运会的备战工作打下了基础。

群众体育　广东省第二届体育大会是非奥运会项目的综合性运动会。珠海市获得团体总分第八名和“体育道德风尚奖”的佳绩。该届运动会设21个项目，珠海体育代表团派出136名选手，参加了篮球、健身气功、门球、健美操、速度轮滑等11个项目的比赛，其中保龄球以3金5银2铜为代表团贡献157分，速度轮滑贡献97分。由中老年人组成的健身秧歌等队伍也取得了不错的成绩。

在全民健身的氛围下，许多协会都开展了各系列活动及比赛。珠海市老年体协举办了迎春趣味门球赛、二十一届女子三八门球赛、第二十届老年人运动会、放鸽迎国庆活动；珠海市太极拳协会举办了2009年珠海市首届太极拳精英锦标赛；珠海市登山探险协会举办了五兜山穿越登山活动、珠三角最高峰白云障登山活动、广东第一峰拉练、北尖岛拥军活动、广西德天瀑布探险活动；珠海市体育舞蹈协会参加了广东省第十六届国际标准舞锦标赛、广东省体育舞蹈“超级杯”舞蹈大赛；珠海市羽毛球协会举办了珠海市首届“威克多杯”羽毛球混合团体赛、2009年珠海市“格力地产杯”珠海市羽毛球联赛；珠海市排球协会举办了2009年珠海市第五届“体育彩票杯”排球联赛。珠海市第十届“体育节”活动，许多协会都踊跃参加。

举办国际性体育交流　年内，来自英国、美国、加拿大、澳大利亚等国家和国内3600多人参加了珠海市首届国际龙舟邀请赛和国际半程马拉松邀请赛等活动。在澳门回归10周年之际，珠海市老年体协与珠海市太极拳协会参加了澳门庆祝中华人民共和国成立六十周年“同饮珠江水，共传爱国心”活动，共有460余人赴澳门参加。珠海市保龄球协会、市网球协会、市围棋协会、市象棋协会、市国际象棋协会等，都与澳门体育界以埠际赛、友谊赛的形式经常进行交流活动。

体育节　组织策划以“迎接亚运会，创造新生活”为主题的珠海市第十届“体育节”，有活动项目229个，群众体育健身活动1084次，参加的群众66.75万人次，占全市人口的66%。8月8日“全民健身日”系列活动，市体育中心和斗门等三个区及部分学校体育场馆均提供时段免费开放，供市民进场锻炼，同时利用电视、报刊等媒介，对全民健身活动进行了宣传报道。

【物价和人民生活】　2009年，珠海市居民消费价格水平（CPI）比上年下跌3.0%。在八大类商品及服务中，食品、衣着、居住、交通通讯、娱乐教育文化用品及服务的价格分别下降3.4%、7.2%、9.6%、1.3%和0.6%，而烟酒及用品、家庭设备用品及维修服务、医疗保健和个人用品则有不同幅度的上涨，涨幅分别为1.6%、1.3%和1.4%。从涨跌构成看，仅食品、居住两类价格的下降就影响全市CPI下降2.5个百分点，贡献率为83.3%。人民生活继续得到改善。抽样显示，2009年珠海市城镇居民人均可支配收入22859元，增长9.1%，十年来首次快于同期生产总值增速。至年末，珠海市城镇居民的自有住房比率93.1%，拥有2套住房以上的家庭占32.5%。年末平均百户城镇居民家庭拥有私家汽车29部，家用电脑90部，各类中高档的家庭设备普及率不断攀升，消费结构升级，用于发展享受型的消费比例增大。

体制改革

【政府机构改革】　2009年，珠海市完成新一轮政府机构改革。改革后，市政府工作部门精简至27个，精简幅度约1/3。涉及调整、撤并、职责整合的政府机构共26个，调整比例超过70%。涉及调整、撤并、职责整合的党委机构共8个，调整比例达1/2。

是年2月28日，市委常委会议研究《珠海航空产业园开发管理体制方案》、《珠海航空城发展集团有限公司组建方案》、市市政园林局筹建工作。3月28日，市委常委会议原则通过《珠海市关于深化行政管理体制改革工作方案》，5月8日，市委常委会议原则通过《中共珠海市委、珠海市人民政府关于增创科学发展新优势继续当好改革开放排头兵的行动方案（送审稿）》。6月5日，市委常委会议研究《珠海水务集团有限公司组建方案》、《珠海城市建设集团有限公司组建方案》、《珠海公共交通运输集团有限公司组建方案》，指出当前珠海市改革的重点是“一体（行政管理体制）两翼（经济管理体制、社会管理体制）”改革，要求充分认识组建上述企业的重要意义。9月4日，市委常委会原则通过《珠海市投资促进局组建方案》，指出组建市投资促进局，加强招商引资投资促进工作力量，改善招商引资工作机制，优化招商引资和投资发展环境，构筑专业化招商、精细化管理和高水平服务的投资促进大平台。10月16日，市委常委会议研究金湾区、高栏港经济区和航空产业园管理体制调整问题，确保体制调整顺利推进。调整后的金湾区（市航空产业园）要将产业发展作为重中之重，努力壮大临空经济；高栏港经济区要充分利用港口岸线资源，加快发展临港工业。11月1日，市委常委会议研究珠海市政府机构改革工作，要求全市各级领导干部特别是市党政领导班子成员讲政治、讲党性，识大体、顾大局，深刻理解深化政府机构改革的重大意义，认真领会省委、省政府的总体要求，严格执行市委、市政府的决策部署，高度统一思想，加强组织领导，抓好协调衔接，严格执行纪律，广泛宣传发动，以思想、认识和行动上的高度一致，确保政府机构改革稳妥推进。

【社会管理体制改革】　2009年，珠海市根据《珠江三角洲地区改革发展规划纲要》和省委、省政府的要求，开展社会管理综合改革试点。率先启动政府购买服务、慈善救助、流动人口服务管理等改革试点，设立促进就业、医疗卫生、小区管理三个咨询委员会，在翠香街道和三灶镇等地推进社区民主自治试点，赋予部分行业协会和社会组织相应的管理　职能。

【金融和国企改革】　2009年，全市上市公司总数达到20家。珠光集团完成债务重组，削减债务总额50亿港元。珠海商业银行引入央企战略投资25亿元成功重组。农村信用社改革取得阶段性成果，15亿元中央银行专项票据顺利兑付。推进国有企业改革，通过资源整合等方式组建交通、水务、城建、公交等14家市属国有企业集团。发挥市管国有企业投融资平台作用，得到金融机构大力支持，融资498.5亿元，为重大项目建设提供了资金保障。

【依法治市工作】 2009年，珠海市地方立法工作有了新进展。年内共完成地方性法规2件，分别为《珠海市排水条例》、《珠海经济特区政府投资项目管理条例》；审议了3件法规草案，分别是《珠海市城市规划条例修正案》、《珠海经济特区高新技术开发区条例》、《珠海经济特区科技创新条例》；开展了《珠海市农村股份合作企业条例》的立法调研工作。在立法过程中，所有法规草案，均采取书面征求意见、网上征求意见以及召开座谈会、论证会等方式广泛听取有关机关、组织和公民的意见和建议。坚持立改并举，把制定新法规与修改旧法规放在同等重要的位置。在新制定条例的同时，对不适应现实情况和改革发展要求的法规及时进行修改或者重新制定，较好地处理了法律规范的稳定性与变动性、前瞻性与可操作性的关系。

依法行政水平不断提高。一是推进行政管理体制改革。加快转变政府职能，努力构建服务型政府。强化了部门责任，做到权责一致、分工合理。开展第四轮行政审批制度改革，健全行政许可听证、行政公示、否定事项报备等制度。二是加强制度建设工作。全年共制定《珠海市建设工程招投标管理办法》、《珠海市企业和企业经营者权益保护办法》等市政府规章6件。制定《珠海市建设工程项目行政审批管理办法（试行）》、《珠海市抢险和应急工程管理办法》等涉及经济、社会、民生各方面工作的市政府规范性文件近30件。在全市范围内开展对原有规范性文件的清理工作，共清理文件1280件，保留783件，分不同情况处理了493件。三是提高行政效能。开展“落实年”活动，进一步明确职责、优化流程。制订方案，进行2008年度政府部门责任白皮书落实情况的考核评估工作，有效推进法治政府、责任政府建设，行政效能得到提高。全面推广“一站式”服务和“网上审批”，建立和完善跨部门统一互联的电子政务平台，政府服务社会能力有效提高。是年，珠海市获中国政府网站“优秀奖”和“信息公开领先奖”。四是规范行政机关行政应诉工作。制定《珠海市行政机关应诉规则》，明确要求各级行政机关做好行政应诉工作，促进了行政机关依法行政。

【基层民主政治建设】 2009年，珠海市城市社区民主自治建设、农村社区民主自治建设和社会组织建设三大试点工作顺利推进。构建了“议事—决策—执行—协助—监督”的社区民主自治体系，试行“十户联保”制度，从建立健全“户户联保、小组联防、村村联动”的“三联”机制入手，构建平安和谐新农村，全市基层民主政治建设有新的进展。香洲区推进社区建设，当选为“全国社区建设示范城区”；全区开展示范街道和特色、品牌社区创建活动，共有85个社区达到全省“六好”平安和谐社区标准，达标率超过80%。斗门区乾务镇推行“村企互挂兴村富企”、“阳光村务民主管理”的新举措；湾口村创新村务公开载体，采用电子屏向村民公布村务信息；荔山村通过加强民主法治建设，由“问题村”转变为全省的“民主法治示范村”。

【推进社会管理体制改革先行先试】 2009年，珠海市政府推进简政放权，规范审批权限，明确规定除177项审批事项须上报市政府以外，其余事项由各部门依法办理。出台《建设工程项目行政审批管理办法》，优化审批流程。推进社会管理体制改革先行先试，转变政府职能、社会管理体制改革试点工作全面铺开。印发了《关于推进社会管理体制改革先行先试的意见》和《2009年珠海市社会管理体制改革先行先试实施计划》，明确改革的重点内容，推进社区民主自治、社会组织规范发展和设立政府咨询委员会三大试点。促进就业咨询委员会、医疗卫生咨询委员会、小区管理咨询委员会的试点工作已进入具体实施操作阶段，社区民主自治、社会组织规范发展方面的试点实施细则也将陆续推行。 （珠年鉴）

佛山市

佛山市

基本情况

【地理位置】 佛山市位于广东省中南部，珠江三角洲腹地。东倚广州，南邻港澳。全境于北纬22°38′～23°34′，东经112°22′～113°23′之间。佛山属亚热带季风性湿润气候，年平均气温22.2°C。珠江水系中的西江、北江及其支流贯穿全境，属典型的三角洲河网地区。

佛山与广州地缘相连，同处在中国最具经济实力和发展活力地区之一的珠江三角洲经济区中部，共同构建“广佛都市圈”。佛山市中心区距广州三大交通枢纽（广州新白云机场、广州新火车站、广州南沙港）车程均在1小时之内，与香港、澳门分别相距231公里和143公里。广湛铁路横贯全市东西。广海、广珠等主要公路干线穿越境内，广佛、佛开高速和广深珠高速公路等交通干线经佛山而过；广佛地铁在建中。市与区之间有城巴相连。珠江50多条主要水道，近1000千米的通航里程和20多个口岸使水上运输四通八达，为经济发展提供了良好的条件。

【面积人口】 佛山辖禅城区、南海区、顺德区、高明区和三水区。全市总面积3848.49平方公里，常住人口599.68万人，其中户籍人口367.63万人。常住人口统计为非农业人口，还有外来人口229.35万人。佛山是著名侨乡，祖籍佛山的华侨和港澳台同胞140万人，其中港澳同胞80多万人。全市共有21个镇（485个村委会）、12个街道办事处（272个社区居委会）。

【历史文化】 佛山原名季华乡，“肇迹于晋，得名于唐”，是国家历史文化名城。据考证，佛山的历史起源于禅城区澜石街道区域，距今约4500~5500年前，百越先民沿西江、北江来此繁衍生息，以渔耕和制陶开创原始文明。唐贞观二年（628），因在城内塔坡岗上挖掘出三尊佛像，认为此地是佛家之地，遂立石榜改季华乡为“佛山”。

唐宋年间，佛山的手工业、商业和文化已十分繁荣。明清时，更发展成商贾云集、工商业发达的岭南重镇，与湖北的汉口镇、江西的景德镇、河南的朱仙镇并称全国“四大名镇”，与北京、汉口、苏州并称天下“四大聚”，陶瓷、纺织、铸造、医药四大行业鼎盛华南。清末，佛山得风气之先，成为我国近代民族工业的发源地之一，先后诞生了中国第一家新式缫丝厂和第一家火柴厂，并建立了“南洋兄弟烟草公司竹嘴厂”。

佛山素有陶艺之乡、粤剧之乡、武术之乡、广纱中心、岭南成药之乡、南方铸造中心、民间艺术之乡等美誉，形成了秋色、“行通济”等佛山独特的民间风尚习俗。

佛山是“南国陶都”、“中国陶瓷名都”，制陶工艺有700多年历史，自古有“石湾瓦，甲天下”的美誉。建于明代正德年间的南风古灶，是世界现存最古老的柴烧龙窑，薪火相传至今500多年，被誉为“陶瓷活化石”。

佛山是“南国红豆”粤剧的发源地。诞生了粤剧艺人的代称——“红船子弟”和粤剧最早的戏行组织——琼花会馆。民间自发组织的粤剧演唱“私伙局”是佛山文化的一大特色，长盛不衰。每年一度举办的琼花粤剧艺术节，使佛山呈现“红船泊晚纱，万人看琼花”的盛况。

佛山是“岭南成药之乡”。古方正药的历史有400余年，种类齐全，分为膏、丹、丸、散、茶、油、酒等七大类，是工匠、居家、旅行必备的中成药，涌现出了“黄祥华”如意油、“冯了性”药酒、“源吉林”甘和茶等一批老字号名药。

佛山是闻名的“武术之乡”，是中国南派武术的主要发源地。明初，佛山武术已相当普及。清末民初，佛山武术流派纷呈，涌现出一批有国际影响的武术名家和武术组织，并通过各种途径走向世界，世界上广泛流行的蔡李佛拳、洪拳、咏春拳等不少拳种和流派其根都在佛山，著名武术大师黄飞鸿，咏春宗师梁赞、叶问，影视武打明星李小龙等祖籍及师承亦在佛山。2004 年，佛山被授予“武术之城”称号。

佛山是“狮艺之乡”，是南狮的发源地。龙狮起舞既是融武术、舞蹈、音乐等为一体的体育竞技活动，更是佛山武术重要项目之一，每年的“狮王争霸赛”吸引了国内外广大武术爱好者参与。2009 年，佛山获得首个“中国龙狮龙舟运动名城”称号。禅城区是“中国龙狮运动之乡”，南海区西樵镇是全国唯一的“中国龙狮名镇”。

佛山的铸造业始于 2000 多年前。宋代时佛山所铸鼎、锅、钟、塔等闻名全国。到明代，佛山已成为南中国冶炼中心。鸦片战争期间，佛山所铸大炮为抗击外来入侵发挥了重要作用。

佛山是珠江三角洲民间艺术的摇篮，孕育并保留了秋色、醒狮、舞龙、龙舟说唱、龙舟竞渡等大量体现岭南文化精髓的民间艺术及民俗；秋色、剪纸、木刻年画、陶塑、灰塑、砖雕等技艺精湛，独树一帜。狮舞、粤剧、龙舟说唱、佛山木版年画、广东剪纸、石湾陶塑技艺、佛山狮头、香云纱染整技艺、祖庙庙会、佛山秋色、十番、人龙舞和佛山彩灯等 13 个项目入选国家非物质文化遗产名录，8 人入选国家级非物质文化遗产代表性传承人。

佛山饮食文化源远流长，是珠三角“美食之乡”。佛山是粤菜发源地之一，素有“食在广东，厨出凤城（顺德大良）”的美誉。2004 年，顺德区被中国烹饪协会命名为“中国厨师之乡”。每年“十一”期间举办的“佛山美食欢乐节”，已成为集美食、旅游、文化艺术为一体的盛大旅游节庆活动。

佛山自古人文荟萃，才俊辈出。唐宋以来广东出过 9 个状元，佛山占其 5。明清时为“气标两广的人文之邦”。近代以来，孕育了维新运动领袖康有为，政治活动家张荫桓、戴鸿慈、谭平山、何香凝、罗登贤、邓培，民族实业家陈启沅、简照南、简玉阶，科学家詹天佑、邹伯奇，文学家吴趼人，粤剧名伶薛觉先、马师曾，武术名家梁赞、黄飞鸿、叶问、李小龙，名医李广海，能工巧匠黄炳、陈渭岩、刘传，第一位华人牧师梁发等杰出人物。

【旅游资源】　佛山河网密布，生态环境优美，是独具特色的岭南水乡。佛山祖庙、西樵山、南风古灶、清晖园、皂幕山、南国桃园、陈村花卉世界、三水荷花世界被评为“佛山新八景”。其中，佛山祖庙融古代陶瓷、木雕、铸造、建筑艺术于一体，被誉为“东方艺术之宫”；西樵山是国家级风景名胜区，有“南粤名山数二樵”（二樵：东樵山、西樵山，东樵山即罗浮山。）之美誉；顺德清晖园与佛山梁园是清代广东四大名园；高明皂幕山是佛山最高峰；陈村花卉世界是中国南方最大的花卉生产交易基地和花卉文化主题公园；三水荷花世界是世界上规模大、品种资源丰富的荷花生态专业园。还有东华里、康有为故居、宝林寺、芦苞祖庙、大旗头古村、黄飞鸿纪念馆、李小龙纪念馆等独特的岭南文化。每年举办的佛山旅游文化节均吸引了大批游客。2009 年，全市主要旅游景区（点）共接待游客 2180 万人次，旅游收入 204.86 亿元。　（佛志鉴）

经济社会发展概况

【经济运行率先突围】　2009 年是新世纪以来佛山市经济社会发展最为困难的一年，面对金融危机的冲击，佛山市落实各项保增长政策措施，努力化危为机，经济运行率先突围，内需拉动作用显现。全市地区生产总值 4820.9 亿元，比上年增长 13.5%，领先全省平均增速 4 个百分点。人均生产总值80686元，增长12.8%。地方财政一般预算收入254.70亿元，增长11.71%。完成固定资产投资1470.56亿元，增长16.8%。其中，基建、技改投资分别增长29.6%和33.8%。落实“家电下乡”、“以旧换新”等政策，举办“广佛金秋购物节”、佛山旅游文化节等活动，全社会消费品零售总额完成1408.78亿元，增长17.8%。鼓励引导企业通过“广货全国行”、境外经贸洽谈会等系列活动，开拓内外销市场，全年全市进出口总值383.39亿美元。

【产业结构转型升级】 2009年，佛山市完成第三产业增加值1689.99亿元，占生产总值的35.1%，比上年提高1.2个百分点。广东金融高新区已签约23个项目，美旗物流、奥特莱斯、南庄生态休闲区、岭南天地等项目建设加快推进。出台《佛山市“3+9”特色产业基地实施方案》，陶瓷、纺织等传统产业改造取得新突破，装备制造业发展迅速，新兴产业蓬勃发展。海峡两岸农业合作试验区和现代农业园区建设顺利推进，新增5家市级农业龙头企业。实施“技术改造技术创新百亿千项工程”和“技改项目滚动计划”，新增高新技术企业153家。与中科院共建产业技术创新与育成中心。

佛山市国民经济发展情况（2009年）

表一

项目 / 区别	户籍人口	地区生产总值		人均地区生产总值		规模以上工业总产值		农林牧渔业总产值		全社会固定资产投资额	
	（万人）	绝对值（亿元）	比上年增长（%）	绝对值（元）	比上年增长（%）	绝对值（亿元）	比上年增长（%）	绝对值（亿元）	比上年增长（%）	绝对值（亿元）	比上年增长（%）
全市	367.63	4820.90	13.5	80686	12.8	11779.62	16.2	195.03	3.2	1470.56	16.8
禅城区	60.31	886.33	14.5	90622	13.9	1884.55	14.2	1.28	−3.1	274.01	14.1
南海区	117.51	1534.23	14.5	73041	13.4	3219.05	15.6	58.81	4.7	475.06	14.7
顺德区	121.32	1670.18	14.1	82629	13.4	4041.44	13.5	64.81	2.2	342.60	13.5
高明区	29.31	352.07	18.5	99792	18.2	1286.15	24.0	25.73	2.6	145.82	24.0
三水区	39.18	438.19	17.7	82304	17.3	1348.44	21.0	43.74	4.0	233.06	25.9

表二

项目 / 区别	外贸出口总额		实际利用外资		地方财政一般预算收入		社会消费品零售总额		城镇居民人均可支配收入		农村居民人均纯收入	
	绝对值（亿美元）	比上年增长（%）	绝对值（亿美元）	比上年增长（%）	绝对值（亿元）	比上年增长（%）	绝对值（亿元）	比上年增长（%）	绝对值（元）	比上年增长（%）	绝对值（元）	比上年增长（%）
全市	245.78	−15.1	18.74	3.7	254.70	11.7	1408.78	17.8	24578	9.3	10699	10.8
禅城区	57.80	−14.4	4.40	45.0	25.67	11.1	326.11	18.7	24649	8.0	11367	10.8
南海区	60.97	−17.0	5.79	2.1	85.84	12.6	455.35	18.7	28319	9.0	12326	10.2
顺德区	110.88	−14.7	4.30	−22.4	89.29	12.5	456.73	16.4				
高明区	10.03	−12.8	1.15	14.7	11.80	17.9	59.02	18.9				
三水区	6.10	−15.9	3.09	10.0	16.45	13.5	111.57	16.8	18994	14.0	9613	12.2

【重点项目推进顺利】 2009年，佛山市52个省重点项目与289个市重点项目推进顺利，广佛地铁首通段土建工程累计完成88%。武广铁路佛山段工程顺利完成，广珠城际佛山段加紧推进。佛山沙堤机场成功复航。三水恒益电厂工程加快建设，南海发电一厂二期扩建工程基本完成。组团城市建设加快推进，东平新城公共文化综合体和区域性交通枢纽站项目已动工建设。出台《佛山市“三旧”改造专项规划(2009~2020)》，启动改造项目229个，完成改造115个。“U-佛山”建设推进顺利，“数字化城管”加快推进。

【广佛同城开局良好】 2009年，签署广佛同城化合作框架协议，联合编制出台《广佛同城化发展规划2009~2020》，2009年度52个重点合作项目中15个已经完成。广佛肇经济圈合作框架协议正式签订，《广佛肇经济圈发展规划》编制工作启动，37个首批重点合作项目开始对接和启动。省《关于贯彻实施〈规划纲要〉的决定》中直接点到佛山的11个项目中9个加快建设，2个已经启动。

【佛港澳深化合作取得突破】 2009年，出台《佛山市落实CEPA示范城市实施方案》，与港澳建立政府高层沟通互动机制。佛港澳确定在科技业、先进制造业、现代服务业、社会事务业等4个方面开展重点交流合作。佛港在金融、运输、教育培训、医疗门诊、工业设计、粤港电子签名证书互认试点应用等领域合作进展良好，4家港资银行获批在佛山设立异地支行。承办全国商务系统落实CEPA示范城市佛山现场工作会。

【环境治理扎实推进】 2009年，佛山市加大环境治理与生态保护力度，淘汰落后产能，单位生产总值能耗继续下降。汾江河整治成效显著，26年后成功举办端午节汾江河龙舟赛。新建、续建、扩建污水处理厂共24家，新增污水处理能力67.3万吨/日。推进电厂“上大压小”工程，完成63个二氧化硫减排项目以及电厂企业脱硫工程，治理机动车尾气，全市空气质量有所好转。实施“三年促变，绿地佛山”战略。全市新增绿地面积203万平方米，改造绿地面积567万平方米。顺利完成国家园林城市复查迎检工作。

【各项改革继续深入】 2009年，佛山市启动首批28个统筹城乡发展重点项目，农村集体经济管理体制改革28个试点村居中已有13个完成了试点工作，“两确权”工作全面铺开，“两分两换”试点业已进行。大部门管理体制改革已基本完成，市已两次向顺德区下放行政管理权限事项共614项，容桂、狮山“简政强镇”事权改革试点步入实际操作阶段，行政服务向村居延伸。“两横两纵”行政审批流程改革取得初步成效。国库集中支付制度改革、金融发展三项计划推进顺利，举办2009佛山城市可经营项目投资推介洽谈会，共签约60个，投资总额354.8亿元。

【社会事业加快发展】 2009年，佛山市居民人均可支配收入24578元，比上年增长9.3%；农村居民人均纯收入10699元，增长10.8%。新增就业人数11.78万人，城镇登记失业率1.84%。企业退休人员基本养老金提高，出台“新农保”实施意见，提高低保水平，城乡居民住院基本医疗保险实现市级统筹。做好粮油储备工作，确保粮食安全。建设保障性住房2440套。顺德、禅城、南海先后被评为“广东省推进教育现代化先进区”。推进教师工资福利待遇“两相当”，解决607名中小学教师入编问题。援建四川汶川水磨镇工作共完成56个工程项目。扶贫开发工作全面展开，革命老区建设稳步推进。 (佛志鉴)

基础设施建设

【交通基础设施情况】 公路 2009年，佛山市公路通车里程5115.73公里，其中高速公路

206.35公里，一级公路1341.69公里，二级公路390.6公里，三级公路897.63公里，四级公路2143.2公里，等外公路31.58公里。全市公路密度132公里/百平方公里，达到中等发达国家水平。2009年，佛山市完成公路（桥梁）基础设施建设48.46亿元。

港口码头　全市有生产用码头泊位409个，码头岸线1.71万米，泊位年通过能力6243万吨，最大起吊能力60吨，最大靠泊能力5000吨。其中公用码头泊位186个，码头岸线8133米，泊位年通过能力4785万吨。港口年吞吐量5099万吨，其中集装箱吞吐量292万标准箱。全年完成港口建设固定资产投资约3.2亿元。

客运站场　全市共有客、货运站场157个，其中客运站场131个，包括一级站4个，二级站3个，三级站16个，三级以下站场108个；货运站场26个，包括一级站15个，二级站3个，三级站1个，四级站7个。全年完成站场建设（含公交候车亭）约0.8亿元。

【公路建设】　高速公路工程　2009年佛山市境内拟建和在建高速公路项目共19个，其中有由省相关业主单位负责推进的12个，由佛山市相关单位负责推进的7个。至年底，已有广明高速公路西樵至更楼段和广佛高速公路扩建2个项目建成通车；广贺高速公路、广珠西高速二期和东新高速公路3个项目完成进度超过70%；广肇高速公路二期和珠二环南段2个项目完成进度超过50%；江肇高速公路、佛开高速公路扩建工程、广明高速陈村至西樵段、广明高速陈村至番禺段、广三高速公路扩建工程等5个项目在建。肇花高速、广明西延线、广三东延线、佛清从高速、平南高速、番顺高速、江珠北延线等7个项目抓紧前期工作。

市重点路桥工程　年内，44个项目中已有大金山隧道工程、和顺棠溪至料美公路（一环东路北延线）和G325下穿一环南路立交3个项目建成通车，30个项目在建，白金大道三期、北滘立交二期及三乐路连接线（按2项计）完成投资进度80%以上，禅西大道一期、北滘至均安公路北滘至南国路段、碧桂路改造、高富路、迳口公路改造工程、桂丹路改造工程二期等6个项目完成投资进度40%以上。

农村公路建设　根据2009年市政府工作报告十件民生实事中确定的“全市200人以上自然村、革命老区50人以上自然村通硬底化公路”

佛山市基础设施基本情况

项目	单位	2008年	2009年
铁路营业里程	公里		
公路通车里程	公里	5088.50	5115.73
其中：高速公路	公里	161.28	206.35
港口泊位	个	405	409
其中：万吨级泊位	个		
内河航运	公里	892	
本地电话年末用户	万户	302.18	269.46
移动电话年末用户	万户	886.94	944.31
国际互联网用户	万户	80.40	111.65
电力消费量（用电量）	万千瓦小时	3959966	4167685
商品房屋实际销售量	万平方米	542.88	779.50
商品房屋实际销售额	亿元	292.32	487.23

的目标，开展实施了12个农村公路建设项目，年底已全部竣工通车。

【港口建设与航道整治】 2009年，佛山市交通部门加大对港口建设和航道整治的力度，建成九江南昆、中外运、高明珠江货运等码头。北滘港区扩建，乐从港区、荷城作业区扩建，南海发电A厂码头、三水恒益电厂码头等项目继续推进。加快顺德水道和东平水道整治，确保“两横三纵”航道骨架网的畅通。至年底，两项目累计完成投资约1.23亿元，占总投资的74.75%。

【道路运输】 2009年，佛山市在册营运货车14.39万辆，总计约44.8万吨位。在册营运客车7513辆，20.55万客位，其中，客运班车913辆，3.5万客位；包车客车567辆，2.99万客位；公共汽车3297辆，12.37万客位；租赁客车95辆，2464客位。全市在册经营道路客运业户55户，从业人员1.05万人；道路货运业户11.44万户，从业人员14.57万人；道路运输相关业务经营业户7653户，从业人员4.2万人。全市在册的汽车、摩托车维修业户6201户，其中汽车维修业户3511户（一类113户、二类572户、三类2826户），摩托车维修业户2690户。全市客运线路546条，年平均日发班次9505.3班次。其中跨省线路190条，年平均日发班次264.8班次；跨地（市）客运线路219条，年平均日发班次2161.5班次。

全年道路运输客运量完成2.1亿人次，比上年增长13.5%；旅客周转量完成66.6亿人公里，增长6.9%；道路货运量完成1.32亿吨，下降30.9%；货物周转量完成94.8亿吨公里，上升12.4%。全市共有汽车综合性能检测站A级站9个，年完成检测量共24.8万辆次。其中维修竣工检测19.1万辆次，等级评定检测12.7万辆次。

全市公交车辆3361辆，其中公共汽车3116辆，佛山城巴181辆，旅游城巴64辆。线路301条，公交驾驶员5807名。出租车2890辆，驾驶员6568名，客运总量5478万人次。年内更新和新加的公交车438辆，更新出租车249辆，全市已有25个镇开通镇内公交，全市行政村100%通行公交车。

【水路运输】 2009年，佛山市在册营运船舶696艘、1358客位、载重量43.3万吨，功率21.2万千瓦。其中：集装箱船54艘、载重量5.9万吨、4670个国际标准集装箱。全市全年完成货运量4487万吨，比上年下降12.5%，货运周转量73.2亿吨，下降10.3%；客运量完成69万人次，下降22.5%。客运周转量0.8亿人公里，下降29.2%。全市港口货物吞吐量5099.38万吨，其中集装箱吞吐量292.33万TEU、吞吐量2802.9万吨。主要大宗货类有：液化气、天然气及制品56.6万吨，煤炭及制品36.8万吨，金属矿石4.7万吨，水泥67.6万吨。

【机场复航】 2009年，佛山机场完成民航中南地区管理局提出的233项整改意见，使停飞7年的佛山机场民航业务于11月18日实现复航，首期开通北京至佛山的往返航线。至年底，佛山机场进出港航班共计70个，运送旅客5722人次，平均客座率52.7%，航班正常率82.9%。

【广佛衔接路网进展顺利】 2009年，佛山市编制完成了《广佛同城化交通基础设施建设三年工作规划》和《广佛道路客运同城化工作推进方案》。两地衔接路网进展顺利，广佛高速公路扩建、西二环和顺立交收费站及连接线完成通车；完成首批37条广佛客运同城化线路403台客车的改造和开通。在两市联系较紧密的区域，开通相互延伸至对方换乘枢纽站的公交线路11条。在广州设置3个佛山出租车回程点，在佛山设置16个广州出租车回程点。通过加快衔接和客运改造提升，广佛交通同城化格局初现。（李丹心）

【电力供应】 2009年，佛山供电局提升全市供电可靠性，城市用户年平均停电时间5.96小时，比上年减少7.58小时；农村用户年平均停电时间19.46小时，减少17.17小时。实现全年供电量412亿千瓦时，增长5.5%；售电量396.35亿千瓦时，增长6.41%；全网最高负荷716.5万千瓦，增加11.41%。

佛山供电局启动安全生产风险管理体系建设并进入"试运转"阶段。研究发布佛山电网安全运行十大风险并做好预控，化解电网风险191次。安全生产实现3个百日纪录，29项生产技术指标中分别有15项和16项指标在南方电网公司、广东电网公司排名第一，连续七年被评为"南方电网迎峰度夏先进单位"。是年，沧江输变电工程被评为全省样板工程。全年完成电网建设投资42.1亿元，新增110千伏及以上主变容量578万千伏安、输电线路536公里，均创佛山电网建设史的新纪录，被广东电网公司评为加快城网改造与农网完善工作先进单位。市政府制订《佛山市加快输电网工程建设激励方案》，并签订电网建设责任书。 （余雪如）

【水务基础设施建设】 2009年，佛山市加快完成城乡水利防灾减灾工程建设扫尾工作，累计完成建设任务的92.4%。按照《佛山市排涝规划》、《佛山市主干内河涌综合整治规划》要求，加快以内河涌整治和电排站建设为重点的城乡排涝体系设施建设，全市建成固定电排站1292座，总装机容量23.07万千瓦，其中500～1000千瓦泵站64座，1000千瓦及以上泵站59座，另有市政排水（污水）泵站52座，并逐步形成"管随路设"的市政排水管网，基本满足汛期排涝排渍需求。推进内河涌综合整治，累计整治主干内河涌700公里，投入整治资金12.5亿元。完成新建、扩建污水处理厂24家（新建14家，扩建10家），新增污水处理规模67.3万吨/日。在建污水处理厂14家，设计日处理污水规模41.3万吨。建成北江水厂和第二饮用水源工程首期第一阶段工程，佛山市三水区北江水厂于2月24日正式投产。第二饮用水源工程首期第一阶段工程于12月顺利试产通水，建成100万立方米/日规模的取水泵站、20万立方米/日供水规模的西江水厂和40万立方米/日规模的配套输配水管网。北江水厂与西江水厂两项工程实现并网运行，互为备用。

【加强水资源管理和保护】 2009年，佛山市以汾江河整治"630"行动和广佛同城化发展为契机，加快推进广佛交界花地河、秀水涌、滘口涌、芦苞涌、白坭河等河涌截污、清淤、岸线整治工程。推进佛山市与肇庆市交界的榄岗围（南江工业园）综合整治及瑞岗围、大兴围、大沙围片区综合整治建设。

【加强河道管理和岸线保护】 2009年，佛山市为切实加强河道管理和岸线保护，采取了以下措施：一是加强对行洪控制线的规范管理，确保在不影响河道行洪安全的前提下实现区域经济的建设发展；二是加快重要堤围险段监测以及河道建设项目防洪影响综合评价工作；三是加强河道管理范围内沙场设置管理，开展河道管理范围内河砂堆放场专项清理整治行动，对全市242个河砂堆放场和其他临时堆放场进行了执法检查，开展佛山市河道管理范围内沙场设置规划工作；四是加强水土保持工作，全市各区统一开展征收水土保持补偿费。

【安全供水与污水处理】 2009年，佛山市建成大小水厂57家，设计供水能力565万吨/日，供水管网4246公里（管径75厘米以上），最大日用水量400万吨，通过采用常规净水工艺，出水水质基本达到《城市供水水质标准》要求。全市投入运营的污水处理厂共有43家，污水处理规模160.16万吨/日，配套收集主干管800公里，全市城镇污水处理率68.83%。 （刘 勇）

【信息产业】 2009年末，佛山市固定电话用户269.46万户，比上年减少32.72万户；移动电话用户944.31万户，增加57.37万户。互联网宽带用户111.65万户，增加31.25万户。全年信息产业总产值约2800亿元，其中电子信息制造业完成工业总产值约2500亿元，包含软件业在内的信息服务业的业务总量约300亿元。

佛山把发展战略性新兴产业作为调结构、促转型、保增长，构建现代产业体系的重要战略部署。多家世界级和国家级龙头企业在南海区联合组建半导体照明股份有限公司。南海区政府与富士通共同投资建立富士通在华首个世界顶级数据中心。顺德区政府与杜邦太阳能有限公司签署合作备忘录，建设太阳能应用示范和展示平台、太阳能全套系统解决方案研发基地等。中国电信公司在南海里水建设全省的网络操作维护中心（NOC），建立广东省电信网络最重要的神经控制中枢；在顺德德胜建立服务覆盖华南区域的超大规模IDC数据中心；在南海丹灶建立中国电信集团应急物资储备中心；中国移动集团公司在三水区建设中国移动华南大区物流中心；在顺德区建设省级通信枢纽项目；在南海金融高新区建设TD-SCDMA数据处理中心及佛山区域呼叫中心。

重大产业项目建设进展顺利。南海奇美电子二期项目、广东中显科技有限公司低温多晶硅TFT AMOLED显示屏产业化一期项目、彩虹集团OLED项目有序建设，佛山市新型平板显示产业链基本形成。中国建筑材料集团公司三水太阳能产业基地动工建设，并吸引薄膜太阳能上下游企业集聚发展。昭信光电科技有限公司向产业上游延伸和芯片环节拓展，并与华中科技大学合作建设LED关键设备。佛山市以平板显示、太阳能光伏、半导体照明等产业为龙头，新兴高端高增长产业规模化发展的格局逐步形成。佛山与中科院共建产业技术创新与育成中心。在平板显示领域，联合有关高校、企业组建了广东液晶电视研究中心、广东平板显示产业技术研究院等公共创新平台。在光照明产业方面，佛山国星光电建立了具有完全自主知识产权的大功率LED封装生产线，生产规模国内最大，产品技术性能居国际先进水平。广东昭信企业集团有限公司与华中科技大学及武汉光电国家实验室合作开发出的MOCVD设备样机，在国内处于领先的水平。在光伏产业方面，中国建筑材料集团公司在佛山三水园投资建设集光电技术（装备）研发、光电技术装备生产制造和薄膜太阳能膜组生产三位一体的太阳能产业基地，开发研究薄膜太阳能电池工艺技术、材料及装备。

按照《关于加快佛山市现代信息服务业发展的若干意见》，落实市级专项资金对现代信息服务业9个项目进行重点扶持。禅城区的广东省（佛山）软件产业园已经聚集了区内外软件企业80多家；南海区以广东金融高新技术服务区、广东都市型产业基地、南海软件科技园为依托，建设广东现代信息服务业网络创新创业集聚区；顺德区电子商务交易额超过300亿元。并对欧浦钢网、陈村花卉世界、易发塑料网等一批电子商务平台项目进行重点扶持。

【电子政务】　2009年，佛山市电子政务外网基本覆盖市、区、镇（街道）、村（居）各级的党政部门，实现高速的网络互联。改造升级市、区两级核心网络设备，优化网络承载能力和运行稳定性。逐步完善电子政务安全防范体系，在电子政务系统和网络采用多种安全技术，保证电子政务网络和信息安全。市、区各部门基本建立办公局域网，建有独立的部门门户网站，并通过网站发布政务信息，提供便民服务。

建立和完善一批电子政务重点数据库和应用系统。数字城管系统建设完成监理、软件及系统集成、数据普查三个标项的招标工作，相关承建商驻场开展项目实施工作；财税库行联网系统完成系统的整体升级改造工作，实现系统在一市五区应用；应急指挥平台建设完成立项申报工作，项目的监理服务招标工作已完成，平台建设方案通过专家评审；数字人事系统实现新系统试运行，并完成系统功能培训，二期项目建设方案编制完成，进入招投标阶段；党政内网建设按照省的统一标准和要求有序开展；行政处罚电子监察系统启动建设，项目建设进入招标流程，现行电子文件内部查询系统正式开通。建设完善佛山市数据共享平台系统。全市有17家单位，计75个数据集，846个数据项在网上共享。初步搭建佛山市企业基础信息共享平台，并实现和省平台的无缝对接，实现全市企业信用信息对外公布和各部门信息共享。启动市人口基础信息库一期建设，搭建佛山市人口基础信息数据库框架，整合涉及人口的20多个部门信息。建设全市统一的空间地理信息资源库。建设全市统一的电子政务运行管理中心和电子政务灾难备份中心，将管理中心建成全市政务网络交换、数据存储、信息处理、业务运作、服务支撑和运维管理的枢纽。

开通在线访谈系统，实现政民在线互动常态化、制度化，并实现电子监察系统对各部门答复情况的全程监控，保证市民提出的建议和意见能得到及时、有效的回应。开通网络发言人平台，各级党委、政府和市、区各部门各单位在线受理、答复和处理网民反映事项。至年底，平台有注册用户5314户，点击数520.45万次，网民发表问政主题帖654篇，部门回应593篇。市政府网建成民生民情专栏，向市民提供民生新闻、在线办事、咨询投诉、消费维权、网上信访、佛山网络发言人平台（政务论坛）等多种服务。“12315消费者网上申诉举报中心”系统完成上线，受理消费者申诉举报，调解消费者接受服务的纠纷，并提供有关的法律、法规、规章的咨询服务。市政府网网上场景式服务新增加至9个，市民只需点击鼠标，即可清晰了解整个流程。建设打造“一站式公共服务平台”，将一市五区总共5184项事项全部实现网上办理。“12345”行政咨询全年共接受市民咨询2.9万件，表扬28件，建议2070件，投诉1928件。发布“为民邮箱”系统，分类设置了五大栏目的便民服务信息，及时主动向定制用户推送。全年使用为民邮箱的市民已经超过20万户次。建立佛山市驰（著）名企业商标库，并委托第三方机构对商标库内企业的中文域名情况进行全程的监控，防止企业中文域名被恶意抢注。

【公共领域信息化】 2009年，广佛交通卡累计发行总量为175万张；南海已在全区累计发放市民卡118万张。市民健康服务信息系统二期项目启动实施。佛山市社会保险新信息系统业务经办平台在市直及禅城区启用；南海区启用新信息系统的各项工作有序开展。与广州签订广佛教育网互联项目合同，实现广州市教育科研网与佛山市教育城域网的互联。广佛教学资源共同体专题网站已开通。佛山名教师博客管理系统完成研发。佛山社区大学网站建成并运营。全市公共安全视频监控系统市级联网工程进展顺利，整个视频联网安装完毕。佛山一环快速路智能交通管理系统完成70%以上的工程进度，并逐步投入应用。数字环保项目重点减排企业已安装在线监控系统，地面水监测、大气常规监测、重点污染源监控、环境污染事故应急处置指挥系统已建成。农村管理信息系统覆盖全市五区所有镇（街）。三水试点区开展农村信息化培训取得了良好效果。建成佛山市农村党风廉政信息公开平台。

【无线电事业】 2009年，佛山编制全市公用移动通信基站规划，完善无线电管理体系。将原各运营单位上报的2008~2010年规划建设的3378个站点，优化整合为2554个，共减少建基站数824个，合建率32.26%，达到了加强资源共享，减少重复投资目的。

“U-佛山”建设全面铺开。市政府与移动、电信、联通三大通信运营企业签署战略合作协议，加快推进无线城市建设。佛山移动“TD+WLAN”网络基本实现佛山五区镇域全覆盖；佛山电信3G无线宽带网实现全市覆盖；佛山联通WCDMA完成对佛山90%以上区域覆盖。U-佛山试点示范项目深入开展，南海区开展“U-佛山”信息服务示范区、顺德区开展“信息顺德”、三水区开展“无线校园”等无线网络建设和服务应用。举办“U-佛山”无线城市应用成果展示会，佛山“无线城市”第一个商贸热区“八达通无线数字港”启动运营，为专业市场、生产和贸易性企业提供银行支付、集成服务、商务智能、信息安全等服务。

加强无线电监测工作。全年指配无线电频点11个，核发无线电台执照2116份。处理群众对基站电磁辐射的投诉，完成电磁波辐射站点测试80个（次），出具报告53份。检测各类无线电台站设备406部，查处无线电干扰11起。开展违法使用对讲机清理工作，共对253家单位进行检查，发出责令整改通知书13份，纠正非法使用频点61个，重新规范办理电台执照180份。

加强无线电应急通信管理，保障无线电业务安全。共参与各类国家和省考试的无线电舞弊预防13次，共26天，累计参加考试监测共306人次，出动车辆62台次，使用无线电监测设备350部次，完成了各类“监考”任务，保障了考场考试秩序。确保重大会议和活动期间的无线电通信安全畅通。在防汛、防御强台风时启动通信保障应急预案，组织各相关单位开展应急通信救援保障工作。

佛山市信息产业局和广州市无线电管理办公室签订《广佛区域无线电管理合作框架协议》。成立广佛区域无线电管理合作领导小组和工作小组，落实建立信息互通机制和两地应急通信联动、无线电监管联动机制。（梁丽婵　龚国梁）

现代产业

【工业结构调整优化成效明显】　2009年，佛山市全社会工业总产值12743.49亿元，比上年增长15.1%。全市高新技术产品产值2600亿元，增长20%，新增高新技术企业153家。光电显示、新材料等一批新兴产业加快发展，佛山市列为首批国家新型工业化产业示范基地。以招商引资优化产业结构，全年新增世界500强项目8个，全市合同利用外资10.13亿美元，实际利用外资18.74亿美元。以高新技术和信息化改造提升传统产业，佛山市成为国家级信息化和工业化融合试验区。加快淘汰落后产能，关停一批高耗能高污染企业。“双转移”工作取得新成绩，佛山（清远）、（云浮）产业转移园均成为省级示范转移园区。

【服务业发展实现新突破】　2009年，佛山市第三产业实现增加值1689.99亿元，比上年增长16.1%，占生产总值比重35.1%，提高1.2个百分点。广东金融高新技术服务区建设加快，累计引进23个项目，投资总额65亿元。举办佛山首届现代服务业暨第六届佛山（国际）物流合作洽谈会，佛山市成为全国流通领域物流示范城市，顺德区乐从镇获批首个国家级电子商务试点。举办首届“中国（佛山）陶瓷节”和机械装备、节能环保、家电、家具等专业展会。广东工业设计城引进50多家国内外著名企业，佛山创意产业园、南海动漫虚拟创业园建设初具规模。

【发展高新技术产业】　2009年1月，广东省（佛山）软件产业园正式开园，台湾新茂国际、阿里软件、智邦电子、安讯智能等多家软件企业入园；组建了“珠江数字创新与服务中心”，推进园区公共技术服务平台建设。南海推动广东都市型产业基地建设，吸引近30亿元的资本和100多家科技型企业进驻，并被广东省科技厅批准成为“广东高技术产业重点培育区”。全市有87家企业被认定为高新技术企业。至年底，共有高新技术企业294家，其中禅城区57家，南海区70家，顺德区141家，三水区13家，高明区13家，涌现了美的、格兰仕、佛塑、国星光电、雪莱特、顺特、科达机电等一批高新技术龙头企业。全市共认定民营科技企业127家，其中省民营科技企业119家，市民营科技企业8家。至年底，全市共有省民营科技企业621家，其中禅城区152家，南海区149家，顺德区223家，三水区72家，高明区25家。佛山市被广东省科技厅批准认定为“广东省产业技术路线图实施示范市”，禅城区为“广东省建筑陶瓷产业技术路线图实施示范区”，南海区为“广东省铝工业技术路线图实施示范区”，三水区为“广东省食品安全检测与评价技术路线图实施示范区”。

【发展新兴产业】　2009年，佛山市建立了LED产业发展联席会议制度，由市政府分管领导挂帅，统筹协调全市 LED 产业发展，并把以 LED 半导体照明为主的新光源产业纳入佛山市重点产业培育发展规划。禅城区是全省实施“千里十万”大功率 LED 路灯示范工程的示范单位，已完成共约 1.1 万盏高压钠灯的节能改造，节电效率 55%以上。南海区罗村镇启动了“广东省重大科技专项南海新光源产业化基地”建设，发展半导体照明产业。顺德区以“珠江三角洲地区国家级信息化和工业化融合试验区（顺德区）”授牌为契机，引进了彩虹集团的 OLED 项目。

推进工业创意设计产业发展。1 月 17 日，国家工业设计与创意产业（顺德）基地挂牌揭幕，启动了顺德工业设计园、德胜工业创意产业园、顺德创意设计产业园等国家基地核心园区建设，已聚集工业设计及紧密关联企业、机构超过 100 家。举办了第二届中国（顺德）国际工业设计创意博览会、2009 创新顺德国际工业设计大赛等。推动光伏产业发展，三水区实施“科技培育光伏产业科技创新平台”项目，以专业镇规划发展理念指导广东薄膜太阳能产业基地建设。规划建立广东（乐平）光伏产业研发院和乐平镇生产力促进中心两大公共技术创新平台。

【现代农业向“精、优、强”发展】 2009 年，佛山市规划建设现代农业园区 26 个，其中省级园区 2 个。国通物流、海峡两岸创意农业城、兰花科技园等 23 个重点项目建设顺利推进。农业产业化、组织化水平得到提高，农业标准化、品牌化建设取得新成绩，顺德区成为“中国鳗鱼之乡”，三水区“乐平雪梨瓜”获评国家地理标志保护产品。 （佛志鉴）

城乡发展

【城乡规划】 广佛同城化规划 2009 年，佛山市落实《纲要》实施和珠三角一体化规划的各项工作，全力推进《广州市、佛山市同城化城市规划合作协议》确定的相关工作。完成了《广佛同城化建设城市规划三年工作计划》、《广佛同城化城镇空间发展战略规划》、《广佛同城化区域交通一体化规划》3 个专题研究规划，《新客站周边地区》和《芳村桂城地区》2 个同城整合规划以及 2009 年城市规划近期建设项目库指引等。深化《广佛两市道路系统衔接规划》。7 月，将深化后的规划印发给有关部门和单位实施。配合推进海怡大桥、珠江放射线二期、金沙洲地区市政道路对接等重点交通工程实施。推进广佛肇经济圈建设。与广州、肇庆共同签署广佛肇经济圈合作框架协议，就产业转入、交通对接、生态环保等问题形成共识。研究确定了佛山境内的广佛肇城际轨道线路和站点，以及珠三角城际轨道、广佛珠城际轨道的规划选址和站点设置、交通对接等。推进广州市西江引水工程，组织协调解决工程推进的实际问题，与相关单位共同完成输水线路设计方案初步审查、一环南侧管线综合规划调整方案、规划许可、签约、征（借）地等工作。协调推进天然气高压管网工程，完成市天然气高压管网工程明城调压站至西樵调压站规划审批工作，协调解决西樵调压站至南庄门站线路方案及规划方案审批的相关问题。

详细规划和专项规划 年内，《佛山市城市水系规划及重点区域水系详细规划》、《沙堤机场净空评定地理信息系统》经市政府批准并下发有关单位组织实施。全年组织召开 15 次城市规划委员会会议，审议 21 项城乡规划。召开《佛山市无障碍设施改造规划及创建全国无障碍建设城市示范项目建设与改造规划》方案讨论会，组织公共建筑无障碍设施配套的改造工作。完成《贵广铁路佛山西站站区规划研究》、《丹灶铁路物流中心总体规划》、《广佛地铁出入口与地面公交站场衔接规划》、《佛山市交通模型维护及交通年报》和《佛山市交通设施建设年度计划（2010 年）》的编制工作。完成《佛山市东平新城南片区控制性详细规划（修编）》及四个专题研究报告。推进《东平新城东部片区控制性详细规划》，跟进美旗华南国际采购与区域物流中心的选址和规划，配合完成公共文化综合体、综合交通枢纽大型设施的国际竞赛、方案评审和设计实施，抓好广佛地铁南延线的规划和协调工作。《佛山市“三旧”改造专项规划》已于12月27日印发实施。该规划参与土地利用总体规划的修编和全市土地储备工作的推进，配合市政府落实CEPA试点城市工作。南海分局编制完成了《广东省金融高新技术服务区C区控制性详细规划》和《广佛地铁（南海段）五站点周边用地开发控制规划指引》。及时跟进广佛地铁工程、广佛环线、佛肇城际、贵广和南广铁路等重点工程的建设。加强对地铁上盖物业发展的规划指引和控制。突出广佛地铁禅城段6个站点的不同发展形态，规划形成“三中心三片区”的地铁上盖物业格局；指导并配合三水区白坭镇、乐平镇，以及南海区丹灶镇、狮山镇、九江镇的总体规划及村庄规划的编制工作。

环境规划　是年，编制完成《佛山“一环”南拓道路沿线两侧绿线管理图则》，制定了《三年促变　绿地佛山》2009年项目计划表。配合以汾江河整治为重点的城市生态工程建设，加强对污水处理厂配套市政管理网及河涌整治配套工程的优化和落实。推进南庄镇生态改造工程。

【城乡建设】　2009年，佛山市统筹城乡一体化发展，制定并实施关于统筹城乡发展的系列政策文件，启动首批28个统筹城乡发展重点项目。5个宅基地换房试点顺利实施。农村体制改革13个试点村居完成集体经济组织改革试点任务，1752个村组完成“两确权”工作，南海区基本解决“出嫁女”土地权益问题。三水区率先建立集体土地经营权流转中心和消除农村财物“白头单”结算试点。全市行政村公交通达率、行政村之间道路硬底化率均达100%。农村公共服务、教育、文化、卫生、医疗等社会事业得到加强。

出台《佛山市“三旧”改造专项规划(2009~2020)》。全市启动“三旧”改造项目229个，完成改造项目115个，完成改造面积710万平方米。佛山祖庙~东华里、禅城石头村、南海瀚天科技城、顺德天富来工业城、三水西南涌等一批改造项目成效显著。承办全省“三旧”改造工作现场会。广佛地铁首通段土建施工累计完成84%，广明高速西樵至更楼段、广佛高速扩建、西二环和顺立交收费站及连接线建成通车，广贺高速等10个项目抓紧建设。禅西大道一期、佛陈路快速化改造等29个市重点项目动工建设，其中2项建成通车，“一环”南拓一期工程完成60%。佛山机场民航成功复航；客运站场、港口码头、能源水利等基础设施建设稳步推进，佛山市第二饮用水源首期工程试产通水；佛山市东平新城公共文化综合体和区域性交通枢纽站开工建设；顺德区总体规划纲要出台；西江新城广东省纺织学院等27个项目进入动工或前期筹备阶段。西南组团中心区控制性详细规划完成。加快推进“数字城管”，市级数字化城市管理信息系统的监理、软件及系统集成等项目开工建设，基层综合管理工作站创建工作力度加大，加强城市综合执法和综合监管。

（市住建办）

【建设工程质量安全】　2009年，佛山市在建监督工程6056项，建筑面积4653万平方米，工程合计总造价522.9亿元；全年新报在建监督工程3064项，建筑面积2072万平方米，工程合计总造价277.54亿元。新报建项目与上年基本持平，建筑面积和工程造价比上年分别上升5.5%和28.5%。7家企业被评为2009年度优秀施工企业，7家企业被评为2009年度先进监理企业。1项工程被评为“省优良样板工程”。开展质量巡查和监督抽检。市、区建设行政主管部门不定期组织巡查。2009年对工程存在的问题共发出质量整改通知书3036份，发出局部停工通知书72份。全年开展了建筑工程施工质量季度巡查、混凝土质量专项检查、建筑钢材专项检查等，对8家商品混凝土生产企业的生产工艺条件和质量管理体系控制进行了突击检查，检查结束后，发出通报，上网公示，并对企业进行诚信扣分处理。9月是质量月，佛山市住建局开展了一系列活动，包括举办“建筑工程质量宣传咨询日”、质量通病防治专题技术讲座、组织优良样板工程参观、开展监理知识竞赛等。从2月1日起全面实施分户验收制度，至年底已有785个住宅工程实施分户验收。以分户验收为手段，开展了工程质量通病防治工作，下发了《关于加强佛山市住宅工程质量通病防治工作的通知》。

佛山市9项工程被评为广东省安全生产文明施工优良样板工地，21项工程被评为佛山市建筑工程安全生产文明施工优良样板工地。是年，佛山市发生3起建筑施工安全事故，死亡3人。全年市、区两级建设行政主管部门和施工安全监督机构组织了包括建筑施工安全季度巡查、建筑工人“平安卡”和建筑施工起重机械专项检查、节前建筑施工安全检查、防御台风暴雨应急工作预案专项检查、建筑施工冬季消防安全专项检查、防高处坠落隐患专项检查以及广佛地铁施工安全月度检查等多项安全检查，共计出动8492人次，发出整改通知书2104份，消除安全隐患3737项，对违法违规作业的企业和人员实施了动态扣分1632次，共扣1.03万分。6月份是安全生产月，制定了《佛山市建设局2009年“安全生产月”活动方案》，围绕“关爱生命，安全发展”的宣传主题，举办了安全生产宣传日活动，组织了“高大支模”的专家讲座，对安全监督人员及建筑企业安全管理人员进行了“起重机械及高大模板”安全知识培训。（谭树治）

【轨道交通项目建设】 2009年底，广佛线工程完成年度建设计划投资的124%，首通段（魁奇路至西朗站）土建工程累计完成88%，工程建设重点转入机电安装。基本完成广佛线二期工程的立项审批任务，启动轨道交通三号线前期准备工作，武广高速铁路建成通车。5月4日贵广铁路有限公司、省铁路投资集团有限公司以及佛山市国土资源局三方签订《贵广（南广）铁路佛山境内征地拆迁实施协议》。广珠铁路佛山段的征地拆迁工作基本完成，佛山西站和丹灶物流中心项目完成初步规划研究，珠三角城际轨道佛肇城际线10月开工建设，广佛江珠城际轨道项目启动，广佛环线佛山西站至广州新客站段项目建议书获得批准。（伍佩龄）

【创建全国无障碍建设城市】 佛山市从2009年8月份开始全面启动创建全国无障碍建设城市工作。市政府专门成立市创建全国无障碍建设工作领导小组，印发了《佛山市创建全国无障碍建设城市工作实施方案》。各区均成立了创建机构并制定了创建工作方案。9月份佛山市住房和城乡建设局印发了《关于进一步加强房屋建筑和市政基础设施无障碍建设工作的通知》，12月份编制完成《佛山市无障碍设施改造规划及创建全国无障碍建设城市示范项目建设与改造规划》，同时确定了2010年417项无障碍设施改造项目，并向全社会公布了改造项目的责任单位、改造内容和完成时间，接受社会监督。12月组织全市无障碍建设培训工作，邀请国内无障碍建设专家到佛山市进行无障碍建设培训及现场指导，提高管理和技术人员执行无障碍相关标准规范的自觉性和能力，参加培训人员超过200人。同时，佛山市成立了无障碍建设技术指导组及督查工作组，定期对各区及各有关单位开展创建工作情况进行指导和监督。（吴燕婷）

【中心镇建设】 2009年，佛山市10个中心镇镇域面积1648.44平方公里，镇建成区面积85.42平方公里，镇域总人口140.24万人，其中镇域户籍人员84.75万人，暂住人员55.49万人，参加养老、医疗、失业保险人数53.44万人，大专以上户籍人员4.5万人，镇卫生技术人员总数4381人；镇域工业总产值3208.08亿元，可支配财政收入57.03亿元，建成区住宅建筑总面积1336.42万平方米，建成区公共绿地面积502.63万平方米。镇域家庭总户数25.03万户，安装电话的家庭户数30.45万户，安装电脑网络的家庭户数16.38万户。镇域生活污水排放总量1.23亿立方米，处理量5135.73万立方米。（黎裕成）

【园林绿化建设】 2009年，佛山市完成绿化项目410个，新增绿地面积203万平方米，改造提升绿地面积567万平方米，建成西南涌右岸公园和云东海砂岗公园。至年底，佛山市建成区绿地率34.23%，建成区绿化覆盖率36.57%，人均公园绿地面积9.12平方米，比上年人均增加1.02平方米。通过国家住房和城乡建设部开展的国家园林城市复查。（张珍妮）

【卫生镇、村创建工作上新台阶】 2009年，佛山市贯彻《珠江三角洲地区改革发展规划纲要》中“普及国家卫生镇”的精神，继续抓好卫生镇、卫生村的创建工作。全市新增“广东省卫生村”179个。乐平镇、芦苞镇创建国家卫生镇工作已通过了省爱卫会国家卫生镇技术评估组的技术评估。至年底，佛山市已被命名的省卫生村有749个（其中行政村429个，自然村320个），省卫生先进镇2个，省卫生镇3个，国家卫生镇18个。省卫生村受益户数49.21万户，受益人口154.77万人。

【抓好农村改水改厕工作】 2009年，佛山市各级政府把农村改水改厕工作纳入“民心工程”来抓，全年投入改水资金约2亿元，其中各级政府投资约1.5亿元，各方投资5000万元，受益人口约10万人。全市新建无害化户厕18255户，新建无害化公厕57座。（潘思东）

【城市管理行政执法】 2009年，佛山市禅城、南海、高明、三水区执法局共查处市容环卫、市政管理、城市规划、城市绿化、生活环境噪声污染、无照商贩占道经营、室内违建等方面的行政处罚案件40万多宗，其中劝导教育和纠正各类违法行为39万多宗，立案处理9788宗。禅城区共成立工作站144个；南海区成立工作站共57个；顺德区共成立23个工作站；推进数字城管建设工作。1月，佛山市数字化城市管理信息系统建设工作会议召开。3月，副市长邓伟根带领五区政府分管领导，市执法局、信产局、财政局、规划勘测设计研究院、城市地理信息中心以及五区执法局负责人前往武汉市调研考察。5月，印发《关于落实全市数字化城市管理信息系统建设有关工作的通知》，全市数字城管建设工作正式铺开。2009年，市数字化城市管理信息系统的监理、软件及系统集成、数据普查等标项的招标工作已完成。禅城、南海、高明区数据普查工作有序开展。8月，《广佛同城化城市管理领域合作协议》签订仪式在佛山举行。广州市城市管理综合执法局、佛山市城市管理行政执法局签署了《广佛同城化城市管理领域合作协议》，明确了《关于广佛同城化城市管理领域合作的实施意见》。11月，在广佛接壤地五丫口大桥附近，共同开展“泥头车撒漏”专项整治行动。做好“两违”查控工作，全年共发现新增涉嫌“两违”项目29个，建筑面积约10.63万平方米。做好佛山水道“两违”查控工作，禅城段共排查出新增涉嫌违法建设项目31个，建筑面积约5.24万平方米（已全部拆除）；南海段查处新增违建项目2个，建筑面积3000平方米。还做好春运巡控、花市管制、元宵疏导，清明、“五一”、国庆等假日执法工作，做好高考中考、迎接国家园林城市复查、汾江河龙舟邀请赛、第三届中德环境论坛、2009年佛山旅游文化节、PRCUD佛山圆桌论坛等保障工作。（佛志鉴）

资源环境

【重点项目用地报批】 2009年，佛山市认真落实省政府紧急通知要求，对重点项目采取纳入新一轮规划、创新用地预审方式、优先安排用地指标、争取省立项、挂牌督办和定期通报、提前介入专人专班专责服务、加快报批等措施，保障了经济发展用地。全省第一批扩大内需项目中属于佛山市的共计225个项目（其中：高速公路14个，铁路6个）用地7539.16公顷（其中农用地5652.33公顷）。1~3季度，已批或使用存量土地125个2972.44公顷；已报未批13个1282.7

公顷；未报 87 个 3284.02 公顷。佛山市上报省审批的正式用地 1843.78 公顷，佛山市审批农转用地 269.3 公顷，上报先行用地 83.8 公顷，划拨用地 186.92 公顷。

【节约集约用地】 2009 年，佛山市落实节约集约用地制度：一是“三旧”改造全面加快。11 月 26 日，广东省“三旧”改造现场会在佛山市召开。据统计，从 2007~2009 年底，全市共启动“三旧”改造项目 730 个（土地共约 2133.33 公顷），建筑面积比改造前增加 1300 多万平方米，平均增加 2.2 倍，其中已完成项目 140 个，完成面积 1800 多万平方米。二是加强农村宅基地管理。结合旧村居改造，推进宅基地换住房工作。全市 7 个村（居）试行宅基地换房，计划投入资金 54 亿元，拆旧宅占地 86.67 多公顷、旧宅建筑 50 多万平方米，规划新建住宅占地 33.33 公顷、建筑 250 万平方米，用于置换的建筑有 43 万平方米。三是盘活闲置土地。清理闲置土地共 528 宗 1346.9 公顷，其中已处置共 226 宗 546.55 公顷。四是完成开发区节约集约用地评价工作。佛山市 6 个省级开发区集约用地评价成果经省国土资源厅验收通过，作为今后佛山市提高工业园区集约用地考核指标的重要依据。

【土地市场及储备】 2009 年，佛山市土地严格执行经营性用地和工业用地招拍挂出让制度，出台《佛山市国有土地使用权用地预申请办法》，规范协议出让行为，科学统筹安排出让计划和交易进度，2009 年全市经营性用地计划 650 公顷，工业用地出让计划 1351.3 公顷，安排 2009 ~ 2010 年保障性住房用地供应计划 48.62 公顷。是年，土地市场出让交易明显回暖。土地出让 8793.45 公顷，出让金额 129.2 亿元；全市土地使用权公开交易约 636.87 公顷，成交 167.3 亿元，高出交易底价约 70%。上述交易中，属商住用地约 411.31 公顷，成交 160.43 亿元；属政府一级市场出让的商住用地约 367.47 公顷，成交约 143.5 亿元，高出交易底价约 78.5%。农村集体建设用地流转已纳入土地公开交易市场统一管理，建立城乡一体化土地市场交易平台。对市直单位使用土地进行能储尽储，已储备约 104.2 公顷，与高明、三水区联动储备土地约 520.87 公顷。将拟储备土地纳入“三旧”改造规划。

【耕地保护】 2009 年，佛山市落实严格的耕地保护制度：一是设立不开发区，探索耕地保护补偿机制。将 486.63 平方公里基本农田保护区划入不开发区，制定佛山市基本农田保护补偿办法。南海区已在全省率先实施，每年每亩基本农田给予 500 元补贴。通过探索建立耕地保护补偿机制来提高农民收入，促进耕地保护。二是严格执行年度计划，开展责任制考核。佛山市三级政府签订耕地保护责任书，落实了省下达的耕地保护任务，没有超指标用地，通过了省的考核。三是挖掘土地整理潜力。三水大塘、芦苞两个国家级土地整理项目共投入 4100 多万元，年底验收后可新增 233.33 公顷耕地。全市通过利用低效园地山坡地开发新增耕地 1133.33 公顷，年底已有高明区更合镇 3 个项目约 153.33 公顷通过了市级验收。在江肇高速公路开展被征地耕地耕作层剥离试点，提高补充耕地质量。

【土地执法监察】 2009 年，佛山市国土资源局制定《实施土地执法共同责任制工作制度》，加强土地动态巡查和报告工作，开通 12336 违法违规用地举报热线，逐级签订执法责任书，加强土地执法队伍和基层国土所建设，保障执法必备条件。年内，全市巡查发现违法用地 22 宗 2.33 公顷，责停通知书发送率 100%，土地违法行为制止率 100%。1 名破坏耕地的人员被法院判决有期徒刑 8 个月，5 名土地违法人员被拘留，其中 4 名被逮捕，顺德区还对工作不力的镇街由监察部门发出监察建议书，南海区政府专门向镇街发出文件，通报 7 起违法用地情况，同时利用被逮捕的 2 个村干部进行现身说法，加强反面典型教育，遏制违法用地反弹。是年佛山市承担国家第九次、省第四次卫片（卫星遥感图片，下同）执法检查的任务。佛山市全国第九次卫片查出违法用地480.53公顷，其中违法占用耕地74.73公顷；扣除国家、省重点项目后，违法用地227.27公顷（以镇村为主），立案率为100%、查处率为100%、结案率为98.8%。落实罚款1931.7万元，拆除建筑物4.3万平方米，复耕土地29.53公顷。全省第四次卫片查出佛山市违法用地513.67公顷，其中违法占用耕地109.2公顷；扣除国家、省重点项目后，违法用地199.87公顷(以镇村为主)。在两次卫片执法检查工作中，有错必纠，违法必究，立案率100%、查处率99.6%、结案率93.3%，落实罚款1458.4万元，拆除建筑物4.4万平方米，复耕土地14.81公顷，通过了省检查验收。

【矿产资源管理】 2009年，佛山市第二轮矿产资源规划已上报省。开展18个矿山的年检工作，年检率达100%。开展矿山储量动态监督管理工作，督促矿山编制矿山储量年报15份。开展矿业权实地核查工作。开展打击无证采矿违法违规行为专项行动，发现并立案查处无证采矿13宗，罚没金额共计8.19万元，重点查处高明松柏坑石矿场盗采矿石和富湾南蓬山非法盗采锰矿两宗典型案件。

【地质灾害防治】 2009年，佛山市率先在全省开展地质灾害防治动态监测，提高地质灾害气象预报预警工作精度和准确度。制定实施《2009年度地质灾害防治方案》，开展重要地质灾害隐患点核实、调查，确定重要隐患点12处，开展年度工作考核，签订责任书。以南海大沥黄岐海北片区地质灾害防治为重点，以南海桂城夏北村地面沉降地质灾害成因调查为难点，协助指导地质灾害治理责任认定、治理、赔偿等工作。做好市级自然保护区西樵山火山地貌自然保护区建设工作，规划加强保护顺德西淋岗地质遗迹保护区。

【地籍管理】 2009年，佛山市第二次土地调查主要工作基本完成。开展全市政府储备土地抵押登记情况检查，协助有关部门明确民间借贷中所涉及的房地产抵押登记业务办理事项，加快农村集体土地发证和华侨农场发证工作，全年颁发土地证11.97万册，其中国有土地使用证10.27万册，集体土地使用证1.45万册，集体土地所有证248册，他项权利证2024册，集体所有权发证累计数1480宗，发证比例65.6%。完成基准地价数据收集更新工作并实现常态化。着手开展建立城市地价动态监测系统，与基准地价动态更新体系形成互补。依法调处了南海区丹灶仙岗村与三水区白坭余竹村、南海平洲平胜村与顺德陈村庄头村等有关土地权属争议。 （吴福明）

【建筑节能】 2009年，佛山市加强对新建项目建筑节能设计、施工图审查、施工、验收、公示等全过程的检查力度，共检查了45个在建和竣工的民用建筑工程，发出整改通知书6份。开展了国家机关办公建筑和大型公共建筑能耗统计审计和能耗公示工作，制定了《佛山市建筑能源审计实施方案》，对全市80栋国家机关办公建筑和大型公共建筑进行能耗公示。推进建筑节能示范项目建设，成功申报财政部、住房和城乡建设部“2008年可再生能源建筑应用示范项目”的南海区城市动力联盟项目已落成使用，并获得住房和城乡建设部绿色建筑三星标识。 （吴燕婷）

【环境保护】 2009年，佛山市空气质量优良（API≤100）天数355天。酸雨频率73.1%，较上年下降12.4个百分点。影响空气质量的主要污染物二氧化硫、二氧化氮、可吸入颗粒物年平均浓度分别为0.039毫克/立方米、0.052毫克/立方米和0.066毫克/立方米，均达到国家《环境空气质量标准》（GB3095-1996）二级标准，降尘量达到广东省推荐标准，下降21.6%。全市饮用水源水质达标率100%。城市区域环境噪声、道路交通噪声的平均等效声级均优于国家相应标准。全市电离辐射对周围环境的影响符合《电离辐射防护与辐射源安全基本标准》

(GB18871-2002）的要求。全市全年化学需氧量（COD）排放量6.68万吨，比上年下降12.79%；二氧化硫（SO_2）排放量10.41万吨，下降16.12%。两项主要污染物减排均完成了省下达的上年度减排目标。

年内，加快大气、水污染防治。推进机动车尾气污染防治，淘汰高排放的旧公交车，开展用车环保分类标志管理，启动加油站、储油库、油罐车的油气回收综合治理工作。以汾江河整治为重点，抓好水环境综合整治，新建、续建、扩建21家污水厂，6家污水厂完善管网，建成4家工业废水处理中心，完成63个二氧化硫减排工程项目。推进陶瓷行业的改造提升和立窑水泥、小火电企业的关停工作。建立污染减排倒逼机制，控制新上项目污染物排放，依法加强对重点污染源的日常监管。

全年出动环境监察人员约4.1万人次，现场检查企业约2.3万家次，立案查处违法排污案件720宗，罚款金额1840.86万元，限期整改企业178家，限期治理企业8家，关停企业42家；全年共征收排污费9104.54万元；全市环保系统共受理环境信访案件1.04万件，办理市人大、政协议案、建议和提案共8件。（陈振华）

社会事业

【产学研工作得到新突破】 2009年，佛山市建立院市长效合作机制。3月中旬，佛山市市长陈云贤率五区区长与中科院领导达成了长期互访的共识；5月，双方决定共同成立院市合作领导小组和工作小组，设立院市合作领导小组办公室；7月，佛山市政府与中国科学院签署了全面合作协议，共同建设中科院佛山产业技术创新与育成中心和相关专业中心，育成中心统筹协调各专业中心建设。

设立佛山市科技孵化基金。12月11日，市政府印发了《佛山科技孵化基金设立方案》，筹备设立“佛山市科技孵化基金”，基金募资预计3亿元，其中佛山市财政分两年投入1亿元，聘请专业团队进行市场化运作，主要用于引进海内外创新团队、中国科学院佛山市合作项目和对初创期科技型中小企业进行扶持资助、股权投资其核心就是体现市政府在院市合作中的引导与促进作用，吸引更多的社会资本参与到中科院优秀科技成果在佛山产业化的创新活动中来。

推动院企项目合作。促成了各类院企合作项目近100个，涉及佛山重点发展的软件、数控装备、节能减排等产业。发动有关企业和研究所参与申报省院合作计划项目，向省科技厅推荐合作项目77个，其中30个获得立项支持，获得经费1790万元，占全年省院合作专项资金总额的17.9%。

推进企业科技特派员选派工作。全年从各高校共引进企业科技特派员225人，约占全省科技特派员的十分之一，涉及高校科研院所41家。共有159个项目获得了国家、省、市各级科技部门的产学研专项立项支持，其中省级以上立项107个，由科技特派员承担项目99个，获得国家和省特派员专项资金扶持共16个，经费总额495万元。

加强“产学研”联盟建设。禅城区探索LED路灯研发与应用的新机制，将合同能源管理模式（EMC）引入路灯改造中，成立了LED路灯产业化技术创新联盟，使产品成本在不到一年的时间内，下降了33%。顺德区白色家电产学研联盟组织制订燃气具技术线路图，实施3项共性技术研发工作，其中，以美的集团为主承担的家电产业共性技术“二氧化碳热泵关键技术及产业化”项目已纳入国家科技支撑计划。

【区域创新体系继续发展】 至2009年底，佛山市建成6个广东省创新示范专业镇，建立省级专业镇技术创新试点34个，数量居全省之首，专业镇创新平台28个。建立各级企业工程技术研究开发中心452家，省级工程中心84家、市级工程中心167家。全市有超过90%的研究开发机构和科技人员分布在企业。建立了华南家电研究院、华南精密制造技术研究开发院、广东数字媒体技术研究开发院、广东省建筑卫生陶瓷研究院4家省级研究院。华南精密制造技术研究开发院牵头，启动了“精密制造产业技术路线图”编制工作。华南家电研究院建立6个二级研发中心、5个公共服务平台，开发行业核心课题22个，获得各级政府支持的项目10个。广东省建筑卫生陶瓷研究院与英国陶瓷研究协会于4月签约共同在中国建立卫星实验室；同时与德国TUV商讨合作并开展陶瓷CE认证项目，成为TUV认可实验室，出具TUV欧盟CE证书。

【知识产权工作】 2009年，佛山市政府出台了《佛山市创建国家知识产权示范城市工作方案》和《佛山市贯彻实施知识产权战略纲要推进国家知识产权示范城市创建工作目标任务分解表》，召开了佛山市知识产权工作领导小组扩大会议和知识产权工作会议，启动《佛山市知识产权战略规划纲要》的研究制定工作。12月17～18日国家知识产权局考评工作组对佛山市创建国家知识产权示范城市进行考核评定。先后实地考察了南海知识产权质押试点单位和佛山市创意产业园，充分肯定佛山创建工作：“很有成效、很有特色、很有经验。”认为佛山提供了很多值得在全国推广的经验。8月4日国家知识产权局正式批准建立中国（佛山）知识产权维权援助中心。

专利申请及授权情况 全年全市专利申请量1.53万件，比上年增长13.1%，专利申请量位居全省第四；其中发明专利申请量1853件，增长17.7%。专利授权量1.29万件，增长20.5%，专利授权量位居全省第三。其中发明专利授权量为646件，增长76.5%。

实施国家知识产权强县工程 禅城区被国家知识产权局批准成为全国首批实施国家知识产权强县工程区，区科技部门在全省率先召开了工程推进大会，发起并联合全省其他5个强区签署了《建设知识产权强区，提高自主创新能力》佛山宣言，组建了LTCC（低温共烧陶瓷）、LED（发光二极管）、电子白板等三大知识产权创新联盟，成立了“佛山市禅城区专利保险合作社”。

南海区推进“国家知识产权质押融资试点”工作。在全国首批6个试点中率先取得实质性的进展，至年底，已贷出及待通过贷审的项目过10个，资金超3000万元。

佛山市文教卫体事业基本情况

教育				医疗文化体育			
项目	单位	2008年	2009年	项目	单位	2008年	2009年
普通高校校数	所	3	3	医院、卫生院数、保健室	个	97	97
普通高校在校学生数	万人	3.7	3.7	医院、卫生院床位数	张	20623	20623
中职和技校学校数	所	53	51	平均每千人口医院、卫生院床位数	张		
中职和技校在校学生数	万人	11.23	11.16				
普通中学学校数	所	126	128				
普通中学在校学生数	万人	21.11	21.16	群众艺术、文化馆数	个	6	6
小学学校数	所	447	429	公共图书馆数	个	6	6
小学在校学生数	万人	44.68	43.42	博物馆数	个	7	6
学龄儿童入学率	%	98.65	99.07	档案馆数	个		
幼儿园数	所	751	777	国民体质合格率	%		
在园幼儿数	万人	17.28	18.36	人均公共体育场面积	平方米		

【文化民生工程】 2009年，佛山市切实将文化建设重心放在基层，重点实施与基层农村相关的文化民生工程。春节期间，佛山市五区联动举办了“魅力佛山·春伴你行”新春系列文化活动，参与人数多，参与面广，受到好评。开展了面向广大外来务工人员的“寻梦佛山”外来务工人员子女艺术和阅读夏令营、佛山市外来务工人员才艺大赛、“欢乐周末·开心你我”广场艺术之夜等活动。全市五区开展外来务工人员才艺大赛海选和初选共66场，举办广场艺术之夜58场，吸引观众50余万人次。落实全市城乡有线数字电视整体转换工作任务，有线数字电视用户145万户，有线数字电视网络覆盖率99%，编制了全市20户以下已通电而未通电视的自然村“村村通”工程建设方案。农村（社区）公益电影全年放映1.11万场，完成了作为民生实事向社会承诺的1.1万场的放映目标，观众近200万人次。全年建成农家（社区）书屋155家。

【组织“魅力佛山·精品荟萃”系列艺术活动】 2009年，佛山市出台《“魅力佛山·精品荟萃”艺术精品展演补贴试行办法》，8个剧目12个场次的演出获得审核批准，对《云南的响声》、《雷雨》、《天鹅湖》、“新剪纸作品展”等剧目和展览给予了相应的补贴。并实行20%半价票政策，使更多市民能够低价享受到高雅艺术。市委宣传部与市文化广电新闻局主办的“0757——佛山油画精品展”，展出了佛山各区8位油画家近年来创作的油画作品71件。举办了“魅力佛山·精品荟萃——2009佛山中国画精品提名展”。

【举办2009“魅力佛山·秋色辉煌”佛山秋色大巡游活动】 整个巡游分为《名城秋韵》、《水乡踏歌》、《红豆飘香》、《和谐家园》、《魅力佛山》、《秋色辉煌》六个篇章，由十辆彩车，五十个表演队伍，近3000名演职员组成。全市五区共有102万人观看了秋色大巡游。

【组织主题文化活动】 2009年，佛山市围绕建国60周年安排了134余项文化活动，举办文艺演出110场、开展展览24场次，观众人数15万余人次，并举办了《向共和国献礼》专题电视文艺晚会。配合完成佛山市第七届运动会开幕式的文艺表演策划组织工作。市、区群众艺术馆、文化馆、曲艺家协会联合佛山电视台共同举办《私伙局群英会》系列曲艺活动。广东省第九届“百歌颂中华”歌咏活动大赛佛山赛区比赛顺利举行，佛山市共有3支队伍进入总决赛，取得两名金奖、两名优秀指挥金奖。

【打造文艺精品】 2009年，佛山市文艺创作研究室撰写的电视专题片《天使情怀》、《“蚁穴”透视》已完成拍摄，并经省纪委常委审查，定为2009年度全省纪律教育月学习内容。粤曲演唱《劫后情》、小粤剧《荷涌夜歌》、粤曲对唱《通济桥畔春色妍》、小品《爱心之旅》、粤曲演唱《荷花世界并蒂莲》等5件作品入选全省第六届戏剧曲艺花会，获3金2银，佛山市文化广电新闻出版局获“组织奖”。曲艺节目“龙舟一曲唱小龙”，获2009年广东省鲁迅文艺奖。雕塑作品《生命无价》、《突破》分别参加北京“礼赞生命——5·12中国汶川大地震抗灾周年纪念展”和“力量之美——第七届中国体育美术作品展览”。佛山市雕塑院《大都市·小音符》等共5件雕塑作品和佛山市群众艺术馆的8件书画作品参加了第11届全国美展。国画作品《正气生南国》在“南粤清风”美展上，被评为铜奖。

【推进重点文物修缮工程】 2009年，佛山市继续抓好佛山祖庙全面修缮工程，至年底，完成庆真楼主体、文魁阁、武安阁、三门、前殿、两廊、香亭等单体建筑的修缮。“数字祖庙”工程进展顺利。禅城区政府做好祖庙东华里片区改造工程，片区文物资源在改造工程中得到切实保护和合理利用。

【开展第三次全国文物普查工作】 至2009年底，佛山市全部完成第三次全国文物普查实地文物调查阶段工作，普查启动率100%，覆盖率100%，普查完成率100%，累计到位文物普查经费556.5万元，实地调查登记不可移动文物1859处，其中新发现具有一定历史、艺术和科学价值的文物线索1423处，复查已经备案的文物436处。全市五区均已通过国家或省普查办的验收。

【加强非物质文化遗产保护】 2009年，佛山市公布第二批市级非物质文化遗产名录18项；石湾玉冰烧酒酿制技艺等4个项目入选第三批省级名录；陈永才等4人入选国家第三批代表性传承人。至年底，全市拥有国家级项目13个、省级项目23个、市级项目47个；国家级传承人8人、省级传承人21人、市级传承人61人。建成全省唯一的非物质文化遗产保护展示厅。佛山市非物质文化遗产保护中心获文化部"非物质文化遗产保护工作先进集体"称号，关宏获"全国文化系统先进工作者"称号。举办了"传承与发展"——佛山市2009文化遗产日暨少年陶艺创作活动。正式出版了《佛山非物质文化遗产名录图典》和《佛山藏木鱼书目录与研究》。承办了"广东省与东盟非物质文化遗产保护传承交流会"。

【开展净化文化环境专项执法行动】 2009年，佛山市共组织开展了净化社会文化环境、打击侵权盗版（教材、教辅读物）等9个主题专项行动，共出动执法人员5.32万人次，检查持证文化经营场所2.87万间次，检查无证经营店档3420间次，收缴非法音像制品、非法电子出版物和非法书报刊合计326.3万张（册/份）。受理群众举报466起，对持证单位作出行政处罚294宗。取缔（或关闭）无证经营店/档2642间，其中取缔"黑网吧"1170间，取缔地下印刷厂5家，取缔无证兼营娱乐场所（含游艺场所）98间，取缔无证音像经营店/档（含"黑影吧"）185间，取缔无证经营书报刊店113间；捣毁地下批销非法出版物窝点、仓库38个，合计收缴非法出版物229.3万张/册（份）；关闭违规网站1033家。销毁非法音像制品62.95万张（盒），销毁非法书报刊31.29万册（份），销毁用于非法经营的电脑主机、显示器7738台；删除屏蔽网络有害信息20.1万条。发动社会力量对网吧进行监管，在全市组织了446人的"五老"义务监督员队伍，对网吧进行全方位的监督。先后组织三个工作组深入各区进行消防安全大检查，检查各类文化场所170多间，发现7类消防安全隐患20多起并限期整改。完成42间卡拉OK服务场所内容管理系统的安装工作，并对70间未满足接入条件的服务场所进行了详细的信息调查。

【推动文化产业发展】 2009年，佛山市各有关部门围绕《佛山市文化产业发展规划（2008～2020年）》的启动和落实推进开展了一系列工作：一是研究制订该规划的配套扶持政策《关于促进文化产业发展的若干意见》；二是积极争取2010年文化产业发展专项资金；三是筹备建立市文化产业发展联席会议制度；四是统筹各区制定贯彻落实文化产业发展规划近期（2009～2011年）重点项目计划。

加大对特色文化资源的开发力度，形成文化产业竞争优势。引导相关企业借助申请外观专利、登记原产地等知识产权保护手段保持行业优势，争取市场份额。协助顺德伦教街道成功申报广东省香云纱文化产业园区和香云纱非物质文化遗产保护基地，动员动漫企业申报文化部2009年度原创动漫扶持计划，做好指导协助工作。

【文艺创作】 2009年，佛山市文联积极引导广大文艺工作者弘扬主旋律，坚持多样化，创作了一批具有时代特色和地域特色的高质量作品，并根据自身特点开展文艺活动。吕雷、赵洪的纪实文学《国运——南方纪事》获中宣部第十一届"五个一工程"优秀作品奖、省"五个一工程"入选作品奖和省第八届鲁迅文学艺术奖；佛山市青年粤剧团的粤剧《蝴蝶公主》、佛山电台的广播剧《丝都寻梦》获省"五个一工程"入选作品奖。佛山粤剧院的粤剧《小周后》（第三版）获第八届广东省鲁迅文学艺术奖。尹洪波编剧的话剧《深圳日记》由国家话剧院和深圳市剧协在北京、深圳上演引起轰动。张超创作的歌曲《自由飞翔》获省“五个一工程”优秀作品奖；胡建红在第七届全省残疾人艺术汇演中获声乐类一等奖；市钢琴键盘学会选送代表参加第十五届香港（亚洲）钢琴公开赛，有5人获第一名。在第十一届全国美展中，钟婉尧、周小星、程禹卫、李春华、莫松年、刘勇6人的6幅作品入选。简锡昭创作的雕塑作品入选“礼赞生命——中国5·12大地震抗震救灾主题纪念雕塑”全国展，李任孚获第五届中国美协会员中国画精品展优秀奖。由何足道、黄白龙创作，梁建和表演的龙舟说唱《龙舟——曲唱小龙》、由甘剑波、廖宇光编撰，廖宇光、侯玉霞演唱的粤曲对唱《顺德礼赞》获第八届广东省鲁迅文学艺术奖。顺德区均安曲艺引起中国曲协和省曲协高度关注，被称为“均安现象”。禅城区祖庙街道申报“中国曲艺之乡”获批准。在第二十二届全国摄影艺术展览中，肖建荣的《月光曲》获艺术类银奖、余文清的《把欢乐载回家》获艺术类铜奖，11人作品入选。书法作品共有81人次在全国、省评奖比赛中获奖，其中邱健彬的书法作品获第十四届全国“群星奖”优秀作品奖；梁炳伦、贺显亮作品入选全国第二届青年书法篆刻展；胡卓渠作品获第二届中国书法兰亭奖艺术奖。在“广东省第二届岭南舞蹈大赛”中，《唱龙舟》、《龙舟鼓手》夺得金奖，佛山市舞协获得组织奖。在第五届“小荷风采”全国少儿舞蹈展演暨第二届中国淮南国际少儿艺术节舞蹈展演中，舞蹈作品《蚂蚁过河》、《布偶小狮》双双获金奖。在第三届广东省民间工艺精品展中，佛山市文联、民协组织报送的作品获1金2银5铜5优秀的好成绩。其中，陈永才的剪纸《古镇佛山》获金奖。

文艺研究和批评方面。出版了《中国木版年画集成——佛山卷》、《佛山历代书法》以及专著《新时期以来广东戏剧论》等。市文艺批评协与高明区联合召开了《国运——南方记事》作品研讨会。《佛山剪纸》等论著获2007～2008年度哲学社会科学优秀成果奖。（霍锦莹）

【教育现代化建设】 2009年，佛山市落实各项重大措施，推进教育现代化先进区建设取得突破性进展。一是增强统筹协调和组织领导力度。佛山市调整了以市长为组长、分管副市长为副组长、各区区长及市直19个单位主要领导为成员的佛山市教育现代化建设工作领导小组，推进教育现代化先进区建设工作；组织市、区两级党政领导干部基础教育工作责任考核，确保工作责任落实。二是狠抓工作落实。按照“已达标的抓巩固，未达标的抓进度，重点难点指标抓突破”的工作策略，狠抓各项重要而关键工作的推进和落实，并深入查找工作中存在的差距和不足，切实破解难题，致力消除差距，力促硬件更硬，软件不软，重点保证软件上层次、上水平。三是强化督查指导。召开全市推进教育现代化先进区建设工作辅导报告会，邀请省专家前来作关于推进教育现代化先进区建设工作的专题辅导报告；建立局领导推进教育现代化先进区建设工作挂点联系各区制度和工作简报制度，形成有效的督查指导机制。上半年，顺德区、禅城区、南海区先后通过了广东省推进教育现代化先进区督导评估，被评为“广东省推进教育现代化先进区”。

【促进各类教育协调发展】 2009年，佛山市理顺学前教育管理体制、规范办园行为、加快优质幼儿园建设步伐，促进学前教育快速健康发展。全市有8所幼儿园申报省一级、11所幼儿园通过市一级评估。全市100%幼儿园达到办学标准，等级幼儿园占比例40%。顺德区和高明区被确定为广东省学前教育发展试点县。

加快义务教育优质均衡发展步伐。其中在布局调整方面，各区多渠道筹集资金，落实有力措施，撤并、新建、扩建或改建了一批中小学校，并努力改善学校办学条件，缩小了区域间、校际间差距。全市有553所学校通过广东省义务教育规范化学校督导验收，占全市义务教育学校总数99.6%；420所学校通过义务教育优质学校验收，占73.1%。全市义务教育经费保障机制各项资金全面落实到位。全市普通高中53所，优质学位

100%，其中46所省一级普通高中全部通过省级教学水平评估，5所市一级学校通过市级教学水平评估；24所学校成为广东省国家级示范性普通高中，处于全省领先位置。全市中职学校招收东西两翼粤北山区学生共8337人（不含联合办学），完成省下达“双转移”招生任务的122.71%。华材职中实训中心及学生宿舍工程、教学楼扩建工程已竣工投入使用；高明职校新校区建设工程和三水区职校新校园建设工程按规划推进。推进佛山科学技术学院和佛山职业技术学院建设，尤其是两校新校园建设。佛山科学技术学院抓好“质量工程”，开办了“创业创新班”，2009年学院毕业生就业率达97%。佛山职业技术学院推进校企合作、工学结合，初步建立起订单式培养新模式。顺德职业技术学院致力推进特色建设，办学规模、提高质量和效益。

【教师队伍建设】 2009年，佛山市致力打造高素质教师队伍，完善各项教师管理制度，实施教师聘用制，建立分配激励机制，实行教师公开招聘制度，开展教师交流工作。全面推行中小学校长竞争上岗制度；完善校长任用、管理办法。骨干教师队伍建设和名师工程建设稳步推进。年内全面提高教师工资福利待遇，全市教师工资收入有了大幅度增长，城乡教师工资收入差距逐步缩小。教师医疗、养老保险和住房公积金制度得到较好落实。绩效工资实施工作稳步推进，落实全市义务教育学校实施绩效工资工作。全市投入近12亿元，推进教师工资福利待遇“两相当”(即县域内中小学教师平均工资水平与当地公务员平均工资水平大体相当，县域内农村中小学教师平均工资水平与城镇中小学教师平均工资水平大体相当)。解决中小学代课教师问题。据统计，全市共有代课教师2371人。在2009年各区招聘教师时，对代课教师给予了倾斜，解决了249名代课教师的入编问题。在此基础上，重新统计、核准代课教师人数，全市符合条件可参加“代转公”招录考试的代课教师人数1707人，其中禅城区263人，南海区794人，顺德区539人，高明区16人，三水区95人。该次“代转公”招录考试，全市编制数额为358个，其中禅城区22个，南海区76个，顺德区188个，高明区16个，三水区56个。至年底，全市解决了607位代课教师“代转公”工作。

【素质教育】 2009年，佛山市教育教学质量得到全面提高，实现了从量的扩张到质的飞跃转型。年内着力落实四项重大举措，一是致力提升教师业务水平。通过开展教师基本功全员培训、举办多学科教师基本功大赛等措施，加强教师队伍建设。通过评选市级骨干教师及学科带头人、开展科组长及备课组长培训等办法，打造教学专家团队，带动队伍业务素质的提升。二是促进教学内涵发展。坚持以教学视导为切入点，提高教研工作的实效性；探索提高课堂教学有效性的策略、途径和方法；努力创建“品牌学科”，以学科教师团队的整体提升促进教师个体素质和教学行为的持续改善；改革评价方法和手段，提高教学评价的促进功能。三是坚持以教科研引领教育教学水平的提升。一方面搞好常规教研，同时创造条件开展网络教研。坚持“科研促教、科研促校”，开展“科研下校、科研下乡”，注重瞄准“有效教学”这一教研热点，开展课题研究，推进课程改革。2009年，佛山市基础教育系统有5项课题获全国教育科学“十一五”规划教育部立项课题。四是以教育信息化带动教育教学质量的提高。2009年佛山市4.04万人参加高考，专科线以上上线人数3.06万人，上线率87.88%，其中本科线上线人数1.6万人，上线率45.74%；高职类上线人数3281人，占高职类报考人数的59.57%。表明了全市考生整体上线水平和质量有较大提高。

【教育民生工程】 2009年，佛山市密切关注特殊人群求学需求。形成以特殊教育学校为主体和骨干，以适当随班就读为辅助的特殊教育格局，并实现从义务教育向学前教育和高中阶段教育延伸；指导佛山启聪学校和顺德启智学校创建省现代化特殊教育学校和全国示范性特殊教育学校；指导三水区和南海区特殊教育学校加快发展；支持高明区筹建1所特殊教育学校。

免费义务教育全方位落实。制定出台了《佛山市免费义务教育实施办法》。努力拓宽免费义务教育受惠面。继上年秋季学期非本市户籍政策性借读生5.07万人在佛山市享受免费义务教育后，2009年春季学期起把广东省户籍学生和外省户籍政策性借读生6.4万人纳入免费范围；全面免除义务教育阶段学校借读费。至10月底，全市义务教育经费保障机制改革各项到位资金共计54389.15万元（含省拨资金6327.49万元，市级资金594.6万元，区级资金4.75亿元），其中免费义务教育（免书杂费）4.21亿元、补助公用经费3940.76万元、校舍维修改造资金7980.3万元、补助贫困生生活费386.02万元（以上资金除免费资金外，其他项目未含顺德区资金数）。

非户籍常住人口子女就学“进得来”、“读得起”、“学得好”。各级政府对非户籍常住人口子女，在以公办学校接收为主的同时，发挥民办学校作用，为他们就近顺利入学提供保证和便利，切实保证“进得来”。严格按照有关政策规定落实非户籍常住人口子女入学收费，坚决禁止任何名目和任何形式的教育违规收费，建立和完善非户籍常住人口子女接受教育的经费保障机制，帮助家庭经济困难的非户籍常住人口子女就学，切实保证“读得起”。扶持和规范社会力量举办的、以接受非户籍常住人口子女就读为主的学校发展，加强对学校的检查指导和师资培训，促其改善办学条件、提高管理水平和教育质量，满足他们对优质教育的需求，切实保证“学得好”。全市非户籍常住人口子女义务教育阶段在校生已超过23万人，占全市义务教育阶段在校生总数的35%左右，其中接近80%学生就读公办学校。

扶贫助学“一个不少”。建立起以政府投入为主、社会捐资助学等多种渠道筹集助学资金的投入机制，并把扶贫助学延伸到对特殊困难家庭子女的资助，不让一个孩子因家庭困难而失学。理顺了中职学校资助政策管理体制，确保全市就读中职学校的最低生活保障家庭学生享受到资助政策。全市资助困难家庭学生14.07万人次，全年资助金额7984.27万元，其中各级财政投入资金占总投入的97.5%。资助资金包含低保家庭学生资助资金、特殊困难家庭学生资助资金、中职学校国家助学金、中职学校免费教育资金（含市内中职低保家庭学生和就读本市中职的“双转移”农村学生免费资金）。

学校办学行为全面规范。义务教育公办学校坚持就近免试入学制度，严禁招收择校生，严禁把捐资助学与学生入学挂钩；公办普通高中招收择校生严格执行限分数、限人数、限钱数的“三限”政策。要求学校严格执行国家、省、市课程计划和课程开设要求，开齐课程，开足课时。严禁义务教育阶段学校和教师利用寒暑假、节假日、公休日（双休日）等时间组织或变相组织学生进行任何形式的集体补课，坚决禁止义务教育分设重点学校和非重点学校，督促义务教育阶段学校各年级按常态编班，实行固定阶梯式能力分班，不设重点班和非重点班。禁止义务教育阶段公办学校改制，对公办民助学校依据有关法规和“四独立”（独立的法人资格、独立财务核算和人事管理、独立的校园校舍、独立的教育教学。）要求进行规范管理，协调相关部门对其收费进行严格核算与监管，促其定价和收费更加合理。召开民办初中自主招生学校校长会议，规范民办学校自主招生行为。全面规范中小学教育收费管理。全市五区成为广东省教育收费规范区，佛山市2009年3月被授予“广东省教育收费规范市”称号。狠抓学校安全规范管理，确保学校无重大安全事故发生。

（吴海桐）

【基层医疗卫生机构建设】 2009年，佛山市组织实施市政府《关于进一步加强基层医疗卫生机构建设的意见》，完成了全市新建45所社区卫生服务站、205所社区卫生服务站信息化基础设施配套建设的目标。建立家庭健康档案近15万份，个人健康档案52万余份。继续推动实施《佛山市二级以上医院对口帮扶镇街卫生院工作方案》。启动了佛山市“十二·五卫生发展规划”、新区域卫生规划等四个规划的编制工作。

【传染病防治】 2009年，佛山市做好甲型H1N1流感防治工作。面对全球暴发的甲型H1N1流感疫情，按照“强化预防措施、严控社区传播、加强重症救治、减少疫情危害”的防控策略，加强疫情监测预警，做好应对流感大流行的人员、技术、物资准备。加强医疗救治工作。指定了医疗救治一线、二线和三线医院，做好隔离病房、药品、设备、物资等的储备。成立市级专家组，制定全市医疗救治应急预案，严格实行预检分诊制度和发热门诊运行管理，做好应对甲型H1N1流感大流行的准备。开展甲流疫苗安全接种工作，至年底，共接种重点人群31万人。

做好其他重大传染病等防治工作。做好全市手足口病疫情防控和医疗救治工作。加强手足口病医疗救治及防控措施情况的督查，落实重症转诊制度。完善艾滋病疫情监测报告和分析，推进美沙酮维持治疗工作，启用社区美沙酮维持治疗智能卡管理系统。落实现代结核病控制策略，推进结核病防治规划实施。开展麻风病防治规划中期评估工作，组织对全市4间麻风院村康复人员进行畸残矫治。开展麻风病、性病普查。

实施扩大国家免疫规划等工作。完成全市所有8月龄至14岁儿童麻疹强化免疫工作，共接种109.6万人。2009年全市麻疹发病152例，比前年同期下降了81%。加强消除碘缺乏病工作，完成碘盐监测，食用碘盐覆盖率达到标准要求，全市五区顺利通过消除碘缺乏病省级考核。

【卫生监督执法】 2009年，佛山市建立市级公共卫生相关信息通报机制，建立疾病预防控制机构绩效考核工作机制，落实岗位责任制，深化行政审批制度改革，实现卫生行政审批窗口办理率100%，审批事项即办率19%。加快了市级公共卫生机构建设。新启动了15岁以下儿童乙肝疫苗补种、重症精神疾病监管治疗等重大和基本公共卫生服务项目。深化公共场所和生活饮用水卫生监管。组织开展了打击非法使用食品添加剂和滥用非食品用料、餐饮消费环节卫生状况等6次全市性的大规模专项检和整治行动。全年全市共报告食物中毒事件11宗，中毒人数共142人，无死亡病例。全市卫生监督机构开展各类卫生监督7.4万户次，对违法案件实施行政处罚478宗，已经执结462宗，罚款金额111.75万元。

【职业病防治】 2009年，佛山市建立健全建设项目职业卫生评审机制，全年全市共完成了83个建设项目职业卫生评审。加强职业卫生监督检查。组织开展对各区陶瓷企业职业卫生监督，职业病危害因素得到有效治理，其中粉尘合格率经整改后由30%～40%提升到80%以上，噪声合格率提升到70%左右。开展有毒有害化学品职业病危害等专项检查工作。全市共有取得资质的职业健康检查机构19个，职业病诊断机构2个，职业病危害因素检测评价机构6个，建设项目职业病评价机构3个。

【医疗服务质量监管】 2009年，佛山市加强规范医疗行为、感染管理、护理管理等各个医疗环节的制度落实，强化监督监管。强化医疗市场及采供血机构监管，组织部署了全市打击非法行医和非法采供血工作，开展打击虚假违法医疗广告活动。完善《佛山市医疗机构不良执业行为记分管理办法（试行)》。贯彻执行省药品阳光采购工作，2009年度网上采购金额33.89亿元，累计让利8.61亿元。加强对全市医疗机构耗材及检验试剂和二类疫苗网上采购监督管理工作，确保耗材和疫苗采购的质量安全、有效。2009年度耗材网上采购金额7.6亿元，累计让利1.2亿元；二类疫苗集中采购金额7150万元，累计让利715万元。加强对市直医疗卫生单位设备和器械部门招标立项和集中采购监督管理工作，2009年度市直医疗卫生单位医疗设备招标立项数186个，立项预算金额2.27亿元，实际招标采购金额2.10亿元，节约采购成本1710.6万元，节约

率为 8.14%。（潘思东）

【保障性安居工程建设】　2009 年佛山市完成廉租住房和经济适用住房建设 2596 套，建筑面积约 15 万平方米，并为 2391 户低收入住房困难家庭提供了住房保障，超额完成了省政府下达的完成开工建设保障性住房 2416 套，解决低收入住房困难家庭 1601 户的目标任务。

通过制订《佛山市 2009~2011 年住房保障规划》，明确了南海、顺德、高明、三水 4 个区要在 2010 年底前完成对 2007 年调查在册低收入住房困难家庭住房保障任务，建设任务重的禅城区则可以采用先通过发放租赁补贴的方式解决，到 2011 年提高实物配租比例，最终达到完成 2007 年调查在册低收入住房困难家庭住房保障任务的近期工作目标。（陈小勇）

【人才队伍建设】　2009 年，佛山市引进外国专家及留学人才 450 名，27 名博士与各企业博士后工作站达成了进站协议。对高层次人才政策进行了梳理。精心组织召开了市政府专家顾问团第三次会议和第六届“佛山友谊奖”评选及颁奖活动。组织参加中国博士后人才与科技项目浙江洽谈会，积极争取承办“中国博士后交流会”。落实了留学人员创业园与佛山火炬创新创业园合作的相关工作。推荐 2009 年新世纪百千万人才工程国家级人选、中国科学院和中国工程院院士人选、国家“友谊奖”、“南粤友谊奖”和“佛山友谊奖”人选。其中，2009 年新世纪百千万人才工程国家级人选推荐人数为历年之最。佛山广东省机电工程技术高级工程师第四评审委员会增设了电子电气和自动化设计与制造两个专业评审组，为机电行业专业技术人员申报高级职称搭建新的平台。全年在站博士后研究人员 58 人，开发研究项目 67 个，申请专利 20 个，完成研究项目 15 个。其中有两项成果应用于生产后，为企业带来可观经济效益，并已申请发明专利。

【事业单位人事制度改革】　2009 年，佛山市全面建立事业单位聘用制，加强事业单位专业技术职数管理，以专业技术岗位结构比例切入，以加强技术岗位职数的宏观调控管理使聘用制工作走上了规范管理的轨道；事业单位绩效工资制度正式启动，义务教育学校绩效工资制度、教师平均工资收入水平不低于当地公务员平均工资收入水平的实施工作稳步推进，义务教育教师收入“两相当”的相关政策逐步落实。做好公共卫生和基层医疗事业单位工资收入的摸底工作。按计划顺利完成了“佛山市机关事业单位工资管理数据中心系统”（一期）项目工程；工资新系统与数字人事顺利实现功能对接，将所有新政策新法规纳入信息化管理，做到“公平、公正、公开”兑现工资福利待遇。

【就业再就业】　2009 年，佛山市登记在册的“零就业家庭”全部实现 1 人以上就业，保持动态归零；全市下岗失业人员实现再就业 3.46 万人，完成省下达任务的 128.2%，其中就业困难人员 8307 人，完成省下达任务的 207.7%；全市共举办 1391 场免费农民工专场招聘会，促成农民工就业 16.6 万人；应届高校毕业生就业率 90.8%，超过 2008 年高校毕业生就业率水平；全市全年城镇新增就业人数 11.78 万人，完成省下达任务的 196.4%；城镇登记失业率为 1.84%，低于全省 2.6%和全国 4.3%的平均水平，全年共吸纳 54 名优秀农民工入户。规范外国人就业审批办理工作，简化了办事流程，办结时限从法定的 15 个工作日缩短至 9 个工作日。

【职业技能培训】　2009 年，佛山市在岗职工培训 8.82 万人，新成长劳动力培训 9635 人，失业人员再就业培训 9030 人，农村劳动力技能培训 2.12 万人，创业培训 970 人，其他培训 4.33 万人。完成高技能培训 1.28 万人，完成省人力资源和社会保障厅下达 4000 人任务的 319.72%。全市转移市内农村劳动力就业 3.2 万人，新接收粤西北地区输入农村劳动力就业 5.04 万人，培训省内农村劳动力 1.92 万人，分别完成省下达任务的139.1%、111.9%和106.7%。

【职业技能鉴定】 2009年，佛山市共组织全国全省统一职业技能鉴定1.04万人，其中高级工、技师和高级技师3784人（高级工2044人，技师1378人，高级技师362人）；全市共开展非统考的日常鉴定11.53万人（其中高级工8923人），是上年鉴定量的2倍；获取证书10.59万人（其中高级工7667人），是上年的2.1倍。

【劳动争议仲裁】 2009年，佛山市贯彻落实《劳动合同法》，提高劳动合同签订率，着重提高农民工劳动合同签订率，同时逐步建立起劳动合同管理台账制度。实行被申请人答辩期征询、一次送达相关资料、特殊案件快捷处理、强化法定时限结案等“四项”快速办案制度，依法高效处理劳动争议。整合调解资源，建立人民调解与劳动争议调解衔接机制。全年在岗职工劳动合同签订率97.7%，比上年同期增长了1个百分点；全市共受理各类劳动争议案件10222宗，劳动争议案件当期结案10194宗，当期结案率91.6%。

【劳动监察】 2009年，佛山市严查企业违法行为。初步建立劳动保障部门与人民银行信息共享和协调联动机制，使恶意违法企业在融资领域受到共同约束。全市五区已全部建立起企业工资支付监控信息化系统，纳入监控的企业4.58万家。劳动保障热线电话12333与行政服务热线12345两线并网，热线呼入量增加率为97.3%；全市各级劳动保障监察部门共主动监察用人单位2.6万多家，涉及劳动者116.72万人，共为6.2万劳动者追回欠薪约1.67亿元。 （卢建华）

【社会保险扩面征缴工作成效明显】 至2009年底，佛山市参加城镇职工养老、医疗、失业、工伤、生育各险种人数分别为232万人、182万人、140万人、187万人和158万人。全年全市社会保险基金收入120亿元，支出77亿元，当期结余43亿元。年内佛山市召开多次扩面征缴工作会议，通过对工伤、失业保险费率进行阶段性下调，减轻企业负担；通过引导灵活就业人员参保，弥补企业减员所造成的人数缺口；通过加强政府、职能部门之间的协作，形成合力，齐抓共管；同时通过抓好新年度缴费工资申报和企业社保登记证年审等常规性工作，推进扩面征缴工作。使基金征缴总量超出预期计划，超额完成了市政府下达的扩面征缴任务。

【调整养老金、抚恤金及失业救济金标准】 2009年，佛山抓好全市22.4万企业离退休人员基本养老金调整计发工作。1月和10月，两次调整后全市企业退休人员人均基本养老金1270元，人均增加200元。对领取工伤保险长期待遇人员的伤残津贴、护理费和供养亲属抚恤金进行调整，使工伤职工及被供养亲属较好地享受到社会发展的成果。从9月起阶段性提高失业保险金标准，由每人每月616元调整为708.4元，调高92.4元/月，并提高了农民合同制工人一次性生活补助标准，保证失业人员基本生活。

【实施统筹城乡养老保险惠民新政】 2009年佛山市实施统筹城乡养老保险新办法，探索建立城乡一体化养老保障体系。确定了南海、顺德两区作为推进城乡一体化养老保障体系的试点区。南海区将符合条件的城乡居民以灵活就业人员身份纳入城镇职工社会保障体系。顺德区从7月1日起将全区被征土地农村居民全部纳入城镇职工社会保障体系。实施新型农村社会养老保险工作，10月15日，市政府召开全市新农保工作会议，对全市开展新农保工作做出了部署，提出了“三年内完成任务”的新农保工作目标。11月中旬，市人力资源和社会保障局出台《印发佛山市新型农村社会养老保险实施意见（试行）的通知》，从2010年1月1日起正式实施。各区均在12月前出台实施办法，并将农村居民和城镇居民均纳入新农保制度范畴，或允许符合条件者进入大社保，从制度上实现了养老保险“全覆盖”。妥善解决“早期离开人员”社保问题。2月3日，出台《关于解决早期离开县以上国有集体企业人员社会保险问题的通知》，规定早期离开县以上国有集体企业人员在佛山市实施退休费统筹前的工作年限可以通过一次性补缴的办法予以计算缴费年限。各区从3月中旬正式启动“早期离开人员”一次性补缴社会保险费工作，妥善解决了该部分人年老后的养老医疗保障问题。

【完善城乡医保体系】 2009年，佛山市进一步完善城镇职工基本医疗保险制度。从7月1日起，扩大城镇职工医保的保障范围，提高家庭病床人日均报销费用，提高透析器具、人工器官和体内放置材料等医疗耗材报销比例，增加重症肌无力等8种门诊特定病种，同时提高门诊特定病种的报销限额，规范参保人发生意外伤害住院医疗费用核报等14项基本医疗保险经办管理规章。居民住院基本医疗保险全面实行市级统筹，公共财政补贴提高到筹资总额的50%，报销比例50%以上。居民门诊医保“一卡通”得到大力推广。高明区从1月起就在全区各定点医疗机构及网点推行居民门诊基本医疗保险“一卡通”；7月，禅城区参保人也统一使用居民门诊医保病历“一本通”。大、中专在校生被纳入居民医保体系。研究制定了相关医保定点机构监督管理制度和评级管理办法，强化对定点医疗机构的监管。与建设银行等七家银行举行医保联名卡合作协议签订仪式，做好医保联名卡的发行工作。

【工伤、失业保险实现新突破】 2009年，佛山市在工伤康复方面增加投入，举办大型的企业工伤保险业务经办人员培训班，通过报纸、电台、电视台宣传工伤保险政策，制作了10万份工伤职工慰问卡，让工伤职工在第一时间了解工伤保险政策、办事流程和康复指引等。8月28日，市工伤康复中心新大楼落成使用，该中心已成为国家免检的具有工伤康复资质的单位之一。根据《关于进一步完善我省工伤保险制度有关问题的通知》，市社保局制定了老工伤人员和离职后患职业病人员办理工伤保险待遇的操作流程，确保老工伤人员和离职后职业病人员各项待遇及时足额支付。顺德区制订并实施了职业介绍和推荐就业补贴制度，运用社保基金对职业介绍工作进行补贴；并通过协调各镇（街道）劳动管理所，把职业介绍的权限下放到全区各村（社区）劳动服务站，把职业介绍所开到居民的“家门口”，让失业人员就近找工作。

【完善城乡社会救助体系】 2009年，佛山市低保标准整体提高30元，禅城、南海、顺德区提高到350元/人月，高明、三水区提高到310元/人月。年底全市共有城乡低保对象2.5万户5.69万人，全年支出低保资金1.14亿元。实施《佛山市城乡最低生活保障对象分类救助实施办法》，各区也制定分类救助实施办法，确定救助标准，落实六类对象救助金的发放。启动“低保规范化建设年”活动，低保管理体系和运行机制得到加强。建立市级社会救助工作联席会议制度，形成了统一、协调、高效、有序的社会救助管理体系和运行机制。建立“基本生活费用价格上涨与低收入居民临时生活补助联动机制”，为编制低收入消费价格指数和启动机制提供了科学的基础数据。按照年供养经费不低于当地农村居民上年度人均纯收入60%的要求统一调整农村五保供养标准。调整后各区人月供养标准为：禅城550元、南海600元、顺德540元、三水400元和高明400元。全市共发放五保供养经费2013.67万元。

构建“四位一体”医疗救助制度，解决困难家庭看病难问题；建立“四位一体”扶贫助学长效机制，解决困难家庭就学难问题；下拨改造救助经费，推进农村特困居民危房改造工作；各级法援机构共为困难群众239人提供了法律援助服务。

【社会福利工作】 2009年，佛山市继续实施“明天计划”和“星光计划”。安排福利机构、低保家庭残疾儿童开展手术治疗康复工作，安排符合条件的低保临界家庭儿童入院筛查体检。

“星光计划”绩效评价工作顺利完成，全市共建立1047间“星光老年之家”，逐步覆盖全市各镇街和村居。

改善福利机构和敬老院的供养条件，提高供养率，提升服务水平。建立了“关爱服务、安全设施建设年”活动长效机制，研究制订了佛山市扶持民办福利机构管理办法，探索“公助民营”福利事业发展模式。

推进社区居家养老服务，推动服务机构建设，扩大服务对象覆盖面，全市70%的镇街开展了该项工作。进一步完善和落实老年人优待政策，组织各项敬老爱老活动，举办佛山市十大“长寿之星”评选、老年人粤曲大赛等活动，营造了关爱老人、关注老人健康的社会氛围。推动建立高龄老人津贴制度。

通过开展福利彩票专营化升级建设、合理开发市场、加强营销宣传、加大培训力度等方式，拓宽彩票销售渠道，树立福利彩票“公益、慈善、诚信”的品牌形象，全年共销售福利彩票6.69亿元，比上年增长25.64%，共筹集福彩公益金2.34亿元，为佛山市创造税收2030万元。

【社会组织培育管理有序发展】 2009年，佛山市共有社会组织2054个，其中社会团体1007个，民办非企业单位1047个。规范社会组织年检和评估工作。完成上年度社会组织年检工作任务，结合年检工作开展了清理整顿工作。市、区制定了《社会组织评估实施办法》和《行业协会评估细则》，对20个行业协会进行了评估。

（杨　俊）

体制改革

【推进政府行政管理体制改革】 2009年，佛山市完成市级政府机构改革任务。市政府原33个工作部门调整为31个。顺德区率先实施大部门体制改革。省委、省政府同意在维持顺德区建制不变的前提下，除党委、纪检、监察、法院、检察院系统及需要全市统一协调管理的事务外，其他所有经济、社会、文化等方面的事务，赋予顺德区行使地级市管理权限。将改革前的41个党政部门、群团组织及垂直管理单位调整为16个，市政府分两批次向顺德区下放595项行政审批和日常管理权限事项、部分下放19项行政审批和日常管理权限事项。推进“简政强镇”事权改革试点工作。南海区狮山镇、顺德区容桂街道是省委、省政府开展“简政强镇”事权改革的试点。市委、市政府专门制定《佛山市“简政强镇”事权改革试点指导意见》，提出除需由区统一协调管理的事项外，在经济发展、市场监管、公共服务、社会管理、民生事业等方面，依法赋予试点镇（街）县级经济社会管理权限，优化机构设置和编制配备，并提出了延伸政府服务职能、完善公共服务体系等要求。

【实施行政审批流程改革】 2009年，佛山市26个部门整合了审批职能，19个部门设置了审批服务科，42个部门设置了528个服务窗口或服务大厅，实现“一个窗口”对外服务。按照审监分离和职能相对集中原则，设置审批服务科室和对外服务窗口，整合内部职能分布结构，归并分散交叉的审批权项，打破部门内部管理格局和利益格局，改变重审批、轻监管、轻服务的局面。实施流程分类，压缩“体内循环”。各部门根据审批事项的性质、特点、繁简和重要程度，按简单、一般和复杂三类程序，逐项分类设定，向下充分授权，最大限度减少内部审批环节。佛山市52个部门共压缩时限4383天，压缩环节720个，其中，执行简单程序和一般程序在10天内办结的占75%，其中5天内办结或当场即办的占48%；执行复杂程序的占25%。实行并联审批，再造审批流程。针对工程报建、工商登记和房地产权登记等社会热点难点，佛山市建立“牵头受理、抄告相关、内部运转、同步审批、限时反馈、统一办结”的协同审批机制，配套信息化手段实现协同互通、环节对接、链条契合，重组再造审批流程。改革后，工程报建审批时限从原来的200多个工作日减少到45个工作日；企业登记注册整体审批时间最多可缩短30个工作日；办理房地产权登记，一手房可在15天内完成办证，二手房可在23天内完成交易办证。推进网上审批，实现各部门对审批事项应用参数和办事指南的统一配置、在线审查和动态管理，并与行政审批各业务操作系统、电子监察系统、审批信息网上公示平台、市政府12345服务热线等应用系统同步更新。建设“一站式”网上服务中心，实现网上办事指南公示、审批表格下载、申请预受理、办事咨询等在线服务功能。

【加强政府信息公开】 2009年2月，佛山市建立了以市委常委、常务副市长为第一召集人，市府办、监察局等单位参加的政府信息公开工作联席会议制度，明确职责分工，协调推进全市政府信息公开日常工作。市政府网站《政府信息公开》栏目升级改版，网上政府信息公开更全面、规范、合理。有7名市领导做客政府网站，与网民在线交流互动，在线解答、在线办公，各行政机关也与新闻媒体联动，49个职能部门领导参加佛山电台“民生直通车”、“早安佛山”等节目，接听市民电话，解决市民问题。市政府常务会议邀请市内媒体列席报道会议。2009年，佛山市公开各类规范性文件共105件；公开经济社会发展规划、计划进展和完成情况以及其他各类规划共10个；公开公共卫生方面信息1432条、教育方面信息3790条、社会保障方面信息2120条；公开政府集中采购项目等方面信息252条；公开政府财政预算、决算和实际支出以及审计情况方面信息20条；公开公务员招录以及领导干部公选等信息31条。全年新增主动公开政府信息7.57万条，全文电子化率100%。

【规范行政执法行为】 2009年，佛山市政府出台《佛山市行政处罚电子监察系统建设项目实施方案》和《佛山市规范行政处罚自由裁量权工作实施方案》等文件，各行政执法部门全面梳理带有自由裁量权的行政处罚，市、区两级城市管理行政执法局作为试点先行启动。加强行政执法队伍管理。年内，佛山市共向省政府申领、换领行政执法证2420个，建立、审核行政执法人员电子档案2853份。加强对高明、顺德和三水区382名行政执法人员培训工作进行指导和监督。做好规范相对集中行政处罚权工作。2009年，省政府批准佛山市将“室内违法建设处罚权”从市建设局移交城市行政执法管理局，并在《南方日报》上刊登公告，确保该项职能顺利移交。

【加大国有企业监管力度】 2009年，佛山市国有资产监督管理部门加强企业监管，加大完善法人治理结构的步伐，向全球招聘公控公司总经理，招聘公盈公司总经理和铁投公司一名副总经理；出台了《进一步加强和完善国有企业管理方案的通知》；推行外派董事试点工作，向2家企业派驻了5名外部董事。加大财务总监派驻力度，2009年完成了向所有直管企业派驻财务总监的工作。创新监管方式推进巡视制度。每年对监管企业进行一次巡视，加大监管力度。创新考核模式出台业绩考核新指标。2008年，市国资委推出了“3+2”的经营业绩考核方式。2009年新增对资金融通、内部管理、社会维稳等一系列指标，考核指标数量由原来的5项增加到10项至20项不等，考核工作更细化、更全面。加强资金的监管，重点加强470多亿元融资的监管，确保专款专用。

【开展执法监察维护政令畅通】 2009年，佛山市开展国有土地使用权出让和房地产开发中违规变更规划、调整容积率问题进行专项治理，落实节能减排的工作要求，对全市节能减排工作进行监督检查，集中整治“瘦肉精”问题并加强监管。制定《佛山市工程建设领域突出问题专项治理工作实施方案》，将8个方面37项内容分工到21个部门落实。对高明区非法盗挖矿产资源的事件进行专项调查，对工作失职的区、局领导进行问责。

（叶光明）

江门市

江门市

基本情况

【地理位置】　江门位于广东中南部，珠江三角洲西部，在东经111°59′~113°15′，北纬21°27′~22°51′之间。北自鹤山市古劳镇的丽水，南至台山市的下川镇围夹岛，相距142.2公里；东自新会区大鳌尾，西至恩平市那吉镇蛤坑尾，相距130.68公里。东部与佛山市顺德区、中山市、珠海市斗门区相邻；西部与阳江市的阳东县、阳春市接壤；北部与云浮市新兴县、佛山市高明区、南海区相连；南部濒临南海。

【资源物产】　*水资源*　江门地表水资源、地下水资源和水资源总量均高于全省、全国平均值，多年平均降雨量2078毫米，为全省均值的118.07%、全国均值的320.68%；年均河川径流量119亿立方米，占全省的6.62%、全国的0.44%。地下水的补给主要来源于大气降水，全市地下水资源总量25.93亿立方米，占全省的5.56%、全国的0.31%。水资源总量的主体是河川径流量，江门水资源总量120亿立方米，占全省的6.20%、全国的0.43%。至2009年末，全市有蓄水工程2349项，其中大（二）型水库4项，中型水库29项，小（一）型水库157项，小（二）型水库414项，总库容24.62亿立方米，灌溉库容15.92亿立方米。全市水力资源理论蕴藏量42.37万千瓦，可开发量15.56万千瓦。全市建成投产的小水电站255座，总装机容量13.18万千瓦，已开发量占可开发量的84.7%。其中单站装机容量1000千瓦以上的有26座，共6.24万千瓦。全市小水电多年平均发电量约3亿千瓦·时。全市有大中型水库33座，装机容量3.74千瓦。

土地资源　江门市土壤多为赤红壤。河谷、三角洲冲积平原，土质肥沃，垦耕历史悠久。2008年末，全市耕地面积13.38万公顷，人均耕地面积0.034公顷。全市浅海滩涂总面积24.84万公顷，其中沿海潮间带滩涂面积3.44万公顷，内陆江河滩涂1333.33公顷。海水养殖总面积2.93万公顷，占浅海滩涂总面积11.8%；淡水养殖总面积4.35万公顷，占浅海滩涂总面积17.5%。

海产水产资源　江门海域中，经济价值较高、群体数量较大的海产种类有鲐鱼、带鱼、蓝圆鲹、金线鱼、马面、鲻鱼、马鲛、大黄鱼、鳘鱼、鲈鱼、海鲶、黄鳍鲷、真鲷、梅童鱼、龙头鱼、凤鲚、丽叶鲹、竹鱼、小公鱼、多齿蛇鲻、大眼鲷、海鳗、枪乌贼、乌贼、圆腹鲱（海河）青鳞、圆腹鲱、中国对虾、墨吉对虾、长毛对虾、锯缘青蟹等。2009年海洋捕捞刺网作业平均网产89.71公斤，拖虾作业平均网产31.29公斤，围网作业主要在珠江口渔场。主要经济鱼类资源呈衰退趋势，部分主要经济鱼类如马鲛、蓝子鱼、圆头鲣、圆腹鲱资源量减少，捕捞对象个体越来越小，经济效益下滑。

矿产资源　江门市发现矿产共51种，矿产地490处。其中地质工作程度较高、探明有一定储量的矿产有石灰石、硅砂、铌钽砂、钾长石、独居石、石英砂、稀土、水晶、绿柱石、煤、金、银、铜、铁、锡、钨等35种。恩平的石灰石蕴藏量10亿吨。矿区119处，其中大、中型规模的有39处。在已发现的矿产地中，能源矿产4种，矿产地45处；金属矿产19种，矿产地146处；非金属矿产25种，矿产地244处；水气矿产4种，矿产地55处。

动植物资源　江门市原始次生林天然植被主

要有亚热带常绿季雨林、南亚热带常绿阔叶林、常绿落叶阔叶混交林、针阔混交林、灌丛与草坡。亚热带常绿季雨林以茜草科、藤黄科、山龙眼科、榆科（白颜树属）、樟科等热带、泛热带等科为建群种。南亚热带常绿阔叶林以乡土树种壳斗科、樟科、山茶科、山竹子科、大戟科、豆科、冬青科、桑科为主。江门野生植物资源丰富，有维管植物183科618属1184种。按国务院1999年8月4日批准的《国家重点保护野生植物名录》（第一批）认定，全市有国家二级重点保护植物桫椤、大黑桫椤、黑桫椤、金毛狗、苏铁蕨、樟、厚叶木莲、四药门花、华南锥、紫荆木、绣球茜和苦梓共12种。

全市已知兽类6目12科25种，鸟类14目32科88种，两栖类3目7科13种，爬行类共3目10科34种。国家重点保护野生动物计有27种，其中国家一级重点保护动物有蟒蛇1种，国家二级重点保护动物有猕猴、穿山甲、水獭、小爪水獭、小灵猫、大灵猫、赤腹鹰、鸳鸯、苍鹰、黑翅鸢、游隼、红隼、普通鵟、白腹鹞、领鸺鹠、斑头鸺鹠、长耳鸮、灰林鸮、红角鸮、草鸮、栗鸮、褐翅鸦鹃、小鸦鹃、绿背金鸠、三线闭壳龟（金钱龟）和虎纹蛙共26种。人工养殖的重点保护陆生野生动物有梅花鹿、黑熊、猕猴、大壁虎、虎纹蛙、红腹锦鸡等5种动物。

【面积人口】 *面积* 江门市土地面积9541平方公里。江门是广东省的海洋与渔业大市，大陆海岸线长421.4公里，占全省大陆海岸线总长度的12.5%；岛屿岸线长365.8公里，占全省岛岸线总长度的10.8%。江门海域分布着大小岛屿271个，是全省岛屿最多的地级市。其中，面积在500平方米以上的岛屿有99个。上川岛面积最大，为137.16平方公里，是广东省沿海第二大岛；下川岛次之，达81.73平方公里，为全省第六大岛。全市领海基线海域面积2886平方公里。

人口 至2009年末，江门市总户数121.07万户，比上年减少2779户；总人口数391.52万人，增加1.58万人；总人口中男性197.68万人、女性193.84万人；年内出生人数3.77万人，出生率0.96%；年内死亡人数2.62万人，死亡率0.67%；年内迁入人数4.41万人，其中省外迁入1.09万人，省内迁入3.31万人；迁出人数4.03万人，其中迁往省外8194人，迁往省内3.21万人；非农业人口220.3万人；未落户常住人口1113人；暂住人口49.49万人，减少4.32万人。

【行政区划】 2009年末，江门市辖蓬江区、江海区、新会区共3个区，代管台山市、开平市、鹤山市、恩平市等4个县级市。全市共有62个镇，17个街道办事处，1049个村民委员会，259个社区居民委员会。

【风俗民情】 江门市及所辖的台山、开平、鹤山、恩平五地，俗称“五邑”。五邑地区是著名侨乡，五邑文化总体上属中国岭南文化的组成部分，但受外来文化影响比较早、比较深，其民情风俗有别于岭南其他地方，形成鲜明的个性。

五邑建筑 五邑建筑具有中西合璧的风格，而最能表现这种风格的建筑是村落与民居、碉楼与骑楼。五邑民居与客家的土楼，潮汕分家不分户、合家而居的多庭院住宅、几个住宅组群形成村落的民居不同，也与珠江三角洲区内其他类型的民居有异。这种差异表现在村落的布局方式上。19世纪末20世纪初，五邑民居建设进入一个新阶段，华侨多的村带头重新规划、建筑村落，村内道路纵横垂直交错，宅基面积大小基本相同，民居密集串联，村落首面建筑风格一致，这样的布局方式被广大村落所采用。

五邑碉楼的建筑和装饰千姿百态。结构上可分为泥楼、青砖楼、钢筋水泥楼三类，建筑形式有硬山顶式、中西合璧式、古罗马式、欧洲式、庄院式、别墅式等。这些不同风格的样式，从一定程度上反映华侨所在国家的建筑艺术风格。五邑骑楼既继承中国传统建筑的民族风格，又吸取国外建筑的艺术特色。其特点是通过柱、廊等不同建筑，在保持一定共性的同时，充分表现建筑的个性特点。女儿墙的建筑风格，正面墙的阳台、门窗的装饰等都表现出丰富的艺术性和文化特性。

五邑方言　五邑方言保留了大量中原古字古音，属粤方言区语言，但在声母、韵母、声调等方面又与广州话有较大的差异。在南北风情，中外兼容并蓄的多元性文化以及长期的生产、生活、经济、文化、政治活动影响下，五邑方言夹杂着多种外来语言，形成大量习惯用语，有着独特的词汇结构和语法。

五邑习俗　五邑有独特的节日、婚嫁、丧葬、饮食、娱乐等习俗，体现五邑民众的生活习惯，表现了五邑人的情趣、爱好和性格。如婚俗中的“打阁”（抢新娘），在参与者的性别、身份、使用物品等方面与东莞、增城等地有别；婚仪中的相亲、文定、出阁、踢轿、乱房也有独特之处。丧祭俗中的土葬，五邑地区习惯是先立长堆墓，两年后开坟“起身”置骨骸于“金埕”内，再立圆墓。因此清明的祭扫也就有了不同的规定。西江流域在元宵节盛行花炮会，而五邑地区则在正月十五元宵节或二月十九观音诞举行，前者叫“花灯炮”，后者叫“观音炮”。这两日的“拥炮”和“供炮山”活动热闹非凡，别有趣味。中秋节的姑娘拜月门、端午节的打龙船、重阳节的打秦桧和结缘，以及食俗中的做狗社、生活中的用筷禁忌等等，都带有地方色彩。娱乐习俗多种多样，主要有龙舟比赛、舞狮舞龙、广东曲艺、民间舞蹈、民歌演唱，还有台山跳禾楼、摆色，新会鱼灯、大鳌咸水歌，开平泮村舞灯会、八音演奏、鹤山狮艺、恩平木鱼等。

【风景名胜】　江门地处珠三角西岸，滨江临海，山环水绕，风光秀丽，名胜古迹众多，旅游资源丰富，是“中国优秀旅游城市”，被誉为“中国第一侨乡”。海滩、温泉、碉楼驰名中外，开平碉楼与村落是中国第35处世界文化遗产、中国首个华侨文化世界遗产、广东省第一处世界文化遗产。

全市共有7个国家AAAA级旅游景区，居全省地级市前列，分别有：开平立园碉楼群、恩平金山温泉度假村、恩平锦江温泉度假区、新会古兜温泉旅游度假邨、台山富都温泉度假村、台山川岛旅游度假区以及圭峰山国家森林公园。

全市共有5个“广东最美乡村”景区，分别是：被评为广东自然生态类最美乡村的小鸟天堂以及恩平凤凰生态乐园；被评为广东人文历史类最美乡村的开平自力村、恩平歇马举人村以及恩平那吉石头村。

江门历史文化底蕴深厚、侨乡文化特色鲜明，有崖门宋元古战场、陈白沙纪念馆、梁启超故居纪念馆和开平碉楼等历史人文景观。其中梁启超故居纪念馆为国家级、省级重点文物保护单位；陈白沙纪念馆、陈少白故居、陈桓故居、陈宜禧故居、司徒美堂故居、新会学宫、荻海风采堂等名人故居，以及汀江圩华侨近代建筑群、赤坎古镇近代建筑群等为省级重点文物保护单位。新会古井镇（宋元古战场）、开平赤坎镇（欧陆风情）、台山川岛镇（海岛沙滩）、新会崖门镇（蔡李佛始祖、古兜温泉度假村）等4镇7村，被评为广东省旅游特色县镇村。　（江志办）

经济社会发展概况

【经济发展成果显著】　2009年，江门市呈现经济稳健回升并较快发展、社会和谐稳定的局面。全市生产总值实现1340.88亿元，高于全省平均水平，人均生产总值32139元，提前实现“十一五”规划目标。三次产业结构比例调整为7.8：57.4：34.8。地方财政一般预算收入83.63亿元，占生产总值的比重由上年的5.8%提高到6.1%。农村经济持续发展，实现农林牧渔业总产值197.28亿元。推进“四大百亿工程”（培育年产值超100亿元的企业集团、工业总产值超200亿元的工业强镇、工业总产值超300亿元的工业园区、工业总产值超400亿元的产业集群。），实现规模以上工业增加值796.08亿元；投资超10亿元的工业项目6个。全社会固定资产投资

492.07亿元，增幅创近16年新高。外贸进出口总额110.4亿美元，降幅由年初的28.66%收窄至15.99%；实际吸收外商直接投资10.37亿美元，高于全省平均水平。争取商业银行1540亿元授信支持，落实贷款634亿元。自主创新能力提高，全市新增2个国家级产业基地、1个省级专业镇。传统产业转型升级步伐加快，新认定国家级高新技术企业31家。房地产市场畅旺，全年商品房销售面积349.64万平方米。社会消费品零售总额574.34亿元；居民消费价格总水平下降2%。

【经济发展方式转变】　2009年，江门市全面发展高新技术产业，实现高新技术产品产值1100

江门市国民经济发展情况（2009年）

表一

项目 区县别	常住人口	地区生产总值		人均地区生产总值		规模以上工业总产值		农林牧渔业总产值		全社会固定资产投资额	
	（万人）	绝对值（亿元）	比上年增长（%）	绝对值（元）	比上年增长（%）	绝对值（亿元）	比上年增长（%）	绝对值（亿元）	比上年增长（%）	绝对值（亿元）	比上年增长（%）
全　市	420.14	1340.88	9.7	32139	8.7	3001.39	15.0	197.28	4.9	492.07	25.3
市　区		767.41	11.1					67.15	2.8	211.85	21.1
蓬江区	60.09	331.12	11.1	55848	8.8	750.65	16.9	14.36	1.0	68.37	20.0
江海区	19.80	85.53	13.0	44154	9.9	239.66	13.6	5.58	2.0	33.29	22.1
新会区	79.07	350.76	10.6	44589	9.8	945.33	12.8	47.21	3.5	110.19	21.6
台山市	99.52	193.47	10.6	19480	10.3	410.63	17.6	52.35	4.7	115.78	43.2
开平市	67.83	169.12	10.5	25033	9.9	277.25	10.2	34.30	9.4	58.29	20.3
鹤山市	47.41	143.98	10.8	30807	9.1	315.31	16.6	22.19	4.3	68.34	20.3
恩平市	46.42	81.47	10.7	17607	10.2	62.57	13.4	21.30	6.4	23.28	22.0

表二

项目 区县别	外贸出口总额		实际利用外资		地方财政一般预算收入		社会消费品零售总额		城镇居民可支配收入		农村居民人均纯收入	
	绝对值（亿美元）	比上年增长（%）	绝对值（亿美元）	比上年增长（%）	绝对值（亿元）	比上年增长（%）	绝对值（亿元）	比上年增长（%）	绝对值（元）	比上年增长（%）	绝对值（元）	比上年增长（%）
全　市	79.49	−17.6	10.37	13.1	83.63	12.0	574.34	17.4	19004	12.7	7534	12.8
市　区	45.44	−20.4	5.01	13.3	49.74	11.7	246.44	17.8				
蓬江区			1.57	12.5	9.36	13.2	109.53	16.6				
江海区			1.30	11.0	3.22	12.1	18.50	25.2				
新会区	16.89	−19.3	2.14	15.2	18.69	11.6	118.41	18.0				
台山市	9.23	−23.9	1.51	11.0	11.67	11.1	101.90	17.8				
开平市	9.50	−18.1	1.45	12.5	9.20	12.3	92.31	17.6				
鹤山市	13.75	−3.0	1.77	15.4	9.42	13.2	87.18	15.8				
恩平市	1.58	4.7	0.64	11.6	3.61	14.7	46.50	16.3				

亿元，占工业总产值比重提高到34%。全年专利申请总量比上年增长29%，新增国家级产业基地2个和中国驰名商标4个，产学研合作成果转化项目300多个。开展物联网建设，实施面向生产型企业的RFID（无线射频识别系统）服务及应用项目。重点扶持新能源、绿色光源等新生产业。建设核电、风电、太阳能光伏等一批新能源项目，省清洁能源（核电）装备产业园总体规划获省发展改革委批复同意。出台绿色（半导体）光源产业政策，全市绿色光源产业产值50亿元。

【推进一体化建设】 2009年，江门市推进与珠三角核心城市的交通一体化建设，综合交通一体化规划取得成效。广珠轻轨江门支线、江肇高速和佛开高速扩建江门段、雁山互通立交、东海路至南环路延伸线实现年度投资计划；广珠铁路江门段、崖门5000吨级航道整治工程建设加快；鹤南西江大桥获省立项批复，江门至番禺高速公路及珠海—江门高速公路北延线获省批准开工建设；江罗高速、珠江高速与港珠澳大桥连接线、中开高速及新会支线等交通项目工作进展顺利；广佛江珠轻轨及江恩轻轨、崖门全潮3万吨级航道整治工程开展前期工作；广州南沙至江门铁路进入可研论证阶段。

推进珠海、中山、江门区域等17个专业领域合作，珠中江三市跨市公交线路开通，在珠三角率先实现珠中江三市年票互认；实施西江水环境共治，完成市区21家污染企业搬迁。主动融入广佛经济圈，与广州、佛山分别签订加强重点建设领域合作和推进一体化的协议。实现住房公积金珠三角异地互贷。加强与港澳、新加坡合作，与香港四大商会、香港贸发局、香港品质保证局、香港生产力促进局、澳门贸易投资促进局、新加坡中华总商会建立战略合作关系，开通澳门虚拟机场和江门直达香港、澳门旅游直通车，推进“世界文化遗产两日游”。加大市区一体化推进力度，实现市域年票制、社会保障卡“一卡通”和出租车三区通行，启动失业、工伤、生育保险市级统筹。在《南方日报》公布的《2009年度珠三角竞争力排行榜》中，江门在推进珠三角一体化中位居前三名。

【农村经济稳定增长】 2009年，江门市转变农业发展方式，发展现代农业，农村经济保持稳定增长。全市农村经济总收入2147亿元，农业增加值104.35亿元，农林渔牧业总产值197.28亿元，农村居民人均纯收入7534元。全年粮食作物播种面积19.36万公顷。全年粮食产量87.12万吨，蔬菜产量103.92万吨，水产品产量65.39万吨，肉类产量27.88万吨。全年投入水利建设资金6.3亿元，加固江海堤围215公里，改善灌溉面积0.73万公顷，治洪治涝面积1.43万公顷。引进农业新品种70个，推广新技术42项。全市农机总动力160.35万千瓦。新发展省市级农业龙头企业9家，农民专业合作经济组织38家，农业产业化组织带动农户35万户，占全市农户数近一半。全市镇级地方财政一般预算收入实现38.3亿元；财政超亿元的镇（街）9个，比上年增加3个；超千万元的镇（街）67个，增加6个。

【固定资产投资】 2009年，江门市增加重点建设项目的投资力度。全年全社会固定资产投资完成492.07亿元，其中城镇以上投资352.75亿元，农村投资139.32亿元。在固定资产投资构成中，基本建设投资262.88亿元，更新改造投资94.11亿元，房地产开发投资95.65亿元；其他投资135.09亿元，其中城镇私人投资0.40亿元，农村私人投资14.67亿元。全市三资完成投资124.31亿元，民资投资完成206.23亿元，两项投资总额占全市投资的67.2%。工业完成投资289.32亿元。其中，制造业投资192.13亿元，九大支柱产业中以石油以及化学工业增长最为迅速。第一、二、三产业的投资比例为0.43：58.88：40.69。第一产业完成投资2.13亿元，第二产业完成投资289.73亿元，第三产业完成投资200.21亿元。蓬江区完成投资68.37亿元（含市直企业），江海区完成投资33.29亿元（含市直企业），新会区完成投资110.19亿元，台山市完成投资115.78亿元，开平市完成投资58.29亿元，鹤山市完成投资68.34亿元，恩平市完成投资23.28亿元。资金到位情况良好，国内贷款增长速度较快。全市固定资产投资资金来源总额581.30亿元。预算内资金11.72亿元，国内贷款76.65亿元，利用外资51.05亿元，自筹资金282.59亿元。全市商品房销售价量齐升。全市商品房销售面积349.64万平方米，其中住宅销售面积323.37万平方米；办公楼1329平方米，商业营业用房17.8万平方米。全市商品房空置面积下降，全市商品房空置面积86.1万平方米，其中住宅空置面积56.2万平方米。

【节能减排】 2009年，江门市节约集约发展水平得到提升。全市单位生产总值能耗比上年下降5%，关停小火电5万千瓦，小水泥90万吨。全年开发利用园地山坡地补充耕地1733.33公顷，获省土地节约集约利用工作综合考评第一。推广使用节能产品和技术，绿色照明节能产品在行政机关和事业单位得到广泛使用。11家企业通过清洁生产审核，其中9家被认定为“广东省清洁生产企业”。

【地方财政收入】 2009年，江门市地方财政一般预算收入呈前低后升的态势。全市地方财政一般预算收入完成83.63亿元，为各级人大通过年度预算汇总数82.21亿元的101.73%，比上年增收8.95亿元，实现近7年来第6次高于全省平均水平。

【人民生活】 2009年，江门市各级财政重视民生支出，共计投入45.7亿元。以增加就业为重点，全市新安排就业5.3万人，城镇失业人员实现再就业4.3万人，全市高校毕业生就业率90%以上。实施全民技能提升计划，开展各类职业培训7.1万人。扩大社会保障覆盖面，提高保障水平。增加企业退休人员养老保险金，2.3万被征地农民纳入养老保险试点。市区实行最低生活保障分类施保、家庭病床医疗费纳入基本医疗保险范围、部分大病门诊医疗费用纳入统筹基金按住院标准支付等制度。加强教育强市建设力度，全市各级财政教育投入21亿元，实现2个教育强市（县）和21个教育强镇（街）的申报工作；实施义务教育学校绩效工资，落实中小学教师工资福利待遇“两相当”。推进公共卫生应急能力建设，有效防控甲型H1N1流感等重大疫病。蓬江区、新会区获“全国计划生育优质服务先进区”称号。推进住房保障体系建设，廉租住房和经济适用住房保障家庭分别新增554户和189户。促进住房公积金缴存扩面工作，提高住房公积金最高贷款限额，实现跨行按月自动提取还贷。举办广东省第二届体育大会、庆祝新中国成立60周年系列活动、第六届侨乡书香节和市树评选等一系列活动。“义工”活动、“一元爱心日”、扶助贫困家庭等慈善活动持续开展。推进平安和谐社区建设，“六好”平安和谐社区由上年的106个增至155个。开展城市综合管理规范化试点工作，在解决占道经营方面取得成效。

（江志办）

基础设施建设

【交通基础设施建设】 2009年江门市完成投资33.6亿元。其中轨道交通13亿元，高速公路13.14亿元，省养公路2.47亿元，地养公路2.88亿元，市区交通建设项目1.58亿元，港口航道0.51亿元。至年末，全市公路里程9890公里，其中高速公路344公里，一级公路718公里，二级公路 774公里，三级及以下公路8054公里。公路密度为103.66公里/平方公里。全市内河航道总里程1113公里，其中等级航道（七级以上）757公里。

交通一体化建设 江门市交通部门重点抓与珠三角核心地区对接和与港珠澳大桥对接工作，省交通运输厅明确江珠高速直接对接港珠澳大

江门市基础设施基本情况

项目	单位	2008 年	2009 年
铁路营业里程	公里		
公路通车里程	公里	9925.58	9889.6
其中：高速公路	公里	351	344
港口泊位	个		
其中：万吨级泊位	个		
内河航运通航里程	公里		1113
本地电话年末用户	万户	97.16	97.49
移动电话年末用户	万户	351.52	370.44
国际互联网用户	万户		
电力消费量（用电量）	万千瓦小时	140.26	141.97
商品房屋实际销售量	万平方米	226.13	349.64
商品房屋实际销售额	亿元	71.94	130.05

桥。广珠城际轨道、广佛江珠城际轨道、江门—开平—恩平城际轨道、广珠铁路、广东西部沿海铁路、江肇高速、佛开高速扩建、深中过江通道、崖门水道航道整治工程等交通项目均纳入《珠江三角洲地区公路水路交通基础设施一体化规划》，并作为重点项目加快推进。珠海、中山、江门三市就加快推进江门至番禺高速公路及江珠高速公路北延线、中开高速公路及新会支线、江珠高速与港珠澳大桥连接线、高栏港高速与新会支线对接及广佛江中珠轻轨等重大项目的规划建设达成共识，并签署年票互认协议。江门、珠海两市交通部门签订《共同推进珠海与江门跨界公路、港口、公交、年票通行费等一体化框架协议书》。推进珠中江三市公交互通及跨境旅游专线建设，其中12条市际和6条县级毗邻线路实施公交化改造，开通3条珠中江跨市公交线路；开通开平碉楼至澳门江澳两地世界文化遗产跨境旅游专线和江门直达香港机场专线。

高速公路建设　是年，江肇高速、佛开高速扩建工程在建，其中佛开高速扩建工程在3月全面开工。全年共完成投资13亿元。

路桥建设　新会崖华根大桥、大洞大桥、虎坑大桥以及西江荷塘大桥加固工程年内完成并通车，金牛头大桥扩建工程基本完成。龙马大桥、连腰大桥、潭江大桥、大洞大桥扩建工程、新会银海大道、鹤南西江大桥、台山北陡高速公路出口至阳江东平交界路段改建工程、锦江大桥等相继开工建设。鹤南西江大桥举行奠基仪式。农村公路建设完成118公里，提前两年完成镇通建制村公路路面硬化任务。

市区重点交通工程建设　滨江大道雁山出口互通立交完成投资8038万元，主体工程在施工；东海路至南环路延伸线土建工程全部完成。

【能源基础设施建设】　台山核电　2009年，台山清洁能源（核电）装备产业园总体规划获省发展改革委批复同意。该园区规划总面积550公顷，其中首期规划面积420公顷。园区详细控制性规划初步完成，相关基础设施已在建设，基本具备企业落户条件。园区重点发展核岛和常规岛辅助设备、核电站外围设施制造等产业以及核电辅助设备设计研发、核电辅助设备服务、非动力核产业等。12月，作为国内电力领域投资规模最大的中外合资企业、首期投资逾500亿元、采用欧洲先进压水堆（EPR）三代核电技术建设的重大清洁能源项目——台山核电项目正式动工，前期投入20亿元，带动直接投资逾400亿元。

新光源　在江门市高新区规划建设4平方公里的绿色（半导体）光源产业基地核心园区，制定《江门市促进高新技术产业开发区LED产业发展暂行优惠办法》，确定和有意向投资的项目18个、投资总额约170亿元，投资强度680万元/亩以上；签订合同和意向书的LED外延片生产项目5个，引进专门用于生产外延片的MOCVD（金属有机外延炉）设备超过160台。其中江门市真明丽集团生产的LED芯片发光效率达到100流明，技术接近国际先进水平，在国内处于领先地位。省半导体光源监督检验站获批筹建，江门市计划在省站的基础上投入3000万元，争取建设成为国家级半导体光源监督检验中心和重点实验室。推进合同能源市场化节能新模式，在新建的江门市行政服务中心、鹤山共和镇以及江门市体育公园等城市景观中安装LED节能环保灯具约6000盏。

风电、火电　加紧完成川岛风电场的有关规划工作，总规模约18.5万千瓦，计划投资1.42亿元，其中下川风电项目计划投资4.91亿元。上川风电场开始风机吊装及调试，下川风电场动工建设，广海、汶村、端芬风电项目获省发改委核准。组织国华台电二期扩建的第一、第二台100万千瓦机组工程向上报批立项。

【水利工程基础设施建设】　2009年，江门市完成水利投资6.32亿元，其中中央资金1.27亿元、省级资金2.01亿元、市级自筹2016.78万元、县级自筹2.24亿元、镇级及群众自筹6067.55万元；完成工程土方473.89万立方米、石方27.15万立方米、混凝土方18.87万立方米。

城乡防灾减灾工程　全市列入城乡水利防灾减灾工程建设项目19项。至年底，累计完成投资12.32亿元，土方1252.9万立方米，石方132.75万立方米，混凝土方66.73万立方米。竣工验收的有：台山大隆洞水库、岐山水库，鹤山大堤第5期、沙坪城区防洪工程，新会万亩水库、大鳌联围，开平立新水库等7项；完工的有：恩平良西水库、马山水库，新会鱼山水库等3项；在建的有：江门城市防洪工程，新会银洲湖海堤、东方红水库，台山西南边滩海堤、都斛海堤、大成围海堤、深井水库、陈坑水库，恩平凤子山水库等9项。

病险水库除险加固工程　全市列入省中型病险水库除险加固专项的水库5宗；列入省小型病险水库除险加固计划24宗，计划总投资3612.62万元，其中省级补助1558万元，市本级补助357.18万元，其余县以下自筹。加固工期至2011年汛期前。

农村饮水安全工程　全市列入中央及省农村饮水不安全的规划人数有11.5万人，涉及工程30项。累计完成13项，日供水能力1.21万吨，解决农村5.88万人饮水安全问题。累计完成投资2922.41万元，其中中央补助962万元，省补助932万元，市补助310.48万元。

小型农田水利工程　全市完成小水陂、小山塘、小灌区、小河流等面上小型农田水利工程投资3500多万元。列入中央财政小型农田水利工程共2项，分别为开平市小型农田水利重点县工程和台山小型农田水利专项工程，计划总投资2510万元，其中中央补助940万元，省级补助940万元，其余地方自筹。

【信息化建设】　2009年，江门市电信通信网络通信缆（包括铜缆、光缆）5.62万皮长公里。电话交换机容量174.4万门，其中市区72.4万门；长途交换机容量7.03万路端，其中市区4.03万路端；固定电话机总量144.82万户；宽带用户44.83万户，其中市区22.43万户。全市共有17个数字移动交换局（GSM/CDMA）和40个基站控制器（BSC），2656个移动通信基站（GSM/CDMA），含113个微蜂窝，2.21万个载波，网络容量595.5万户，手机用户411万户。广播电视光纤线路1.1万皮长公里，其中市区3760皮长公里，覆盖江门市各市（区）、镇、村。全市有线电视入户率81%，宽频带用户8.16万户。

应急指挥中心有线语音调度系统建设　年内

主要建设包括数字程控交换部分（数字程控交换机、数字话机和IP话机等）和专业语音调度部分（专业调度系统、调度服务器、调度控制台、调度台、电话会议系统等），实现市应急指挥中心与各市、区应急指挥中心以及市应急委成员单位的应急专线联络。

电子公文交换系统建设　5月，江门市信息产业局在五邑大学举办江门市第4期电子公文交换系统培训班，对市委、人大、政协和各人民团体、民主党派共31个单位进行应用培训。至年底，全市共有137个单位启用该系统，各应用单位之间通过该系统只以电子公文（加盖单位电子公章）方式传递文件，不再以纸质文件发送。

地理信息共享平台（一期）建设　年内编制完成地址编码、遥感影像、政务电子地图和专题信息图层的数据建库标准和生产更新规范初稿，并根据上述规范采集加工主城区约20平方公里的地理信息数据；初步建设数据库管理子系统和综合展示子系统，通过现代数据管理和制图表达技术，基本上达到通过地理信息系统（GIS）平台展示及应用地理信息数据的效果。平台的建成，促进地理信息资源的综合利用，为江门市的公安、消防、三防工作，数字化城市管理、应急指挥决策、重点污染源监察，供水、供电、通讯业务管理，以及各市区地理信息应用等方面提供支撑。

行政服务中心综合信息管理系统建设　年内建成集OA办公自动化系统、网上行政服务系统和行政中心门户网站于一体的江门市人民政府行政服务中心综合信息系统。该系统集成87个部门超过618项的审批事项流程，网上行政服务系统后台程序内置各类行政审批流程约618项（条），并集中各类申报材料、表格789种（个），实现在行政中心办理的审批事项网上全程审批率100%。

信息化和工业化融合　根据《珠江三角洲地区国家级信息化和工业化融合试验区实施方案》，制定《江门市信息化和工业化融合实施方案》，2009年主要实施两化融合“4个10”（创建10家运用信息技术改造传统产业示范企业、10个两化融合基地和信息技术创新服务平台、10家运用信息技术实现节能降耗和清洁生产示范企业和10个电子商务服务平台）示范工程，推进企业信息化和电子商务发展，开展“物联网”建设，推进绿色（半导体）光源产业、现代信息服务业等新兴产业发展，推动无线城市建设，以信息技术促进传统产业的优化升级，提高中小企业抵御金融风暴的能力。

信息兴农工程（二期）建设　是年，恩平市建立1个农村信息化培训基地、11个信息化体验中心和126个信息化体验站，免费培训农民946人次，参与信息化体验3.7万人次；建成信息兴农网及马铃薯、水果、茶叶花卉、水产养殖等专业网站。台山市建立1个市级信息化培训中心、17个镇级信息化体验中心和1个村级信息化体验站，共免费培训农民3120人次，参与信息化体验8553人次；建成4个具有当地特色的涉农信息服务网站，其中农村富余劳动力就业网发展注册会员4.4万个、注册企业5000多家，提供岗位信息1.4万多条，求职信息3.7万条，近1000名农民通过该网站找到工作。10月和12月，台山、恩平、开平、鹤山、新会再次成功向省信息产业厅申请到2009年广东省信息兴农工程（二期）项目建设专项资金共620.8万元。

信息化人才培训　江门依托“国家信息技术培训基地”，发挥通信运营商、软件企业以及农村信息化培训中心等作用，通过举办信息技术讲座、培训班、专题讲座等形式，信息化培训超过4.17万人次。对使用市电子公文交换、行政审批电子监察、办公自动化等系统的政府部门人员进行电子政务培训，培训人数近1000人次。发挥江门市人力资源管理部门以及阿里巴巴、用友等知名公司的作用，通过举办培训班、信息化专家授课、典型案例介绍等方式，对市各行业人员开展电子商务、ERP等企业信息化培训，培训人数超过2.67万人次。继续开展信息兴农工程和农村信息直通车工程，利用农村党员干部现代远程教育系统、农村信息化体验中心等以及举办讲

座、培训班，进行农民信息化培训，培训人数1.4万人次。（江志办）

现代产业

【产业规划】 2009年，江门开展战略性新兴产业和装备制造业等一系列专题调研，实地走访代表企业100多家。邀请省机械所专家到江门市考察，并就如何扶持装备制造业企业做大做强提出意见。调研工作进入整理材料、编写分行业调研报告阶段。与五邑大学管理学院组成课题组，完成《江门市工业产业布局规划》的编制工作，并通过专家论证，上报市政府。制定《关于依托银洲湖纸业基地加快打造千亿造纸产业实施方案》及《江门市重点产业调整和振兴规划编制工作方案》，牵头实施装备制造与交通运输制造业、化纤纺织与精细化工业、轻工业（以食品、传统家具、纸制品为主）、电子信息业（以LED为核心）、现代服务业、先进制造业等产业的结构调整优化等一系列的产业规划。

【现代服务业】 2009年，江门市三次产业结构由上年的8.4：58.1：33.5调整为7.8：57.4：34.8。第三产业增加值增幅高于第一、二产业，为近14年首次，对生产总值增长的贡献率达36.8%。形成金融服务业、物流业、旅游业快速发展的新局面。

金融服务业　金融服务业发展取得较大突破，实现增加值39.34亿元。金融机构贷款余额增长创历史新高，达42.9%，高于全省31.9%的平均增速。存贷比升至44.7%。恩平汇丰村镇银行、民生银行江门支行、中信银行江门分行以及3家小额贷款公司开业运营，兴业银行江门分行进入筹建阶段。

物流业　全年全市共有物流相关企业3166家，其中规模以上企业26家，物流业占生产总值比重的14%，实现增加值185亿元。全年水陆货运量6691万吨，货运周转量75.69亿吨公里；水陆客运量1.76亿人次，客运周转量54.09亿人次公里；港口货物吞吐量4170万吨；邮政业务总量3.94亿元。印发《加快发展我市现代物流业的工作意见》，重点推进银洲湖物流基地、鹤山现代物流中心、南新区物流园三大物流中心建设。支持江门市先进制造业现代物流产业园区等项目建设。德润物流二期主体工程完工，大昌行物流园区二期、中岸物流等项目建设步伐加快。其中，江门市中岸物流中心有限公司保税仓二期完成年度投资计划的99%，落实投资额4950万元；江门华鸿物流有限公司全部完成年度投资计划，落实投资额2000万元。

旅游业　江门围绕打响开平碉楼与村落品牌，加大推广力度，旅游业取得发展，共实现总收入104.02亿元，其中国际旅游收入4.09亿元，国内旅游收入76.09亿元。全年旅游住宿设施接待过夜游客861.93万人次，其中国际游客115.89万人次，国内游客746.04万人次。全年旅游宾馆客房入住率62.6%。旅行社组织国内游61.08万人次，国外游5.94万人次。

【先进制造业】 《江门市2009年重点建设项目计划》年内出台，安排29个先进制造业工程项目，总投资180多亿元。其中续建项目18个；新开工项目11个，计划投资75亿多元。年度计划投资49.36亿元，实际完成投资33.8亿元，占年度投资计划的68.5%。礼乐机电工业基地、维达纸业（江门）有限公司续建、江门中顺纸业有限公司续建、信义玻璃、华众玻璃、市高新区光源生产基地、开平联冠胶粘制品公司不干胶7000万平方米项目、开平花王涂料有限公司年产3万吨乳胶漆等工程项目均超额完成年度计划。10月，由山东华泰纸业股份有限公司和新会双水发电厂共同出资成立的广东华泰纸业有限公司一期40万吨新闻纸项目，在银洲湖纸业基地A区正式动工建设，一期投资25亿多元。

【新兴产业】 2009年，江门从载体、产业链、平台建设三个方面着手，大力发展以LED产业为代表的战略性新兴产业。主要新兴产业规模以上企业的工业总产值834.03亿元，工业增加值约155.67亿元。其中电子信息产业工业总产值433.89亿元，工业增加值96.38亿元（其中，绿色光源产值66.29亿元）；新材料工业总产值210.03亿元，工业增加值41.96亿元；生物制药、节能环保、海洋产业工业总产值分别为18.45亿元、61亿元和14.28亿元。全市共有17个省级工程技术研发中心，其中有4个属新兴产业；共有14个中国名牌，其中有1个属新兴产业；共有11个中国驰名商标，其中有6个属新兴产业；共有省名牌10个，省著名商标16个。

【传统产业优化升级】 2009年，江门编制《江门市建设现代产业体系技术改造滚动计划（2009年~2012年）》，通过开发高附加值产品、走循环经济发展道路、淘汰落后生产能力等途径，促进纺织服装、食品、造纸及纸制品、建材等传统产业的优化升级。纺织服装业向服装（成衣）制造延伸，发展替代进口的高档服装面料；食品工业着力开发绿色保健食品、海产品深加工、农产品深加工等新产品；造纸及纸制品业向包装印刷制品、纸箱制品等方向延伸；建材工业向高性能化、多功能化、智能化等方向发展。全市机电、纺织服装、电子信息、食品、建材、造纸等六大支柱产业共实现工业总产值2151.82亿元，占全市工业的71.69%；实现工业增加值485.01亿元，对规模以上工业增加值增长贡献率达77.1%。

【高新技术产业】 2009年，江门市申报认定国家级和市级高新技术企业57家，其中国家级37家、市级20家。通过资格认定的企业50家，其中国家级31家、市级19家。至年底，全市累计共有高新技术企业231家，其中国家级61家、省级106家、市级64家。新认定“高新技术产品”171个，全市高新技术产品产值1130亿元。

高新技术开发及产业发展　年内新增广东省火炬计划特色产业基地1个。至年底，全市共有各类科技产业园区9个，其中省级高新技术产业开发区1个、国家级“火炬计划”特色产业基地2个、省级“火炬计划”特色产业基地4个、省级民营科技园园区2个。是年申报认定广东省高新技术产品199个，通过认定的171个，累积认定391个。全市高新技术产品产值1130亿元，占工业总产值比重34%，高于全省平均水平。高新技术企业年产值546亿元。技工贸总收入超亿元的企业76家，较上年增加13家。

科技创业服务中心建设　至年底，江门共有“江门市科技创业中心”、“正平科技创业中心”、“开平市纺织服装技术创新中心”、“江门市火炬高新技术创业服务中心”（蓬江区）、“新会区生产力促进中心”等5家“科技企业孵化器”。“高新技术产业开发区科技创业中心”在建。全市共投入“孵化器”建设资金7000多万元，建成的“孵化器”面积近7万平方米。孵化企业年产值超过12亿元，解决就业人数2500多人。

特色产业基地建设　2009年，全市特色产业基地在原有的两个国家级“火炬计划”特色产业基地（国家火炬计划江门新材料产业基地、国家火炬计划江门纺织化纤产业基地）和三个省级“火炬计划”特色产业基地（广东省火炬计划开平纺织新材料特色产业基地、广东省火炬计划麦克风特色产业基地、广东省火炬计划半导体绿色照明产业基地）建设基础上，推动市高新技术产业开发区申报和创建“国家高新技术产业化基地”、“国家火炬计划江门市绿色（半导体）光源特色产业基地”。其中火炬计划特色产业基地获省推荐上报国家。至年底，全市火炬计划特色产业基地5个，其中国家级2个，省级3个。各特色产业基地都建有“公共信息服务平台”。“国家火炬计划江门纺织化纤产业基地”和“广东省火炬计划开平纺织新材料特色产业基地”分别建有“科技服务平台”和“科技创新中心”。

高新技术产业开发区　2009年，江门市高新区管理委员会被评为“省中小企业服务机构示范单位”，成功申报各级高新技术和民营科技企业12家，高新技术企业累计共38家。高新区工业产值192.1亿元，其中高新技术企业产值在全区工业产值的比重超过30%。11月底，申报国家级高新区材料由省科技厅上报至省政府。

是年，高新区共落实招商引资项目25个，投资总额7.01亿元。其中通过“招、拍、挂”落实招商引资项目5个，投资总额2.38亿元；落实厂房租赁项目20个，投资总额4.63亿元。全年实际利用外资3708万美元。

园区建设进一步完善。共完成基础设施建设总投资9533万元；市政道路建设总长度7226米，10KV供电线路2000米，供水管道4240米；新征地222.43公顷，交地填土面积177.42公顷；完成“CNKI知识网络服务平台”、“广东省（江门）绿色（半导体）光源公共服务平台”、“省级半导体绿色光源检测平台”和“高新区公共服务平台”等平台建设。

高新区管理委员会制定《高新区LED产业招商方案》、《高新区扶持企业发展资金管理暂行办法》、《高新区扶持企业发展资金管理暂行办法实施细则》、《江门市高新区招商引资优惠暂行办法》等优惠政策，主办“江门市高新区LED产业发展规划暨江门市LED产业联盟成立大会”，推进以LED产业为龙头的绿色光源产业的发展。

【农业】 2009年，江门市农林牧渔业总产值完成197.28亿元，其中种植业产值57.63亿元、林业产值4.09亿元、牧业产值61.03亿元、渔业产值71.18亿元。全市粮食作物播种面积19.36万公顷，其中水稻播种面积17.46万公顷；甘蔗种植面积3680公顷；油料种植面积1.19万公顷；蔬菜种植面积5.6万公顷。全市粮食产量87.12万吨，其中稻谷产量80.09万吨；甘蔗产量31万吨；油料产量2.92万吨；水果产量20.99万吨；蔬菜产量103.92万吨；水产品产量65.39万吨；肉类产量27.88万吨，其中猪肉产量17.77万吨。全年生猪饲养473.44万头，存栏183.08万头，出栏290.36万头。家禽饲养1.44亿只，存栏3611.27万只，出栏1.08亿只。

农业产业化经营　全市新发展省市级农业龙头企业9家，累计市级以上重点农业龙头企业55家，其中国家级1家、省级10家。新发展农民专业合作经济组织38个，累计128个，其中农民专业合作社75个，农业专业协会53个。农业产业化组织共带动农户35万户，占全市农户数的49.3%，带动每户农户年均增收1960元。

农业科技合作与推广　市政府与中国农业科学院签订农业科技合作协议，在农业园区建设、岭南特色农业发展、现代农业产业体系建设等方面加强合作，填补市农业与国家级科研机构合作的空白。同时聘请中国工程院院士、中国农科院专家担任农业高级顾问，继续深化与华南农业大学、省农科所等省部农业科研机构的合作。年内组织农业科技人员送科技下乡2578人次，参与群众5.1万多人；举办实用技术培训981期（班），培训农民9.22万人次；举办绿色证书培训班58期（班），培训农民2526人次，获证人数2526人次；共发放书籍8810册、资料12.26万份；免费向农民赠送抛秧盘、新农药、新种子、种苗和肥料等农用物资折合人民币约28.8万元。共引进农业新品种70多个，推广新技术42项，组织市级农业科技人员下乡2500人次，农作物和畜禽良种覆盖率分别达到97.43%和93%以上。恩平市被评为省级现代农业科技示范县。市农科所被评为省农业科技推广先进单位，推广的“优质高抗水稻新品种推广应用”项目获省农业技术推广一等奖。市疫控中心引进推广的优质黑山羊养殖技术取得进展，推广黑山羊饲养量4000只，产值100多万元。

组织开展“农机安全生产年”活动，加强农机安全监理工作。全市农机总动力160.35万千瓦，新培育农机专业合作社4家，新增适用冬种生产耕整的大中型拖拉机65台；水稻机械化育插秧、机插面积7933.33公顷，机插率4.28%。水稻生产综合机械化水平61.04%，高出全省平均水平13个百分点。

无公害农产品基地建设　建立省级农业标准

化示范区2个，示范面积120公顷；市级标准化示范区10个，示范面积289公顷。新增农业地方标准生产技术规程1项（市级）；累计制订和发布农业地方标准生产技术规程32项，其中省级4项、市级26项、县市级2项；新增广东名牌产品（农业类）2个，复审2个，累计14个；有效期内获国家有机食品认证产品1个；国家绿色食品A级认证产品28个；无公害农产品认证产品121个；无公害生产基地面积4.45万公顷，生产面积覆盖率33.74%；生产无公害畜类产品98.7万头、禽类4786万羽。无公害农产品数、基地数均位居全省前列。

农业信息网建设　是年，江门市着重抓农业网站子网的建设，确立上网信息"新、特、广"的目标，建立信息发布责任制，保证上网信息的质量和数量。全年网站更新信息2.28万条、图片498张。全市50%以上的行政村和农村经济合作组织建成农村信息直通车服务站。

【农产品市场建设】　2009年，江门市形成以农贸市场和农产品集散市场为基础，农产品专业批发市场为骨干的市场物流体系。全市共有三个农业部定点批发市场：江门市新会区水果食品批发市场、江门市白沙江南蔬菜禽畜批发市场、江门市水产冻品副食批发市场。主要农产品批发市场年交易额共60亿元。各市、区建成一批家禽、果蔬批发和产地市场。

【农产品质量监督检验测试中心建设】　2009年，江门市农产品质量监督检验测试中心建成。该中心与市农业环境监测站、市兽药与饲料监测所合署办公，总编制25人（含政府雇员），其中高级工程师2名、中级工程师9名、助理工程师6名。建筑面积1015平方米，检测实验室面积677平方米。配有气相色谱仪2台、气相色谱质谱联用仪1台、高效液相色谱仪1台、全自动氨基酸分析仪1台、原子吸收光谱仪1台、原子荧光光度计1台以及各种先进检测仪器共86台（套），仪器总投入800多万元。食品、饲料、饲料添加剂、农业投入品、空气、水、土、动物尿液等八大类共428个项目和产品通过省级计量认证。该机构被批准为无公害农产品定点检测机构、无公害农产品产地环境检测机构、农产品地理标志产品品质鉴定检测机构。

【农产品安全监测体系建设】　2009年，江门市构建以市农产品质量监督检验测试中心为主，各市（区）检测站及镇（街）基地、超市速测室为辅的市、县、镇三级农产品质量安全监测体系。全市建成1个市级农产品检测中心、6个县级农产品检测站、多个市场和超市检测室。全市出动检测人员8158人次，例行监测场所2201个，抽取种植业产品、生鲜乳、"三品"的样本6000多份，蔬果农药残留合格率98.01%，"瘦肉精"等残留合格率稳定在99%以上，均高于全省平均水平。全市出动执法检查人员8191人次，检查农资经营单位5098家，查处案件72起，涉及总货值12.4万元，抽取饲料、兽药样本3000多份。全市落实动物防疫经费1492万元，组织重大动物疫病强制免疫疫苗2万多头（羽），动物疫病监测样品3.4万份，同时组织落实植保措施。

（江志办）

城乡发展

【城乡规划】　2009年，江门市规划管理部门落实《关于改进市规划委员会工作的工作方案》及《关于进一步完善新会区规划管理制度意见》，下放审批权，减少审批环节，在杜阮、荷塘、棠下、礼乐等离市区较远的镇（街）建设办开通网上远程规划报建服务。全年受理各类业务案件共4200多宗，办理群众服务热线250多件，处理信访、市长热线共110多宗，查处违法案件160多宗。市规划局被评为"全国住房和城乡建设系统思想政治工作先进单位"。年底，市政府实施大部制体制改革，市规划局正式更名为市城乡规划局。

规划编制　完成滘头地段、北新区中心区、高新区部分工业用地，江沙工业走廊部分工业用地，杜阮、棠下、荷塘部分规划建设用地等控制性详细规划编制工作，规划面积7平方公里。完成江门市综合交通一体化、市区一体化、江门市区先进制造业示范基地、新市民广场、天沙河引水增流工程、滨江新区启动区内天沙河景观、滨江新区启动区北片区规划调整、市中心区城中厂改造等规划编制工作。

建设用地规划管理　市城建规划局完成江门高尔夫运动场周边地块修建性详细规划，完成江海碧桂园、五邑碧桂园泊林南地块、江门市儿童福利院、江门市高级技工学校第二校区、世纪城旧城改造项目、山湖雅苑小区、幼师校区、江门东方雅居住宅小区、泮海蓝湾、麻二福田花园村民公寓小区、钻石珠宝加工展销中心、江门奥园、五邑汽车货客运站、嘉华东海里住宅小区、篁庄莲塘里、益丞海悦豪庭、绿茵豪苑高尔夫1号（公馆）、中凯花园等规划方案的审批，完成礼乐街道机电产业基地、杜阮污水处理厂、江门市杜阮污水处理厂、杜阮镇天子墓园、紫茶小学新校区、电力试验研究生产综合楼、江门市儿童福利院、缤果动漫创作中心及周边产品研发中心等项目的选址工作。全年办理建设项目选址意见书24件；办理用地规划许可证148件，面积476万平方米，其中补办或变更用地面积62.7万平方米；办理规划用地方案审查511件，面积2258.5万平方米，其中修改方案272件，面积1543.7万平方米。

建设工程规划管理　市城建规划部门完善建筑单体电子报批软件的研发和应用，完善建设工程的规划管理以及重大基础设施和市重点工程建设项目规划的相关工作。完成嘉悦新城、金汇城市广场、蓬江玉圭园一期、江门奥园、帝景湾小区、中颐海伦堡、颐和山庄、骏景湾豪庭、丰盛苑二期、东方雅居住宅小区、半岛华庭一期、市行政服务中心续建改造工程、市劳动和社会保障局高技能公共实训基地、市计生服务中心大楼、五邑中医院基层中医药人才培训基地、市妇幼保健院北新区新院、江门海关业务技术办公楼等建设工程的规划审批。配合做好江番高速接江珠北延线、三均路、500KV电力线路的规划选线工作。完成江顺大桥、礼东大桥、东华大桥、胜利桥、天沙河引水增流、胜利北路三期工程、白石大道西段（白石大道桥～丰乐路）扩建工程、新南路新建道路、胜利北、里村花圃改造工程、高沙港片区截污工程天沙河路、文昌沙污水工程、江海污水工程及潮连污水工程等重点工程建设项目规划的相关工作。全年共批出建筑设计方案151个，建筑面积354.5万平方米；市政设计方案454个；核发建设工程规划许可证607项，面积407.4万平方米；核发临时建设工程规划许可证54项，面积8.1万平方米；办理项目竣工规划验收369项，面积224.2万平方米。

城市规划监察管理　市城市规划部门加强对滨江新区、主要城市干道和批后项目的规划执法检查和监督管理，全年共查处违法案件323多宗，查处违法建筑面积约5万平方米。

【城市建设与管理】　2009年，江门市市政公用事业和城市管理工作落实《珠江三角洲地区改革发展规划纲要》，加快市政公用基础设施建设，实施“民心工程”。江门市城市综合管理局被评为“2008年度江门市直机关作风建设排头兵单位”、“2009年度江门市安全生产监管工作先进单位”、“2009年度江门市办理政协委员提案先进单位”。

市政公用设施建设　以“五厂一场”（文昌沙水质净化厂二期扩建，江海污水处理厂，潮连污水处理厂，杜阮污水处理厂，棠下污水处理厂，旗杆石生活垃圾填埋场）为重点的治污减排项目建设加快。潮连污水处理厂建成并投入试运行。江海污水处理厂采用“BOT”（即建设——经营——转让）方式建设，完成厂区工程和截污管网工程项目。文昌沙水质净化厂二期扩建项目完成厂区土建工程及主要截污干管工程。完成五邑大学校园截污管网工程。完成棠下污水处理厂、杜阮污水处理厂和高沙港片区截污工程项目的前期工作。成功签约旗杆石生活垃圾综合处理场“BOT”特许经营项目合同，并完成建设项目的前期各项工作，转入进场施工阶段。

市区完成胜利北路三期（双龙大道～恒吊里）、天宁路、白石大道西段、里村花圃渠化分流及排水管、蓬江大桥维修加固、麻园路B段、天沙河石子潭段道路、北环路（丰乐路～滨江大道）改造，市区部分街道无障碍设施建设改造，大江冲方渠抢修等13项工程建设任务，并完成东华大桥、胜利大桥以及里村大道、金瓯路、江睦路、中区大道、新市民广场等20多项工程的前期工作。全年完成投资3.5亿元，新建扩建城市道路16万平方米，铺设优质沥青路面12万平方米，新建改建人行道9.6万平方米，新建改造盲人专用道2.1万米，建成绿地面积2.2万平方米。

市政设施维护　是年，以完善市政设施功能和保障安全运行为重点，市城市综合管理局接管市区新建道路11.43公里、下水道11.54公里。组织巡查市政公用设施1.17万点次，加固维修城市桥梁3座，维修破损路面1.07万平方米、人行道1897平方米。

排水设施管理　新建改建排水管1.65万米，维修下水道378米，清疏下水道316公里，更换沙井盖282套，补装主次干道四防装置864个。投入50万元建成水南六里临时排水泵房，加强市区28座泵房（市区16座、市郊12座）的运行管理，累计开泵3975.06小时，抽水1.062千万立方米。

照明设施管理　制定实施《江门市区路灯节能改造方案》，选择市区天福路、天沙河石子潭路、港口路等共安装LED路灯55盏，开展路灯节能试验。投入250万元完成长堤路、江华路等53项路灯改造工程；投入30万元为65个社区新装路灯253盏，新装路灯线杆300杆；接管路灯1891盏，检修市区路灯1.58万盏次，路灯亮灯率98.2%。

公用事业管理　定期开展江门四市三区供水水质监测，重点监控市区西江水厂、哪咀水厂水质，完成供水水质数据上报工作，市区供水水质综合达标率100%。强化市区二次供水设施清洗消毒工作，发出通知75份，收回反馈结果75份，清洗合格率100%。强化城市生活垃圾、污水处理设施运营技术规范和考核标准，处理江门市固体废物处理有限公司无害化卫生填埋生活垃圾26万吨，处理垃圾渗滤液5.7万立方米，并达标排放；江门市文昌沙水质净化厂和丰乐污水处理厂处理生活污水2604万立方米，出水水质达标率99%。

【城市综合管理】　2009年10月，江门市组建城市综合管理局，将市政公用事业管理局除供水、用水、节水、排水、污水处理以外的职责，以及市城市管理综合执法局的职责整合划入市城市综合管理局，不再保留市市政公用事业管理局、市城市管理综合执法局。新组建的市城市综合管理局实行建管并重，围绕创建全国文明城市活动，先后制定《国家园林城市复检市容环境保障方案》、《创建全国文明城市市容市貌自查和三年规划》、《整治市区泥头车违规运输工作实施方案》、《整治市区城市牛皮癣工作实施方案》、《整治市区常安路象溪路乱摆卖占道经营工作实施方案》、《全国城市公共文明指数测评迎检市容环境保障专项整治工作实施方案》等多项工作方案。

整治市容环境　是年，采取长效管理和综合治理措施，落实市容环境整治目标，对港口路、迎宾大道等13条主次干道及五邑城、象溪路等多处繁华商业区域守点执勤，杜绝流动小贩乱摆卖行为。新会区新设立市容夜管队，坚持夜间巡查管理，遏制夜间露天烧烤、露天酒吧的油烟和噪音污染等违法经营行为。组织6800人次进镇村、入社区开展130余次“六乱”专项治理大行动，清除乱摆卖、乱搭建、乱拉挂、乱张贴、乱堆放、乱挖掘等“六乱”共8600多处，清理卫生死角38处，清运垃圾80余吨。开展市容环境卫生责任区执法专项行动28次，印发整改通知7000多份，宣传资料6600份；加强对集贸市场周边整治 66 个（次），清理拆除违规搭建雨篷 800 多个，面积 8500 平方米；新增设垃圾桶 1500 多个，新划控制线 9000 多米；规范市场周边商铺的摆卖秩序。

整治占道经营　采用疏堵结合，重点整治市场、学校、车站、旅游景点、码头等周边以及主要商业街道店铺占道经营和脏乱差现象，严格规范店铺不得占用人行道经营。指导和督促蓬江区城管部门，将白沙江南蔬菜市场周边的 100 多档猪肉、光鸡、鱼类等流动摊档统一引入远洋冷冻厂内场地，将常安路、象溪路、五邑城、地王广场一带的 350 多名流动商贩引入风貌街青年广场，定地段、定时段、定摆卖商品种类，实施规范管理。

整治城市牛皮癣　强化城市管理综合协调和检查监督作用，联合市义工联开展清理“牛皮癣”义工大行动，组织市直机关干部职工上街洗擦“牛皮癣”。督促蓬江、江海、新会区城管、环卫部门加强市容市貌日常管理，建立社区便民信息发布栏，市区 112 个社区全部设置信息发布栏，及时发布与市民生活息息相关的信息。从源头整治“牛皮癣”。开发和配置语音告知系统（俗称“呼死你”），对乱张贴乱涂画的违规通信号码不间断的呼叫，干扰违规手机号码正常使用，敦促违法者接受处罚。加大制“癣”、贴“癣”行为处罚力度，实施对违规者电话号码移交电信营运商暂停机处理，全年查处贴“癣”、制“癣”案件 18 宗。

整治泥头车违规运输　开展整治泥头车违规运输专项行动，在蓬江区北环路、潮莲桥、白石大道、江门大桥、西环路以及江海区五邑路、金瓯路、江海路等重点路段联合执法，采取驻点检查和流动巡查相结合、定时和不定时、教育和处罚相结合的方法，查处泥头车超高、超载、车厢栏板加高等违规运输行为。全年累计出动执法车 200 辆次、执法人员 400 人次，查处未办理“余泥渣土专营”证从事运输的车辆 3 辆，责令清洗路面 13 宗，查处超载行为 45 宗、擅自改装行为 80 宗、私自加装栏板行为 20 宗、遗洒飘散行为 97 宗、其他违规行为 129 宗。

规范户外广告管理　对擅自设置、设置不规范、陈旧破损、影响市容和存在安全隐患的户外广告开展专项整治。重点规范胜利路、跃进路、江华路等主要街道的户外广告、招牌，拆除存在安全隐患的大型广告牌。加强户外广告的巡查管理和执法，全年查处乱拉挂 1635 宗、拆除不规范广告牌 3342 平方米。

拆除违章建筑　加强城乡结合部、城中村、重点工程周边和违法建设高发区域的监控，强化城市管理巡查和执法，加大治理违法建设的力度，强制拆除群星大道、滘头市场周边、滨江大道沿线村镇违法搭建的厂房、雨棚等。全年共拆除违法建筑 3.98 万平方米，查处违章建筑 478 宗。

【社会主义新农村建设】　“三农”工作　2009 年，江门市各级财政“三农”投入 32 亿元。全市新增 9 家省市级农业龙头企业、38 家农民专业合作经济组织。农业产业化组织带动 35 万农户，占全市农户数的 49.3%；户均增收 1960 元。加快普及农业科技应用，引进农业新品种 70 个，推广新技术 42 项。加大农业农村基础设施建设力度，城乡水利防灾减灾工程成效明显，省人大机电排灌议案通过验收，完成农田整治 4600 公顷。

农村基础设施建设　全市共投入农田水利基本建设资金 1 亿多元，整治农田面积 7193.33 公顷。其中农业综合开发土地治理投入财政资金 3300 万元，整治改造中低产田 2806.67 公顷；基本农田保护示范区建设项目投入财政资金 5060 万元，高标准整治农田 1533.33 公顷；基本农田整治项目资金 680 万元，整治面积 453.33 公顷；省农田水利基本建设议案项目投入资金 1948 万元，整治农田面积 1600 公顷，建设小水陂 2 个。全市列入城乡水利防灾减灾工程建设的 19 项计划已完工 8 项，已在施工 11 项，累计完成投资约 12 亿元。农村饮水安全工程累计完成投资 2120 万元，基本解决农村 20.74 万人饮水难、

5.88万人饮水安全的问题。

投入资金8034万元推动269条行政村（占全市25%）开展村庄整治。完成200人以上自然村公路硬底化建设，投资8800万元，建成里程200公里。大部分农户建立起“养殖—沼气—种植”能源生态农业模式，大中型沼气池数量和沼气综合利用水平居全省前列。全市农村卫生户厕普及率77.14%，涵盖农村人口近255万人。开展“万村绿”活动，共完成140个自然村建设，其中省级示范村6个，市级示范村7个，县级示范村127个。市政府与省供销社签订《共建江门市新农村现代物流服务网络协议书》，推进新农村现代流通服务网络建设；“农村信息直通车”工程综合平台和服务中心建成并投入使用，全市50%以上的行政村和农村经济合作组织建成农村信息服务站。

“千企扶千村”工程　以信息化建设为抓手，实施“千企扶千村”就业工程。全市实现转移就业3.92万人；免费培训农民4.52万人，培训后转移就业3.69万人。举办远程招聘会117场，参加村委342个、企业328家，实现就业873人。全市1050个村（居）委会与1296家企业签约结对，实现农村富余劳动力转移就业11.1万人。完成100条村委、50家企业远程招聘示范点的建设，完成新研发“千企扶千村”电脑触摸屏终端系统，实现与用人单位视频面试交流。

农村合作医疗　全市农村卫生站覆盖率86%。农村低保标准160元，实现“应保尽保”。各市、区制定被征地农民基本养老保险办法，并将所有进城务工的农民纳入城镇职工社会保险体系覆盖范围。全市73个镇（街）、1115条行政村实施新型农村合作医疗制度，参加的农村居民239.2万人，占常住农业人口99.36%。全市农村五保户、低保户人员全部免费参加新型农村合作医疗。政府加大新型农村合作医疗的投入，各级财政补助共2.17亿元。全市农村五保户、低保户人员全部免费参加新型农村合作医疗。全市新型农村合作治疗人均筹资标准均达到110元以上，江海区达到160元。全市新型农村合作治疗住院报销封顶线5万元，其中江海区设立提高档为6万元。全市特殊病种门诊年补助额最高3000元。全市享受新型农村合作治疗住院补偿人数15.56万人次，补偿金额2.89亿元；基本门诊报销人数16.75万人次，补偿金额218.1万元；特殊病种大额门诊补偿人数2.77万人次，补偿金额394.3万元；住院分娩一次性补助人数1.2万人次，补助金额329.2万元；住院医疗救助人数1075人次，救助金额280.2万元。《江门市人大常委会关于加快建立新型农村合作医疗保障制度议案的决议》通过决议结案。5月，开始实行新生婴儿从出生之日随母享受当年新型农村合作治疗保障政策。全面实施基本门诊报销，报销额度每人每年20元以上，其中鹤山市每人每年门诊报销费用上限额30元。

【城乡基本公共服务】　2009年，江门市新行政服务中心投入使用，涉企审批全部进入中心办理，建设项目总体审批时间比原来缩短三分之二以上。实行网上审批服务的政府部门扩大到87个，审批事项和网上服务流程分别增至330个和618个。完善市人大及其常委会的监督和政协的民主监督，共办理人大代表建议138件、政协提案141件，满意率分别达97.06%和99.29%。出台《关于城市公立医疗卫生机构医务人员进农村、社区开展医疗卫生服务的若干意见（试行）》和《江门市卫生局关于加强乡村医生队伍建设的若干试行意见（试行）》，加强基层医疗卫生机构建设，提升基层医疗卫生服务能力。实现全市各级各类医疗机构门（急）诊病历“一本通”；落实农村卫生站“一村一万元”补贴政策，省、市、县（区）三级财政补贴853万元。制定《江门市市区公共汽车企业年度服务质量信誉考核暂行办法》，完善市公交行业在经营管理、服务质量、安全生产、经营行为的评价体系。加大产品质量和食品安全监管整治以及打击传销、打击假冒伪劣商品、打击走私力度。全市安全生产总体状况良好，各类事故有所下降。国防建设和民兵预备役工作得到加强，人防“101”工程建设

全面完成。（江志办）

资源环境

【土地管理】 国土资源管理 2009年，江门市国土资源管理工作围绕贯彻落实《珠江三角洲地区改革发展规划纲要》，开展土地运营，完成市本级土地收入18亿元，超额完成原5亿元目标任务。落实耕地保护责任制，连续10年实现耕地占补平衡。加强土地利用计划管理，获广东省土地利用计划执行情况综合考核一等奖。基本完成第二次土地调查，按时保质完成工作任务。加强土地执法监察，违法违规用地查处整治工作以93分通过省检查验收。全市全年办理新增建设用地征地26批次，面积388.4公顷；办理建设用地供地199宗，面积265.2公顷；公开出让市区（蓬江、江海区，下同）土地17宗，面积32.8公顷，成交金额11.58亿元，超出底价6.32亿元；办理百日执法行动补办用地手续16批次，面积212.73公顷；办理市区土地转让220宗；完成土地储备47.67公顷；市区核发国有土地使用证2.4万册；处理群众来信117宗，来访38宗，办结率96%。

节约集约用地 全市45个新增投资项目供地手续完成41个。在全市清查“三旧”（旧城镇、旧村居、旧厂房）改造用地2831宗，面积4420公顷。根据省“三旧”改造政策，结合江门市的实际，草拟“三旧”改造具体操作方法。对符合土地管理相关法律法规和条件成熟的“三旧”用地，加大力度逐步实施改造。完成里村泮南里旧村、水南六里、甘化招待所、市制锁厂等一批三旧项目改造。共完成储备土地面积75.4公顷，超额完成市政府下达给江门市国土资源局1000亩（66.67公顷）储备土地的任务。保障重点项目用地，提前完成江肇高速江门段、佛开高速扩建征地报批；完成广珠城际轻轨江门段、广珠铁路江门段、台山上川岛风电项目征地报批资料上报；保障滨江新区启动区、江门产业转移工业园、新会亚太纸业项目、江门中医药学校等一大批重点项目的用地。

土地规划和耕地保护 《江门市土地利用总体规划大纲（2006~2020年）》通过国土资源部审批，市本级规划初步成果编制完成。各市、区规划大纲通过省国土资源厅审批；各市、区镇级规划修编工作在开展中，其中开平市国营石榴塘农场规划是全省首批通过省厅审批的规划之一。推进土地开发整理工作，重点加强国家及省级土地开发整理项目的实施，其中台山市冲蒌镇易地开发项目、新会区崖南围垦区土地开发项目完成施工建设。落实耕地保护目标责任制，顺利通过省对全市2008年耕地保护责任目标履行情况的检查，全市连续10年实现耕地占补平衡和耕地总量动态平衡。

园地山坡地开发 9月，在台山召开全市利用园地山坡地补充耕地工作现场会，制定鼓励性政策，吸引社会资金开发园地山坡地。各市（区）社会资金投资开发经验收的耕地指标，江门市本级承诺按不低于1.2万元/亩的价格收购。各市、区也可以回购原转让的耕地指标，回购价在原收购价基础上再支付每年8%的资金利息和管理费用。实行半月督办制度和每月通报制度，组成工作组，到各市、区检查督促开发园地山坡地补充耕地工作，并全市通报工作进展情况。全年全市补充耕地计划任务为533.33公顷，年末通过江门市级验收新增耕地1733.33公顷，其中通过省抽验新增耕地893.33公顷。制定《江门市围（填）海造地试点工作方案》，重点开展台山和新会围（填）海造地试点工作。全市规划填海面积1666.67公顷，批准填海面积673.33公顷。

土地执法监察 建立健全土地联合执法机制。落实土地执法共同责任制度，与公、检、法和纪检部门联合下发《关于在查处国土资源违法犯罪工作中加强协作配合的通知》，建立部门间的联席会议、线索移送、通报和信息通报等制度，提高执法效能。制定《江门市国土资源动态巡查制度实施办法》，明确划分巡查职责，建立考核制度，实现执法重心下移。开通“12336”国土资源违法行为举报热线，共巡查发现并上报违法行为91宗，面积497.33公顷（含国家和省重点工程项目用地），全部发出责令停工通知书。开展国家第九次卫片执法检查，共立案查处违法违规用地行为31宗，立案率100%，查处率100%，结案率97%；罚款94.34万元，已缴纳罚款53.34万元；决定拆除建筑物面积0.3万平方米，已拆除0.1万平方米。开展省第四次卫片执法检查，共立案查处违法违规用地行为158宗，立案率100%，查处率100%，结案率98.7%；罚款664.1万元，已缴纳罚款621.4万元；决定拆除建筑物面积1.3万平方米，已拆除0.9万平方米。全市提出党纪政纪处分建议共3人，处分全部落实。全市违法用地面积同比省第三次卫片大幅下降97.6%，违法占用耕地面积占比仅为0.2%。

【循环经济】 2009年，江门市国家级循环经济试点园区新会银洲湖纸业基地建设加快，基地由新会双水发电厂热电联供机组和维达集团、华泰纸业、亚太纸业、中顺集团等组成，总投资981亿元。基地全部建成后的总规模年产能力为纸和纸板1040万吨，总产值约3000亿元，是国内造纸行业采用集中供热、供电、供冷、供水和废水治理循环利用，固废再利用，港口物流统一模式的唯一国家级循环经济试点。

江门市2009年单位生产总值能耗比上年下降5.79%，通过省节能目标责任评价考核，初步评定为“完成”等级。如期完成对省、市监管重点耗能企业的年度考核。推荐2个项目申报2010年国家节能技改财政奖励备选项目。制订2010年度市节能专项资金使用计划，重点用于推广应用节能技术和产品，表彰奖励节能先进单位和个人等。进行清洁生产验收审核，推荐3家企业申报“广东省清洁生产企业”。联合香港环保署、香港生产力促进局共同举办“江门—香港电镀行业清洁生产研讨会”，四市三区的经贸部门及电镀企业100多人参加研讨会。组织11家企业通过省资源综合利用认定。

【环境保护】 **建设项目环评审批** 2009年，江门市环保工作围绕“以环境保护优化经济发展”的思路，加强环保准入管理。对先进制造业、高新技术产业、传统优势产业、现代农业以及能源、交通、水利等产业的建设项目，建立“绿色通道”。对不符合法律法规规定的，国家明令淘汰、禁止建设、不符合国家产业政策的，环境质量不能满足环境功能区要求、没有总量指标的项目一律不批，对“两高一资”项目严格把关，促进产业结构优化升级。全年全市共审批建设项目2171个，总投资296.21亿元，其中环保投资11.26亿元；否决高能耗、重污染类项目9个。支持重点项目和工程建设，对开平、恩平产业转移园等一批市重点项目和工程提前介入，落实专人全程跟踪负责，指导项目办理环评报审工作。

主要污染物总量减排 4月，市政府召开全市重点项目暨节能减排工作会议，对污染减排工作进行统一部署，明确各市、区年度减排目标任务。年末，江门市完成省下达的年度减排任务：全面关停小火电机组；全市各城区均建成污水处理厂；全市完成减排工程的工业企业46家，淘汰落后水泥企业10家。

水环境综合整治 江门市制定《2009年江门市水环境综合整治重点工作任务与考核指标》，并将有关任务纳入到《2009年江门市人民政府主要考核目标》。市政府多次组织环保、水利、市政、建设、财政、监察等部门开展专项督查。全市各级环保部门加强饮用水源保护区巡查，及时排查各类环境安全隐患，严肃查处保护区内违法排污行为和非法建设项目。蓬江区、开平市、恩平市和鹤山市按照国家颁布实施的《饮用水水源保护区划分技术规划》，完成镇级饮用水水源保护区划定可研报告的编制和上报。全市各级政府加大资金投入，实施河涌水环境综合整治。全市主要江河断面水质保持良好，城镇河涌水质得到改善，各级饮用水源得到保护。全市城镇污水处理设施建设步伐加快，市区和4个县级市的城区均建成城市生活污水处理厂，共建成县级以上污水处理厂8家；14个中心镇中，污水处理设施建成投入运行或试运行的镇有9个，日处理能力45.25万吨。

环境监察　市环保局先后组织开展饮用水源保护区、垃圾填埋场、污水处理厂、火电厂、水泥行业、造纸行业、重金属行业、“两高一资”行业、钢铁行业、涉砷行业企业、产业转移园区和规模化禽畜养殖业等专项检查，掌握区域、行业执行环保制度情况和污染分布状况，通过挂牌督办形式，整治、解决环境污染问题。开平市镇海流域污染问题被列为2009年省挂牌督办十大重点环境问题之一。江门市政府将镇海流域污染整治工作纳入2009年市政府的主要考核目标，市环保部门组织专项督查和到现场督办，与开平市政府制定详细的整改方案，帮助流域内的企业按时完成整治工作。共投入整治资金2300多万元。年末，流域内企业完成治理工程，并通过摘牌验收。市环保局联合市监察局对杜阮电镀厂等10家企业的环境污染问题进行挂牌督办，一些久拖未决的环境问题得到解决；还对2006年以来的环保挂牌督办整治的50家企业开展后督察，防止督办问题死灰复燃。采取“基层大接访”、领导包案、责任到人等措施，解决一大批环保扰民问题，维护群众利益。全年全市共受理环境投诉8051宗，其中，江门市环保局受理4527宗。

机动车排气污染防治　市环保局根据《广东省机动车环保分类标志管理办法》的要求，制定并实施《江门市机动车环保分类标志管理工作方案》，至年底，全市共核发环保分类标志1.57万多个。开展机动车排气污染防治专项行动，加大机动车尾气检测频次，对营运机动车开展定期和不定期监测。联合交通、质监、公安、交警等部门开展固定站场检测和路检，抽检车辆共267辆，其中超标车辆63辆，并责令各营运单位和车主限期对超标车辆进行维修保养，减少污染物的排放。是年，制定和组织实施《江门市油气回收综合治理工作方案》。

环境监测　1～10月，市环境监测站共获得常规监测数据2.1万余个，污染源监测数据1.1万余个；编制验收监测报告89项，污染源监测报告1500余份。编制完成《2008年度环境质量报告书》（详本及简本）、《2008年度环境质量报告书》（公众本）、《2008年度环境质量监测年鉴》（详本）、《地级市交界水质年度监测总结报告》、《环境监测季报》、《污染源监督监测季报》等各类专业报告。加强应急监测能力建设，充实监测队伍。通过添置一批仪器设备，拓展监测手段和监测领域，提升环境应急监测能力。完善《江门市环境突发事件环境监测预案》，组织举行环境突发事件及环境监测培训，启动应急监测预案，应对各类突发环境污染事件，完成3宗环境突发事件应急监测任务。

【完成第一次全国污染源普查】　2009年，江门市全国第一次污染源普查工作完成污染源普查档案整理、技术报告编制、数据审核修正和汇总上报等工作。全市共普查工业污染源1.45万个，生活污染源9964个，农业污染源2.91万个，集中污染治理设施20个。建立各级各类重点污染源档案和污染源信息数据库。6月，顺利通过广东省的污染源普查工作验收。（江志办）

社会事业

【科技发展与推广】　2009年，江门市科技局贯彻落实《珠江三角洲地区改革发展规划纲要》，根据《江门市自主创新总体规划》的要求，发展高新技术产业，完善公共技术创新平台体系，扩展产学研合作及开通科技信息化网络化工程。是年，全市财政科技投入2.45亿元，占全市财政支出的2.2%。在“2007～2008年全国科技进步市、县（区）考核”中，江门市蓬江区、开平市、鹤山市均被评为全国科技进步先进市（区）。

至年底，建立2个省级工业研究院，20个

江门市文教卫体事业基本情况

教育				医疗文化体育			
项目	单位	2008年	2009年	项目	单位	2008年	2009年
普通高校校数	所	2	3	医院、卫生院数	个	1711	1774
普通高校在校学生数	万人	1.92	2.17	医院、卫生院床位数	张	10721	11734
中职和技校学校数	所	36	36	平均每千人口医院、卫生院床位数	张	2.58	2.79
中职和技校在校学生数	万人	7.19	7.19				
普通中学学校数	所	245	245			8	8
普通中学在校学生数	万人	27.57	26.97	群众艺术、文化馆数	个	7	7
小学学校数	所	573	573	公共图书馆数	个	9	11
小学在校学生数	万人	33.99	31.66	博物馆数	个		
学龄儿童入学率	%	100	100	档案馆数	个		
幼儿园数	所	459	459	国民体质合格率	%		
在园幼儿数	万人	10.93	11.12	人均公共体育场面积	平方米		

省级专业镇技术创新平台，36家行业技术创新平台和科技服务机构，120多家省、市级工程中心，覆盖摩托车及零配件、不锈钢五金制品、水暖卫浴等传统优势产业，同时向LED、生物医药、精细化工和数字动漫等新兴产业发展，并在机电、纺织化纤等重点产业或关键领域形成产业技术路线图。

全市引进75名“科技特派员”到一线企业，通过产学研合作，企业与高校联合组织科技成果转化项目300多个，其中组织重点项目60个。攻克一批制约江门市产业发展的关键技术和共性技术。全市建立各级“信息直通车”行动示范点436个，其中省级示范点4个，市级示范点39个。“信息直通车”工程成为全省示范。通过整合移动公司的农信通、移民部门的移民村信息服务示范点，“信息直通车”工程全面开通。其中，新会区是广东省第一个实现计算机网络和信息直通车工程覆盖所有村（居）的县（区）。

制造业信息化建设　举办2009广东省制造业信息化“十百千万”工程支撑活动（江门）培训班，参加人员100多人。全市共有制造业信息化试点示范企业26家，其中“省级重点示范企业”与“省级示范企业”各2家、市级试点示范企业22家；示范专业区6个，其中省级示范专用区2个，市级示范专用区4个，带动推广应用信息技术企业超过350家。

中小企业技术创新平台建设　全市共安排市科技创新中心，高新区、新会区和蓬江区科技服务机构建设类项目共4个，资金80万元。广东广天机电工业研究院和华南精细化工研究院逐步融入区域科技经济发展体系，为产业技术创新提供技术支撑。全市20个省级专业镇共有科技服务机构36家，其中，司前五金不锈钢和开平纺织服装两个技术创新中心成为省级区域性产品质量检测和技术服务中心。位于蓬江区的广东省摩托车检测中心组织升级为国家摩托车检测中心。部分专业镇还建立特色网站和商会，如开平市水口镇的水暖卫浴网，新会司前镇的不锈钢技术创新网，鹤山市桃源镇的制伞专业网，台山大江镇的仿古家具商会等，服务当地。

科技成果鉴定　全市有48项科技成果通过市级以上鉴定，其中通过省级鉴定的有五邑大学的“电镀镍、铬废水处理及回用技术”，鹤山市鹤龙机电有限公司的“少槽多极永磁无刷电动机系统研究及产业化应用”，江门市科恒实业股份有限公司、复旦大学的“液晶显示器背光源冷阴极发光材料”，江门市安信网络通信有限公司的“基于模式识别的图像档案检索系统”等15个项目。

技术研究开发中心建设 加强省级工程中心的推荐工作和市级工程中心的组建与管理。全年共有广东金莱特电器股份有限公司和江门市长优实业有限公司2家新组建的省级工程中心通过论证，广东嘉宝莉化工有限公司和新会江裕信息科技有限公司2家组建省级工程中心通过验收，新批准组建市级工程中心12家。至年底，全市有省级工业研究院2家，省级工程中心17家，市级工程中心105家。

专业镇技术创新试点建设 新会区崖门镇被批准为省级专业镇技术创新试点单位，全市累计20个。司前和水口两个专业镇的技术创新平台建设项目获得省科技厅立项支持80万元。恩平市君堂镇和台山市大江镇被批准为市级专业镇技术创新试点单位，全市累计21个。专业镇特色产业主要涉及摩托车及零配件、不锈钢五金制品、五金卫浴、电子材料、机电、集装箱及其配套、水暖卫浴、海洋渔业、制鞋业、化纤纺织服装、麦克风及配件、纺织和制伞等产业。专业镇技术创新试点的分布基本反映江门市镇级经济发展的态势。

【科技重点项目建设】 2009年，江门市以高新技术产业开发区、火炬计划特色产业基地和民营科技园为重点区域，围绕电子信息、新材料、生物医药、先进技术制造四大高新技术优势产业，结合能源、环保、现代农业、精细化工等新兴高新技术产业，组织企业单位实施各级各类科技计划500多项。共有53个项目被列入国家和省科技计划，其中鹤山丽得电子实业有限公司的“大功率、高效率LED路灯关键技术的研发”项目获得广东省重大科技专项资金300万元。台山市心华药用包装有限公司的“数控高效节能注塑机用的一步法注中空容器精密塑料模具”项目、江门市本和机车配件实业有限公司的“金属/氟橡胶——纳米杂化材料复合密封板（MCR）”项目、广东广天机电工业研究院有限公司的“交通工具产品设计技术创新公共服务平台”3个项目被列为国家中小企业技术创新基金项目，分别获得专项资金50、60和50万元。

【省级产学研结合科技项目建设】 2009年，江门市市共组织50多所全国高校、100多名专家教授参与省部产学研合作，合作项目300多个。其中省级产学研项目有：鹤山丽得电子实业有限公司的“LED外延与芯片产业化技术”、广东嘉宝莉化工有限公司的“零VOC的新型环保苯丙干粉建筑涂料的研制及产业化应用”、广东新会美达锦纶股份有限公司的“吸湿排汗锦纶长丝产业化推广”和“耐久性抗菌聚酰胺纤维的研究与开发”、江门市硕普科技开发有限公司的“新型高性能炭基制动材料产业化关键技术研究”、江门市浩伦生态农业有限公司的“蚯蚓抗菌肽应用于水产健康养殖的开发与产业化”、江门市益利达汽车电子有限公司的“新型智能汽车行车记录器的研发”、开平市克德纳米材料有限公司的“纳米润滑油的节能减排研发”、台澳铝业（台山）有限公司的“纳米钛合金耐海水盐雾腐蚀涂层在特种铝基飞机平台上的应用”、广东信达化纤有限公司的“高强高模特种纤维连续自动生产技术”、江门市辉隆塑料机械有限公司的“高性能低能耗共挤纸塑（铝）软包材生产线及关键技术研发”、江门市道氏标准制釉股份有限公司的“新型自防滑瓷质釉面砖的研究与开发”、台澳铝业（台山）有限公司的“铝合金直升飞机降落平台关键技术的研发及产业化”、开平牵牛生化制药有限公司的“长效新型干扰素”等14项。

【文化名市建设】 2009年，江门继续推进文化名市建设，贯彻落实《江门市建设文化名市规划纲要（2004～2010年）》及《关于深化文化体制改革建设文化名市的若干配套经济政策》。年内研究制定《江门市创建国家公共文化建设示范区工作方案（2009～2020）》和《江门市影视动漫产业园工作方案（2009～2020）》等，明确公共文化建设示范区和影视动漫产业园的指导思想、总体目标、发展重点、主要任务、保障措施等。

打造文化品牌　继江门市2008年全国县级以上文化馆评估定级中5个文化馆入选国家一级馆、2个文化馆入选三级馆之后，2009年全市市、县两级图书馆参加全国公共图书馆第四次评估定级活动，江门五邑图书馆、新会景堂图书馆、台山市图书馆、开平市图书馆被评为国家一级馆，鹤山市图书馆、恩平市图书馆被评为二级馆。6项非物质文化遗产项目入选第二批国家级非物质文化遗产名录。蓬江区荷塘镇、台山台城镇、台山斗山镇被命名为中国民间文化艺术之乡。恩平歇马村入选国家级历史文化名村和首批广东省历史文化名村。蓬江区良溪入选广东省第一批“古村落”。5个文物点入选第五批广东省文物保护单位。

文化基础设施建设　江门五邑华侨华人博物馆二期布展项目开展招投标工作，江海演艺中心项目完成土地招投标，新会林缉光艺术博物馆、恩平文化馆和曲艺中心项目进入施工阶段。蓬江区环市街道文化站按一级馆标准改造建成。江海区新建8个文体小广场。鹤山市各镇投入共计500万元，建设文化室、广场等文化设施。恩平市沙湖、横陂等5个镇投入共100万元，建成标准文化站。

群众文化活动　举办庆祝中华人民共和国成立60周年系列演出、展览活动；举办“江门粤剧团30华诞艺术成果汇报系列活动”，包括《红豆星辉耀江门- —大型综合晚会》等多场演出；策划举办美术大师李铁夫诞辰140周年纪念系列活动，举行李铁夫铜像揭幕、李铁夫美术馆揭牌、“鹤山李铁夫思想艺术研究馆”揭牌等多项活动；与中央电视台联合举办“爱国歌曲大家唱——广东江门篇”活动。新会区举办第六届葵乡文化艺术节。恩平市举办冯如文化节。文化广场活动长期开展。以江门市东湖广场为龙头，示范带动各级文化广场和群众文化活动的开展。2008～2009年，江门市各级文广新部门组织的、群众自发的各类广场文化活动层出不穷。广场电影晚会、歌舞文艺汇演、曲艺演唱等群众文化活动轮番上演，其中，仅东湖广场文艺演出就近100场，观众达到50万人次。

文艺创作　组织策划以庆祝建国60周年为主题的创作活动，全年全市文艺作品获省以上奖项86件。美术作品《田园眷恋》、《记忆空间》、《汉唐遗韵》、《码头》4件入选第十届全国美术作品展，入选数量为历年之最；《二月·雪》获全国首届教师美术作品展优秀奖。参加省文艺作品评选，歌曲《相约碉楼》获一等奖，话剧小品《回家过年》获二等奖，话剧小品《推销》、曲艺《莫问奴归处》获三等奖；参加省文化厅主办的《祖国在我心中》——广东省第十届美术书法摄影作品联展，获得一金一银十铜；参加省文化厅“庆祝建国六十周年广东省第六届群众戏剧曲艺花会”，市艺术馆、蓬江区文化馆排演的话剧小品《村官》、《回家过年》分别获金、银奖。

非物质文化遗产保护　崖门海战流传故事、新会古典家具等5个项目入选第三批省级非物质文化遗产名录项目。鹤山狮艺、礼乐龙舟竞渡等4个项目被省推荐申报第三批国家级非物质文化遗产名录项目。开展省级第二批非物质文化遗产名录项目代表性传承人申报工作。建立第二批市级非物质文化遗产名录，新增项目18个。江门市国家级非物质文化遗产项目新会葵艺、白沙茅龙笔先后进京参加第二十三届全国文房四宝艺术博览会。6月，举办“五邑民俗，侨乡史话——江门市非物质文化遗产展览”。11月，新会葵艺、白沙茅龙笔、东艺宫灯、新会陈皮、百年狮鼓等在佛山举行广东省与东盟非物质文化遗产保护传承交流会展览。

文化产业建设　2008～2009年，文化产业成为全市经济社会发展的重要力量。其中，印刷产业成为全市文化产业的支柱性产业，2009年印刷企业总产值约70亿元，位居全省前列。鹤山市被授予全国印刷产业基地称号，雅图仕获广东省首批文化产业示范基地称号。新闻出版、文化旅游、古典家具、广播电视、动漫游戏以及会展等行业相继发展。2009年文化旅游总产值104

亿元。继2008年台山市大江镇获授“中国传统家具专业镇”称号后，2009年新会区被授予“中国古典家具之都”称号，全年全市古典家具业总产值30亿元。江门购书中心营业额居全省第三位，文华书城建设路店经营面积3000多平方米，五邑店经营面积6000多平方米，为粤西经营面积最大的书店，被省新闻出版局列为重点扶持的民营书店。《江门日报》全年经营总收入6000多万元，全市全年广播电视业总收入约4亿元。动漫游戏产业拥有“缤果”、“蔡李佛”两个全国知名的原创动漫品牌。2009年市会展中心举办会展活动共18场。全市文化产业总产值约213亿元，占全市生产总值的15.7%。

文化惠民工程　文化信息资源共享工程门户网站——江门五邑数字文化网新增数据5万多条，电子图书4万多册。各市区把文化共享工程与当地农村（社会）信息化工程建设结合起来，新设置一批基层服务点。新会区所有镇（街）、村完成基层服务点网络建设。全年在农村、社区放映达到3692场次，观众100万人次。由政府主导、动员社会力量捐建“农家书屋”共260多家。新建成农家书屋130多家。利用各级图书馆、艺术馆、电影放映机构等资源，组织文艺节目和文化产品下乡、进社区、人厂企。全市全年各级文化部门为乡村、社区和厂企送戏780场，送图书30多万册。继续拓展公益性文化服务。全市博物馆、纪念馆（除陈白沙纪念馆、梁启超纪念馆外）实行免费开放，实现博物馆资源使用的均等化。2008～2009年，五邑图书馆举办各类培训40多期，读者活动90多次，展览30多场；江门市文化馆两年来共举办艺术培训班100多期，展览29场；江门美术馆共策划举办各类艺术展览50多场次，参观人数超过20万人次。

【文化体制改革】　2009年，江门市以电影体制改革为重点，深化文化体制改革。开平市顺利完成电影公司转企改制。市文改办批复同意按照撤销江门市电影公司事业单位建制，将电影公司、东湖影剧院按国有企业性质合并为同一企业，统一经营管理，依照法人、账目、财产、人员四合为一的思路实施改制。江门市电影公司体制改革进入实施阶段。

【文化市场综合执法】　2009年，江门市各级文化市场综合执法部门，先后开展对互联网低俗之风、网吧、文化市场、娱乐场所涉毒等问题进行6个专项整治行动，严厉打击违法违规行为。加大力度保护知识产权，从印刷、复制、运输、销售等各个环节严厉打击非法出版物，推行企业使用软件正版化。打击“黑网吧”以及网吧接纳未成年人等违法经营行为，开展校园周边文化市场整治行动，保护未成年人健康成长。打击和取缔文化市场非法经营的地摊游商，整顿和规范市区文化市场经营秩序。专项整治利用游戏机赌博违法行为，对娱乐场所安全隐患，监督其排查整改工作。全年全市各级文化执法队伍共出动执法人员5.55万人次，处理违规单位共1637家次；检查各类经营单位1.49万家次，其中网吧4650家次，音像店2137家次，书报刊经营单位2124家次，印刷企业1482家次，歌舞及游艺娱乐场所2675家次。全市共查缴非法电子、音像出版物26.14万张，非法书、报、刊出版物21.14万册，查处取缔无证照地摊游商2848个，解决8宗计算机软件版权纠纷，并在258家网吧实现计算机操作系统正版化。市版权局、市文化市场综合执法大队加强保护知识产权的宣传教育工作，督促指导企业设计软件和网吧计算机操作系统的正版化工作，以协商、沟通、调解等方式处理9宗工业设计软件版权投诉，解决版权纠纷。

【教育事业概况】　2009年，江门市预算内教育经费投入27.58亿元，比上年增长4.02亿元。依法落实教育经费的“三个增长”，即政府教育经费财政拨款的增长高于财政经常性收入的增长，在校学生人数平均的教育费用逐步增长，教师工资和学生人均公用经费逐步增长。全年共创建江海区、开平市和鹤山市3个教育强县（区）；蓬江区荷塘镇，新会区大泽镇，台山市水步镇、海侨镇、冲蒌镇、白沙镇，开平市百合镇、塘口镇、沙塘镇、赤坎镇、蚬岗镇、马冈镇、苍城镇、月山镇、金鸡镇，鹤山市雅瑶镇、龙口镇、双合镇，恩平市大槐镇等 19 个镇顺利通过省教育强镇的验收。

教师工资福利待遇　实施义务教育学校绩效工资，推进教师工资福利待遇“两相当”（即县城内教师平均工资水平与当地公务员平均工资水平大体相当，县城内农村教师平均工资水平与城镇教师工资平均水平大体相当）工作。全市纳入实施绩效工资范围的教职工共 3.6 万人，增加生活补贴的退休人员共 1.54 万人。全市实施义务教育学校绩效工资，共增加财政支出 2.08 亿元。省补助专项资金共 1357 万元，其中恩平市 531 万元、台山市 420 万元、开平市 406 万元。市政府把解决代课教师问题列为政府主要考核和督办工作任务，同时列入《江门市惠民“新十条”实施方案》。通过专场“代转公”考试、转岗录用等方式，解决代课教师问题。符合省有关文件登记的代课教师 1427 人，经“代转公”考试录用为公办教师的有 700 人，转岗录用 181 人，辞退 534 人，自动离岗 12 人。全市投入 1000 万元用于辞退代课教师的经济补偿。至年底，全市全面解决中小学代课教师问题。发展农村教育，开展以农村教师培训为重点的教师继续教育培训工作，提高教师学历与专业化教学能力。

创建优质学校（幼儿园）　全市共创建优质中小学 18 所，其中，新会区 2 所，开平市 15 所，鹤山市 1 所。共创建优质幼儿园 8 所，其中，蓬江区 2 所，台山市 1 所，开平市 5 所。

教育信息化建设　改善农村中小学教学装备，市教育局组织人员到农村学校进行教育装备专项检查和调研，并及时向省教育厅反映情况。全年省专项经费补助 589.4 万元，自筹配套资金 419.2 万元，合计 1008.6 万元。增加农村中小学实验室 224 间、农村小学信息化教师用计算机 454 套，推动农村教育信息化建设。发挥现代教育技术实验学校的示范和辐射作用，以科研课题促教学发展。5 月，广东省电教馆到各市、区对第三批广东省现代教育技术实验学校进行中期评估和对第四批进行确认。全市共有 14 所学校通过专家的评估验收，被省教育厅确认为“第三批广东省现代教育技术实验学校”。4 月和 10 月，共组织学校申报 18 个省电教馆的教育信息技术课题，并全部通过立项。

教育教学研究　以教研工作促进义务教育均衡发展。市、市（区）、校三级教研网密切配合，以全市教育质量建设目标为导向，以破解农村义务教育质量瓶颈为着力点，开展包括课例分析、专题讲座等多种形式的学科教研活动，组织包括全市初中毕业生学业水平调研测试在内的多种层次、多种形式质量检测，引导教学面向全体学生、注重全面基础、关注持续发展。组织江门市区中小学中英数等多门学科的青年优秀教师送教下乡，到恩平牛江等镇中小学听课和上示范课。举办市与市（区）两级教研员、城乡两地教师座谈交流，探讨如何进一步提高全市义务教育质量，推进初中质量工程建设。参与初中教学水平评估工作，通过评估促进学校和办学单位更新观念、创新思路、完善措施。

加强高中教育质量建设。组织高一、高二学年调研测试，高三第一学期期末测试和高考模拟考试；开展数据统计和学科质量分析，召开研讨会，交流教学经验。2009 年江门市普通高考取得突破，多项指标达到历史最好水平：各类考生本、专科报考入围率 76%；全市普通高考本科入围人数 8914 人，比去年增加 1134 人；上重点分数线人数增加 156 人。新会一中马子真以理科总分 701 分名列全省第二。

提高教师专业水平和教学研究能力。组织初中语文、物理、化学、政治 4 个学科江门市青年教师优质课评比，组织 2009 年度江门市优秀教学论文评选，组织高中语文、数学等多个学科的教材培训，组织基础教育各学科特约教研员和骨干教师撰写新课程实验教学质量报告，组织开展教学视导、座谈交流、专题讲座、考试分析等多种形式的教研活动，结合实际参与上级教研部门或教材出版社组织的优秀课例评选或优秀论文评选等活动。广大教师包括市名师、学科带头人和各学科特约教研员在内的骨干教师参与教研活动，担任部分专题内容的主讲。教师的课例、论文等教学成果获市以上奖励200多人次。

教育科研成效显著。全市获各级立项的课题有11项，其中，教育部规划课题1项，省6项，市哲学社会科学4项。取得研究成果的有53项，其中，教育部级成果1项，省、市级成果52项。江门市培英高中校长何迪川《深化体艺特色内涵，促进学校和谐发展》课题，被列入全国教育科学"十一五"规划2009年度教育部规划课题；市教研室副主任陈育庭《基于"同步课堂"优质教师资源组织与开发研究》，郑晓鹏《爱国主义教育与校本课程的结合〈台山华侨奋斗之路〉》，李雅萍《生命化课堂教学行动与策略研究》，谷艳华《不同类型学生潜能发展与教育策略研究》，唐远廷、成鲜兰《传统文化在高中语文教学中的价值取向》，荣宏《外来工子女教育问题的对策研究》等6个被列入广东省教育科学"十一五"规划研究项目；陈育庭《基于时滞随机模型的学习成绩波动规律研究》、马瑛《江门市中小学教师心理健康现状研究》、梁卫东《江门市区域性文化资源利用与中学校本教材开发研究》、陈泽宁《网络环境对农村初中生心理影响研究》等4项课题被列入江门市哲学社会科学规划2009年度课题。梁卫东《用好地方资源，开展研究性学习》获部级"基础教育课程改革教学研究成果"；周华章主持的《基于多向交流的重写式作文教学的实践与反思》获第七届广东省普通教育教学成果奖二等奖；何迪川主持的《新疆班教育管理模式的实践与探索》获第七届广东省普通教育教学成果奖二等奖；丁云洪主持的广东省哲学社会科学规划项目《高中学习优秀与学习不良学生时间管理、学习策略的对比研究》通过省的结题验收。主题为"办好每一所学校，教好每一位学生"的2009年全省征文中，全市中小学教师提交论文353篇。经省专家评审，一等奖6篇，二等奖34篇；青年奖一等奖4篇，二等奖9篇。多项江门市哲学社会科学规划课题结题验收，获得"优秀"等级的有：李霭康的《江门市职业教育发展问题研究》，钟明灿的《教师人格特质，心理健康及其对学生的影响研究》以及梁福佐、林仲贤的《恩平侨乡留守生的心理健康研究》。

【扶困助学】 2009年，江门市继续实施农村困难家庭义务教育阶段学生补助生活费。全市共有1.9万名农村困难学生享受生活费补助，其中小学生1.33万人，初中生5711人。省划拨江门市农村困难家庭义务教育阶段学生生活费补助资金共523.52万元。80%的学生按每生每学年200元的补助标准给予补助，20%的特殊困难学生按每生每学年小学500元，初中750元给予补助。

继续做好江门市普通高中困难家庭学生资助工作。根据江委办〔2008〕64号文件的要求，给予普通高中困难家庭学生每生每学年高一年级1000元，高二、三年级700元的资助。2009～2010学年全市符合资助条件的学生共有741名，其中：高一学生250名，高二、高三学生491名，补助总金额59.37万元。

优待困难转复退军人等优抚对象的子女。对符合江办发〔2008〕10号文件的三类优待对象的直系子女上学给予优待：入读市内公办普通高中的学生给予每人每学年高一年级1000元，高二、三年级700元的学杂费或生活费资助；入读市内中等职业学校的学生，在一、二年级就读期间给予每生每学年1500元的生活费资助。2009～2010学年全市符合优待困难转复退军人子女资助条件的学生共有1029人，补助总金额共83.62万元。另外，对于2008～2009学年漏报、迟报的对象进行补办。经审核统计，补报符合优待困难转复退军人子女资助条件的学生共有462人，补助总金额共38.28万元。

落实中等职业学校国家助学金市财政补助资金的发放工作。对所有广东农村户籍和城市家庭经济困难的中等职业学校全日制学籍的在校一、二年级学生均给予每人每年1500元的生活费资助。2009年春季学期，全市受国家助学金资助的中职学生（不包括技工学校）共13.68万人次助学总金额 2052 万元。秋季学期共有 14.05 万人次，助学总金额达 2107 万元。

港澳台同胞、社会人士热心捐资助学。叶氏化工助学暨奖教奖学金共 60 万元，用于资助高考中品学兼优的优秀贫困学生。江门市成立五邑慈善会，扶助五邑地区普通高中阶段家庭经济困难学生 300 名，每生发放 2000 元人民币助学金，共 60 万元。

【开设新疆高中班】 2009 年，江门市培英高级中学开设内地新疆高中班，落实国家加快西部开发战略。2009 年首届新疆班毕业生 76 人，75 人参加全国普通高校招生考试，全部达到本专科入围分数线，其中达到本科线以上的 74 人，重点线 54 人。秋季，培英高中招收 2 个班 90 名学生。至年底，学校有 8 个新疆高中班，在校学生 350 人，分别来自新疆 14 个地区和兵团的维吾尔族、哈萨克族、柯尔克孜族、蒙古族和塔吉克族。

【医疗卫生概况】 2009 年，江门市全市共有医疗卫生机构 1774 个，其中医院 126 所，专科防治所、站 11 个，疾控中心 6 个，卫生监督所 6 个，门诊部、诊所、医疗室等机构共 1625 个。拥有病床数 1.17 万张，每千人口拥有病床数 2.79 张。卫生工作人员 2.16 万人，卫生技术人员 1.8 万人，每千人口拥有卫技人员 4.26 人。三级甲等医院 1 所（江门市中心医院），三级甲等中医院 1 所（江门市五邑中医院），二级甲等医院 15 所，一级甲等医院 23 所。全市卫生系统完成门诊量 2162.25 万人次，出院病人 43.37 万人，医疗业务量连续 5 年快速增长。居民期望寿命为 78.73 岁，婴儿死亡率 4.46‰，孕产妇死亡率 5.18/10 万。

是年，市卫生系统组织开展“优质服务、廉洁行医”、预防职务犯罪警示报告、理想信念教育等活动。全市医务人员拒收、上交“红包” 1023 人次，金额 24.9 万元。市第三人民医院行医廉洁保证金试点工作继续推进，市五邑中医院成为市纪委信访工作联系点，市妇幼保健院、市中心血站开展排查廉政风险点试点活动。全市卫生系统获全国先进集体 9 个、先进个人 7 人；获省级奖项 57 项。

药品、医用耗材招标采购 全市 123 家单位参加药品网上采购，成交金额 12.24 亿元；42 家单位参加耗材集中采购，成交金额 2.24 亿元。减轻群众药费负担 3.64 亿元。全市 2 次召开医用耗材及检验试剂集中采购工作小组会议，对第二、三批耗材单独备案品种审核投票，评选出耗材单独备案品种 2567 个。为衔接全省统一采购工作，印发《2008 年度江门市医疗卫生机构医用耗材及检验试剂集中采购实施方案》，延期执行 2007 年度江门市医疗卫生机构医用耗材及检验试剂集中采购周期。

卫生信息化 市卫生局开展卫生部“区域卫生信息资源规划”试点工作，启动并投入 146 万元支持 6 家农村卫生院信息化建设试点工作。市五邑中医院被评为“全国中医医院信息化示范单位”，市中心医院的《数字化医院的开发与建设》获省科学技术三等奖。争取社会力量支持卫生信息化工作，与移动江门分公司签订战略合作框架协议，与江门日报社合作启动江门爱卫信息网站。

农村卫生 江门市 873 条行政村全部建立农村卫生站。落实农村卫生站“一村一万元”补贴政策，省、市、县（区）三级财政补贴共 853 万元。出台并实施《关于加强乡村医生队伍建设的若干意见（试行）》，全市共培训乡村医生 301 人。在新会区召开全市卫生系统“双挂一培训”现场会。新会区、台山市、开平市等相关卫生院规范化建设与管理试点工作经验在全市推广。

社区卫生 全市共设置社区卫生服务机构 50 个，其中社区卫生服务中心 19 个，社区卫生服务站 31 个，服务人口约 136.77 万人。城市社区卫生技术人员 1346 人，其中医生 629 人，护士 544 人；社区床位 679 张。社区卫生服务网络在应对甲型 H1N1 流感等突发公共卫生事件中发挥重要作用。鹤山市、恩平市加大对社区卫生服务中心规范化建设。市育德社区卫生服务中心继续开展双向转诊工作，全年共转诊 632 人；开展家庭病床管理共 415 例次；全年共有 455 个药品执行零差价销售，优惠药费 40 多万元。

中医工作　江门市在全省率先出台《关于推动江门市中医药事业发展的实施意见》及一系列细化的方案。5 家中医坐堂医诊所试点工作稳步推进，市五邑中医院名中医工作室获“全国首届先进名医工作室（站）”称号；江门中医药学校被广东省社科院评为广东省办学水平竞争力十强的第四名。市五邑中医院脑病科通过国家中期评估，该院肛肠科、妇科、肺病科成为省“十一五”第二批中医重点专科；新会中医院蛇伤科、骨伤科、肛肠科，台山中医院骨伤科成为省“十一五”中医特色专科。首批中医“名师带徒”10 名弟子顺利出师；新会区中医院李景新获“2009 年全国基层优秀中医”称号。全市有 80.8%的卫生院、66.7%的社区卫生服务中心以及 55.5%的社区卫生站提供中医药服务。推进中医“治未病”体系建设，包括“治未病”健康工程 2 个中心试点单位、2 个社区示范点和 12 家乡镇示范点。

医政工作　市卫生系统开展医院管理年、平安医院创建、医疗安全百日专项检查、医疗质量万里行、临床用血管理、临床药师制试点工作中期评估等活动。全省医院管理年活动督导检查，江门市中心医院的医疗质量管理工作得到省督导组高度的评价。在全省女职工静脉输液技能大赛中，1 人获技能二等奖，1 人获理论二等奖。江门市中心医院代表江门市参加全省急救技能大赛获三等奖。

医学教育与科研　制定《关于进一步加强江门市医药卫生科技项目管理的意见》，规范科研立项的申报、评审以及中后期管理工作。江门市人民医院被认定为南方医科大学非直属附属医院。全市共有 6 所医院获得普通高等医学院校非直属附属医院资格。全年组织申报各级医药卫生科研项目，获得科研立项 241 项，资助资金 8 万元。按照省中医药局要求，对 2005 ~ 2006 年江门市 16 项省中医药局科研项目进行全面检查验收，其中完成结题验收 6 项，申请结题 6 项，申请延期 4 项。

【医疗卫生对口援建】　2009 年，江门市派出 5 批 34 人赴汶川县雁门乡开展灾后医疗援建工作。重点开展医疗救治、消毒杀虫、疾病监测等工作。实施“9+1”项目计划，率先在灾区重建村卫生站；率先在汶川开通心理热线，保障灾区群众身体健康。

年内，全市共有 37 名城市卫生技术人员在晋升副主任医师之前到恩平实施支援帮扶。开展“卫生下乡”活动，共派出下乡医疗队 33 支，免费检查群众 2.16 万人次，诊治 2.9 万人次，发放宣传资料 8.31 万份，办医务人员培训班 251 次，培训医务人员 6873 人次，赠送药品器械共 41.8 万元。组织城市医院支援育德社区卫生服务中心工作，共有 10 名城市医生进社区提供服务。

【卫生应急】　2009 年，江门市重点做好甲型 H1N1 流感疫情防控工作，全市卫生系统建立联防联控机制，加强重点场所、重点环节防控和重症病例救治，在全国首推居家隔离治疗，为甲型 H1N1 流感防治工作探索新模式。市、区两级政府均拨出专项资金配备检测救治设备、储备应急物资、开展疫苗接种等，投入共 600 多万元。全市累计接种甲流疫苗近 20 万人，确诊甲流病例 668 例，疫情得到有效控制，实现甲型 H1N1 流感零死亡。

【疾病预防与控制】　2009 年，江门市连续 17 年无脊灰、21 年无白喉、16 年无乙脑以及 11 年无百日咳。艾滋病防治工作不断加强，感染率连续三年呈下降趋势。全市设立 9 个美沙酮维持治疗门诊。台山、开平、恩平启动第二轮全国艾滋病综合防治示范区工作。台山市获卫生部授予“第一轮全国优秀艾滋病综合防治示范区”称号。江门市为耐多药结核病防治项目的新增项目点，全市以县为单位的现代结核病控制策略覆盖率100%。铺开预防接种门诊规范化建设，完成规范化建设的预防接种门诊共85个，建成率97.7%。麻疹疫苗接种率97.82%。寄生虫病防治工作稳步推进，蓬江区省级肝吸虫病综合防治示范区成效明显，目标人群的肝吸虫感染率从21.47%下降到8.22%，超过省的标准。在全市建立国家、省精神疾病“医院——社区”一体化防治模式示范区，覆盖200多万人口，市第三人民医院获卫生部授予“全国医药卫生优秀单位”称号。实施世界卫生组织等国际项目，为近7000名人员开展梅毒、性病、艾滋病免费筛查。地方病、狂犬病等得到有效防控。

【妇幼保健】 2009年，江门市实施妇女儿童发展规划，规范母婴保健技术服务。开展新生儿疾病筛查工作，筛查3.8万多例。在市区部分街道开展为妇女进行“两癌”筛查工作，共为1.01万名妇女进行免费乳腺癌检查，并为癌症患者进行手术治疗。全年共为4000多人进行免费婚前、孕前健康检查，其中新会区婚前检查率29.03%，居全省前列。江门市、台山市、恩平市划拨专项经费用于改善镇级卫生院儿童保健室建设。儿童保健管理水平全面提升，镇级卫生院儿童保健室建设经验在全省推广。

【卫生监督】 2009年，江门市共发放卫生许可证4720个，职业卫生“三同时”审批44宗。开展食品、公共场所、生活饮用水、消毒产品、传染病、职业病等公共卫生监督工作。实施卫生监督量化分级管理，开展打击违法添加非食用物质和滥用食品添加剂等专项整治行动，食物中毒事件和职业中毒得到有效控制。加大打击非法行医力度：全市共立案查处96宗，共处罚金38.29亿元，移送涉嫌违规医疗广告案件1宗，取缔60个无证行医窝点。各项卫生审批项目办结时间均比法定时限减少50%以上，减免有偿卫生技术服务费用101.4万元。卫生行政窗口连续六年获创“零投诉”先进单位。

【食品卫生专项整治】 2009年，江门市开展元旦、春节、五一、中秋和国庆节前食品专项整治，开展打击违法添加非食用物质和滥用食品添加剂、工厂食堂、饮用水消毒剂、公共场所、职业卫生和打击非法行医等10多专项整治行动，提高全市整体卫生水平，控制公共卫生事件的发生。

【爱国卫生活动】 全市开展第21个爱国卫生月活动，市县级以上财政拨付改厕专项资金435.2万元，引导和带动集体和农户投入卫生户厕改造资金约2304.8万元。新建改建卫生户厕3.3万多户，完成市政府全年目标考核任务的272.1%。全市卫生户厕普及率77.14%。连续8年无登革热病媒生物传播疾病发生。开通江门市爱国卫生网站。

是年，全市向市爱卫会申报省、市卫生村共有91条，有68条村庄通过考核验收达到省市卫生村标准，其中省卫生村26个，市卫生村42个，完成市政府年度目标考核任务的158.1%。恩平市东成镇、江海区滘北街道和鹤山市鹤城镇创建为江门市卫生镇。

【住房保障】 住房公积金 2009年，江门住房公积金新开户2.66万人，累计缴存25.84万人。全年归集住房公积金16.69亿元，累计归集住房公积金73.59亿元，归集余额38.77亿元。发放个人住房公积金贷款5730户、10.73亿元。个贷使用率51.03%，实现增值收益9793.06万元。实行住房公积金自动提取还贷业务，全年共办理该业务7625笔，其中蓬江、江海两区5066笔，新会区1826笔，台山256笔，开平53笔，鹤山351笔，恩平73笔。提高住房公积金缴存比例和公积金贷款额度，市区将个人公积金贷款最高额度从15万元提高至20万元，2人及以上则从30万元提高至40万元。实现珠三角住房公积金异地互贷，其他各市区公积金贷款最高额度均有不同幅度的上调。

解决城镇低收入家庭住房困难 落实廉租住

房保障资金 2829.6 万元，建设用地 2.782 公顷。落实经济适用住房建设资金 1576.38 万元，建设用地 2.81 公顷。年内新建成廉租住房 346 套，经济适用住房 97 套。对 619 户家庭实施廉租住房保障，其中实物配租 389 户，货币补贴 230 户；对 189 户家庭实施经济适用住房保障。除恩平市外，其余各市（区）全部解决人均居住建筑面积 10 平方米以下的家庭住房困难问题。开平市廉租保障范围还扩大到人均居住建筑面积 13 平方米以下，经济适用住房保障范围扩大到 15 平方米以下。全市对符合廉租住房保障条件的申请户做到应保尽保。

住房货币分配　至年底，全市累计参加住房货币分配职工 2.23 万人，其中机关单位 5500 人，事业单位 7400 人，企业单位 9400 人；累计向职工发放住房补贴资金 5.39 亿元，其中机关单位 1.44 亿元，事业单位 1.68 亿元，企业单位 2.27 亿元。全市参加住房货币分配职工比上年新增 2291 人，其中机关单位 379 人，事业单位 1314 人，企业单位 598 人；新增发放住房补贴资金 7657.65 万元，其中机关单位 923.7 万元，事业单位 4273.93 万元，企业单位 2460.02 万元。

【劳动就业】　扩大与促进就业　2009 年，江门市先后制定促进就业、鼓励创业、稳定就业等 22 个配套政策文件。全年全市新增就业 5.33 万人，完成目标任务的 118.4%；城镇失业人员再就业 4.3 万人，其中就业困难人员再就业 4404 人，分别完成目标任务的 143.3%和 146.8%；全市城镇登记失业率为 2.42%，比既定目标低 0.88 个百分点。实施“千企扶千村”就业工程，全年全市实现转移就业 3.92 万人，免费培训农民后转移就业 3.69 万人。

人力资源市场与就业服务　全市共 88 个街道（镇）劳动保障事务所、141 个社区劳动保障事务站实现“八统一”，即工作职责、业务流程、资料台账、服务规范、管理制度、信息系统、设施标识、人员配备的统一，形成市、区（县）、街道（镇）、社区四级劳动保障工作网络，实施“一站式”免费服务。至年底，共有 88 个街道（镇）劳动保障事务所和 104 个社区劳动保障事务站与市人力资源市场实现联网互通，47 个街道（乡镇）、108 个社区（村）建立远程见工招聘系统。

举办高校毕业生、民营企业招聘周等专项就业服务活动，结合“南粤春暖行动”、“春风行动”等系列活动，举办大型劳务招聘会、劳务集市，为各类求职者搭建就业平台。全市共推荐介绍各类劳动力就业 14.18 万人次，开展职业指导 11.34 万人次，实现就业 6.32 万人。举办各类主题招聘会 11 场，为 1940 家企业输送劳动力 2.62 万人。全市共举办“‘南粤春暖’农民工‘零收费’专场招聘会”553 场：进场企业 1.29 万家，提供岗位 15.16 万个，进场求职人数 28.55 万人，实现就业人数 5.74 万人。全市在创建充分就业社区活动中，登记失业人员 1.07 万人，其中帮扶就业困难人员实现就业 3645 人，开发就业岗位 9520 个，推荐安置就业人数 6007 人。5 月，江门市就业服务管理中心被省人民政府评为“全省农村劳动力技能培训转移就业工作先进集体”。

职业技能培训　全市建立定点培训机构 244 个，其中就业前培训点 66 个，企业上岗前培训点 119 个，农村实用技术培训点 45 个，镇级综合培训点 14 个；建立省级农村劳动力培训机构 36 个；开展培训工种 165 个，形成覆盖城乡的多层次、多渠道的农民职业培训体系。

开展各类职业培训 7.15 万人，其中免费技能培训 5.8 万人；开展农村富余劳动力培训 4.52 万人，其中就业前培训 2.04 万人、企业上岗前培训 1.87 万人、农村实用技术培训 6082 人，完成目标任务的 112.9%，培训后转移就业 3.69 万人，就业率 81.7%；省级农村劳动力培训机构转移就业培训 4.12 万人，完成目标任务的 103%，培训后转移就业 3.72 万人，就业率 90.3%；农民工技能提升培训 8294 人；城镇失业人员培训 4496 人，推荐就业 3187 人，就业率 70.9%；创业培训 1069 人，完成目标任务的 106.9%。成功创业和实现自谋职业 540 人，就业率 50.5%，带动就业岗位503个。组织参加高技能培养4337人，其中高级工3775人，技师以上562人，完成目标任务的131.4%。

是年，全市技工学校招生8069人，完成招生任务的132.3%。组织培训机构和技工学校开展订单培训，组织培训2.12万人。参加职业技能鉴定7.06万人次，其中专项能力鉴定8946人，初级工4.27万人，中级工1.47万人，高级工3775人，技师486人，高级技师76人；获得职业资格证书6.4万人，其中专项能力8869人，初级工3.86万人，中级工1.37万人，高级工2612人，技师218人，高级技师47人，鉴定合格率90%。

劳动者权益保障 开展专项整治和专项检查行动，加强企业工资支付监控工作。全市劳动保障监察机构共处理劳动监察案件4860宗，为劳动者追回拖欠工资1098.89万元。推进劳动争议仲裁机构实体化建设和仲裁员队伍建设，全年全市劳动争议仲裁共立案5309宗，上年余案363宗，全年共结案5161宗，结案率90.9%；调解2210宗，调解率为42.8%。全市共受理群众来信来访案件5230宗，接待群众7820人次；处理集体上访案件28宗，涉及人数3050人，实现国庆期间江门市劳动保障系统到省进京零上访。

【社会保险简述】 至2009年底，全市基本养老保险（含企业养老）、基本医疗保险（含城镇居民医疗保险）、失业保险、工伤保险、生育保险的参保人数分别完成省下达任务的106%（其中企业养老103%）、102%（其中城居医保100.25%）、102%、101%（农民工参工伤保险）、102%，而其征收缴费分别完成省下达任务的108%、107%、143%、122%和123%。

养老保险 至年底，全市职工基本养老保险缴费61.03万人，在领养老金14.40万人，月人均养老金1003元，比上年末增加183元。全市职工基本养老保险基金征收缴费21.5亿万元；基本养老待遇支出17.8亿元。全市企业养老保险缴费57.05万人，完成市政府下达任务的103.77%。全市企业养老保险费收入20.61万元，完成市政府下达征收任务的111%。全市被征地农民参加养老保险2.33万人，其中参保缴费人数1.5万人，60岁以上农民领取老年生活津贴8241人，完成省下达任务111%。全市移交社区管理的企业退休人员3.75万人，完成省下达任务的125.26%。

企业离退休人员基本养老金按规定及时调整提高。1月，完成全市企业退休人员基本养老金年度调整工作，全市企业退休人员月人均养老金903.33元，比上年末增加83元。10月，缓解全省企业退休人员基本养老金偏低和地区不平衡问题，发挥社会保险“保增长、保民生、保稳定”的社会功能，江门市对企业退休人员每人每月增发过渡性养老金100元。

解决历史遗留问题。市区受理视同缴费年限核定业务6896宗，历年累计3.42万宗，其中，军队部分退役人员军龄审核302宗，历年累计922宗，被重新确认退休统筹缴费年限的早期离开企业人员770名，历年累计4943名。全市办理一次性缴纳养老保险费的早期离开市属国有集体企业人员3628名。市区通过基层劳动保障事务所（站）办理参保人领取养老待遇资格认证3.73万宗。

被征地农民养老保险试点工作继续推进。12月底，全市有73个村集体经济组织分别列为各市、区历年被征地农民参加养老保险的试点村，共有1.5万名被征地农民参保缴费。

医疗保险 至年底，全市职工参加基本医疗保险71.32万人，基金征收收入为12.35亿元，待遇支出10.58亿元。蓬江、江海两区3354家企业7886名职工参加住院基本医疗保险，142名职工享受住院待遇，报销金额共计177.22万元，报销比例最高达到93.6%。

社会保障局逐步建立多层次的医疗保险制度体系。解决困难企业退休人员的医疗保障问题。出台《关于印发江门市困难企业退休人员等参加城镇职工基本医疗保险工作方案的通知》，由政府财政、医疗保险基金出资，为全市符合规定的

4595名退休人员办理医疗保险参保手续。临时调整医疗保险缴费费率，减轻企业负担。蓬江、江海两区和新会、台山、开平分别将城镇职工基本医疗保险企业缴费率临时下调2%、1%、0.5%和0.5%，累计为企业减负1.04亿元。提高城镇居民医疗保险待遇。从11月起，江门市城镇居民医保最高支付限额由累计4万元提高到6万元，基金支付比例在原基础上分别提高5%，个人自付比例在原基础上降低5%。调整后基金最高支付比例可达65%。

设定红十字会医院和江门市残联康复医院为试点单位，将家庭病床纳入基本医疗保险住院管理。至12月底，共有322人次办理家庭病床申请手续，其中178人次办理医疗费用报销手续，报销金额共计93.83万元。做好市直机关担任正处级领导职务8年以上的干部医疗补助和医疗救助的待遇支付及政策解释工作。至12月底，共支付费用14.61万元，其中医疗补助12.61万元，医疗救助2万元。实现全市社保IC卡“一卡通”。出台《江门市广发社会保障卡“一卡通”实施办法（试行）》，持有江门医保IC卡的市民，可凭卡在四市三区的社保定点服务机构支付医保范围内的费用，不必再支付全额的医疗费用。

失业保险　9月1日起，按规定提高失业保险金标准，由原来536元/人月调整为616.4元/人月。提高农民合同制工人一次性生活补助标准，由按失业前月平均缴费工资12%提高到20%，参加失业保险每多一个月加发月平均缴费工资的1%提高到2%。临时调整失业保险缴费费率，从4月1日起，江门市企业单位失业保险缴费费率由2%降低至1%。至年底，共为企业单位减负5216万元。全市职工失业保险参保人数49.47万人；领取失业金9.30万人次。全市职工失业保险基金征收收入1.67亿元，待遇支出1.2亿元。制定江门市失业保险市级统筹方案，并将从2010年1月1日起全市实施。

工伤保险　1月，制定《江门市老工伤人员有关工伤待遇纳入工伤保险基金支付的申办规程》，将江门市老工伤人员有关工伤待遇纳入工伤保险基金支付范围，解决老工伤人员的工伤待遇问题。全市工伤保险缴费费率由用人单位缴费按所属全部职工上年度月平均工资总额的1%降低为0.7%，累计为全市企业减负1989万元。至年底，全市职工参加工伤保险46.36万人，享受工伤待遇2791人次。全市职工工伤保险基金征收收入5658万元，待遇支出2975万元。全市共认定工伤案件4115宗；办理劳动能力鉴定（确认）2425宗，其中工伤劳动能力鉴定1892宗，病退鉴定234宗，工伤职工仍需治疗（旧伤复发）确认73宗，工伤职工安装康复器具确认29宗，工伤职工停工留薪期、医疗终结期和延长医疗终结期确认154宗，改制企业职工劳动能力鉴定26宗，受理其他的委托鉴定　17宗。

生育保险　降低蓬江、江海区生育保险缴费基数。由原来的按两区上年度全部职工月平均工资（2087元）缴费，调整为按全市上年度全部职工月平均工资（1615元）缴费，累计为蓬江、江海区企业减负46万元。至年底，全市职工参加生育保险33.56万人，享受生育待遇4979人次。全市职工基本生育保险基金征收收入2541万元，待遇支出1161万元。（江志办）

体制改革

【行政管理体制改革】　2009年，江门市完成市、县两级政府机构改革，实行职能有机统一的大部门体制，市政府工作部门由36个减少到32个。调整市和县级市（区）、政府和市直部门之间的职能关系，对地级市和县级市（区）以及部门之间的职权进行调整，进一步明晰职责范围。创新行政运行机制。调整清理行政审批事项，取消25项，下放市、区管理15项，审批权限在市级部门保留44项，把85%以上的行政审批事项下放到各市、区管理，实现行政管理重心下移。建成新行政服务中心，推行“并联审批”和“一站式”服务，涉企项目审批全部进入中心办理。

运用网络技术，实现省、市、县、镇四级联网监察，实现对行政审批事项在线监督、预警纠错、绩效评估和提供信息服务。

【农村经济体制改革】 农村经营体制改革 2009年，江门市建立镇级土地流转服务组织13个，村级土地流转服务组织151个；推动全市2.95万公顷农村土地合法、规范、有序流转。7月，恩平市沙湖镇着手开展试点工作，以促进农民持续增收为核心，以发展现代农业为方向，坚持“依法、自愿、有偿”的原则，引导和规范农村土地流转。建立农村土地流转服务中心，由一位副镇长兼任中心主任，设有土地流转管理员、信息联络员、合同鉴证员、纠纷调解员、档案资料员等“五大员”；各村委会相应成立以村主任为站长的农村土地承包经营权流转服务站。为规范管理和运作，该镇建立“一栏三簿六制度”为主的管理制度：“一栏”即农村土地流转信息发布栏，“三簿”即《农村土地流出意向登记簿》、《农村土地流转需求意向登记簿》、《农村土地流转台账登记簿》，“六制度”即岗位责任、信息发布、备案审查、档案管理、纠纷调解、风险预警制度。沙湖镇试点建立土地流转服务中心后，不仅避免土地流转暗箱操作等行为，也通过透明的市场化运作，提升土地流转的规模与质量。

集体林权制度改革 制定《关于推进集体林权制度改革的实施意见》，各市（区）均选择1个有代表性的镇作为试点镇，开展试点推行工作。鹤山市试点共和镇，从镇到村成立集体林权制度改革领导小组及工作小组。鹤山市林业局和镇干部组成工作组深入到村，对每块集体林地权属、界线、涉及户数、人数等有关情况进行摸底调查。采用电视、电台、网络、标语、横额、宣传牌等措施进行宣传。

开展被征地农民养老保险试点工作 全市各级安排被征地农民参加养老保险资金1.02亿元，确保被征地农民养老保险制度的实施。全市共有2.33万名被征地农民参加养老保险，有8421名60岁以上农村老人按月享受112元的老年生活津贴待遇。

农村金融体制改革 全市推进政策性农村住房保险，涉及应保农户66.3万户，完成承保农户55.6万户，占应保户数的83.83%。在恩平市开展政策性水稻种植保险试点工作，市本级安排专项资金1000万元，投保水稻保险面积7800公顷，参保户数2万多户，收取农户保费70多万元。恩平汇丰村镇银行于3月19日开业，针对恩平农村金融服务的需求，推出一系列适合中小企业和“三农”的新型信贷产品。

【流通体制改革】 2009年，江门市推动商贸流通业结构调整优化，出台《江门市加快发展现代物流业的工作意见》，扶持中小流通企业发展。3月，江门市与香港物流商会共同签署《促进现代物流业发展合作备忘录》，建立区域物流合作、交流、培训机制。开展“摩博会”、2009江门进出口商品展销会，组织企业参加“中博会”、“西博会”、“广交会”等会展活动。加强“万村千乡”市场工程和特色街区建设，贯彻落实“家电下乡”、“汽车摩托车下乡”等政策，开展促进节假日市场消费、开展诚信兴商活动，全年实现商品销售总额965.64亿元。

【国有企业改革】 2009年，江门继续推进国有企业改革，省七建集团公司改制、江门造纸厂人员安置和资产移交、市电池厂破产财产处置、中旅集团转让资产移交、市水务集团正式运作、美雅股份公司复牌、市汽运集团重组发展、甘化股份公司扭亏保牌等一批重点改革与发展项目取得成果；市鸿业公司与中国海洋石油总公司销售广州分公司合作经营油品、金羚集团滚桶洗衣机二期扩产等招商引资项目取得进展。市直国有企业招商引资取得成效，引进滚筒洗衣机二期扩产和太阳能电池片两个投资项目，总投资682万美元。全年实施国有企业改制7户，累计安置职工1678人，发放职工安置费用7957万元；利用外资民资1.33亿元；移交社区管理退休人员2298人，支付退管费345万元。

（江志办）

东莞市

东莞市

基本情况

【地理位置】 东莞市位于广东省中南部、珠江三角洲东北部，北接广州、南连深圳、毗邻港澳，地处穗港经济走廊中间，是穗港水陆交通的必经之路。古代因地处广州之东，境内盛产莞草而得名。东莞是中国近代史的开篇地，林则徐在虎门销烟抗英，震撼中外。全市陆地面积2465平方公里，海域面积150平方公里，海岸线长115.95公里。2009年末全市户籍人口178.73万人，全市常住人口635万人。东莞是著名的侨乡，祖籍东莞的海外华侨有20多万人，港澳台同胞80多万人。

东莞市是南中国的重要交通枢纽。107国道、广深高速公路、莞深高速公路、增莞高速公路贯穿南北，常虎高速公路、东部快速干线横贯东西，与境内4条主干公路、13条联网公路形成发达的交通网络。广九铁路、广深准高速铁路穿越东部各镇，并与广梅汕铁路和京九铁路交汇。主航道岸线53公里，内河通航里程643公里。国家一类口岸虎门港对外国籍船舶开放，每天有多班客船直航香港。在东莞市周边，有深圳宝安和广州白云2个国际机场。

【历史文化】 东莞为岭南古邑。东晋咸和六年(331)立县，初名宝安，隶属东官郡；唐至德二年（757）更名东莞。南宋绍兴二十二年(1152)，分东莞的香山镇立香山县（今中山市）；明万历元年（1573）将东莞守御千户所、编户五十六里立新安县（今深圳市宝安区）。清沿明制。民国时期，先后隶属于广东省粤海道、粤中行政区、第一行政区和第四行政区。中华人民共和国成立后先后隶属于广州市、佛山地区、惠阳地区。1985年9月撤县建市，1988年1月升格为地级市。

东莞市是广东省历史文化名城。有闻名中外的林则徐销烟池、沙角炮台、威远炮台等鸦片战争遗址和鸦片战争博物馆、海战博物馆等爱国主义教育基地，有新石器时代的蚝岗遗址、明代的迎恩门楼、金鳌洲塔、榴花塔、袁崇焕故居、明清时期的燕岭摩崖石刻、清代广东四大名园之一的可园和蒋光鼐故居、东江纵队抗日纪念馆等人文景点。

【城市特色与荣誉】 东莞市先后获“全国创建文明村镇先进市”、“全国科教兴市先进市”、“全国两基教育先进市”、“中国优秀旅游城市”、“最佳中国魅力城市”、“中国最具经济活力城市”、“全国绿化模范城市”、“国家园林城市”、“国家卫生城市”、“中国投资环境百佳城市”、“国际花园城市”、“中国典范品牌城市”、“中国制造业10大最具竞争力城市”、“中国制造业名城”、“信息产业国家高技术产业基地”、“中国优秀创新型城市”、“中国最具投资价值新锐金融生态城市”、“全国文明城市”、“全国社会治安综合治理优秀市”等称号；2009年在中国社科院发布的《2009年中国城市竞争力蓝皮书：中国城市竞争力报告》报告中，东莞综合竞争力在全球500座城市中名列第254位。 （莞志办）

经济社会发展概况

【概况】 2009年，东莞市全市完成生产总值3763.91亿元，按可比价计算比上年增长5.3%。

东莞市国民经济发展情况（2009 年）

表一

项目 \ 区县别	户籍人口	地区生产总值		人均地区生产总值		工业总产值		农林牧渔业总产值		全社会固定资产投资额	
	（万人）	绝对值（亿元）	比上年增长（%）	绝对值（元）	比上年增长（%）	绝对值（亿元）	比上年增长（%）	绝对值（亿元）	比上年增长（%）	绝对值（亿元）	比上年增长（%）
合计	178.73	3763.91	5.3	56601	10.0	6762.8	−3.3	25.31	3.3	1094.08	13.0

表二

项目 \ 区县别	外贸出口总额		实际利用外资		地方财政一般预算收入		社会消费品零售总额		城镇居民可支配收入		农村居民人均纯收入	
	绝对值（亿美元）	比上年增长（%）	绝对值（亿美元）	比上年增长（%）	绝对值（亿元）	比上年增长（%）	绝对值（亿元）	比上年增长（%）	绝对值（元）	比上年增长（%）	绝对值（元）	比上年增长（%）
合计	551.69	−16.0	25.94	6.0	231.16	10.5	956.25	14.1	33045	9.1	13064	6.0

工业总产值 6762.8 亿元，下降 3.3%；来源于东莞的财政收入 627.82 亿元，增长 4.5%，其中市财政一般预算收入 231.16 亿元，增长 10.5%；进出口总额 941.55 亿美元，下降 17.0%，其中出口 551.69 亿美元，下降 16.0%；固定资产总投资 1094.08 亿元，增长 13.0%；社会消费品零售总额 956.25 亿元，增长 14.1%；金融机构各项人民币存款余额 4986.61 亿元，比年初增长 14.6%。城市居民人均可支配收入 33045 元，增长 9.1%；农村居民人均纯收入 13064 元，增长 6.0%；三大产业比例为 0.4∶47.1∶25.5。

（莞志办）

基础设施建设

【交通基础设施建设情况】 2009 年，东莞市完成交通基建投资 78 亿元，比上年增长 24%。

公路建设　博深高速东莞段动工建设，广深沿江高速公路东莞段累计完成投资 56%；深圳外环高速公路开展初步设计；莞深高速三期、虎岗高速公路建成通车；从莞高速公路东莞段（含清溪支线）一期工程动工建设。虎岗高速虎门港支线二期开展施工图设计；番莞高速跨江大桥工程开展初步设计；虎岗高速长安港区支线“工可”（工程可行性）研究报告编制完成并上报省审查；番莞高速东延工程完成项目可行性研究报告，上报省审查；莲花山过江通道工程完成路线探勘。龙凤大道、沙河大桥和博罗园洲至东莞石龙公路改造项目动工建设；碧厦收费站正式双向通车运营；泗黎公路东莞段升级工程基本完工。西部干道麻涌立交工程建成通车，省道 S120 中麻公路、省道 S256 篁村至虎门段、S358 虎门至长安段及省道 S120 石排至桥头段路面大修、东深公路塘厦段新建跨线桥及玉泉工业区平面交叉工程进展良好，石大公路路面大修工程开展初步设计。推进莞惠两市跨东江大桥和莞深两市跨东宝河大桥建设进展。

镇村联网路建设　镇际联网路共计 8 条全线完工，23 条在施工建设，累计完工里程 71.7 公里，施工里程 77.8 公里。村际联网路共计 41 个项目 127.8 公里完工，53 个项目 141.1 公里在施工，66 个项目 171.8 公里进行前期工作，累计完成投资额约26.2亿元。

港口码头建设　同舟液体化工公用码头工程完成竣工验收，沙田港区5#6#泊位开展环保、安全、档案等专项验收工作。九丰LPG码头、中海油油品码头、海昌煤码头（一期）、沙角A电厂码头改造加固工程完工进入试运行。东洲国际石化码头、海湾石化码头（一期）、新沙南作业区2#3#泊位、中远船务舾装码头完成码头主体工程，沙角B电厂及沙角C电厂码头改造加固工程、沙田港区7#8#泊位等项目建设进展顺利。新沙南作业　区4#和5#泊位使用港口岸线获得交通运输部　批复。（卢宇雄）

【交通运行】　2009年，东莞市公路货物运输量6944万吨，公路货物周转量45.29亿吨公里；水路货物运输量1789万吨，水路货物周转量56.36亿吨公里。全年公路运输完成旅客客运量7.33亿人，旅客周转量105.13亿人公里；水路运输33万人次，旅客周转量2145万人公里。全年港口旅客吞吐量34.48万人次，港口货物吞吐量3530.08万吨。春运期间，东莞市公路、水路及铁路共发送长途旅客542.98万人次，比上年下降11.7%；完成市内客运量4772.53万人次，增加3.5%，东莞市各客运站无发生旅客滞留情况，市籍客运车辆实现零事故、零伤亡。

公交运行　东莞市新增客运车辆359辆，其中新增省、市际班车18辆，客运包车42辆，新增公交线路48条，公交运力302辆，客运包车企业3家，汽车客运站3个，客运配客点11个。完成东莞市小巴运输有限公司组建，首批5条线路50辆小巴于5月31日投入运营，解决边远地区公交服务不足、旧城区受道路条件限制大型客车无法进入等问题。新增5条城巴线路，调整11条城巴线路和1条小巴线路。开通临时师生接送专线，解决东莞中学、可园中学、玉兰中学、中心小学、岭南学校、建设小学等10余所学校的师生出行问题。东莞市共有64条城巴线路21：30时后收班，占城巴线路总数的95%；其中23条线路22：00时后收班，占城巴线路总数的34%。按照《珠江三角洲地区改革发展规划纲要》的总体部署，东莞与穗深惠三市交通部门规划9条跨界公交。已开通4条，剩余5条也已制定投放时间表。

路桥建设　东莞市公路桥梁开发建设总公司承担16项路桥建设项目，总投资约200亿元，完成工程投资28亿元。西部干道新增麻涌立交

东莞市基础设施基本情况

项目	单位	2008年	2009年
铁路营业里程	公里		
公路通车里程	公里	4001	4713.33
其中：高速公路	公里	159	207
港口泊位	个	158	
其中：万吨级泊位	个	13	
内河通航里程	公里	643	664
本地电话年末用户	万户		206.56
移动电话年末用户	万户	1454.29	1409.29
国际互联网用户	万户	96.37	118.02
电力消费量	万千瓦小时		495.58
商品房屋实际销售量	万平方米	509.63	604.11
商品房屋实际销售额	亿元	283.7	353.17

工程8月竣工通车；莞深高速与环城路共线段东江大桥、虎岗高速常平至谢岗段于9月28日建成通车；东深公路增设凤岗镇玉泉工业区互通平交口工程于11月11日完工通车。

海上运输　东莞辖区进出港船舶22.9万艘次，货物吞吐量8225万吨。出动监督船艇1992艘次、巡航里程24800.2海里，检查船舶11130艘次，违法行为处置905宗，查处“三无”船舶31艘次、超载船舶107艘次。（卢宇雄）

【水利工程】　东莞市地处珠江入海口东岸，北濒东江，西临狮子洋，境内96%的面积属东江流域，地形地貌多样，境内易受“风、洪、涝、潮、咸”的侵袭，根治水患，兴水之利、避水之害，历来是水利工作的重中之重。至2009年底，全市已建成中型水库7宗，小（一）型水库46宗，小（二）水库64宗，总库容3.96亿立方米；建成引水工程4宗，设计引水流量63立方米/秒；电力排灌装机548台，装机容量11.11万千瓦；堤围108条，其中江堤78条，海堤30条，堤围总长度990.8公里，捍卫面积7.43万公顷；河道水闸280座，其中，中型水闸32座，小（一）型水闸153座，小（二）型水闸95座。

城乡水利防灾减灾工程　2006年始，东莞市分三批次启动全市城乡水利防灾减灾工程建设，三批项目共435项，实际实施413项，总投资35.5亿元。2009年始，市水利部门以抓好水利工程建设与管理为重点，加快水利防灾减灾工程建设步伐。至年底，首批205项水利防灾减灾工程项目共完工183项、在建22项，分别占工程总数的90%和10%；第一批138项补充申报项目共完工91项、在建30项，分别占工程总数的66%和22%；第二批70项补充申报项目完工13项，已在施工18项。

专项工程建设　2009年，东莞市小型水库达标建设所涉及的87项小型水库，由于樟木头簕竹排水库涵头塔式开关工程因供水关系无法实施被取消，实际实施86项，总投资约1.23亿元，其中市投资4859.3万元。至年底，这86项工程全部完成，已验收80项，其余6项工程在进行档案整理，准备验收。基本完成全市堤坝无蚁害达标任务，通过省水利厅验收的无蚁害堤坝达标工程有13项、通过市验收的工程有105项，另有3项工程抓紧施工。列入达标计划中的工程到年底全部完成达标工作，从而使东莞市成为全省率先全面实现无蚁害堤坝达标市。

内河涌综合整治　9月，东莞市成立东引运河综合整治工程建设指挥部，推动该项目的建设进度。至年底，东引运河、寒溪水流域综合整治《干流防洪规划》及近期实施计划，已获市政府正式批准，清淤示范工程的前期工作也基本完成，东引运河路堤及景观工程B段已动工，A、C段方案设计工作正有序开展。

东江与水库联网供水水源工程　东莞市水利局主要负责联网水源工程、联网水源保护工程的前期规划、论证、咨询及立项协调工作。2009年，水库联网一期工程初步设计已获省水利厅批复，松木山水库水源保护区规划工作已完成并得到市政府批复，完成联网水库（东线）清淤及淤泥处置工程可行性调研工作，开展联网水库（西线）水源保护规划可行性调研工作，其中同沙、水濂山、横岗、白坑四座水库的水源保护规划报告已通过专家审查，完成沙角取水泵站、泰岗圩加压泵站所有管路的土建、金属结构、管材的招标图设计工作，泵站土建工程已开工建设，并完成水泵设备的采购。（吴九华）

【能源基础设施建设】　电网建设　2009年，东莞市制定《东莞电网建设绿色通道实施细则》，下达《关于将输变电工程和节能工作完成进度与用电挂钩的通知》。全年累计完成电网建设投资33.05亿元，比上年增长76%，完成年度投资计划的100.7%；共投产110千伏及以上输变电工程20项，增加变电容量420.3万千伏安，增长87.2%；新建输电线路372公里，增长51.2%。

供水管网建设　东莞市投入5000万专项资金，在莞城街道选取16个有代表性的片（小）区作为供水管网改造示范小区，同步推进新型数字式水表的换装等一系列工作。至年底，完成16个片（小）区的规划设计工作；完成除东正万寿片区、红山路片区、北正同德街等片区外的其余13个片（小）区管网改造工程。累计更换各种口径供水管道长165公里，受益用户近1.8万户，并把创业新村等10个片（小）区的1.7万多个老式指针水表统一换装为数字式水表。

4月30日，东莞市连接第六水厂优质水配水工程嘉湖山庄交水点新旧管，实现第六水厂DN2600管道与DN1600管道的连通。完成水厂一期输配水管道工程莞长路管段总工程量的55.4%、松山湖园区管段工程总量的91.3%。8月20日，接通市人民医院新院区外供水工程，向医院新院区内管道供水。同年，完成西部干道管道工程中除北海河顶管工程外的所有工程，完成东莞大道延长线管道工程中管道供货单位和安装单位的招标工作。优质水进市区管网联网工程完工，具备通水条件，进入整理竣工资料阶段。

供气工程建设　建成樟木头门站、高埗车载LNG气化站、黄江和清溪LNG小气化站，敷设高压及次高压管网11公里，中压管网151公里。至年底，共建成LNG储配站3座、储气能力约80万立方米；门站2座，高中压调压站3座，电厂调压站1座，高中压燃气管网近1000公里，建立城区及周边“双主一辅”的供气网络，形成两种气源的安全供气模式。天然气汽车加气方面，完成泰新路站、莞长路站、东城站、大岭山站、寮步松山湖大道站等5座汽车加气站建设。共建成9座加气站，投入运营7座，累计投入运营的天然气汽车3400辆。

（欧伟豪　周永坚　邵　娟　陈汇泓　李三军）

【信息基础设施建设】　2009年，东莞市推进全市电子政务和信息化建设工作，在完善信息化基础环境和新技术应用上下功夫，加快无线城市建设和网上公众服务平台建设，增加面向各政府部门、面向市民的电子政务应用，全市信息化综合指数73.2%（按常住人口计算），达到率先基本实现现代化的信息化综合指数为60%以上的要求，全市普通固定电话206.56万户，比上年增加11.16万户；移动电话用户1409.29万户，减少45.01万户，其中充值卡用户1271.15万户，减少91.76万户。全年长途电话通话时长174.32亿分钟，其中对国际及港澳台电话通话时长2.47亿分钟。年末互联网用户118.02万户，比上年增加21.65万户；宽带接入用户114.22万户，增加22.6万户。

（方丽荷）

【东莞“无线城市”平台上线运行】　2009年8月16日，广东省首个投入使用的无线城市平台——东莞“无线城市”平台上线试运行，9月3日正式启动，东莞正式进入无线城市全面建设新时期。无线平台以“TD+WLAN+EDGE”全面无线网络覆盖为基础，通过手机下载客户端、电脑登陆 www.udongguan.com、手机登陆 wap.udongguan.com 三种登陆方式访问。

（刘梦霞）

现代产业

【农业概况】　2009年，东莞市推进农业产业化经营，加强农业基础建设，抓好农产品质量安全管理，加强农村集体经济运行监管，农林牧渔业总产值完成25.31亿元，比上年增长3.3%；农民人均纯收入13064元，增长6%。

种植业　全市农作物总播种面积24716公顷，比上年增加1235公顷；种植业产值13.19亿元，增加2000万元。全年粮食播种面积2770.73公顷，总产1.19万吨，面积和总产比上年略增。蔬菜总播种面积20418公顷，总产40.03万吨，面积增加1243公顷，产量增加0.91万吨。水果总面积11819公顷，减70公顷，其中荔枝6891公顷，香（大）蕉3517公顷，龙眼1031公顷，其他水果236公顷；水果总产9.15万吨，减1.86万吨，其中香蕉7.53万吨，荔枝1.02万吨。

畜牧业　东莞市年末生猪存栏18.39万头，全年生猪出栏21.55万头，分别比上年减少

5.69%和16.83%；“三鸟”年末存栏191.05万只，增加3.49%，出栏576.18万只，增长0.04%。畜牧业产值5.0亿元，减少6.2%；肉类总产量2.55万吨，增加4.08%。（刘　霞）

【培育农业产业化经营组织】　2009年，东莞市继续培育扶持农业产业化经营组织，全年为农业龙头企业发放贷款贴息资金800万元，为农民专业合作组织落实中央、省和市三级扶持资金65万元。全年新培育发展省级农业龙头企业2家，市级2家，农民专业合作社3家；2家省级农业龙头企业顺利通过监测考核。至年底，全市共有20家农业龙头企业和25家农民专业合作组织，其中省级以上龙头企业6家，国家级龙头企业2家。农业龙头企业销售收入31.5亿元，市场交易额119亿元，总资产27.1亿元。全市农业产业化经营组织辐射带动农户11.7万户，其中市内农户1.68万户；帮助农户增收2.39亿元，户均增收2040多元。

【建设农业产业园】　2009年，东莞市在规划建设前两批农业产业园基础上，确立第三批市级农业产业园选址，位于东城、谢岗、塘厦、望牛墩、横沥等镇街的5个园区规划总面积2533.33公顷。前两批10个市级园区市镇两级累计投入2.6亿元，建成园区道路近100公里、排灌渠55公里、标准化农田（鱼塘）733.33公顷、温室大棚3万平方米、农田林网45公里。其中，市现代农业科技园已基本建成，清溪、大朗、中堂、寮步、东坑、桥头等6个园区基本完成主要基础设施建设。清溪、中堂2个园区被认定为省级园区，清溪园区进入部省共建现代农业园区行列。累计进驻园区农业企业20家，建成生产、科研、展示等功能区733.33公顷，年产值约1.5亿元。其中道滘镇与大众农业科技有限公司签订1.6亿元合作协议，共同开发济丰农业产业园；三禾田锦鲤养殖公司正式落户大朗农业园。

【农业信息化加快推进】　2009年，东莞市推进农业信息化建设，通过完善东莞农业信息网，建设农村信息服务点，加强信息建设，促进农业信息网络向基层延伸。继2006年、2008年后，2009年东莞农业信息网第三年获得“中国农业网站百强”称号。网站全年发布新闻信息4642条，平均每天更新约16条；网站新增细村市场、大步香蕉交易市场的服务，报价市场增加至12家，全年发布粮油、果蔬等五大类农产品市场价格信息近6.2万条。东莞“农信通”手机短信服务扩大到蔬菜、香蕉、荔枝三个栏目，服务平台逐步完善，全年服务农户20多万人次。

【农业科技支撑力不断增强】　2009年，东莞市建立各类农业科技试验示范基地18个，共获得省、市农业技术推广和科学技术进步奖12项，东莞农业局系统共有2个科研项目获2008年度广东省农业技术推广奖；6个项目通过科技成果鉴定；7个科研项目获2009年东莞市科学技术进步奖。其中，市生物技术研究所承担的“蛹虫草菌及子实体的优质、高效生产技术研究”项目获2009年东莞市科学技术进步一等奖。开展农业科技下乡服务，推广农作物主导品种和先进实用技术，推广水肥一体化技术，全年共举办各类农民培训班89期，培训农民1.23万人次，发放资料4.9万份。

【推动土地承包经营权流转】　2009年，东莞市积极推进农村土地承包经营权流转工作，出台《麻涌镇漳澎村土地经营权流转试点奖励办法》，并下发麻涌镇漳澎村土地经营权流转专项奖励资金，标准是土地流转农户每亩一次性奖励200元，规模经营主体每亩一次性奖励100元。奖励面积共639.54亩（42.64公顷），奖励金额共19.19万元，其中，土地流转农户12.79万元，规模经营主体6.4万元。麻涌镇漳澎村127户土地流转农户和3个规模经营主体获得奖励，试点推动126户农民的42.63公顷蕉地流转给3个规模经营主体，用于玉米和水稻规模经营。

【现代标准农田建设】 2009年，东莞市继续推进现代标准农田建设，全年市财政共投入建设资金2341.04万元，选址在麻涌、道滘、万江、望牛墩、中堂、桥头和清溪等7个镇街12个点，建设面积517.2公顷。建成主排灌渠14.2公里、支渠13.9公里、涵闸涵洞34个、铺设涵管243米，修筑机耕路16.8公里。

【实施蕉田改制】 为推进种植业产业结构调整优化，2009年，东莞市继续实施蕉田改制，2009年全市新增蕉田改种面积742.01公顷，其中改种蔬菜322.65公顷、水稻139.67公顷、玉米49.03公顷，木瓜等其他作物230.66公顷。蕉田改种范围从麻涌镇扩大到沙田、望牛墩、洪梅和中堂等5个镇。改种作物品种由甜玉米拓展到水稻、蔬菜、花卉苗木、木瓜、番石榴、香芋和马铃薯等多种作物。

【落实农业补贴资金】 2009年，东莞市共落实中央、省、市农机购置补贴资金等农业机械投资总计350.56万元。其中，中央农机购置补贴资金53.57万元、省补贴资金26.29万元，分别比上年增加2倍和1.5倍；市财政农机购置补贴资金126.57万元；补贴各类机械250多台套、设施农业面积118.33公顷。其中，市级财政农机购置补贴资金分为两部分：一部分是对中央、省农机购置补贴目录中的农机具按购机价格的20%进行累加补贴；另一部分是对《东莞市农业机械购置补贴产品目录》范围的农机具，按购机价格的30%进行补贴。此外，从2009年开始，东莞全面提高种粮补贴范围与标准，水稻种植补助标准从原来每造每亩补助100元提高到150元，将单造种植玉米5亩以上的农户纳入种粮补贴范围，每造每亩补贴75元，全年共发放种粮补贴资金674.95万元，惠及农户2699户。

【推进农产品产销联建工作】 2009年，东莞市出台《东莞市定点供莞基地生猪供应和采购暂行管理办法》、《东莞市供莞生猪电子标识管理规范》等管理办法；认定第五批定点基地64家，累计定点基地174家，年供应生猪能力超820万头。启用供莞生猪专用电子标识，其中26个产销合作市县实现基地生猪凭标识进入东莞市定点屠宰场屠宰，基本实现生猪采购基地化。认定年度储备基地15家，储备活猪2.61万头。与云浮、韶关等6市签订蔬菜产销联建合作协议，审核蔬菜基地25家种植基地约3333.33公顷，年供应能力25万吨。 （刘 霞）

【首届广东（东莞）农业良种示范展示会】 2009年12月15日在石碣镇沙腰村农业良种示范展示基地开幕，来自省内外及香港、台湾、日本等来宾共600多人参加开幕式。广东（东莞）农业良种示范展示基地总体规划面积23.33公顷，共建成良种精品展示区15个，大田示范区4个，可引进、示范新品种1000个。基地从国内及东南亚、香港等地征集到包括茄果、甘蓝、瓜、白菜、绿叶菜、根菜、玉米等10多类600多个各具特色的农业优良新品种进行示范种植，并在这次展示会上进行示范展示。 （刘 霞）

【名优农产品】 2009年，东莞市继续加大农业名牌带动战略实施力度，加强对农产品生产加工企业申报名牌和“三品”（无公害农产品、绿色食品、有机食品）认证的引导和培育，加快标准化示范区点的规范建设，农产品质量工程建设向纵深发展。全年共有金良稻丰米业有限公司“客家情”牌晚籼米等3个产品获得“广东省名牌产品”（农业类）称号，2个省名牌产品有效期满顺利通过复审；此外，谢岗利华香蕉专业合作社基地等4个生产基地通过无公害农产品产地认定，金湖粤海酒店有限公司绿色凝香月饼等9个产品通过绿色食品认证。至年底，全市有效期内广东省农业名牌产品共有22个（不含水产），无公害产地18个、无公害农产品47个，绿色食品38个，有机产品10个，提前完成市农业局“十一五”品牌创建目标。 （刘 霞）

【商贸流通业】 2009年，东莞市实现社会消费品零售总额956.25亿元，比上年增长14.1%，扣除物价因素影响，实际增长19.7%，完成年初拟定增长14%的目标，从区域上看，市级实现社会消费品零售额319.52亿元，增长15.3%；镇街实现社会消费品零售额636.73亿元，增长13.5%，市级同比增幅比镇街高1.77个百分点。全市批发零售业企业实现商品销售总额831.96亿元，增长14.7%；限额以上企业销售总额369.75亿元，增长13.2%；住宿餐饮业实现销售总额124.23亿元，增长10.1%，其中星级（限额）以上企业销售额40.53亿元，增长7.9%。商业中心集聚力和各大商圈辐射力增强；消费市场基本形成以元旦春节、“五一”、“十一”三大节假日为主的消费热点；城市居民日常消费商品零售额取得较大幅度的增长；汽车类、星级（限额）以上住宿和餐饮业高端消费大幅增长；当地和国外的一些知名商业企业加快布点扩张，抢占市场。全年安排市商贸流通业发展专项资金4238.67万元资助两批78个商贸流通重点项目，8个项目获省服务业和流通业发展引导专项资金共240万元，1个项目获国家商务部服务聚集功能区专项资助500万元。

国内市场开拓　是年，东莞市研究出台《关于进一步扩大内需和促进消费　推动经济平稳较快增长的意见》。组织企业赴国内大城市开展东莞名特优产品展销活动，在武汉、长春、宁波三地分别举办“东莞家具—武汉盛夏之旅”、“东莞品牌服装鞋帽（东北）推广周”、“2009中国食品博览会广东（东莞）食品专场暨东莞名特优产品展销活动”，这3场展销活动被省经贸委列为广东产品全国行重点活动。还核准万江新华南MALL、长安众源城、大朗毛织贸易中心、常平京九玩具城等四家企业作为第一批直销中心筹建单位；先后组织举办5场中小工业企业与沃尔玛、中国SPAR超市联盟专场采购对接会；承办由广东省政府主办的首届广东省外商投资企业（内销）博览会；重点抓好长安众源饰品城、虎门富民服装商务中心、厚街鞋业总部、家具总部、电子信息产品市场、中堂纸品市场等一批新建大型专业市场项目；组织100多家企业，200多人次参加第五届泛珠洽谈会、随广东省党政代表团赴湖南广西考察暨开拓市场活动、随广东省经贸代表团赴重庆开展经贸活动等8个国内重要经贸活动。

消费市场增长　举办“商贸东莞·欢乐消费年系列活动”，包括广东国际啤酒节、东莞盛宴、东莞钻石名菜评选、东莞美食节、南城欢乐消费节等50多个特色节庆和消费活动，形成汽车、餐饮、旅游、文化等多个消费热点；中域电讯、大地通讯两家企业申报并成为家电下乡中标流通企业，时尚电器、奇声电器两家企业申报成为“家电以旧换新”中标企业。已备案家电下乡销售网点699个，“家电以旧换新”网点197个，累计销售新家电4.29万台，回收旧家电2.99万台，累计销售金额1.36亿元，累计补贴金额2354万元。

（陈浩成）

【工业经济】 进入21世纪后，东莞工业由粗放式增长向集约式增长转变，产业结构由传统产业向新兴产业升级，由产业链的低端向中高端升级。形成以电子信息制造业为龙头的比较完整、门类齐全的工业体系，分布在31个大行业中。

2009年，东莞市实现生产总值3763.91亿元，比上年增长5.3%；工业总产值6762.8亿元，下降3.3%；规模以上工业增加值1453.37亿元，下降6.4%；全社会固定资产投资总额1094.08亿元，增长13%；出口总额551.69亿美元，下降16%，降幅比年初收窄16.1个百分点。受国际金融危机等因素影响，工业总产值和规模以上工业增加值均出现负增长，但工业经济规模逐季扩大、降幅明显收窄，呈现“速度回升、结构优化、动力增强、质量提高”的特点。

技术进步　全市新增18家省级企业技术中心，为历年总和的1.8倍，新增数量居全省第二；认定第二批市级企业技术中心15家。新增国家高新技术企业90家、省民营科技企业89家；专利授权量增长59.6%，总量跃居全省第二位。协助154个技术进步项目总计获得国家、省财政扶持资金1.76亿元；组织160个项目纳入《东莞市建设现代产业体系技术改造技术创新滚动计划（2009年~2012年）》，其中48个项目获省财政资助共计5930万元；安排市产业技术进步专项资金1.33亿元资助105个项目；24个项目获粤港关键领域重点突破专项资金扶持共计5880万元；落实技术改造进口设备免关税和研发费用抵扣政策，帮助企业少缴相关税收4.56亿元。全年工业技改投资154.5亿元，比上年增长154.7%，占全市更新改造投资总量的72.5%，投资总额及增速在珠江三角洲地区中位居前列，达到历史最高水平。强化财政资金扶持，突出以工业八大支柱产业为主体，鼓励企业申报利用国家、省财政专项资金，加大投入，开展新产品和新技术研发、改造提升生产工艺、提高设备水平以及产品质量等系列技术进步活动。

扶持装备制造业项目　年内出台《东莞市关于促进汽车产业发展的意见》，研究制定相关财政专项资金扶持措施。引进多尼尔房车项目，密切跟踪中上汽车有限公司的超级电容客车项目和雷天新能源总部基地有限公司稀土钇铁锂动力电池产业化建设项目等有意落户的汽车业相关项目。出台《关于加快我市船舶工业发展的意见》，中远造船项目加快推进，年产值24亿元。推荐重点装备企业列入全市重点工业企业范围，安排4500万元资助37个装备制造业技术创新项目。组织专家对北京东方热土文化发展有限公司的新型风、光、能发电机组项目和襄樊华远汽车涡旋压缩机有限公司项目等进行论证，协助长安镇编制五金模具产业发展规划。

推动产业集群发展　厚街鞋业、常平光电2个产业集群被认定为第四批省产业集群升级示范区；认定常平光电等10个产业集群及石龙电子信息等5个省产业集群升级示范区等为第一批15个市重点扶持发展产业集群；石龙电子信息、大朗毛织、虎门服装、长安五金模具、大岭山家具等5个省级产业集群升级示范区在2009年度考核中均进入全省前20名。（李缙文　陈浩成）

【八大支柱产业】　2009年，东莞市制造业总产值占规模以上工业的90%以上，形成以电子信息、电气机械、纺织服装、家具、玩具、造纸及纸制品业、食品饮料、化工等八大产业为支柱的现代工业体系。2009年，八大支柱产业增加值779.83亿元，占规模以上工业总产值的58.8%。其中，通信设备、计算机及其他电子制造业285.02亿元，占规模以上工业总产值的21.5%；电气机械及仪器仪表制造业162.97亿元，占12.3%；纺织服装鞋帽制造业126.1亿元，占9.5%；造纸及纸制品业74.83亿元，占5.6%；家具制造业34.4亿元，占2.6%；玩具制造业20.8亿元，占1.6%；食品饮料制造业43.01亿元，占3.2%；化工制品制造业32.68亿元，占2.5%。

电子信息制造业　东莞市电子信息制造业规模以上企业有888家，累计实现工业总产值1590.84亿元，比上年下降8.4%，比全市增速低2.1个百分点，占全市规模以上工业总产值的26.8%；实现工业增加值285.02亿元，下降10.3%，比全市增速低3.88个百分点，占全市规模以上工业增加值的21.5%；实现利润总额21.16亿元，下降39.6%，占全市利润总额的13.6%。

电气机械制造业　东莞市电气机械制造业规模以上企业有716家，累计实现工业总产值811.84亿元，比上年下降11.3%，占全市规模以上工业总产值的13.7%；实现工业增加值162.97亿元，下降12.4%，占全市规模以上工业增加值的12.3%；实现利润总额20.79亿元，增长33.4%，占全市利润总额的13.4%。

纺织服装业　东莞市纺织服装规模以上企业有652家，累计实现工业总产值441.88亿元，比上年下降0.04%，占全市规模以上工业总产值的7.4%；实现工业增加值126.1亿元，增长0.7%，占全市规模以上工业增加值的9.5%；实现利润总额7.37亿元，增长101%，占全市利润总额的4.7%。拥有生产企业5000多家，大型批发市场175多家，商场、专卖店及各类中小零售企业、个体户5000多家，是全国首批十大“纺织产业基地市”之一，涌现“中国女装名镇”(虎门)、“中国羊毛衫名镇”(大朗)，并形成以虎门为中心的沿海纺织服装产业带、以大朗为中心的中部毛针织产业带和以中堂为中心的水乡片牛仔服洗水印染产业带3大产业集群。纺织服装产品种类大致可以分为纺织、服装和服装配套产品3大类。

家具制造业　东莞市家具制造业有企业1500多家，其中规模以上企业有233家；累计实现工业总产值150.82亿元，比上年下降11.6%，占全市规模以上工业总产值的2.5%；实现工业增加值34.41亿元，下降9.6%，占全市规模以上工业增加值的2.6%。家具企业主要分布在大岭山镇和厚街镇。其中，大岭山镇以出口为主，厚街镇以内销为主。东莞市家具制造业从原材料采购、机械设备、零配件加工及供应、成品装配到营销、配送、资讯、设计以及会展，形成从上游到下游互相协调、相对完整的产业链条。东莞专供原材料的木材市场、零配件市场、机械及维修市场和家具成品市场已形成相当规模，是“珠三角”地区家具集散地和辐射源。

玩具制造业　东莞市玩具制造业有企业3000多家，主要集中在东城、虎门、寮步、厚街、茶山、长安、石排、清溪、塘厦、凤岗、常平等镇街。其中，规模以上企业有652家，累计实现工业总产值441.88亿元，比上年下降0.04%，占全市规模以上工业总产值的7.4%；实现工业增加值126.1亿元，增长0.7%，占全市规模以上工业增加值的9.5%。实现利润总额7.37亿元，增长101%，占全市利润总额的4.7%。玩具产品以电子、电动、塑胶和毛绒玩具为主，同时有少量木制、玩偶服装、充气玩具等。产品档次以中高档为主，其中有电子教育玩具以及光控、声控、遥控、人机互动等科技含量较高的智能玩具。东莞市的玩具产业90%的企业为“三资”企业，其中港资企业约占80%，台资、日资、韩资企业约占10%。产品外销90%以上。

食品饮料制造业　东莞市食品饮料制造业规模以上企业有55家，累计实现工业总产值175.97亿元，比上年下降0.13%，占全市规模以上工业总产值的2.9%；实现工业增加值43.01亿元，增长1%，占全市规模以上工业增加值的3.2%；实现利润总额16.14亿元，增长20%，占全市利润总额的10.4%。食品饮料制造业以生产饮料、烘焙、糖果、调味品、食品添加剂、粮油加工、冷冻食品为主，其中有腊味、麦芽糖、米粉、腐竹等传统产品，“可口可乐”、“雀巢”、“加多宝”、“日之泉”等饮料，“华润”、“金威”、“珠江”等啤酒，“嘉顿”、“华美”、“荣华”、“思朗”等饼干，“徐福记”糖果，“圣心”糕点，“七宝一丁”、“龙华日清”等方便面。

造纸及纸制品业　东莞市造纸及纸制品业，规模以上企业有314家，累计实现工业总产值339.34亿元，比上年下降1.7%，占全市规模以上工业总产值的5.7%；实现工业增加值74.83亿元，下降1.8%，占全市规模以上工业增加值的5.6%；实现利润总额14.91亿元，增长37.2%，占全市利润总额的9.6%。东莞生产的机制纸及纸板有铜版纸、白板纸、卡纸、牛皮纸、瓦楞纸、卫生纸、卫生巾、餐巾纸、面巾纸、挂面纸和无碳复写纸等种类。造纸企业的区域分布主要在中堂、麻涌、道滘、万江、望牛墩、虎门、高埗等镇区，其中中堂镇有造纸企业及相关市场主体近200家。

化工制品制造业　东莞市化工制品制造业规模以上企业有180家，累计实现工业总产值146.91亿元，比上年下降2%，占全市规模以上工业总产值的2.5%；实现工业增加值32.68亿元，增长0.7%，占全市规模以上工业增加值的2.5%；实现利润总额7.87亿元，增长24.5%，占全市利润总额的5.1%。产品范围涉及无机化学产品、化学肥料、农药、有机化学产品、涂料、染料、化学试剂、助剂、合成材料、信息化学产品和日用化学产品等。（陈浩成）

【高新技术产业】 东莞市从“十五”期间开始发展高新技术产业，涉及《中国高新技术产品目录》的11个技术领域中的8个，主要集中在电子信息、光机电一体化、新材料技术、生物医药和新能源技术这5大高新技术领域。2006年启动“科技东莞”工程，每年投入10亿元，连续5年投入50亿元，着力提高自主创新能力，推进产业结构转型升级。东莞市从制定科技政策、培育创新主体、建设创新体系和优化科技投融资体系等多个方面，加强科技创新，推动产业转型升级，通过“走出去”、“引进来”的方式，加强产学研合作和对外科技合作，拓展技术源、项目源和人才源。2009年，东莞市获批国家高新技术企业246家，省民营科技企业562家；获国家和省资助项目110个；全市高新技术产业产值2316亿元；获广东省科学技术奖20项，获奖数目是上年的2.5倍，专利申请量1.8万件。同时继续引导产业支援联盟开展“百家重点企业辅导计划”，加快研究制定和引导新能源、生物制药、制造装备等新兴战略产业发展的政策措施，把电动汽车、LED照明产业作为东莞经济新的增长点重点培育，引导优质军工科研成果在莞产业化。

（李缙文）

【名牌带动战略】 1998年，东莞市提出实施名牌战略的目标和要求。进入21世纪后，东莞市委、市政府先后颁布7个鼓励发展争创名牌的政策及配套鼓励措施。通过名牌战略推动经济增长方式从粗放型、外延型向集约型、内涵型转变。引导中小企业为名牌企业配套，向“高、精、尖、专”方向发展，形成大、中、小企业有机结合、专业分工的企业组织结构，逐步实现从加工工业、订单工业向品牌工业的转变。

2009年，东莞市拥有名牌名标408个，其中中国驰名商标20件，中国名牌产品18个，广东省著名商标163件，广东省名牌产品132个，新增名牌名标40个，其中中国驰名商标10件，创单年数量之最；东莞市获“2009中国十大品牌城市”称号；70家企业获2100万元名牌带动战略表彰奖励专项资金。为2008年新获名牌称号的企业办理“东莞市大型企业办事优先卡”，起草《关于促进“东莞老字号”发展的实施意见》和《东莞老字号认定管理办法》，联合香港贸易发展局及香港设计中心举办香港创意品牌研讨会；安排专项资金利用电视台、报纸、网站等多种媒介开展品牌战略宣传推广。

（陈浩成）

【产业升级与产业转移】 产业升级 2009年，东莞市出台《东莞市促进软件产业发展的若干规定》、《关于加快信息化与工业化融合 促进我市电子信息产业升级发展的实施意见》、《关于加快推进我市信息产业重大项目建设的实施意见》等系列政策，扶持一批重大项目建设，9个新批项目和3个继续支持项目共获得国家、省信息产业扶持资金共1.29亿元。全市共投入配套财政资金1.1亿元；13个项目获评广东省“两化”融合“4个100”示范项目。推进一批服务平台建设，1个项目入围“2009年广东省信息技术创新服务示范平台”候选名单；指导成立东莞市企业信息化促进中心和东莞市电子商务协会，开展中小企业信息化巡回培训活动；撰写《东莞市电子商务发展报告》，起草《东莞市中小企业（内贸）电子商务应用专项资金管理暂行办法》；与盛世商朝（中国）有限公司签订“东莞制造”信息化公共服务平台项目共建协议；指导横沥（模具）、黄江（塑料）等镇专业市场的电子商务公共服务平台建设；支持大朗创意产业园建立中国赛宝软件评测中心东莞检测站，挂牌“东莞市软件评测中心”。出台《东莞市“无线城市”建设实施方案》，与中国移动合作启动“无线东莞”项目建设。与国家工业和信息化部软件与集成电路促进中心就共建“国家软件与集成电路公共服务平台东莞分中心”签署战略合作备忘录，全年共新增登记软件产品100件，比上年增长104%，新增认定软件企业9家。

产业转移 年内，东莞市制定《东莞市产业转移规划》和《东莞市产业转移实施方案》，推动产业转移工业园建设。至年末，全省经认定的产业转移工业园共33个，其中东莞市参与共建的共8个，包括东莞（韶关）、东莞（惠州）2个由市政府参与共建的转移园和东莞石龙（始兴）、东莞石碣（兴宁）、东莞东坑（乐昌）、东莞大朗（信宜）、东莞凤岗（惠东）、东莞长安（阳春）6个由镇政府参与共建的转移园。8个产业转移工业园总体规划面积共7413公顷，已开发面积1821公顷；已投入开发资金29.8亿元，其中东莞市投入共建园区的资金共计2.14亿元；已签订正式投资协议的企业（项目）320个，投资额256.41亿元；已入园在建及建成项目274个，投资额170.12亿元，其中已建成项目197个，投资额112.5亿元，从东莞市转移到园区的企业项目有20个。 （李缙文）

【松山湖科技产业园区】 松山湖科技产业园区是2001年11月经广东省人民政府批准的省级高新技术产业开发区，位于东莞市大朗、大岭山、寮步三镇之间，园区面积72平方公里，其中湖面面积8平方公里、生态绿地14平方公里。2002年，松山湖科技产业园区被科技部科技促进发展研究中心评为“中国最具发展潜力的高新技术产业开发区”；2004年，被信息产业部授予“国家电子信息产业基地”称号；2005年，被团中央授予“中国青年留学人员创业基地”称号；2007年，被科技部列入“部省市共建国家火炬创新创业园试点计划”，被中国国际跨国公司研究会、联合国全球契约组织、联合国环境规划署评为“跨国公司最佳投资的开发区”，被科技部认定为“国家高新技术创业服务中心”。2009年，以电子信息、生物医药、金融服务、文化创意等产业为引资重点，先后在北京、深圳、广州、杭州、台湾、美国等地举行招商推介会。全年共引进124个项目，协议引资总额约290亿元。全年实现工业总产值215亿元，比上年增长43%；税收总额11.7亿元，增长40%；可支配财政收入7.3亿元，增长38%。 （李玉忠）

【东莞生态园】 东莞生态园位于寮步、东坑、横沥、企石、石排、茶山六镇汇合处，占地约30.5平方公里。东莞生态园与东莞城区、同沙、松山湖产业园共同形成“四位一体”的东莞城市核心区。生态园建设明确“生态优先、治水为前、以绿为基，逐步完善区内相关基础设施、实施大项目带动策略，形成东莞高端产业发展区”的整体工作思路。生态环境和生态安全保护是规划和建设东莞生态园的刚性原则。其发展定位为湿地生态园、高端产业发展及配套服务区；城市职能为东莞市城镇群协调发展的示范区、复合环境生态的综合发展区、具有岭南文化特色的城市休闲旅游区，现代产业发展、配套服务和适宜居住、生活和创业的生态综合园区；人口规模15万~20万人。2009年，东莞生态园完成土地征收83.4%，启动重点工程30项。 （余忠良）

【现代服务业】 2006年开始，东莞市推进实施“商贸东莞”工程，规范商业网点建设，加快推进商贸流通现代化，实施商业名牌带动战略，引导商贸企业做强做大，推动东莞从工业城市向工商业城市战略转型，并带动物流、会展、文化产业以及信息服务业、科技及商务服务业等行业与金融业的共同发展，带动全市经济增长由第二产业拉动为主转向二、三产业共同支撑。其中，信息服务业连续多年保持着10%左右的增长速度；计算机服务业及软件业平均增长速度保持在30%以上。商贸流通业、酒店业、餐饮业、批发市场、便利店等得到较大的发展。2009年，全市第三产业增加值1926.04亿元，比上年增长15.1%。三大产业结构比重由原来的0.3∶52.8∶46.9调整为0.4∶47.1∶52.5，第三产业增加值占生产总值的比重比上年提升5.6个百分点。 （李缙文）

信息服务业 东莞市出台《关于加快发展我市现代信息服务业的实施意见》和《东莞市现代信息服务业发展专项资金管理暂行办法》，推进现代信息服务业发展。全年经认定软件企业（不含未通过2009年审的软件认定企业）共51家，比上年增长18.6%，其中2009年新增认定软件企业9家；累计登记软件产品363个，其中新增软件产品登记109件，增长122.5%。1~11月，东莞市软件业务收入7.04亿元，同比增长15.9%。

餐饮服务业　东莞市新增国家级酒家23家，其中特级酒家10家，一级酒家4家，二级酒家9家。国家级酒家数量位居全国前列，居全省第二位。厚街镇获全国第一个“中国钻石餐饮名镇”称号，举办“中国（东莞）餐饮创新发展高峰论坛”，进行行业交流。厚街镇有130多家酒店酒家，其中国家级酒店酒家14家，年接待超过200万人次的客流，餐饮服务业连续5年保持两位数增长。（陈浩成）

现代物流业　东莞市物流相关的企业（包括交通运输、仓储、配送、货运代理企业）有500多家，也有北京、上海、广州、深圳、沈阳和香港的物流公司进入东莞拓展物流业务。一些早期成立的物流企业，如东莞市南方物流有限公司、东莞市时捷物流有限公司、广东龙骏物流有限公司、东莞市邮政局物流分局等，服务定位向某个专业化领域经营发展，慢慢形成各自优势，并通过加大投资和设备改造，提升物流技术和能力，逐步拓展业务范围，成为东莞市物流市场某个领域的龙头。随着海关监管政策的调整，东莞市已有南信物流中心、凤岗物流园、东莞永得利仓储有限公司、虎门港物流基地尝试开展保税物流业务。物流企业为客户提供的服务项目除了有传统的交通运输、仓储、货运代理业务外，还能承担装卸、配送、外包装服务、信息处理、物流咨询、物流解决方案及物流设备生产等，物流服务体系逐步　扩大。（李缙文）

【商务会展业】　2009年，东莞市在专业展览馆及部分非专业场地举办1万平方米及以上的大中型展览会共49场，参展企业总数共1.43万家，参观客商125万人次，展览总面积超150万平方米。其中，工业类展览会31个，占大中型展览会的63.2%；消费类展览会14个，占大中型展览会的28.6%；其他类展览会4个，占大中型展览会的8.2%。涉及电子机械、纺织服装、家具、造纸印刷、五金模具、食品、动漫等多个行业。首届中国国际影视动漫版权保护和贸易博览会、首届广东外商投资企业产品（内销）博览会、第十一届中国（东莞）国际电脑资讯产品博览会、第21/22届国际名家具（东莞）展览会、第九届中国（长安）国际五金机械模具展览会、第八届中国（大朗）国际毛织产品交易会、第十四届中国（虎门）国际服装交易会、2009中国（东莞长安）国际饰品及加工机械展览会、2009中国（塘厦）国际高尔夫用品博览会、2009广东东莞模具制造·机械展览会、第十一届东莞国际模具及金属加工展、第十一届东莞国际橡塑胶包装压铸及铸造展、第9/10届中国东莞国际鞋展·鞋机展等大型专业展会如期举行。

【首届中国国际影视动漫版权保护和贸易博览会】　由国家广电总局、广东省人民政府共同主办，东莞市人民政府承办，于2009年12月30日至2010年1月3日在东莞国际会展中心举行，是首个在东莞举办的国家级展会。此届动漫展的展区面积4万平方米，设立标准展位1500个。展会吸引参展企业450家，其中包括原创影视动漫企业187家、动漫产业基地5个、衍生产品企业199家，以及与动漫相关的生产企业50家，展会还吸引36家境外原创企业参展。展会吸引观众近45万人次，达成动漫版权交易成交意向120项，成交总金额82亿元。

【首届广东外商投资企业产品（内销）博览会】由广东省人民政府主办，广东省外经贸厅、广东省经济和信息化委员会和东莞市人民政府承办，于2009年6月18~20日在广东现代国际展览中心举行。外博会展览面积5万平方米，设立标准展位2500多个，来自广东21个地级以上市的118家外商投资企业参展，参展产品种类上万种，涵盖家电、消费电子、服装鞋帽、玩具礼品、餐厨用品、家居饰品、卫浴装饰、日化用品以及食品等九大类。3天的展销活动，入场参展、观展、采购总人数超过10万人次，达成商贸项目（含合同、协议和意向）4879个，总金额509亿元。

【第十一届中国（东莞）国际电脑资讯产品博览会】 由广东省信息产业厅、广东省科学技术厅、广东省外经贸厅和东莞市人民政府共同主办，于2009年10月14~16日在东莞国际会展中心举行。该届电博会以“全新打造，共赢全球商机”为主题，以“搭建最佳内销平台、打造电子信息产业供应链全球采购第一站”为目标，展厅2.5万平方米，参展企业557家，展位1200个，东莞市政府对该届电博会展费实行全额补贴。在1200个免费展位中，东莞电子企业的展位986个，占总体参展企业的90%。进场采购商总人数3.14万人次，国外买家1831人次，首推“一对一”配对洽谈，现场达成合作意向101家。

【第21、22届国际名家具（东莞）展览会】 由东莞市人民政府主办，先后于2009年3月16~20日和9月4~8日在广东现代国际展览中心举办。其中第22届名家具展展出面积24万平方米，设展馆9个。共吸引国内近20个省市区及韩国、意大利等国的840多家企业参展，接待全球专业买家约6.8万人次。展会组委会创新展销模式，建立“名家具·简爱家居饰品中心”专业饰品馆，并举办“全球家具产业转型升级论坛”。

【第九届中国（长安）国际五金机械模具展览会】 由中国机械工业联合会、广东省经济和信息化委员会、东莞市人民政府共同主办，于2009年11月26~29日在长安镇众源城举办。该届展会展览面积超过1万平方米，其中设置室外展位500个，共有北京精雕、巨冈机械、苏州美光、深圳信德利、台湾钜斧等300多家企业参展。展会设机械配件及附件展区、模具及配件展区、特装专区（机械及金属加工专区）、长安展区（市五金机械模具行业协会会员企业专区）、自动化控制等5大功能展区。其中，特装专区和长安展区是新设置的展区，特装专区主要是一些大型五金机械模具企业参展；长安展区展出的企业来自东莞市五金机械模具行业协会的100家会员企业。

【第八届中国（大朗）国际毛织产品交易会】 由中国毛纺织行业协会、中国国际贸易促进委员会纺织行业分会、东莞市人民政府联合主办，于2009年11月1~4日在大朗毛织贸易中心举办。该届毛织会以“创新和发展”为主题，在专业性、国际性、贸易性方面有全新的突破。主会场共设展位近1700个，吸引专业客商近12万人次参观采购，其中专业采购团超过80多个。活动期间还举办“东莞中小企业与大型零售商（纺织服装）专场对接会”和“中国超市联合采购交易联席会议与大朗毛织企业对接会”等系列活动，签订意向总额8200多万元。参加该届“毛织会”的外商约有70%与大朗毛织企业达成合作意向。

【第十四届中国（虎门）国际服装交易会】 东莞市人民政府主办，2009年11月13~17日在虎门黄河时装城举办。展览总面积30万平方米，展位1万多个，共设分会场29个，主会场设在黄河时装城，面积为1.84万 平方米，展位数共810个。还设有特展服装展 位439个、零售服装展位94个、辅料展位48个和设计师长廊展位24个。服装机械类展品首次拥有独立专业会场，吸引40多家国内外服装机械知名品牌商家进场参展。90多万人次进场参观。

【首届、第二届中国（东莞长安）国际饰品及加工机械展览会】 由东莞市人民政府、中国国际贸易促进委员会商业行业分会共同主办，分别于2009年4月26~29日和10月22~26日在长安众源城举办。其中，第二届饰品展展览面积超过13万平方米，展位2000多个，有国内外1300多家企业参展。展品包括成品、半成品、原材料、配件、加工技术、加工机械，形成完整的产业链展示平台。200多家台湾饰品礼品企业占据1万多平方米展区面积集中展示，成为国内最大规模的台湾饰品礼品展区。此外，还首次推出饰品加工机械展区，成为国内唯一的饰品加工机械展贸平台。

【2009 中国（塘厦）国际高尔夫用品博览会】由中国商业联合会、东莞市人民政府、广东省高尔夫球协会联合主办，于 2009 年 11 月 25~28 日在塘厦体育馆举办。高博会展览面积 1 万平方米，国际标准展位 473 个，设有“球场及练习场设施设备”、“个人消费品及 OEM 生产”、“球场球会及旅游推介”、“媒体及行业服务”、“特装综合”以及“其他用品”6 个展区，共吸引来自国内外 200 多家生产企业前往参展。主要展品包括球杆球具、电动球车、草坪机械、灌溉设备、练习场设备、服装服饰、时尚消费品、原配件及 OEM 生产技术等 30 多个类别，近 1000 种产品。其间，还举办塘厦高尔夫运动用品产业发展论坛、中国高尔夫球 OEM 生产技术交流会等一系列活动，共签订合同 3000 多宗，现场成交总额 1.2 亿元，意向成交总额 3.5 亿元。（陈浩成）

城乡发展

【城市规划编制】 2009 年，东莞市提升城市规划水平，组织完成多项专项规划的编制和审查。

试行“地块包装”制度 东莞市试行土地出让前期“地块包装”制度。顺利开展台商大厦南侧地块、光大盛世豪庭地块、玉兰中学南侧地块等 10 余个项目的地块包装研究，在合理确定土地出让条件、提升土地利用价值和塑造优质城市空间等方面取得成效。

组织、指导各镇街总体规划修编工作 组织审查沙田镇总体规划正式方案，寮步镇、大朗镇、茶山镇总体规划修编初步方案，以及道滘镇总体规划修编前期研究。指导和协助望牛墩镇、黄江镇、樟木头镇、谢岗镇启动总体规划修编前期研究。

组织专项规划编制 组织编制《东莞市区综合交通规划（2008~2020）》、《东莞市区域绿地规划》、《东莞市密度分区研究》、《东莞市虎门镇综合交通规划》、《东莞市轨道交通会展中心站国际竞赛成果深化》、《石龙火车站迁建站点地区综合交通规划与土地开发规划》和《东莞市长安镇综合交通规划》。至年底，初步完成《东莞市区域绿地规划》、《东莞市密度分区研究》和《东莞市区综合交通规划（2008~2020）》的编制。

开展三区规划工作 推进中央商务区、中央商贸区和中央生态休闲区“三区”的规划工作，组织市城乡规划局、市金融办和南城街道开展金融商务区选址论证工作。10 月，组织召开专家咨询会，委托东莞市规划院编制选址论证报告，起草《关于加快推进我市“三区”建设的建议》。

市镇两级规划编制 市政府批准通过 30 个镇街及松山湖园区、虎门港管理区、东莞生态园绿地系统规划和 30 个镇街及虎门港环境卫生专项规划。开展《东莞市域环境卫生专项规划》（简称“《规划》”）编制，先后组织编制单位考察学习台湾、厦门、中山等城市先进经验，《规划》文本已通过专家评审。（谢晓东）

【城市规划管理】 2009 年，东莞市加强城乡规划管理，组织城乡规划实施，取得较好的成效。

完善控制性详细规划审批工作 制定《东莞控制性详细规划编制（内部）管理程序及要求》和《关于控制性详细规划审批中应把握的几个原则》，完善控制性详细规划（简称“控规”）管理体系。全年审查的控规共 76 个，处理控规调整业务 84 宗和生态绿线调整 38 宗。主动对控规和生态绿线调整的管理规定进行梳理完善，提出《东莞市控制性详细规划调整规划规定》的修订草稿和《东莞市生态绿线调整实施细则》的草稿，完善控规调整和生态绿线调整的管理。

加强规划编制及建设项目技术审核 严格执行报建项目分级审批制度，完善审批机构的议事规则，定期组织规划设计技术会审会议，加强建设项目规划技术审核，为各级领导决策如实、准确地提供各类技术数据和资料。全年办理各类建

设项目规划技术审核769项，其中市区建设项目规划技术审核420项、镇街建设项目规划技术审核349项。（谢晓东）

【宜居城乡建设】 2009年，东莞市推进全市宜居城乡建设，塘厦镇和中堂镇潢涌村被确定为广东省首批宜居城镇、村镇创建指导点。深化旧村整治，举办全市整治旧村工作培训班，开展镇街专场培训，帮助新开展整治的村组熟悉业务。组织考察学习其他省、市先进典型，取长补短，促进整治。完成东莞市第三批283个村（社区）的实地督导和考核工作，旧村旧围基础设施、环境卫生等继续改善。

【建筑节能工作】 2009年，东莞市组织编写《东莞市居住建筑节能设计指引》，介绍新墙材、隔热保温材料、太阳能、空气能等节能新技术，为设计、施工、管理等提供技术支持。开展2009年度政府机关办公建筑和公共建筑能耗统计工作。对辖区内200栋政府机关办公建筑及大型公共建筑2008年的建筑能耗（水、电、气）情况进行统计并在东莞建设网上公示。开展对全市600栋5000平方米以上公共建筑的能耗统计和对东莞市司法局、天和百货等15栋建筑的能源审计工作，并依据统计审计结果组织开展建筑节能改造工作。主要改造技术措施包括外墙隔热、玻璃贴膜、屋面绿化、中央空调节能改造、室内及路灯更换为节能灯、采用太阳能和空气能热泵热水等。完成节能改造建筑面积30.18万平方米，完成可再生能源利用建筑面积34.78万平方米。（吴维彬）

【垃圾处理设施建设】 2009年，东莞市政府批复同意清溪、虎门、常平、麻涌4家新建垃圾处理厂选址和《东莞市清溪等新建生活垃圾焚烧处理厂BOT招标方案》；开展厚街固废余热发电厂二期扩建工程的立项、规划、环评等工作，完成横沥垃圾焚烧发电厂二期环评及技术设备选定。根据“村（社区）收集，市、镇街运输处理”的工作思路，制定市镇两级共同负担垃圾处理补偿费方案。市区7座环保公厕完成工程设计、财政概算等前期工作，塘厦镇采用3C环保技术整治垃圾填埋场效果良好。

【市容环卫日常管理】 2009年，东莞市环卫市场化率65%，大部分镇街中心区基本落实主干道16小时以上保洁，村（社区）及其村（居）民小组内街小巷8小时以上保洁，基本落实早上7点前完成普扫、上门收集垃圾、道路等级划分工作。10月20日，召开“东莞市庆祝广东省第十六届环卫工人节座谈会”，授予贡献突出的437位环卫（绿化）工作者“东莞市环卫（绿化）先进个人”荣誉称号。生活垃圾以及粪便无害化处理工作得到落实，人均公共绿地面积、绿地率、绿化覆盖率均达到国家标准要求。

（谢庆辉　向国华　陈柳金）

【完成第六水厂优质水工程建设】 2009年5月1日，东莞市首家采用深度处理工艺的第六水厂优质水工程建成试供水，9月28日竣工投入使用，并逐步向大城区部分地区供水。通过水质综合对比数据显示：在东莞市排涝期间水源水质不稳定的情况下，第六水厂深度处理工艺较常规工艺更能保证水质稳定与安全。

【排水设施日常管理】 2009年，东莞市完成“三路一广场”及环城路排水管渠的清淤工作。做好市直管道路排水管渠、隧道及泵站的日常维护，严格月检考核和汛期值班抢险制度。全年市区雨天巡查110次，应急抢险19次，合计出动516人次。南城、万江、厚街等镇街做好防涝应急工作。在台风“莫拉菲”、热带气旋“浪卡”、热带风暴“天鹅”和强台风“巨爵”袭莞期间，保障易涝区域安全排涝。

【市政设施建设管养】 2009年，东莞市开展市区第三期公交站亭站牌建设。至年底，共建站亭392个、站牌192个，安装候车椅1076张，完成32个公交枢纽站点的勘察设计，并移交属地实施。做好中心广场商铺管理，修补漏水商铺。中心广场商铺出租95间，出租率56.89%。

【燃气设施建设】 2009年，东莞市政府批准实施《东莞市域燃气专项规划修编》；评审通过《东莞市天然气高压管网二期工程初步设计》，凤岗、大岭山、沙田、中堂四镇燃气专项规划及石排镇燃气专项规划修编，为全市燃气管道“一张网”建设奠定基础。全年完成163公里天然气管网建设，樟木头天然气门站设备安装完成，石龙汽车加气站投入试运营，大朗镇建立用户档案，消除燃气安全隐患。九丰能源基地LPG仓储工程4个3000立方米压力球罐和3个4万立方米冷冻储罐及配套工程竣工，完成置换并进入试运营阶段。 （谢庆辉、向国华、陈柳金）

【房产管理】 2009年，东莞市共核发商品房预售许可证258个，核准预售面积470.63万平方米、49124套，其中住宅415.66万平方米、36374套。商品房批准预售面积比上年下降25.85%。东莞市协调各部门和商业银行，对预售款的存取进行全程全额的监管。9月1日起实施商品房现房销售备案制度，满足东莞市房地产市场多种商品房销售方式的需要，并规范商品房现售的管理。至年底，共核发商品房现房销售备案证13个，核准现售面积6.56万平方米、1072套，其中住宅1.13万平方米、68套。（吴维彬）

资源环境

【环保工程建设】 2009年，东莞市规划新建的34项污水处理厂建成32项，投入运营19项，在建2项；全市35项配套截污管网基本建成20项，建成管线长度681.92公里，占总长度的78.93%；11月26日，印发实施《东莞市截污次支管网工程实施办法》，启动截污次支管网工程建设。6月30日，东莞市医疗废物处理中心建成并投入运行。东莞市制定《东莞市医疗废物集中处置管理规定》及相关收费办法，全年累计无害化处理医疗废物918吨。全市污泥处理工程动工建设。是年，东莞市将9个环保专业基地调整为7个。至年底，麻涌、中堂和大朗3个基地已获审批。同时制定实施《东莞市环保专业基地电镀企业准入条件》、《东莞市环保专业基地印染、洗水企业准入条件》，推动重污染行业整合。规划建设大岭山、塘厦、茶山、虎门4家零散工业废水处理厂，分片区收集处理零散工业废水，其中大岭山项目基本建成。 （吴根旺）

【环境整治】 水环境整治 2009年，东莞市完成石碣镇中心涌纯氧曝气快速消除黑臭技术试验工程，取得较好效果。桥头镇小海河水体生态修复工程被纳入国家水专项中的“东江流域水污染控制与水生态系统恢复技术与综合示范”项目，已完成工程设计。启动同沙水库水污染综合整治工程，其中尾水排放工程、环水库截污管网工程、垃圾渗滤液处理工程、雨季溢流污水处理工程、生态湿地公园等5项子工程完成工程设计。

机动车排污整治 继续实施环保标志分类管理制度，共检测车辆48.6万多辆并核发环保标志；建立黑烟车义务举报等制度，并实行超标车辆每月定期媒体公开；加强停车场检测和道路检测，共抽检车辆6210辆，查处黑烟车1024辆；建立客运车排气检测半年审核制度，共完成6829辆客运车检测审核；开展客运车、货运车和校车专项整治，共整治废气高排放车辆6451辆；推行稳态工况法检测技术升级改造，11月1日，率先在省内实现机动车排气稳态工况法检测技术升级和实施工作。开展机动车检测监督网络（一期）工程建设，实现监测机构和环保部门远程联网，实时监控，提高对机动车检测机构监管信息化管理水平。

油气回收治理 制定实施《东莞市油气回收综合治理工作方案》，组织市环保局、市经贸局、市财政局、市安监局、市交通局、市质监局、市公安消防局等7个部门，对全市292个加油站、19家油库和261辆油罐车开展油气回收综合治理，至年底完成治理加油站133个、油罐车73辆、油库1家。广东省环保厅将东莞市作为典型，召开现场会向全省介绍东莞市经验和做法。

畜禽养殖业污染治理　印发《关于进一步规范暂缓清理猪场管理的通知》，全面清理非暂缓养猪场，制止生猪养殖业回潮反弹行为，并组织开展对镇街畜禽养殖业污染整治工作进行分片督查，累计清理反弹养猪场355个，生猪3.06万头。（吴根旺）

【土地利用规划修编】　2009年，东莞市提出“四整四聚”的修编理念，即整合城镇用地、工业用地、住宅用地和耕地，促使城镇建设向中心镇集聚、工业建设向园区集聚、民宅建设向中心区集聚、耕地保护向规模经营集聚。通过土地资源整合腾挪拓展用地空间，从规划上最大限度地促进集约用地。结合产业结构调整升级，优化用地结构和用地布局。落实全市经济社会发展重点项目在规划图上的选址或预留项目用地。落实耕地保有量和基本农田保护指标，既保数量，又保质量。采取市、镇两级规划修编同步推进的方式，争取广东省国土资源厅支持，加快全市规划的修编。1月12日，广东省政府批复东莞市市级土地利用总体规划；8月18日东莞市镇级土地利用总体规划数据库通过省验收；至年底，34个镇级规划数据全部报省备案，全市按新土地利用总体规划审批用地。（喻运青）

【“三旧”改造】　2009年，东莞市列入广东省“三旧”（旧城镇、旧厂房、旧村居）改造试点城市。市人民代表大会颁布实施《“三旧”改造土地管理暂行办法》，明确改造目标和要求，使供地政策突破土地入市交易制约，历史遗留用地突破补办征收手续制约，用地报批地类突破农地转用审批制约，地价突破土地评估政策制约，土地税费突破减免返还政策制约，用地指标突破限量使用制约。成立改造领导小组，组建“三旧”改造办公室，召开“三旧”改造动员大会，出台“1+18”的配套政策，明确改造范围、措施和操作规范。总结城区西城楼片区成片改造经验，探索转变供地方式可行性；总结厚街寮厦单体改造历史遗留用地经验，探索地类界定和补办用地审批的可选择途径；总结已建房屋补办手续经验，探索完善并联审批方式。在大朗镇试点转型企业明晰产权，在东城主山、南城胜和试点成片改造，在清溪镇和常平镇试点单宗拆建改造。（喻运青）

【土地市场监管】　2009年，东莞市完善有形土地市场出让方案和出让底价拟定程序，落实“净地入市”和“按时交地”制度。加强土地市场动态监测和信息披露，做好土地出让预公告和出让后期监管工作。拓宽政府收购土地渠道，理顺储备土地权属关系，支持镇街土地统筹。市土地储备库全年收购入库土地50.73公顷，出库供应土地14公顷，回笼资金约4亿元。一级土地市场推出地块109宗，成交103宗，其中商业商住用地成交49宗、面积188.6公顷，工业用地成交54宗、面积209.53公顷；二级市场办理地块转让180宗、面积233.8公顷，成交金额19亿元。（喻运青）

【节能减排】　2009年，东莞市连续四年超额完成省政府下达的节能目标，全年单位生产总值能耗比上年下降超过4.4%，“十一五”节能目标完成进度已超过90%，比计划进度快10%以上。上半年，市经贸局组织对省监管及市监管重点耗能企业2008年度的节能目标完成情况和节能措施落实情况进行考核。参加考核的46家省监管及市监管重点耗能企业中，被认定为超额完成等级的有8家，完成等级的23家，基本完成等级的8家。市经贸部门牵头制订《东莞市节能监察暂行办法》。市能源利用监测中心在全市范围内选取18家重点耗能企业开展节能监察执法试点。出台《东莞市重点耗能企业节能督导检查工作方案》，对重点耗能企业的节能工作进行现场监督检查。下半年出动134次，检查全市33个镇街（含松山湖）764家重点耗能企业。

节能激励机制 市经贸部门对《东莞市节能与清洁生产专项资金管理暂行办法》作了修订。全年分2批组织申报市节能与清洁生产专项资金，17家企业的清洁生产项目获得财政资助，带动企业实施中高费方案90个；26个节能项目获财政资助，实现节能量9.7万吨标准煤。

节能产品和技术 出台《2009年东莞市高效照明产品推广实施方案》，全年共推广高效照明产品57.7万支，超额144%完成省下达的任务。出台《东莞市节能产品（技术和项目）及节能技术服务单位信息备案制度》。开展水煤浆应用试点工作，4家企业被选为首批试点。制订《东莞市推广应用水煤浆试点单位验收工作方案》，并组织市有关部门和专家对试点企业的水煤浆锅炉建设运行和尾气排放情况进行现场验收。

低碳经济和清洁生产 市经贸部门协助东莞生态园申请省循环经济试点园区；组织东莞市循环经济试点镇街实施方案专家评审会，对中堂镇、石龙镇的《循环经济试点规划》进行评审。10月，组织对省第一批循环经济试点企业评估考核。11月，通过省经济和信息化委组织的评估考核；12月，石龙信息产业园通过省经济和信息化委组织的考核。制定《东莞市开展太阳能光伏并网发电试点工作方案》，初步选择7个单位为第一批试点单位。全年有21家企业通过清洁生产评审，6家企业的产品被认定为广东省资源综合利用产品（工艺）。 （陈浩成）

社会事业

【科学研究与发展概况】 2009年，东莞市全面推进“科技东莞”工程，通过国家知识产权试点城市验收，并获批为国家“十城万盏”半导体照明试点城市、国家知识产权质押融资试点单位、广东省首批科技金融试点城市和广东省制造业信息化示范市。

全市高新技术产业产值2166.2亿元，比上年下降12.1%，占全市工业总产值32.3%；高新技术产品工业总产值1779亿元，下降12.3%。下半年开始，高新技术产业降幅逐月收窄，特别是新材料、节能环保等新兴技术领域的产品产值还实现逆势较快增长，分别比上年增长22.4%和9%。

年内，全市新增约400家科技型企业，其中新认定89家国家重点扶持高新技术企业，新增3家国家知识产权试点企业、3家广东省创新型企业、6家广东省创新型试点企业、6家广东省知识产权优势企业、89家广东省民营科技企业、206家东莞市民营科技企业、99家东莞市专利培育企业和46家东莞市专利试点企业。新增10家省级企业工程中心和9家市级企业工程中心，获批省重点实验室和省企业重点实验室各1家，实现省级重点实验室“零”的突破，并认定11家市重点实验室。

1月，制定出台《东莞市科技基础条件平台管理暂行办法》，8月份重新修订《东莞市科技创新基础条件平台资助操作规程》，9月份制定出台《东莞市重大科技专项资助计划操作规程》，并于12月份正式启动实施；同时以LED（半导体照明）、太阳能光伏等为重点培育新兴产业，推动出台《东莞市推进LED产业发展与应用示范工作实施方案》和《东莞市半导体照明应用工程产品检测与评估方案》等一系列扶持政策措施。东莞市科技局还组织举办20场科技政策宣讲和项目申报辅导会，共4000多名企业人员和基层科技工作人员参加。

东莞市全年承接省级以上科技计划项目224个，获得1.37亿元资助经费，承接项目数量是上年的3倍。其中，获国家中小企业技术创新基金立项30个和1395万元资助经费，经费比上年增长140%；获得广东省重大科技专项立项10个和1870万元资助经费；获批省部（省院）产学研合作项目立项99个及6475万元项目经费，立项数量超历年总数；21个项目中标粤港关键领域重点突破项目招标东莞专项，获得4850万元

东莞市文教卫体事业基本情况

教育				医疗文化体育			
项目	单位	2008年	2009年	项目	单位	2008年	2009年
普通高校校数	所	4	5	医院、卫生院数	个	2106	2016
普通高校在校学生数	万人	2.87	3.40	医院、卫生院床位数	张	16778	18080
中职和技校学校数	所	26	29	平均每千人口医院、卫生院床位数	张		10
中职和技校在校学生数	万人	4.54	4.97				
普通中学学校数	所	180	186	群众艺术、文化馆数	个		群艺1个,文化站33个
普通中学在校学生数	万人	24.84	24.95				
小学学校数	所	352	337	公共图书馆数	个	387（不含村级）	504
小学在校学生数	万人	52.86	51.12	博物馆数	个	23	31
学龄儿童入学率	%	100	100	档案馆数	个		3
幼儿园数	所		680	国民体质合格率	%		
在园幼儿数	万人		17.62	人均公共体育场面积	平方米		

项目经费。159家企业获企业研发投入报销资助，项目经费合计1.55亿元；企业科技贷款贴息立项82个，给予2500万元贴息；配套资助国家、省科技项目62个和5265万元等。组织企业申报并获得2009年度广东省科学技术奖励项目19个，获奖数量为历年最多，其中一等奖1个、二等奖5个和三等奖13个。

【加快建设行业技术平台和科技企业孵化器】2009年，志成冠军大容量绿色电源产业技术研究院、科威医疗器械开发应用研究院、领亚光电信息传输研究院、力优人工环境技术研究院、康达新能源技术研究所5个行业科技创新平台正式获市政府批准组建，至年底，全市行业技术创新平台总数9个，全年共申报国家和省各类产学研项目29个，获批19个和1450万元经费。市科技局还选取专用汽车、建筑、工业节能电子技术3个领域推动新建相关行业技术平台。推动科技企业孵化器建设，认定大朗创意产业园和虎门富民服装创意设计孵化器为首批科技企业孵化器，实现东莞科技企业孵化器“零”的突破。组织镇街申报认定专业镇和专业镇技术创新平台，分别新认定2个广东省专业镇和2个专业镇技术创新平台，全市专业镇技术创新平台总数达到11个。

【推进产学研结合】 2009年，东莞市组织四批科技企业参加浙江大学科研基地开放周活动及赴大连理工大学、长春理工大学、吉林大学、哈尔滨工业大学、哈尔滨工程大学、中国科学院及有关研究所、华南理工大学、暨南大学等开展产学研考察和洽谈活动，共180家企业参与，与高校达成169项技术转化、技术开发、产品设计等方面合作意向。获批组建8家省部产学研示范基地以及9项示范基地专项立项，获得650万元资助经费。实施省部企业科技特派员行动计划，全省2094名科技特派员中，有233名入驻东莞。

【国际科技合作稳步推进】 2009年东莞与欧美、新加坡和香港、台湾等国家和地区的科技合作稳步推进，市科技局与新加坡——中国科学技术交流促进协会签署科技合作谅解备忘录。市科技局开展企业国际科技合作需求调查摸底，组织和推荐11家企事业单位申报国家和广东省2009年国际科技合作项目，其中1个被科技部列入中俄政府间科技合作项目，6个获得省科技厅立项，共获得国家和省约1500万元的项目资助经费，包括松山湖科技产业园区成功申报为广东省国际科技合作基地，成为全省首家园区类国际科技合作基地。

【推进科技企业上市工作】 2009年，东莞市组织召开两次现场办公会，并组织拟上市科技企业赴京沪参加创业板上市培训班，引导企业全面了解创业板上市条件和要求；组织上市后备企业到云浮、中山、顺德等地已上市企业集团参观；同时新评定11家科技企业为第三批重点培育后备上市科技企业。全市41家重点培育上市后备科技企业中，有17家被推荐认定为东莞市后备上市企业，9家已完成股份制改革，众生药业成功在深交所上市，成为11年来东莞首家IPO上市企业。广汇科技投资担保股份有限公司增资扩股到3亿元，累计为科技型企业提供担保贷款50多亿元，市科技创业投资合伙企业（有限合伙）开展对近200个项目的考察和评估，并选中7个项目和投资2个项目。 （柳景岐）

【知识产权工作】 2009年东莞专利申请19106件，授权专利12918件。授权实用新型和发明专利占总量比重从上年的43%提高至49%，发明专利授权为上年两倍。市科技局（知识产权局）研究起草《东莞市知识产权战略纲要》，制定出台《东莞市企业知识产权管理指引》和《东莞市展会知识产权保护指引》等政策措施。加强试点示范带动，认定一批知识产权试点、示范区域和企业以及知识产权专项行动镇街等，并在第三届中国专利周广州主会场设立东莞专题展区，组织85家企业集中展示东莞企业专利成果。开展"4.26世界知识产权日"系列宣传活动，共5000多人参与；组织举办各类知识产权论坛、培训班和研修班，参加人数超过1100人。加强专利行政执法，查处11宗专利行政纠纷案件，并在第21届、22届厚街（名）家具展、第9届东莞国际鞋展和广东外商投资企业产品（内销）博览会开展知识产权保护等。全市新增3家专利代理机构，总数达到25家。 （柳景岐）

【2009东莞国际科技合作周暨第三届中国（东莞）专利周】 2009年10月28~30日在东莞市科技馆举办，期间开展科技项目与技术展示、科技项目洽谈与签约、科技创新论坛、工业设计大赛等专题活动。该届合作周首次邀请科技部国际合作司与东莞市人民政府、广东省科技厅联合主办，并邀请科技部领导及中国原驻法、德大使等出席开幕式，还举办驻外大使科技论坛。期间东莞企业与国内外50多家高校院所签订77个产学研合作协议，并与欧美、日韩等11个国家和地区的科研机构、企业签订技术转移、外观设计、共建研发中心、人才培训等27个国际科技合作项目，"东莞杯·国际工业设计大赛"上共评选和展示270件优秀作品，有10项作品现场与企业配对签约。 （柳景岐）

【公共文化设施建设】 2009年，东莞市文化广电新闻出版局协调财政、规划、城建等部门加快市民艺术中心建设，完成工程选址、设计招标等相关工作；建成洪梅、大朗长塘等5个镇、村（社区）图书馆，完善了图书馆ATM和自助图书馆服务。建成森晖自然博物馆、容庚故居陈列馆、圣心糕点博物馆等7家博物馆，全市博物馆达到28家。制定出台《关于进一步落实文化惠民做好农村电影工作的意见》，对经济欠发达村（社区）农家书屋进行资助，全年累计放映农村公益电影5000多场，建设农家书屋120家。各镇街也加大文化设施建设力度，塘厦镇正式启用投资3亿多元的演艺馆、图书馆、城市展示馆，望牛墩镇投资3000万元的图书馆、展览馆、博物馆已完成规划设计和填土工程，寮步镇香市文化广场、凤岗镇杨官璘广场获评第三届"全国特色文化广场"。 （沈志攀）

【公共文化活动】 2009年，东莞市举办东莞市各界庆祝新中国成立60周年大型广场庆典活动、千场电影贺国庆活动，推出首届"东莞收藏文化联展"、"文化暖流进企业"活动，策划第五届读书节、纪念虎门销烟170周年等系列活动，在全市营造热烈、喜庆的文化氛围。各镇街也举办丰富多彩的文化活动，如石排第二届体育文化艺术科技节、常平第六届“欢乐常平”商贸旅游文化节、望牛墩七巧节、虎门文化艺术节、企石“千年秋枫”文化节等，丰富了群众的文化生活。莞城街道“文化周末”活动获得文化部创新奖。寮步镇香市文化广场、凤岗镇杨官璘广场获评“全国特色文化广场”，“都市彩虹”、东坑“卖身节”、塘厦“越唱越红”获评全国特色广场文化活动。（沈志攀）

【文化遗产保护】 2009年，东莞市推进第三次全国文物普查，完成对32个镇街及松山湖科技产业园区的实地普查工作，全市共登录各类不可移动文物1356处，其中新发现730处，复查626处，指导镇街编印普查成果图册开展文物测绘工作，摸清全市文物家底。组织对清溪碗窑窑址进行专题调查，对南社村古建筑群、常平浣薇书屋、南城宋氏宗祠等文物保护单位进行维修保护，完成蚝岗贝丘遗址申报全国重点文物保护单位材料编制工作，确保全市物质文化遗产安全。完成全市非物质文化遗产普查工作，收集到8903条有价值的线索，摸清全市非物质文化遗产的种类、数量与分布状况。开展非遗项目的申报，“木鱼歌”、“龙舟月”等9个项目被公布为第三批广东省非物质文化遗产保护名录，其中5个项目被推荐申报国家级第三批非物质文化遗产名录，2人荣获国家级非物质文化遗产项目代表性传承人称号，10人获广东省第一批非物质文化遗产项目代表性传承人称号。全市共有国家级名录2项，省级名录21项，市级名录38项。（沈志攀）

【文艺精品创作】 2009年，莞产音乐剧《蝶》和广播剧《追梦的人》获得广东省“五个一工程”优秀作品奖；大型组歌《香飘四季》、报告文学《东方光芒》、书法作品《篆刻一组》、摄影作品《浮华与空洞》、民间文艺作品《东莞木鱼书》等8件作品获得广东省鲁迅文学艺术奖。在全省群众文艺作品评选中，东莞市共有16件作品获奖。音乐作品《高高至上》在中央电视台大型文艺晚会上演唱，三人舞《生命的空间》获第八届全国舞蹈比赛三等奖。全市10个创作基地推出一系列优秀作品。如道滘粤剧曲艺创作基地创编的《青春似火永流芳》获“中国曲艺之乡”优秀节目展演奖，常平戏剧小品创作基地推出的小戏小品《动物园游园记》参加了中央电视台“第七届CCTV小品大赛”，清溪客家山歌创作基地创作《九天揽月梦成真》获中国首届客家山歌说唱大赛银奖。音乐剧《蝶》赴韩国和香港商业演出受到热烈欢迎，东莞歌舞团与香港舞蹈团合演《清明上河图》引起较大反响，“中泰一家亲”音乐歌舞晚会、第四届全国妇女健身活动展示大赛开闭幕式演出取得成功。（沈志攀）

【“文化周末”获第三届文化部创新奖】 2009年，东莞市莞城街道“文化周末”系列工程经省文化厅推荐申报第三届文化部创新奖，作为唯一由街道申报的项目，从全国218个申报项目中脱颖而出，获得第三届文化部创新奖。“文化周末”系列工程体现了理念创新、模式创新、机制创新，是文化惠民政策的具体体现，具有科学性、实践性、有效性、创新性和示范性。“文化周末”系列工程坚持“政府主导、企业参与、社会联动”的模式，实行多元文化投入机制，吸引全社会特别是企业的参与支持，推动文化事业与产业同步发展。（沈志攀）

【教育事业】 2009年，东莞市教育系统巩固教育强市成果，深化教育内部改革，推动教育内涵发展，促进基础教育优质均衡，努力加快教育现代化进程。幼儿入园（班）率95.1%；东莞户籍适龄儿童、少年入学率均达100%；高考录取率88.2%；参加各类培训的农民、职工49万人次，有2.19万人参加成人高考，录取1.71万人；5.09万人参加高等教育自学考试；教育科研成果在数量和质量上都稳居全省前列。

教育投入增加 全市教育总投入78.84亿

元，比上年增加7.74亿元，增长10.89%。其中，国家财政投入54.07亿元，增加6.07亿元，增长12.65%。落实“三转二”（三级管理转为二级管理）政策，市财政除按核定定额经费标准下拨直属学校经费外，还加大对镇街教育经费的投入，对镇街下拨教育补助经费10.93亿元。全市学校基建总投入8.48亿元，全年新建、扩建、改建学校84所（含跨年度建设学校），总建筑面积34.43万平方米。至年底，平均校舍面积小学生8平方米，中学生22平方米。市镇财政对全市各类公办学校教育装备总投入1.57亿元，其中投入电教、信息类装备1.47亿元，图书资源类设备636万元。全市各类公办学校教育装备总值18.61亿元，比上年增加1.8亿元，增长10.73%。民办教育经费总投入20.66亿元，比上年增加3.57亿元，增幅20.89%，民办教育经费占全市教育经费总投入的26.20%。

扶持民办教育　年内制定《关于进一步扶持民办教育发展的若干意见》，提出帮扶民办教育发展的切实可行措施，依法维护民办学校的合法权益。修改和完善《东莞市民办学校扶持专项资金使用管理办法（试行）》，增强民办学校扶持专项资金使用的针对性和操作性。依法取缔11所无证幼儿园，分流幼儿516人，及时纠正21所民办学校（幼儿园）违规招生现象，分流安置中小学生（幼儿）2443人；督促4所民办学校采取措施，消除校舍安全隐患。对全市627所民办中小学、幼儿园开展年检，年检合格率为94.6%，并将结果通过媒体和东莞教育网公布，接受群众和社会监督。

实施全免费义务教育　从春季开学起，东莞市取消非东莞户籍学生借读生书杂费，即所有入读义务教育公办学校的新莞人子女与东莞户籍学生享受全免费教育。取消借读生书杂费收费项目后，东莞市每年少收经费2.34亿元。市镇两级财政共下拨民办学校免费义务教育补助经费2202.17万元，其中市财政下拨1797.82万元、镇街财政下拨404.35万元，确保全市免费义务教育工作的顺利实施。

解决代课教师问题　据2008年9月统计，全市公办中小学校登记在册的代课教师3058人。按照省市解决中小学代课教师问题的有关要求，东莞市分别于2009年4月12日和6月13日举行两次选招聘用合同制教师的专场考试，录用聘用合同制教师2140人。同时努力提高代课教师的工资待遇，逐步理顺聘用合同制教师的入编问题，妥善解决解除劳动关系代课教师的后顾之忧，推进解决中小学代课教师问题的各项工作。从9月起，全市不再存在代课教师。

加强教师队伍建设　全市普教系统在职在编公办教职工2.38万人，其中专职教师2.28万人，具有高级职称1530人，中级职称1.12万人。全年共接收东莞籍生源毕业生531人，其中研究生78人，本科毕业生431人，专科毕业生22人。从外省市引进248名教职工，其中高级职称25名，中级职称111名。为80名师范类应届毕业生和453名社会申请人办理教师资格认定，为525名新任教师办理转正定级。共通过高级专业技术资格评审411人，中级专业技术资格评审2094人，初级专业技术资格评审1209人，大中专毕业生初次认定581人。（黄玉珍　刘　丹）

【公共卫生】　至2009年底，东莞市登记注册并领取《医疗机构执业许可证》的医疗机构共有2440所，其中，医院70所、医院延伸设置的分院22所、社区卫生服务中心（站）355所、门诊部287所、诊所（含个体诊所）137所、卫生站1356所、工厂企业和学校医务室213所。70所医院中，政府设置的公立医院有41所，民营和社会办的医院29所，分别占医院总数的58.6%和41.4%。全市开放住院病床总数为18080张，比上年同期增加7.76%，每千人口（以常住人口635万人计算，下同）拥有医院病床数2.85张，其中，公立医院床位数12424张，民营和社会办医院5656张，分别占病床总数的68.7%和31.3%。全年各级各类医疗机构门（急）诊量近5238万人次，入院总人次为68.5万人次，出院总人次为68.2万人次，出院者平均住院日为8.1天，病床使用率为91.6%。全市医疗卫生机构卫生技术人员35766人，其中，执业（助理）医师12884人，注册护士13638人，每千人口拥有卫生技术人员数5.63人。

【医政管理】 2009年，东莞市继续开展医院管理年和“医疗质量万里行”活动。36所医院申报创建重点专科和特色专科，涉及专科项目169个，全年有39所医院开展新技术项目495个。实施门（急）诊病历“一本通”制度，制定《东莞市医疗机构门（急）诊病历》、《东莞市院前急救病历》、《东莞市医疗机构门（急）诊工作日志》，6月1日起在全市各级各类医疗机构统一使用。进行首次护士注册和换发新《护士执业证》，开展护理事业中期评估工作，组织693名护士参加省住院医师规范化培训，800多名护理管理人员参加管理岗位规范化培训，365名手术室、助产专业护理人员参加专科新知识新技能培训。做好医院消毒供应室等医院感染重点科室的建设和验收工作，对13所医院的手术室、重症监护室、新生儿重症监护室、产房、消毒供应室进行论证、指导，对8所医院的消毒供应室进行验收。制定东莞市不同级别医院急诊科建设和救护车设备、药品配置基本标准，全市52所医院共设57个急救站，配备救护车161辆，平均每4.32万人口拥有1辆救护车，达到《广东省医疗急救体系“十一五”建设规划》目标，共受理报警电话96.6万个次，实际派出救护车辆8.9万台次，救治伤病员7.4万人次。共有63112人次自愿参与无偿献血，无偿献血总量2217多万ml，集体献血比例较上年增加68.92%，重复献血率30.07%，增加5.89%。

【疾病预防与控制】 2009年，东莞市无甲类传染病发生，共报告乙、丙类法定管理传染病31种29507例，总发病率为405.67/10万，死亡率为0.56/10万，居法定传染病发病率前五位的病种分别是：手足口病、感染性腹泻、肺结核、病毒性肝炎和梅毒。免费接种扩大国家免疫规划疫苗265万人次，麻疹疫苗强化免疫免费接种儿童113万人，接种率98.36%。开展15岁以下人群乙肝疫苗查漏补种摸底调查。加强艾滋病防治工作，完成自愿咨询检测标本451份，开展高危行为干预工作，共干预各类高危人群46万余人次。免费检查疑似肺结核病人12686例，为3158例肺结核病人提供免费结核病治疗与管理。低保低收入精神病患者在镇街技术指导点就诊1.5万人次，减免诊治费用18万多元。开展心理评估5万多人次，接听心理咨询热线电话5370个。

【妇幼保健】 2009年，东莞市户籍人口孕产妇死亡率、婴幼儿死亡率分别降至5.28/10万、3.91‰，比上年分别下降65.8%和2.7%。实施妇女儿童发展和安康工程，落实“降消”（降低孕产妇死亡率，消除新生儿破伤风）工作。组建东莞市危重症孕产妇急救网络，9月正式运作，至12月底成功抢救危重症孕产妇17例。规范母婴保健技术服务准入，重点抓好早孕检查项目，实行孕检的首诊负责制，对高危妊娠实行追踪管理。强化新生儿疾病筛查工作，在三项新生儿疾病筛查项目的基础上，增加地中海贫血、半乳糖血症、先天性肾上腺皮质增生症等三项筛查项目。

【中医药工作】 2009年，东莞市创建了国家、省重点中医专科和特色中医专科，市中医院脾胃科住院病区通过了国家中医药管理局的中期评估，虎门中医院中医康复科被国家中医药管理局确定为2008年度农村医疗机构中医民族医特色专科（专病）建设项目，塘厦医院被确定为国家中医药管理局“十一五”重点专科（糖尿病科）协作成员单位。发挥中医药防治甲型H1N1流感作用，早期介入治疗，参与疫情防控。成立甲型H1N1流感中医药防治工作领导小组和中医医疗专家组，指导各医疗卫生单位科学、规范、有效地开展中医药防治工作。市中医学会举办各类中医药学术讲座10期，参与培训交流人员2100多人次；举办中医下社区系列活动3期，使中医药健康保健知识走进社区。 （程玮斌）

【社区卫生】 2009年，东莞市建成并投入使用社区卫生服务中心33个、服务站322个，完成规划总数的94.4%，共有工作人员4585名。社区卫生服务机构累计诊疗735万人次，约占全市总诊疗人次的15%，参保人次均门诊医疗费用48.9元，社保次均报销金额28.14元，门诊费报销比例57%。制定《东莞市社区卫生服务项目试点实施方案》，开展健康教育、中医、助残精防、全科医师团队、慢性病管理、防疫试点、计划生育指导等项目，“六位一体”（ 预防、保健、健康教育、计划生育、医疗、康复）功能延伸发展。全市社区卫生服务机构组建全科医师团队102个，建立健康档案60万份，开展健康教育54万人次，发放健康宣传资料213万份，开展妇女保健15万人次，儿童保健6万人次，产后访视5000人次，高血压病管理5万人次，糖尿病管理2万人次。东莞市推进社区卫生服务建设的主要做法和经验得到国家、省的肯定，广东省委政策研究室编印的《情况与建议》给予专题报道。 （程玮斌）

【就业失业管理】 2009年，东莞市完成新增就业岗位13.32万个，“创业东莞”工程共发放帮扶就业资金1.86亿元，惠及37.75万户籍劳动力；城镇登记失业率控制在3%以内。市劳动部门开展“就业服务日”活动，收集就业岗位10万多个，为7.1万多人次户籍登记失业人员提供免费就业服务。开展再就业援助月活动，集中开发公益性岗位994个，收集就业岗位5569个，帮扶1682名就业困难人员实现就业，全年向32.69万人次就业困难人员拨出就业帮扶资金1.24亿元。建成“村民车间（班组）”345个，安置12727名农村劳动力就业。制定出台《关于促进本地生源高校毕业生就业的实施意见》，提高毕业生就业补贴资助，实施岗位见习与就业对接计划，全市建立毕业生就业创业见习基地188家，提供见习岗位2972个；启动“青年就业见习训练”和“青年就业培训计划”两个新服务项目，分别组织582名户籍青年参加见习训练、408名户籍青年参加培训计划。 （谢艳芳）

【劳动工资专项检查】 2009年，东莞市劳动监察部门巡查用人单位18530家，办理投诉举报案件1219件，处理突发事件726件，处理倒闭、逃匿企业625家，作出行政处罚119宗，对10家重大违反劳动法律法规的企业作出社会公布；办理行政听证、复议、诉讼案件12宗。分阶段开展专项检查，其中，春节前工资支付大检查行动，为6.6万名企业员工追回被拖欠工资9967.4万元；2~3月，开展清理整顿劳动力市场专项行动，查处“黑职介”320家；4~5月，开展劳动合同签订专项检查，责令558家企业与3.97万名劳动者补签劳动合同；7~8月，开展规范用人单位劳动用工管理的清理整治专项行动，重点检查了6033家企业，涉及劳动者92.5万人。协助市政府制订《介绍、使用童工违法行为举报奖励试行办法》，受理童工举报奖励案件4宗，核发奖励金1.75万元。 （谢艳芳）

【社会养老保险】 2009年，东莞市全面整合“职保”和“农保”两个制度，对不同人群实行“分离”、“补缴”的分类办理，对空账运行的原农保个人账户采取“补实”还清历史欠账，对数额最大的“补实个人账户”资金采取分期投入的办法，出台《东莞市统筹城乡发展建立城乡一体社会养老保险体系方案》。11月，城乡一体养老保险制度在塘厦、石龙两镇试点，并取得成功。11月18日，召开全市建立城乡一体社会养老保险制度动员大会。以后在短短的一个月时间内，各镇街纷纷成立工作领导小组，加大资金筹措力度，根据自身实际合理划分镇村负担比例；对经济较困难的、负担较大的村，各镇街做好资金保障方案，采取各种财政手段协助其解决资金问题。各镇街社保分局主动负起主要责任，统筹协调各项工作，因地制宜制定改革工作方案，加大补缴征收力度。12月20日前，各镇街顺利完成改革的第一阶段6.8万农居民的补缴款“补缴”工作，32个镇街补缴所需的3.68亿元上缴入市社保局的专户，市财政负担的1.77亿元及代垫的4.10亿元也按时到账，为下年1月起实施城乡一体社会养老保险制度做好准备。

（李凤友、陈柳平、房炯军）

【最低生活保障】 2009年，东莞市最低生活保障标准400元/人/月，实行差额救助。全市有低保对象14712户、37319人，全年共发放低保金6103.05万元，人均每月补差136元/月。发放助学金8464.76万元，受助学生37182人。是年，东莞市修改和完善全市低保核定办法，通过建立科学的家庭收入计算方法，科学测算困难家庭收入，准确掌握困难群众的类别和数量，在低保对象审核认定环节上增强操作性，促进低保工作的规范化和制度化。为切实摸清低收入家庭户数和人数，东莞市财政安排80万元，各镇街聘请1名和市聘请7名专职低保信息员，分400元以下、401~500元、501~600元、601~800元四个层次，完成对全市低保和低收入家庭的普查和核查，建立低收入家庭管理档案，实行动态管理，有进有出，实现应保尽保，进一步完善低收入家庭救济补贴制度。

年内，东莞市还制定下发《东莞市城乡最低生活保障对象分类救助实施办法》，对低保对象中的特殊困难家庭，根据其困难程度按低保标准10%至60%不等的比例增发救助金。 （周宪平）

【住房保障】 2009年，东莞市政府把解决2000户低收入家庭住房困难问题和出台改善新莞人居住条件的配套政策作为为民办“十件实事”之一。市制定住房保障工作计划和具体实施方案，并依循既定计划、程序、步骤推进；建立健全动态管理制度，制定具体的数据统计表，实行“月报”、“季报”、“半年报”和“年度报”等报送制度，及时掌握各镇街住房保障工作进展情况；深入麻涌、中堂、望牛墩、沙田、长安、谢岗、石龙等镇街进行业务指导与现场办公。年内共完成2658户困难家庭的廉租住房保障任务，其中租赁补贴的1785户，占67.20%；租金核减的36户，占1.40%；房屋修葺691户，占25.90%；实物配租146户，占5.50%，是年度目标的132.90%。市房产管理局先后到东莞市新莞人服务管理局、市民政局等有关单位及厚街、虎门等10个镇街进行专题调研，听取意见和建议，起草《关于改善新莞人居住条件的指导意见》。该意见在12月的东莞市党政领导班子联席会议讨论同意并公布实施。加快市属廉租房小区建设，建立“绿色通道”加快办理小区的报批工作，加快小区的供电、供水、供气、绿化、公共道路等生活配套设施建设。至年底，共接受两批共60户困难家庭的申请登记；将莞城、南城、东城、万江等四个街道的困难家庭纳入小区的供应范围，为小区的入住创造条件。 （张敬东）

体制改革

【政府机构改革】 2009年9月，省委、省政府批准《东莞市人民政府机构改革方案》，由省机构编制委员会发文。结合机构改革方案，市机构编制委员会印发《关于印发东莞市人民政府机构改革方案实施意见的通知》，于11月召开市政府机构改革动员会议，正式启动机构改革。这次机构改革重点优化组织结构，规范机构设置，由原来37个市政府工作部门精简至32个，调整后具体工作部门是：市政府办公室、市发展和改革局、市经济和信息化局、市教育局、市科学技术局、市民族宗教事务局（列入政府工作部门序列，不计入政府机构个数）、市公安局、市监察局（列入政府工作部门序列，不计入政府机构个数）、市民政局、市司法局、市财政局、市人力资源局、市社会保障局、市国土资源局、市环境保护局、市住房和城乡建设局、市交通运输局、市水务局、市农业局、市对外贸易经济合作局、市文化广电新闻出版局、市卫生局、市人口和计划生育局、市审计局、市外事局、市体育局、市统计局、市林业局、市安全生产监督管理局、市法制局、市口岸局、市城乡规划局、市城市综合管理局、市食品药品监督管理局。原与市人事局合署办公的市机构编制委员会办公室单独设置，列市委机构序列。（黎慧琴）

【审批制度改革】 2009年1月，《东莞市行政审批监督管理办法》，经市政府同意正式印发。6月，经市政府同意，《东莞市人民政府第三轮行政审批事项调整目录（第三批）》向社会公布。根据《目录》，调整共涉及行政审批事项81项，具体如下：一、法律、法规和规章规定由市级实施行政许可事项32项；二、法律、法规和规章规定由市级实施非行政许可事项，按一般业务管理18项；三、根据法律、法规和规章规定取消行政审批事项31项。

启动全市第四轮行政审批项目清理工作。根据《关于进一步深化行政审批制度改革的意见》，市政府于下半年启动第四轮行政审批制度改革。8月，市府办印发《关于开展全市第四轮行政审批项目清理工作的通知》；11月，市审改办组织会审单位召开第一次联合审核会议，对全市各单位报送审批事项进行初审。第四轮审改工作总目标是：将行政审批制度改革与新一轮政府机构改革有机结合，以进一步减少行政审批项目为基础，以推进审批权力下放、精简审批环节为重点，转变政府职能，创新行政管理方式，规范审批行为，逐步建立起与经济社会发展相适应的行政审批制度。（李　平）

【扩权强镇试点工作】 2009年10月，市委印发《中共东莞市委东莞市人民政府关于扩权强镇试点工作的实施意见》。扩权内容包括：下放事权。按照赋予试点镇县级管理权限要求，将发展和改革局等27个行政机关248项行政管理事项及权限以直接下放、委托、交办等形式交由试点镇行使。扩大财权。改革和调整财政分成及部分规费政策，扩大试点镇财政管理权和财政投资等相关事项审批权，适当给予试点镇倾斜支持。原属市直部门垂直管理调整为下放给试点镇管理派出机构，市财政相应理顺人员供给关系。改革人事权。试点镇主要领导按县处级配备。驻试点镇市直部门派出机构实行双重管理，以镇管理为主，主要领导由镇征求上级部门意见后按程序任免。省垂直部门派驻机构主要领导任免应事先征求镇党委意见。随着事权下放，机构设置、人员编制调配适度向试点镇倾斜。11月，市府办印发由试点办草拟《东莞市扩权强镇试点工作实施细则》，进一步明确市直各有关单位和试点镇职责分工、工作制度和权责关系。12月，经市委、市政府批准，市机构编制委员会印发《东莞市石龙镇扩权强镇试点机构改革方案》和《东莞市塘厦镇扩权强镇试点机构改革方案》，试点工作正式实施。根据市党政领导班子联席会议关于进一步加大放权力度要求，由试点办草拟，市委办、市府办联合印发《关于进一步加大放权力度的通知》，对加大放权力度原则作3点要求：一是凡属县一级的经济社会管理权限，要坚决下放；二是凡属法律法规无规定不能下放至县一级的权限，都应该下放；三是借鉴佛山市顺德、南海区放权给容桂街道和狮山镇做法，对照其事项目录，凡属佛山方面能下放事项，东莞都必须下放。（黎慧琴）

【财政和投资体制改革】 2009年，东莞市加大财政和投资体制改革的力度：（1）完善公共财政体系，优化财政支出结构。严格控制一般性支出增长，加快医疗卫生教育等民生工程建设。健全财政超收奖励激励机制，加大工商税收超收奖励力度，加大欠发达镇超收奖励分成，鼓励镇街发展经济，增加财税收入。推进部门预算改革，强化预算管理和监督。提高预算透明度，深化政府采购制度改革，推行《东莞市政府采购部门集中采购管理办法（试行）》等制度，深化国库集中支付制度改革，推进“实时在线财政预算监督系统”与审计部门和电子监察系统联网。（2）推进投资管理体制改革，健全政府投资项目决策机制，完善重大项目专家评议和论证制度。出台《东莞市财政投资建设项目前期工作管理暂行办法》。健全政府投资管理机制，制定《东莞市政府投资市属非经营性项目代建管理暂行办法》。健全市场准入制度，落实企业投资决策权，加强和规范投资项目管理。是年，东莞市固定资产完成投资1094.08亿元。完善市镇两级财政投资建设项目“并联审批”制度，制定《东莞市镇两级财政投资建设项目规划许可并联审批试行办法》。

【金融体制改革】 2009年，东莞市深化金融体制改革，完善金融市场体系：(1) 推动金融产业发展。出台《东莞市金融业发展规划(2009~2020)》。加强金融产业配套设施建设，规划建设东莞金融商务区。(2) 优化金融资源配置。创新和完善农村金融服务体系，筹建小额贷款公司5家，长安镇成功开展村镇银行试点。加快台资银行等金融机构的组建，富邦银行获批在东莞市设立代表处，吸引星展银行东莞分行、光大银行东莞分行、平安银行东莞分行进驻。组建东莞市外商信用担保公司、台商信用担保公司和东莞市信用再担保公司等机构，完善东莞市信用担保体系。(3) 推动地方金融业发展，打造地方金融业品牌。推进农村信用社改革，开展组建农村商业银行试点。支持东莞银行向区域性股份制商业银行推进，重庆开县泰业村镇银行正式开业；在长安镇发起设立东莞市第一家村镇银行；推进东莞银行上市等。推动东莞证券多元化发展，东莞证券取得梅州、惠州、厦门、大连和北京等5家营业部的新设资格。(4) 推进资本市场体系建设取得新突破。广东众生药业股份有限公司成功上市。召开“2009东莞市中小企业上市融资论坛”、“上市后备企业上市进展情况座谈会”等活动，积极培育重点上市后备企业，加快企业上市进度。(5) 推进信用担保体系建设，改善企业融资环境。制定《东莞市建立中小企业信用再担保体系工作方案》，探索担保基金模式，推动建立东莞市中小企业信用担保资金，推动台资、外资担保机构成立，拓展东莞市企业融资途径和活跃担保行业发展。

【农村经济体制改革】 2009年，东莞市加快农村经济体制改革，促进农村经济持续健康发展：(1) 深化农村股份合作制改革。出台股权继承管理意见，规范股权继承管理，实行股权继承备案制度。加强股权管理，落实股权固化制度。制定《完善股份制改革方案》，推动凤岗竹塘开展改革试点，探索直接从集体经济组织经营收益中提取公共公益经费的做法。(2) 推行村级管理体制改革，探索转型发展之路。出台《关于推进村级体制改革试点工作的意见》，以厚街、黄江镇为试点，加快构建城乡经济社会发展一体化格局。推动村级传统管理体制向“两级统筹发展，三级管理和服务”的现代城市管理体制转变。(3) 有序推进土地流转集约。完成麻涌漳澎土地流转试点工作，促使126户农民将42.67公顷蕉地流转给3个规模经营主体。全市实现土地流转近1333.33公顷，产业化组织经营面积占总数的25%。其中，石排镇统筹农用地近666.67公顷，并成立专门公司进行经营管理，推动农业规模化、集约化经营。(4) 培育壮大农业产业化组织。新增市级以上龙头企业4家、农民专业合作社3家。发放市级农业龙头企业贷款贴息资金650万元，做大做强农业龙头企业，专业市场类企业市场交易额达100亿元。穗丰食品有限公司等5家企业共投入100万元开展结对帮扶活动，带动1000多农户发展生产。

【完善收入分配和社会保障制度】 2009年，东莞市从收入分配及社会保障入手，加强和谐社会建设，有效改善民生：(1) 深化收入分配制度改革。制订东莞市劳动力市场工资指导价位，引导企业建立工资增长调整机制。实施重大劳动违法行动社会公布制度、行政司法联动打击恶意欠薪机制，保障企业员工的工资权益。深化企业用工制度改革，全面实行劳动合同制。抓好劳动监察执法，强化劳动争议协调能力，逐步形成“先预防，再调解，后仲裁”的工作模式。(2) 完善社会保障制度。研究制定社会保险基金运行情况评估办法，全方位推动社保基金监管工作。深化基本养老保险制度改革，加强市级统筹，完善基本养老金正常调整机制。完善工伤保险制度，力争在高危行业、高危人群实现全覆盖。完善城乡低保制度，建立城乡低保标准动态调整长效机制，制定出台低保分类救助实施办法，推进分类施保，适当提高生活补贴。（3）推进社会救助体系建设。建立健全各项社会救助制度，修订《东莞市城乡居民最低生活保障自然增长机制实施办法》等政策，加大对生活困难群体的保障力度。建立社工职业化制度。制定《关于加快社会工作发展的意见》等政策，在全国率先明确将社会工作经费全部纳入市、镇（街）财政预算范围。9月始，在民政、教育等5个市直部门和莞城、石龙等6个镇（街）进行试点。推行驻军随军家属就业安置改革，鼓励随军家属自谋职业，实行货币安置政策。推进居家养老改革，促进养老服务事业发展，推进老年人福利事业发展。

（莫灿培）

【新莞人服务管理】 2009年，东莞市努力开创新莞人服务管理新局面。至年底，共评选出首届“优秀新莞人”190名；接受新莞人参加社会保险1280.34万人次，将新莞人住院医保的年最高支付限额从4万元提高到15万元；为新莞人子女免费接种第一类疫苗255万人次，接种麻疹疫苗857873人；为7125例疑似肺结核病的新莞人提供免费检查，为1621例新莞人肺结核病人提供免费治疗；为已婚育龄的新莞人妇女提供计划生育手术服务30286例，提供查环查孕服务1913799人次；全市救助管理站共实施新莞人救助9565人次；完成新莞人岗前培训27.6万人次，在岗技能提升培训9.8万人次；设立公共就业服务点600多个，举办“春风周”专场招聘会904场；出台《东莞市新莞人子女接受义务教育暂行办法》，共接收47.61万名新莞人子女在莞接受义务教育；建立跨区域纠纷调处合作机制，与重庆市铜梁县、湖北省十堰市、贵州省遵义市签署合作协议；扩大新莞人法律援助覆盖面，承办新莞人法律援助案件2719宗。（刘芳娜）

【政府法制监督】 2009年，东莞市加强对行政执法人员监督和管理。市府法制局共举办初次申领行政执法证培训班5期，对28个执法单位行政执法人员进行培训，落实行政执法人员持证上岗制度。开展重大行政处罚案件备案审查工作。市府法制局加大行政执法监督力度，不定期对有行政处罚职能执法单位备案工作进行督促检查，对存在问题进行通报，保证重大行政处罚决定规范与公正，促进行政机关执法水平提高。全年共接收公安、交警、国土、水利、审计、文广新、建设、农业、安监、卫生、酒类专卖、城市管理综合执法等15家行政执法部门报送重大行政处罚决定4000多宗。

（韦瑞珍）

【财政监督】 2009年，东莞市深化部门预算改革，加强项目库建设，严格预算审批程序，逐步细化预算编制，推进预算管理与资产管理相结合，推进公务试点改革。开展“小金库”专项治理工作。对42个市直单位开展重点检查，并就发现问题督促整改，堵塞管理漏洞，提高财政运行质量和财政资金使用效益。推进财政支出绩效评价工作。成立财政支出绩效评价工作委员会；指导预算单位完成286个200万元以上项目的自评工作，着力开展重点评价；在编制年度预算过程中引入专家评审机制，实现绩效评价与预算编制有机结合。优化工作流程，加快财政投资项目建设进度。优化基建工程服务项目的政府采购方式，下放镇街建设项目评审业务，精简审核拨款流程，提高财政运行效率。推进重点项目加快建设，切实加强对市属物业出租的监管。市政府物业管理中心共接受了30多个市直单位委托，对156处政府物业（面积合计8.42万平方米）组织公开招租，出租108处，竞价出租使物业月租金增幅37.65%。重视人大代表、政协委员建议和意见，提高民主理财水平。认真办理人大代表、政协委员建议提案59件，做到件件有落实、事事有回音。针对人大代表、政协委员的建议，及时完善相关财政政策，努力解决群众关心的热点难点问题。

（刘长青）

中山市

中山市

基本情况

【地理位置】　中山市是中国民主革命先行者孙中山先生的故乡。位于广东省中南部，珠江三角洲中部偏南的西、北江下游出海处，北接广州市番禺区、南沙区和佛山市顺德区，西邻江门市蓬江区、江海区、新会区和珠海市斗门区、香洲区，东南连珠海市，东隔珠江口伶仃洋与深圳市和香港特别行政区相望。全境位于北纬 22°11′~22°47′、东经 113°09′~113°46′之间。行政管辖面积 178366.5 公顷。市中心北距广州市区 86 公里，东南至澳门 65 公里，由中山港水路到香港 52 海里。国道 105 线、广珠公路、京珠高速公路、中江高速公路贯穿全境。2009 年，公路通车里程 1773 公里，公路密度为每百平方公里 98.5 公里。全市对外贸易港口 3 个，形成东有中山港、南有神湾港、北有小榄港的“品”字形布局。其中，中山港的集装箱年吞吐量位居全国十强、世界百强。从中山港经海路至香港需 75 分钟，1.5 小时车程内可达广州、深圳、珠海、香港、澳门 5 个国际机场。

中山市地形以平原为主，地势中部高兀，四周平坦，平原地区自西北向东南倾斜。五桂山、竹篙岭等山脉凸屹于市中南部，五桂山主峰海拔 531 米，为全市最高峰。地貌由大陆架隆起的低山、丘陵、台地和珠江口的冲积平原、海滩组成。其中低山、丘陵、台地占全境面积的 24%，一般海拔为 10~200 米，土壤类型为赤红壤。平原和滩涂占全境面积的 68%，一般海拔为 -0.5~1 米，其中平原土壤类型为水稻土和基水地，滩涂广泛分布有滨海盐渍沼泽土及滨海沙土。河流面积占全境的 8%，西江下游的西海水道、磨刀门水道自北向南流经市西部边界，由磨刀门出南海；北江下游的洪奇沥水道自西北向东南经过市东北边界由洪奇门出珠江口。汊道纵横交错，其中小榄水道、鸡鸦水道横贯市北半部，汇入横门水道由横门出珠江口。水系划分为平原河网和低山丘陵河网两个部分，平原地区河网深受南海海洋潮汐的影响，具典型河口区特色。

（陈万鑫）

【自然资源】　中山的自然资源主要有 5 类：1. 太阳能资源。历年平均日照数 1714 小时，平均太阳总辐射量达 445155.4 焦耳 / 平方厘米，是省内太阳辐射资源比较丰富的地区之一。2. 水资源。中山属丰水地区，年降水量 29.18 亿立方米，2009 年总降雨量 2043.6 毫米。西江和北江流经市内的磨刀门、横门和洪奇沥，多年平均径流总量 2241 亿立方米，占珠江年均径流总量 3290 亿立方米的 68.1%。此外，中山市地处滨海，可利用潮差进行排灌。3. 矿产资源。主要有建筑用花岗岩、矿泉水、地下热水、砂料和耐火粘土。其中石料主要是黑云母花岗岩、黑云母二长花岗岩和花岗闪长岩，广泛分布于市内的低山、丘陵和台地，以五桂山和竹篙岭储量最为丰富；地下热水含氟、氡，可作为温泉浴使用，主要分布在三乡、坦洲等地；矿泉水是 20 世纪 80 年代后期兴起的矿产资源开发产业，属花岗岩裂隙水，为偏硅酸矿化度饮用天然矿泉水，主要分布于五桂山至神湾一带的山区；砂料以中粗粒石英砂为主，主要分布于市内东部龙穴、下沙一带沿海地区；耐火黏土主要分布于火炬开发区濠头村附近。4. 动植物资源。中山大中型兽类的主要活动场所分布于五桂山低山丘陵和白水林山高丘陵地区，经济动物主要有小灵猫、食蟹獴、豹猫、南狐、穿山甲、板齿鼠和各种鸟类、蛇类等；平原地区以爬行类、两栖类、鸟类和鼠类为主；水生动物有鱼类、甲壳类和多种贝类。植被代表类型为热带季雨林型的常绿季雨林。全市有维管植物217科912属1771种，其中野生维管植物186科646属1235种，种类占广东省总数的六分之一。2009年，全市森林覆盖率18.5%。5. 旅游资源。市域内的名人胜迹、五桂山脉和珠江三角洲南部的水乡特色，形成多姿多彩的人文与自然景观。市内主要旅游景点有：翠亨孙中山故居、孙中山纪念馆、中山影视城、孙文西路文化旅游步行街、中山温泉、长江水库旅游区、詹园、泉林山庄、岭南水乡、紫马岭公园、阜峰文笔、孙文纪念公园、五桂山逍遥谷、翠竹园漂流乐园、丰本农业科技园、大涌卓旗山公园及烟墩山古塔、西山禅寺、南山古香林、宋帝遗迹、罗三妹山、桥头小琅环等。土特产主要有三月红荔枝、神湾菠萝、小榄菊花肉、中山杏仁饼、石岐乳鸽、长江脆肉鲩、茶薇花制品、三乡濑粉、黄圃腊肠等。（陈万鑫）

【建置沿革】　中山，旧称“香山”。据宋朝《太平环宇记》记载：东莞县香山在“县南隔海三百里，地多神仙花卉，故曰：香山”。古代香山，是孤悬于珠江口外伶仃洋上的岛屿，境域仅为现时的五桂山和凤凰山周围的山地和丘陵区，即石岐城区至澳门一带地域。考古表明，在距今5000多年前的新石器时代，已有土著古越族人在香山岛屿捕鱼打猎和半定居。香山在汉代属番禺县地域，晋代以后属东官郡地域，唐代属东莞县地域。南宋绍兴二十二年（1152）设香山县，并划入南海、番禺、新会等三县的滨海地域，隶属广州。民国时期，直属广东省。香山县翠亨村是孙中山先生的故乡。1925年3月12日，孙中山先生逝世。同年4月15日，广州中华民国陆海军大元帅府决定，将香山县更名为中山县，以示纪念。1949年，中华人民共和国成立后，仍为中山县，属佛山地区管辖。1983年12月，经国务院批准中山县改为中山市（县级），属佛山市管辖。1988年1月，国务院批复，中山市升格为地级市，直属广东省管辖。

（市档案局）

【人口·语言】　2009年末，中山市常住人口251.74万人,户籍人口147.86万人。其中：男性73.74万人，女性74.12万人；出生1.69万人，死亡8878人；迁入人口17213人，其中省外迁入6463人；迁出人口10651人。全市有流动人口117.37万人。中山市的语言状况较为复杂，主要使用汉语方言，包括粤方言、闽方言及客家方言。其中使用粤方言的人数最多，占总人口的84%，主要分布在北部冲积平原区和中部的石岐地区。粤语方言分为4种：（1）石岐话，主要分布在石岐地区、南区和南朗镇。（2）沙田话（近顺德话），主要分布在南头镇、黄圃镇、东凤镇、小榄镇、阜沙镇、东升镇、横栏镇、港口镇、民众镇、坦洲镇、板芙镇及西区的沙朗、南朗镇的横门等地。（3）三角话（近东莞话），主要分布在三角镇。（4）古镇话（近新会话），主要分布在古镇镇。闽语方言，主要分布在沙溪镇、大涌镇、三乡镇及火炬开发区的张家边等地。客家语方言，主要分布在五桂山区、神湾镇及坦洲镇的南部。（市统计局　市档案局）

【民风·民俗】　中山民性爱国爱乡，勤劳敦厚，富于进取，勇于创新，灵活求实，较少保守思想。民风平和有礼，与人为善，团结互助，崇尚正义。市委、市政府在2004年重新拟定“博爱、创新、包容、和谐”为中山人精神。中山民间艺术丰富，其中有中山民歌、舞龙狮鹤凤、崖口飘色等。中山是民歌之乡，民间流行的民歌有咸水歌、高棠歌、大缯歌、客家山歌、鹤歌、姑妹歌、渔鼓、龙舟、小调儿歌等，其中以咸水歌和高棠歌最有特色，这两种民歌已有300多年的历史，流行于坦洲镇等大沙田区。中山舞龙分为木龙、火龙、金龙、沙龙、草龙、游龙、板龙、云龙8个种类。坦洲咸水歌、小榄菊花会、沙溪凉茶、长洲醉龙、崖口飘色被纳入国家级非物质文化遗产，南朗崖口飘色、五桂山白口莲山歌、沙溪鹤舞、黄圃麒麟舞、黄圃飘色等被纳入广东省非物质文化遗产代表名录。1988 年起，每年都在农历正月初七（2001 年后改为正月十五）举办“慈善万人行”活动，为社会公益事业筹集善款，民间艺术也在此间展演，成为中山独特的新民俗。

【城市荣誉】　中山市先后获“联合国人居奖”、首批“全国文明城市”、“全国卫生城市”、“国家园林城市”、“全国科技兴市先进市”、“全国双拥模范城市”、“国家环境保护模范城市”、“中国优秀旅游城市”、“全国畅通工程模范城市”、“全国质量兴市先进城市”、“全国十大最具幸福感城市”、“中国十佳和谐可持续发展城市”、“中国十佳休闲宜居生态城市”等称号。

（市档案局）

经济社会发展概况

【经济增长较快回稳】　2009 年，中山市完成地区生产总值 1566.41 亿元，比上年增长 10.2%，增速达到年度预期目标。其中第一产业增加值 45 亿元，增长 3.3%；第二产业增加值 904 亿元，增长 9%；第三产业增加值 617 亿元，增长 12.5%。常住人口人均生产总值 62304 元，增长 10%。三次产业增加值比例由上年的 3：58.4：38.6 调整为 2.89：57.8：39.4。全市单位地区生产总值能耗 0.65 吨标准煤 / 万元，下降 3.9%。

【投资拉动作用明显】　2009 年，中山市全社会固定资产投资完成 545.61 亿元，比上年增长 16.5%，完成年初预期目标 105.7%。投资占全市生产总值比重的 34.9%，提高 3.3 个百分点。服务业投资占投资总额的 63.4%，更新改造投资增长 51.9%。国家实施扩内需投资计划后，全市争取到中央和省专项资金 3.7 亿元，其中中央资金 2 亿元，拉动项目总投资 33.2 亿元，10 个项目纳入省第二批扩内需项目，获保障用地 167.67 公顷。

【重点项目建设成效显著】　2009 年，中山市成立市重点项目联席会议和市重大建设项目协调领导小组。全年全市安排重点项目 88 项，其中年度建设项目 72 项，前期预备项目 16 项，年度计划投资 90.87 亿元。全年共完成投资 95.95 亿元，完成年度计划的 105.6%。在建项目中，完成年度投资计划项目 48 个，占项目总量的 66.7%，完成投资 71 亿元，占年度计划总投资的 78%。其中，包括国家火炬计划中山（临海）装备制造产业基地、帝璟东方商务区、中国卫浴房产业制造基地、中山保税物流中心（首期）、市实验高中扩建、新社会福利院、新岐江公路、广船船舶制造一期工程、中山黄圃热电联产、中山游戏游艺产业基地、中山高效能变频器产业化、中山市北部组团垃圾综合处理基地一期工程、广重中山黄圃基地扩建等项目。34 个续建项目年度计划投资共 41.46 亿元，占年度计划投资总额 40%以上，全年完成投资 44.72 亿元，完成本类项目年度投资计划的 107.9%，占全市项目全年已完成投资额的 46.6%。18 个预计年内投产项目完成 28.82 亿元，完成本类项目年度投资计划的 91.9%。20 个新开工项目完成 22.42 亿元，完成本类项目年度计划的 124.3%。重大产业、交通能源、社会事业类项目分别完成本类项目年度投资计划的 113.1%、95.5%和 101.3%。国有投资项目 27 项，年度计划投资 41.03 亿元，占全部重点项目年度计划总投资的 45.2%。全年完成 42.63 亿元，完成年度投资计划的 103.9%。27 个民间投资项目年度计划投资 38.74 亿元，占全部重点项目年度计划总投资的 42.6%，全年完成 41.62 亿元，完成年度投资计划的 107.4%。

【消费市场稳步增长】　2009 年，中山市实现社会消费品零售额 549.76 亿元，比上年增长 14.5%。其中，批发和零售业零售额 491.06 亿元，增长 15.9%；住宿和餐饮业零售额 57.8 亿元，增长

中山市国民经济发展情况（2009 年）

表一

项目	常住人口（万人）	地区生产总值		人均地区生产总值		工业总产值		农林牧渔业总产值		全社会固定资产投资额	
		绝对值（亿元）	比上年增长（%）	绝对值（元）	比上年增长（%）	绝对值（亿元）	比上年增长（%）	绝对值（亿元）	比上年增长（%）	绝对值（亿元）	比上年增长（%）
全市	251.74	1566.41	10.2	62304	10.0	4436.71	9.2	77.77	3.2	545.61	16.5

表二

项目	外贸出口总额		实际利用外资		地方财政一般预算收入		社会消费品零售总额		城镇居民人均可支配收入		农村居民人均纯收入	
	绝对值（亿美元）	比上年增长（%）	绝对值（亿美元）	比上年增长（%）	绝对值（亿元）	比上年增长（%）	绝对值（亿元）	比上年增长（%）	绝对值（元）	比上年增长（%）	绝对值（元）	比上年增长（%）
全市	177.36	−5.2	7.66	2.8	110.4	10.3	549.76	14.5	23088	7.1	12288	11

3.4%；旅游业总收入 110.3 亿元，增长 13.4%。接待过夜海内外游客 551.91 万人次，增长 4.5%，客房开房率 58.2%。市场物价有所下降，全年居民消费价格总指数累计下降 2.9%。

【工业保持平稳增长】　2009 年，中山市工业总产值 4436.71 亿元，比上年增长 9.2%。工业增加值 865 亿元，增长 9.1%。五大支柱产业产值 2264.8 亿元，增长 18.3%。规模以上工业企业经济效益综合指数 162.7%，提高 4.3 个百分点。装备制造业实现产值 1067.6 亿元，增长 20.8%，5 家企业被认定为省装备制造业骨干企业、重点培育企业。加快发展半导体照明、健康医药、游戏游艺、新型汽车动力电池等产业，纬创资通液晶模组项目落户临海装备制造基地。开展灯饰、家电、健康医药、风电产业集群创新试点，全市拥有 16 项产业集群联盟标准。大项目进展顺利，广机海事重工、中铁大桥局桥梁制造项目投产，中船船舶制造项目开工建设。规模以上轻重工业比重由上年的 60.2：39.8 调整为 59：41。组织中山货“北上西进”，举办中山（北京）博览会。规模以上工业产品内销比例提高 4 个百分点，占工业销售产值的 65.4%。全市专利申请 8699 件，增长 26.1%，其中发明专利申请 645 件，增长 16.2%。国家火炬计划日用电器特色产业基地、省新光源高新技术应用基地落户中山。新增 63 家省级高新技术企业，全市有高新技术企业 201 家。北京理工大学、华中科技大学等高校与中山企业的科技项目合作成效明显，开展省部企业科技特派员行动计划。新增 11 家省级企业技术中心和 36 家市级企业技术中心，全市有各级企业技术中心 274 家，明阳风电、大洋电机、松德包装等重大科技攻关项目取得突破。推进科技金融结合试点工作，筹建全市首家科技创新投资公司。增强市家电创新中心、小榄生产力促进中心、古镇照明工程中心等专业镇科技平台创新和服务能力。

【服务业加快发展】　2009 年，中山市服务业增加值 6167 元，比上年增长 12.5%，对全市经济贡献率达 45.6%，拉动经济增长 4.7 个百分点。其中，旅游业增长 13.4%，金融服务业增长 19%，住宿餐饮零售业增长 3.4%。东区、西区、石岐区共建服务业集聚区建设取得阶段性成果，民生银行、安邦财险等银行、保险、证券、担保企业相继进驻中山。举办 2009 年现代服务业招商推介会、中山—深圳股权招商企业对接会，实施珠三角改革发展暨香港中山服务业合作发展论坛等招商推介活动，项目现场签约额比上年增长61%。全年重点项目计划总投资119.7亿元，完成年度投资36.5亿元，完成年度投资计划。开展首届中山服务业十大品牌评选活动，加快推进制造业企业服务环节分离工作。

【实施《规划纲要》开局良好】 2009年，中山市制定《关于贯彻实施〈珠江三角洲地区改革发展规划纲要（2008～2020年）〉的决定》，明确“一个枢纽，两个基地，三个试点”的战略定位。完成2009年度主要工作目标，开展城乡统筹、审批方式创新等先行先试工作，召开广东省深化行政审批制度改革工作现场会，启动纵一线、中开高速等17个项目的前期工作，中山至深圳跨珠江口通道进入工程可行性研究阶段。珠中江三市共同签署紧密合作框架协议，并签订环保、交通、旅游、警务、科技、物价、广播电视等19个专项合作协议，开通9条跨市公交线路，实现三地电视信号相互落地。主办珠中江紧密合作第二次联席会议，计划于2010年1月1日起实行珠中江车辆年票互认，加快推进通信一体化和饮用水同网工作。

【外贸出口趋稳向好】 2009年，中山市外贸出口总值177.36亿美元，完成调整后目标的104.4%，降幅由年初的21.5%收窄至全年的5.2%。帮扶出口企业减负增盈，成立外经贸发展专项资金，用于支持出口信用保险、扩大进口奖励及鼓励参展促销。在瑞典、越南、印度和澳大利亚等国举办大型国际经贸展销洽谈会，拓展东盟、南亚、澳洲等新兴市场。重点出口企业发展壮大，纬创资通出口超17亿美元，比上年增长80%，依顿、奥马、国基等企业全年出口增幅在20%以上。全年实际利用外资7.66亿美元，增长2.8%。

基础设施建设

【基础设施建设有新进展】 2009年，中山市更新改造投资比上年增长51.9%，基本建设投资增长23.8%。建设重点项目88个，完成投资95.9亿元，获得国家和省专项资金3.7亿元。嘉明电厂二期扩建、500千伏桂山输变电工程、北部组团垃圾综合处理基地一期、中顺大围达标加固、西河水闸重建、保税物流中心、市家电创新中

中山市基础设施基本情况

项目	单位	2008年	2009年
公路通车里程	公里	1713	1773
其中：高速公路	公里	100.8	100.8
港口泊位	个	90	120
其中：万吨级泊位	个		
内河航运通航里程	公里	861	861
本地电话年末用户	万户	95.2	92.15
移动电话年末用户	万户	347.69	393.95
国际互联网用户	万户	45.33	53.85
电力消费量	万千瓦小时	1565977	1615772
商品房屋实际销售量	万平方米	320.43	563.53
商品房屋实际销售额	亿元	140.78	259.41

心、纪念中学扩建、市一中初中部迁建、职业技术学院三期、技师学院黄圃校区一期、泰安市场改造、廉租解困房等项目投入使用。

【建成城乡水利防灾减灾工程】 中山市城乡水利防灾减灾工程于2003年10月正式启动建设，至2009年11月，已完成列入省5宗共127项和市6宗共144项城乡水利防灾减灾工程，比省要求的完成时间提前一年。全市城乡水利防灾减灾工程建设共完成投资16.5亿元，比省下达12.39亿元（含城市防洪工程）的任务大幅增加。完成重建新建水闸49宗、总净宽692米，新建节制闸16宗、总净宽142米，重建和加固暗窦32宗，新建排涝泵站23宗、总装机容量17090千瓦，堤围达标加固292公里，险工险段整治12宗19.98公里，新建水库2宗，加固水库18宗。城乡水利防灾减灾工程在抗击“派比安”、“珍珠”等台风以及“05·6”特大洪水、历次特大暴雨等自然灾害中实现无人员伤亡。城乡水利防灾减灾工程建设由过去只局限于满足防洪功能转变为追求更高层次的生态、环境、交通、景观等功能，由服务单一目标或局部利益的“小水利”转变为促进整个经济社会协调发展的“大水利”。工程建设体现水安全、水环境、水景观、水文化、水经济“五位一体”的城市防洪工程建设理念。中顺大围等大型联围按照50年一遇防洪（潮）标准进行规划设计，民三联围、五乡联围、文明围、张家边联围、中珠联围等中型联围按照30~50年一遇的防洪（潮）标准进行规划设计，城镇按10年一遇暴雨不受涝的标准进行规划设计。全市有60%以上的沿海水闸都重建或新建成具备防洪和纳洪功能的新型水闸。

【建设城乡一体化LED路灯照明示范工程】 2009年，中山市加快LED新能源产业发展及相关产品的推广应用，将LED照明示范工程列为城乡一体化重点任务。从2009年起3年内投资1.5亿元，统一部署、统筹推进，首期在小榄、古镇等镇区路段、广场进行LED路灯照明示范。至年底，小榄已安装LED路灯1600多盏，占全镇路灯的10%，全长20公里，覆盖整个小榄新区，成为全国LED路灯最密集的区域，节电率超过50%。古镇在古镇商贸大厦及其周围商务区各路段启动LED路灯景观照明改造工程。该示范工程得到科技部、省科技厅的大力支持，获得省“千里十万”大功率LED路灯产业化示范推广工程400万元资助，并已申报国家“十城万盏”半导体照明应用工程试点。 （黄奋敏）

现代产业

【自主创新能力增强】 2009年，中山市新增省级高新技术企业63家、省级以上工程中心和技术中心16家，获省科技进步奖11项，成为全省首批科技金融结合试点城市。风力发电、半导体照明、电动汽车动力装置等关键技术取得突破，高新技术产品产值占工业总产值30.5%。知识产权、技术标准、名牌带动战略成效明显，发明专利授权量比上年增长108.2%，国家火炬计划日用电器特色产业基地、省新光源高新技术应用基地、广东健康医疗信息技术服务区、省质量监督红木家具和办公家具检验站落户中山，新增中国驰名商标5个、省级名牌名标49个。深化产学研合作，建成省部产学研创新联盟2个、示范基地9个，省部企业科技特派员230名专家入驻中山。

【实施“优二进三”战略】 2009年，中山市继续实施“优二进三”（即优化第二产业，加快发展第三产业）的经济发展战略。市政府设立1000万元专项风险准备金，启动“科技通”科技金融结合项目，对担保机构再担保的科技金融贷款项目予以分险、弥补。科技型中小企业可将专利技术、知识产权、股权等无形资产单独抵押或与有形资产一起进行抵押，且可抵押资产的平均抵押率高于普通的融资产品。市财政每年安排1000万元，用于扶持中小企业信用担保和典当融资项目，促进中小企业信用担保机构与担保机构建立业务关系的合作金融机构和典当机构为中小企业发放小额贷款，缓解中小企业融资难问题。在落实省部科技特派员政策的同时，启动市级科技特派员行动计划，从市内高校中选派一批高学历、高素质的中青年教师担任镇区科技特派员。首批19名市级科技特派员已分别进驻11个镇区，200多名省部科技特派员与144家企业达成合作协议，入驻企业并开展工作。市财政每年安排500万元产学研结合专项资金，根据支柱产业和新兴产业的发展需要，扶持高校与行业龙头企业、骨干企业共同组建产学研联盟，开展重大共性技术、关键技术攻关，重大技术成果引进和产业化。成立由清华大学、广东明阳电器有限公司等一批高校、科研院所、企业共同组建风力发电产学研创新战略联盟，对风电装备的控制系统、叶片、表面处理等进行研究，成功开发出7项拥有自主知识产权的新产品。对成功在主板（中小板）上市的企业给予200万元的奖励，企业上市后，连续两年可享受最高1000万元的年度专项补助。对在创业板上市的企业另奖励100万元，企业在异地“买壳”、“借壳”上市，并将上市公司注册地迁回中山的，视同改制上市，奖励100万元。上市公司通过配股、增发新股、发行可转换债券等方式成功再融资的，按照公司再融资并投向中山当地资金额的1%给予奖励。设立总额3900万元的市级服务业发展专项资金，扶持发展现代服务业。推进特色商圈建设，加快建设镇区商务中心，推动企业、人才、资金、信息等资源向服务业集聚区聚集。

【外经贸四大举措应对国际金融危机】 2009年，中山市实施政企联手策略，推出四大举措帮扶企业共渡难关。（1）加大政策扶持。全市2000多家外向型企业共享受省级扶持资金1.35亿元，市级扶持资金3300万元。（2）加强调研服务。中山市建立政府、部门、镇区共同帮扶企业的服务联动机制，市政府与拱北海关签署《携手共进帮扶企业发展合作备忘录》，落实《中山市口岸部门“大通关”协调管理制度》。10月印发《关于建立市政府领导挂钩联系镇区外贸出口工作机制的通知》。市外经贸局组织8个专项小组深入镇区，跟踪服务出口企业。（3）政企联手搭建平台，支持企业开拓内外销市场。6月，组织39家外资企业参加首届广东外商投资企业产品（内销）博览会，签订意向采购额8.3亿元。组织企业参加广东·印度经贸合作交流会、广东·越南经贸合作洽谈会等，举办2009印度·广东中山出口商品推介会和2009中国广东中山（河内）经贸合作暨产品展销会。组织企业参加香港春秋国际灯饰展，俄罗斯国际贸易照明展览会等专业会展。（4）加快转型升级。鼓励来料加工企业不停产转型为外资企业或其他类型企业。首家获批的联兴纺织印染（中山）有限公司项目已经顺利运作，另有24家来料加工企业申办不停产转型。市外经贸局自主开发加工贸易内销审批系统，加工贸易内销批准证书实现网上审批。2009年，批准内销金额1.95亿美元，比上年增长2.4倍。中山外贸9月出口降幅在全省率先降至个位数，11月、12月，单月进出口三项指标全面转为正增长，增幅均在两位数以上，占全国出口总额的比重从1.3%上升至1.5%。全年出口总值177.4亿美元，降幅由年初的21.5%降至5.2%，中山获广东省进出口综合奖一等奖等7个奖项。

【广东外商投资企业产品（内销）博览会】 2009年6月18日在东莞开幕。中山市共有39家企业参展，主要有家居饰品、家用电器及服装鞋帽等传统优势行业。在签约仪式上，中山市有3家企业签约，分别为中山侨光纺织有限公司、中山四海家具制造有限公司、百卓鞋业（中山）有限公司，交易总额3500万元。中山市外商投资企业与客商达成意向8.3亿元。（严 骏）

【2009中山（北京）经贸洽谈会暨产品博览会】 2009年5月28～30日在北京市举行，由中山市与广东省经济和信息化委员会共同举办。展会划

分9个行业展区，组织156家拥有名优产品和具有中山产业特色的企业参展，展出产品共1032种，展览面积9100平方米，展位378个。其间，6万人次入场参观采购，签订贸易合同金额180亿元。

【第六届中国国际中小企业博览会】 2009年9月22～25日在广州举行。中山市有59家企业参展，订购展位95个。参展企业主要来自家用电器、灯饰行业、纺织服装、鞋帽箱包、玩具工艺品、机械装备、陶瓷建材六大行业。其中家用电器和灯饰行业有30家企业参展，占全市参展企业总数的51%、参展展位总数的53.68%。

【第九届中国休闲服装博览会】 2009年10月22～25日在中山市博览中心举行，20多个国家和地区近120万人次参观，累计成交额超过400亿元，培育各类服装品牌近100个。120个国家名牌、省名牌名标，以及英、美等国家和港台等地区品牌企业参展，展位720个，展出面积2万平方米，分为服装品牌区、服装机械区、面辅料区、设计创意品牌区等。服博会期间，举行中国休闲服装高层论坛、上海世贸商城跨国采购洽谈会、《珠三角地区服装产业发展规划纲要》研讨会等活动。

【2009中国（古镇）国际灯饰博览会】 2009年10月18～23日在中山市古镇镇举行。展位面积4万平方米，最大的特装展位面积为500平方米，展位2165个，参展企业600家，专业买家或参展参会人数63167人，129个国家或地区的专业人士参会选购。LED（Light Emitting Diode，发光二极管）照明技术展示专区成为该届展会的亮点，该届灯博会设置的LED展示专区增至1400平方米，共有74家LED企业参展。

【2009中国（中山·黄圃）国际食品工业经贸洽谈会】 2009年11月6～8日在中山市黄圃国际会展中心开幕。该届食洽会境外参展企业占52%，展会开幕前已落实23个项目，交易额近20亿元。在开幕式上，8个超5000万元项目进行现场签约仪式，其中“珠江桥—千腊村打造世界品牌肉类制品合作投资项目”签约额3亿元。会上举行黄圃镇“全国农产品加工创业基地授牌”仪式。

【2009中国（中山）国际电子信息产品与技术展览会】 2009年12月18～20日在中山市火炬开发区国际会展中心举行，展出面积2万平方米，设有800个国际标准展位，近500家国内外知名电子信息企业参展。该次展会启用A、B、C三个展览馆，展出面积2万平方米，共设标准展位800个，特装展位37个，参展企业近500家，其中光阳游艺的特装展位面积1000多平方米，苏宁电器展位500多平方米。A馆以特装为主导，集中展示大型电子信息企业及产品。B馆主要展示电子元器件、电子设备、光电设备、仪器仪表等。C馆为数字生活馆。 （古小鹏）

【2009中山市岭南水乡旅游文化节】 2009年11月19～22日在中山市民众镇举行。文化节以“名城中山，活力民众”为主题，活动内容包括：开幕式、中山农副产品特产展、水乡运动会、“民众24小时”纪实摄影大赛、快乐水乡一日游、动物演艺秀等。开幕式在民众镇裕安村举行。文化节期间，民众镇各大旅游景点接待游客11万多人次，其中岭南水乡和裕安人家两大旅游景点接待游客人数占总数的50%以上。文化节直接拉动消费近300万元，其中餐饮业及酒店住宿近200万元，农副产品销售近60万元，景点门票收入30多万元。 （刘　靖）

城乡发展

【城乡统筹发展显现“五化”】 2009年，中山市加快城乡一体化建设，城镇居民年人均可支配收入23088元，比上年增长7.1%；农民人均年纯收入 12288 元，增长 11%，全部完成年初预期目标。全市城镇和农村居民家庭恩格尔系数分别为 39.5%和 41.8%。城乡居民收入之比为 1.8 : 1，城镇化率 86.7%，城乡统筹发展显现“五化”。⑴ 城乡规划建设同城化。统一城乡土地利用规划，全市划分为城镇建设密集区、独立建设区、区域绿地、重大基础设施控制区、文物保护区等五类管理区。统一城乡发展规划，实施“一区一圈四组团”发展战略，“一区”指火炬高技术产业开发区，“一圈”指以中心城区为核心的“半小时经济圈”，“四组团”是将全市划分为西北部、东部、南部和中部四个组团发展。统一城乡基础设施建设，全市所有村实现通公路、通电、通邮、通宽带、通电话、通广播电视，全市 24 个镇区实行集中供水并建有污水处理厂，所有村通自来水。⑵ 产业布局同步化。产业群布局覆盖城乡，全市建有 26 个国家级产业基地和 14 个省级专业镇，6 个现代农业示范园区和 19 个农业标准化示范区。资金投入覆盖城乡，引导资金向农业和农村聚集，每年安排专项资金扶持村集体经济发展，全市行政村集体经济收入均超过 100 万元。生产要素覆盖城乡，引导技术、人才、管理等生产要素向农村集聚，推动农村一、二、三产业协调发展。全市超过 80%农村从业人员从事二、三产业，农村居民收入 78%以上来源于非农产业。⑶ 公共服务同等化。公共财政城乡共享，市财政用于城乡基本公共服务的支出比重从 2003 年的 45.7%上升到 2009 年的 59%。教育文化服务城乡共享，所有镇区均创建为省教育强镇，全市义务教育普及率 100%，高中阶段教育毛入学率 79.2%，高等教育毛入学率 50.1%。公共卫生服务城乡共享，所有镇区成功创建为国家或省级卫生镇，村级卫生站实现全覆盖，全市拥有各类医疗卫生机构 300 多个，基本实现“小病在家门、大病住医院、康复回社区”。⑷ 社会保障同质化。城乡居民社会保险逐步并轨，城乡居民住院基本医疗保险和门诊基本医疗保险，缴费标准和保险待遇实现城乡并轨。住院基本医疗保险实现全覆盖，门诊基本医疗保险参保率达 80%，农民住院最高报销额 12 万元，门诊报销额 80%，农民养老保险实现“全覆盖”。城乡劳动培训就业加速并轨，建立起市、镇、村三级一体的就业服务网络，实现就业服务向村、社区延伸。市、镇两级每年安排 3300 万元实施就业再就业培训计划，并在全省率先创建“充分就业社区”，先后建立“大嫂工作坊”、“农村车间”、“青年（大中专毕业生）就业创业见习基地”等。⑸ 社会管理同系化。基本完成农村股份合作制改革，超过 60%的村（居）实现村级统一核算，90 个行政村实现“村改居”。突破农民传统居住模式，引导农民集中居住，实行社区化统一管理。至年底，全市已投入 11.5 亿元，建成农民居住小区 20 个，建筑面积近 60 万平方米，有 5000 名村民入住。突破治安防控格局，在全市范围内建设覆盖城乡的治安视频监控系统、镇区综治中心和村（居）综治站、警务室、法律服务室等，农村社会治安纳入统一管理。

【“三农”工作扎实开展】 2009 年，中山市实施“一带、两区、十基地”农业现代园区发展战略，高标准在古镇镇建设国家级现代农业园区南方绿博园，港口镇两岸四地现代农业合作示范区建设顺利。市财政投入 6200 万元用于农路硬底化、农村公路建设和农田改造等工程，建成水泥主干农路 200 公里，整治改造农田 279 公顷。中顺大围达标加固工程取得阶段性成果，完成西河、铺锦、拱北、麻子涌等 4 个水闸重建工程。逐步完善农村发展机制，87%的行政村完成村级统一核算改革。推进土地承包经营权流转，全市 35 个经济欠发达村集体经济年纯收入全部超 100 万元。推进全国特色景观旅游名镇（村）、省宜居城镇（村庄）创建工作。农村实用人才队伍建设成效明显，涌现出一批种养能手、专业大户、致富带头人、科技带头人等优秀农村实用人才。

【农民纯收入连续七年超两位数增长】 2009 年，中山市农民人均年纯收入 12288 元，比上年增长11%，连续7年实现两位数增幅，增幅高于城镇居民收入4个百分点。农民纯收入连续七年超两位数增长。中山市主要采取了三大措施：(1) 落实惠农政策。2009年，发放各类农业补贴3000万元，其中种粮直补1000万元，购置农机补贴1090万元，能繁母猪补贴380万元，冬种马铃薯补贴130万元，渔用柴油补贴336万元。建设农业“固本强基”工程。全年投入建设资金2亿元，优化农业生产环境。投入1.13亿元，完成主干农路“硬底化”200公里。投入1500万元，建设大面积耕地的农田路网。投入整治鱼塘资金5000万元。投入2200万元，实施基本农田建设和中低产田改造。(2) 深化农村体制改革。2007年，市委、市政府决定用4年时间完成村级统一核算改革。至2009年，全市87%的村居完成村级统一核算改革任务。健全严格规范的农村土地流转管理制度，加强农村土地承包的监督指导。全市农村从业人员非农就业比重超75%，46.5万劳动力转移到二、三产业或自主创业。(3) 优化农业产业结构。实施以西北部的古镇等花卉苗木种植大镇为产业基础，以古神公路为扩展纽带，以粤西及周边省市初级种植为资源支撑，以国内外新品种、新技术的引进实现品位提升，以“绿博会”为交易集散平台的发展战略。2006～2009年，中山花卉苗木面积由3986.67公顷增至5666.67公顷，增长42.1%；产值由6.28亿元增至10.2亿元，增长62.4%。2009年，古镇镇、小榄镇、横栏镇、东升镇等新建花木园区租金普遍达每年每亩（0.067公顷）5000元，从事绿化苗木种植比一般种植蔬菜水果种植每亩增收4000～5000元。(4) 拓宽农民增收渠道。出台《关于加快推进城乡一体化的意见》，实施农村劳动力职业技能培训规划，建立农村劳动力终身职业培训制度，确保每个农村家庭有一名有就业愿望和就业能力的劳动力接受职业技能培训。建立农村劳动力资源库和培训转移就业动态管理档案，实现就业岗位信息进村入户。实行一家企业扶持一个村计划，建立一批培训转移就业基地和企业安置基地。引导扶持“40代、50代”人员和缺乏资金、技术的农民参与农业现代园区生产经营。市财政对外出承包土地的农民进行补贴，农业部门做好信息收集传递，提供签订承包合同法律指导、举办种养技术培训班等服务。

【开展“质量兴市”活动】 2009年，中山在全市24个镇区全面开展“质量兴镇区”活动，在五金（锁具）行业、灯具（节能灯）行业、家电（电磁炉、吸油烟机）行业开展“质量兴业”活动，在黄圃镇大岑村开展“质量兴村”活动试点工作。2009年，全市定期监督检验2694家企业5730批次产品（含食品），合格率85.5%，比上年提高2.7个百分点。继续以“政府＋行业协会＋企业”的模式推动产业集群实施联盟标准，推进《弹子插芯门锁》、《球形门锁》、《外装门锁》、《淋浴房》等联盟标准的实施，共为66家企业办理联盟标准备案89项。实施《脚轮和单轮》联盟标准，全市产业集群联盟标准增加至17项。全年新增3家企业申报全国技术委员会、分技术委员会、工作组，1家广东省技术委员会落户中山。4月，小榄镇获批成为省标准化专业镇示范点，加上原有的大涌镇，中山成为全省唯一有2个标准化专业镇示范点的地级市。全市共有34家企业36个产品获批广东省名牌产品。至年底，全市共有广东省名牌产品118个，占全省的10.6%，省名牌产品拥有量居全省第三位。先后开展吸油烟机、燃气具、灯具等行业的专项整治，查处案件276宗，涉案货值158万元。开展的“质量兴镇（区）”与“质量兴业”活动的镇区均成立以镇区政府主要领导为组长的活动领导小组，建立起“政府主导、企业参与、部门协作、社会关注”的工作机制。

【促进土地使用权依法有序流转】 2009年，中山市24个镇区，有集体经济的村（居）239个，人口99.98万人，农户25.99万户，劳动力62.83万人，耕地总面积4.21万公顷，至年底，土地流转面积3.46万公顷，占总面积的82.1%。中山市促进土地流转的主要做法：（1）建立健全土地经营收益分配制度，稳定承包权，灵活使用权。1999年起，市政府陆续出台《关于建立健全我市农村土地经营收益分配制度的意见》、《关于认真做好我市农村延长土地承包期工作意见》、《印发农村土地延长承包期检查验收方案的通知》等文件。（2）加强农村土地承包规范管理，健全维护农民土地承包权益工作机制。2005年出台《印发中山市农村集体土地承包经营管理暂行办法的通知》，对中山市范围内农村集体经济组织土地发包及承包经营权流转行为做出明确的规定。（3）推进农村股份合作制和村级统一核算改革，整合村组两级资源，增强集体经济活力。2002年起，全面推进农村股份合作制改革，到2009年农村股份合作制改革基本完成。2007年全面推进村级统一核算改革，到2009年全市有近188个村实行村级统一核算，占全市村（居）的80%。（4）推广土地“反承包”，发展土地适度规模经营，促进土地依法有序流转。横栏镇、东凤镇和民众镇推广土地“反承包”经营模式，由村集中承包土地，村投入资金完善农业基础设施，建成现代高效农业小区，将小区的土地经营权适度分割转包给种养技术较高的专业户。（5）鼓励农民外出承包经营土地，加快农业“走出去”步伐。出台《关于鼓励我市农民外出承包经营土地的意见》，2006～2008年，市财政每年安排400万元，镇区相应投入配套资金，用于农民外出承包经营土地的补贴，一次性每亩（0.067公顷）补贴50元，补贴最高限额为每户3.33公顷。2008年，全市有3175户农民外出承包土地，承包面积1.33万公顷。

【民生福利改善】 2009年，中山市城镇社会保险参保475万人次，比上年增长3.3%；实现所有自愿参加农村社会养老保险人员全覆盖，城乡居民门诊医疗保险覆盖率97.7%；在城乡居民住院基本医疗保险全覆盖基础上，把高校和中等职业学校学生纳入参保范围。全年新增就业10.6万人，城镇登记失业率2.16%。城镇和农村的低保标准分别从原来的320元/月、280元/月提高到330元/月、310元/月。全市财政投入29亿元发展教育，享受免费义务教育学生23万多人，中小学优质学位达95%以上，高考录取率91.7%，高等教育毛入学率52.7%。推行中小学教师工资待遇“两相当”，妥善解决代课教师问题。全市卫生机构和医院床位分别增长17.6%和6.8%。创建全国生态市顺利通过验收，全市18个乡镇污水处理厂首期通过环评验收，城市污水集中处理率提高到95%。完成五桂山生态保护区内林相改造360公顷，新增绿地面积81万平方米。刑事案件发案下降3.5%，加强安全生产和食品医药、消防交通安全管理，交通事故宗数和经济损失分别下降36.9%、28.9%。

【开展城乡一体化社区卫生服务建设】 中山市自2000年起开展社区卫生服务建设，健全以市医院为龙头，区镇卫生院为骨干，村卫生室为基础的城乡医疗卫生服务网络。2009年，基本完成社区卫生服务网络硬件建设，24个镇区共有社区卫生服务中心28个，社区卫生服务站250个，卫生服务覆盖全市城乡275个村（居）委，社区卫生服务覆盖率100%。居民可享受集疾病防控、医疗救治、卫生执法监督和公共卫生信息网络体系为一体的基本卫生服务，形成“小病在社区、大病到医院、康复回社区”的分级医疗和双向转诊新格局。主要采取了四大措施，推动社区卫生服务网络建设。（1）政府推动社区卫生服务建设。2000年，市政府出台《中山市社区卫生服务工作暂行方案》，印发《中山市镇村医疗卫生一体化管理的通知》。2007年，市十三届人大会议通过《加强农村（社区）卫生站建设方便群众就医》议案。2007～2008年，市镇两级财政投入7000万元，在全市新建、改建、扩建社区卫生服务站155所。2009年，市财政安排社区卫生专项补偿经费1600万元，用于社区卫生服务机构开展公共卫生服务。（2）实行全市社区卫生服务统一管理。市卫生局设置社区卫生服务管理中心，统筹全市社区卫生服务管理。实行农村初级卫生保健与全科医疗结合、优化配置卫生资源与社区卫生服务相结合，推行社区服务工作一体化。镇区农村卫生站人员、政务、财务、业务、药品、预防保健等统一划归公立镇区医院，实施一体化管理。条件成熟的农村卫生站升级改造成社区卫生服务站。按一个行政村（居）委会设置一所社区卫生服务站标准，全面建设社区卫生服务机构。市级医院定期派出业务骨干和专家到各社区卫生服务中心巡诊和培训，提升各级人员的业务、管理能力。完善社区卫生服务机构的考核、考评激励机制，实现管理、培训和服务，预防、治疗和保障一体化。（3）推行全市社区卫生服务机构门诊医疗保险。参保人员在社区卫生服务站和社区卫生服务中心分别享有80%和20%的门诊医疗费用报销。（4）制定《中山市创建中医药特色社区卫生服务示范站点活动方案》，市财政拨出专项资金150万元扶持示范点建设。2009年全市社区卫生服务站诊疗613.5万人，比上年增加33.7万人。社区卫生服务站在医疗救治上所占比率提高，社区卫生服务站诊疗人数占全市医疗机构总诊疗人数的46.2%。社区卫生服务的群众满意率达90%以上。

【城乡公共文化设施建设】 2009年，中山市加强农村和社区的公共文化设施建设，工作重心进一步向农村倾斜，在全省率先实现全市农家书屋、农村（社区）文化室全覆盖，建成农家书屋、文化室101间，累计建成287间，实现村村（社区）建有农家书屋、文化室。在火炬开发区、阜沙镇建成市图书馆分馆，推进古镇海洲图书分馆的建设。全市公共图书馆服务覆盖率大幅提高，构建起市、镇两级图书馆、市图书馆分馆、汽车图书馆、图书服务点、农家书屋、文化室相结合的公共阅读服务网络。

【设立首家“农业工作坊”】 2009年，中山市妇联联合市劳动与社会保障局在民众镇裕安村设立全市首家“农业工作坊”，并于9月正式挂牌运作，主要是帮助农村就业困难妇女、残疾人等参与农业生产，实现就地转移就业。至年底该“农业工作坊”共有87人参与劳务派遣、灵活就业，其中妇女40人、残疾人员11人，主要从事建筑、农机维修、绿化、捕鱼、蔬菜加工等工作，人均月收入600～800元。“农业工作坊”组织就业人员参与农业实用技术培训和各类宣传教育，帮助他们提升技能水平，宣传推广扶农、惠农政策，帮助村民参与农村社会养老保险、意外保险等。

（梁锦培）

【提升外来务工人员综合素质】 2009年，中山市有外来务工人员约140万人。中山市总工会启动实施外来务工人员素质提升工程，对全市140万外来务工人员开展综合素质教育培训，成立由市总工会、市委宣传部、市“两新”组织工作委员会、劳动和社会保障局、流动人口管理办公室、教育局、卫生局等11个部门组成的领导小组，负责外来务工人员综合素质教育培训的组织实施工作。建立经费投入机制、目标管理与考核机制、激励与表彰机制。针对外来务工人员生产生活特点，妥善处理务工与学习的矛盾，引导企业利用开工不足的时段和员工业余时间，组织外来务工人员参加综合素质教育培训。培训有课堂教学、电化教学和委托培训三种形式。市总工会成立外来务工人员综合素质教育培训讲师团，聘请29位讲师作为外来务工人员综合素质培训首批讲师团成员。根据外来务工人员的实际需求，开展有针对性地菜单式培训，包括职业技能、生产安全、消防安全、交通安全培训以及市情教育、道德教育、维权教育、普法教育、健康教育等课程，职业技能根据不同的专业技能设置课时，结合职工职业道德建设，开展“工人先锋号”创建活动、劳动竞赛活动、职工文化和企业文化建设等主题活动。2009年全市外来务工人员综合素质培训人次达到外来工总数的30%。

【对口帮扶汕尾市陆河、陆丰、海丰三县（市）】 从2009年开始，中山市用3年时间，帮扶汕尾市陆河、陆丰、海丰3县（市）共80个贫困村及其农村家庭年人均纯收入1500元（含1500元）以下的贫困人口。是年，落实扶贫开发“两到”（即规划到户、责任到人）工作责任制，采取“一村一策、一户一法”等综合扶贫措施，确保被帮扶的贫困村基本改变落后面貌，80%以上被帮扶的贫困人口达到年人均纯收入2500元以上。实施《关于扶贫开发“规划到户、责任到人”工作的实施意见》，市政府成立市扶贫开发工作领导小组，召开全市扶持开发会议，各帮扶镇区和单位向对口帮扶村派驻帮扶小组，启动建档立卡工作，制订贫困户帮扶措施，为帮扶工作打基础。

【应对国际贸易摩擦】 2009年，中山市涉及国际贸易摩擦原审案件3宗，分别是美国对华无缝精炼铜管反倾销案、双通道锁及相关产品337调查案、阿根廷电风扇反倾销案，有诺而达铜管（中山）有限公司/诺而达奥托铜管（中山）有限公司和中山皇冠皮件有限公司等2家企业参加应诉。市外贸部门根据原审案件立案公告，及时查询调查期的有关出口数据，掌握中山涉案企业情况，同时做好旧案的跟踪，对中山历年的国际贸易摩擦案件的进展情况进行动态跟踪管理。配合省外经贸厅在中山开展补贴项目工作试点，2月成立市反补贴应对工作协调小组，召开市反补贴应对工作协调小组第一次全体会议，对全市补贴政策进行系统梳理。协助商务部建设国家产业安全预警机制，11月在中山召开广东省产业安全数据库重点联系企业培训会暨工作经验交流会（中山片区），对中山、珠海、江门、阳江地区相关企业进行数据直报工作培训。

资源环境

【环境质量】 1. 大气环境质量。①城市空气。2009年，中山市空气综合污染指数为2.20，比上年下降0.19，二氧化硫、二氧化氮、可吸入颗粒物（PM10）的年均值均有所下降，降尘年均值有所上升。二氧化硫年均值为0.030毫克/立方米，下降0.004毫克/立方米，达到环境空气质量二级标准。二氧化氮年均值0.039毫克/立方米，下降0.004毫克/立方米，达到一级标准。可吸入颗粒物年均值0.052毫克/立方米，下降0.011毫克/立方米，达到二级标准。降尘年均值5.48吨/平方公里·30天，上升0.27吨/平方公里·30天，但仍优于省推荐标准。②城市降水。全年采集降水样品125个，其中酸雨样品60个，酸雨频率48.0%，下降19.4个百分点。实测降水量5680.5毫米，酸雨量2475.5毫米，酸雨量占总降水量的43.6%。降水pH范围在4.16~6.68之间，全年降水pH均值5.31，低于5.6的酸雨界限，上升0.73个pH单位。酸雨pH均值为5.02，上升0.60个pH单位。降水中的阴离子以硫酸根离子浓度最高，为6.70毫克/升；氯离子次之，为3.13毫克/升；阳离子以钾离子浓度最高，为2.80毫克/升，铵离子次之，为1.12毫克/升。2. 水环境质量。①饮用水源。中山饮用水源地包括全禄水厂和马大丰水厂。供水水质均达到Ⅱ类水质要求，水质为优。各监测因子达标率均为100%。②河流。总体水质保持良好，石岐河达到Ⅳ类水质标准，小榄水道、鸡鸦水道、磨刀门水道达到Ⅱ类水质标准，横门水道达到Ⅲ类水质标准。无年均值超标项目。③近岸海域。近岸海域监测GDN073的中山浅海渔场区和GDN074的内伶仃岛自然保护区2个点位，水质评价执行《海水水质标准》（GB3097-1997）二类标准。近岸海域水质为二类水质，全年没有出现超标项目，3. 城市噪声环境质量。①全市区域环境噪声等效声级年均值为55.2dB（A），上升0.1dB（A），达到城市区域环境噪声2类区昼间标准。噪声源主要是生活和交通声源。交通噪声等效声级年均值为68.8dB（A），上升0.1dB（A），达到城市区域环境噪声4a类区昼间标准。②各类功能区中昼间等效声级均值出现超标的有1类区，超标量为1.9dB（A），其他各类功能区昼间等效声级均值均达到相应标准。夜间等效声级均值出现超标的有1类区和4类区，超标量分

别为 1.5dB（A）和 0.3dB（A）。（萧学谦）

【创建全国生态市】 2009 年，中山市落实《中山生态市建设规划（2005～2020）》，按照“水安全、水环境、水景观、水文化、水经济”的理念，以节水减污为重点，明确内河岸堤保护范围，实施内河综合整治。编制污水工程、给水工程、给排水工程等专项规划，全市共投入资金 34 亿元（不包括土地费用）建成运行的生活污水处理厂共 20 座，建设配套管网 750.01 公里，覆盖面积 276.6 平方公里，服务人口 163.63 万人。全市有 8 个镇启动二期污水厂建设，提高污水处理效率，实现污水处理效益最大化。通过在线监控系统对 300 多家重点排污企业和重点污染源实行在线实时监测，其排污量占全市污水污染负荷 80%。建设 3 大垃圾综合处理基地，对全市镇区垃圾实施无害化减量化资源化处理，并加强危险废物安全处置，使全市危险废物 100%转移到省统一定点基地处理。建设五桂山生态保护区，实施林相改造和“四旁”绿化工程，建设红树林湿地生态区，开展矿山复绿工程，美化生态环境，发展森林资源。推行清洁生产，发展循环经济，鼓励企业开展自愿性清洁生产。根据《中山市环保局迎接全国生态市考核验收工作方案》，协同生态市建设领导小组成员单位做好指标建设工作。跟踪和推进 12 项重点工程进度，指导 18 个镇创建全国环境优美乡镇，全部通过环保部的考核验收。组织、协调、督促各镇区建设生活污水处理厂，至年底，全市建成 20 个污水处理设施，总日污水处理能力达 75.5 万吨，污水处理率 85%以上。

【生态市建设通过国家验收】 2009 年 11 月 16～17 日，由原国家环保总局副局长祝光耀任组长的国家生态建设示范工作验收组对中山生态市建设工作进行考核验收。全国生态市国家考核验收工作验收组认为，中山高度重视生态市建设工作，各项考核指标达到国家生态市建设要求。中山通过国家生态市考核验收，成为全国首批、全省首个地级生态市。（萧学谦）

【生态农业建设】 2009 年，中山市共建立国家、省、市级标准化农业示范区 31 个，其中国家、省级标准化示范区 6 个，绿色食品 A 级认证 12 个、无公害认证农产品 62 个。有绿色食品基地 3130 公顷，无公害食品基地 1.98 万公顷，55 个行政村通过无公害农产品产地认定，认定面积 9400 公顷。推广测土配方施肥和节水农业技术，避免肥料的滥用和浪费，减少水土流失，保持土壤肥力。继续加强稻秆回田工作，90%以上稻田面积的稻秆回田。建设万亩农业科技园，建成“裕安香蕉高产栽培”等 6 个种养示范区以及民众绿色农业科技示范基地等 2 个科技园。推进古镇镇、小榄镇、东升镇花木生产基地和黄圃镇国家食品加工行业示范基地建设。加强病虫测报工作，及时准确发布预报，综合运用农业防治、物理防治、生物防治、化学防治相结合，化学防治与非化学防治技术相协调的综合防治技术，减少化学农药的使用量。利用媒体宣传，开展培训课程，增强安全用药意识和用药技术水平，培养植保技术推广者，建立农药安全使用的长效机制。投入 6000 多万元，建立“市＋镇区＋基地”三级农产品质量安全检验检测网络，确保农产品生产流通市场 100%安全。推进规模生猪饲养场沼气池建设，全市有 7 个镇区 20 个养殖场建池 43 座，沼气池建成后所产生沼气主要用于饲养栏舍照明、保育栏舍保温、发电以及取代生活用液化石油气，解决 30%～40%的生活、生产用能。

【南方绿化苗木博览会】 2009 年 12 月 30 日在中山市古镇镇南方绿博园开幕。绿博会以“绿色和谐、创新发展”为主题，吸引近 35 万人次参观，近 4000 绿化苗木专业购销商参加华南地区绿化苗木专业购销会议。市有关部门与江门、阳江、湛江、云浮、肇庆等市和珠江水产研究所、广东省锦鲤同业会等签订苗木区域合作、养殖技术合作等协议。南方绿博园由主展馆、中心广场、赏鲤湖、棕榈园、乔木假植区、果树景观园、富龟屋、电子商务楼组成，展览包括绿化苗木、观赏鱼、名龟鳖、园林造景、奇石精品收藏等。展会有中国风景园林学会等 8 个协会和 235 家企业、农户及中山市 24 个镇区共 300 多个单位直接参展或举办各种苗木、艺术花事大型活动。主展馆室内展示面积 6800 平方米，参展商来自全国各省市，招展率达到 100%。展出苗木品种有西班牙橄榄树、荷兰郁金香、荷兰百合、丹东杜鹃、亮叶木莲、红千层、古罗汉松等。博览会设有 24 个镇（区）室外园林景区，同时举办第九届中国锦鲤鱼大赛。此外，绿博园名龟展展出了金钱龟、希腊陆龟、缅甸星龟、苏卡达龟等 56 种珍稀龟类。（朱　育）

【创建绿色学校和社区活动】　2009 年，中山市分别与教育部门、市文明办联合开展创建市级绿色学校和绿色社区活动，评选出 45 所绿色学校，表彰 12 个 2009 年度绿色社区。举办全市争创绿色学校活动培训班，143 所学校共 210 人参加。举办全市争创绿色社区培训班，88 个社区（单位）共 110 人参加。通过培训，增强在校师生和社区居民生态环境保护意识。

社会事业

【创建国家历史文化名城】　2009 年，中山市实施孙中山文化工程、历史文化工程、产业文化工程、民俗文化工程、公共文化工程、博爱文化工程、“三名”（名家、名作、名牌）文化工程、生态文化工程等八大文化工程，确定中山纪念堂为城市原点。6 月，成立中山市历史文化名城保护委员会，制定《中山市历史文化名城名镇名村保护暂行规定》，编制《中山市历史文化保护规划》，批准公布孙文西路、西山寺、从善坊、沙涌共 4 处历史文化街区及街区内 30 处优秀历史建筑，并进行登记建档和挂牌。组织完成中山市历史文化名城申报工作，于 11 月由省政府向国务院提出中山市历史文化名城的申请。开展非物质文化遗产线索征集，编印非物质文化遗产资料集和资源分布地图集。深化中山近现代名人和华侨文化研究，设立孙中山研究奖学金，成立郑观应文化学会，举办郑观应思想与当代中国社会学术研讨会、“华侨文学 60 年”研讨会，挖掘南区华侨文化资源等。策划首届孙中山文化周、孙中山纪念钱币邮票展、孙中山与澳门图片展等 50 多项活动。承办首届全国农民合唱大会和第三届全国“三名”笔会暨广东省作家协会 2009 年工作会议。做好文物普查保护工作，复查 346 处不可移动文物，新发现不可移动文物 404 处。开展非物质文化遗产线索征集，整理出 30 多个有传承价值的项目，编印《非物质文化遗产资料集》和《资源分布地图集》。重视文化产业发展，初步形成门类多样、品种丰富、投资经营主体和消费层次多元化的文化产业体系。依托“一镇一品”区域特色经济，落实基层发展战略，提升港口游戏游艺、小榄五金、古镇灯饰、三乡古典家具、大涌红木家具、沙溪中山装及休闲服饰、南朗名人旅游等特色产业的文化内涵和价值。评选出孙中山故居·翠亨村、小榄菊花会、慈善万人行、中山温泉景区、石岐乳鸽、中山杏仁饼、阜峰文塔、孙文西路文化旅游步行街、孙文纪念公园、五桂山生态保护区为首批“十大城市文化名片”。举办中山市第四届合唱节、社区文化艺术节、文化消费节等大型文化活动，逐步扩大中山大讲堂、香山讲坛、游博会、绿博会、食洽会、红木家具展等文化品牌的影响力。组织并统筹全市庆祝新中国成立 60 周年活动，组织策划“岁月如歌”大型报告文学征文、60 年中山颂歌全国征文大赛、首届珠三角诗歌发展前瞻圆桌论坛、“赤子情”签名寄语等特色活动 200 多项。结合“一镇一品”区域特色经济，落实基层发展战略，提升港口游戏游艺、小榄五金、古镇灯饰、三乡古典家具、大涌红木家具、沙溪中山装与休闲服饰、南朗名人旅游、黄圃食品、东升脆肉鲩等特色产业的文化内涵和价值。发动社会各

中山市文教卫体事业基本情况

教育				医疗文化体育			
项目	单位	2008年	2009年	项目	单位	2008年	2009年
普通高校校数	所	4	4	医院、卫生院数	个	43	42
普通高校在校学生数	万人	3.33	3.46	医院、卫生院床位数	张	8258	8822
中职和技校学校数	所	17	11	平均每千人口医院、卫生院床位数（户籍人口）	张	5.58	5.97
中职和技校在校学生数	万人	3.06	2.64				
普通中学学校数	所	99	99				
普通中学在校学生数	万人	14.42	14.77	群众艺术、文化馆数	个	2	2
小学学校数	所	213	212	公共图书馆数	个	1	1
小学在校学生数	万人	24.39	23.68	博物馆数	个	2	2
学龄儿童入学率	%	100	100	档案馆数	个	4	9
幼儿园数	所	418	429	国民体质合格率	%	—	
在园幼儿数	万人	8.26	8.8	人均公共体育场面积	平方米	3	3

界参与文化名城建设，全年市直宣传文化部门的文化活动项目筹集社会资金近1000万元。

（王建国　冯继妍）

【巩固文明城市建设成果】　2009年，中山市评选首批“十大城市文化名片”，开展公共交通、环境卫生、公共秩序整治和市民文明行为劝导工作，美化市容市貌，提升城市文明程度。在全国文明城市公共文明指数测评中，中山市位列参加测评的全国地级市第35位，广东省第3位。建立健全文明城市创建机制，制定《迎接全国公共文明指数测评工作任务分解表》，实施《中山市文明城市建设三年规划纲要》。围绕“迎国庆·讲文明·树新风”主题，开展群众性精神文明创建活动，6个单位、2个镇、4个行政村、4个社区和1个窗口单位被评为省文明集体，小榄镇党委书记黄标泉被评为全省精神文明建设先进个人。南头镇被评为全国文明镇。表彰12个中山市示范青年文明号和15个中山市青年文明号。开展创建绿色社区、中山市交通安全教育文明小区、出租汽车行业精神文明创建和中山市十大安全文明驾驶之星评选表彰活动；开展百城万店无假货示范街、示范店评选活动和诚信单位评选表彰活动，在“3·15”消费者权益日表彰2008年度中山市诚信单位106家，年底评出2009年中山市诚信单位87家，中山博雅文化艺术有限公司被评为2009年度广东省“百城万店无假货”示范店。在蝉联“全国文明城市”称号基础上，顺利通过公共文明指数测评。根据全国文明城市标兵评比标准，制定《中山市文明城市创建三年规划纲要》。组织“市民日常行为文明综合指数测评与督导”志愿服务。组织发动市民参加“100位为新中国成立作出突出贡献的英雄模范人物和100位新中国成立以来感动中国人物”评选活动。举办主题为“悦读·和谐”的第七届中山读书月，新增公务员读书沙龙、诗歌朗诵欣赏会等特色文化活动。启动中国未成年人网脉工程中山行，设立市图书馆“绿色网吧”实践基地，倡导广大青少年健康上网，完善和巩固学校、社会、家庭三位一体的未成年人大德育体系。

【构建完善的公共文化服务体系】　2009年，中山市以创建国家历史文化名城为契机；构建完善的公共文化服务体系，全面提升城市文化内涵和文化软实力：（1）在创建全国文明城市过程中，弘扬“博爱、创新、包容、和谐”的新时期中山人精神。开展慈善万人行、中山读书月、社区文化艺术节、中山市合唱节、香山讲坛等文化活动。实施教育强镇工程、学校优质化工程、“三名”（名教师、名校长、名学科）工程。坚持创建文明城市常态化，2005年中山市创建成为全国文明城市，是全国首批9个文明城市之一。2008年，中山市通过国家复查，并制定《中山市文明城市建设三年规划》，争创“全国文明城市标兵”。（2）2007年初，市委下发《关于加快推进文化名城建设的意见》，出台《关于创建国家历史文化名城的实施意见》、《关于贯彻落实文化名城建设目标任务的分工方案》等10多个配套文件。同时，印发《中山市孙中山文化艺术奖奖励办法》、《中山市宣传文化精品奖暨“五个一工程”奖评奖办法》、《中山市文学艺术创作精品工程项目扶持办法》、《中山市文学艺术工作者个人出版、展览和演出资助办法》。（3）市委、市政府决定在2008~2010年，三年内各级政府和全社会共同投资100亿元以上，建设孙中山文化、历史文化、产业文化、民俗文化、公共文化、博爱文化、“三名”（名人、名牌、名作品）文化和生态文化等“八大文化工程”。2008年1月，市委市政府印发《关于加快文化产业发展的意见》，确定发展文化产业的目标任务。（4）全市24个镇区文化站全部被评为省特级文化站，成为省内首个全部文化站达到省特级以上标准的地级市，省内率先推行建设农村文化室示范点工程，带动全市村级文化室建设。全市基本形成以城区公共文化设施为龙头，镇区公共文化设施为骨干，社区（农村）的文体设施为重要组成部分的公共文化设施网络，城乡公共文化设施实施全覆盖。建立流动图书馆、流动博物馆、流动演出团和流动电影队，探索建立图书馆总分馆制，创新文化信息资源共享工程，实施公共文化场馆向社会免费开放制度。（5）启动中山市宣传思想文化战线优秀人才培养“十百千工程”，重点培养10名在全省、全国范围有一定影响的杰出人才，有计划培养100名在全市起学术带头作用的拔尖文化人才，三年内在社科理论、文学艺术、新闻出版、广播电视等领域组织拔尖人才“以一带十”培养1000名思想业务素质和发展潜质较好的专家、学者和优秀人才，三年后评选若干优秀人员予以奖励。把文化产业人才培养工作纳入全市人才培养工程，打造公共培训平台，重点培养具有创意的文化艺术人才、策划设计人才、经营善管理人才，建设一支高素质的文化产业人才队伍。

【慈善万人行活动】 2009年，中山慈善万人行活动筹得善款6639.32万元，其中24个镇区筹得5773.09万元，市红十字会筹得866.23万元。第22届慈善万人行活动呈现出“主题突出、气氛热烈、宣传广泛、善款攀升、文化气息浓厚”的特点，筹款金额和参与活动人数均创下历年新高。1988~2009年，慈善万人行共筹集善款超过6亿元。

（孙　虹）

【中山教育“德育模式”】 2009年，中山市推广和深化“中山德育模式”，全市37所中小学成为第二批广东省2009年立项德育课题实验学校（单位）。在第七届全国中小学思想道德建设优秀成果展评中，中山市共获奖1064个，其中中山纪念中学《加强班主任队伍建设，锻造优秀育人之师》获特等奖，是广东省两个特等奖之一。联合市文化广电新闻出版局开展“绿色暑假·缤纷文化”2009中山市暑期系列文化活动，为青少年学生策划组织82项文化活动。强化中小学德育管理干部培训，完成心理健康教育A证培训138人次，B证培训406人次，C证培训6125人次。A证培训主要面向学校心理健康教育的专（兼）职教师，提升教师专业理论和方法；B证培训主要面向新入职心理教师、德育干部、团队干部、班主任和骨干教师，提升教师处理学生问题的水平和能力；C证培训主要面向全体教职员，对教职员工进行心理健康教育理论和方法的普及。在全省第五届中小学心理健康教育优秀论文评选中，中山市获一等奖3篇，二等奖13篇，三等奖15篇。

【“千校扶千校”工作】 2009年，根据广东省义务教育“千校扶千校”行动计划要求，中山市21个镇区共60所学校结对帮扶茂名、阳江、清远三市的50所受援学校。以“整体帮扶，软硬兼施，长短结合”为总体思路，采取“一帮一”或“二帮一”对口帮扶。制定《中山市实施“千校扶千校”行动计划工作方案》，建立市、镇、校三级“千校扶千校”组织网络，按支援区域将支援学校分为5个支援小组，各支援学校与受援学校签署结对帮扶协议书，形成“千校扶千校”的层级管理模式。全市有帮扶任务的镇区、支援学校开展定期或不定期组团式互访交流，各支援学校把学校管理、教育教学、队伍建设等经验和方法传授给受援学校，并开展各类“手拉手”活动。12月，中山市出资组织50所受援学校校长参加北京大学中小学校长卓越领导力高级研修班。全市派出支援管理干部、教师133人，到受援学校上示范课493节，听课教师6156人次，听课评课2354次，参与教师8218人次；举办报告讲座370次，共1.52万人次参与；组织教研活动583次共5105人次参与；举办团队共同活动95次，援建书库16个，援建书角128个。捐赠电教平台10套，电脑77台，课桌410张，图书5.32万册。捐赠一批速印机、复印机、打印机、录音机、体育器材等折算合计146.3万元，捐款46.2万元。

【成为首个承办海外志愿服务的地级城市】　中国青年志愿者海外服务计划塞舌尔项目是团中央、商务部执行中共中央总书记、国家主席胡锦涛在2006年11月举行的中非合作论坛北京峰会上宣布的“三年内我国将向非洲派遣300名青年志愿者”计划的重要组成部分。广东省自2007年起承办塞舌尔志愿服务项目，连续2年向塞舌尔共和国派出志愿者22人，累计完成海外志愿服务超过5.72万小时。前两批援塞志愿服务均由广州市承办。2009年，该项目交由中山市负责具体实施，这是团中央第一次将海外志愿服务项目交由地级市单独承办。5月开始，团市委完成组织推荐、社会发动、面试考核、招募、名单公布、体检、培训、确立队伍组织架构等筹备工作。成功招募廖志坚、于姗永、黎敏、黄晖、王小平、华诚峰、孙福宁、劳国荣、江丹、陈少颖、黄红星、温敏慧共12名援塞志愿者，平均年龄30岁，主要来自卫生及教育系统，为塞舌尔提供教师、医生、护士等志愿服务。7月23日，12名青年志愿者启程前往非洲岛国塞舌尔，代表中山进行为期一年的志愿服务。这是中山市志愿者第一次将服务范围拓展到国外，中山市成为国内首个独立承办援外志愿服务项目的地级市。（郑冠廷）

【“中山杯”华侨文学】　2009年，经中宣部和中国作家协会批准，举办“中山杯”华侨文学奖征文评选活动，引起广大华人华侨和海内外作家的广泛关注，征集到来自全球15个国家和地区的150多部作品，洛夫、严歌苓、尤今等著名华人作家踊跃参评。评委会对参评作品按小说、散文、纪实文学、剧本、诗歌5个门类进行初评、复评并公示，评出19件优秀作品（剧本类空缺），其中小说、散文类各6部，纪实文学类5部，诗歌类2部，产生4个最佳作品奖和1个评委会特别奖。11月12日晚，在市文化艺术中心举行颁奖典礼。中央及省港澳媒体宣传报道“中山杯”华侨文学奖启动、征稿、评选、颁奖典礼等盛况。（吴荣超　李宏瑶）

【孙中山史迹径工程建设】　孙中山史迹径是中山文化名城建设的重要项目。首期工程位于石岐区孙文西路和孙文中路，设天字码头、香山商会、日升银铺、中西药局、中山海外同志社及宋庆龄题“中山纪念图书馆”牌坊5个史迹点，工程表现形式以中西融合的纪功碑为基本制式，各个史迹点均设铸钢塑像与碑石结合，有的还配立有牌坊。工程于2008年12月底开始施工，2009年3月3日完工，3月12日上午揭幕开放。（胡　蓉）

【首届全国农民合唱大会】　2009年11月16～18日在中山市文化艺术中心举行，大会由文化部社会文化司、广东省文化厅、中山市人民政府联合主办，中山市文广新局、中国合唱协会承办。全国14个省、市、自治区的24个团队共1300多名农民合唱队员参赛。火炬区张家边、沙溪镇、三乡镇、东升镇、南区良都、小榄镇永宁社区等6个镇区的农民合唱团代表中山参赛，其中东升镇合唱团、沙溪镇合唱团、三乡镇合唱团、火炬区张家边合唱团获“中山杯”，南区良都合唱团、小榄镇永宁社区合唱团获“铁城杯”。

（吕丽珠　吴荣超）

【中山市第一个镇级档案馆】　2008年7月，黄圃镇档案馆经中山市人民政府批准成立，是中山市第一个、广东省第二个镇级档案馆。档案馆馆库面积180平方米，库内配备标准五层铁皮档案箱柜138套，冷气机4台，抽湿机1台，消防灭火设备及其他办公设备，配备专职管理人员3人。档案馆采用中山市电子档案馆系统，通过市党政办公自动化（OA）网络平台对各类档案进行著录、归档、查询借阅等操作。2009年，黄圃镇档案馆保管和管理党政办、纪检办等26个职能部门的档案资料，馆藏档案资料2.22万卷、2.45万件。7月28～29日，广东省社会主义新农村档案工作会议在黄圃镇会议中心召开。

（李洪凯　梁春谊）

【成功创建“全国白内障无障碍市”】　2009年，中山市的白内障手术任务是1200例。市残联、市卫生局组织医疗队下乡113次，为14557名眼疾患者进行筛查，为4105例白内障患者施行复明手术，并开展定期复查和随访。经专家组评定，一致同意中山市以优秀成绩通过“全国白内障无障碍市”的验收。白内障无障碍市创建工作从2006年开始，至2009年12月止，中山市辖区142万人，任务总数为4544例，实际实施白内障复明手术8844例，其中享受减免复明手术费用的有2127例，超额完成任务。　（罗希京）

【汶川县漩口镇援建工程建设】　2009年，中山市建设局负责四川省汶川县漩口镇8个援建工程的项目管理工作，包括建设漩口镇中山路，立项投资1650万元，设计里程1.01公里，路幅宽度18米，2月1日开工，8月30日竣工；漩口镇派出所办公楼，楼高三层，立项投资260万元，建筑面积805.5平方米，2月25日开工，5月9日竣工；漩口镇幼儿园，楼高三层，立项投资370万元，建筑面积968.4平方米，3月15日开工，8月10日竣工；漩口镇卫生院，楼高三层，立项投资1097.1万元，建筑面积1974.3平方米，3月28日开工，10月15日竣工；漩口镇市场，楼高两层，立项投资540万元，建筑面积2008平方米，6月14日开工，11月15日竣工；漩口镇安居房，共13栋，每栋4层，立项投资4995.5万元，建筑面积16718平方米，6月14日开工，12月30日竣工；漩口镇集镇道路及土石方构筑物工程，立项投资3515万元，设计里程2.2公里，路幅有7米、9米两种宽度，6月14日开工，12月20日竣工；漩口镇抗灾避险广场，立项投资600万元，广场面积21280平方米，6月14日开工，12月20日竣工。至年底，完成投资1.36亿元，完成建筑面积2.25万平方米，集镇道路3.2公里，广场2.13万平方米。　（胡　蓉）

体制改革

【行政审批制度改革】　中山市探索实践以行政服务在线统一平台“一网式”审批为带动的行政审批制度改革。至2009年，全市53个部门办事指南全部网上公开，530个审批流程网上办理，占应上网审批事项的90%。日办理审批事项超1000宗，累计办结超86万宗。全市上网事项平均审批时间由原来规定的17天压缩到2天，提前办结率99.6%。依托行政服务在线平台组建综合电子监察系统，部门上网审批事项和处理群众咨询投诉全部自动纳入电子监察范畴。2009年，完成21个部门51个数据库的共享定制。审批政府投资部分由原来350个工作日缩短为98个工作日，社会投资部分由原来230个工作日缩短为81个工作日。“一网式”审批平台被评为广东省电子政务示范工程。

【体制机制改革进展明显】 2009年，中山市健全“一网式”审批平台，压缩审批时限，依法停止和取消行政收费项目119项，逐步健全价格形成机制，服务业与工业在用水、污水处理、生活垃圾处理“三费”均实现同价，完善生活垃圾处理、污水处理全市域收费管理制度。加快资本市场发展，中山市产权交易中心及石岐区、中炬、菊城、万利等四家小额贷款公司相继成立。制定《国有资本收益管理暂行办法》，试行财务预算管理。实行市级预算单位公务卡结算，镇区全面纳入国库集中支付改革范围，开展财政支出绩效评价。深化投融资体制改革，开发区科技产业带试行BT（建设—转让）融资模式，推进中心粮库二期等市场化代建试点项目。

【在全省率先成立行政复议委员会】 2009年10月13日，全省首个行政复议委员会——中山市人民政府行政复议委员会揭牌成立。第一届市政府行政复议委员会由22名委员组成，任命10位社会专家学者为非常任委员。第一次全体委员会议审议通过了工作规则、议事规则、工作守则和非常任委员遴选办法等相关配套制度。为应对经济社会转型期行政争议复杂多样的形势，致力探索多元化的行政争议解决机制，市政府行政复议委员会重点对相对集中行政复议权制度先行先试，建立起“政府主导、专业保障、社会参与”的工作机制，创设“统一受理、集中审查、分别决定”的运行模式。新的运作模式将改变以往行政机关在内部进行行政复议这种既当“运动员”又当“裁判员”的状况。

【统筹推进城乡基层党组织建设】 2009年，中山市加强村级干部培训，开展村（社区）书记、主任、村（居）民小组长及新任村（社区）书记、主任助理等专题培训。采用电视电话会议形式，向村（社区）普通党员干部授课，扩大培训面。建立农村（社区）老党员和生活困难党员补贴制度，全年发放补贴1010万元。各镇区党员互助会筹集互助资金850万元，及时帮扶1200名困难党员。加大驻村工作力度，市直驻村单位72个，259名驻村干部进驻188个村（社区）。落实与汕尾市300个农村党支部结对帮扶任务，帮扶资金259.41万元。试行农村（社区）发展党员“两推四示两票决”（“两推”即组织推荐和群众推荐；“四示”即把入党申请人列为入党积极分子、确定发展对象、发展预备党员、转为正式党员等四个环节必须公示；“两票决”即吸收预备党员和预备党员转为正式党员由党支部大会全体党员以无记名投票方式表决）制度，提高发展党员质量。推进机关、高校等党建工作，组织召开首次高校党建联席会议，抓好基层党委的组建和换届改选工作，选好配强党委领导班子。采取座谈会、党史知识竞赛、走访慰问困难党员等多种形式，组织开展庆祝建党88周年和新中国成立60周年系列活动，评选表彰2007～2008年度先进党委（党工委）30个、先进党支部（党总支部）250个、先进党小组72个、优秀共产党员3069名和优秀党务工作者138名。推进农村党员干部现代远程教育，提前完成街道（社区）远程教育终端接收站点建设任务。党员电化教育专题片《在路上》获得全国电教片评比金奖。开通“12371”党员咨询服务电话。 （张爱华）

【深化村级统一核算改革】 2009年，中山市87%的村（居）完成村级统一核算改革。35个经济欠发达村全部实现年纯收入100万元以上。建立市、镇、村三级农村经管网络监控分析系统，规范农村集体资产财务管理。加强农村土地承包经营权流转管理，推广三角镇、横栏三沙、坦洲裕州和民众群安的成功经验。全市土地流转面积3.11万公顷，占耕地总面积的74%，0.67公顷以上规模经营面积2.55万公顷，占全市耕地面积60%。 （周晓辉）

【在全国率先推行流动人员积分制管理办法】 近年，中山市先后出台《流动人员积分制管理暂行规定》、《流动人员积分制管理实施细则》和《中山市流动人员积分制管理计分标准》等文件，在全国率先推行流动人员积分管理制度。每年以积分排名方式为外来流动人员安排一定数量的入户指标和子女入读公办学校指标。2009年，全市150万流动人口已有三分之一纳入积分制管理，小榄镇、东升镇、火炬开发区已有4781名流动人员子女通过积分排名入读公办中小学校。在24个镇区设立流动人口和出租屋管理服务中心，村设立流动人口和出租屋管理服务站，全市共设24个中心和235个服务站，专职负责外来流动人口及出租屋的管理和服务工作，市流动人口管理部门负责具体实施流动人员积分制管理工作。流动人员积分制管理计分标准由三部分组成，即基础分、附加分和扣减分，其中基础分指标包括个人素质、工作经验和居住情况三项内容，附加分指标包括个人基本情况、急需人才、专利创新、奖励荣誉、慈善公益、投资纳税、计划生育、卫生防疫、登记管理、个人信用十项内容，扣减分指标包括违法犯罪和其他违法行为两项内容。流动人员所得积分为上述分值的累计得分。参与积分制管理的流动人员可通过互联网登录市流动人口管理部门的“流动人口和出租屋综合管理信息系统”，随时查询本人及他人的积分情况。实行公示制度，根据各镇区人口变动及教育资源分布情况，于每年3月底向社会公布当年的流动人员入户指标及子女入读公办学校指标。各镇区对申请人的积分进行排名，并在市内主要媒体公示10日。公示无异议的，按得分高低就近安排流动人员子女入学。积分排名符合入户条件，经市各主要媒体公示10日无异议的，申请人可带齐相关资料到市公安部门办理入户手续。

【建立促进大学生就业创业机制】 2009年，中山市建立由市人事局、市劳动和社会保障局、市教育局和团市委等相关领导和工作人员组成的促进青年（大中专毕业生）就业创业工作联席会议制度，负责研究制定政策措施并指导督促落实。制定《中山市青年（大中专毕业生）就业创业见习基地管理试行办法》，在101家企事业单位建立见习基地，为1500多名应届毕业生提供3～6个月的见习岗位。在小榄镇、古镇镇、电子科技大学中山学院、中山职业技术学院等地建立创业孵化基地，在东区建设市级高校毕业生创业孵化基地，组织市内各高校毕业生进园创业。启动中山市青年创业集市，为180名大中专院校在校生提供创业学习平台。在中山职业技术学院挂牌成立首家大学生创业园，免费为毕业生提供开店基本设备和创业服务。举办高校毕业生专场招聘会16场，组织3000家企业进场招聘，提供招聘岗位8万个以上。在《中山日报》每周一开设“促进毕业生就业”专版。累计向51名城乡青年大学生发放创业贷款308万元。

（赖建民　何志玲）

【妥善解决中小学代课教师问题】 2009年，中山市委、市政府把妥善解决代课教师问题纳入教师队伍建设，推动教育和谐发展的重要内容。2003年，在全省率先开展中小学人事制度改革，维护代课教师的合法权益。2006年，全市代课教师从2003年的1000多人减至831人。2007年4月，市教育局与人事局联合印发《关于解决我市公办中小学代课教师问题的通知》，提出分流不符合条件代课教师和落实符合条件代课教师待遇，规定公办中小学不能新聘代课教师。2008年9月1日，在岗代课教师减至539人。2009年10月，在全省率先妥善解决全市代课教师问题。40位代课教师调入公办学校，242位符合条件的续聘代课教师享受与公办教师同工同酬待遇，41位不符合专任教师岗位要求的代课教师转岗，32位自谋职业，辞退134位考核不合格或不具备相应教师资格的代课教师，并做好经济补偿工作。50位代课教师因个人原因（教师资格证和学历证书待发等）而暂缓享受与公办教师同工同酬待遇，待符合条件即纳入同工同酬管理范围。

（市教育局）

惠州市

惠州市

基本情况

【地理位置】 惠州市位于广东省东南部，珠江三角洲东北端，南临南海大亚湾，与深圳、香港毗邻，北连河源市，东接汕尾市，西邻东莞市和广州市，是珠三角核心区向粤东、粤北过渡的地理桥梁。全市陆地面积11158平方公里，海域面积4520平方公里，海岸线长223.6公里，常住人口397.21万人。地处低纬，靠近南海，属南亚热带季风气候，具有春润、夏湿、秋干、冬燥的特点。辖惠城区、惠阳区、惠东县、博罗县和龙门县，设有仲恺高新技术产业开发区和大亚湾经济技术开发区两个国家级开发区。

惠州地处珠江三角洲经济区，是珠三角经济区域的重要组成部分，京九铁路与广梅汕铁路在惠州交汇，惠（州）大（亚湾）铁路与京九、广梅汕铁路接轨，形成铁路连接港口的大陆桥格局。惠盐、深汕、广惠、惠河、厦深、潮莞、广河高速公路贯穿市境。惠州港是国家对外开放一类口岸，是京九铁路最便捷的出海口。

惠州市集山、湖、江、海、泉、瀑、林、涧、岛为一体，融自然与人文景观于一身，惠州城有“半城山色半城湖”之美称，是珠三角东部生态环境最优美的城市之一。全市森林覆盖率59.4%，有省级、国家级风景名胜及自然保护区15处，国家AAAA级旅游景区4个。

【历史文化】 惠州自古享有“粤东门户”、“岭南名郡”之美誉，早在隋代已是东江流域的政治、经济、文化和交通中心。惠州又是东江中下游的中心城市，处在客家文化、广府文化和潮汕文化的交接地带，各种文化相互交融、兼收并蓄，广东汉剧、渔歌、山歌、舞龙、舞狮、舞春牛、瑶族的舞火狗等各种文化活动盛行，民间文化多姿多彩。惠州的“李家拳”是中国武术中南拳的五大拳种之一，惠东的“平海渔歌”名扬神州，龙门的“农民画”被誉为中国三大民间画之一，是“中国现代民间绘画的一朵奇葩”。历代的许多名人对惠州情有独钟，其中东晋道教理论家、化学家、药物学家和医学家葛洪，来到惠州罗浮山修道炼丹、采药济世，把罗浮山开创为岭南道教发祥地。北宋杰出文学家苏轼寓居惠州三年，留下“不辞长作岭南人”的佳句。清末、民国时期，孙中山、周恩来等在此开展过革命活动。近代史上涌现出廖仲恺、邓演达、叶挺等一批民主志士和革命家。

【城市特色与荣誉】 以地理、区位优势为依托，惠州市围绕全面实施《珠江三角洲地区改革发展规划纲要（2008～2020年）》的目标，全力打造世界级石油化工基地、国家级电子信息产业基地、广东省清洁能源基地、粤港澳地区休闲度假基地、全国统筹城乡发展综合改革试验基地。惠州已成为中国单系列规模最大的炼油基地、首批国家电子信息产业基地，仲恺高新区是“国家（惠州）视听产品产业园”。至2009年底，惠州是世界最大的电池和镭射光头生产基地之一，也是亚洲最大的电话机、电脑主板生产基地，还是中国最大的电视机、汽车音响、高级电工产品、照相机生产基地之一。惠州逐步形成以石化、数码为支柱产业，特色农业、生态旅游、商贸物流、汽车零配件、服装、制鞋、建材、制药等产业共同发展的现代产业体系，成为珠三角东部新兴的工业化城市。

改革开放以来，惠州市相继获得“中国优秀旅游城市”、“国家卫生城市”、“国家园林城市”、“国家环境保护模范城市”、“全国双拥模范城”、“广东省文明城市”、“中国人居环境范例奖”和“中国特色魅力城市200强”、“中国优秀创新型城市”、“全国科技进步先进市”等多项荣誉称号。2009年1月，惠州市被中央文明委授予“全国文明城市”称号。

（张世开　钟景业　李　娜）

经济社会发展概况

【国民经济快速增长】　2009年，惠州市实现生产总值1414.7亿元，比上年增长13.2%；全社会固定资产投资759亿元，增长17.7%；社会消费品零售总额491亿元，增长15.1%；外贸出口171.5亿美元，下降4.7%；实际吸收外商直接投资14亿美元，增长3.2%；全市税收总收入348.4亿元，增长20%；地方财政一般预算收入101.56亿元，增长30.1%。民营经济实现增加值508亿元，税收总额153.7亿元，分别占全市比重的36%、44.1%。石化产业实现增加值174亿元，增长51.2%。电子信息产业实现增加值258亿元，增长10.9%。先进制造业增加值占生产总值的28%。全市金融机构本外币存贷款余额分别为1779亿元、1134亿元，分别增长33%、51%，三次产业结构调整为6.5∶55.9∶37.6。农业实现增加值92亿元，增长6%。

【民心工程成效显著】　2009年，惠州市民心工程建设投入74.2亿元，87个民心工程项目完成30个。城镇居民人均可支配收入21278元，比上年增长9.2%；农民人均纯收入7583元，增长14.4%。新增城镇就业岗位6.7万个，完成农村劳动力培训4.9万人，转移农村富余劳动力5.5万人。建立城乡低保标准自然增长机制，提高企业退休人员基本养老金、失业人员失业保险标准、“五保”供养标准，农村养老保险试点任务完成。市儿童福利院完工，改扩建敬老院18间。新型农村合作医疗保险纳入社会保险系统，新型农村合作医疗筹资标准提高到人均115元，参保率连续四年达到100%，城乡基本医疗保险实现全覆盖。保障性住房建设加快，建成经济适用房、廉租房2999套。归集住房公积金13.7亿元，发放个人住房政策性贷款7.7亿元。

【社会事业全面发展】　2009年，惠州市科技创新取得成效，新增省级工程中心4家，科技进步

惠州市国民经济发展情况（2009年）

表一

项目 区县别	户籍人口	地区生产总值		人均地区生产总值		工业总产值		农林牧渔业总产值		全社会固定资产投资额	
	（万人）	绝对值（亿元）	比上年增长（%）	绝对值（元）	比上年增长（%）	绝对值（亿元）	比上年增长（%）	绝对值（亿元）	比上年增长（%）	绝对值（亿元）	比上年增长（%）
合　计	324.36	1414.70	13.2	35819	11.8	3487.85	20.1	147.91	4.0	758.97	17.7
惠城区	85.42	521.70	11.5	47138	8.7	1638.65	6.9	28.73	5.4	307.94	20.3
惠阳区	36.19	154.23	13.5	27616	14.2	278.55	12.9	13.13	3.5	100.90	21.0
大亚湾	7.41	212.33	23.0	147454	20.7	761.85	62.3	3.0	3.0	156.11	-7.9
惠东县	80.42	216.64	13.1	25385	12.0	252.45	4.2	39.19	4.1	80.69	46.6
博罗县	81.37	252.67	14.8	26398	13.5	492.77	17.9	46.62	4.2	91.35	29.1
龙门县	33.55	57.35	13.4	17391	12.7	63.58	16.4	17.25	5.2	21.97	58.8

表二

项目 / 区县别	外贸出口总额		实际利用外资		地方财政一般预算收入		社会消费品零售总额		农村居民人均纯收入		城镇居民可支配收入	
	绝对值（亿美元）	比上年增长（%）	绝对值（亿美元）	比上年增长（%）	绝对值（亿元）	比上年增长（%）	绝对值（亿元）	比上年增长（%）	绝对值（元）	比上年增长（%）	绝对值（元）	比上年增长（%）
合　计	171.49	−4.7	15.05	−3.4	101.56	30.1	491.10	15.1	7583	14.4	21278	9.2
惠城区	117.91	−5.8	6.64	0.5	56.08	36.3	231.01	15.7	8541	15.0	21278	9.2
惠阳区	16.78	−4.7	2.17	5.5	11.71	23.3	62.94	15.1	8323	14.8		
大亚湾	13.53	0.3	2.77	1.8	10.83	21.3	8.82	1.0	7791	14.3		
惠东县	9.83	−13.6	1.29	−35.6	7.60	24.3	95.76	14.7	7231	14.2		
博罗县	13.02	9.8	1.86	−1.7	12.37	23.4	72.98	15.8	7682	14.3		
龙门县	0.42	5.9	0.33	3.6	2.93	23.8	19.68	14.4	5805	13.4		

对工业经济增长贡献率达54%。实施教育强市创建和教育惠民工作，城乡教育联动发展普及高中阶段教育通过验收，提前两年实现“普高”目标。动工建设惠州市技师学院。惠阳区获“全国推进义务教育均衡发展工作先进区”称号，惠城区、大亚湾开发区获“广东省教育强区”称号，新增省教育强镇13个。繁荣文化事业，建成“两馆一中心”、广电新闻中心等一批公共文化设施，报业传媒集团文化产业基地动工建设，开展文化惠民活动，文化遗产保护有4个项目列入省非物质文化遗产名录。健全城乡公共卫生服务体系，推进薄弱卫生院改造和社区卫生服务中心建设。体育事业蓬勃发展，举办第三届市运会。做好省运会和省残运会筹备工作，全市15个体育场馆建设改造工程全面竣工，开、闭幕式加紧编排，志愿者工作、场馆信息化建设、接待安保等筹备工作顺利推进。连续14年被评为省人口与计划生育先进单位。“双拥”、审计、物价、气象、地震、移民、口岸、妇女儿童、外事侨务、港澳台事务、友好城市等工作取得新成效。民族、宗教、国防教育、人防、消防、民兵、档案、方志、残疾人、仲裁、老龄、慈善、红十字、老区建设等工作取得新进展。做好汶川县三江乡援建工作，投资总额超过2.1亿元，46个援建项目提前竣工，三江乡成为汶川地震灾区第一个恢复重建项目整体竣工的乡镇。

【全面实施《规划纲要》】 2009年是实施《珠江三角洲地区改革发展规划纲要（2008~2020年）》（下简称《规划纲要》）的开局之年。惠州市围绕“科学发展，先行先试”要求，提出“一年开好局、四年大发展、十年大跨越”的总体目标，以构建深莞惠经济圈、推进“十大对接”、建设“五大基地”、加快珠三角区域一体化为重点，全面推进《规划纲要》的实施。

成立机构　惠州市委、市政府成立由市委书记黄业斌、市长李汝求为总负责人，李汝求任组长的实施《规划纲要》领导小组，下设办公室，组建发展规划、产业发展、区域科技创新、交通运输、资源保障、界河及跨界河综合治理、信息网络、环境生态、警务协作、社会公共事务等10个重点领域的专责小组，明确2009~2010年重点推进的200项工作。市属6个县（区）相应成立实施《规划纲要》领导小组，设立纲要办，配备专门工作人员。

制定目标　根据省委、省政府关于贯彻实施《规划纲要》的《决定》，惠州市结合实际，提出实施《规划纲要》的总目标，制订实施《规划纲要》细化方案和措施等22个指导性文件。

强化监督　惠州市委、市政府把《规划纲

要》落实情况纳入县、区党政一把手和市直部门正职责任考核的内容，各县（区）和部门把任务分解到镇办和相关业务科室，按照一级抓一级，一级考核一级的原则，严格考核《规划纲要》实施情况，并把《规划纲要》实施情况纳入市委、市政府督察工作的重要内容，定期开展督查。6～7月，先后召开6个县（区）现场会，现场协调解决县（区）在落实《规划纲要》过程中遇到的困难和问题。10月，市纲要办联合市落实办，组织市党代表、市人大代表和市政协委员视察全市建设“五大基地”和交通对接的部分重点项目。全市实行《规划纲要》重点任务进展月报制度。

【建设“五大基地”】 2009年，惠州市围绕《规划纲要》，着力建设世界级石油化工产业基地、国家级电子信息产业基地、广东省清洁能源生产基地、粤港澳地区旅游休闲度假基地、全国统筹城乡发展综合改革试验基地等“五大基地”，以大项目带动大发展，促进产业结构优化升级。

世界级石油化工产业基地 惠州市推进以大亚湾石化区为核心的石化产业基地建设。中海油1200万吨炼油、开氏石化等项目建成投产，中海油二期等一批中下游项目按计划推进。至年底，大亚湾石化区落户项目48个，总投资超过1300亿元，初步形成以中海壳牌80万吨乙烯和中海油1200万吨炼油为依托，石化上中下游全面发展的产业格局。全市石化产业完成增加值174亿元，比上年增长51.2%。中海油炼油、中海壳牌两大项目实现国内税收74.1亿元，为惠州市带来地方财政收入10.6亿元。

国家级电子信息产业基地 总投资12亿元的TCL液晶模组8条年产100万片模组的生产线，第一、二、三、四条相继投产；总投资6亿元、年产300万台整机和200万套散件的“TCL高清晰液晶电视模组整机一体化”项目建成投产；TCL与深圳合作的8.5代液晶面板生产线动工建设；总投资90亿元的茂勤光电低温多晶硅液晶屏面板项目已经签约；总投资3.25亿美元的美国科锐公司LED芯片项目落户惠州；惠州市与中国银联合作建设“电子商务示范基地”、与清华同方合作建设“现代信息服务业基地”有实质性进展。全市电子行业实现增加值258亿元，比上年增长10.9%。

广东省清洁能源生产基地 惠州市按照《规划纲要》关于“构建开放、多元、清洁、安全、经济的能源保障体系”的要求，加快建设和筹备一批电源项目。惠州抽水蓄能电站8台30万千瓦的机组，A厂3#机组投入运行、1#和4#机组开始动态调试；平海电厂一期1#、2#机组（各100万千瓦）投产；国华大亚湾热电联供首期2台30万千瓦机组进入调试阶段，二期2台30万千瓦机组和2台40万千瓦煤化工项目规划建设。库容500万立方米的惠州国家原油储备基地开展施工用水、用电、道路建设等准备工作；总装机600万千瓦的中广核惠州核电项目已签订合作框架协议，完成初步可行性调研。

粤港澳地区旅游休闲度假基地 包括巽寮湾滨海综合旅游开发、中信（惠州）汤泉度假区、富力洲际国际温泉度假酒店、南昆山永利生态旅游度假区等项目在内，全市在建的重点旅游项目18个，总投资265亿元；有旅游景区（点）60多个，旅游星级饭店63家，国际、国内旅行社40家，旅游餐馆及农家乐1000多家。全年全市接待游客2115万人次，比上年增长17.2%，实现旅游总收入115亿元，增长19.2%。惠州市获评“广东省国民旅游休闲示范市”，龙门县获评“广东省国民旅游休闲示范县”。

全国统筹城乡发展综合改革试验基地 年内制定《城乡规划建设管理试行办法》，健全市、县、镇三级城乡规划建设管理机构，下放镇村规划建设审批权限，推动政府规划建设管理职能全面覆盖农村。50户以上自然村建设规划要求于2011年全面编制完成，农村住宅核发《集体土地使用证》和《房地产权证》工作全面推广。推进农村土地承包经营权流转试点，发展多种形式的规模经营，建成大型现代农业示范基地74个。180家农业龙头企业和187家农民专业合作社带动农户28.8万户。投入10亿元水利建设资金，用于堤围、水库和农田水利等建设，累计解决27万人的饮水安全问题。镇通村公路全面实现硬底化，行政村客运通车率93%。推进城乡公共服务一体化，提前完成农村义务教育学校危房改造任务，42.5%的学校通过规范化学校验收，率先在全省实现教师待遇“两持平”。投入10多亿元用于市、县、乡镇三级文化设施建设。在行政村100%建有卫生站的基础上，改造升级乡镇卫生院，探索建立镇村卫生服务一体化管理体制和县级以上医院帮扶乡镇卫生院制度。整合城镇职工、城镇居民基本医疗保险和农村新型合作医疗制度，实行“三网合一”，全面实行城乡一体化社会基本医疗保障制度。

（张世开　钟景业　李　娜）

基础设施建设

【交通设施建设加大投入】　2009年，惠州市交通基础设施建设累计完成投资73.5亿元，占年度投资计划62.3亿元的118%，比上年增长50%。其中，高速公路建设完成投资49.5亿元，普通公路建设完成投资7.6亿元，港口航道建设完成投资6.4亿元，铁路及轨道建设完成投资9.2亿元，客货运站场等其他交通建设项目完成投资0.8亿元。完成公路货运量4061万吨，货物周转量463098万吨公里，分别比上年增长9%和10%；公路客运量11657万人次，旅客周转量387819万人公里，分别增长4.4%和6.8%。完成水路货运量4352万吨，货物周转量790973万吨公里，分别增长36%和12.7%。完成港口货物吞吐量3150万吨，集装箱吞吐量16.8万标准箱。

【高速公路建设】　2009年，惠州市境内莞惠高速公路及惠深沿海高速公路主体工程竣工，广河高速公路累计完成投资15.6亿元，占总概算投资56.93亿元的27.4%，路基工程完成47%。粤湘高速公路博罗至深圳段（博深高速公路）6月29日动工建设，累计完成投资2.8亿元，占总投资的6%，项目控制性工程石鼓隧道、水涧山隧道开始进洞施工，用地报批手续报送省国土资源厅，正在进行一般性工程施工图修编和招标工作。惠大高速公路累计完成投资1亿元，占总投资的2%。完成项目全线初步设计评审，项目控制性工程东江特大桥动工建设。惠东凌坑至碧甲高速公路（广惠高速公路东延线）累计完成投资

惠州市基础设施基本情况

项目	单位	2008年	2009年
公路通车里程	公里	10468	10682
其中：高速公路	公里	277	374
港口泊位	个	69	76
其中：万吨级泊位	个	12	15
内河通航里程	公里	204	
本地电话年末用户	万户	221.5	189.7
移动电话年末用户	万户	410.4	466.1
国际互联网用户	万户	46.1	56.3
电力消费量	万千瓦小时	1535679	1658307
商品房屋实际销售量	万平方米	295.90	543.81
商品房屋实际销售额	亿元	121.94	232.01

2.7亿元，占总投资的10.8%，项目控制性工程范和港大桥于年内动工建设。从莞深高速公路惠州段（从莞高速公路）累计完成投资4567万元，占总投资的1%。惠深高速公路改扩建工程于11月17日完成项目勘察设计招标；11月18日，省交通运输厅组织专家评审惠莞高速镇隆互通与惠深高速伯公坳互通衔接方案；11月25日，获得省发改委对项目的立项批复，已开展项目投资谈判。启动潮莞高速公路惠东段（莞惠东延线）、龙门至惠州高速公路、仁深高速公路龙门至博罗段、汕湛高速公路惠州段等项目的前期工作。其中，龙门至惠州高速公路完成线路踏勘及工程可行性报告研究工作，至年底，工程可行性报告完成。

【国省道建设】　2009年，惠州市金龙大道改造工程累计完成投资9800万元，占第一期工程总投资的65%。西枝江大桥工程累计完成投资8400万元，占总投资的50%，大桥左半幅于12月29日建成通车。惠州大道西扩工程完成施工监理和施工招标工作，于9月24日开工，项目建设资金到位，征地拆迁工作基本完成，进行破除旧的混凝土路面和路基换填施工。10月21日，惠州大道东段改造工程恢复施工。惠州市交通运输局批复惠城段、惠东段的施工图设计，惠阳路段施工图设计编制完成。惠东段征地拆迁工作完成60%。国道G324线惠东县城北环路改造工程进行路面施工。省道S356线惠阳环城路于8月12日动工建设。10月19日，签订项目投资回购合同，施工单位进场。省道S120线广永段大修和潼侨段改造工程于3月动工，至年底完成投资1635万元，占总投资的60%。江潼公路博罗县路段已在进行勘察设计等前期工作。国道G205线陈江至深圳坑塘径段改造工程完成项目施工报告的编制工作，并报请省交通运输厅。博罗中部通道（县道X217线和乡道Y005线）改建工程于11月30日动工。省道S356线多祝至平山段改建工程于12月25日全面动工建设。委托东莞市水利勘测设计院有限公司完成园洲至石龙公路初步设计。完成新建沙河大桥施工、监理招标工作，并于12月动工建设。大亚湾与深圳龙岗对接项目，兰竹东路至西南大道建成通车，锦绣东路至石化大道、丹梓东路至龙海二路启动前期工作。

【港口建设】　2009年4月，惠州港国际集装箱码头的试验段工程开工建设，全年完成投资6330万元，占总投资的3.1%。惠州港荃湾港区煤码头前期工作取得环保部、国家海洋局的批复，12月15日，交通运输部评估此项目。荃湾港区进港主航道扩建工程于6月完成《工程可行性研究报告》评审工作，并委托开展进港航道扩建环境评价、抛泥区选划、通航论证、海域现状调查、工程预可行性研究等工作。平海电厂配套码头重件码头启用，护岸工程（包括新增加护岸）累计完成进度99%；煤码头及疏浚工程累计完成进度92%，12月，煤码头专用卸船机械到港。国华电力惠州热电码头的码头、引桥建筑工程全部竣工，两台卸船机调试完毕，港池航道全部具备通航3万吨级煤船的条件。惠州港东联作业区欧德石化公共码头累计完成投资1.08亿元，占总工程量90%，完成了码头水工部分并进行码头的管道安装。

【航道建设】　2009年，东江中游航道整治工程惠州段累计完成投资4732万元，占总投资47%。东江下游航道整治工程惠州段累计完成投资3871万元，占总投资的77%。

【铁路和轻轨建设】　2009年，惠州市惠（州）大（亚湾）铁路二期进港线建成完工，累计完成投资2.3亿元。厦深铁路惠州段累计完成投资11.6亿元，占总投资的29%。莞惠城际轨道交通累计完成投资8000万元，占总投资的1%。

【启动惠州机场民航复航工作】　2009年5月14日，惠州机场获国务院、中央军委批复同意实行军民合用，至年底，项目工程可行性研究报告完成。

【交通站场建设】 2009年，惠州客运南站对客运站新方案进行公示和主站房的施工图设计工作，项目投资3600万元（包括征地补偿费2860万元），12月完成主站房施工图设计，开展项目招投标工作。惠阳汽车客运总站于年内投入运营。惠东县城客运站迁建项目年内完成投资3600万元，主站房封顶。

【村道硬底化改造】 2009年7月，惠州市提前完成省下达的3360公里通行政村公路建设任务，实现"村村通水泥路"的目标。年内完成村道建设712公里，其中行政村道硬底化改造243公里、自然村道硬底化改造469公里。惠州市交通运输局从3月起，收尾核查全市农村公路项目库并编制电子地图，至年底完成工作。7月18日及11月20日分别公示惠州市农村公路建设项目验收情况，总结项目1433个，合计3893公里。

【农村客运市场】 2009年，惠州建成乡镇客运站2个，农村客运候车亭45个，开通农村客运班线8条，投放农村客运班车57辆。至年底全市有农村客运班线93条计737辆客车，乡镇农村客运站13个，候车亭（招呼站）859个，全市1041个行政村中，通客车的行政村970个，通客车率93%。11月4日，广东省交通运输厅组织《南方日报》、广东卫视、广东电视台、《中国交通报》驻广东记者站采访报道惠州市农村客运先进经验。

【加快水利建设】 2009年，惠州市完成水利建设投资11.94亿元（其中中央投资9559万元，省级补助资金9264万元，市级自筹资金3.70亿元，县级自筹资金4.97亿元，乡镇及群众自筹资金1.39亿元）。累计完成工程量土方1212万立方米，石方131万立方米（其中浆砌石75万立方米），混凝土16.25万立方米；改善灌溉面积22490公顷，改善治洪面积7100公顷，改善治涝面积19530公顷；完成排灌机械维修改造8200千瓦；维修加固江堤88.49公里、海堤1.5公里；维修灌溉渠道767公里。全年征收水规费6272万元，超过年度收费计划1182万元。

【城乡水利工程】 2009年，惠州市列入广东省城乡水利防灾减灾工程项目14个，总投资13.48亿元，全年完成投资2.58亿元，惠城区角洞水库加固工程、惠东县蟹洲海堤加固工程、博罗县梅树下水库加固工程以及惠城区黄沙水库、惠阳区沙田水库工程基本完成建设任务。其中，惠州大堤（北堤）安全加固工程完成年度投资7277万元，累计完成投资4.5亿元，除9、10号小区堤段和小金河水闸受征地拆迁工作影响未动工建设外，其余各标段均基本完成；惠阳区城市防洪工程全年完成投资1450万元；惠东县平山大堤加固工程累计完成7349万元，占总投资106%，形象进度90%；博罗县显岗水库安全加固工程完成3447万元；龙门县城防洪工程一期7.41公里堤围加固基本完工，二期工程结合污水管网建设，完成4公里基础开挖和4公里污水管网的铺设，完成年度投资6420万元，累计完成投资8950万元；6宗城乡水利防灾减灾病险水库除险加固工程累计完成投资1.27亿元。

【重点水利工程】 2009年，列入惠州市重点项目的7个重点水利工程完成年度投资约6亿元。9月30日，马安围平马围合围安全加固工程举行开工仪式。完成部分堤围防渗加固和白蚁防治工程，实施完成征地8公里堤段的施工建设，完成投资2.7亿元；西枝江连通东江（新开河）疏浚整治工程完成项目立项审批、初步设计和投标报名；惠东县西枝江综合整治工程完成年度投资1.41亿元。

【中央投资水利项目建设】 2009年，惠州市获得上年第四季度和当年第二、三批中央新增水利建设投资1.11亿元。上年第四季度中央新增水利建设投资7173万元，纳入中央新增水利建设投资项目41个；当年第二、三批中央水利投资3976万元，纳入中央投资的项目64个。全年完成投资 1.83 亿元，其中中央投资 9899.96 万元，上年第四季度中央新增投资基本完成，当年第二、三批中央投资完成率约 89%；96 项农村饮水安全工程完成中央投资 4759.5 万元；6 项病险水库除险加固工程完成中央投资 3748 万元;白盆珠水库库区水土流失综合治理整治一期工程完成中央投资 300 万元。

【水库除险加固工程】 2009 年，惠州市 12 项大中型病险水库除险加固工程完工 3 项（梅树下水库、角洞水库和黄沙水库，亦属城乡水利防灾减灾工程）。除 6 项城乡水利防灾减灾病险水库除险加固工程外，4 项省大中型病险水库除险加固专项工程（下宝溪水库、大坑水库、水东陂水库和黄坑水库）完成前期工作和施工准备。79 座小型水库除险加固工程完成全部项目上报，第一批 33 项全部动工，完工 2 项。

【机电排灌议案工程】 2009 年，惠州市 2004～2008 年度的 221 项省人大解决贫困地区机电排灌议案工程完工，完成投资 9116 万元，减少内涝，恢复和改善部分耕地抗涝抗旱和灌溉条件。

【农村饮水安全工程】 2009 年，惠州市 96 项年度计划项目全部完工，完成投资 1.97 亿元，解决 31.72 万人的饮水安全问题，受益人口 43.7 万人，建设进度位居全省前列。博罗县在全市率先出台农村饮水安全工程运行管理办法，得到省水利厅肯定。

【市区防洪排涝整治工程】 2009 年，惠州市区文头岭片区防洪排涝整治工程（一期）临江排涝站调整纳入马安围加固项目实施，主体工程基本完工，完成 2.94 公里堤围加固和 0.6 公里内河涌整治，文头岭排涝站通过试运行发挥排涝效益，完成年度投资 6500 万元，累计完成投资约 2 亿元。白沙仔排涝站（二期）工程基本完工，江北大堤江北 1 号雨水泵站改造工程、屋东湖水闸（站闸）改造工程和风门坳水闸改造工程 3 个项目进入招标程序。

【规范电子政务管理】 2009 年，惠州市信息产业局、市财政局、市监察局联合编制《关于规范市直机关电子政务项目建设管理的规定》（下简称《规定》）。《规定》对电子政务项目规划、技术评审、资金投入、实施监督和验收评审等方面提出明确要求。《规定》实施以来，节省财政投资 700 万元。其中，“智能交通指挥系统”项目节省 170 万元，“市人防应急指挥中心信息系统”项目节省 140 万元。

【完成“平安惠州”视频监控系统一期建设】 2009 年，惠州市完成首期包括治安监控网、交通监控网和三防监控网计 2669 个前端监控点，27 个后端监控中心、19 个卡口系统、警用 GIS 系统及一批先进的辅助通讯系统建设；建起覆盖全市重点区域、部位和道路的视频。全年系统为基层办案部门发挥作用数（提供线索、证据、指挥联动等）5200 多条，成为 24 小时站岗放哨的电子警察，提升全市的社会治安综合管理水平。

【完善“一站式”网上行政审批系统】 至 2009 年底，惠州市累计 39 个单位计 290 项行政审批事项纳入网上行政审批系统，实现网上申报功能。市、县（区）两级主要职能部门的网上审批系统初步构成，除少部分系统受法律、法规管理权限的限制外，市直有 16 个建有内部业务系统的单位将本单位的业务系统延伸至县（区）对口部门使用。系统与市电子监察系统数据实时对接，做到审批和监察两个系统间的信息共享，互相支持，成为惠州市“效能建设年”的亮点。“一站式”网上行政审批服务系统累计受理业务 25497 宗，办结 24731 宗，办结率 96.9%。电子监察系统实现对全市 50 个单位 497 项行政审批事项业务办理的全程实时监控，并在其中 25 个单位的对外服务窗口或办事大厅安装视频监控系统。惠东、惠阳、博罗、大亚湾建成投资服务中心及与之配套的信息系统并投入使用，实现中心

惠州科技馆

（惠州市志办供稿）

内部业务的流转办理，即“内部的网上审批系统”。惠城的陈江街道办事处、博罗的园洲、石湾等经济条件较好的乡镇的投资服务中心陆续投入使用，网上审批系统也在乡镇、街道办事处推广应用。

【农村信息化建设】 2009年，惠州市出台《惠州市推进城乡信息基础设施一体化实施方案》，开展农村党风廉政信息公开平台建设，创新农村村务管理模式，保障人民群众的知情权、参与权和监督权。农村党风廉政信息公开平台与行政审批电子监察系统的建设相结合。市信息产业局、市农业局、市委农办联合启动“惠州市创建信息化镇（村）活动”，经筛选，确立8个试点乡镇（陈江、汝湖、惠环、园洲、永汉、龙城、梁化、多祝）为首批试点。9月，“惠州市创建信息化镇（村）活动”在龙门县永汉镇举行启动仪式。

【深莞惠信息化对接】 2009年，惠州市出台《惠州市落实〈推进珠江口东岸地区紧密合作框架协议〉，加快推进深莞惠信息化对接实施方案》（下简称《方案》）。《方案》主要从信息化规划对接层、信息化基础设施层、信息化应用支撑层、信息化应用层这四个依次提升的层面开展信息化对接工作，以信息化广泛深入应用，促进深莞惠三市紧密合作，实现深莞惠三地信息流的有效对接。推进三市政府信息内网连接，建设政府信息资源共享平台，开展政府基础信息的先行共享；“市民一卡通”平台的对接；开展多领域信息平台的对接；统一深莞惠三市通信资费标准四项工作列入近期的重点对接工作。在政府网站上建成深莞惠一体化宣传专栏，并在交通车辆行驶记录GPS平台、电子口岸（加工贸易）平台、治安视频监控等信息平台上进行对接。

【软件行业持续发展】 2009年，惠州市实现软件业务收入总额103.678亿元，其中软件产品收入12.142亿元，系统集成和支持服务收入9685.83万元，信息技术咨询和管理服务收入7265万元，信息技术增值服务收入8713.38万元，嵌入式系统软件收入8.891亿元，设计开发收入555.98万元。远通科技有限公司、海天科技有限公司、索图科技有限公司等18家企业通过“双软认定”（软件企业认定和软件产品登记），3家通过计算机信息系统国家三级资质企业。全市获得登记的软件产品135个，主要集中在手机、数字电视、汽车电子、电力控制、医药、安全生产、新能源、数码视听等领域。有45696人次从事计算机软件研发、应用服务及教学相关等工作。

【电信业绩凸显】 2009年，惠州电信与惠州市以及市辖各区县政府签订信息化推进合作框架协议，推进政务信息化、农村信息化建设：与信息产业局签订信息化建设八大项目，协助完成《惠州市“无线城市”建设发展规划》，参与“无线城市、智慧惠州”建设，采用CDMA 3G + WLAN技术互为补充，实施WLAN热点布点550个，AP基站1700个，至年底，实现80%星级宾馆酒店的公共区域WLAN覆盖；实现候机楼、汽车站、市民乐园、体育场馆等市民聚集区的覆盖；实现部分重要政府办公楼、高档商务写字楼的热点覆盖；实现重要大中专院校的校园覆盖；建成惠州市社会安全骨干网络，完成博罗、大亚湾卡口等项目建设和惠阳、惠东等视频项目扩容建设，实现平安视频在市、县、乡镇的一体化建设和应用；与宣传部、文化局、信息产业局合作，组织实施“文化、信息、家电”三下乡活动200多场；与信息产业局、农业局推进“惠州市创建信息达标村（镇）”建设，建成龙门永汉等首批八个达标试点单位；从设施和信息两方面入手，完善农村通信设施、延伸农村信息网络。全市1060个行政村全部实现村村通电话，村村通宽带。全市20户以上自然村通过有线或无线方式解决语音通话问题，2650户的自然村通宽带。建成投入使用农村信息田园服务站1100个。

【网络完成转型】 2009年，惠州无线网络完成网络转型，惠州移动网络升级为3G网络。全年先后进行2次大型版本升级，1次BSC裂分，区域重归属的大型割接等工作。无线网络实施基站传输1+1备份，实现250个基站传输备份，提升网络安全性。

【移动优化服务】 2009年，移动惠州分公司开展无线音乐俱乐部“音乐惠民行”、“中国移动达人堂阳光网游”大赛及“惠民行动计划”等活动；构建“三大惠民信息服务体系”：“惠民邮箱”列入全省首批创新基地，新增法律在线、公积金查询等多项应用，基本服务达60多项；“惠民卡”拓展超过100家合作商家、1000个刷卡点，发卡客户超过5万；“12580资讯平台”收集黄页信息4.7万条，合作商家超过2000家。其中1258060爱心助残热线全天24小时为残疾人提供语音与文本互转的通讯交流方式、电话读报服务、家人连线服务、紧急救援服务及信息咨询等六大服务功能，通过IVR语音、短信、手机邮箱等多种方式向残疾人提供劳动就业、职业培训、康复训练等残疾人服务信息，实现让盲人可看短信、聋人可听电话。

【联通加大投资】 2009年，联通惠州公司推进CDMA网络的剥离交接工作，实现C网的平稳交接。加大网络投资打造新联通精品网络。全年建设2G基站200个、3G基站500个、室分系统300个，建成传输核心汇聚环16个、接入环15个，新增WCDMA网络。

（张世开　钟景业　李　娜）

现代产业

【产业优化升级】 2009年，惠州大亚湾石化区内的中海油1200万吨炼油项目建成投产，精细化工园区建设加快推进，石化产业链逐步形成。石化产业实现增加值174亿元，比上年增长51.2%。完成仲恺高新区“一区四园”资源整合。TCL一期液晶模组、二期整机一体化项目建成投产，TCL与深圳合作的8.5代液晶面板生产线动工建设，美国科锐LED芯片等一批高新光电项目签约落户，电子信息产业加快向高端发展，实现增加值258亿元，增长10.9%。工业中的石化、电子两大支柱行业的总量对比从上年的1：

2.1（以石化行业增加值为1）调整为年底的1：1.4。工业投资完成263亿元。其中，平海电厂、国华热电、比亚迪手机零配件、抽水蓄能电站等大项目年度投资额超过10亿元。投资额达亿元以上工业项目39个。

【工业经济较快增长】 2009年，惠州市境内的中海油等一批大型石化企业全面投产，三星电子、比亚迪电子、TCL王牌、金龙羽电缆等一批龙头电子企业扩产，拉动规模以上工业增加值较快增长。全年实现规模以上工业增加值605.9亿元，比上年增长16.9%，增幅居珠三角第2位。其中，电子行业增加值258亿元，增长10.9%；石化行业增加值174亿元，增长51.2%。

【工业品内销首超外销】 2009年，惠州市充分发掘市场潜力，推进产品销售。规模以上工业销售产值2987亿元，内外销结构为53.8:46.2。在以内销为主的石化产业快速发展带动下，形成产销内外均衡的发展格局。全年规模以上工业产品销售率97.6%，比上年增长0.1%。

【自主创新能力提高】 2009年，TCL集团通过彩电转型和液晶产业升级、液晶产业链垂直整合，成为国内第一家具有自主知识产权的TFT-LCD全制程企业。TCL液晶模组整机一体化、面板等项目的建设构筑属于中国彩电业的核心竞争力，开创互联网电视、3D电视。德赛集团公司汽车电子集成技术、3G产业化技术、无线高清视听技术和新型锂电池技术全面突破。华阳集团全方位优化管理，坚持走以市场为主导的技术创新之路，企业自主创新能力提高。

【名牌带动战略成效明显】 2009年，惠州市富绅集团有限公司的“富绅”商标被认定为中国驰名商标，惠州亿纬锂能股份有限公司的锂离子电池、TCL集团有限公司的电冰箱、惠州伴永康粮油食品有限公司的野澳丝苗米等7个产品被评为“广东省名牌产品”。至年底，全市有中国名牌产品10个、中国驰名商标4件、广东省名牌产品34个，广东省著名商标77件。

【电子工业快速发展】 2009年，惠州市主要电子信息制造业完成工业销售产值1578.2亿元，比上年增长8.9%，工业增加值258亿元，增长10.9%，占全市规模以上工业比重的42.5%。生产手机8543.5万台，增长55.8%。彩色电视机1170.64万台，其中：液晶电视机生产766.09万台，增长69%，出口90万台、货值2.5亿美元，分别增长100%和56%；CRT彩电生产404.56万台，下降57.2%。激光视盘机生产2702.2万部，增长16.4%。电话单机生产2743.6万部，下降3.5%。全市电子工业投资54.7亿元，占全部工业投资的21%。其中，TCL集团完成工业总产值365亿元，增长18.2%，拥有专利1310项；德赛集团156.8亿元，下降17.1%，拥有专利229项；华阳集团78亿元，下降13%，拥有专利119项；侨兴集团51亿元，增长6.2%，拥有专利36项。6月和8月，惠州市分别获“广东省（惠州）手机产业基地”和“广东省液晶电视制造基地”称号。

【电子企业获资金支持】 2009年，惠州市电子信息企业获得国家和省资金扶持1.556亿元（国家电子发展资金1300万元、重大专项1600万元、省平板扶持资金8500万元、数字家庭扶持资金3000万元和现代信息服务业扶持资金1160万元）。市财政用于支持现代信息服务业建设1000万元。

【电力工业稳步发展】 2009年，惠州电网连续安全运行突破1000天，完成供电量164.98亿千瓦时、售电量157.06亿千瓦时，分别比上年增长10.30%和11.19%。建成投产110千伏及以上项目21个，完成电网建设投资24.79亿元。实现主营业务收入97.23亿元，增长11.96%。资产总额突破100亿元大关。综合电压合格率99.67%，提高0.30%。城市、农村供电可靠率99.89%和99.69%。线损率4.80%，下降0.76个百分点。

【加快电网建设】　2009年，惠州市电网核准上报项目38个，500千伏福园站、祯州站、上寨至博罗线路、平海电厂送出工程进展顺利。累计投产110千伏及以上工程21项，新增主变容量257.2万千伏安、线路439公里，完成电网建设投资24.79亿元。惠州供电局获"全省城市电网改造和农网完善重点工程先进单位"，500千伏福园站获"安全、优质、文明"样板工地优胜奖，220千伏联丰站被评为样板工程。抽水蓄能电站1、2、3号机组建成投产，平海电厂、国华热电联产、LNG二期等项目顺利推进，清洁能源产业扩大。

【高新技术产业规模扩大】　2009年，惠州市新认定高新技术企业29家。其中，新认定国家火炬计划重点高新技术企业1家，超额完成认定20家的目标任务。全市省级以上高新技术企业209家，其中，按国家新标准认定高新技术企业73家；经认定高新技术产品累计275种。至年底，实现高新技术产品产值1317.36亿元，比上年增长5.7%；产品增加值294.96亿元，增长42.88%；出口产品销售收入95.93亿美元；产品利税总额93.88亿元，增长91.79%，其中利润57.76亿元，增长456.6%。

【发展民营科技企业】　2009年，惠州市制定并实施《惠州市民营科技企业认定办法（暂行）》，经过审核、新认定民营科技企业33家，其中市级民营科技企业26家，省级民营科技企业7家，超额完成全年就认定20家的目标任务。

【壮大创新型企业】　2009年，惠州市推进创新型企业发展。全市新获认定国家创新型试点企业1家，省级创新型企业2家，累计4家；省级创新型试点企业6家；省百强创新型企业培育工程示范企业8家。新获认定省自主创新产品6个。协助省创新型企业亿纬锂能公司在创业板上市，并在国家创新基金实施十周年活动中获"创新基金优秀企业"称号，为全省6家受表彰的企业之一。

【农业快速增长】　2009年，惠州市实现农林牧渔业总产值147.9亿元，比上年增长4%；农业增加值90.29亿元，增长3.8%；农民人均纯收入7583元，增长14.4%。粮食播种面积12.37万公顷，增长6.9%；粮食总产61.51万吨，增长10%。

【落实强农惠农政策】　2009年，惠州市新增玉米良种补贴150元/公顷。全年落实各级农业补贴资金1.34亿元，比上年增长12.8%。其中，种粮直补资金1335.8万元，农资综合直补资金8135.99万元，良种补贴资金2514.39万元，农机购置补贴资金1376万元。

【农业基础设施建设】　2009年，惠州市各级财政投入资金9385万元，改造中低产田5220公顷，建成大型现代农业示范基地28个，其中连片面积666.67公顷以上2个、333.33公顷~666.67公顷5个。至年底，累计建成现代农业示范基地74个，其中666.67公顷以上8个，333.33公顷~666.67公顷28个，带动示范区35万农民年新增农业产值4.5亿元，年新增收入450元/人。

【农业科技创新】　2009年，惠州市推广农作物新品种800多个，开展科技攻关及区域试验项目67项，获省级农业技术推广奖三等奖2项，市级农业技术推广奖5项；开展农业科技下乡活动900多场次，培训农民2万多人次，主要农作物良种覆盖率98.5%，农业科技贡献率53%，比上年提高1.5个百分点。惠阳区平潭镇农业技术推广站被评为"广东省农业科技推广先进单位"，徐佛炳等3人被评为"广东省农业科技推广标兵"。7月、10月和12月，全省早、晚造农作物新品种观摩会和第四届广东（博罗）农业良种示范展示会先后在惠州市召开。

【发展特色效益农业】　2009年，惠州市八大特色农产品（甜玉米、马铃薯、梅菜、荔枝、韭黄、龙门年桔、特色蔬菜、花卉）种植面积（含复种）12.11万公顷，占全市农作物种植面积的40%，年产值35.82亿元，带动农民人均增收2046元。冬种农作物面积5.88万公顷，总产值愈14亿元，带动农民人均增收800多元。开展特色农产品种养“专业镇”、“专业村”评选活动，评出“专业镇”26个、“专业村”50个。举办首届“中国·惠州马铃薯文化节”和首届惠州“四季绿如蓝”品牌菜心节。至年底，全市形成以八大特色农产品为主导的特色农业产业带，其中相对连片面积3333.33公顷的特色农业产业带6个。

【发展外向型农业】 2009年，惠州市组团参加香港美食博览会、中国国际农产品交易会、惠州农产品（南京、武汉、成都）展销会，签订农产品购销合同总额10多亿元及意向合同一批。在外贸出口受国际金融危机影响普遍下降（全国下降16%、全省下降11.5%、全市下降4.7%）的大背景下，全市全年从惠州口岸出口的农产品总货值1.1亿美元，比上年增加492.4万美元，增长4.8%。成为内地最大供港蔬菜种植基地，供港蔬菜占香港进口总量的40%，供港生猪、家禽和水产品约占香港市场三分之一。有农产品经深圳、东莞等口岸出口到港澳、东南亚和一些欧美国家。

【推进农业产业化】 2009年，惠州市新增农业龙头企业18家，其中省级2家、市级10家；新增农民专业社145家。至年底，各级农业龙头企业183家，其中国家级3家（含2家国家扶贫农业龙头企业），省级17家（含6家省级扶贫农业龙头企业），市级56家，带动农户20.2万户，户均增收3080元；有农民专业合作社205家，社员3000多人，带动农户8.6万户，户均增收2800元。

【推进农业机械化】 2009年，惠州市补贴购置各类农机具4000台（套），全市农机总动力116.67万千瓦，实现农业机械原值8.17亿元，机械化综合水平61.5%（其中水稻机械化水平58.6%），比上年增长7.3个百分点。机械化插秧率8.1%。建立农机专业合作社12个，组建跨区作业服务队6个，成立跨区作业接待服务站5个，参加跨区作业的联合收割机119台，完成跨区作业量7733.33公顷。创建“农机安全示范镇”4个、“农机安 全示范村”9个，全年没有发生重大农机安全事故。

【推进农业信息化】 2009年，惠州农业信息网发布信息1.2万多条，日均点击率攀升至5000多次，被评为“中国农业百强网站”和“市政府部门先进网站”；《惠州农业信息》杂志发行量由2000份增至4000份；“12316”三农服务热线月接受各类咨询500多次；“农信通”新增用户1200多户，总用户数22万户；“菜篮子快讯”新增体验用户1.5万户，总用户数3.2万户；公开政务信息2300条，处理网络问政251项。

【推进农业标准化】 2009年，惠州市新增市级农业地方标准7项，市级以上农业标准化示范区6个，无公害农产品基地35个、绿色食品3个、有机农产品2个，省名牌农产品2个、市名优农产品12个。累计制定并实施市级农业地方标准33项，建成农业标准化示范区29个（其中国家级14个、省级11个、市级4个）；有“三品”（无公害农产品、绿色食品、有机食品）认证企业97家、基地114个、产品219个；有省市级名优农产品59个（其中省级名牌产品11个，市级名优产品48个），比上年增加13个。

【加强农产品质量安全监管】 2009年，惠州市抽检农产品样品31.2万个，总体合格率98%以上。全年共开展农业专项执法行动50余次，出动人员2800人次，检查农资生产、经营单位1320家次，查获违法违规农资产品184吨，涉案货值95万元。市农产品质检中心实验室通过省计量认证、认可及扩项评审，惠城区和博罗县农产品质量检测中心完成认证前的实验室建设、内审员及其他技术人员培训等工作，新建镇级农药残留检测站8个，累计建成64个，占全市有农业镇（办）的90.1%。食用农产品标识管理试点范围从惠城区扩大到博罗县，省农业厅先后在惠州和湛江召开食用农产品标识管理现场会。

【农村沼气建设】 2009年，惠州市新建农村沼气池1400个，其中80立方米以上大中型沼气池100个。累计建成各类实用沼气池6606个，其中大中型沼气池681个，总池容18.9万立方米，年产沼气1100万立方米，相当于标煤2.9万吨。有13个猪场建成大型沼气池并发电，占全省沼气发电场的50%。管网式集中供气工程90个，惠及农户970户。农村沼气建设得到农业部、省农业厅和联合国粮农组织的肯定。

【推进扶贫开发】 2009年，惠州市扶贫开发实行“规划到户、责任到人”，74个帮扶单位进驻74个省级贫困村，有劳动能力的1.227万贫困户全部落实帮扶干部，并开始制订脱贫方案。全年落实农村安居工程资金9384.45万元，完成贫困户泥砖房改造2399户，比计划任务多出12户。各级扶贫农业龙头企业全年带动贫困户8650户，户均增收3200元，脱贫3100户。智力扶贫工程完成扶贫智力生招生700多人，培训贫困农户3600多户，转移山区贫困地区家庭劳动力360人。5个“大禹杯”竞赛项目全部完成。落实扶持革命老区建设项目76个，完成边远分散老区村庄搬迁59户276人。

【推进农业农村改革】 2009年，惠州市推进基层农业技术推广体系改革，各县（区）（除龙门县外）改革方案通过市政府审批，并抓紧组织实施。稳定和完善农村土地承包管理，在各县（区）选择1~2个乡镇开展农村土地承包经营权流转试点。推进农村集体经济股份制改革，至年底，全市实行股份制改革村组80个，其中大亚湾开发区62个，惠城区18个。推进农村集体资产和财务管理规范化，农村集体经济财务管理县、镇、村三级网络监控平台建设基本完成，博罗县园洲镇上南村被评为全国农村财务管理规范化示范单位，村组账务由镇代记试点工作全面铺开，97%的镇办实行会计电算化。

（张世开　钟景业　李　娜）

城乡发展

【加快城乡规划编制】 2009年，惠州市规划建设部门完成或已在编制的各层次城乡规划30多项，其中，镇总体规划7项，控制性详细规划13项，修建性详细规划和城市设计6项，市政和其他专项规划9项。《惠州市城市总体规划（2008~2020）》上报国务院审批；三栋、沥林、潼湖、潼桥、马安等镇总体规划上报市政府审批，横沥和汝湖镇总体规划完成规划方案；完成《惠州东江科技城空间发展规划》、《惠州市区惠城中心区社会停车场专项规划》，《惠州市轨道交通网络规划》、《惠州市历史文化名城保护规划》等专项规划已在编制；《惠州市江南地区（下角、梅湖）控规》、《惠州市桥东片区控规》等完成专家评审；《惠州西湖丰湖书院修建性详细规划和建筑设计方案》、《惠州红花湖景区中心区修建性详细规划》开始组织实施；审议通过《惠州市桥东历史街区首期启动区建筑设计》、《东江公园茶坊、酒吧等设施布点规划及建筑设计方案》等多项重点工程和民心工程的规划和建筑设计方案。组织相关部门、建设单位相继完成惠州技师学院规划建筑设计方案、惠州仲恺高新区总部经济区建筑设计方案、惠州市中心人民医院改造规划及建筑设计方案、红花湖游客服务设施建筑设计方案。启动“三旧”（旧厂房、旧城镇、旧村居）改造规划、演达路和三环路交汇处立交桥工程规划方案、东江云山大桥工程规划方案以及三环路扩建工程规划方案编制工作。配合乡镇控规编制工作，印发《惠州市村庄规划编制技术导则》和《关于加快乡镇控制性详细规划编制工作的通知》。全市58个乡镇中，有53个乡镇编制完成或已在修编总体规划，27个镇开展控制性详细规划编制工作。完成50户以上自然村规划1075个，年内完成编制680个，计划新增7个市级中心镇。完成《汶川三江乡地震灾后重建规划》和公共设施重建设计工作。

【房地产业发展】 2009年，惠州市房地产开发投资175.33亿元，商品房施工面积2311.43万平方米；竣工面积535.65万平方米，其中，商品住宅面积441.61万平方米。

【建筑节能和墙材革新】 2009年，惠州市完成散装水泥供应量527吨、使用量340万吨。完成并预公示全市国家机关办公建筑和大型公共建筑能耗统计，实施示范工程。全市新建建筑节能施工图审查和备案率100%，新建建筑施工阶段建筑节能强制性标准执行率超过85%；新型墙体材料使用率89%；散装水泥使用率78%。全市有新型墙材生产企业79家，生产的材料除保证当地建设工程需要外，并供应珠三角和港澳地区。完成预拌混凝土搅拌站市域范围的覆盖，开始编制市域预拌砂浆生产站厂布点规划。

【创建省级宜居城镇】 2009年，惠州市规划建设部门组织惠东平海镇、博罗园洲镇、龙门永汉镇申报省级宜居城镇创建工作；组织各县（区）开展申报省级“宜居村庄”指导创建点工作；组织惠东县巽寮管委会、惠阳区秋长街道办事处和龙门县南昆山管委会申报全国特色景观旅游名镇。博罗县园洲镇与横河办事处郭前村被列入省级宜居城镇和宜居村庄指导创建点，惠东县巽寮特色景观旅游名镇通过省住房和城乡建设厅组织的评审，向住房和城乡建设部申报全国特色景观旅游名镇。

【市政道路桥梁设施】 至2009年底，惠州市城区中心区建成使用的市政道路总长210公里，面积680万平方米，桥梁隧道36座。年内，市政道路桥梁设施管养维护累计投入资金1210万元；维修路面4.83万平方米；人行道2.18万平方米。市政道路桥梁设施完好率98%。全年办理设施移交7宗，市政公用设施施工许可18宗，开设路口5宗，城市排水许可26宗，临时占道许可15宗，破挖城市道路许可25宗；查处违章占道行为102宗、违章挖掘城市道路行为49宗。

【城市照明】 2009年，惠州市组织实施照明工程17项，其中续建工程13项，新建工程4项，工程包括配套道路桥梁照明建设或改造工程7项，景观照明工程4项，老城区及内街小巷小路路灯完善项目等工程6项。安装路灯1127盏、各种景观灯7125个，铺设线路11.5万米，安装变压器5台，配电器23台。全年维修更换各种灯泡1.5万个，维修及更换电线1.37万米，维修电表箱44个，更换镇流器2971个、触发器2444个。至年底，城市照明线路总长911千米，灯具总量6.06万盏，城市照明设施完好率98%，亮灯率98%。按照节能高效的要求，围绕城市照明功能性与观赏性相统一的目标，完善城市照明远程监控系统，提高保障水平和应急处置能力。综合应用节电改造和节能控制，使城区中心区城市照明节电效率20%以上，推广照明节能产品和LED路灯试点工作。

【城市排水】 至2009年底，惠州市城区中心区下水道总长550千米，市区排水设施完好率98%。全年累计清疏排水管道1.79万米；清疏检查水井1.6万座、集水井1.8万座；新砌集水井和检查井1062座。更换破损管道186米；更换井盖1962套；泵站每日输送污水约20万立方米。城市排水推进数字信息建设，全年累计组织应急抢险Ⅰ级排涝以上14次，出动应急排涝人员1092人次，排除内涝积水162处。

【城市供水】 2009年，惠州市自来水总公司全年完成售水量1.11亿吨，总产值1.56亿元，铺设及改造管径100毫米以上管道37.18公里。出厂水质综合合格率99.97%，城市管网水水质综合合格率98.86%。至年底，城市供水主管道总长947.18公里，日供水能力70万吨，市区供水残旧管网改造工程完成年度投资1200万元。启动城市供水GIS信息系统建设，实行供水信息化管理。

【城市园林绿化】 2009年，惠州市区城市园林绿地面积4794.77万平方米，绿化覆盖率38.88%，绿地率35.27%，人均公共绿地面积14.03平方米，新增公共绿地面积206.77万平方米。实施园林风景工程项目74个，完成投资1.41亿元。

【挂榜阁工程】 挂榜阁是惠州西湖美化工程的重点建设项目，建设选址在市区高榜山山顶，规划用地面积6000平方米，建筑占地面积1050平方米，建筑形式为仿明清宫式建筑风格，采用花岗岩石材作墙面，灰色琉璃瓦面，顶部为歇山十字顶，主楼檐角悬挂鎏金风铃。主体建筑7层，高39.99米，建筑面积4600平方米，建设投资5000万元。工程于2008年4月奠基，2009年1月动工，10月完成主体工程。

【南山公园一期工程】 南山公园位于惠州市区三环南路，是一个以山林保育为主的开放型、生态型综合性城市山体公园。公园根据山体进行设计，依山造景，总规划面积41万平方米。一期工程占地3.2万平方米，投资1100万元。建设项目为入口广场、管理房、停车场、老人活动中心、儿童活动场所、花架、凉亭、绿化景观以及一座横跨吊鸡沥、连接公园入口广场长48米、宽10.5米的桥梁。一期工程于2008年7月1日动工，2009年9月30日竣工并向市民免费开放。

【“双宜”城市建设】 2009年，惠州市区金山大道、惠博快速通道建设和金龙大道、惠州大道东段等改造工程加快推进，金山大桥建成通车，西枝江大桥改造顺利推进。围绕现代城市、历史文化、山水园林三条主轴线，全面推进城市基础设施和公共设施建设。文化艺术中心、会展中心、省运会体育场馆等一批标志性建筑和丰渚园、东坡园等一批新景点建成使用，挂榜阁主体工程完工，水东街、丰湖书院改造和红花湖景区建设加快推进。加快生态工程建设，全市森林覆盖率59.4%，市区新增公共绿化面积26.6万平方米，通过国家园林城市复查。范和港湾红树林湿地保护区完成规划控制。节能减排和环境保护取得新进展，关停落后水泥生产线17条、落后钢铁生产设备32座，淘汰落后产能301万吨。建成7座生活污水处理厂并投入营运，新增日处理能力17万吨。环保责任考核连续两年名列全省第一。 （张世开　钟景业　李　娜）

资源环境

【耕地保护】 2009年，惠州市加强基本农田保护示范区管护工作。根据第二次全国土地调查数据，惠州市耕地加上可调整地类合计14.49万公顷，按照省下达惠州市2010年14.36万公顷耕地保有量指标，全市耕地总量实现动态平衡、占补平衡。其中，博罗县九潭镇国家投资土地整理项目，建设规模350.70公顷，新增耕地37.47公顷，完成100%；博罗县观音阁镇国家投资土地开发整理项目，建设规模792.3公顷，新增耕地50.70公顷，完成100%；龙门县王坪镇省级投资土地整理项目，建设规模763.52公顷，新增耕地面积37.16公顷，完成86%；惠城区横沥镇省级投资土地整理项目，建设规模1760公顷，新增耕地面积68公顷，完成50%；博罗县杨侨镇省级投资易地开发补充耕地项目，建设规模360公顷，新增耕地面积233.33公顷，完成100%。开展利用园地山坡地补充耕地工作，完成开发补充耕地项目59个，新增耕地面积1466.67公顷，其中通过县、市验收并经省抽查确认项目42个，新增耕地面积1175.73公顷。博罗县国土资源局被国土资源部、农业部评为“全国基本农田保护工作先进单位”。

【用地保障】 2009年，惠州市做好重大项目和民生项目用地报批和供应工作，成立建设用地报批办公室。全市上报国家、省重点项目7个，面积2071.93公顷；上报城镇新增建设用地66批次，面积611.2公顷；完成省重点项目TCL液晶模组项目用地报批工作，面积48公顷；省批准惠州市城镇分批次用地项目71个，面积777公顷。市国土资源局审批用地431宗计193.8公顷。从经营性用地出让面积中拿出10%的土地实行代建制和提供单独地块建廉租住房等方式，推出2999套经济适用房和廉租房，将位于惠城区江北45号小区和马安镇国有储备用地划拨作为政府经济适用房和廉租房用地。博罗县收回位于罗阳镇浪头村的2公顷闲置土地，通过市场选择投资商用于经济适用房和廉租房建设；龙门县将盘整收回的部分国有土地用于教师经济适用房建设。推进园区扩园升级，完成仲恺高新技术产业开发区、大亚湾经济技术开发区、惠州出口加工区等3个国家级开发区和惠州工业园、惠阳三和开发区、大亚湾石化产业园等3个省级开发区的土地节约集约利用评价工作，有关成果通过省国土资源厅验收。

【“三旧”改造】 2009年，惠州市开展“三旧”（旧城镇、旧厂房、旧村庄）用地调研工作，了解各县（区）、镇（街）基本建设情况，收集和听取各镇（街）对“三旧”改造的意见和建议，调查摸底“三旧”改造范围内企业或个人的产权情况。惠城区登记上报“三旧”项目1868个，改造面积约1560公顷。市政府两次召开全市“三旧”改造工作会议，动员和推进全市“三旧”改造工作，制订《惠州市推进“三旧”改造工作实施意见》，成立“三旧”改造领导机构并抽调相关单位工作人员组成“三旧”改造工作机构，并在惠城区筛选30～40个示范点进行“三旧”改造。

【土地储备】 2009年，广东省下达惠州市新增建设用地指标654公顷，其中农地转用指标479公顷，未利用地转用指标175公顷。全市盘整收回土地约1200公顷，其中市国土资源部门经报市建设用地领导小组会议讨论同意，盘整土地35宗，土地面积106.2公顷。惠城区完成潼侨工业基地扩园首期20公顷土地盘整工作；惠阳区盘整收回土地58宗，面积283.6公顷；大亚湾区盘整收回用地92宗，面积329公顷；惠东县为重点项目落户盘整土地60宗，面积400多公顷；博罗县收回闲置土地27宗，面积44.8公顷；龙门县盘整收回国有土地17.33公顷用于建设项目用地需求。

【土地经营】 2009年，惠州市土地与矿业交易中心以招标、拍卖、挂牌方式出让商住用地46宗，面积193.3公顷，交易起始价28.9亿元，成交价31.6亿元，超出起始价2.7亿元；以招标、拍卖、挂牌方式出让工业用地16宗，面积29.3公顷，成交价1.15亿元，超出起始价0.8万元；以挂牌方式出让采矿权9宗，矿区面积109.3公顷，成交价5765万元。通过经营性用地招标、拍卖、挂牌出让，上缴市财政土地出让纯收益18.76亿元。惠城区收取地价款2.03亿元，比上年增长270%；惠阳区上缴财政土地纯收益8亿元；大亚湾实现土地收入11.4亿元；惠东县上缴财政土地纯收益6.74亿元；博罗县上缴财政土地收入6.56亿元。建立中介机构选聘管理机制，首次以公开招标、择优入库的方式选择11家省内中介机构进入土地评估中介机构备选库，率先在全省利用中介机构随机抽取系统公开选择土地评估中介机构。

【土地征收】 2009年，惠州市征地清场98项，其中市财政支付88项，征地面积3341.67公顷，重点项目高速公路、铁路、城际轨道10项，征地面积1428.2公顷。完成征地14项，征地面积

574.4公顷；组织实施征地74项，征地面积2767.27公顷，其中完成过半征地20项，征地面积1429.67公顷。市财政支付征地补偿款88761万元，高速公路、业主支付征地补偿款22530万元。

【矿产资源管理】 2009年，惠州市做好水泥用灰岩、建筑用石、瓷土、地下热水等4种主要矿种的整合工作；加大采石场整治和复绿工作。筹集7738万元对178个、290万平方米关闭和废弃的采石场复绿，完成整治复绿采石场137个，占总数的77%，面积241万平方米，占总面积的83%；完成矿业权核查的野外实测任务，开展矿山储量动态监督管理和储量利用调查工作，在采矿山年检合格率100%。市国土资源部门被国土资源部等十部委评为“全国整顿和规范矿产资源开发秩序先进集体”。

【开展第二次全国土地调查】 2009年，惠州市开展第二次全国土地调查工作，完成全市的土地利用现状调查、375平方公里的城镇地类调查、149平方公里的专项用地调查、44平方公里的开发园区调查以及上一轮基本农田保护区调查建库工作。全市开展472平方公里城镇地籍调查，基本完成地形测绘及修补测，权属调查工作完成70%。扩大土地登记覆盖面，土地登记发证13404册，其中日常登记发证1733册，住房用地分割登记发证11671册。启动农村宅基地和房屋登记发证工作，制订《惠州市村民住宅核发〈集体土地使用证〉〈房地产权证〉实施办法》和《惠州市村民住宅核发〈集体土地使用证〉〈房地产权证〉工作方案》。

【环保基础设施建设】 2009年，惠州市建成惠城水口、小金、陈江、仲恺、惠阳城区扩建、博罗龙溪和龙门县城一期等7座生活污水处理厂并投入运营，新增处理能力17万吨/日，在全省率先实现“一县一厂”目标；完成大亚湾中心区二期、博罗县城扩建和惠东考洲洋3座污水厂主体工程及设备安装；另有8座在建。建成重点污染源在线监控中心，对53家重点污染源进行监控，其中33家和市监控中心联网；完成73家企业视频监控系统安装、联网和验收，逐步形成覆盖全市的现代化环境监控网络。

【城乡生态环境建设】 2009年，惠州市推进淡水河流域综合整治，加快流域内环境基础设施建设，加强工业企业监管，加大畜禽养殖业清理整治力度。全年淡水河紫溪断面水质综合污染指数比上年下降7.6%，比西湖村断面下降47.5%。启动潼湖流域和西枝江流域的综合整治以及内河涌等重点区域综合整治。在淡水河流域清理养猪场589家，清除生猪7.3万头；在潼湖流域清理养猪场386家，清除生猪12万余头。创建市级生态示范村20个，市级绿色社区7个、市级绿色学校13个。建成面积为12万平方米的南湖中试工程，示范区内多种污染物指标显著下降，生态得到较大的改善。

【开展民生环保专项整治】 2009年，惠州市开展淡水河流域、潼湖流域重污染行业整治，西枝江流域污染源核查，水源保护区排查，重点行业整治，垃圾填埋场整治等多项专项行动。查处噪声严重的酒吧13家。实施建筑施工环保限批制度，与交通、交警部门联合开展机动车场地检查56次，抽检车辆645辆次，对尾气排放不达标的27辆提出整改和复检要求。做好机动车环保分类标志管理，发放机动车环保分类标志6万个。协助经贸部门推动全市加油站使用粤Ⅲ车用成品油，降低机动车尾气污染物排放。

【大气环境质量稳定】 2009年，惠州市区环境空气质量优良天数符合要求的比例保持100%。二氧化氮、二氧化硫、可吸入颗粒物年均浓度均达到国家空气质量Ⅱ级标准,降尘量达到广东省推荐标准。空气中二氧化硫、二氧化氮和可吸入颗粒物年均浓度分别为0.018毫克/立方米、0.027毫克/立方米和0.049毫克/立方米，二氧化硫、二氧化氮年均浓度基本稳定，可吸入颗粒物比上年降低10.9%；降尘量3.7吨/平方千米·月，比上年增长19.4%。

【水环境质量保持良好】 2009年，惠州市境内6处主要江河段20个主要断面中，80%的断面水质达到功能区标准；60%的断面水质为优，为Ⅰ～Ⅱ类水质；20%的断面水质良好，为Ⅲ类水质；5%的断面受轻度污染，为Ⅳ类水质；15%的断面受重度污染，为劣Ⅴ类水质。东江惠州段、公庄河、沙河和增江水质状况优良，西枝江下游和淡水河水质分别为轻度污染和重度污染。与上年相比，断面水质达标率上升10%，东江惠州段、西枝江段水质有所改善，公庄河水质恶化，其余江河水质无明显变化。市境6处地表水饮用水源中，5个为Ⅱ类水，1个为Ⅲ类水，全部饮用水源水质均符合国家《地表水环境质量标准》（GB3838—2002）中的集中式饮用水源的水质标准。市境监测的13个湖库中，惠州西湖水质达到功能区水质要求，为Ⅳ类水质；博罗福田联合水库水质为Ⅲ类；其余水库水质较好，为Ⅱ类。全市水库功能区水质达标率为92.3%，主要污染因子为总磷、总氮。与上年相比，市境水库功能区达标率有所上升，博罗县水库的水质状况明显改善、龙门县水库的水质状况基本稳定、惠州西湖水质有所恶化。近岸海域水质状况良好，市境3个功能区点位均达到目标要求，海龟自然保护区水质为一类海水，大亚湾北部养殖区和小鹰嘴养殖区水质均为二类海水。

【城区噪声环境达标】 2009年，惠州市龙门县城和博罗县城区域环境噪声质量属于较好等级[50.1-55.0 dB（A）]；惠州市区和惠东县城的区域环境噪声质量为轻度污染等级[55.1-60.0 dB（A）]。与上年相比，各地区基本持平。全市城市道路交通干线噪声平均等效声级≤68 dB（A），均属于好的等级。

【生态环境良好】 2009年，惠州市境内建有完善的国家、省、市三级自然保护区45个，其中国家级4个，省级18个，市级23个。自然保护区面积2295.74平方公里，占全市面积14.64%。建有省级风景名胜区2个，面积279.6平方公里。建有省级森林公园10个，面积110.39平方公里，市级森林公园23个，面积325.02平方公里。建有全国唯一的1600公顷国家级海龟自然保护区。

（张世开　钟景业　李　娜）

社会事业

【科技计划项目实施】 2009年，惠州市推荐国家科技计划48项，省科技计划206项，受理市级科技计划项目425项。各级科技计划项目立项333项，财政支持资金8162万元，其中国家级11项，包括国家创新基金立项3项、国家富民强县计划1项、国家863计划1项、国家支撑计划2项、星火计划和火炬计划各1项，获得财政支持资金362万元；省级70项，财政支持资金2890万元；市级252项，财政支持资金4910万元。

2009年，惠州市启用市级科技业务综合管理系统，开通科技计划项目网上申报、评审、审批与合同管理、拨款管理、执行管理、验收管理等功能，基本实现全市科技业务全流程信息化管理，提高市科技部门行政管理效能和公共服务能力。

【产业技术攻关】 2009年，惠州市推进电子信息、新材料、环保、农业等领域的产业关键技术攻关。TCL一期液晶模组、二期整机一体化项目建成投产，彩电全年利税4.87亿元，比上年增长80倍，TCL与深圳合作的8.5代液晶面板生产线动工建设；德赛集团与中科院合作开发手机三合一芯片项目进展顺利；正源微公司研制的手机功率放大芯片项目投产，填补了国内空白。全市全年获得省级重大科技项目立项6项，粤港

惠州市文教卫体事业基本情况

教育				医疗文化体育			
项目	单位	2008年	2009年	项目	单位	2008年	2009年
普通高校校数	所	1	1	医院、卫生院数	个	119	124
普通高校在校学生数	万人	0.93	1.20	医院、卫生院床位数	张	9477	10112
中职和技校学校数	所	45	40	平均每千人口医院、卫生院床位数	张	2.4	2.5
中职和技校在校学生数	万人	6.55	7.66				
普通中学学校数	所	209	210				
普通中学在校学生数	万人	29.53	30.59	群众艺术、文化馆数	个	6	6
小学学校数	所	945	785	公共图书馆数	个	5	5
小学在校学生数	万人	42.64	40.13	博物馆数	个	5	5
学龄儿童入学率	%	100.0	100.0	档案馆数	个	8	8
幼儿园数	所	300	326	国民体质合格率	%	86.7	84.8
在园幼儿数	万人	8.74	10.06	人均公共体育场面积	平方米	2.06	2.18

招标项目1个，产学研重大科技攻关项目1项，农业领域重点科技项目1个，实施市级TCL、德赛、华阳等三大集团关键领域核心技术攻关项目17个。

【科技成果与应用】 2009年，惠州市组织37项科技成果鉴定，其中省级科技成果鉴定9项，有1项科技成果达到国际先进水平。验收省、市级科技计划项目55个。全市推荐省科技奖励项目20个，获公示5个，其中二等奖1个，三等奖3个。受理惠州市科技奖励项目67个，全部完成行业评审工作。签订技术合同682份，交易额3270.37万元，技术交易额3106.85万元。组织企业与高校和科研院所对接，发动企业申报产学研项目和省院合作项目。推荐省部产学研项目57个，其中获立项项目12个，专项经费585万元；推荐广东省中国科学院战略合作项目13个，其中获立项项目6个，专项经费450万元；实施惠州市产学研结合项目46个，扶持经费590万元。新组建省部产学研结合示范基地1个，累计3个；推进产学研创新联盟开展项目对接、产业路线图编制工作；引进来自全国44所高校和科研院所104名企业科技特派员，派驻全市73个科技型企业中。

【列入国家知识产权试点城市】 2009年，惠州市启动国家知识产权试点城市申报工作，制定《惠州市国家知识产权试点城市工作方案》，成立市国家知识产权试点城市领导小组。惠州市经国家知识产权局批准为“国家知识产权试点城市”，惠州仲恺高新技术产业开发区获批准为“国家知识产权试点园区”。

【专利技术与推广】 2009年，惠州市专利申请1761件，比上年增长51.81%。其中发明专利359件，实用新型801件，外观设计601件；专利授权985件（其中发明专利73件，实用新型488件，外观设计424件）。制定《惠州市专利申请费用资助管理办法》，确保专利申请资助资金到位。全年资助专利399项，资助金额42.17万元。亿纬锂能公司的发明专利技术项目列入省专利技术实施计划，获得省知识产权局重点支持。推进专利技术产业化进程，下达8个知识产权产业化项目，扶持资金90万元。实施10个重点知识产权企业专利发展计划项目，扶持金额50万元。加强知识产权优势企业培育。2家企业被评为“广东省知识产权优势企业”，培育9家企业为“2009年惠州市知识产权优势企业”，2家企业获“全国企事业知识产权示范单位”称号。全市获“中国专利优秀奖”2项、“广东专利优秀奖”1项。

【完善科技创新政策体系】 2009年，惠州市政府相继制定出台《惠州市落实〈珠江三角洲地区改革发展规划纲要〉科技与自主创新专项实施方案（2009~2012年）》、《惠州市科学技术中长期发展规划（2009~2020年）》、《惠州市实施国家及省知识产权战略纲要的若干意见》、《惠州市应用技术研究与开发资金使用暂行管理办法》、《惠州市知识产权专项资金管理暂行办法》、《惠州市专利申请费用资助管理办法》等政策文件，完善科技创新政策体系。

【加强企业创新平台建设】 2009年，惠州市在行业、领域具有综合优势的企业中新组建市级以上工程技术研发中心（农业科技创新中心）16家，其中新组建省级工程技术研发中心4家，市级工程研发中心（农业科技创新中心）12家。至年底，全市企业组建国家、省、市级工程技术研发中心和农业科技创新中心97家，其中国家级3家，省级29家。建立2个博士后工作站，6个省、市级重点实验室，基本形成以企业为主体的科技创新体系。

【推进专业镇建设】 2009年，惠州市惠城区沥林镇、惠阳区镇隆镇、博罗县罗阳镇新获批为省级专业镇，至年底，全市累计有12个省级专业镇，产业集群发展壮大。加强专业镇技术创新平台建设，惠东黄埠鞋业质检中心（鞋业技术创新中心）和博罗园洲服装材料检测技术中心均建成并投入使用。配合省科技情报研究所编制《惠州市专业镇发展规划》。

【加快创新服务平台建设】 2009年，惠州市有科技中介服务机构10多家，建立科技企业孵化器4家。仲恺高新区科技创业中心自上年被认定为省级高新技术创业服务中心以来，在孵企业65家，有3家企业毕业；惠州工业园孵化器投入使用，在孵企业4家；大亚湾科技创新园区动工建设。

【扶持特色农业优势产业】 2009年，惠州市结合全市农业科技特点，对名优蔬菜、水果深加工新技术、新型环保肥料、农作物重大病虫害防治技术、动物疫病防治新技术以及特色农产品标准化生产技术等领域和方向给予重点支持。组织实施农业攻关和星火计划项目，引进、推广和转化一批先进适用农业技术。实施国家计划4项、省、市农业科技计划38项，支持经费801万元。

【组建农业科技创新中心】 2009年，惠州市组建农业科技创新中心2家。至年底，全市有省级农业科技创新中心4家，市级农业科技创新中心11家，市级农业类重点实验室3家。

【实施“信息直通车工程”】 2009年，惠州市建立完善“惠州市农村信息‘直通车’网”，实现“直通车”网站与省级平台对接，完善市级手机短信平台建设。在惠阳区平潭镇、永湖镇等5个特色专业镇建立信息服务站，配备电脑等终端信息接收设备。至年底，全市有50个乡镇农技站建立镇级信息服务站，配备电脑。全市56个农业乡镇“科技网络到镇”覆盖率90%，信息服务队伍人数300名。

【文化事业机构设施】 2009年，惠州市有各类专业艺术表演团3个，群众艺术馆、文化馆6家，乡镇文化站70个，县级以上公共图书馆5家，博物馆5家。全市各类电影放映单位28个，其中影剧院15个。至年底，全市文化、文物事业机构95个，从业人员850人。

【文艺创作成果丰硕】 2009年，惠州市广大文艺工作者创作出一批优秀文艺作品。广播剧《移民女儿的心事》获广东省第七届“五个一工程奖”优秀奖。《血路》、《王家村的故事》获第六届中国戏剧文学奖铜奖。小小说《记忆力》获首届蒲松龄微型文学奖。小小说集《母亲的守望》获冰心儿童图书奖。《回家》、《三棵树的传说》获全省“岁月如歌——纪念建国六十周年”报告文学征文三等奖。申平获小小说门类金麻雀奖和惠州市突出贡献人才·科教之星奖。水彩画《共铸和谐》获广东省美展铜奖，油画《天路》、《集市一角》、《崛起》和国画《和谐之声》获广东省第十届美术书法摄影作品展铜奖，版画《守望》获银奖。歌曲《水深也有造桥人》获广东省第七届“五个一工程”奖优秀作品奖。《菜乡谣》、《麒麟颂吉祥》、《鹅城恋歌》获省群众文艺作品三等奖，《握手》获二等奖。音乐剧《训练场上》获公安部银奖。歌词《竹板山歌唱和谐》获省第六届群众戏曲曲艺花会银奖。荒诞小品《老鼠搬家》获第三届中国戏剧奖优秀剧曲目奖，并获全国小戏小品大赛最受观众喜爱节目奖、广东省第六届群众戏剧曲艺花会银奖。小品《为了爱》、《飘扬的红领巾》及歌舞小品《回家》获全国首届校园剧展演一等奖。相声《小偷难做》、《竹板声声颂和谐》获省第六届戏剧曲艺小品花会银奖。曲艺小品《玉兰花开》、《公寓里的歌声》分别获“中华颂”全国小戏小品曲艺展演一等奖、三等奖。小品《三个红包》获省第六届群众戏剧曲艺花会金奖。小戏《特殊的考核》和小品《天堂来信》、《一路有你》分别获省群众文艺作品评选二等奖、三等奖、三等奖。全市有4人获第三届广东省南雅奖书法大展三等奖。3人分获广东省“双拥”书法大展一等奖、二等奖、三等奖。2人获全省青少年书法大赛一等奖，3人获三等奖，20多人获优秀奖。《精钢淬火》获第八届中国摄影金像奖。《冰雪连州人》获广东省第22届摄影展（人文社会组）金奖。少儿爵士舞《快乐的我》获第五届“小荷风采”全国少儿舞蹈展演——“小荷之星”奖。客家风情舞蹈《酿酒飘香》获“广东省第三届岭南舞蹈大赛”业余组铜奖，瑶族风情舞蹈《织嫁衣》获业余组优秀节目奖。《围屋的故事》获广东省第四届民间文艺著作一等奖。《惠州方言》、《博罗民间故事集》、《东江麒麟舞新姿》获二等奖。

【举办各类文化活动】 2009年，惠州市举办各类文化活动，丰富群众精神生活。在文化下乡、走进社区服务活动中，全市文化工作者送戏482场，送电影1.06万场，送书12.32万册次。在滨江公园文化广场开展文化活动53场次，其中演出22场次，灯展1场，放电影30场，观众达25万人次。年内，各类文化活动还有：在慈云图书馆举办惠州市纪念改革开放三十周年美术书法摄影展和图书馆服务宣传周活动。在东江民俗文物馆举办“惠州市非物质文化遗产图片展”、“人体的奥秘”科普展、“湛江版画展”和文物“鉴宝”活动。在惠州博物馆举办“惠州市美术家协会美术作品展”、“钟鸣天诗书画作品展览”和“广州美术学院老艺术家作品展”等。

【实现广播电视“村村通”】 2009年，惠州市完成中央台、省级台广播电视节目村村通建设任务，广播综合人口覆盖率99.95%，电视综合人口覆盖率98.95%。

【增设客家方言节目】 2009年，惠州市确定由惠州电视台每月在固有栏目《农村天地》中，增加两期客家话版节目。新增节目面向广大以客家方言为主要交流用语的农民群众，通过加配标准汉字字幕形式，创新普通话推广方式，为农民发家致富传播各类信息。新增节目于12月3日试播。

【完成城区有线数字电视整体转换】 2009年3月16日，惠州市实施有线数字电视大规模整体转换工作，至12月10日，基本完成城区有线数字电视用户整转工作，整转量16万多户。12月20日，整体转换工程通过国家广电总局、广东省广电局等专家验收。

【非物质文化遗产】 惠州市已有11个市级非物质文化遗产名录。2009年又有一批文化遗产列入第三批市级、省级非物质文化遗产。市级是：罗浮山葛洪内丹养生、九龙峰祖庙庙会（谭公醮会）和周田二圣宫祈福活动。省级是罗浮山百草油制作技艺、龙形拳、小金麒麟舞、九龙峰祖庙庙会（谭公醮会）。

【教育基本概况】 2009年，惠州市有各级各类学校（不含技工学校）1352所，在校生87.17万人，比上年增加6068人。全市基础教育阶段教职工5.03万人，其中专任教师4.2万人。职业学校教职工3308人，其中专任教师2692人。全市以办好惠民教育为总目标，以抓重点、抓落实、抓稳定为工作主线，开展"普及高中年"、"内涵提升年"、"依法治校年"和"狠抓工作落实年"活动，完成既定的"五大任务（保"普高"、保质量、保稳定、保满意、保规划），五项工程（均衡工程、普高工程、创强工程、提质工程、强师工程）"。市教育督导室被省委、省政府授予"广东省先进集体"称号，市教育局服务大厅被省监察厅、省政府纠风办、省文明办授予2009年度全省系统和行业"窗口之星"称号。

【加快普及高中阶段教育】 2009年，惠州市出台《惠州市2009年普及高中阶段教育工作方案》，成立惠州市普及高中阶段教育工作领导小组，先后6次召开全市"普高"工作会，市政府与各县（区）政府签订普及高中阶段教育责任书，抓好初中"防流控辍"工作，提高"普高"水平。建立责任制，明确县（区）政府和乡镇政府、街道办事处和初中学校是"防流控辍"、保障学生升入高中阶段学校的责任主体，建立"防流控辍"工作奖励和责任倒查制度；保障"普高"经费，落实公办高中阶段学校生公用经费标准，按时拨付，保证正常运作；整合资源，扩大高中阶段学校规模，全市高中阶段学校招收户籍生5.46万人；推进"普高"学校项目建设，华罗庚中学二期工程建设竣工；市商业学校实训中心大楼，惠东县稔山中学学生宿舍、食堂综合楼，市实验中学学生宿舍楼和惠城区惠港中学三期建设工程等项目竣工并交付使用。年底，普高工作以94.5分的成绩通过省验收。

【完成代课教师"代转公"】 2009年，惠州市先后两次组织符合条件的代课教师参加全省"代转公"考试，为313名代课教师办理"代转公"手续，为247名参加转岗考试、达到最低入围分数线的代课教师办理"转岗"手续，为其余140名代课教师办理辞退手续并按照省文件精神给予经济补偿，彻底解决代课教师问题，提前一年完成省政府提出的解决代课教师问题的目标任务。

【通过省二类城市语言文字工作评估】 2009年，成立惠州市迎接省二类城市语言文字工作评估领导小组及迎评办公室，各单位相继成立迎评领导小组。开展公务员普通话培训测试工作，市直机关有近2000名公务员参加普通话培训，500多名公务员参加普通话测试。不定期对初评重点单位进行督查，建立"月报会"制度。惠州市通过省二类城市语言文字工作评估。

【推进教育"创强"工作】 2009年，惠州市将创建省教育强镇（办）工作列入县（区）委书记和县（区）长责任考核范围。全市新创建惠城区、大亚湾开发区两个省教育强区和11个省教育强镇（办），惠阳区实现"镇镇皆强镇"的目标。推动惠东县、博罗县、龙门县创建省教育强县工作。华罗庚中学、惠东中学通过国家级示范性普通高中初期督导验收。172所义务教育阶段学校通过规范化学校督导验收，达标率为60%。

【卫生机构概况】 2009年，惠州市有各类卫生机构2214个。其中县及县以上医院42所，卫生院82所，妇幼保健院（所、站）5所，专科疾病防治院（所、站）12所，疾病预防控制中心5个，卫生监督所5个，健康教育所5个，血站1

个，社区卫生服务中心 19 个，社区卫生服务站 36 个，其他卫生机构 3 个，门诊部 83 个，诊所 311 个，卫生所、医务室 71 个，村卫生室 1534 个。全市病床数 1.02 万张，比上年增加 915 张，增长 8.96%。每千人户籍人口拥有病床 3.48 张。全市卫生人员 2.04 万人（不含村卫生室），其中有卫生技术人员 1.62 万人［包括执业医师 4383 人，执业助理医师 5852 人，注册护士 4962 人，药剂人员 990 人，技师（士）1111 人（检验人员 792 人），其他卫生技术人员 2586 人］，其他技术人员 840 人，管理人员 1146 人，工勤人员 2261 人。全市每千户籍人口拥有卫生人员 6.4 人，卫技人员 5.07 人，执业（助理）医师 1.83 人，注册护士 1.76 人。拥有 CT、核磁共振、超声心动图机等一大批医疗设备及气相色谱仪、高效液相等一批卫生检验设备。

【加强疾病防控工作】 2009 年，惠州市与深圳、东莞签订《深莞惠医疗卫生紧密合作协议》，并加强 SARS、人禽流感、手足口病、狂犬病防控工作。完善艾滋病、性病监测检测体系，建立艾滋病抗体检测确证实验室 1 个，筛查实验室 23 个。做好美沙酮治疗门诊维持治疗和艾滋病免费抗病毒治疗工作，落实现代结核病控制策略（DOTS），结核病新发涂阳病人发现率、治愈率达国家和省结核病防治规划和 WHO 目标。开展消除碘缺乏病目标考核评估，全市均达到消除碘缺乏病目标。巩固精神卫生成果，开展精神疾病医院—社区一体化防治康复示范区。

【妇幼保健工作上台阶】 2009 年，惠州市实施妇女儿童发展规划，开展妇幼安康工程，规范母婴保健技术服务准入。是年，孕产妇死亡率为 10.10/10 万，婴儿死亡率为 2.58‰，5 岁以下儿童死亡率为 2.96‰，低于全国和全省平均水平。住院分娩率 99.73%。实行免费婚检，婚检率 22.57%，比上年提高了 21.8%。

【完善卫生设施】 2009 年，惠州市第一妇幼保健院建设进入内外装修阶段，市中心人民医院改扩建一期工程启动。全市各级财政共投入 2500 万元改造 14 所薄弱乡镇卫生院，投入 1983 万元建设 6 所中心卫生院。其中，争取中央资金 370 万元。加强乡镇卫生院和村卫生站管理，建立乡镇卫生院和村卫生站标准化建设评估体系，对全市 19 个社区卫生服务中心的外观形象和工作流程进行改造，建设一批社区卫生服务中心示范点。

【强化卫生监督执法力度】 2009 年，惠州市开展餐饮服务食品安全、食品添加剂和餐具集中消毒服务单位整治行动。共检查食品经营单位 23616 户次，立案查处违法经营单位 128 户，取缔无证饮食大排档 46 个，罚款 29.1 万元，销毁各类不合格食品 6.46 吨。落实《职业病防治法》，强化职业健康安全体检工作，进行职业健康体检 2 万多人次。开展有毒、有害化学品职业病危害和重点职业病危害作业场所专项检查，检查重点职业病危害企业 1829 户次，发出监督意见书 1150 份，查扣查封成分不明的鞋料溶液类 1500 多桶。开展打击非法行医“飓风行动”，取缔无证行医诊所 85 间次，向公安部门移交 9 宗非法行医案件。

【加强中医工作】 2009 年，惠州市加大中医院基础设施建设。市中医医院利用国家中医药管理局专项拨款 600 万元，对医院进行改造；博罗县投入 500 万元，对中医医院基础设施进行改造，开展创建全省农村中医工作先进县活动，成为“全省农村中医工作先进县”。推进乡镇卫生院、社区卫生服务中心的中医科、中药房建设，开展基层常见病多发病中医药适宜技术推广工作。在全市县级以上中医院开展中医“治未病”健康工程，市中医医院被省中医药局确定为珠三角“治未病”试点单位。

【医学科研立项与攻关】 2009 年，惠州市卫生系统申报广东省医学科研基金课题 17 项、市科技计划项目168项，获市科技局立项127项。开展放置幽门支架、主动脉夹层动脉瘤介入治疗、乳腺微创旋切术等新技术项目10余项。各级医院引进和造就一批高水平的学科带头人，抓好拳头学科建设，提高特色专科技术含金量和核心竞争优势。完成52个学科评审工作，其中申报医学重点专科17个、重点发展专科35个。重点（发展）学科在建设过程中所实现的业绩（包括开展新技术、科研成果、论文发表、人才培养等），超过非创建学科，不少新技术和科研成果填补了惠州市的空白，部分技术跻身省内领先水平，创建学科成为所在单位的品牌学科。

【开展医疗卫生服务下乡活动】　2009年，惠州市县级以上医院每季度组织1支巡回医疗队下乡开展卫生支农工作。下乡医务人员共诊治病人1.22万人次，查房1256人次，参加会诊230人次，指导、实施各类手术287例，抢救危重病人68人次；协助受援卫生院建立重点专科2个，开展适用新技术、新项目20项；举办专题讲座、学习班138课时，培训基层医务人员925人次，支援医院免费接收进修学习人员21人次；支援医疗设备20件，价值29.30万元。

【开展“惠民春暖行动”】　年初，惠州市卫生部门开展为农民工医疗卫生服务活动。至年底，全市参与为农民工进行医疗卫生服务活动单位有19个，组织服务队11支，参加医务人员185人，义诊848人次，接受咨询1829人次，赠送药品价值6310元，发放卫生宣传资料5623份。

【小额贷款公司开局良好】　2009年，惠州市开展小额贷款公司试点工作，完成惠城、惠阳和龙门3家小额贷款公司的组建工作，调动和规范民间金融力量。至年底，3家小额贷款公司发放各类贷款近120笔，余额2.5亿元。其他县区的小额贷款公司申报、设立等工作已逐步展开，小额贷款公司逐步成为服务三农的重要力量。

【督促各项公积金缴存工作】　2009年，惠州市40多家拟上市企业宣传住房公积金政策，督促中京电子、丽日集团、比亚迪等大型企业完成开户登记工作。对有职工投诉的、欠缴两个月以上及人均缴存额低于100元的305个单位，发出《责令限期办理住房公积金缴存通知》；责成TCL集团及其下属公司为未缴存住房公积金的1.8万员工做出全员足额缴存计划，促成德赛集团恢复正常缴存。

【新定住房公积金贷款额度和贷款期限】　从2009年1月1日起，惠州市实施新定住房公积金贷款额度和期限，凡夫妻双方共同贷款的，将最高贷款限额从原来的20万提高到40万元；7月1日起，贷款期限由原来的最长20年延长到30年。

【充实廉租房建设资金】　2009年，惠州市安排2700万元住房公积金增值收益用于城镇廉租房建设补充资金，比上年增长1.08倍。

（张世开　钟景业　李　娜）

体制改革

【市政府机构改革】　2009年，惠州市进行地方政府机构改革，市政府设置工作部门由原来的35个调整为32个，其中市经济贸易局、市信息产业局整合为市经济和信息化局，市人事局、市劳动和社会保障局整合为市人力资源和社会保障局；住房和城乡规划建设局主要将房产管理局担负的住房保障的职责整合划入住房和城乡规划建设局。房产管理局仍作正处级事业单位设置，赋予其房产管理方面职责，归口住房和城乡规划建设局管理；交通运输局主要将港务、公路的行政执法职能划入，市港务管理局和公路管理局归口市交通运输局管理，仍为正处级事业单位；市法制局、口岸局由政府工作部门调整并入市政府办和市外经贸局；市委农村工作办公室牌子挂市农业局，市委农办连人带编划入市农业局。市政府机构改革与县（区）政府机构改革同步推进。

【事业机构编制管理】 2009年，惠州市调整部分事业单位机构编制。新成立惠州市技师学院（正处级）、惠州市第一妇幼保健院（副处级）和正科级事业单位5个，将市华罗庚中学与市八中分开设置。分期分批下达临时编制92名（含安置军转干部和军嫂的编制），新增事业编制336名（含市第一妇幼保健院200名），增加教职员编制212名（含新分设的市华罗庚中学编制），收回4名临时编制，2名单列编制。按照“政事分开、事企分开、管办分离”的原则，对市直388个事业单位进行模拟分类，其中行政类30个、公益一类90个、公益二类61个、公益三类139个、经营服务类54个、暂不分类14个。

【事业单位登记管理】 2009年，惠州市完成事业单位法人年检工作，推进事业单位网上监督管理系统试点，完善联检部门沟通协调机制，加大现场核查力度，强化对事业单位的常态监督。市直应参加上年年检的事业单位250个，其中年检合格的单位246个，初始设立登记的单位14个，重新设立登记的单位4个，变更登记的单位173个，注销登记的单位3个。

【举办《规划纲要》公开问计活动】 2009年3月，惠州市委书记黄业斌、市长李汝求联名通过《南方日报》、奥一网、《惠州日报》等新闻媒体发布《关于征集惠州市实施〈珠江三角洲地区改革发展规划纲要〉课题研究方案的公开信》，就围绕惠州实施《规划纲要》的9个总课题、33个子课题向全社会公开求教，并诚邀海内外专家为全市发展建言献策。活动开展期间，市规划纲要办累计收到151份课题研究报告。

【举办落实《规划纲要》与体制创新专题研讨会】 2009年6月25~26日，广东省落实《规划纲要》与体制创新专题研讨会在惠州举办。省人大常委会副主任钟阳胜、中国经济体制改革研究会会长宋晓梧、省人大常委会副秘书长陈华等出席研讨会。会上，国务院发展研究中心宏观经济研究部副部长、研究员魏加宁等多名专家和与会专家就“珠三角一体化与惠州改革发展”、“惠州统筹城乡科学发展”、“珠三角一体化与体制机制创新”等问题进行专题研讨，形成《世界视野 惠州聚焦》论文集。此次研讨会吸引了《人民日报》、中新社、《中国经济周刊》、广东卫视、《南方日报》、《21世纪经济报道》、《第一财经日报》、《新快报》、《南方都市报》以及当地媒体等近30家主流媒体参与。

【行政审批事项减少一半】 2009年，惠州市行政审批制度改革领导小组办公室对全市39个部门573项（原保留484项，新增89项）行政审批事项按照“合法、合理、效能、责任、监督”五项原则要求，重新进行清理，调整294项行政审批事项，其中，取消41项（涉及地税、卫生、经贸、公安等多个部门），下放县区实施审批9项，改革备案管理61项，转为内部管理职能153项，合并30项；保留行政审批事项279项，其中，保留必须由市直部门实施审批的事项64项，市县区分级实施管理事项147项，非行政许可事项68项，减幅51.3%，实现减幅达到50%以上的目标。

【率先实现行政许可“零收费”】 2009年，惠州市政府将行政许可收费改革纳入市第四轮行政审批制度改革重点，率先在全省实现行政许可“零收费”，全市取消涉及40项行政审批的30项收费，为企业一年减负700多万元。

【社会保障体制改革】 2009年7月1日，惠州市正式实施《大亚湾经济开发区城乡居民社会养老保险暂行办法》；8月11日，博罗县泰美镇在广东省农业县中率先启动城乡居民社会养老保险，正式实施《博罗县农村社会养老保险试行办法》，并举行启动仪式。

【医疗改革】 2009年，惠州市整合城镇职工基本医疗保险、城镇居民基本医疗保险和新型农村合作医疗制度，7月1日，在全省率先实行“三网合一”（电信网、计算机网、有线电视网络）的社会基本医疗保险制度，从制度上打破医疗保险城乡二元化管理模式，形成以住院、门诊特定病种项目、普通门诊及医保救助为主要内容的基本医疗保险“无缝保障”模式。

【文化行政管理机制改革】 2009年，惠州市文广新局根据形势发展的需要和日常工作的实际，重新拟定局机关的“三定”（定职能、定机构、定编制）方案。深化文化市场综合执法机构改革，将大亚湾经济技术开发区的文化行政处罚权委托给大亚湾经济技术开发区行使；组建市文化市场综合执法大队广播电视协管分队，将部分文化行业行政执法的调查取证权委托给事业单位行使；加强行政审批与文化市场综合执法的联动，解决同城执法标准不一的问题，形成文化市场监管的合力。

【文化事业单位改革】 2009年，惠州市文广新局启动市文艺创作室内部运行机制的改革工作，探索试行创作室文艺专家领衔工作室加盟运作模式，首期设立8个文艺专家工作室，实行“以奖带补”、“以作品带人”的工作机制。李斌工作室排演的小品《三个红包》获省第六届群众戏剧曲艺花会金奖。将惠州文化艺术中心委托给中国保利集团经营，9月27日正式营业以来，取得较好的票房收入，并于12月初组建市文化艺术中心，对惠州文化艺术中心的演出经营活动进行日常监管。市文化馆、惠州慈云图书馆、市博物馆进行新一轮的内部运行机制改革，重新制定“三定”方案，基本完成馆领导班子的竞争上岗工作。基本完成市歌舞剧团、市电影公司、市演出公司转企改制的前期调研工作。

【行政审批改革】 2009年，惠州市在确保意识形态领域文化安全和生命财产安全的前提下，把文化行政部门保留的行政许可事项缩减20%以上，合并、取消或委托、下放给下级文化行政部门实施；申报材料在原有的基础上减少50%以上；行政审批时间在原有法定的时限基础上缩减20%以上。对重点企业、重点项目开辟绿色通道，实行特事特办，急事急办。

【文化投入机制改革】 2009年，惠州市未成年人文化艺术教育工程、老年人文化健康支持工程和外来务工人员文化生活活跃工程“三大惠民计划”逐步推进。市文广新局与教育部门联手启动青少年校园文化艺术教育活动，尝试分类建立专项艺术教育示范学校。扶持成立惠民文化促进会、动漫文化交流协会、爵士少年芭蕾舞团、艺术摄影协会等文化社团，指导邱路舞蹈培训中心打造少儿舞蹈教材拍摄基地。其中，惠民文化促进会的“民声惠州”成为今日惠州网点击率最高的集体博客；成立于5月的惠州市爵士少年芭蕾舞团，其选送的摇滚芭蕾《今天例外》及爵士舞《我要快乐》在“爱我中华”第三届中国青少年音乐舞蹈比赛中分别获得少儿芭蕾舞组、少儿爵士舞组的金奖，该团获优秀组织奖。民营企业龙门兴运温泉旅游度假有限公司在龙门天然温泉度假村投资兴建中国农民画博物馆。

【完善信用担保体系】 2009年，由市政府牵头出资、吸引众多知名企业入股成立惠州市信用担保有限公司，营销超过200家企业，为各类企业，重点是中小企业提供融资担保近3亿元，解决企业担保难、融资难的问题，同时为完善全市信用担保体系拓宽思路。市金融工作局还启动规范融资类信用担保机构的管理工作，加强与较大规模的融资类担保机构对接，推动全市较大规模的融资类担保机构规范管理，从而完善信用担保体系。

（张世开　钟景业　李　娜）

肇庆市

肇庆市

基本情况

【地理环境】　肇庆市位于广东省中西部，在北纬22°47′～24°24′、东经111°21′～112°52′之间。东部及东南部与佛山、江门市接壤，西南与云浮市相连，西和西北与广西壮族自治区的梧州、贺州等市交界，北部及东北部与清远市毗邻。

肇庆市地势西北高，东部和南部较低，以中低山丘陵为主，平原较少，呈西北往东南倾斜走向，形成山地、盆地、丘陵、冲积平原等形态相间分布的山区地貌。中低山、丘陵占全市土地面积的81%。最高峰为怀集县与清远市阳山县交界处的大稠顶，海拔1626米。境内有西江干流和北江干流，属珠江水系，集水面积超1000平方公里的河流有西江、新兴江、北江、绥江、贺江、东安江、凤岗河等7条；西江干流水量在全国各大河流中仅次于长江，高要水文站多年年均径流量2241.3亿立方米，多年平均流量每秒7107立方米；水资源总量146亿立方米，人均水资源3839立方米。水质功能类别为Ⅱ类的有17处，达标率100%，西江、绥江、贺江均为国家二类水质标准。

肇庆属亚热带季风气候。2009年，全市年平均气温22℃，比上年偏高0.3～1.0℃；全年日照时数1683.1小时，比正常年份减少42.8小时；年平均降水量1362.5毫米，比上年减少30.8%，总降雨量时空分布极不均匀。

肇庆市有森林生态类型的自然保护区11个，总面积3.82万公顷。其中鼎湖山是国家级自然保护区，封开黑石顶、怀集大稠顶、三岳和高要烂柯山是省级自然保护区，德庆三叉顶、广宁深坑、封开七星顶、肇庆鸡笼顶、四会十二带为市级自然保护区，高要蚬坑自然保护区为县级自然保护区。

【资源物产】　2009年，肇庆市国土总面积1.49万平方公里。耕地面积14.19万公顷，比上年减少37.98公顷（其中建设占用耕地30.39公顷，农业结构调整实际占用耕地7.59公顷）；土地整理复垦开发补充耕地884.13公顷；当年净增加耕地876.53公顷。林业用地面积105.71万公顷。

全市矿产种类61种（含亚矿种），查明资源储量36种，其中能源矿产1种，金属矿产12种，非金属矿产21种，水气矿产2种。新发现大中型矿产地1处。金属矿产有铌、钽、金、铁、铋、钼、锡、铜、钨和稀土等。肇庆是广东的“黄金之乡”，金矿产地35处，分布在高要市、怀集县、封开县。非金属矿产有水泥用灰岩、熔剂用灰岩、石膏、饰面用花岗岩、建筑用花岗岩、陶瓷土及砚石、矿泉水、地热水等。砚石是肇庆特有工艺观赏石矿产，资源远景储量100万吨，产地有羚羊峡东侧的烂柯山端溪畔和北岭山。

肇庆市林木繁茂，动植物资源丰富，是南亚热带地区的物种宝库，有不少珍贵种类，是广东省主要林区之一。全市有陆生野生动物210多种，其中鸟类150种、两栖类11种、爬行类20种、兽类32种和亚种。其中国家一级重点保护野生动物有蟒、巨蜥、云豹、白颈长尾雉、黄腹角雉等8种，二级重点保护野生动物有猕猴、藏酋猴、穿山甲等30种；省重点保护野生动物54种。植物类型大部分属南亚热带常绿季雨林，其代表是鼎湖山和黑石顶自然保护区。全市天然生长和人工栽培的林木近300科、1200多属、2500多种，其中乔灌木近1000多种。林木种类多为松、杉和薪炭林。属国家重点保护植物254种，其中一级重点保护植物有银杏、苏铁、银杉等51种；二级重点保护植物有苏铁蕨、格木、降香檀、红豆树、桫椤等203种。

肇庆市是全省最大的柑桔种植基地、主要淡水养殖基地、蔬菜生产基地、重要林业产业基地，高要市、四会市、广宁县、封开县、德庆县分别是“中国肉桂、柑桔、竹子、松脂、贡柑之乡”。著名风味食品有鼎湖山庆云寺的鼎湖上素，鼎湖区的文岃鲤，四会市的仙螺及茶油鸡，高要市的麦溪鲤，封开县的杏花鸡，德庆县的大船糕和竹篙粉等。七星剑花、鸡蛋花、肇实、紫背天葵是肇庆的特产。

【面积与人口】 肇庆市东西宽156.50公里，南北长175.38公里，总面积1.49万平方公里，占全省陆地总面积的8.31%。其中，端州和鼎湖两个城区面积664平方公里，占全市总面积的4.47%；怀集县是全市面积最大的县，总面积3573平方公里，占24.05%。

2009年末，肇庆市户籍总人口413.69万人，比上年末增加3.41万人。其中农业人口295.86万人，占总人口的71.52%；非农业人口117.83万人，占总人口的28.48%。男女比例（女=100）为106.3%。

【行政区域】 肇庆春秋时为百越地。秦始皇三十二年（前214）所置的四会县是广东省6个最早建制县之一。西汉元鼎六年（前111）设高要县，隋开皇九年（589）称端州。肇庆之名始于北宋重和元年（1118），宋徽宗赵佶改兴庆府为肇庆府，意为“开始带来吉庆”。1949年10月18日肇庆解放；11月，设西江行政督察专员公署，辖高要、四会、广宁、封川、开建、德庆、郁南、罗定、云浮、新兴、高明11县及肇庆市（县级）。1950年3月，改称广东省西江区行政督察专员公署；肇庆市改镇并入高要县。其后，名称及辖境多次变动。1961年3月，恢复肇庆市（县级）建制；4月，江门专区更名为肇庆专区，辖高要、四会、广宁、怀集、封开、德庆、郁南、罗定、云浮、新兴、新会、台山、开平、恩平、高鹤15县和江门、肇庆2个县级市。1963年5月，新兴、新会、台山、开平、恩平、高鹤5县和江门市划归佛山专区。1970年10月，肇庆专区改称肇庆地区，管辖高要、四会、广宁、怀集、封开、德庆、郁南、罗定、云浮、新兴10县和肇庆市。1988年1月，国务院批准撤销肇庆地区，并将肇庆市升格为地级市，辖端州、鼎湖2区和高要、四会、广宁、怀集、封开、德庆、郁南、罗定、云浮、新兴10县。1992年9月至1993年底，高要、四会、云浮、罗定等4县先后撤县设市（县级），由肇庆市代管。1994年4月，郁南、罗定、云浮、新兴4县划归新设的地级云浮市。1998年4月，设肇庆高新技术产业开发区，是省级高新区。2008年12月，国务院批准《珠江三角洲地区改革发展规划纲要（2008~2020年）》，肇庆市被划入珠江三角洲地区。2009年，肇庆市辖端州、鼎湖2区和广宁、德庆、封开、怀集4县，代管四会、高要2个县级市。市人民政府驻端州区城中路49号。全市设95个镇、1个民族乡、12个街道办事处、1330个村民委员会、241个社区居民委员会。

【风俗民情】 肇庆是一座有2200多年历史的文化名城，其风俗源于传统礼法，各地大同小异，形成各具特色的风俗民情。

语言　肇庆市90%以上的人口使用粤方言，又称广州方言、广府话（俗称白话）；使用客家方言次之，以四会市为多。怀集县、封开县部分人使用少数民族语言壮语及标语；使用壮语的是居住在怀集县北部的下帅壮族瑶族乡和中洲镇的部分村庄，属壮语北部方言；操标语的约20万人，分布在怀集县的永固、诗洞、桥头、大岗、梁村等镇和封开县的河儿口镇、金装镇、长安镇的一些村寨。

岁时节俗　春节，肇庆俗称“过年”，是农历一年中最为隆重的节日，时间由上年农历十二月二十三日“送灶君上天”开始，至次年元宵节第二天“落灯”止；有“年卅晚，逛花市”的习惯。过年糕点类食品，高要市称“茶果”，其他各县（市、区）称“整糕”、“做糍”；最有代表性的是端州及高要的裹蒸，还有广宁县的“打白糍”。元宵节，下帅乡有对山歌、表演“采茶舞”等的传统；德庆有“炮仗攻狮子”节目。清明节，主要活动是扫墓，俗称“拜山”、“拜清”、“行清”。端午节，俗称“五月节”，大都吃粽子，在门上挂艾叶或菖蒲；端午赛龙舟是高要市金利镇的民间传统体育活动。中元节，民间称“鬼仔节”，入夜以香烛、水饭、花生和冥纸在门前或路旁作祭，称“烧衣”、“撒水饭”。中秋节，城乡盛行，从八月初开始向亲友送月饼以及糖果等礼物，八月十五日当晚为家人团聚，围坐赏月、饮茶、尝月饼；怀集县桥头、下帅等乡镇中秋之夜有摆歌堂、唱夜歌的特色风情。重阳节，民间有登高、迎出嫁女归宁、扫墓（秋祭）等习俗，其中登高最为盛行。冬至，俗称“过冬”，有“冬至大过年”之说，当天杀鸡宰鸭，备酒水奉神，款待各方亲友。

节庆习俗　有高要市河台的开耕节（农历二月初二日）、高要市茶果节（正月、二月、八月的初五、初八、初十、十二日）、鼎湖区包公诞（二月十四日）、鼎湖区苏真人诞（四月二十日）、德庆县悦城龙母诞（正诞五月初八日，润诞八月十五日）、怀集县桥头燕子节（六月初六日）、四会市贞仙诞（九月初九日）等20多种。

民间表演艺术　封开县的“五马巡城”、“麒麟白马舞”，德庆的“雄鸡舞”（又称凤鸡舞）、“蝴蝶舞”（又称“舞蝴蝶”），怀集的“春牛舞”、“壮狮舞”，还有流传各地的“舞龙”、“舞狮”等；民间戏曲以怀集的“贵儿戏”最具特色，被列入中国的稀有地方剧种。

传统手工技艺　有端砚制作、草席编织、玉雕、花灯扎制、古法造纸等，端砚位居中国“四大名砚”之首；“裹蒸”、“疍家糕”、“竹篙粉”等农产品加工技艺远近闻名。民间传说以《七星岩》、《包公掷砚》、《望夫归》、《龙母的由来》为代表。端州的端砚制作技艺，德庆的悦城“龙母诞”庙会及雄鸡舞，怀集的龙鱼舞及贵儿戏，广宁的玉雕，四会的古法造纸及贞仙诞入选广东省非物质文化遗产名录，其中端砚制作技艺入选国家级非物质文化遗产名录。

【民族宗教】　2009年，肇庆市有壮族、瑶族、回族等46个少数民族，人口1.89万人，占全市总人口的0.46%。在少数民族聚居地怀集县建有下帅壮族瑶族乡，是广东省7个民族乡之一。全市有佛教、基督教、天主教和伊斯兰教四大宗教，15个宗教团体，其中市级5个（市佛教协会、市基督教“三自”爱国会、市基督教协会、市天主教爱国会、市天主教教务委员会），县（市、区）级10个。寺观教堂和固定场所30个，信教群众近3万人。

【名胜古迹】　肇庆市境内山峦秀丽，名胜古迹众多。鼎湖山为“广东四大名山”之一，有“北回归线上的绿洲”之称，是中国第一个自然保护区，被联合国科教文组织列入国际生物圈保护区。颇负盛名的溶洞胜景是由“七岩八洞五湖六岗”组成的七星岩，湖面530公顷，集“桂林山、杭州水”于一体，被誉为“岭南第一奇观”，还有封开县的“小桂林”（即龙山风景区），怀集县的燕岩、黑岩、潮岩和“花石洞天”。“西江小三峡（三榕峡、大鼎峡、羚羊峡）”和四会奇石河景色如画。湖泊水库景色幽静迷人，如端州区的星湖和鼎湖区的九龙湖。温泉有怀集的蓝钟镇双兴温泉和凤岗镇燕峰峡温泉。怀集燕岩、封开龙山是省级风景名胜区。

肇庆市是中国第三批（1994年11月）国家级历史文化名城，是岭南文化的发祥地。全市有文物古迹300多处，其中梅庵、德庆学宫、肇庆古城墙、七星岩摩崖石刻、悦城龙母祖庙是全国重点文物保护单位，还有省级文物保护单位22个，县（市）级文物保护单位114个。鼎湖山的庆云寺建于明朝，是“广东四大名刹”之一。唐代书法家李邕、日本入唐留学僧人荣睿、佛教禅宗六祖惠能、北宋名臣包拯、意大利传教士利玛窦、革命先行者孙中山等均在肇庆留下遗迹。

全市有地方特色的旅游资源单体95个，其中属自然资源58个。主要有：以鼎湖山（风景区）、七星岩、大斑石（封开县）为代表的山岳与地质景观资源；以星湖、西江、贺江为代表的水景观资源；以鼎湖山、黑石顶为代表的生态资源；以肇庆古城墙、阅江楼、端砚为代表的历史文化资源；以德庆悦城龙母祖庙、梅庵为代表的宗教与民俗资源；以肇庆高尔夫度假村、广新农业生态园为代表的休闲度假资源等构成肇庆市丰富的旅游资源。开发利用的景区景点有城区的肇庆古城墙、“千年古寺”梅庵、“古端州名郡”丽谯楼、包公祠、沿江三峡四塔（崇禧塔、文明塔、元魁塔、巽峰塔）；与城区紧连的是星湖风景名胜区；西线有德庆学宫、悦城龙母祖庙、金林水乡、三元塔、盘龙峡、花世界；封开龙山、黄岩洞遗址、杨池古村；北线有广宁竹海、宝锭山；怀集燕岩、燕峰峡、世外桃源；东线有九龙湖、奇石河、四会贞山、邓村古法造纸等。形成以七星岩和鼎湖山为中心，连接四会贞山、广宁竹海大观、怀集燕岩和世外桃源、封开龙山和天下第一石（大斑石）、鼎湖葫芦山和九龙湖、德庆盘龙峡和龙母祖庙、高要广新生态园的“肇庆千里旅游画廊”。

2009年，肇庆市被省政府授予“国民旅游休闲示范市”称号，获“中国最佳文化生态旅游城市”、“建国六十周年中国最具投资价值旅游城市”、“2009中国十大特色休闲城市”称号，星湖国家湿地公园被评为“中国最美的六大湿地公园”。星湖风景区创“AAAAA”通过省初审验收；盘龙峡、龙母祖庙、德庆学宫被评为“AAAA”级景区。（肇志办）

经济社会发展概况

【经济平稳较快增长】 2009年，肇庆市完成生产总值862亿元，比上年增长13.9%。其中，第一产业增加值165.31亿元，增长5.0%；第二产业增加值309.86亿元，增长19.7%；第三产业增加值371.17亿元，增长12.7%。现代服务业增加值占第三产业增加值的比重为44.03%。民营经济增加值477.50亿元，增长16.6%。人均地区生产总值22415元，增长11.8%。

【农业生产稳步发展】 2009年，肇庆市实现农林牧渔业总产值272.94亿元，比上年增长6%，其中农业产值增长5.7%；林业产值增长9%；渔业产值增长5.7%。全年粮食作物播种面积20.33万公顷，增长0.6%。甘蔗种植面积1560公顷，增长10.3%；油料种植面积2.48万公顷，增长2.2%；蔬菜种植面积6.74万公顷，增长2.4%。粮食产量110.41万吨，增长2.3%；甘蔗产量10.50万吨，增长9.5%；油料产量6.86万吨，增长2.0%；蔬菜产量178.35万吨，增长2.5%；水果产量95.69万吨，增长17.1%；茶叶产量0.55万吨，增长1.7%。肉类总产量40.73万吨，增长2.2%；其中猪肉产量28.17万吨，增长2.3%；禽肉产量12.56万吨，增长1.9%。水产品产量31.84万吨，增长2.4%。

【规模以上工业产值破千亿】 2009年，肇庆市规模以上工业（下同）总产值1182.02亿元，比上年增长21.7%。完成工业增加值277.47亿元，增长22.7%。国有及国有控股企业增长13.7%，民营企业增长29.4%，外商及港澳台投资企业增长19.4%，股份制企业增长25.8%，集体企业增长27.4%。轻工业增长25.0%，重工业增长21.5%。全年资质等级以上建筑企业114家，实现利润总额1.56亿元，增长35.2%；利税总额5.92亿元，增长20.1%。

【固定资产投资规模扩大】 2009年，肇庆市完成全社会固定资产投资462.77亿元，比上年增长28.2%；项目投资规模平均值为2555万元，增长28.1%。其中城镇投资303.72亿元，增

肇庆市国民经济发展情况（2009年）

表一

项目 区市县别	户籍人口	地区生产总值		人均地区生产总值		规模以上工业总产值		农林牧渔业总产值		全社会固定资产投资额	
	(万人)	绝对值 (亿元)	比上年增长 (%)	绝对值 (元)	比上年增长 (%)	绝对值 (亿元)	比上年增长 (%)	绝对值 (亿元)	比上年增长 (%)	绝对值 (亿元)	比上年增长 (%)
全　市	413.69	862.00	13.9	22415	11.8	1182.02	21.7	272.94	6.0	462.77	28.2
市　直		120.29	6.8	51970	4.4	101.08	6.2	—	—	66.61	13.5
端州区	35.07	81.82	13.6	53023	11.0	130.42	19.9	1.05	−2.1	41.03	26.1
鼎湖区	15.38	40.12	13.0	25576	11.8	74.97	19.8	16.27	3.9	28.73	20.9
四会市	41.34	120.93	15.9	26761	12.9	190.48	22.7	46.04	6.4	81.69	36.4
高要市	75.10	169.96	14.9	23817	12.5	260.06	25.5	66.39	3.0	78.19	26.1
广宁县	56.01	60.06	12.2	12793	11.3	50.99	19.7	23.01	6.0	22.55	23.2
德庆县	37.39	50.70	14.0	14807	12.6	64.70	20.4	20.89	7.0	31.60	26.3
封开县	48.96	56.34	13.7	13443	12.4	40.71	20.2	33.19	6.3	34.29	70.3
怀集县	101.69	95.38	13.8	11813	12.9	48.78	21.3	47.82	7.1	38.02	26.6

表二

项目 区市县别	外贸出口总额		实际利用外资		地方财政一般预算收入		社会消费品零售总额		城镇居民人均可支配收入		农村居民人均纯收入	
	绝对值 (亿美元)	比上年增长 (%)	绝对值 (亿美元)	比上年增长 (%)	绝对值 (亿元)	比上年增长 (%)	绝对值 (亿元)	比上年增长 (%)	绝对值 (元)	比上年增长 (%)	绝对值 (元)	比上年增长 (%)
全　市	21.44	−11.3	8.88	3.5	55.92	28.4	278.71	19.2	15063	10.4	6291	7.1
市　直	3.22	−29.1	—	—	10.41	19.6	18.06	15.8			—	—
端州区	5.32	−5.8	1.00	3.7	5.85	20.3	66.85	19.5	15063	10.4	11508	6.0
鼎湖区	0.94	−9.5	0.57	3.9	2.00	22.0	9.90	19.3	11900	14.1	6355	7.0
四会市	2.52	−9.6	1.23	4.1	8.09	27.0	47.45	19.3			6840	10.2
高要市	3.54	−8.9	1.65	3.8	10.78	31.7	43.76	19.0			7730	7.5
广宁县	0.34	−9.8	0.46	3.5	3.10	36.0	22.62	20.0			5323	6.0
德庆县	0.99	0.2	0.33	7.2	3.22	30.5	19.00	20.5			6931	8.0
封开县	0.37	−9.7	0.32	32.3	2.90	32.8	14.76	19.3			5413	9.5
怀集县	0.28	−9.8	0.22	5.2	4.23	26.0	32.25	19.3	9119	7.9	5185	8.9

长38.8%；农村投资159.05亿元，增长22.2%。中心区投资336.31亿元，增长31.7%；山区县投资126.46亿元，增长35.3%。第一产业投资20.80亿元，增长16.5%；第二产业投资215.41亿元，增长35.9%，其中工业投资213.83亿元，增长35.6%；第三产业投资226.57亿元，增长31.3%。全年房地产开发投资60.66亿元，增长11.7%。其中中心区投资53.14亿元，增长7.8%；山区县投资7.52亿元，增长49.5%。

【内需市场繁荣活跃】 2009年，肇庆市全年社会消费品零售总额278.71亿元，比上年增长19.2%。全年商品房销售面积275.31万平方米，增长83.7%；商品房销售额93.49亿元，增长1.13倍。全年景区（点）接待旅游者人数1603.21万人次，增长18.1%；其中接待入境过夜游客人数112.32万人次，增长11.2%。旅游总收入79.46亿元，增长20.8%。

【对外贸易降幅收窄】 2009年，肇庆市全年进出口总额33.78亿美元，比上年下降7.8%。其中出口21.44亿美元，下降11.3%；进口12.34亿美元，下降1.0%。实现顺差9.1亿美元，比上年减少2.6亿美元。全年新签外商直接投资项目82个，下降56.6%；合同外资金额15.20亿美元，增长4.3%。实际使用外商直接投资金额8.88亿美元，增长3.5%，其中制造业占81.9%，房地产业占6.0%，租赁和商务服务业占1.6%。

【交通邮电仓储业局面良好】 2009年，肇庆市交通运输、仓储和邮政业实现增加值31.18亿元，比上年增长4.2%。年末全市民用汽车保有量12.25万辆，增长18.6%。全年主要港口完成货物吞吐量1129.3万吨，增长23.5%。港口集装箱吞吐量34.6万标准箱，下降5.0%。全年完成邮电通信业务总量75.86亿元，增长19.4%；其中邮政业务总量2.29万元，增长14.0%；电信业务总量73.57亿元，增长19.5%。

【财税收入快速增长】 2009年，肇庆市完成地方财政一般预算收入55.92亿元，比上年增长28.4%，三年翻一番，增幅列全省第四。其中税收收入35.97亿元，占一般预算收入的64.3%，增长23.3%。

【金融保险业业绩良好】 2009年末，肇庆市金融机构各项存款余额909.57亿元，比年初增长26.6%；各项贷款余额554.35亿元，比年初增长49.4%。全年实现保费收入18.08亿元，增长0.8%。全年支付各项赔款和给付4.14亿元，下降15.2%。

【居民生活水平稳步提速】 2009年，肇庆市农村居民人均纯收入6291元，比上年增长7.1%；扣除物价因素，实际增长9.5%。城镇居民人均可支配收入1.51万元，增长10.4%；剔除物价因素，实际增长12.9%。在岗职工年平均工资2.26万元，增长11.2%，扣除价格影响，实际增长13.7%。城镇居民家庭恩格尔系数为37.12%，比上年下降1.35个百分点。全年居民消费价格总水平下降2.2%。城镇居民消费支出中教育文化娱乐服务所占比重为10.3%。全年城镇居民住房建筑面积人均26.7平方米。

【教育与文化事业扎实推进】 2009年，肇庆市普通高职高校招生（不计成人高考）1.34万人，比上年增长15.8%；在校生3.61万人，增长17.0%。各类中等职业技术教育（不含技工学校）招生3.38万人，增长9.6%；在校生8.17万人，增长15.7%；毕业生1.95万人，增长23.6%。普通高中招生3.18万人，增长9.3%；在校生8.41万人，增长13.2%；毕业生2.13万人，增长4.4%。初中招生8.25万人，下降2.5%；在校生23.82万人，增长2.9%；毕业生7.02万人，增长5.4%。小学招生5.28万人，下降4.5%；在校生39.65万人，下降8.0%；毕业生8.46万人，下降0.7%。幼儿园在园幼儿11.98万人。技工学校招生1.46万人，增长45%；在校生2.83万人，增长34%；毕业生0.55万人，增长35%。年末全市有各类专业艺术表演团体10个，群众艺术馆（文化馆）9个，县及县级以上公共图书馆8个，博物馆（纪念馆）7个，综合档案馆9个。广播综合人口覆盖率和电视综合人口覆盖率分别达99.5%和99.4%。

【科学技术不断进步】 2009年末，肇庆市县及县级以上国有研究与开发机构、科技情报和文献机构18个。全市从事科技活动人员0.60万人，比上年增长 1.7%。全市科学研究与试验发展经费支出 6.9 亿元，增长 43.8%。全年专利申请量 551 件，其中发明专利 100 件。全年经各级科技行政部门登记技术合同 2 项，技术合同成交额 316 万元。全市重新认定高新技术企业 45 家；全市高新技术产业产值 151 亿元，增长 11.1%。拥有国家级工程研究中心 3 家，建立省级工程研究（技术）中心 12 家。

【卫生、体育和保障事业稳步发展】 2009 年末，肇庆市有各类卫生机构 602 个，比上年增长 15.8%。拥有医院、卫生院床位 8458 张，增长 5.5%。各类卫生技术人员 1.39 万人，增长 6.1%。肇庆籍运动员在国内外重大比赛中，获 33 项全国冠军，破 1 项亚洲纪录，破 2 项全国纪录。年末全市参加基本养老保险 49.63 万人，比上年增长 4.3%；参加城镇基本医疗保险 81.47 万人，增长 1.8%；参加失业保险 30.15 万人，增长 2.1%；参加工伤保险 27.07 万人，增长 8.3%；参加生育保险 22.74 万人，增长 3.75%。全市 9 个县（市、区）实际参加新型农村合作医疗农民 300.14 万人，增长 5.6%，覆盖率为 98.69%。新型农村合作医疗基金累计支出总额 3.5 亿元，累计受益 234.84 万人次。至年底，全市享受低保救济的困难群众 7.83 万人。城镇各种社区服务设施 698 个，其中综合性社区服务中心 16 个。年末全社会从业人员 235.8 万人。全年城镇新增就业 4.86 万人，就业困难人员实现再就业 0.4 万人。年末城镇实有登记失业人员 1.2 万人，城镇登记失业率 2.39%，下降 0.19 个百分点。年末领取失业保险金人数上升 2.4%。

【生活环境良好】 2009 年，肇庆市城市江河湖库水质和市区集中饮用水源地水质达标率 100%。水质监控断面中，水质功能类别为Ⅱ类的有 17 个，达标率 100%；水质功能类别为Ⅲ类的有 5 个，达标率 100%；水质功能类别为Ⅳ类的有 4 个，达标率 100%。全市建成污水处理厂 11 座，城市污水日处理能力 36 万吨，比上年增长 125%；城市生活垃圾无害化处理率 33.29%，提高 0.78 个百分点。化学需氧量（COD）排放量 3.28 万吨，下降 3.5%。二氧化硫（SO_2）排放量 3.13 万吨，下降 0.3%。城市污水处理率、工业废水排放达标率分别为 57.1%和 96%，指标值在珠三角地区处于前列；市区环境空气质量达到国家二级标准限值，全年空气为优良以上的天数为 360 天，达到 98.6%。（蔡喜玲）

【《规划纲要》实施情况】 2009 年，肇庆市按照《珠江三角洲地区改革发展规划纲要（2008~2020 年）》和省委、省政府的部署，把握“科学发展、先行先试”核心，把落实《规划纲要》与保增长、保民生、保稳定相结合，实施《规划纲要》各项工作，全面完成省贯彻实施《规划纲要》考核的 19 项指标年度考核任务，其中 11 项指标完成度超过 120%，实现省委、省政府的“一年开好局”工作目标。

加强领导　肇庆市于 2 月 1 日召开市委常委会，研究部署《规划纲要》落实工作；4 月 30 日，召开全市贯彻实施《规划纲要》动员大会，市委、市政府主要领导亲自作动员报告，强调要在思想观念、交通设施、产业发展、城市建设、区域协调发展五个方面与珠三角对接，加快实现与珠三角一体化发展；把《规划纲要》作为 2009 年党委（组）中心组理论学习主要内容，列入干部培训计划，提高各地、各部门实施《规划纲要》的执行力。3 月 5 日，成立肇庆市实施《规划纲要》领导小组及其办公室。落实专职工作人员和工作经费。实行落实《规划纲要》行政首长负责制，把实施《规划纲要》工作列为各级、各部门绩效考核的重要内容，以重大项目和重点任务为主体，明确 73 项重点工作并逐一进行年度分解，其中 2009 年需完成相关项目 131 个。建成“实施《规划纲要》打造广佛肇经济圈”专题网站。

明确目标　4 月 28 日，肇庆市印发《中共肇庆市委、肇庆市人民政府关于贯彻落实〈珠江三角洲地区改革发展规划纲要（2008~2020 年）〉

的实施意见》（简称《实施意见》），确立建设成为“代表广东科学发展成果的城市、传统优势产业转型升级集聚区、广佛肇经济圈的新兴产业区、广东宜居城乡建设先行区、国际化旅游休闲之都、现代都市农业示范区”六大战略定位；提出“一年开好局、四年大发展、十年大跨越”的发展目标。确定13个重点发展载体：以肇庆高新区为重点的产业园区，城际轨道交通设备产业、核电设备产业基地，信息产业、光电产业基地，生物医药与健康产业基地，汽车零部件和新能源电动车产业基地，循环经济与资源再生工业基地，粤西新型建材产业基地，林浆纸及林业产业基地，矿产资源开发产业基地，内河港口物流基地，现代都市农业示范基地，南方重要的职业技术教育基地，省部产学研示范基地和创新成果产业化基地。

初见成效　（1）主要经济指标增幅居前。2009年，肇庆市先后出台促进企业平稳较快发展和贯彻落实“三促进一保持”的政策措施，帮扶企业稳定发展，加快重点项目建设，激活城乡消费，力促外贸出口持续回升，经济保持较快增长态势。（2）产业优化升级步伐加快。确立以“优化第一产业、壮大第二产业、提升第三产业”为产业发展主线，实施工业主导战略，促进产业结构优化升级。全年有180多个工业重点项目建成投产或达标达产，规模以上工业总产值首超千亿；电子信息、汽车配件、生物制药、金属材料、新型建材、林产化工等六大重点产业产值占规模以上工业总产值的51.2%。港口货物吞吐量和集装箱吞吐量分别为1124万吨和34.6万标箱；5家现代信息服务业企业的7个工程项目被评为全省“两化”融合示范工程。全市新认定高新技术企业21家，实施省级以上科技项目83个，新建省级企业工程研发中心5家，完成工业技术改造投资32亿元，企业更新改造投资增幅50.8%，高新技术产业产值151亿元。（3）加强区域对接合作。6月17日，广州、佛山、肇庆三市的市长在肇庆奥威斯酒店签署《广佛肇经济圈建设合作框架协议》。12月1日，广佛肇经济圈首次市长联席会议在广州召开，商定2009~2010年度首批37项重点工作计划。以交通基础设施对接为重点，完成二广高速公路三水至怀集段大部分工程，启动建设肇庆与佛山对接的8条道路，广佛肇城际轨道项目于9月开建，开工建设的还有南广、贵广两大高速铁路，珠外环高速公路及升级改造的西江航道等。（4）推进“双转移”与招商引资。扩大承接发达地区产业转移，推进产业转移园区载体建设，全市引进产业转移项目230个，计划总投资272.43亿元，其中来自广佛的企业占8成以上。在北京举办“肇庆市投资环境推介会”，签约项目18个，合同投资总额231.16亿元。第七届“肇庆金秋”经贸洽谈会共有159个项目签约、奠基和剪彩，投资总额537.32亿元。42所职技院校联手打造“华南职业技术教育基地”，职技院校在校生人数14.23万人，位居全省前列；全年培训农村劳动力3.88万人，转移农村劳动力5.26万人。（5）谋划重点项目与产业载体。2009年，全市列入《规划纲要》、省《决定》的重大项目23个，其中开工建设16个，2个取得实质性进展，5个开展前期工作。列入国家、省和肇庆市重点投资计划的重点项目共131个，其中在建93个，前期预备38个；在建重点项目完成投资173.9亿元，完成年度投资计划128.6%。粤西新型建材产业基地初具规模，高要成为“中国新型建材产业基地”，封开华润水泥一期项目点火投产；与省经信委联合共建汽车发动机零部件先进制造业基地；封开铜钼矿被列入省有色金属振兴规划和省重点预备项目。（6）城乡区域协调发展。加强县域产业发展载体建设，发展县域特色产业，提升县域经济在全省的地位。高要市地方财政一般预算收入突破10亿元，用三年时间实现从3亿元到10亿元的跨越；四会市地方财政一般预算收入突破8亿元；在公布的《广东县域经济综合发展力研究报告》中，高要、四会进入全省县域经济综合发展力十五强，分列第六、第八位。封开县实现县域财政综合增长率从2007年全省末位到2009年排名第一的飞跃。（7）强化资源环

境保护。全市共拒批360多个污染项目涉及270多亿元的投资；共关停小火电、小水泥、小钢铁等落后产能企业16家。淘汰落后水泥厂330万吨；肇庆高新区被列为省循环经济试点园区。2009年全市万元生产总值能耗比上年下降4.8%，单位工业增加值能耗下降10.07%。实现一县一座污水处理厂工作目标。饮用水源地水质100%达标，西江保持二类水质。城区空气环境质量达到国家二级标准。全市森林覆盖率为67.4%。（8）推进和谐社会建设。2009年，肇庆市投入“五大民生工程”资金6.16亿元，比上年增长33.5%。劳动者报酬所占增加值比重58.6%。城镇居民人均年支配收入和农民人均年纯收入分别增长10.4%、7.1%。新建扩建高中阶段学校22所，新增高中阶段学位3万个，提前两年实现普及高中阶段教育目标。新型农村合作医疗常住人口参保率100%，规范化行政村卫生站覆盖率100%。企业退休人员人均养老金比上年增长21.6%。连续三届获“全国综治优秀市”称号，获全国综治“长安杯”。（肇志办）

基础设施建设

【交通运输】 2009年，肇庆市完成交通固定资产投资75.16亿元，比上年增长121%，其中，铁路、轻轨建设投资29.76亿元，公路建设投资44.47亿元，港口航道建设投资8213万元，客运站场建设投资1323万元。全市完成通500人以上自然村道路硬底化建设810公里，两年累计完成1422公里，完成通500人以上自然村道路硬底化改造工程；新开农村公路350公里，改造县通镇上等级公路16条、164.15公里，新建（改造）农村公路桥梁51座、1506延米；新建（续建）镇级公路养护中心道班12个、中心交管站4个、中心镇客运站5个、候车亭78个；新增港口码头堆场8.20万平方米、泊位8个、使用岸线800米、装卸机械23台。全市各种运输方式完成货运量2641万吨、货物周转量32.95亿吨公里，分别比上年增长8.8%和10%；完成客运量6023万人次、旅客周转量29.48亿人公里，分别增长10%和8.6%。港口完成货物吞吐量1129.3万吨，增长23.5%，其中集装箱完成34.6万标准箱。

至年底，肇庆市公路通车里程1.04万公里，公路密度为69.7公里/百平方公里。其中高速公路61.6公里，国、省道1341公里。辖区内广茂铁路（81.5公里）、广梧高速公路、321国道、324国道，在建的贵广铁路、南广铁路、柳肇铁路、广肇城际轨道交通和规划建设中的二广、珠外环、汕湛等高速公路都贯穿肇庆境内。内河通航里程544公里。西江航道肇庆段218公里达到国家1、2级标准的内河航道，占广东省同级航道的35.1%。建成港口泊位共196个，主要港口码头有肇庆新港、三榕港、高要港、马房港、大旺港、禄步港、金利港、怀集港等，其中千吨级以上的泊位21个，最大靠泊能力5000吨级。

（贺广玲）

【能源】 2009年，肇庆市电网建设项目完成投资16.73亿元，完成年度计划投资任务的101.3%。推进能源基础设施重大项目前期工作：肇庆核电厂项目继续开展项目可行性研究阶段工作，完成气象、水文现场观察；国电大旺热电联产项目列入省年度重点建设项目计划新开工项目，开展“上大压小”替代容量31万千瓦配套工程的前期工作。

（冼艺杰）

【水利工程】 2009年，肇庆市全面推进水利工程建设，完成水利建设投资5.59亿元。

城乡水利防灾减灾工程 2003年底开始实施此类工程，至2009年底，全市完成规划项目15个中的5个，总投资2.42亿元。建设项目有景丰联围加固工程、高要市金安联围加固工程、四会市城防工程、大旺围加固工程、封开县利水水库除险加固工程和德庆县大桥电排站工程等。其中景丰联围加固工程列入省及市重点项目，项

肇庆市基础设施基本情况

项目	单位	2008 年	2009 年
铁路营业里程	公里	169	169
公路通车里程	公里	10218	10352
其中：高速公路	公里	61.6	61.6
港口泊位	个	191	196
其中：万吨级泊位	个	0	0
内河通航里程	公里	544	544
本地电话年末用户	万户	94.06	84.85
移动电话年末用户	万户	204.26	241.2
国际互联网用户	万户	200	220
电力消费量	万千瓦小时	780834	879219
商品房屋实际销售量	万平方米	149.87	275.31
商品房屋实际销售额	亿元	43.96	93.49

目批准投资 11.26 亿元，2009 年度完成投资 1.46 亿元；至年底，完成堤防一期施工，堤防二三期、泵站一二三期和截洪渠一期已在建设。肇庆市在水利工程建设中首次引入 BT 融资模式：一是怀集县利用 BT 模式建设县城防洪工程，总投资 2.87 亿元，广东水电二局有限公司以 BT 方式承建，投融资总额 2.10 亿元，该工程于 12 月中旬动工。二是高要市城防工程和联金大堤加固工程利用 BT 模式进行建设，省水电集团以 BT 形式承建，至年底落实 BT 融资 1.40 亿元。

病险水库专项加固工程　该工程是中央和省专项规划的病险水库加固工程。2008 年底全省开始实施。肇庆市上报的专项病险水库加固工程项目有 8 个为中型水库项目，小型水库项目 65 个。2009 年是肇庆实施该类工程的第一年。年内施工的有鼎湖九坑河水库、四会水逕水库、德庆河涝坪水库和冲源水库等 4 个中型水库项目；12 月开工的有怀集湖朗水库、封开大冲水库与西山水库、高要金龙低水库项目。12 月，动工建设的小型病险水库加固项目 29 个，另有 36 个进行招投标和技术施工设计。

小水电工程　肇庆市小水电工程建设的主题是“水电农村电气化建设”，建成小水电站 14 座，在建的有广宁县古兴水电站。至年底，全市小水电装机容量 67 万千瓦，年发电总量 15 亿千瓦时。5 月，肇庆市被水利部评为“全国农村水电及电气化建设先进集体”。

机电排灌议案工程　2009 年是省人大机电排灌议案工程实施的最后一年。肇庆市列入省人大议案的项目 202 个，总投资 1.64 亿元，其中省级补助 1.08 亿元，市级配套 0.33 亿元，县（市、区）自筹 0.23 亿元。项目全部实施后全市机电排灌站技改扩容装机容量 3.78 万千瓦，重建装机容量 0.55 万千瓦，30%的机电排灌工程达到国家排灌标准，有效改善排涝面积 2.63 万公顷，灌溉面积 6186.67 公顷。4 月全市议案工程项目全部建成，8 月通过市级竣工验收。

水库移民后期扶持工程　2003～2007 年，肇庆市实施省人大水库移民议案工程。2006 年 7 月，水库移民工作转入后期扶持政策落实工作。全市有 137 个自然村 2726 户 1.09 万人列入“项目扶持”计划，12 个村 177 户 836 人列入“直补到人”计划。至 2009 年底，全市水库移民“项目扶持”建设工程完成投资 6909 万元，动工建设的移民村 103 个，建成 73 个，有 1562 户 6379 人搬入新居；为列入“直补到人”计划的移民户发放扶持款项108.39万元。

景丰联围达标加固工程　该工程是广东省和肇庆市的重点水利建设工程，是肇庆市城乡水利防灾减灾工程15个项目之一，是肇庆城区防洪工程，按防御“50年一遇”洪水标准建设。围堤全长43.27公里，重建围内排涝泵站8座，加固截洪渠47.17公里，建设年限为2003～2011年，总投资10.21亿元。

景丰联围以“应急除险加固”的名义进行加固建设。2007年6月和12月，省水利厅与肇庆市委、市政府商讨建设计划和资金补助安排，决定两年内完成堤围建设，三年内完成泵站和截洪渠建设。省在资金上实行倾斜政策，堤围加固补助由每公里100万元提高到250万元，泵站项目由工程概算的15%～30%提高到70%，截洪渠加固项目由每公里60万元提高到150万元，全部贷款实行贴息。2007年10月，市委、市政府批准《肇庆市景丰联围加固建设方案》，应急除险加固建设工程由堤围西江一二三期和青岐涌一二三期、泵站一二三期和截洪渠加固项目等10个分项工程组成。至2007年底，完成堤围西江一期和青岐涌一期加固施工；泵站一期可研报告获省批准；获国家开发银行1.9亿元的贷款；中国农业发展银行肇庆市分行同意贷款2.6亿元进展顺利。2008年，工程进入全面施工阶段，完成堤围西江二三期、青岐涌一二三期、泵站二三期和截洪渠加固等8个分项目前期工作；10月和11月，堤防二期和泵站一期先后动工。全年筹措资金4.5亿元，完成投资2214万元，完成土方3.46万立方米，石方6.44万立方米，混凝土方2.31万立方米。2009年，完成堤防一期施工，堤防二三期仍在施工。堤防一期工程的广利泵站和波罗窦泵站投入使用，石咀泵站、横槎泵站和石溪泵站开工建设；完成波罗窦1.1公里除险加固及20公里填塘固基工程；截洪渠一期的端州段仍在建设，鼎湖段和四会段开工建设。截至2009年底，该工程累计完成投资3.13亿元。

城市备用水源工程　该工程是建设水库型水厂（鼎湖区九坑河水库）供水管道连接端州城区供水管网，全长16.3公里，总投资5800万元。2006年，肇庆市把鼎湖区九坑河水库定为备用水源，正式启动应急备用水源建设。2007年底开始扩建鼎湖城区水厂，投入2900万元，铺设连接鼎湖区和端州区的应急备用水源管网，该网供水管径为DN800，全长5.8公里。2008年10月工程投入使用，生产能力由原日供水2万立方米扩至5万立方米。2009年9月，投资2900万元开展应急备用水源管网二期工程建设，更新改造鼎湖城区通向端州城区的应急供水管网（新增一条输水管道），供水管径为DN800，全长10.5公里。至年底，二期工程仍在施工中。项目完工后，城区应急供水能力达到每日6万立方米。

（何国龙）

【信息网络】　2009年，肇庆市政府分别与中国移动通信集团广东有限公司肇庆分公司、中国联合网络通信有限公司肇庆市分公司、中国电信股份有限公司肇庆分公司等三大电信运营商签定战略合作协议，构建“随时随地随需”信息网络。至年底，全市建成一个可以承载各种语音、图像、视频等多媒体业务的大容量、高速率、宽带化的现代化通信网络；实现光纤覆盖95%以上城市小区和商业楼宇，光纤100%到行政村。三大电信运营商的光纤铺设情况是：电信32万纤芯公里、移动8628皮长公里、联通3150皮长公里；有线宽带总容量34.7万线；互联网出口带宽90G；电话交换机容量88.97万门；无线市话（小灵通）网络容量48万门。年末全市固定电话用户84.85万户，移动电话用户241.2万户，国际互联网用户220万户。全市20户以上自然村全部实现通电话，所有行政村实现通宽带，实现珠三角地区城域网高速互联。互联网普及率和家庭宽带普及率分别为48%和45%。

无线宽带网络工程　该工程最终目的是构建“随时随地随需”的信息网络。建设年限为2009～2020年。2009年，肇庆市发展第三代移动通信网络，推进无线宽带网络工程建设，打造无线城市，完成“TD-SCDMA网络覆盖工程”

投资1500万元。移动、联通、电信三大运营商均实现3G移动电话放号，3G网络的覆盖范围扩展至乡镇、工业园区、校园、旅游景点及大部分农村，全市无线宽带热点和3G基站规模1100多个，其中无线宽带（WLAN）热点400多个，3G基站600多个，无线宽带网络覆盖率30%。

年内，完成“无线城市试点工程”投资2080万元。开展“电子政务提升工程”、“信息化田园工程”、“数字旅游工程”、“中小企业信息化普及工程”、“惠民邮箱”、“教育信息化提速工程”、大旺新区“数字产业园区建设工程”等，推进无线宽带在政务、商务、生产、生活等领域的应用，建立起具有移动信息化特色及与宽带网络通信相辅相成的无线宽带综合信息服务体系。12月，举办“物联网”发展论坛暨无线电城市建设启动仪式。中移动肇庆分公司利用物联网发展的契机，整合移动业务和应用产品，打造“无线社区、无线园区、无线校园、无线乡镇及伙伴社区”，为市民提供“随时随地随需”的民生信息服务。端州区政府与中移动肇庆分公司合作，搭建无线城市门户平台——“掌上肇庆”平台，包括WEB、WAP、手机客户端等三种接入方式，融入含新闻、教育、旅游、生活、OA办公等内容。

高清互动数字家庭网络工程　该工程建设目标是：实施有线数字电视网络的双向数字化改造，推进电信网、广播电视网和互联网“三网融合”，实现网台分离。建设年限为2009～2020年。2009年，肇庆城区有线电视网络完成骨干传输平台搭建，接入网主体部分完成双向改造，从市到县的广播电视光缆干线建设成网；城区有线电视用户发展到12万户，全市用户60多万户。肇庆有线数字电视项目试点为德庆县，该县广播电视台与广东南方银视网络传媒有限公司联合组建德庆银视数字有限公司；6月，数字电视整体转换试行运营，发展数字电视用户500多户。年内，肇庆制定《肇庆市有线数字电视整体转换技术方案》，计划投资1亿元，分五年实现全市有线电视数字化整体转换。　（陈　治）

现代产业

【现代农业】　2009年，肇庆市出台《关于大力推进农业产业化经营的相关实施意见》，调整农业产业结构，发展地方主导产业和名优农产品，建设农业龙头企业，推广良种良法，推进和深化农业产业化经营，初步建立“规模经营、区域布局、板块驱动、多元发展”的经济架构。

农业龙头企业　至年底，全市有省级农业龙头企业8家、市级35家、县级68家。新发展的龙头企业有高要市振业水产有限公司、德庆县顺龙木业有限公司、银龙林产化工公司和广宁县创展农科有限公司等。种养型、加工型、流通型和综合型的农业龙头企业覆盖农业各个领域，其中农产品加工型的龙头企业发展到60多家，农产品加工开发程度较低、农产品附加值不能充分利用的问题得以缓解。各县（市、区）的农业龙头企业以地方主导产业和主导产品为依托，与农户有缔结关系和利益关系，各类型产业化经营组织共带动农户22.54万户，户均年增收2050元。

农民专业合作社　至年底，肇庆市有农民专业合作社267家，在组织科技培训、提供技术服务、推广农科学技术、推行标准化生产等方面发挥作用。

基地建设与良种推广　扩大完善无病毒优质种苗繁育（怀集）基地，年产优质种苗100万株；继续完善高要市、德庆县、封开县、四会市、广宁县和怀集县建立“以螨治螨”综合防治示范基地，基地面积200公顷。举办全市“黄龙病”防控技术培训班，培训技术骨干150人，与省果树所、华农大等对口科研机构合作，解决柑桔生产中存在的问题。利用东莞润丰蔬菜批发集团公司的销售渠道，新增优质蔬菜种植面积2000公顷；扩大蔬菜良种展示规模，展示新良种1000多个，推广蔬菜新品种18个。

名牌农产品　2009年，肇庆市有16个单位的生产基地通过无公害农产品产地认定，3个单位的3个产品通过无公害农产品认证。德庆县金福绿色家禽科技发展有限公司三奇牌山地鸡、肇庆市种畜繁育场广鸿牌澳洲大白种猪、高要振业水产有限公司振业牌冻罗非鱼片获广东省名牌产品（农业类）称号。封开县智诚家禽育种有限公司金凤凰杏花鸡、怀集高山青农产品有限公司新岗美人茶叶、四会市华贡农科集团公司华贡沙糖桔通过省名牌产品复审。

优质稻产业工程　主要是建设怀集县梁村镇平原优质稻产业带，推广水稻新品种、新技术，改善优质稻加工体系。建设时限为2009～2020年。整合推广优质稻种植面积133.33公顷，完成实施方案工程量的75%，投入资金2500万元。

农村劳动力转移　全年全市免费培训农村劳动力3.88万人，转移农村劳动力5.26万人，分别完成省下达目标任务的193.99%及131.43%；农村劳动力向珠三角发达地区转移就业3.14万人，就地就近就业2.06万人。全市非农就业比重69%。（江　丽）

【工业经济】　2009年，肇庆市规模以上工业企业1041家，实现规模工业总产值1182.02亿元，比上年增长21.7%；规模工业增加值277.5亿元，增长22.7%，增速居全省第三位，名列珠三角九市第一；工业对地区生产总值增长贡献率为47.9%。规模工业增加值增速高于或相当于全市平均水平的有肇庆高新区、高要市、四会市、怀集县，分别为28.2%、25.1%、23.5%和22.7%。全市完成工业投资213.8亿元，增长35.6%。全年规模以上工业企业实现销售产值1145.81亿元，增长20.6%。实现工业产值增速较快的市直企业有第二机床厂、动力配件、星湖科技、西江机械等公司，分别为63%、44.8%、33.7%和32.1%。全市税收超1000万元以上的工业企业47家，其中超5000元6家，超1亿元3家。

重点项目　全市250个新建、技改、增资扩产重点工业项目中有190多个竣工投产或达产达标，年新增产值80多亿元。其中，克莱斯勒汽车配件、东洋铝业、大华农生物二期、锂士电源、北新建材、新明珠陶瓷、康城五金、大正铝业、中盛纸业二期、威利邦木业、桂丰食品、新顺福面食、德通二期、雅昌不锈钢等项目对工业增长发挥强劲的拉动作用。国电大旺热电联产项目，“上大压小”替代容量31万千瓦的配套工程开展前期工作；封开华润水泥一期、高要北新建材等工业重点项目建成投产；四会亚洲金属资源再生工业基地完成一期开发并进入二期建设；志高家电研发基地进行首期开发建设；广宁燃料乙醇项目完成3.33万公顷木薯基地规划；封开铜钼矿列入省有色金属振兴规划和省重点预备项目。

名牌产品　广东风华高新科技股份有限公司的“FH”商标和广东肇庆星湖生物科技股份有限公司的“星湖及图”商标被认定为中国驰名商标，实现肇庆市中国驰名商标“零”的突破；广东大洋铝业金属制品有限公司的“美亚大洋及图”等10件商标获“广东省著名商标”称号；广东风华高新科技股份有限公司的“引线多层陶瓷电容器”等3个产品获“广东省名牌产品”（工业类）称号。至年底，肇庆工业企业有名牌名标86个，其中中国名牌产品1个，中国驰名商标2件，省名牌产品（工业类）47个，省著名商标36件。

产业转移与升级　肇庆市引进“产业转移”项目230个，计划总投资272.43亿元，完成投资额44.72亿元。其中，建成投产项目65个，完成投资12.71亿元；在建项目107个，完成投资额31.81亿元。中山（肇庆大旺）、顺德龙江（德庆）、中山大涌（怀集）等3个省级产业转移工业园区共完成规模工业增加值34.78亿元，占全市规模工业增加值的12.5%。

全市推动传统优势产业转型升级，完成工业技术改造投资32亿元，比上年增长38.1%。金属加工、电子信息、汽车零配件、食品饮料、生物制药、林产化工等六大支柱产业实现规模工业总产值544亿元，增长22.3%。其中，金属加工、食品饮料、汽车零配件产业分别实现规模工业总产值317亿元、40亿元、38亿元，分别增长24.8%、38.9%和39.2%。全年大中型企业完成工业增加值93.2亿元，增长8.4%，占全部工业增加值的33.6%；小型企业全年完成工业增加值184.28亿元，增长31.9%，占全部工业增加值的66.4%。工业增长向重型化发展，全年重工业完成工业增加值178.74亿元，增长21.5%，占全部工业增加值的64.4%，拉动全市工业生产增长13.1个百分点；轻重工业的比重为25.6∶64.4。

（陈　治）

【现代服务业】　2009年，肇庆市社会消费品零售总额278.71亿元，比上年增长19.2%，增速位居珠三角九市第二。其中，批发和零售业零售额240.8亿元，增长20.9%。实施“万村千乡市场工程”，新建和改造农家店185家，新建配送中心2个，累计建立“万村千乡市场工程”农家店805个，配送中心14个，镇级和村级农家店覆盖率分别为100%和46%。交通运输、仓储和邮政业实现增加值31.18亿元，比上年增长4.2%。抓好商贸流通项目建设，共获各类商贸流通项目扶持资金700多万元。

房地产开发　全市有房地产开发企业276家，资质等级以上建筑企业114家；房地产完成投资60.66亿元，比上年增长11.7%；商品房销售面积275.31万平方米，增长83.7%；销售总额93.49亿元，增长112.7%。

旅游服务　全市建成开放的旅游景区（点）52个，其中年接待游客超100万人次的6个、AAAA级景区5个；各类宾馆酒店、旅馆650多家，其中星级酒店36家（四星级3家、三星级17家、二星级13家、一星级3家）；旅行社43家，其中可经营出境旅游业务3家。旅游景区（点）接待游客1603万人次，比上年增长18.1%；城市接待旅游者人数1422万人次，增长18.2%；全市旅游收入79.46亿元，增长20.8%。

港航建设　全市完成港口航道建设投资8213万元；内河通航里程544公里，西江航道肇庆段218公里达到国家1、2级标准；建有港口泊位196个，其中千吨级以上的泊位21个，最大靠泊能力5000吨级。港口码头基础设施及配套设备完成总投资2.79亿元，新增堆场8.20万平方米、泊位8个、使用岸线800米、装卸机械23台。全市港口完成货物吞吐量1129.3万吨，比上年增长23.5%，其中集装箱吞吐量34.6万标准箱。西江航道肇庆段218公里达到国家1、2级标准的内河航道。

银行业　肇庆市有中国人民银行、农业银行、邮政储蓄银行等银行业金融机构15家，证券业金融机构有广发证券、国信证券、安信证券3家，保险业金融机构有中国人保公司、中国人寿公司、太平洋财产（人寿）公司等21家，各类金融机构在肇庆各地设立营业网点540多个，均置有ATM机，发行银行卡，方便存取款；全市金融业从业人员8000多名。全市金融机构各项存款余额909.57亿元，比年初增长26.6%；各项贷款余额554.35亿元，增长49.4%；年末城乡居民储蓄存款余额554.14亿元，增长14.8%。三家证券公司的开户数共15.45万户，股票成交金额1480.81亿元，增加869.45亿元；保险业全年实现保费收入18.08亿元，增长0.8%；支付各项赔款和给付4.14亿元，下降15.2%。

法律服务　肇庆市有100家法律服务所，设有31家律师所、公证处9个、法律援助处9个，有184名职业律师。全市律师事务所中，担任法律顾问492家，代理各类案件2417件，办理非诉讼法律事务2.34万件；办理各类公证1.44万件。全市基层法律服务所担任法律顾问937家，办理诉讼代理666件，非诉讼代理1722件，见证5695件。全市法律援助机构共办理各类法援案件798宗，比上年增长12%；接受群众法律咨询1.05万人次。

（肇志办）

【高新技术产业】　2009年，肇庆市高新技术产品产值151亿元，比上年增长11.10%。拥有国家级工程研究中心3家，建立省级工程研究（技术）中心12家；有6家企业组建市级工程技术研究开发中心，广东四会实力连杆有限公司、广东肇庆微硕电子有限公司2家企业申报组建省级工程技术研究开发中心；推荐申报广东省企业重点实验室建设项目3项。全市认定高新技术企业21家，累计45家，组织申报国家重点新产品21个，认定广东省高新技术产品52个；认定省级民营科技企业2家、市级3家，累计有省级民营科技企业97家，市级15家。

肇庆市的企业与省内外近百家高校及科研院所建立产学研合作关系。6月，肇庆市与清华大学签订校市全面合作协议，设立产学研办公室。华南理工大学以华工百川科技股份公司新型绿色轮胎项目为核心在肇庆高新区建设科研成果产业化基地；星湖科技股份有限公司与华南理工大学签署全面合作协议，同时推进与中科院的战略合作。至年底，全市21家企业落户中巴软件园园区，建立"肇庆超级计算中心"、"肇庆创意工程中心"、"中巴软件园软件技术公共服务平台"等信息产业公共基础平台。企业与高校及科研院联合申报省部产学研结合项目立项9项，共获460万元的支持资金。其中属企业申报的"省院合作计划项目"2项，获省部资金140万元。另有4个项目获省重大科技专项立项，获资金700万元。全市累计接纳科技特派员50名，特派员助理100多名。科威（肇庆）半导体有限公司与成都电子科技大学共同承担的"可编程在线模拟IC检测装置"项目获国家科技部立项。肇庆市骨干汽配企业参与广汽集团自主品牌汽车零部件研发和配套；广东鸿图科技股份有限公司、广东风华高新科技股份有限公司等企业参与各类省部产学研创新联盟的建设。 （麦伟男）

【肇庆高新区】 肇庆高新技术产业开发区前身为成立于1958年的大旺农场；1978年更名为大旺华侨农场，归口广东省华侨农场管理局管理；1988年省下放肇庆市管理；1992年底设大旺综合经济开发区。1998年4月，经省政府批准，成立肇庆高新技术产业开发区，是省级高新区；2000年8月，肇庆市政府赋予高新区管委会行使市一级有关经济管理权限。2001年11月，经省政府批准，肇庆高新区由端州区三榕工业园迁址至大旺，实行一套班子三块牌子（大旺华侨农场、大旺综合经济开发区、肇庆高新技术产业开发区）。2004年7月，省政府把肇庆高新区定为广东省吸收外资重点工业园区和广东省山区吸收外资示范区。2008年8月成为广东省首批示范性产业转移园。2009年申报国家级高新区。

肇庆高新区位于珠江三角洲中心区西部、肇庆市最东端。东至北江，与佛山市三水区隔江相望，西与四会市东城街道毗邻，南临北江、绥江交汇点马房渡口，北与三水区大塘镇接壤。从陆路、水路到香港、澳门需要2个多小时，属广州半小时经济圈范围。321国道、广茂铁路、在建的二广高速公路和珠三角外环高速公路等多条主干道路贯区而过。所在地大旺总面积98平方公里，全部为国有土地，辖1个街道和7个社区。2009年末全区常住人口9.76万人。

2009年，肇庆高新区出台《关于贯彻落实〈规划纲要〉的实施办法》，修编完善《总体规划》、《产业发展规划》和《5000亿元发展战略规划》，明确金属新材料、先进装备制造、电子信息、生物医药为四大主导产业，确定中心服务区、金属新材料产业区、先进装备制造产业区、电子信息产业区、生物医药产业区、物流及综合保税区、产学研配套区等"一中心六区域"总体功能布局。（1）实施"一手抓大项目引进、一手抓城市化推进"战略，突出项目"促建、促产、促效"，经济发展成效显著：实现生产总值55.03亿元，比上年增长31.2%；实现工业总产值220.86亿元，增长29.5%；实现财政一般预算收入5.32亿元，增长52%；实现固定资产投资40.05亿元，增长25%；实现进出口总额5.51亿美元，其中出口3.92亿美元。各项经济指标增幅连续五年居全市首位。（2）调整招商引资战策，引进一批投资额超10亿元的"创税型、科技型、规模型、生态环保型"项目，全年引资总额超300亿元；打造央企落户广东的重要基地，中国国电落户高新区；举办2009"大旺金秋"经贸洽谈会，签约、奠基、剪彩项目共116个，投资总额362亿元；新批注册合同外资3.8亿美元；实际利用外资3.11亿美元，占全市总量的三分之一，连续五年居全省69个省级开发区首位。(3)建成“七纵七横”主干路网，创业服务中心、高新技术企业孵化基地、五星级酒店、国际赛车场、珠江物流园、污水处理厂等一批重点配套设施投入使用；举办2009年中国房车锦标赛总决赛。(4)用好用活5亿元省产业和劳动力“双转移”扶持资金，与银行签订96亿元信贷资金协议，至年底实际到位42.23亿元，在全省产业转移园中融资规模最大、效益发挥最好。引进珠三角核心区产业转移项目356个，承接农村劳动力转移就业10万多人（其中肇庆市6万人），在5月进行的2008年度全省产业转移园“双转移”目标责任考核中取得总分第一名。

（张　逊）

【电子信息产业】　2009年，肇庆市规模以上电子信息企业产值83亿元，比上年增长9.2%。其中，风华高科实现销售收入16.7亿元，实现税金1.13亿元，增长3.7%。该企业的“新型平板显示器专用关键感光性电极浆料的研制”项目，获得2009年国家电子信息产业发展基金资金扶持。中导光电设备有限公司“大型平板显示屏自动光学检测设备的研制和产业化”项目也获2009年国家电子信息产业发展基金资金扶持，该公司研制的OLED（有机发光二极管显示器）大玻璃片高速高精度对位设备，技术指标达到国内领先和国际水平，具有自主知识产权，填补国内行业空白。肇庆市立得电子有限公司的LED（发光二极管）系列产品，具有节能、高效、使用寿命长、光源不发热等特点，深受客户青睐，产品占据欧美、日本和国内市场；全年实现产值2亿元，税收1347万元，完成出口2160万美元；立得电子公司投资2000多万元，新建总面积1.07万平方米的大楼投入使用，公司厂房面积扩增至2.71万平方米，生产规模随之扩大。

【软件和信息服务业】　2009年5月，位于肇庆学院星湖校区的中巴软件园揭牌。年内完成园区一期工程建设，园区占地4.23公顷，其中办公、研发、生产等场所1万多平方米。至年底，软件开发、数字创意、互联网、系统集成、网络游戏、电子信息等高科技企业入驻，共有软件技术人员200多名；园区着手建设软件技术公共服务体系、数字创意公共设计平台、影视动漫技术与创作服务平台等公共服务平台。

2009年2月，中国科学院计算技术研究所投资2000多万元，在肇庆市布点建成全国地级市首个也是广东第一个超级计算中心，实现浮点运算每秒2万亿次的计算能力，为肇庆乃至粤西地区的企业、政府机构、大中专院校、科研单位提供超级计算能力、海量信息处理、超大型数据库管理、动漫渲染、尖端技术科研开发等服务。

（陈　治）

【文化创意产业】　2009年，肇庆市出台《肇庆市关于进一步扶持文化产业发展的若干配套政策》，推进文化创意产业发展。“中国砚都（肇庆）端砚文化特色产业集聚园”和“肇庆古宋城墙保护与开发利用项目”入选“广东省新十项工程”，其中“端砚文化特色产业集聚园”规划投资15亿元，落实资金2亿元，重点打造中国砚都端砚文化村景区、西江羚羊峡砚坑景区、中国肇庆砚洲岛文化生态创意区，带动端砚产业集聚发展。推进文化创意产业园区建设，重点是扶持中巴软件园发展，有19家动漫、软件等企业落户中巴软件园经营。12月，投资1.2亿元的“肇庆市文化创意大厦”在“肇庆金秋”经贸洽谈会上签约。

（谈植秀）

城乡发展

【城乡规划】　2009年，肇庆发挥资源环境优势，按照“最适宜旅游、最适宜人居、最适宜创业”为城市建设定位，以规划统筹城乡发展，完善城乡规划编制体系，做好村镇规划编制与村庄整治，推进重点项目建设，推动珠三角一体化规划对接，加速融入珠三角。

城镇体系　至年底，肇庆市有城市3个（端州与鼎湖城区、四会市、高要市）、城镇95个。其中，中心镇19个、一般建制镇76个、民族乡1个。20万人口以上城市1个（端州区），10～20万人口的城镇3个，5～10万人口的城镇3个，0.5～5万人口的城镇12个，形成布局合理、组合有序、优势互补、持续发展的城镇体系。

规划研究与编制　按照"高起点谋划新一轮大发展，共同打造广佛肇经济圈"的要求，规划统筹高要、四会、肇庆高新区，完善城乡规划编制体系，完成《肇庆市中心区域协调发展规划》编制，将其纳入《肇庆市城市总体规划(2010~2020)》，构筑"大肇庆"规划格局。完成编制《肇庆市鼎湖区城区竖向、排水专项规划》、《肇庆市端州城区户外广告规划》、《肇庆市城区电力系统专项规划》等专项规划；完成《肇庆市城东新区控制性详细规划》、《肇庆市鼎湖区坑口片区控制性详细规划》、《肇庆市鼎湖区永安工业园控制性详细规划》等控规项目编制；完成《肇庆市端州城区旧城区控制性详细规划》、《肇庆市城区综合交通规划（端州、鼎湖）》、《肇庆市区域绿地规划》、《肇庆市鼎湖区九坑河水源保护规划及凤凰镇总体规划》等规划编制项目的前期研究工作。与意大利建筑学院院长联盟交流，开展肇庆与意大利规划合作项目（肇庆七星岩牌坊广场改造扩建工程景观与城市设计）及其延伸项目（肇庆城市研究）。

村镇规划　评审通过《广宁县城市总体规划(2008~2020)》、《广宁县石涧镇新区控制性详细规划》、《广宁县江屯镇新区控制性详细规划》、《封开县城东区控制性详细规划暨中心地段城市设计》等城镇规划编制项目；完成高要活道、白诸，广宁排沙、横山、联和等建制镇的总体规划修编；指导高要、四会等县级市的城市总体规划修编；拨出80万元规划专项经费支持德庆、广宁县开展中心镇控制性详细规划试点编制工作。支持各县（市、区）的村庄规划整治工作，申报高要市蚬岗镇八联村委会龙山村等130个村庄为省级村庄规划编制试点，推荐德庆县金林水乡等4个村申报省级历史文化名村，广宁县大屋村申报国家级历史文化名村；选取端州区黄岗镇宾日村等10条村庄为市级村庄整治规划编制试点，给予规划专项经费支持。年内，怀集县怀城镇和大岗镇岗勇村分别被省住房和城乡建设厅确定为"广东省宜居城镇和宜居村庄"。

规划交流　加强与佛山市、中山市、珠海市、江门市等珠三角城市的规划交流。5月14日，肇庆市城乡规划局邀请佛山市规划局人员到肇庆考察，共同探讨研究广佛肇经济圈规划布局、佛肇区域间规划协调、佛肇城际交通基础设施建设等规划衔接工作。10月19～23日，肇庆市规划系统组织人员赴中山、珠海、江门等市，考察各市的宜居城乡建设和"三旧"改造工作。

项目规划　一是完善珠江口西岸交通运输网络布局，协助省完成广佛肇城际轻轨、珠外环高速等重大跨区域项目的线路走向、站场设置的规划选址和项目建设，缩短肇庆融入珠三角的时空距离。二是推进南广铁路、贵广铁路、广东省天然气管网一期工程等项目的规划建设及国电肇庆高新区热电联产（2×300MW）项目、肇庆市亚洲金属资源再生工业基地二期等市级重大项目的上报审批工作。三是开展城市基础设施规划建设。完成星湖大道、信安路升级改造工程的规划设计；完成肇庆市第一人民医院新院、市图书馆、市中医院住院楼等民生工程项目的规划建设；开展系统解决端州城区高峰时段交通拥堵问题的规划研究与设计工作（包括端州四、五路交通改造方案等）；完成砚都大道、伴月湖环湖路、东湖景观等城市重点市政项目的规划方案。

规划管理　肇庆市建立和完善建设用地容积率管理制度。肇庆城区（端州、鼎湖）共核发《建设用地规划许可证》（含重核、补办）902宗，总用地面积601公顷；核发《建设工程规划许可证》1168宗，总建筑面积187.25公顷；核发市政管线《建设工程规划许可证》190宗，批出管线233宗，线路总长189公里（包括供水、供电、燃气、通信、有线电视），批出道路红线23宗，道路长度27.6公里。明确容积率调整的具体条件、审批程序及管理措施；严格按照法定程序将有关容积率调整报批项目提交肇庆市城市规划委员会和肇庆市政府审批，涉及建设用地容积率调整的建设项目必须通过规划公示关才可审批。9月，肇庆市城乡规划局联合市监察局成立专项治理工作领导小组，专项检查全市2007年1月1日至2009年3月31日期间予以规划许可的房地产开发项目，规范肇庆房地产开发中的规划变更、容积率调整秩序，强化容积率管理制度监管。

规划执法　实施《肇庆市清理查处城区违法建设、恶意抢种抢搭建和非法采石取土专项行动工作方案》，完成肇庆城区（端州区、鼎湖区）总建筑面积138万平方米的违法建设和过期临建的调查、取证、登记造册工作，制定违法建设（含过期临建）认定工作规程和处置办法。在端州区发出《责令自行拆除违法建设通知书》和《责令自行整改违法建设通知书》共700份，整治违法建设4.90万平方米；在鼎湖区立案清理违法建设和过期临建35宗，涉及建筑面积1.08万平方米。彻底清理端州城区龟顶山新城范围内“四路一湖”（包括宋城三路、西湖路、大鼎路、白沙路以及西调洪湖）、端州五路、康乐中路等干道边的违法建设（含过期临建）。全市受理各类执法来信来访投诉（含信访和举报案件）293宗，解决投诉案件265宗。　　（区惠怡）

【城市建设管理】　2009年，肇庆市完成工程招标投标项目451个，招标预算总造价53.19亿元，中标价50.65亿元，节省建设资金2.55亿元，中标价比预算价平均下浮4.79%。完成市建设工程交易中心的计算机抽取专家、计算机辅助评标、企业IC卡管理等“三大信息系统”建设。全市完成建筑业总产值62.2亿元，比上年增长16.7%；报建工程518项，建筑面积400.3万平方米，下降27%；工程总造价59.01亿元，增长24.6%。全市办理商品房预售建筑面积201.8万平方米，预售成交金额68.46亿元。城区实行商品房销（预）售合同网上签约实时备案信息化管理，规范城区商品房交易市场秩序。办理商品房交易建筑面积109.88万平方米，交易金额33.59亿元。办理二手房交易建筑面积113.6万平方米，成交金额14.52亿元。市直完成房屋发证28424件，涉及建筑面积518.56万平方米。

全市开展“物业管理规范年”活动，宣传贯彻《广东省物业管理条例》，加强物业管理历史遗留问题处理，减少物业管理矛盾纠纷。5月，制定《端州区住宅专项维修资金首期交存标准》。加强城市房屋拆迁管理，全年受理房屋拆迁裁决申请8宗，受理后经调解达成协议1宗，作出行政裁决书7宗。出台《肇庆市房屋建筑和市政工程安全生产突出问题排查治理阶段工作方案》，检查2008年以来规模以上的开工建设项目及2007年以来领取规划许可的房地产项目，共出动检查人员146人次，排查项目341个。推动政府投资非经营性代建项目建设，列入代建管理的项目13项，总建筑面积32.23万平方米，总投资约14.39亿元。全年完成民用建筑节能设计审查298.71万平方米，占民用建筑总量的97.74%。采取招商引资办厂、引导原生产实心黏土砖的企业进行改造生产节能墙材等措施，改变肇庆市新型墙体材料产品主要从外地采购的状况，降低建筑工程成本，开展建筑节能。年内，肇庆市获广东省优良样板工程1项，广东省建设工程安全生产、文明施工优良样板工地共4项；市城区受监工程无重大安全质量事故发生。“肇庆市星湖湿地生态保护与环境整治项目”被国家住房和城乡建设部评为“中国人居环境范例奖”。

【“三旧”改造】　2009年12月16日，肇庆市成立“三旧”（指旧城镇、旧厂房、旧村庄）改造工作领导小组。12月29日，在肇庆高新区召开全市“三旧”改造动员大会，部署全市的“三旧”改造工作。各县（市、区）、市直各有关部门按照“政府指导、市场运作”模式，把“三旧”改造与创建宜居城乡、推进城镇化、调整清理土地、防止地质灾害、推进“双转移”工作相结合，坚持“以城区、县城及中心镇为主”原则，推进“三旧”改造工作。开展端州龟顶新城“三旧”改造项目规划工作。（叶小青）

【新农村建设】 2009年，肇庆市坚持统筹城乡区域发展，深化农村经济体制改革，确保农业增效、农民增收、农村平安和谐。全市种植珍贵树种总面积7333.33公顷，建立3个林业交易服务中心，林权改革进度、林权抵押贷款总额居全省第一。组建全省首个镇级（高要市白土镇）土地流转服务中心并创造“肇庆模式”，全市经登记的流转土地面积1.2万公顷，占家庭承包经营耕地面积9.5%。开展政策性水稻保险试点和农村住房保险，在德庆县启动全省新型农村养老保险试点。第一产业增加值165.31亿元，比上年增长5.0%。全年农民人均纯收入6291元，增长7.1%。

全市新创建生态文明村504个、省卫生村618个，累计建成生态文明村2234个、省卫生村996个，省卫生村数量居全省首位。广宁县实现村村（行政村）有省级卫生村，成为“中国新农村建设示范县”。广宁江屯镇、封开大洲镇、怀集下帅乡等3个乡镇成为肇庆第二批省卫生镇（乡）。实施“五大民生工程”，农村低保对象实现动态应保尽保，新型农村合作医疗常住农村人口全面覆盖，乡镇卫生院改造和村卫生站规范化建设加快推进；有30万农村人口的饮水安全问题得到解决；在全省率先完成500人以上自然村道路硬底化建设任务。推进全市农村科学发展10大示范基地建设，市级新农村建设示范村由10个扩大到30个。肇庆市被评为“全国农村信息化领先地区”。

【扶贫开发】 2009年9月，肇庆市启动扶贫开发“规划到户责任到人”工作。计划用三年时间，通过实施“一村一策、一户一法”综合措施，确保被帮扶的贫困户基本实现稳定脱贫，80%以上被帮扶人口人均纯收入达到2500元以上，被帮扶的贫困村基本改变落后面貌。成立“肇庆市扶贫开发规划到户责任到人工作领导小组”，由市委书记任组长，市长任第一副组长，市委副书记和分管扶贫工作的副市长任副组长，市委、市政府26个工作部门的主要领导为成员，切实加强对扶贫开发“规划到户责任到人”工作的领导。将全市186个贫困村分解落实到佛山市以及肇庆市市直和省驻肇机关、企事业单位实行挂钩帮扶。其中佛山市挂钩帮扶55个贫困村（4429户、2.05万人），市直和省驻肇机关、企事业单位挂钩帮扶131个贫困村（3863户、1.67万人）。分布在非贫困村的贫困农户（2.04万户、7.62万人）由各县（市、区）挂钩单位帮扶。建立市四套领导班子成员挂钩联系贫困村制度，市四套班子领导全部挂钩到186个贫困村，每人挂钩联系2～6个村，负责对贫困村、贫困户帮扶的指导工作。各帮扶单位到挂点村、贫困户家中调查研究，了解贫困农户的家庭情况、贫困原因、脱贫设想，制定贫困村发展规划和贫困农户帮扶方案。各县（市、区）扶贫办将贫困村基本情况及图片、贫困农户家庭成员名单及户主图片录入省扶贫办研发的“规划到户责任到人”信息管理系统；帮扶单位负责把帮扶责任人、贫困村帮扶措施，贫困农户贫困原因、贫困农户帮扶措施录入系统，实现实时查询。制定考评办法和检查督导工作制度，对扶贫开发“规划到户责任到人”工作每月报送一次进度、每半年进行一次交叉检查、每半年一次书面情况汇报、每年量化考核一次，建立工作检查督导制度，确保工作落到实处。

（江　丽）

【市政基础设施建设】 2009年，肇庆市通过向银行融资的办法筹集资金，开展城市基础设施建设和公用设施建设。

市政建设与维护　一是动工建设星湖大道及信安大道。5月至年底，星湖大道工程累计完成投资7661万元，其中建安工程投资4850万元，完成工农路至仙女湖段主车道中面层沥青摊铺、雨水管敷设、路灯安装、侧平石安砌、人行道砖铺设、地下管线敷设和中央绿化带种植土平整、填土工作；信安大道工程累计完成投资1.74亿元，其中建安工程投资1.38亿元，完成软基处理、桥涵箱涵、地下各类管线及路基工程施工，完成古塔路至新园路路面施工，敷设雨水管4151米，污水管2850米，摊铺沥青路面5万平方米。二是砚都大道建设工程。全年完成6亿元工程贷款融资任务及征地拆迁情况调查摸底登记工作，签订A3、A4标段监理施工合同，开展征地补偿及端州路交汇处立交桥桩基础施工，共计完成投资5761万元。三是东调洪湖建设工程。完成项目的立项、环评、规划许可、用地批复、融资、景观方案评审等前期工作，落实农行贷款额度4.12亿元，到账资金2.06亿元，开展用地范围勘察测量110KV架空高压线迁移工程及征地拆迁和施工图设计工作，完成投资1500万元。四是城东新区BT项目。肇庆城东新区基础设施BT项目二期工程包括东岗东路、前村路、庙前路、景泰路、蓝田路及黄岗北路北段6条路段，总长5.15公里，共计完成建设投资2.4亿元；3月竣工通车；年内完成BT项目一、二期工程回购工作。

城市道路与排水　全年“百姓路”工程改造投资805.9万元，完成城区端州路大冲出入口、市技校新校区进校道路、星湖西堤、棠岗路西侧道路整治及西江机械厂宿舍排水整治等14项工程，完成摊铺、修复沥青混凝土路面4011平方米，修复主车道、慢车道及人行道共1.17万平方米，铺设人行道砖1188.5平方米，排水管302米；维修进水井、检查井共513座；清疏城区排水渠道5791米，康乐北路、西江北路、建设三路“水浸街现象”基本解决。开设市政设施维修网站，接受市民网上报修、监督、投诉，城区水浸街、沙井盖缺失及被盗现象得到及时解决。

路灯照明　全年投入500多万元，完成城区景泰路、庙前路、蓝田路、黄岗北路、景安街、天宁南等9条道路的路灯安装，新装路灯381基、1155盏，改造棠岗路与叠翠路交汇处高杆灯1基，新装旧城区内街小巷路灯119盏，更换故障电线电缆2682米，更换镇流器200多只。落实日常巡检工作责任制，及时排除路灯设施故障，城区亮灯率97%。

城建监察　加强城市执法力度，城管部门重点整治市民反映强烈的跃龙中路、柑园南北路、芹田路、星湖大道岩前村、厚岗市场路口等地段占道经营“黑点”，取缔占道扰民的饮食大排档；规范城区占道经营行为，监控临街店铺违章占道堆放商品及流动小贩乱摆卖、大排档、烧烤档、小吃档占道经营。配合相关部门开展清理查处城区违法建设、抢种抢搭建和非法采石取土专项行动，共整治烂尾楼、闲置地17处；完成康乐北一街水果跳蚤市场迁移，重新划线定位规范管理文明路灯光夜市。全年查处各类违章案件1.64万宗，拆除违规拉挂广告及横额7095幅，清理及救助乞讨人员、精神病患者400多人次。

行业管理　年内取缔城市燃气销售“黑点”70多个，查处“黑车”10辆，处理不合格气瓶360多个。投资5005万元推进肇庆城区天然气管道管网建设，铺设中压市政天然气管道35公里，覆盖范围包括西江路、建设路等路段；完成恒裕轩、臻汇园等16个住宅小区和大禾寿司等20多个机团用户的低压管道工程安装，具备为6万户用户供气能力。　（李筱芳）

【农村饮水安全工程】　该工程从2007年起至2013年分年度实施，解决96.5万农村人口饮水不安全问题。2008年底完成18个项目，12.78万人口的饮水安全问题得到解决。2009年，完成年初市政府提出的解决30万人口饮水安全问题的目标任务，在年底《全省农村饮水安全工程建设与开工进度情况通报》中，肇庆市各项进度指标排全省前三名。　（何国龙）

【城乡基本公共服务】　义务教育　2009年，全市新建扩建高中阶段学校30所，新增高中阶段学位3万个，提前两年实现普及高中阶段教育达标；创建国家、省级重点职校各1所，职业院校在校生人数11.47万人，规模居全省前列；完全小学以上义务教育规范化学校60%以上，农村中小学装备和信息化工程加快推进；乡镇中心幼儿园开办率100%，居全省首位；611名中小学代课教师转为公办教师，全市中小学教师实现工资福利待遇“两相当”（县域内中小学教师平均工资水平与当地公务员平均工资水平大体相当；县域内农村中小学教师平均工资水平与城镇中小学教师平均工资水平大体相当）。

通讯与邮电　2009年，肇庆市年末固定电话用户84.85万户，其中城市电话用户53.71万户，乡村电话用户31.14万户；移动电话用户241.2万户，比上年增加115.8万户；全市国际互联网用户220万户，互联网普及率和家庭宽带普及率分别为48%和45%，无线宽带人口覆盖率13.7%。全市现代信息服务业业务收入80亿元，增长11%。完善“山区信息网”、“农信通”、“农易通”、“农业科技信息点播频道”等网络系统，开通“12316”三农服务热线，解决信息进村入户的难题。12月，在北京举行的“2009中国农村信息化年度峰会”上，肇庆市被农业部授予“2009中国农村信息化领先地区”牌匾，是广东省唯一获此奖项的城市。

公共文化　全市有各类专业艺术表演团体10个，群众艺术馆（文化馆）9个，有综合档案馆9个，县及县级以上公共图书馆8个，馆舍建筑面积2.07万平方米，总藏书量95.1万册。博物馆（纪念馆）7个。广播电视台9座，广播综合人口覆盖率和电视综合人口覆盖率分别为99.5%和99.4%；有线广播电视用户61.66万户，比上年增长0.5%。建成“农家书屋”250家，服务范围860多平方公里，惠及近130多万农民群众。文化市场经营单位830家，其中歌舞娱乐场所149家，电子游艺（游戏）场所113家，音像制品零售、出租单位245家，网吧经营场所270家，艺术品经营单位15家，其他文化娱乐经营单位38家。建成7个县（市、区）文化共享分中心，17个基层中心和服务点，341个农村、企业、部队、社区等基层服务点。国内统一刊号公开发行的报刊有《西江日报》、《肇庆学院报》、《肇庆学院学报》、《西江文艺》等6家。

基本社会保障　年内，肇庆市投入“五大民生工程”资金6.16亿元，比上年增长33.5%；实施下岗失业人员再就业培训3976人，农民工技能提升培训1.53万人和创业培训2554人，城镇新增就业人数4.86万人；城镇登记失业率为2.39%；新增廉租住房174套、在建337套，新增经济适用住房74套、在建661套。全市参加基本养老保险49.63万人；参加基本医疗保险81.47万人，其中参加城镇居民医疗保险人数42.40万人，参加城镇基本医疗保险的农民工8.02万人；参加失业保险30.15万人；参加工伤保险27.07万人，其中参保农民工8.52万人；参加生育保险22.74万人。新型农村合作医疗覆盖率98.69%，实际参加农村合作医疗农民300.14万人，享受新型农村合作医疗补偿234.84万人次，补偿总金额3.48亿元。至年底，全市享受低保救济的困难群众7.83万人，其中城镇0.92万人，农村6.91万人。城镇建有各种社区服务设施698个，其中综合性社区服务中心16个。端州区被征地农民养老保障试点覆盖面参保率92.28%，其中强制性参保率100%，均居全省试点县（区）前列；全省新型农村社会养老保险试点工作在德庆县进行。

基本医疗与公共卫生　肇庆市有各类卫生机构602个，比上年增长15.8%，其中医院、卫生院141所，妇幼保健机构7个，专科疾病防治机构8个，卫生监督检验机构4个。拥有医院、卫生院床位8458张，增长5.5%；平均每千人口医院和卫生院床位数2.04张。各类卫生技术人员1.39万人，增长6.1%。全市有社区卫生服务机构21个，乡镇卫生院96所，乡镇卫生院床位1972张，乡镇卫生院卫生技术人员3178人。创建省卫生镇3个，新建省卫生村477个、生态文明村506个，累计分别建成1473个和2740个，居全省首位；广宁县被评为“全国新农村建设示范县”。全市规范化卫生站行政村覆盖率达100%。

城镇垃圾处理　端州城区设置及管理果皮箱

810个，公厕43座，垃圾中转站11座。购置垃圾压缩车等车辆设备，改善环卫工人的作业环境，提高机械化作业程度；将城区百花园、芙蓉西、柑园南3个敞开式中转站改造成压缩式中转站，降低中转站噪音、臭气等扰民问题。针对城区垃圾中转站布局、设置不合理，数量不足及黄岗、睦岗两镇在设置上的空白，导致垃圾收集、转运滞后矛盾日益突出等问题，选定城区32区、36区和肇庆二桥桥底为建设三座垃圾中转站建设用地。9月，通过公开招投标方式引入的广东省环境保护工程研究设计院与广东省环境工程装备总公司共同设计的垃圾场扩容工程项目（一期）施工，年底完成投资2461万元。（李筱芳）

供水与供电　肇庆市城区自来水由端州城区水厂（取水点为西江）和鼎湖城区水厂（取水点为鼎湖区九坑河水库）供应，供水能力为每日5万立方米；全年总用水量20.65亿立方米，比上年增长2.7%，其中生活（含生态）用水2.48亿立方米。全市人均用水量为543立方米，万元地区生产总值用水量244立方米，万元工业增加值用水量139立方米。9月，开展应急备用水源管网二期工程建设，投资2900万元，更新改造鼎湖城区向端州城区应急供水的管网（新增一条输水管道），供水管径为DN800，全长10.5公里。

肇庆市电网建设列入省电网建设投资计划的项目共132个，计划投资16.54亿元，其中电网基建项目13.44亿元，电网改造项目2.11亿元，计量系统项目8275万元，通信项目1590万元；完成投资16.75亿元。全年供电量87.92亿千瓦时，比上年增长12.6%；其中省网供电74.29亿千瓦时，增长24%；地方小水电供电量12.03亿千瓦时，减少26.2%。电力消费量87.92亿千瓦时，其中工业用电量64.83亿千瓦时，增长12.2%；第三产业用电量9.36亿千瓦时，增长14；城乡居民生活用电量9.92亿千瓦时，增长14.3%。

交通服务　新建、续建乡镇级养中心道班12个、中心交管站4个、中心镇客运站5个、候车亭78个。全市有客运站（场）36个；农村客运线路116条，营运车281辆；各辖区省际线路19条，营运车41辆；各辖区市际线路84条，营运车627辆；各辖区县际线路24条，营运车327辆。经营出租车的企业有肇庆市新阳光汽车运输公司、肇庆市龙安浩旅游运输发展有限公司、肇庆市白云汽车运输有限公司、肇庆市金晖富康出租汽车有限公司、广宁县天龙小汽车出租有限公司、四会市贞山宾馆客货运输有限公司、四会市奔驰客货运输有限公司大旺旺利分公司等7家，出租车总量1237辆。5月开通“肇庆城巴”；至年底，城区交通线路（含城巴和公交）24条，其中城区至高要市4条，通鼎湖区5条。

城市绿化　2009年，肇庆顺利通过国家园林城市复查。城区绿化覆盖率40.68%、绿地率35.1%、人均公园绿地面积21.85平方米，三项指标均达标。完成肇庆城区星湖大道、信安大道扩建绿化迁移工程及星荷路、广仪小游园、白沙公园绿化修复改造工程，新增绿地面积4500平方米，改造绿化面积2.50万平方米；完成城区建设三路、人民路、东湖路等6条主要道路行道树补植工程；修剪城区梅园路口白兰花树。全年新创建绿色学校76所、生态示范村122个、生态示范乡镇2个；端州区和怀集县成为“广东省林业生态县”。

体育设施　肇庆市有体育场馆总面积70.3万平方米，每千人拥有824平方米；人均公共体育场地面积1.31平方米；国民体质合格率为81.3%。全市1330个行政村中有1197个建有公共体育场地设施。有社会体育指导员3163人，7所国家青少年体育俱乐部。城区建有肇庆体育中心，端州体育馆，肇庆市青少年体育综合训练馆，肇庆星湖山水体育健身圜，另设有市体育中心全民健身广场等26个健身点（站、场、区），配备较齐全的健身器材；城区的端州中学、市职业学校等4所学校的体育场馆实施对外开放。高要市及封开县建有全民健身中心，鼎湖区有健身园，德庆县有“康城体育馆”和龙湖全民健身活动中心广场，广宁县建有全民健身广场。2005～2009年，全市举办各类群众体育竞赛和全民健身活动1.03万次，3个县（市）被评为“全国体育先进县（市）”，8个单位被评为“全国群众体育先进单位”，55个单位被评为“广东省群众体育先进单位”。（市方志办）

资源环境

【基本农田保护】 2009年，肇庆市自筹资金开发新增耕地面积4039.57公顷，全部通过省级抽查，并通过市级验收确认，数量在全省排名第三；市政府下发《肇庆市土地开发整理若干意见》；开展市级补充耕地储备指标收储工作，全年收储全市各地补充耕地储备指标438.62公顷；争取省级土地整理项目立项并下达资金计划的有怀集县桥头镇及下帅乡，督促各地加快国家级、省级土地整理项目工程进度，部分项目按质按量完成。

【建设用地管理】 2009年，肇庆市建设占用耕地30.39公顷，农业结构调整实际占用耕地7.59公顷。供应建设用地285宗，面积671.71公顷，其中出让272宗，面积616.84公顷，征收土地价款24.19亿元；划拨土地13宗，面积54.96公顷。经省批准城市分批次用地700公顷，其中新增建设用地1080公顷。经国务院和省批准的江肇高速公路（肇庆段）、二广高速公路（肇庆段）、高要河秋110千伏输变电站、高要蛟塘110千伏输变电站、广宁翠竹220千伏输变电站单项选址用地共1233.33万公顷，其中新增建设用地1166.67公顷。

全市招标、拍卖、挂牌出让用地113宗，面积599.63公顷，成交价款23.25亿元，其中出让工业用地37宗，面积425.54公顷，成交价款6.72亿元；商业、服务业用地74宗，面积170.85公顷，成交价款16.49亿元；其他用地2宗，面积3.24公顷，成交价款472万元。

（曾 铭）

【循环经济】 2009年，肇庆市的中山（肇庆大旺）产业转移工业园被列为广东省两个循环经济试点园区之一。全年新增4家省清洁生产企业，全市累计有15家企业被评为省清洁生产企业。与香港生产力促进局、环保署共同启动和推进“肇港清洁生产伙伴计划”，有4家港资企业的8个项目取得香港政府的资助。

【环境保护】 环保指标 2009年，肇庆市19个集中式饮用水源保护区水质全部达到Ⅱ类，水质达标率100%。城区全年空气污染指数在100以下的有360天，空气中可吸入颗粒物、二氧化硫、二氧化氮年、日平均浓度均达到国家《环境空气质量标准》（GB3095-1996）及修改单中的二级标准。城区环境空气综合污染指数为1.91，城区环境空气质量较上年有改善，主要大气污染物为二氧化氮和降尘。城区酸雨频率15.2%，比上年下降38.9个百分点，酸雨pH均值4.92，全年降水pH值5.55，上升0.69个pH单位，酸雨污染与上年相比减轻。全市城市区域环境噪声等效声级平均值53.6分贝，城市区域噪声环境质量等级为较好，全市城市区域环境噪声源以生活和交通类声源为主。全市城市道路交通干线噪声等效声级平均值为65.5分贝，各地区道路交通噪声环境质量等级为较好。城区各类功能区等效声级昼间年均值符合国家相应标准。

环评审批 全市受理环保审批项目627个，固废审批212个，拒批项目23个；受理项目试运行申请94家，项目验收116家，发放排污许可证2129个。

环境整治 在全市范围内首次发放机动车环保分类标志，发出环保标志1.96万个。环保部门联合有关部门开展城区机动车尾气检测专项行动，加强机动车尾气污染治理，改善城区空气质量。全市加强废旧、闲置放射源的收贮工作，收贮11个废旧、闲置放射源。完成创建省级生态示范镇1个、市级生态示范村8个的初审工作，上报省环保厅审批。

环保执法 全市出动环保专项执法1.69万

人次检查企业（矿点）5885家，查处环境违法行为157起，罚款368.69万元。收到和处理群众环保投诉1817宗，处理率100%；及时办结人大、政协建议提案共7件，市委委员议案3件。全市征收排污费3103.83万元，比上年上升4.72%。（严肇玲 冼国伟）

【城镇污水处理设施】 2009年初，肇庆市政府召开全市污水处理厂建设工作会议，落实省政府有关要求，确保全市8座污水处理厂年底前投入试运行。6月底，四会市污水处理厂二期工程（5万吨/日）、高新技术产业开发区污水处理厂首期工程（4万吨/日）试运行，并于9月下旬两厂均通过环保验收；12月，肇庆市第三污水处理厂（5万吨/日）、广宁县污水处理厂（1.5万吨/日）、德庆县污水处理厂（1.5万吨/日）、封开县污水处理厂（1万吨/日）、怀集县污水处理厂（2万吨/日）均试运行；鼎湖区污水处理厂（2万吨/日）未能完成年底竣工目标。年底前，四会市大沙镇污水处理厂（1.5万吨/日）、江谷镇污水处理厂（0.3万吨/日）、地豆镇污水处理厂（0.2万吨/日）、高要市金利镇污水处理厂（2万吨/日）、新桥镇污水处理厂（1万吨/日）、白土镇污水处理厂（2万吨/日）、鼎湖区莲花镇污水处理厂（1.5万吨/日）、鼎湖区永安镇污水处理厂（0.5万吨/日）全部动工。全年全市新建成8座污水处理厂，新增加22万吨日处理能力，完成“一县一厂”的建设任务，城市生活污水处理率60%以上。（蓝庆佳）

【节能减排】 节约能源 2009年，肇庆市实现万元生产总值能耗比上年下降4.8%，超额完成下降3.33%的年度节能目标任务；单位工业增加值能耗下降14.14%。全市完成淘汰落后水泥产能459万吨任务。重点推进实施18个可在近年产生效益的较大型节能技改项目建设，总投资2.9亿元。组建市节能监察中心，加强节能监察工作，做好全市50家重点耗能企业能耗情况和六大高耗能行业能耗状况分析、监测工作。组织好节能项目申报工作，有27个项目列入省节能技改、资源综合利用项目和节能政策研究及能力建设项目资金扶持，共获财政补助资金1798万元。开展“节能宣传周”、“能源紧缺体验日”、“节能宣传送展下乡”、“中电旋风锅炉节能技术推广会”和“能源信息管理培训暨节能技术推广会”等活动。（陈 治）

污染减排 肇庆市定期对纳入年内省减排计划的38个COD工程减排项目和10个二氧化硫减排项目进行督查，对进展缓慢的地区及时发出预警，落实减排项目。全市共关停落后产能企业17家，完成工程治理33家；完成化学需氧量减排项目42个，年削减化学需氧量排放1529吨；完成二氧化硫减排项目12个，年削减二氧化硫排放1021吨，完成省下达的总量减排任务。6月，省环保厅通报2008年度广东省各地级以上市主要污染物总量减排考核结果，肇庆污染减排成绩在全省21个地级以上市中名列第七。（严肇玲）

【垃圾发电工程】 2009年，肇庆市城市综合管理局和广东新科迪环保科技有限公司，合作建设肇庆市马安生活垃圾填埋场沼气利用项目，以促进城区生活垃圾处理资源化。该项目建设2台燃气发电机，装机容量1千千瓦，总投资2500万元。至年底，完成该项目的项目核准、规划选址、用地预审、环评审批等手续，开展填埋导气井工程及水平收集管道敷设工程，并定购相关设备。（冼艺杰）

社会事业

【科学技术】 2009年，全市地方财政科技拨款总额2.16亿元。实施省级以上科技项目83个，争取项目资金2788万元。其中国家级项目2个、省重大专项4个（含省部产学研重大专项1个）、粤港关键领域重点突破招标项目1个、省部产学研结合项目9个、省国际合作项目3个、省院合作项目2个。获省级科学技术奖二等奖2个、三等奖6个；推荐省少年儿童发明奖获二等奖3个、三等奖11个。组织三批肇庆市科技创新计划项目立项评审，完成科技成果鉴定82个（省级16个、市级66个），组织科技成果登记105个（省级29个、市级76个）。专利申请551个，增幅排名全省第五；其中授权量329个，获省知识产权局8万元的表彰奖励。

肇庆市及各县（市、区）通过2007～2008年度的全国科技进步考核，肇庆市、高要市、四会市和德庆县被评为全国科技进步考核先进市（县）；覃卫东、杨浩明、关键等13人获“全国县（市）科技进步工作先进个人”称号。广宁县南街镇被认定为省级技术创新专业镇；鼎湖区永安镇、四会市下茆镇、高要市水南镇、广宁县坑口镇、德庆县凤村镇、怀集县甘洒镇和马宁镇7个镇被认定为市级技术创新专业镇。至年底，肇庆市有省级技术创新专业镇18个，市级技术创新专业镇41个。肇庆市防震减灾工作在全省地级以上市防震减灾工作综合评比中获二等奖，高要市科技局获得全省县级防震减灾工作综合评比二等奖。高要市、鼎湖区、四会市、广宁县、怀集县、德庆县完成7个安全农居示范村建设。肇庆市科技中心共接待学校、团体163批次8483人次，接待社会公众1.44万人。（麦伟男）

【文化事业】 设施建设 2009年开展的主要工程有：（1）市图书馆新馆工程。肇庆市图书馆新馆位于城东新区96区，总投资1.2亿元，总用地面积2.67公顷，建筑面积1.65万平方米，主体建筑五层，设计藏书容量100万册，读者坐席1000个，日均可接待读者6000人次。已完成征地、工程立项、办理用地规划许可证、土地使用证、专家论证、设计招标和设计方案公示、施工招标等前期工作。（2）市粤剧演艺中心。肇庆市粤剧演艺中心位于城区体育路，原是港航集团海员俱乐部及附属建筑。3月，市政府投资800万元进行改建装修，占地面积3000平方米；9月30日投入使用。（3）市群众艺术馆环境改造。投入50万元，7月23日完成改造工程，实现市群众艺术馆与白沙公园的资源整合，成为肇庆城区西部大型综合文娱场所。

公共文化服务 全市建有7个县（市、区）文化共享分中心，17个基层中心和服务点，341个农村、企业、部队、社区等基层服务点。全市

肇庆市文教卫体事业基本情况

教育				医疗文化体育			
项目	单位	2008年	2009年	项目	单位	2008年	2009年
普通高校校数	所	4	4	医院、卫生院数	个	150	141
普通高校在校学生数	万人	5.29	3.61	医院、卫生院床位数	张	8020	8458
中职和技校学校数	所	36	38	平均每千人口医院、卫生院床位数	张	1.95	2.04
中职和技校在校学生数	万人	9.32	11.47				
普通中学学校数	所	180	182				
普通中学在校学生数	万人	30.57	32.24	群众艺术、文化馆数	个	9	9
小学学校数	所	1197	1056	公共图书馆数	个	8	8
小学在校学生数	万人	43.11	39.65	博物馆数	个	8	7
学龄儿童入学率	%	99.97	99.98	档案馆数	个	11	9
幼儿园数	所	404	505	国民体质合格率	%	79.6	81.3
在园幼儿数	万人	11.63	11.98	人均公共体育场面积	平方米	1.31	1.31

建成“农家书屋”250家，服务范围860多平方公里，惠及130多万名农民。省新闻出版局为各县（市、区）配备“岭南流动书香车”，在农村开展图书流动服务。全年完成农村电影放映5845场次（其中数字电影放映2510场）观众156.84万人次。主要活动有：（1）文艺活动。1月21日，在牌坊广场举办“肇庆市2009党政军民迎春联欢晚会”；5月25日，在星岩礼堂举行“‘精彩砚都’文艺晚会”；9月30日，在市粤剧演艺中心举办“广佛肇文化交流联谊晚会”；国庆节期间，分别举办“爱国歌曲大家唱—大型群众歌会”、“共和国礼赞—肇庆市庆祝中华人民共和国成立60周年文艺晚会”、在牌坊广场举办爱国电影播放等系列文艺活动；11月14日，在星湖景区举办“2009年广东国际旅游文化节·肇庆旅游嘉年华活动开幕式文艺演出”。（2）图书馆服务活动。4月23日~6月23日，举办以“倡导全民阅读，推动科学发展”为主题的“第四届肇庆读书节”，期间举办读书征文比赛、“读书乐”全国摄影比赛优秀作品展、“图书馆与新农村文化建设”专题学术研讨会、“书声伴我行”校园读书活动、“星湖学习讲坛”专题讲座、“农家读书乐”和图书漂流、肇庆书市等系列活动。4月下旬，市文广新局和市民政局联合举办“肇庆市万家社区（村）图书室援建赠书活动”，向全市578个村委会和4个社区赠送18万册图书。年内，肇庆市图书馆开通肇庆区域图书馆“一卡通”联合服务，建成以肇庆市图书馆为中心馆、各县（市、区）图书馆为分馆的图书馆服务网群，在网群内实行书刊的通借通还。（3）文博展览。在市博物馆举办《中华名砚暨文房四宝展》、《肇庆市砚都文化艺术创作院成立暨第一届名砚名画展》、《著名国画家袁宝孝画展》、《澳大利亚华人、画家、教育家翁真如画展》、《肇庆动漫展》、《市直宣传文化系统摄影书法作品展》、《肇庆市书法篆刻作品展》等展览，共接待国家、省、市各级领导，专家学者，以及港、澳、台和国内外游客10多万人次，讲解500多场次。

物质与非物质文化遗产保护　5月，高要学宫由高要市移交肇庆市文广新局管理的接收工作完成，高要学宫文物保护维修方案得到省文物局批准，并申请到中央扶持资金150万元；完成古城墙南面东段城墙的抢险加固工程。10月，第三次文物普查田野调查工作完成，全市共调查登记不可移动文物2624处（其中新发现2082处、复查542处），调查登记不可移动文物总量位居全省第四位。经过普查，全市的文物种类有较大扩展，范围涉及文化、金融、交通、军事、医疗等方面，其中古遗址类207处、古墓葬类94处、古建筑类1706处、石刻寺及石刻类66处、近现代重要史迹及代表性建筑物类540处、其他类11处。11月，梅庵西南端危险围墙抢修加固工程完成。12月，投入100万元的正东路阅江楼段骑楼街整治修复工程完成。投入150万元对崇禧塔景区进行修复，完成景区内侨房（占地约200平方米）置换搬迁工作，并由市文广新局与市水务局合作将旧厂房改造成肇庆市水系文化博物馆。

麒麟白马舞、肇庆裹蒸制作技艺、高要金渡花席编织技艺、德庆学宫祭孔活动、春牛舞等5个项目成功入选广东省第三批省级非物质文化遗产名录；市政府公布高要金渡花席、新桥编织，四会民间音乐，怀集春牛舞、凤舞、壮狮舞，端州疍家糕制作工艺和广宁舞山狮共8个项目为第二批市级非物质文化遗产代表作名录；公布程文、张熀元、程昌良、欧阳良矩、石家中、徐兆中、陈立帮、杨焯忠、梁焕明、程均棠、李重明、王福华、马建邺、高世柱、孔耀光、孔崇彬、韦日辉、韦秋象、麦鉴新等19人为首批肇庆市非物质文化遗产项目代表性传承人。

（谈植秀）

【教育事业】　2009年，肇庆市有小学1056所，在校生39.65万人，学龄人口入学率99.98%；初级中学152所，在校生23.82万人，学龄人口入学率98.68%；普通高中30所，在校生8.41万人；普通高等院校4所，其中公办2所（肇庆学院、肇庆医学高等专科学校）、民办2所（肇庆科技职业技术学院、肇庆工商职业技术学院），在校生4.82万人；技师学院1所；中等职业技术学校38所，中职中技学生11.47万人；成人高等教育院校1所，在各县（市、区）设分校6所，在校生9907人；幼儿园505所，在园（班）幼儿11.98万人；特殊教育学校7所，在校生1845人（含随班就读）。全市投入教育经费33.90亿元，比上年增加9.16亿元，增长37.03%。提前两年实现普及高中阶段教育目标，成为省先进典型。投入9亿元新建、扩建高中阶段学校30所，增加优质学位3万个，高中阶段教育毛入学率86.30%，顺利通过省普及高中阶段教育督导验收。全市90%的农村小学配备电脑，70%接入互联网和省市教育专网，市教育资源库成为国家基础教育资源库在广东的缓存站点。100%完成中小学校舍安全排查鉴定工作，排查鉴定学校1300所，单体建筑7494栋，建筑面积535.73万平方米。

继续实施免费义务教育政策，普及九年义务教育各项指标均达到和超过国家的要求，初中三年保留率94.33%，排全省第二位。率先创建全省首个市级职业教育公共实训中心，创建国家级重点职校1所，省级重点职校1所，全市职业技术教育优质学位率60%以上。全市学前三年幼儿入园（班）率81.7%，乡镇中心幼儿园开办率100%，居全省首位，在农村地区入园（班）的幼儿7.74万人。全市8个县（市、区）及肇庆高新区全部实现中小学教师工资福利待遇"两相当"（县域内中小学教师平均工资水平与当地公务员平均工资水平大体相当，县域内农村中小学教师平均工资水平与城镇中小学教师平均工资水平大体相当）。实现"广东省教育收费规范市"目标。

职业技术教育基地　建设广东省肇庆职业技术教育培训基地的构想由肇庆市政府于2004年向省提出并得到省教育厅的支持。2005年5月，省教育厅批准肇庆为广东省首个职业技术教育培训基地，并在培训方向、创新办学模式、就业信息、生源组织、师资培训、办学体制改革，以及重点学校、重点专业和实训场室建设等方面予以支持，肇庆市职业技术教育基地建设正式启动。2008年底，肇庆市教育、监察、劳动、纠风等部门联合制定《关于进一步规范我市中等职业技术学校招生秩序的意见》，规范中职招生秩序。该项做法得到国务院纠风办、省纪委、省监察厅和省教育厅等有关部门通报肯定。2009年1月，肇庆市工业贸易学校、肇庆市农业学校、肇庆市贸易学校和肇庆市外语外贸学校等四所市属公办职校统一划归市教育局管理。2009年，肇庆市有高职高专和技师学院4所，中等职业技术学校38所，其中国家级重点中等职业技术学校6所、省级重点中等职业学校5所、省级实训中心5个、省级以上重点建设专业8个。有32所职业院校坐落在中心城区，其中有12所分布在321国道沿线，形成"一园多点、一线多校"和公办、民办多元化的发展格局。全市职教基地新建扩建工程总投入超过3.5亿元，新增加职业教育学位1.5万个；完成中职中技招生4.84万人，招生规模和在校生规模居于全省前列。肇庆理工学校通过国家级重点职校评估，肇庆市科技职业技术学院通过省级重点职校评估；肇庆科技职业技术学院、肇庆工商职业技术学院通过国家教育人才培养水平评估。

全省首个市级职教公共实训中心　广东省首个市级职教公共实训中心投入使用，该中心由肇庆市政府投资3700多万元建成，总建筑面积1.66万平方米。中心配置汽车运用与维修、机电一体化、数控技术应用、模具设计与制造等8个工科类专业为主的高新实训设备，功能设置多元化，兼具实训教学、师资培训、技能鉴定、就业指导和校企合作"五位一体"的综合性功能，可同时容纳1730人进行实操训练，年培训量1万人次以上。

（刘其全）

【卫生事业】　疾病预防控制　2009年，肇庆市有疾病预防控制中心7个，卫生人员502人，其中卫生技术人员326人，执业（助理）医师137

人，注册护士52人。完成县级疾病预防控制中心建设项目；肇庆市疾控中心新大楼内部装修完毕。甲型H1N1流感、艾滋病、手足口病、狂犬病等重点传染病防控工作得到加强，每日动态分析疫情和预警预报突发公共卫生事件。2009年报告传染病发病率10万分之454.17，死亡率10万之2。共确诊甲流病人203例（其中重症病例15例），治愈196例，无死亡病例，甲流疫苗接种率在全省排第4。全市共有艾滋病筛查机构28家、确证实验室1间；端州区成为肇庆首个国家级艾滋病综合防治示范区的创建单位；市第三人民医院美沙酮维持治疗门诊运转正常，受治者累计525人，在治人数159人，治疗保持率30%。广宁县慢性病防治站增设一所美沙酮维持治疗门诊。全年共报告手足口病2204例，未发生局部暴发疫情。结核病控制项目完成省下达初治涂阳病人发现任务数的102%。全市适龄儿童免疫规划疫苗报告接种率均90%以上。

卫生监督　全市有卫生监督所7个，卫生监督机构人员188人，其中卫生监督员116人。全年开展102项公共卫生监督检查和专项整治行动，实施行政处罚130户，罚款金额15.13万元。全市628个公共场所开展量化评级，评出A级17个。完成职业病危害摸底调研工作，指导1796家企业建立职业卫生档案。全年全市开展的52次重大活动均实行公共卫生保障，实现零事故发生。

卫生应急　8个县（市、区）均设立卫生应急机构并配备专（兼）职人员。制订30多部（份）卫生应急处理预案和技术指导方案。举办相关培训班240多期，参加人员2.5万多人次。派出医疗防疫队6批28人支援四川震区的灾后重建工作。

妇幼保健　全市有县级以上妇幼保健机构9个。2009年全市产妇建卡率94.47%，产前检查率94.01%，住院分娩率98.07%。孕产妇死亡率、婴儿死亡率、5岁以下儿童死亡率分别为10万之14.17、4.92‰和5.74‰，提前实现市妇女儿童发展规划目标。

健康教育　推进“亿万农民健康促进行动”，通过广播电视宣传卫生知识，全年印制永久性宣传板1000套、入户小册子2.50万份、宣传画8000张发放到省级卫生村或在建卫生村。

公共卫生服务　全年实施9项基本公共卫生服务项目和6项重大公共卫生服务项目。基本公共卫生服务补助标准为每人15元。全市累计建立居民健康档案15.16万份，高血压管理率3.75%，糖尿病管理率5.67%，重性精神病管理率12.65%。全年完成贫困白内障患者复明手术800例。

社区卫生　全市有社区卫生服务中心8个，社区卫生服务站13个，其中新建成社区卫生服务中心2个、服务站5个。全年社区卫生服务机构开展基本诊疗60.37万人次，家庭出诊1681人次，儿童预防接种20.27万人次，建立居民健康档案2.66万份，逐步向“小病在社区、防病在社区、健康在社区”目标迈进。肇庆市卫生局制定《肇庆市城市社区公共卫生服务项目（试行）》，规范社区卫生服务工作，组织230多名社区卫生服务机构的医生进行全科医师岗位培训，加快社区卫生服务全科人才的培养。端州区、鼎湖区、四会市、高要市建立健全社区卫生工作制度，严格执行社区卫生服务价格规定，为群众提供便利的社区基本医疗服务，开展社区健康教育、慢性病管理、重点人群健康管理、妇女保健、儿童保健等公共卫生服务。

肇庆市将社区卫生服务机构纳入医保定点报销范畴，引导居民接受社区卫生服务。下发《肇庆市城镇基本医疗保险普通门诊医疗费用统筹实施办法》，规定在一个社会保险年度内，统筹基金累计最高支付门诊限额为每人每年100元，在社区卫生服务机构就医普通门诊统筹基金支付50%，报销比例高于二级医疗机构。端州区劳动保障局把社区卫生服务站列为治疗高血压、糖尿病基本医疗保险特殊医疗项目门诊治疗点。高要市南岸街道社区卫生服务中心纳入社保医保报销范畴，住院报销50%，报销起付线为360元。四会市城中街道社区卫生服务中心被指定为该市的

新型农村合作医疗、城镇居民医疗保险、职工医疗保险定点医疗单位。（林泽欣）

【就业与社会保障】 就业和再就业 2009年，肇庆市城镇新增就业4.86万人；下岗失业人员再就业1.59万人；帮扶4006人就业困难人员实现就业或再就业。全市培训各类人员6.21万人，其中：下岗失业人员再就业培训3976人；农民工技能提升培训1.53万人；培训农村劳动力3.88万人；创业培训2554人；培训后成功创业1532名，创业成功率60%，带动8591人实现就业；转移农村劳动力5.26万人。全市城镇登记失业率2.39%，比上年下降0.19个百分点。

加强高校毕业生就业工作指导，建立市高校毕业生面向基层就业工作联席会议制度；市政府划拨50万元作为促进高校毕业生就业专项经费；成立市高校毕业生就业指导服务中心，配备专职人员，开设高校毕业生专门服务窗口；安排57人到肇庆市参加2009年“三支一扶”大学生的对口服务工作；做好2007年参加“三支一扶”服务期满的59名大学生就业安置，对愿意留在肇庆就业的确保100%就业；全市高校毕业生泛就业率86%以上。

社会保障 至年底，全市参加企业养老保险41.27万人，失业保险30.15万人；基本医疗保险39.07万人，工伤保险27.07万人，生育保险22.74万人。4月1日起，降低企业养老保险单位缴费费率，阶段性下调失业、工伤、生育三个险种缴费比例；至年底，企业和个人少缴社会保险费9481.8万元（其中：企业养老保险少缴6006.1万元，失业保险2652.8万元，工伤保险515.5万元，生育保险307.4万元），为企业和个人减负9481.8万元（企业8311.7万元，个人1170.1万元），受益企业户数7969户，受益人数24.14万人。扩大失业保险基金支出范围，市直属单位率先按2008年失业保险征收总额的30%比例，安排1133万元列入失业保险支出预算，用于支付困难企业中参加失业保险人员的社会保险补贴、岗位补贴和在岗职工职业技能培训补贴。肇庆市自2009年1月1日起，由地方税务机关全面负责社会保险费征缴工作。及时调整全市企业退休人员养老待遇和加发过渡性养老金，企业退休人员月人均养老金由872元增至1060元；9月起，失业保险由每月464元提高到每月533.60元。出台《肇庆市城镇基本医疗保险普通门诊医疗费用统筹实施办法》，建立城镇基本医疗保险门诊统筹制度。7月1日起，参加城镇职工或城镇居民基本医疗保险、并按规定缴纳医疗保险费的参保人，每人每年增加100元的门诊费用报销待遇，居民医保受益面由2008年3%左右需住院的居民扩大至全体参保人。市劳动保障局、市卫生局联合出台《关于印发肇庆市基本医疗保险定点医疗机构信用评级管理办法的通知》，基本医疗保险定点医疗机构实行信用等级管理；建立工作联席会议制度，考评定点医疗机构执行基本医疗保险政策、费用管理等情况，考评结果划分为A、B、C、D四个等级，被定为D级的医疗机构暂停定点资格并进行整改，整改仍不合格的取消定点资格。12月启动德庆县农村养老保险试点；至年底，3.15万多名农民申报参保，6000多名老人办理待遇申领手续，收缴参保金额25万元，中央及省级财政专项补助款到位303万元。

劳动力转移服务对接 加强“广佛肇”三地就业政策和信息网络对接，逐步实现“三共享”。一是就业资源共享。开展三市劳动用工备案管理、就业指导、岗位推荐、职位发布、就业扶持政策咨询等就业服务共发布、同服务。二是人力资源信息实时共享。实施人力资源信息网联网，建立远程见工系统，打造统一的就业服务信息化管理平台。年内开通与广州连接的远程见工系统，计划开展连接佛山系统。三是技工教育和职业培训资源共享。建立和完善“广佛肇”劳动力职业技能培训系统，实现培训资源优势互补，逐步实现三地劳动者自主选择培训机构，享受到便捷、优质的职业技能培训服务。组织劳务输出，加强与珠三角发达地区的就业服务机构劳务合作。将全市中技（中职）学校、农村劳动力培训机构的毕业生推荐到珠三角发达地区就业。举办中技（中职）毕业生就业专场招聘会，邀请广州、深圳、中山等企业参加招聘会，招收全市毕业生和农村劳动力。通过职业介绍信息服务平台，推荐农村劳动力到珠三角地区企业就业。2009年，全市组织劳务输出3.82万人，主要输出地是广州、佛山、中山、江门和东莞。

职业技能鉴定　12月，启动市级信息查询系统与省网、国家网全面对接，全市各鉴定所在制证、数据统计和信息采集方面统一使用电子化管理，及时向社会公布职业资格证书信息。完善各项规章制度，健全考评员队伍建设，建立考评员队伍资料库，加强考评员业务知识和职业道德操守的教育与培训。

医保定点医疗机构对接　根据《广佛肇经济圈建设2009~2010年度重点工作计划（第一批）》的要求，肇庆市劳动保障部门与广州、佛山劳动保障部门加强联系，12月共同制定《广佛肇互设医疗保险定点医疗机构工作方案》，提出互认定点医疗机构、逐步实现全市参保人在广州和佛山两地定点医疗机构就医直接记账。

社保服务对接　年内，衔接和讨论广佛肇三市养老、失业保险政策一体化问题。贯彻执行省政府办公厅《印发广东省基本养老保险关系省内转移接续暂行办法的通知》和省劳动保障厅、省财政厅《关于印发广东省基本养老保险关系转移责任分担与转移基金管理办法的通知》的精神，做好养老保险关系转移接续工作。2009年，通过待遇分段计算、发放责任共担的方式，肇庆市实现养老保险关系省内无障碍接续转移。

人才服务对接　参与《广佛肇经济圈建设合作框架协议》人才项目的编制，推动与广佛地区人才工作的对接；7月18日印发《肇庆市引进和培养高层次人才实施办法》。11月底，举办“珠江三角洲九城市2010届高校毕业生联合招聘大会肇庆市供需见面会”，有202家单位进场招聘，向社会提供超过4000个就业岗位，进场求职人员超过1.1万人次。围绕服务“双转移”战略，落实与中山大学人才引进项目；先后组团参加深圳市和珠海市举办的人才联盟活动、中国兰州·全国人才智力交流大会、中国留学人员广州科技交流会；开展“珠三角城市毕业生网上招聘服务月活动”。推动“引智”项目，为省农业科学院和省外国专家局共建“广东省引进国外农业智力成果示范推广基地”落户高要市提供协助。“肇庆人才网（南方人才网肇庆分站）”拥有常年有效（三个月为期更新一次）的普通企业会员单位2582家，高级会员单位168家；通过继续巩固与南方人才市场合作，参与珠三角网上人才市场建设，加强“广佛肇”三地人才交流合作，向社会提供华南地区每月超过40万个的招聘职位、超过300万份常年有效的求职简历。向省推荐2位2009年新世纪百千万人才工程国家级人选候选人、1位全国杰出专业技术人才候选人、1个全国杰出专业技术人才先进候选单位、3位“广东省领军人才”评审对象，推动全市人才队伍向高层次发展。研究探讨“广佛肇”三地中级评委库共享，与广州、佛山达成初步共识。2009年，肇庆市通过人事部门引进各类人才4427人，其中硕士以上98人、本科生1560人、专科生2769人；副高以上职称7人。（谭景全）

【住房保障】　2009年，全市共缴存住房公积金7.13亿元，比上年增长20%；发放职工个人住房贷款总金额5.26亿元，3007户职工的购房资金得到解决。新增1171套保障性住房（廉租房447套，经济适用住房724套）。其中，肇庆市建设局通过公开招标采购的方式，落实200套廉租住房（含36套租赁住房）和300套经济适用住房房源。9月16日，该工程项目正式开工，至12月底完成大部分主体工程。全市解决城镇低收入家庭住房困难问题1247户，其中777套经济适用住房供应给城镇低收入家庭购买，实行廉租住房实物分配和发放租赁补贴解决住房难问题470户。端州城区对经过“三级审核二次公示”登记在册的符合廉租住房保障范围的158户和符合经济适用住房供应对象的363户轮候住房家庭，进行抽签分配住房。（彭晓春）

体制改革

【经济体制改革】 2009年，肇庆市继续深化经济体制改革。国有企业体制改革按照“突出重点、产业归类、资源整合、效益提高”的要求，推进市属国有经济阶段性整合工作，促进市属国有经济资源向基础性、公共性、资源性产业集聚。组建市水务集团，启动企业产权制度改革，推进公司股权转让与增资扩股；完成城投集团的整合构建。出台《市属国有经济阶段性整合的实施意见》，组建10家竞争力较强的新企业（集团），形成属下1家托管公司、1家资产管理公司、8家实体性公司（企业）集团的管理架构。农村经济体制改革。高要市白土镇建立全省第一个土地流转服务中心，经登记的流转面积1.2万公顷，占家庭承包经营耕地面积的9.5%；在全省地级市中率先全面铺开集体林权制度改革，成为全省“林改”进度最快的城市。财政体制改革。加强财政监督管理，将财政管理与信息技术有机融合，提升财政科学化、精细化管理水平。金融体制改革。银行业各金融机构创新工作方式方法，优化业务流程，减少审批环节，增加服务品种，创设中小企业融资专营机构（其中农行肇庆分行设立“三农”信贷服务部），提高服务水平，加大全市公共基础设施、重点项目、中小企业、“三农”领域的信贷支持。11月，省政府批复同意端州和高要农信联社组建农村商业银行；市政府实施《关于加快我市保险业改革发展的意见》和《肇庆市政策性农村住房保险实施工作方案》。省金融办批准肇庆在高要、怀集组建两家小额贷款公司，共向小企业和自然人投放贷款198笔金额4582.3万元。市政府与广东发展银行签订战略合作协议及与国家开发银行广东省分行举办2009年联席会议，搭建政、银、企沟通合作平台，促进经济与金融良性互动发展。12月底，全市完成7家城市信用社的工商、税务登记注销工作。引入股份制商业银行进驻肇庆，光大银行、中信银行、民生银行等股份制商业银行均有意在肇庆设置分行等营业机构，其中光大银行、东亚银行（港资）已开展筹备工作，中信银行和民生银行明确进驻意向。

【政府机构改革】 2009年11月，肇庆市出台《肇庆市人民政府机构改革方案》，按“突出重点、统筹协调、因地制宜”原则，改革市政府机构，由原来的37个部门合并调整为32个，其中新组建部门6个，调整管理关系1个，合并3个。在经贸信息、人力资源管理、交通运输、城市综合管理、水务管理体制等方面作较大调整。属新组建的6个部门分别是：市经济和信息化局、市人力资源和社会保障局、市住房和城乡建设局、市交通运输局、市水务局、市城市综合管理局。

【行政审批体制改革】 2009年，肇庆市开展第三轮第三批行政审批制度改革工作，调整目录为广东省委托市、县管理的行政许可事项29项，省下放市、县按一般业务管理的事项45项，省予以确认和调整的行政审批事项26项。

（冼艺杰）

【政府法制工作】 2009年，肇庆市贯彻落实国务院《全面推进依法行政实施纲要》和《关于加强市县政府依法行政的决定》，加强依法行政，建设法治政府，为实施《珠江三角洲改革发展规划纲要》和经济社会的发展提供法制保障。

地方性法规制定 2009年，市政府发布规范性文件14件，其中防灾减灾方面的文件有《关于肇庆市森林防火戒严令动态管理的通知》、《肇庆市人民政府关于禁止燃放“孔明灯”的通告》；劳动和社会保障方面的文件有《关于进一步做好促进就业工作的实施意见》、《关于我市城区廉租住房保障对象和经济适用住房供应对象的家庭收入标准和住房困难标准的通告》、《肇庆市建筑施工企业工资支持保证金制度暂行办法》、《肇庆市拥军优属实施办法》；加强农村保障工作的文件有《肇庆市政策性农村住房保险实施工作方案》、《肇庆市新型农村合作医疗定点医疗机构管理试行办法》；保障国土资源合法合理利用的文件有《关于建立土地管理共同责任制度的通知》、《肇庆市清理查处城区违法建设抢种抢建和非法采石取土行为的若干规定》等。市政府规范性文件在发布之后，均由政府法制机构按照规定报送省人民政府和市人大常委会备案，备案机关备案审查后均没有提出异议。全年办理部门规范性文件发布前合法性审查5件，接受县(市、区)人民政府上报备案规范性文件30多件。

清理规范性文件　肇庆市围绕贯彻落实《珠江三角洲地区改革发展规划纲要》开展清理规范性文件的工作。在全市范围内组织开展政府和部门规范性文件的全面清理，修改与废止与上位法相抵触的、或过期失效的、或与实施《规划纲要》精神不一致的规范性文件。提出拟保留191件、拟废止77件、拟修改18件的初步清理意见，并公开征求意见，另送珠三角其他八市征求意见，审定后向社会公布。

行政复议　2009年，市县两级政府以及有行政复议职责的政府工作部门(不含国家、省垂直管理的部门)共收到行政复议申请148宗，依法受理128宗(比上年度增加34.74%)，不予受理或作其他处理15宗。在审结(含上期结转)的案件中，维持90件，撤销29件，驳回3件，终止18件，作其他处理1件，因当事人撤回申请而终止13件，因其他原因终止的1件，未审结8件，依期结案率为100%。全年市政府收到行政复议申请47件，比上年增加35%，依法受理39件，不予受理4件，作其他处理4件；受理后，因申请人撤回申请而终止的3件，驳回申请的3件，决定维持的33件，撤销的4件，全部在法定期限内作出处理。

行政应诉　全市各级行政机关行政应诉案件60件(含上期结转)，比上年下降25.76%；复议后应诉的(含上期结转)26件，其中维持8件，撤销5件，撤诉2件，驳回诉讼请求3件，未审结8件；未经复议直接应诉的(含上期结转)34件，其中维持8件，撤销5件，撤诉2件，驳回诉讼请求3件，未审结8件。

行政执法证管理　2009年，按照省的要求，实行网上申办行政执法证，市县两级共有124个单位按新的方式向省开通申报行政执法证系统，全年申、换领行政执法证524个。　(李慧婷)

【社会管理创新】　社会组织管理　2009年4月，肇庆市出台《肇庆市经济类社会组织经费扶持办法》，成为全省第四个以市政府名义出台政策资助社会组织发展的地级市。9月，成立中共肇庆市社会组织工作委员会，加强党对社会组织的政治领导，部署新社会组织开展学习实践科学发展观活动。全年共培育发展各类社会组织62家，其中社会团体33家、民办非企业单位29家；注销社会组织24家，办理变更社会组织登记84家；查处社会组织违法违纪行为5家；清退兼任社团职务的党政机关人员72人；整治社会组织超业务范围开展经营项目12家；建立各级中共社会组织工作委员会9个。全市社会组织参检率99%，合格率98%。

救助管理　落实国家、省、市三级补助资金共158万元，完善肇庆市救助管理站、四会市救助管理站和市流浪未成年人救助保护中心的配套设施建设。肇庆市各救助管理站(点)坚持“自愿求助，无偿救助”原则，做好农民工临时救助、极端气候流浪乞讨人员应急庇护救助等工作，全年接待求助人员1579人，实施救助1331人。

防灾减灾　5月7日，市民政局在牌坊广场开展“防灾减灾日”活动启动仪式和防灾减灾知识现场咨询活动。10月，市政府成立市减灾委员会，负责组织实施全市防灾减灾工作。年内，有15个社区按照全国综合减灾示范社区“六有”(即有防灾减灾组织机构、有防灾减灾应急预案、有应急避难场所，有定期开展防灾减灾宣传活动、居民普遍掌握有必要的减灾自救技能、有防灾减灾志愿者队伍)标准开展创建活动，其中鼎湖区广利等3个社区被国家民政部授予“全国综合减灾示范社区”称号。市、县两级建立完善《自然灾害救助应急预案》，加强救灾物资储备仓库建设和建立救灾物资代储制度，仓库建筑面积6000多平方米，储备救灾帐篷580多顶、救灾衣被等物资5万多件（套），设立灾害庇护场所面积16万平方米。（梁祖光）

劳动执法与权益保护　一是按照“四个100%”（即100%办理用工备案手续、100%签订劳动合同、100%缴纳社会保险和100%按时足额支付工资）的要求，开展创建和谐劳动关系示范园区活动。至年底，有90多家规模以上企业基本达到和谐劳动关系企业的标准。二是出台《肇庆市建筑施工企业工资支付保证金制度暂行办法》，从源头上预防和解决建筑施工企业拖欠工资问题，维护农民工和外来务工人员的合法权益。三是印发《关于建立人民调解与劳动争议仲裁调解联动对接机制的工作方案》，实行快立、快调、快审、快结。全年共处理劳动争议案件3323宗，其中案内处理劳动争议案1291宗，集体劳动争议案件20宗，涉及标的3284.55万元；案件当期结案率85.3%，其中案内调解结案率30.2%。四是加强劳动保障监察执法。全市劳动保障监察机构检查用人单位3655家，涉及34.3万人，立案处理1872宗，结案1836宗，结案率98%，为3.06万名劳动者追发拖欠的工资等待遇2676万元。（谭景全）

社会治安管理　肇庆市全年排查各类矛盾纠纷6341宗，调处成功6077宗，成功率96%；群体事件数量比上年下降60%，没有出现打砸抢烧等影响恶劣的重大群体性事件。推进平安建设，落实社会治安综合治理各项措施。一是做好综治专项工作。安置帮教工作形成制度化、规范化，完成刑释解教人员调查摸底，对刑释解教人员造册建档，做到“知情、知人、知住址、知去向”。抓好流动人口和出租屋服务管理，实行流动人口一证通服务，推进流动人口和出租屋规范化管理；肇庆市与佛山市、珠海市、广西壮族自治区梧州市签订《流动人口计生区域合作双向管理协议书》，加强户籍地和居住地之间的信息交流。全市109个镇（街道）均建立综治信访维稳中心。2009年，肇庆市被评为“2005~2008年度全国社会治安综合治理优秀地市”，因连续三届获此荣誉，被中央综治委授予综治工作最高奖项“长安杯”。二是严打整治，维护大局稳定。全市立刑事案件1.55万宗，侦破各类刑事案件7767宗，立命案64宗，破案60宗，破案率93.8%。三是打击“法轮功”邪教组织活动。做好“法轮功”人员转化工作，在农村、社区开展反邪教宣传和创建无邪教社区活动，达到“三零”目标。四是禁毒工作。全市破获毒品案件326宗，抓获涉案人员366人；收戒2323人；查处歌舞娱乐场所32间，抓获涉毒人员663名。五是治安防控网络建设。将专群结合、覆盖基层的治安防控体系建设纳入各地经济社会发展规划，构建起点线面结合、网格化管理、人防物防技防措施完善的社会治安防控网络；落实推进村、社区警务室、视频监控系统建设和技防物防措施，发挥综治信访维稳中心（站）组织协调基层治安工作的作用。六是平安建设。全市创平安乡镇61个，平安和谐村895个，平安和谐社区143个，平安和谐企业121家，平安单位492家；肇庆市护路办被省综治委评为“全省铁路护路联防工作先进集体”；全市有1036村（社区）建立综治信访维稳工作站，占全部村居的66%。

（肇志办）

统计资料

统计资料

珠江三角洲九市地区生产总值

单位：亿元

市　别	2000	2005	2006	2007	2008	2009
广　州	2492.74	5154.23	6081.86	7140.32	8287.38	9138.21
深　圳	2187.45	4950.91	5813.56	6801.57	7786.79	8201.32
珠　海	332.35	635.45	746.46	894.81	997.16	1038.66
佛　山	1050.38	2429.38	2983.90	3660.18	4378.30	4820.90
江　门	504.66	801.70	943.79	1097.26	1270.88	1340.88
东　莞	820.25	2183.20	2627.98	3160.05	3703.60	3763.91
中　山	345.44	885.72	1053.61	1268.04	1457.01	1566.41
惠　州	439.19	803.92	928.92	1117.91	1304.05	1414.70
肇　庆	249.78	435.05	506.27	619.69	760.50	862.00

注：本表按当年价格计算。

珠江三角洲九市地区生产总值指数

上年 =100

市　别	2000	2005	2006	2007	2008	2009
广　州	113.3	112.9	114.9	115.3	112.5	111.7
深　圳	115.7	115.1	116.6	114.8	112.1	110.7
珠　海	112.0	113.1	116.1	117.0	109.2	106.6
佛　山	112.5	119.4	119.3	119.2	115.2	113.5
江　门	110.2	112.6	115.2	115.0	110.8	109.7
东　莞	119.7	119.5	119.2	118.3	114.0	105.3
中　山	112.4	120.9	117.3	116.6	111.1	110.2
惠　州	111.3	115.9	116.8	117.6	111.6	113.2
肇　庆	110.6	115.7	116.3	117.4	116.2	113.9

注：1. 本表按可比价格计算。

2. 2009 年区域生产总值增速由广东省统计局统一调整核算，以往年份增速由分市汇总计算。

珠江三角洲九市第三产业增加值

单位：亿元

市别	2000	2005	2006	2007	2008	2009
广州	1376.75	2978.79	3511.84	4164.67	4890.33	5560.77
深圳	1085.80	2298.64	2746.51	3378.06	3918.03	4367.55
珠海	145.14	273.58	307.66	374.19	423.68	465.88
佛山	435.03	876.52	1036.60	1268.63	1482.97	1687.44
江门	200.73	303.66	343.08	388.04	425.35	459.08
东莞	343.64	934.78	1109.37	1393.49	1787.17	1926.04
中山	141.09	315.59	380.80	476.86	562.39	616.73
惠州	121.70	273.09	321.16	400.08	472.14	535.45
肇庆	104.93	200.36	230.48	275.26	328.03	376.98

注：本表按当年价格计算。

珠江三角洲九市第三产业增加值指数

上年 =100

市别	2000	2005	2006	2007	2008	2009
广州	116.3	113.3	114.7	116.7	113.8	113.4
深圳	113.3	112.2	117.0	115.6	112.5	112.5
珠海	108.9	109.1	111.1	116.3	110.6	111.1
佛山	113.6	112.3	116.7	118.8	113.3	113.8
江门	110.2	104.0	111.7	112.1	106.1	108.1
东莞	120.0	119.3	117.1	123.3	124.0	111.4
中山	110.0	126.0	118.8	121.6	114.1	112.5
惠州	108.6	117.4	114.5	118.5	113.5	114.7
肇庆	112.2	120.2	114.5	117.9	114.8	113.1

注：本表按可比价格计算。

珠江三角洲九市人均地区生产总值

单位：元

市别	2000	2005	2006	2007	2008	2009
广州	25626	53809	63184	72123	81941	89082
深圳	32800	60801	69450	79645	89587	92772
珠海	27770	45320	52098	61620	67938	69889
佛山	20231	42066	51188	62134	73732	80686
江门	12851	19546	22983	26644	30738	32139
东莞	13679	33287	39490	46146	53301	56601
中山	15077	36435	42760	50687	58038	62304
惠州	13877	21909	24881	29284	33428	35819
肇庆	7422	11890	13725	16628	20133	22415

注：1. 本表按当年价格计算。

2. 2009 年区域人均生产总值增速由广东省统计局统一调整核算，以往年份增速由分市汇总计算。

珠江三角洲九市人均地区生产总值指数

2000 年 =100

市别	2000	2005	2006	2007	2008	2009
广州	100.0	194.0	221.9	248.7	274.0	301.6
深圳	100.0	174.5	197.9	222.7	245.3	266.9
珠海	100.0	163.0	185.2	213.8	231.1	243.2
佛山	100.0	191.4	226.3	267.0	305.2	344.2
江门	100.0	153.4	176.6	202.5	223.4	242.8
东莞	100.0	230.2	270.5	310.8	349.2	384.1
中山	100.0	228.6	264.7	304.0	336.5	370.2
惠州	100.0	156.7	179.8	206.7	225.7	252.2
肇庆	100.0	160.3	185.0	214.9	246.4	275.6

注：本表按可比价格计算。

珠江三角洲九市全社会固定资产投资额

单位：亿元

市　别	2000	2005	2006	2007	2008	2009
广　州	923.67	1514.01	1687.11	1858.64	2101.45	2659.85
深　圳	677.12	1182.32	1287.43	1345.00	1464.32	1709.15
珠　海	95.08	218.23	256.28	339.32	351.32	410.51
佛　山	198.96	741.43	895.25	1052.23	1230.64	1470.56
江　门	104.34	228.87	267.65	316.64	378.22	492.07
东　莞	102.89	592.20	698.67	841.21	943.07	1094.08
中　山	109.95	320.92	346.49	399.22	444.95	545.61
惠　州	77.41	352.37	308.78	486.91	588.74	758.97
肇　庆	75.29	178.01	216.94	270.57	326.31	462.77

注：2008 年前全省总计中含不分区部分。

珠江三角洲九市按城乡分全社会固定资产投资（2009 年）

单位：亿元

市　别	全社会投资	城　镇	#房地产开发	农　村
广　州	2659.85	2576.33	817.34	83.52
深　圳	1709.15	1709.15	437.46	
珠　海	410.51	407.57	168.44	2.94
佛　山	1470.56	724.99	358.25	745.57
江　门	492.07	352.75	95.65	139.32
东　莞	1094.08	638.97	277.66	455.10
中　山	545.61	403.46	192.37	142.14
惠　州	758.97	666.65	175.33	92.32
肇　庆	462.77	303.74	60.66	159.03

珠江三角洲主要经济指标

表一

年份	年末常住人口（万人）	#城镇人口	年末户籍总人口（万人）	年末从业人员（万人）	#城镇从业人员
2005	4547.14	3516.06	2763.32	2822.60	636.10
2006	4634.07	3683.20	2821.27	2992.34	675.38
2007	4724.96	3761.33	2872.47	3102.26	718.88
2008	4771.77	3819.64	2920.82	3204.26	724.38
2009	4786.24	3822.23	2967.02	3261.00	767.05

表二

年份	地区生产总值（亿元）	第一产业	第二产业	#工业	第三产业
2005	18279.63	557.96	9266.58	8664.74	8455.09
2006	21686.34	561.77	11137.08	10481.75	9987.49
2007	25759.83	624.99	13015.56	12301.40	12119.28
2008	29945.66	722.86	14932.71	14123.72	14290.09
2009	32147.00	723.62	15427.46	14518.51	15995.92

表三

年份	人均生产总值（元）	地区生产总值指数（上年=100）	第一产业	第二产业	#工业	第三产业
2005	40336	115.7	103.5	118.2	119.0	113.7
2006	47241	116.8	98.8	118.8	119.6	115.7
2007	55048	116.3	101.6	116.0	116.7	117.5
2008	63065	112.8	103.8	111.8	112.4	114.3
2009	67407	109.4	103.9	108.6		110.5

注：表一 2005 年数据按国家统计局 1999 年发布的《关于统计上划分城乡的规定（试行）》计算；2006 年起数据按国家统计局 2006 年颁布的《关于统计上划分城乡的暂行规定》计算。

表四

年份	人均生产总值指数（上年 =100）	公路通车里程（公里）	邮电业务总量（亿元）	本地电话年末用户（万户）	移动电话年末用户（万户）	全社会固定资产投资额（亿元）
2005	114.6	32312	1738.94	2355.10	5317.71	5328.37
2006	115.3	52139	2068.19	2559.62	5497.75	5964.60
2007	114.1	53106	2348.22	2651.33	6075.36	6909.74
2008	111.1	53418	2754.77	2529.77	6463.22	7829.03
2009	108.9	54261	2983.47	2400.25	6867.61	9603.55

表五

年份				社会消费品零售总额（亿元）	出口总额（亿美元）	进口总额（亿美元）
	城镇	#房地产开发投资	农村			
2005				5878.70	2273.18	1837.58
2006				6810.19	2887.45	2181.97
2007				7919.89	3540.85	2560.28
2008				9539.76	3872.08	2697.61
2009	7783.61	2583.17	1819.95	10834.73	3417.77	2430.46

表六

年份	实际外商直接投资额（亿美元）	地方财政一般预算收入（亿元）	地方财政一般预算支出（亿元）	城乡居民储蓄存款余额（亿元）	中外资金融机构本外币存款（亿元）	中外资金融机构本外币贷款（亿元）
2005	113.34	1218.48	1567.23	15257.09	32962.25	21073.93
2006	130.86	1460.77	1714.73	17287.90	37367.68	23613.32
2007	151.88	1882.01	2142.82	17738.02	42555.31	27982.87
2008	169.21	2248.16	2550.77	21991.67	48512.14	31044.80
2009	175.08	2522.29	2882.33	25168.89	60618.78	40608.44

注：1. 珠江三角洲包括广州、深圳、珠海、佛山、江门、东莞、中山、惠州、肇庆九市。
2. 本表地区生产总值绝对数按当年价格计算，增长速度按可比价格计算。
3. 城乡居民储蓄存款余额为中资金融机构人民币储蓄存款。
4. 2006 年起，公路通车里程含村道。
5. 邮电业务总量按 2000 年不变价计算。

珠江三角洲主要经济指标占全省比重

指　标	2008 年主要经济指标	2008 年占全省比重（%）	2009 年主要经济指标	2009 年占全省比重（%）
土地面积（平方公里）	54733	30.4	54733	30.4
年末常住人口（万人）	4771.77	50.0	4786.24	49.7
#城镇人口（万人）	3819.64	63.3	3822.23	62.6
年末从业人员（万人）	3204.26	57.7	3261.00	57.7
地区生产总值（亿元）	29945.66	79.5	32147.00	79.4
第一产业	722.86	36.7	723.62	35.7
第二产业	14932.71	80.0	15427.46	80.0
第三产业	14290.09	83.8	15995.92	83.4
规模以上工业增加值（亿元）	14951.10	84.9	15285.69	83.8
全社会固定资产投资总额（亿元）	7829.03	70.1	9603.55	71.9
社会消费品零售总额（亿元）	9539.76	73.3	10834.73	72.8
出口总额（亿美元）	3872.08	95.8	3417.77	95.2
进口总额（亿美元）	2697.61	96.6	2430.46	96.4
实际外商直接投资（亿美元）	169.21	88.3	175.08	89.6
地方财政一般预算收入（亿元）	2248.16	67.9	2522.29	69.1
中外资金融机构本外币储蓄存款（亿元）	22711.25	80.6	25914.60	80.6

注：2008 年工业增加值数据为经济普查生产法数据。

珠江三角洲九市工业企业主要指标（2009 年）

单位：亿元

项　目	企业单位数（个）	#亏损企业	工业总产值（当年价）
总　计	**41647**	**8150**	**58155.82**
按经济类型分			
在总计中：国有控股经济	851	184	8674.61
国有经济	294	72	2889.77
集体经济	625	109	448.31
股份合作经济	146	21	111.87
股份制经济	18388	2715	18752.98
外商投资经济	5364	1380	17766.28
港澳台投资经济	11720	3368	15708.47
按轻重工业分			
轻工业	22234	4383	22303.29
重工业	19413	3767	35852.53
按企业规模分			
大型企业	391	40	19072.82
中型企业	5404	904	20866.12
小型企业	35852	7206	18216.88
按行业分			
煤炭开采和洗选业			
石油和天然气开采业	7	1	322.42
黑色金属矿采选业	15	1	22.46
有色金属矿采选业	5	1	22.55
非金属矿采选业	107	10	60.33
农副食品加工业	487	80	953.15
食品制造业	517	92	722.47
饮料制造业	162	28	540.94
烟草制品业	4		177.92
纺织业	2100	360	1449.19

工业增加值（生产法）	年末资产总计	#产成品	流动资产合计	固定资产净值	年末负债合计
15285.69	**43521.31**	**2004.36**	**25100.87**	**12841.74**	**25629.89**
2774.34	10581.67	182.38	3919.37	4506.11	6075.24
827.24	3538.30	24.85	871.27	2262.68	2131.05
128.87	286.85	7.31	115.27	106.19	165.89
34.59	49.65	3.21	33.38	8.22	32.54
5275.96	14512.03	807.60	8663.99	3288.15	8768.38
4187.04	12105.42	499.80	7578.18	3375.57	7196.87
4167.92	11972.99	602.38	7200.55	3522.46	6721.95
6234.14	15490.17	931.25	9800.06	3846.72	8810.74
9051.55	28031.14	1073.11	15300.81	8995.02	16819.16
4831.99	13933.26	560.39	8049.19	3522.77	8105.49
5622.34	17248.91	813.47	9597.48	5641.25	10046.42
4831.36	12339.15	630.50	7454.20	3677.72	7477.98
297.55	188.46	1.33	15.69	115.51	176.54
5.72	9.04	0.56	5.74	1.56	4.72
4.40	4.34	0.67	3.47	0.49	2.30
17.98	32.16	2.15	12.67	13.83	17.47
194.39	504.81	33.66	354.01	101.05	334.83
281.23	518.99	29.17	343.04	119.33	269.93
164.64	393.22	12.10	203.18	139.64	207.63
136.41	168.57	3.87	122.53	22.87	23.00
380.50	1022.14	58.95	573.27	357.09	567.49

续上表

项　目	企业单位数（个）	#亏损企业	工业总产值（当年价）
纺织服装、鞋、帽制造业	2656	566	1502.48
皮革、毛皮、羽毛（绒）及其制品业	1552	326	985.88
木材加工及木、竹、藤、棕、草制品业	365	73	212.34
家具制造业	1284	233	771.53
造纸及纸制品业	1454	267	1076.99
印刷业、记录媒介的复制	1103	232	552.19
文教体育用品制造业	900	234	645.01
石油加工、炼焦及核燃料加工业	66	11	1058.12
化学原料及化学制品制造业	2175	320	2819.14
医药制造业	273	57	502.34
化学纤维制造业	70	12	123.38
橡胶制品业	520	95	318.68
塑料制品业	3389	692	2116.26
非金属矿物制品业	1498	249	1590.61
黑色金属冶炼及压延加工业	322	52	1004.00
有色金属冶炼及压延加工业	574	73	1355.85
金属制品业	3996	724	2753.44
通用设备制造业	1684	262	1341.42
专用设备制造业	1684	384	1075.07
交通运输设备制造业	1169	233	4071.59
电气机械及器材制造业	5025	915	6932.60
通信设备、计算机及其他电子设备制造业	4368	1048	15288.88
仪器仪表及文化、办公用机械制造业	717	183	1156.91
工艺品及其他制造业	903	238	913.24
废弃资源和废旧材料回收加工业	105	9	210.58
电力、热力得生产和供应业	135	29	3046.33
燃气生产和供应业	41	7	259.11
水的生产和供应业	215	53	200.39

注：本表统计范围为年主营业务收入500万元及以上的工业法人企业。

工业增加值（生产法）	年末资产总计	#产成品	流动资产合计	固定资产净值	年末负债合计
464.47	794.74	64.30	528.55	176.84	447.31
289.53	611.77	35.87	413.28	128.07	332.38
51.49	178.03	14.34	102.38	43.72	97.41
200.60	463.08	31.71	281.32	118.09	240.20
269.20	1058.13	49.83	515.49	423.46	611.21
175.64	520.43	18.55	293.52	171.20	256.26
182.82	434.29	26.45	271.84	119.82	228.00
281.16	716.95	20.45	332.41	314.67	554.97
980.36	2232.00	118.70	1260.28	734.32	1145.30
169.48	500.22	25.56	281.29	122.55	207.45
29.61	114.54	7.69	50.20	55.66	53.31
82.15	273.26	15.20	147.65	90.90	147.93
549.73	1509.93	83.74	885.80	433.02	839.94
457.49	1251.59	79.72	570.46	535.47	738.62
195.84	729.37	37.97	344.41	257.65	539.51
309.02	604.88	38.76	386.18	159.46	398.12
732.06	1646.39	88.29	1011.58	468.46	930.22
361.89	988.92	57.74	656.03	232.58	556.45
309.56	1016.37	52.51	636.87	265.60	560.17
1071.67	2926.97	102.82	1933.99	764.66	1938.73
1807.60	4394.24	308.09	3057.38	831.47	2753.66
3309.47	9626.46	469.95	7001.00	1814.73	6101.37
253.07	1026.99	33.85	806.55	166.58	650.74
191.84	531.53	70.12	410.27	82.54	289.88
57.89	81.53	5.14	58.24	17.59	63.28
834.62	5307.54	3.02	934.01	2965.25	2692.55
100.69	263.33	1.27	98.95	121.38	167.22
83.90	876.10	0.26	197.32	354.62	483.80

续上表

项　目	年末所有者权益合计	主营业务收入	主营业务税金及附加
总　计	**17813.93**	**56337.82**	**644.54**
按经济类型分			
在总计中：国有控股经济	4504.12	8538.28	312.32
国有经济	1406.91	2844.94	122.56
集体经济	120.64	432.66	3.48
股份合作经济	17.11	105.51	0.28
股份制经济	5704.73	18309.67	215.40
外商投资经济	4897.60	17251.43	205.32
港澳台投资经济	5236.70	15019.72	66.88
按轻重工业分			
轻工业	6650.95	21422.35	242.25
重工业	11162.98	34915.47	402.29
按企业规模分			
大型企业	5821.71	18742.56	292.99
中型企业	7162.87	20002.18	193.45
小型企业	4829.35	17593.08	158.10
按行业分			
煤炭开采和洗选业			
石油和天然气开采业	11.92	311.04	10.17
黑色金属矿采选业	4.27	21.92	0.30
有色金属矿采选业	2.04	22.60	0.03
非金属矿采选业	14.56	57.07	0.51
农副食品加工业	169.90	930.76	12.24
食品制造业	247.64	681.23	13.98
饮料制造业	185.33	540.92	11.79
烟草制品业	145.57	176.08	73.21
纺织业	453.69	1379.21	7.10
纺织服装、鞋、帽制造业	345.84	1429.51	5.74

利润总额	#亏损总额	利税总额	本年应交增值税	全部从业人员年平均人数（万人）
3444.65	**279.79**	**5515.49**	**1426.30**	**1219.60**
705.73	45.51	1340.42	322.38	56.35
137.54	7.92	402.53	142.43	17.62
18.33	2.73	30.44	8.63	30.18
3.14	0.60	7.58	4.16	2.30
1139.69	41.32	1844.24	489.16	344.55
1073.81	100.35	1675.40	396.26	282.88
965.67	123.28	1359.86	327.30	480.09
1222.05	114.42	2058.35	594.05	648.68
2222.59	165.37	3457.14	832.25	570.92
1182.09	20.37	1918.17	443.09	238.93
1418.76	132.18	2167.72	555.51	487.57
843.80	127.24	1429.59	427.70	493.11
156.70	0.14	182.17	15.48	0.12
2.00	0.02	2.82	0.91	0.15
1.15	0.05	1.26	0.08	0.13
6.40	0.15	6.79	1.28	1.08
47.55	2.37	61.39	9.78	6.33
94.91	5.39	145.25	38.35	11.90
33.35	5.03	67.55	24.50	5.89
30.49		123.83	20.14	0.40
51.39	7.80	71.77	20.65	48.74
46.65	9.22	71.04	25.03	88.37

续上表

项　目	年末所有者权益合计	主营业务收入	主营业务税金及附加
皮革、毛皮、羽毛(绒)及其制品业	278.36	947.64	4.89
木材加工及木、竹、藤、棕、草制品业	79.88	208.00	1.42
家具制造业	220.53	742.79	6.71
造纸及纸制品业	443.14	1032.13	7.38
印刷业、记录媒介的复制	264.08	522.63	3.39
文教体育用品制造业	205.98	627.56	5.56
石油加工、炼焦及核燃料加工业	161.38	1056.10	113.27
化学原料及化学制品制造业	1081.47	2712.48	25.34
医药制造业	292.75	459.73	2.61
化学纤维制造业	61.21	127.33	0.21
橡胶制品业	125.25	306.58	2.58
塑料制品业	668.02	1996.73	12.14
非金属矿物制品业	496.06	1514.34	10.57
黑色金属冶炼及压延加工业	183.12	960.81	2.99
有色金属冶炼及压延加工业	206.17	1303.04	17.55
金属制品业	704.53	2632.48	31.52
通用设备制造业	427.67	1269.28	14.25
专用设备制造业	453.50	1033.96	8.09
交通运输设备制造业	987.51	4042.25	138.07
电气机械及器材制造业	1634.70	6672.71	39.93
通信设备、计算机及其他电子设备制造业	3519.11	14966.10	31.63
仪器仪表及文化、办公用机械制造业	376.22	1102.22	4.18
工艺品及其他制造业	241.28	888.28	1.55
废弃资源和废旧材料回收加工业	18.14	204.65	2.45
电力、热力得生产和供应业	2614.99	3010.69	18.31
燃气生产和供应业	96.11	251.59	1.22
水的生产和供应业	392.04	195.38	1.65

利润总额	#亏损总额	利税总额	本年应交增值税	全部从业人员年平均人数（万人）
42.86	6.62	49.04	14.34	75.94
10.74	1.68	15.15	4.23	6.01
35.93	3.60	51.64	13.13	29.66
44.70	15.61	69.47	22.05	23.09
30.95	3.10	43.24	11.35	19.68
14.44	6.31	28.20	9.46	47.56
45.16	2.71	195.53	39.98	1.30
284.59	10.30	416.71	130.02	26.15
54.39	2.53	79.25	24.15	7.76
3.83	1.63	6.04	3.07	1.46
12.16	1.83	17.35	4.66	12.93
92.44	14.43	119.87	29.94	74.16
89.44	8.65	129.10	37.46	33.49
18.87	17.05	30.52	12.74	4.78
73.65	2.31	101.61	17.08	11.51
123.06	14.67	177.23	43.35	68.78
74.60	6.81	101.94	25.66	30.08
73.55	8.36	90.97	20.44	33.61
394.65	9.79	667.66	145.53	37.69
372.91	20.99	518.05	132.79	163.98
696.57	70.66	872.61	192.05	272.03
63.17	3.76	74.78	11.12	31.81
35.03	4.16	44.70	13.20	24.75
12.73	0.10	17.02	3.04	1.52
236.26	6.46	365.71	114.10	12.37
21.78	0.20	22.18	4.52	0.80
15.57	5.29	22.27	6.26	3.57

珠三角发展研究论文摘要

珠三角发展研究论文摘要

题名	作者	文献来源	发表时间	摘要
长三角与珠三角的制造业结构与区域竞争力比较	胡　彬 董　波 赵鹏飞	《经济管理》	2009-01-05	本文运用偏离份额法对长三角和珠三角制造业发展状况进行比较分析，认为经过多年的改革开放与发展外向型经济，两大区域在电子通信制造业领域都拥有了领先全国的结构与区域竞争优势。然而，在其他制造业领域，珠三角原有的竞争优势正在逐步丧失，迫切需要从发展技术密集型产业和现代服务业以及加强城市职能分工等角度寻求转型之路。
珠江三角洲新兴城市竞争力的统计评价与提升策略	位玉华	《经济研究导刊》	2009-01-10	本文通过定性与定量分析方法，构建城市综合竞争能力评价指标体系，对珠江三角洲新兴城市的综合竞争能力进行评价和分析，并提出若干增强珠江三角洲新兴城市综合竞争力的对策和建议。
2000年以来珠三角巨型城市地区区域格局及变化	于涛方 李　娜 吴志强	《城市规划学刊》	2009-01-15	本文对珠三角巨型城市地区当前区域格局，包括空间格局、经济格局进行分析，并对2000年以来的区域变迁特征进行解析，认为：①整体上而言，珠三角巨型城市地区核心—外围—边缘三大地带空间格局依然显著。核心地带主要是分布在珠江口两岸。②在三大地带格局基础上，珠三角地区仍显示出一定的多中心结构特征。③2000年以来珠三角地区区域趋向总体而言，呈现核心—边缘强化特征。
珠江三角洲中小企业融资模式浅析	吕戈杰	《广东经济》	2009-01-15	本文认为，珠三角中小企业自身因素是融资困难的最根本原因。中小企业市场竞争能力不强、经营活力不足，加之我国尚未形成规范的竞争秩序以及不公平的政策环境，使中小企业与大企业相比在总体上处于较高的经营风险之中。
珠江三角洲都市经济区的发展特征分析	王开泳 陈　田	《热带地理》	2009-01-15	本文结合新一轮全国国土规划和主体功能区划，提出了都市经济区的新概念。运用地理信息系统和数据统计分析，从不同角度分析了珠三角都市经济区网络化的发展态势，以及空间发展集中连片，呈现圈层式发展的特征。认为受内外因素的影响，珠三角都市经济区面临的区域竞争日趋剧烈，区域空间结构也需要不断优化整合。

题名	作者	文献来源	发表时间	摘要
企业家三维关系网络与企业成长研究——基于珠三角私营企业的实证	钱锡红 徐万里 李孔岳	《中国工业经济》	2009-01-17	本研究将企业家关系网络划分为三个维度：代表企业间关系的企业家外部横向关系网络、代表企业与政府关系的企业家外部纵向关系网络和代表企业家对企业运营控制的企业家内部纵向关系网络。研究发现，企业家关系网络的三个维度均显著正向影响企业成长，其中外部横向关系网络影响最大，外部纵向关系网络次之，内部纵向关系网络影响最小却也是不可忽视的因素。
利益受损农民工的利益抗争行为研究——基于珠三角企业的调查	蔡　禾 李超海 冯建华	《社会学研究》	2009-01-20	本文试图探讨影响农民工在利益抗争方式上选择的因素。从整体上讲，农民工的相对剥夺感、对劳动法的认知水平、社会网络规模和企业集体宿舍制度对其利益抗争行为有影响。但是在投诉和集体行动的方式选择上，影响因素表现出差别。加快劳工组织建设，降低利益诉求成本，推进劳资关系的制度化，是提高农民工利益博弈能力、增加利益抗争的理性化程度、将利益抗争行为纳入制度表达内的前提。
浅析珠江三角洲咸潮危害与防治对策	黄　婷	《广东水利水电》	2009-01-25	本文通过研究咸潮的定义、危害及影响因素，阐述珠江三角洲咸潮危害与防治对策:必须加强咸潮监测及建立预警机制、采取调水压咸措施、加强全流域综合治理及河道采砂管理、加快全流域水资源综合配置及节约用水。
从集群品牌视角探讨珠三角基于物流园区物流集群的发展	邓恢华 宋璐君	《特区经济》	2009-01-25	目前，珠三角许多地方出现了基于物流园区的物流集群规划，但具体该如何发展是一个迫在眉睫要考虑的问题。为此，本文提出用集群品牌来促进珠三角基于物流园区的物流集群发展的观点和打造珠三角物流集群品牌的建议。
改革开放30年珠江三角洲城镇化的回顾与展望	许学强 李　郇	《经济地理》	2009-01-26	本文认为，珠三角农村城镇化在全国展现了一种全新城镇化现象。其中，农业发展和农村改革是农村城镇化的初始动力，对外开放是农村城镇化的加速器，而国家有关政策，是实现农村城镇化关键的激励因素。30年间，城镇空间演变的动力也由原有的外商直接投资向政府主导的基础设施投资转变。展望珠三角的未来，产业升级和城市转型是珠江三角洲的必然趋势，以广州和香港两大城市为核心的环珠江口多中心巨型城市区域必将以全新姿态崛起于世界地理版图之上。

题名	作者	文献来源	发表时间	摘要
构建珠三角区域循环经济圈	尹　科 彭晓春 陈志良 梁　菁	《再生资源与循环经济》	2009-01-27	珠三角地区随着经济的快速发展，人口、资源与环境之间的矛盾日益尖锐。本文分析该问题出现的原因，认为构建珠三角区域循环经济体系，才是珠三角可持续发展的必然选择。提出在以下三方面构建珠三角循环经济圈：一是加强珠三角城市群的整合力度，细划城市群内各城市的职能分工，形成广泛的协作关系；二是消除行政壁垒，建立城市群协调机制，建立直属中央的区域环保监测部门；三是完善区域循环经济的立法体系。
佛山东融西联，打造珠三角西岸共同体的构想	江仁川	《佛山科学技术学院学报》（社会科学版）	2009-01-30	本文认为，佛山地处珠江三角洲腹地，是珠三角东、西岸城市群交汇的节点，佛山的这一地理位置和区位优势，决定了佛山发展走东融西联，挖掘自身潜力向珠三角西部辐射，构建珠三角西岸共同体的发展道路。与东部广佛都市圈、深港澳合作等既有的区域合作发展相比，珠三角西岸共同体的发展虽明显滞后。佛山未来的发展，与佛山在联结珠三角东岸与西岸城市群区域共同体的作用密切相关。
基于区域空间协调的城市总体规划作用再思考——以深圳城市总体规划修编为例	陆　佳	《规划师》	2009-02-01	本文认为，区域协调规划由于其行政力量的有限和法律地位的尴尬，不能作为区域空间协调发展的惟一依托和绝对保障。这就要求城市总体规划必须具有区域和全球化的视野，从区域、全球经济体系中寻求城市的合理定位与发展目标，并且将其分解为多层次、多方面、多手段的实施路径。深圳新一轮城市总体规划（2007~2020）修编，将深圳放在深港合作的大背景下重新审视了城市的定位和发展走向，并且对城市的空间结构、跨境基础设施、节点建设作出了一系列规划指引。
解读珠三角区域一体化	赵艳丽	《大经贸》	2009-02-05	本文认为，珠三角九城市要根据《珠江三角洲地区改革发展规划纲要》重新定位，重新规划，必需错位发展，形成互相补充、互相促进的发展格局，力争到2010年基本实现九城市基础设施一体化。
珠三角地区：产业发展的不同模式与选择	王　珺	《高科技与产业化》	2009-02-08	本文认为珠江三角洲模式是以合资企业为主，凭借毗邻港澳、华侨众多及国家优惠政策倾斜的优势，大力发展乡镇企业。其地域特色，在一段历史时期，为中国的经济开拓了全新的发展道路。

题名	作者	文献来源	发表时间	摘要
大珠三角的生态化发展	王玉清	《开放导报》	2009-02-08	本文认为，作为世界工厂重镇的大珠三角经济区，未来不仅应该在经济增长中领先，更应该在和谐社会的建设方面领先，发展方向应是建设生态珠三角，成为生态文明从理念见于现实的试验田。
珠三角农业地质与生态地球化学调查评价信息系统建设	楼旭逵 黄海峰 张俊岭	《安徽农业科学》	2009-02-10	本文认为，珠三角农业地质与生态地球化学调查评价信息系统建设旨在通过地理信息系统、数据库等信息技术对多源、异构、海量的农业地质与生态地球化学数据进行有效管理，并以此为基础进行评价。文章介绍了系统总体设计情况，重点对系统的数据管理与生态地球化学评价两大核心功能进行阐述。
珠三角区域物流与区域经济互动机理探讨	吴　晔	《物流科技》	2009-02-10	本文以统计分析方法，探讨珠三角区域物流增长与区域经济增长的互动关系，认为珠三角一方面通过区域物流发展可以促进经济增长，另一方面随着经济不断增长和物流固定资产的不断投入也可以促进区域物流产出的迅速增加。
粤港珠江三角洲区域空气质量分级技术及信息发布方法研究	向运荣 张轶男 刘　俊	《中国环境监测》	2009-02-15	本文根据珠江三角洲空气污染特征，将SO_2、NO_2、PM_{10}、O_3四项参数作为评价指标，对建立区域空气质量指数评价模型及区域空气质量分级方法，以及开展区域空气质量信息发布的空间表征技术进行了研究。
珠江三角洲城镇化研究三十年	许学强 李　郇	《人文地理》	2009-02-15	本文以政策变化与城镇化演进关系为主线，对改革开放以来珠江三角洲城镇化研究进行了回顾。认为珠江三角洲农村城镇化模式在中国城镇化研究的过程中占有重要的地位，包括小城镇发展、城镇化路径以及城镇化主体的讨论，以及21世纪后对农村城镇化的反思，推动了珠三角城镇化研究的视角向全球化与政治经济学的转化。本文进一步对珠三角城镇化的研究趋势进行了展望。
广州承办亚运会对大珠江三角洲区域体育旅游业的促进及对策	贯书申 张红松 孙　帅	《沈阳体育学院学报》	2009-02-15	本文分析了广州及大珠江三角洲区域体育旅游业的优势及举办亚运会对其发展的影响因素，同时提出以亚运会为契机，促进发展大珠江三角洲区域体育旅游业的相应措施。

题名	作者	文献来源	发表时间	摘要
珠江三角洲地区耕地资源紧缺态势分析	袁中友 杜继丰	《水土保持研究》	2009-02-15	本文利用1980-2004年珠江三角洲地区耕地面积及相关社会经济统计数据，分析了该区耕地资源时空动态变化规律。运用多元线性回归分析方法构建耕地变化回归模型，并结合人均口粮需求量预测法，预测该区2015年耕地保有量和最低需求量，结果表明该区耕地资源紧缺态势不容乐观。最后对如何保护该区的耕地资源提出两点建议。
珠江三角洲与香港经济互补性探讨	邓文华	《现代商贸工业》	2009-02-15	本文通过分析比较珠江三角洲和香港两地经济发展的特点、各自优势和劣势及两地经济发展之间的关系，阐明珠江三角洲与香港在经济领域存在经济互补的原因、实现经济互补的可行性、加强两地经济互补的意义等相关问题。并就如何加强两地经济互补提出建议。
珠江三角洲“村改居”进程中的公共产品供给体制透析	王春生	《云南行政学院学报》	2009-02-15	本文认为，珠江三角洲农村城市化主要有城市化和城镇化两种表现形式。城市化（可称为外源类型）是指在原有城市的扩张过程中，城郊村落被纳入城市区域，从而实现了由农村向城市的转型。城镇化（可称为内源类型）是指在农村自身的经济社会发展进程中，传统农村成长为现代小城镇。在以上两种农村城市化进程中，农村原有的村民自治转型为城市社区居民自治，村民委员会转变为城市社区居民委员会，村民转变为市民。
基于宏观贸易调整法的城市尺度生态足迹模型——以珠江三角洲城市群为例	白　钰 曾　辉 马　强 吴卉晶	《自然资源学报》	2009-02-15	本文提出修正贸易足迹核算的生物产品贸易调整系数和能源贸易调整系数，并在此基础上构建基于宏观贸易调整方法的城市尺度生态足迹分析模型。2005年珠江三角洲城市群的生态盈余计算结果呈现出明显的外围高盈余、内核高赤字的空间分布特征；而万元GDP生态足迹却表现出相反的分布格局。生物产品贸易足迹的分析结果显然与各城市目前的生物资源产品方面的城市定位形式较为一致，而能源间接贸易足迹则真实地反映了珠江三角洲城市群整体现行的经济发展模式、产业结构乃至区域发展的特点。
珠三角与长三角两大城市群比较研究	顾涧清	《城市观察》	2009-02-20	本文对珠江三角洲和长江三角洲两个区域城市群的自然条件、经济发展状况以及城市化进程进行对比分析，并提出加快形成世界级大城市群的有关对策建议。

题名	作者	文献来源	发表时间	摘要
珠三角区域的创新路径选择与增长转型——理论、实践与政策评论	许晶华	《城市观察》	2009-02-20	本文认为，2008年的全球金融危机给珠三角外向型经济以沉重打击，也为经济转型提供契机。文章针对《珠江三角洲地区改革发展规划纲要》中提出的自主创新、产业升级和增长转型三个问题进行了理论阐述和实证分析，并对所实施的政策进行评论，提出通过创新的路径选择促进产业升级和增长方式转变的对策。
《珠江三角洲地区改革发展规划纲要》的理论思考	李　超	《城市观察》	2009-02-20	本文认为，《珠江三角洲地区改革发展规划纲要》是引领支撑未来全局性改革与发展的纲领性文件，对提升珠三角地区城市群的竞争力具有重大意义。作为省会城市的广州，应充分利用省会城市优势提高辐射带动能力，发展高端服务业，同时也要加大研发投入，增强自主创新能力。
珠江三角洲城市群的历史演进与整合前景	梅伟霞	《城市观察》	2009-02-20	本文认为，珠三角城市群发展很快，一体化已成大势所趋，但在发展过程中依然存在许多制约因素。将珠三角打造成世界级城市群，必须先了解其发展历史及掣肘因素，从观念意识、功能规划、产业协作、利益协调等多方面进行整合，才能实现可持续长远发展。
珠三角城市群轨道交通与产业一体化	李　樱 周嘉毅	《城市观察》	2009-02-20	珠三角城市群产业一体化将成为必然的发展路径。与此同时，轨道交通的建设将迅速缩短沿线城市之间的时间距离，从而重构城镇产业的竞合格局。本文在分析珠三角产业现状和存在问题的基础上，试图从空间格局的角度对未来珠三角产业一体化发展提出建议。
加快广佛肇经济圈建设的对策研究	谈锦钊	《城市观察》	2009-02-20	建设广佛肇经济圈是历史与现实因素作用下的必然产物。如何使广佛肇经济圈通过经济一体化合作为今后同城化走上健康发展之路，关系到珠三角地区乃至广东的长远发展。本文分析了广佛肇经济圈发展需要注意的问题，并提出一些对策建议。
珠三角地区乡镇政府公共服务职能弱化的治理对策	张凤凉 唐　放	《社会科学论坛》（学术研究卷）	2009-02-20	本文分析珠江三角洲乡镇政府公共服务职能弱化的各种表现，以及导致其职能弱化的深层次原因，提出较有针对性和可操作性的对策建议。

题名	作者	文献来源	发表时间	摘要
金融海啸下珠三角经济困境产生的原因分析	庞素琳 王燕鸣	《管理评论》	2009-02-25	本文以美国金融海啸为背景，从海外市场萎缩、原材料价格上涨、人民币升值、劳动力成本上升这四个方面详细分析了珠三角经济困境产生的原因。在此基础上，从自主创新、转型升级、经营理念创新、品牌创新、建立粤港创新合作和政府救市扶持等角度出发，就珠三角企业如何在这次危机中寻求生存并继续发展，提出相应建议。
社会支持视角下外来工子女的城市就学——珠江三角洲地区的调查和分析	张学东	《江西师范大学学报》（哲学社会科学版）	2009-02-25	本文认为：外来工子女城市就学具有非正式支持的单一性与正式支持的筛选性特征，存在无形资源支持与有形资源支持的差异，困境的解救更多依赖于非正式支持。在社会支持的资源方面，就学离不开有形资源支持，但看护、认知、情感等无形资源支持更为重要；在社会支持的情景方面，体制设置的障碍与正式救助的不足并存，增加了就学的成本，社会公平面临挑战。
论珠江三角洲产业结构转型与路径选择	杨　敏 周尚万	《特区经济》	2009-02-25	珠江三角洲经过30年的发展成为中国乃至世界举足轻重的制造业中心之一，其产业结构正经历以劳动密集型的轻纺加工业为主逐步向资金、技术密集型产业转型时期，能否顺利实现这一转型，关键在其路径选择。本文从珠江三角洲产业结构的特征及其存在的问题出发，提出珠江三角洲产业结构转型的路径策略。
珠江三角洲大城市郊区乡村旅游发展探讨——以广东省佛山“农家乐”为例	余构雄 江金波	《安徽农业科学》	2009-03-01	本文在总结大城市郊区乡村旅游发展的特征及主要模式的基础上，采取个案研究方法，以广东省佛山“农家乐”为例，对珠江三角洲大城市郊区乡村旅游发展问题和对策进行探讨。
珠三角地区体育产业高职人才需求现状调查及对策研究	谈群林	《职业技术教育》	2009-03-01	本文调查和分析珠三角地区体育产业对高职人才的需求现状及发展趋势，认为珠三角地区体育产业高职院校可坚持如下发展方向：以培养复合型人才为基础，加强学生实践能力培养；专业素质和道德素质并重，全面提升教学质量；建立和完善院校与企业合作机制；根据行业发展趋势适时开设新专业；防范订单培养模式陷阱。

题名	作者	文献来源	发表时间	摘要
吸收能力、知识整合对组织知识与技术转移绩效的影响——以珠三角地区为实证	陈怡安 占孙福 李中斌	《经济管理》	2009-03-05	本文以珠三角地区102家高科技企业为研究对象，以问卷调查统计分析方法探讨吸收能力、知识整合对组织知识与转移绩效的影响。研究结果表明，吸收能力对知识整合有显著的直接正相关关系，吸收能力与知识整合对技术转移绩效有一定影响。企业若能对引进的技术进行消化吸收，将外部技术转化为企业组织自身的知识(技术)，将能更好地提升技术转移绩效。
基于UGIS的珠江三角洲城市群经济增长缓冲空间分析	张杜鹃 刘科伟 陈忠暖 王联兵	《地理科学进展》	2009-03-15	本文根据珠江三角洲城市群核轴地带一定距离缓冲空间内所能辐射和影响到的其他城市的地域范围，从地缘经济学的角度说明珠江三角洲作为未来经济集聚地，只有通过实现空间上的优势组合及协调发展才能够实现区域经济空间分布的不均衡到区域经济空间分布相对均衡的转变，最后提出了技术应用、缓冲距离选择等方面存在的问题以及进一步研究的方向。
珠三角港口群竞合背景下广州港的发展模式分析与借鉴	魏丽华	《广州城市职业学院学报》	2009-03-15	本文认为：与香港、深圳两地相比，广州港虽然有更接近经济腹地，具备快捷的海铁联运集中疏运的优势，但同时存在着航道不深，内贸强于外贸，外贸集装箱量增长缓慢，直航量小等劣势。文章剖析广州港在整个珠江三角洲港口群竞争日益激烈的背景下，在竞争中谋求合作，在融合中实现共赢发展的一些经验，以资其他沿海区域港口群借鉴。
珠江三角洲地区一体化的初步分析	杨　平	《岭南学刊》	2009-03-15	本文认为，珠三角一体化，一是要区域基础设施一体化，二是要加速一体化进程，三是要发挥全面的整体效应。为此，消除地区间利益差异对区域协调发展十分重要，其中最为关键的还是要促进地方政府和官员的政绩考核体系一体化，走出一条科学发展的路子。
珠三角会展产业链研究	庞　华 黎沛权	《上海应用技术学院学报》（自然科学版）	2009-03-15	本文在概述会展产业链及其结构和上游、中游、下游产业彼此内在关系与流程的基础上，展示珠三角会展产业链的比较优势，并且对其劣势进行分析，提出了珠三角会展产业链的发展对策。

题名	作者	文献来源	发表时间	摘要
珠三角物流园区管理模式探讨	马韵馨 郑又新	《物流工程与管理》	2009-03-15	本文分析物流园区的五种管理模式，在此基础上，指出珠三角物流园区的不足，提出对珠三角物流园区管理模式的建议。
珠江三角洲产业结构转型与空间结构调整的战略思考	樊　杰 陈　东	《中国科学院院刊》	2009-03-15	本文分析珠江三角洲地区发展现状及其传统发展方式的负面效应，阐述了产业结构、空间结构优化升级的必然性以及企业生命周期的客观性，并进一步探讨打造具有国际竞争力城市区域的战略途径。
论珠江三角洲工业园区发展现状及对策分析	杨如意	《中国商界》（下半月）	2009-03-15	本文分析珠江三角洲工业园区的发展状况以及存在问题，并提出了园区可持续发展的对策。
珠江三角洲城市群一次区域性污染过程气象特征数值模拟	黄　义 范绍佳	《中山大学研究生学刊》（自然科学、医学版）	2009-03-15	本文利用MM5三维中尺度气象模式，对珠江三角洲城市群一次区域重污染天气过程的气象条件进行了模拟，结合地面常规气象资料、探空资料、天气图、香港科技大学元朗激光雷达资料和粤港珠江三角洲区域空气质量监控网公布的空气质量资料，对城市群污染期间的区域天气形势，局地环流等特征，温湿层结构特征，混合层高度特征等要素的关系进行了分析。
珠江三角洲地区政策性农业保险公司模式探讨	袁建华	《保险研究》	2009-03-20	目前珠江三角洲农业保险主要是由商业保险公司经营，没有专门的政策性农业保险公司，保险业的发展滞后于经济的发展，这一现状与其经济的发展不相适应。本文从发展政策性农业保险的作用入手，分析建立珠江三角洲政策性农业保险公司的可能性，探讨建立珠江三角洲政策性农业保险公司的模式，为保障珠江三角洲地区农村经济的稳定发展提出建议。
珠江三角洲高新技术产业的区域创新环境分析	叶岱夫	《今日科苑》	2009-03-23	本文以珠江三角洲为例，分析区域创新环境形成对区域高新技术产业发展的影响。指出体制问题及思想导向问题是制约珠三角高新技术产业发展的关键因素。从发展历程看，珠江三角洲的高新技术产业开发区和高新技术产业明显的商业化倾向，是未来高新技术产业发展的严重制约因素。

题名	作者	文献来源	发表时间	摘要
珠三角中小型包装印刷企业发展状况研究	曾朝辉	《包装世界》	2009-03-25	珠三角国内包装印刷行业在国内处于突出地位。本文通过对珠江三角洲中小型包装印刷企业发展状况的研究，针对普遍存在的问题与不足，提出建议与设想。
珠三角会展经济产业带的SWOT分析及策略选择	康燕燕	《特区经济》	2009-03-25	本文利用SWOT分析法对珠三角会展业内部条件和外部环境分析，以发现珠三角会展业当前具有的优势、存在的劣势、面临的机会以及威胁，对珠三角会展经济产业带的发展提出对策和建议。
新形势下珠三角中小企业的战略	曾林扬	《特区经济》	2009-03-25	本文提出，在产业升级、双转移和金融危机的新形势下，珠三角中小企业受到内外强烈冲击。危机加速旧有模式的崩溃，催生新模式的崛起，借鉴西方经验，利用优惠政策，企业可选择退出场、趴下来、往上走、往里走四大发展战略。
珠三角地区旅游空间一体化的旅游理念形象分析	肖光明	《商业时代》	2009-03-30	基于区域旅游空间一体化的发展要求，本文将珠江三角洲地区未来的旅游空间结构设计成八大特色旅游文化板块，对珠三角地区的总体旅游理念形象和八大旅游板块的旅游理念形象进行分析。
珠三角地区旅游资源联合开发探讨	肖光明	《商业时代》	2009-03-30	旅游资源联合开发是区域旅游合作的基本内容，可分为空间比邻型和空间隔离型两种，各自具有不同的特点，其开发成功与否涉及较多影响因素。本文针对珠江三角洲地区旅游资源开发存在的问题，提出了联合开发的实施策略。
珠江三角洲输变电线路工程水土保持设计探讨	吴　飞	《亚热带水土保持》	2009-03-31	本文通过广州富山220kV变电站线路扩建工程实例，介绍电力输变电线路建设水土保持保护生态环境的措施。
城乡统筹中的集体建设用地问题研究——以佛山市南海区为例	袁奇峰 杨　廉 邱加盛 魏立华 王　欢	《规划师》	2009-04-01	随着城市向乡村的快速拓展，城市国有土地与农村集体建设用地两种产权状态的建设用地在城市中混杂、并置的情况日趋普遍，使珠江三角洲客观上进入了集体土地与国有土地共同构建城市的时期。本文以佛山市南海区为例提出围绕土地构建城乡利益共同体，以此达到平衡利益、和谐发展目的的对策。

题名	作者	文献来源	发表时间	摘要
珠三角第三方物流业的发展与对策	杜　彬	《开放导报》	2009-04-08	本文提出，珠三角第三方物流业发展具有良好条件，但仍处于起步阶段，存在市场份额偏小，供给质量不高，服务功能单一，企业规模偏小等问题，应加强政府部门协调，加速产业结构调整，优化物流网络，运用现代信息技术，实施人才发展。
珠江三角洲地区耕地资源速减原因及其保护对策	袁中友 杜继丰 王　枫	《安徽农业科学》	2009-04-10	本文介绍珠江三角洲地区耕地资源速减的概况，分析导致其耕地资源速减的原因，并提出珠江三角洲耕地资源保护的相关措施。
发挥行业协会在粤港澳市场一体化中的作用	孙宝强	《广东行政学院学报》	2009-04-10	本文认为，行业协会在粤港澳市场一体化中具有重要作用，应进一步建立粤港澳行业协会合作机制，积极创新合作形式和合作内容，在更高领域和层次发挥其桥梁作用、纽带作用。
珠三角镇区经济发展模式研究——以东莞市东城区为例	卢晓晴 刘永安	《东莞理工学院学报》	2009-04-15	珠三角经济飞速发展的一个重要表征是镇区经济的发展与壮大。本文分析了东莞市东城区有步骤推进工业化进程，营造良好的商业环境，实施工商并举的模式。
珠江文化对珠三角高职教育的影响	汤少明	《广东技术师范学院学报》	2009-04-15	本文通过剖析珠三角高职教育状况、主要趋势，提出珠三角高职教育的珠江文化特性：敏感性与浮动性并驾，实效性与消遣性齐驱，竞争性与兼触性共存，大众性与优越性互进，发展性与保守性相克。珠三角高职教育的发展包括政府导向、产业支撑和文化影响三个因素。
珠江三角洲体育用品产业集群发展研究	祝振军 叶冬清	《广州大学学报》(社会科学版)	2009-04-15	本文对珠江三角洲体育用品产业集群的现状进行相关分析，提出了促进珠江三角洲体育用品产业集群发展的对策及建议。
女性农民工法律认知的影响因素分析——以珠三角地区为例	李超海	《南京人口管理干部学院学报》	2009-04-15	本文通过对珠三角地区女农民工的问卷调查资料进行统计分析，认为受教育程度和收入水平越高，法律认知得分越高；外资企业和管理岗位的工作经历有利于提高法律认知水平；地缘网络而非网络规模对法律认知水平有促进作用；女农民工的正式组织参与有利于提高她们的法律认知水平，而非正式组织参与则对其法律认知水平没有影响。可以通过发展继续教育、技能培训和参与正式组织等方式来不断提高女农民工的法律认知水平。

题名	作者	文献来源	发表时间	摘要
隐性跨界冲突及其协调机制研究——以珠江三角洲地区为例	陈树荣 王爱民	《现代城市研究》	2009-04-15	本文认为，经过多年快速发展，珠江三角洲地区目前面临跨界冲突及区域协调的严峻挑战，区域发展的种种重大问题、冲突和矛盾在行政区—跨界冲突—区域协调这一主题下交织与渗透，使跨界冲突的稳定、协调与创新机制变得极为重要。隐性跨界冲突作为一种特殊的跨界冲突，存在着制度冲突、文化冲突和社会排斥三种类型。隐性跨界冲突及其协调中始终贯穿着市场、政府和文化三股力量，它们相互耦合，共同构成隐性跨界冲突的协调机制。
珠江三角洲流域水系景观特征及结构性问题	许自力	《中国园林》	2009-04-15	珠江三角洲是在浅海湾内的多河道上淤积而成的，其流域水系景观具有鲜明的地域特征。本文从水系结构特征、水情特征、水系景观的地域特征3个方面总结了珠江三角洲流域水系景观的特征，并通过问题缘由、客观数据及形态表征的相关分析，概括出珠江三角洲流域水系景观存在的结构性问题：干流收窄，河床演变加剧；河涌减少、河网密度降低，湖泊水面缩小；围垦收窄河口，加重淤积，洪涝加剧。
广州定位国家中心城市及拓展战略腹地的构想	左　正	《城市观察》	2009-04-20	本文对广州被定位为国家中心城市应具备的功能进行了分析，指出要有能影响全国的综合实力和足够的发展空间，即腹地资源。后者恰是广州发挥中心城市功能作用存在的软肋。文章提出借广州国家中心城市新定位的契机，深化广州与泛珠三角的区域合作，拓展八大战略腹地，把广州建成面向世界、服务全国的国际大都市。
论建设国家中心城市——从国家战略层面全面提升广州科学发展实力的研究	朱小丹	《城市观察》	2009-04-20	本文从广州实际出发，就建设国家中心城市、全面提升科学发展实力进行了理论探讨和实证分析，并提出了相应的对策措施。
论建设国家中心城市的五大关系	姚华松	《城市观察》	2009-04-20	本文首先从理论层面对国家中心城市的概念和内涵进行分析，并总结广州建设国家中心城市的伟大意义，然后结合广州发展实际，对广州未来发展定位和城市功能作具体解析，最后提炼出广州建设国家中心城市过程中的五组重大关系。

题名	作者	文献来源	发表时间	摘要
运用AHP法构建粮食安全预警体系及对珠江三角洲地区粮食安全的评析	陈　婷 戴尔阜 傅　桦	《中国农学通报》	2009-04-20	本文对1996~2005年间珠江三角洲地区粮食安全的各项指标进行测算，得出其综合得分并划分警级。其结果显示，近年来珠江三角洲地区的粮食安全程度呈下降趋势，整体属于轻度风险警级，尤其以2003年为最低点。特别是当地粮食总产量及人均粮食占有量的逐年减少，使其面临一定的粮食风险。
珠江三角洲制造业物流支撑体系分析与设计	罗玉葵	《中国科技财富》	2009-04-23	物流支撑体系薄弱是制约珠三角制造业的一个重要环节。本文从物流基础设施、物流企业和信息系统几个方面对珠三角制造业物流支撑体系进行现状分析，并提出相应的优化设计。
珠三角河涌整治新模式浅探	梁彩莲	《广东化工》	2009-04-25	珠三角的河涌污染严重，虽然政府花巨款大力整治，但旧的治理模式没有取得明显效果。本文探讨珠三角河涌整治的新模式，在原来的截污、雨污分流以及关闭重污染企业的基础上拟推荐使用生物修复技术、流域整治措施。
区域物流竞争力研究——以珠江三角洲为例	邹书利 王亚芳	《科技和产业》	2009-04-25	珠江三角洲区域物流随着经济的快速发展获得较大程度的增长，但区域内部发展存在着不少差异。本文运用主成分分析法对珠三角内部区域物流竞争力进行分析评价。
珠江三角洲主要河道水量分配比变化初步分析	姚章民 王永勇 李爱鸣	《人民珠江》	2009-04-25	本文对珠江三角洲马口、三水、思贤滘、天河、南华断面及八大出海口门20世纪80年代以来水量分配比的变化情况进行分析，为珠江三角洲的防汛抗旱和水资源开发利用提供参考依据。
双层嵌套多目标概率模型在珠江三角洲港口工程环境分析中的应用	韩凤亭 谢波涛	《中国港湾建设》	2009-04-25	本文在分析珠江三角洲所受台风灾害的基本类型后，采用双层嵌套多目标概率模式及复合极值分布模型（MCEVD）对珠三角的台风灾害及超强台风进行预测，并将计算结果应用于港区最大风速、波高、排水等方面的设计。
珠三角地区中职中专校图书馆信息资源保障体系建设研究	邱　淳	《中小学图书情报世界》	2009-04-25	本文论述珠江三角洲地区中职中专校图书馆信息资源保障体系的重要性，系统分析该地区中职中专校信息资源保障体系的现状与特点，提出该地区中职中专校图书馆信息保障体系建设的策略。

题名	作者	文献来源	发表时间	摘要
珠江三角洲地区排水体制的探讨	陈宝才 罗建中 温桂照 欧阳礼发 欧阳勇 王　莎	《给水排水》	2009-04-30	本文对珠江三角洲地区截流式合流制排水体制进行研究，从管网建设、河流污染、污水处理厂进水有机物浓度偏低等方面分析其存在的主要问题。通过雨水及感潮因素对排水的影响、城区内涝、节约资源及环境保护等方面进行论述，认为在珠江三角洲地区实施分流制的排水体制是必要的，提出了把直排式合流制和截流式合流制改造为分流制的措施。
建设珠江三角洲城际快速轨道交通系统——浅谈广州至珠海城际快速轨道交通车站设计	王　晔	《科技创新导报》	2009-05-01	本文认为：加大铁路建设力度将对拉动国民经济以及相关产业链的增长起到积极作用。广州至珠海城际快速轨道交通是珠江三角洲城际快速轨道交通系统两条主轴之一，广珠城际车站的建设对我国大城市和城市群之间的轨道交通车站的建设将起到示范作用。
论珠江三角洲高职院校物流人才培养的定位	冯　佳	《职业教育研究》	2009-05-08	珠江三角洲地区物流人才需求巨大，同时高职院校众多。面对当前高职院校所培养的物流人才相对过剩的现象，文章提出了立足珠江三角洲经济特色，对该地区高职院校物流人才培养进行重新定位的措施建议。
与珠三角社会长远发展相协调的基础教育体系的理论建构	王卫东	《教育导刊》	2009-05-10	如何建立起与珠三角经济社会发展相适应的新教育体系，成为一个十分重要的课题。本文从《纲要》的精神和包括珠三角地区在内的广东省教育发展的现状出发，提出建设与珠三角未来社会发展相协调的基础教育（主要指普通公、私立中小学教育）体系的若干设想。
员工组织政治知觉与知识分享行为的关系：珠三角地区企业的实证研究及其启示	杨玉浩 龙君伟 库天梅	《科学学与科学技术管理》	2009-05-10	本文提出，知识分享行为分成协同精神、躬行表现和分享质量3个维度，在对珠江三角洲地区企业员工进行问卷调查的基础上，发现员工组织政治知觉对其知识分享行为存在消极影响，并且员工自身优势顾虑在其关系中起到部分中介作用。

题名	作者	文献来源	发表时间	摘要
公共支出与经济增长的“创新”与“追赶”效应研究——基于DEA的珠江三角洲城市面板数据分析	李景睿	《亚太经济》	2009-05-10	本文利用DEA方法将全要素生产率分解为两个相互独立又完全互补的部分：创新和追赶效应，对珠江三角洲9个城市进行实证研究。认为全要素生产率增长在1996~2002年主要来源于创新驱动，2002~2007年则主要来源于追赶贡献。公共支出显著地提高了追赶效应，但不利于创新效应的提升。随着追赶空间逐渐消失，创新是全要素生产率增长的必然选择，公共支出结构必须进行调整。
珠江三角洲城市群大气微生物优势种群及时空分异特征	郑芷青 谢小保 欧阳友生 王春华 曾海燕 陈仪本	《地理研究》	2009-05-15	本文作者用JWL-IIB新型固体撞击式多功能空气微生物采集仪，于2005至2007年，分别在春、夏、秋、冬不同的季节，对珠江三角洲8个城市（广州、深圳、珠海、佛山、江门、东莞、惠州、中山）的四个不同的功能区（交通枢纽、商业区步行街、居民区和工业区）161个样点，进行大气微生物采样、测定与时空分布规律初步研究，拟为珠江三角洲城市环境污染的综合防治和卫生防疫工作提供依据。
珠三角企业迁移浅析	黎逸科 黎碧茵	《热带地理》	2009-05-15	本文从扩散趋势、产业结构调整、土地与劳动力资源、生产成本、政策等方面分析珠三角企业外迁的主要原因，最后比较了两种不同迁移路径在信息、政策、风险等方面的差异。
诸侯经济、一体化经济还是不完全一体化经济？——论珠三角区域发展之路	姚华松 许学强	《热带地理》	2009-05-15	本文通过对珠三角地区经济发展历程回顾，检视两种区域发展模式的优缺点，并对一体化经济模式进行深刻反思，认为完全一体化经济虽能实现区域整体利益最大化，但可能导致地方自主性丧失，滋生更大区域内的空间极化和区域隔离。文中提出区域经济发展的不完全一体化的发展模式，主张有选择性的空间封闭，下放发展权力给地方或区域社区，既保持城市开放，也延续地方发展自主权。
珠三角经济圈暗伤	王先庆	《商界》	2009-05-15	本文认为，区内关卡重重，企业单打独斗，政府只取外援，互不合作，是珠江三角洲经济区的隐忧。

题名	作者	文献来源	发表时间	摘要
SA8000认证对珠三角外贸出口企业的影响	陈　辉	《五邑大学学报》(社会科学版)	2009-05-15	SA8000认证越来越成为国际采购商从发展中国家采购商品时对供应商的基本要求。本文认为，该认证体系给外贸出口企业带来新的挑战和发展机遇。珠三角外贸出口企业应借此机遇积极转变观念，勇于承担社会责任，努力调整商品结构，大力提升企业竞争实力。
珠三角港口群及长三角港口群的分析与对比	李　雁 陈颖彪 周倩仪	《物流技术》	2009-05-15	本文阐述了珠三角港口群和长三角港口群的区位特征和区内竞争合作机制，并应用GIS空间分析技术，从货物吞吐量、集装箱吞吐量、港口腹地GDP和港口腹地工业产值等微观经济指标对比分析长珠港口群及其腹地发展状况，提出宏观调控港口的竞合战略。
珠三角物流发展分析及策略研究	郑又新 马韵馨	《物流技术》	2009-05-15	本文介绍珠三角地区物流发展概况，从三方面分析目前珠三角发展现代物流业的优势和劣势，从四个方向探讨了珠三角物流业发展需要采取的策略。
广东省珠三角地区卫生执法人力资源配置现状和公平性分析	王春晓 马　林 何磅礴 田琪等	《中国卫生资源》	2009-05-20	本文通过对珠三角地区9个城市卫生执法机构人力资源现状进行的调查进行分析，认为珠三角地区卫生执法人员在人口配置已达到较好的公平性，但在地理配置上接近警戒状态。
进城农民工就业心理成本分析——以珠三角地区为例	刘丽辉	《经济问题》	2009-05-25	本文认为：农民工进城务工边际成本逐年递增而边际收益不变甚至递减，在家务农的边际成本几乎不变而边际收益却逐年上升，农民工的回流不言而喻。吸引和留住农民工，政府和企业应关注其心理需求。
珠三角中心城市服务业发展差异的比较分析	郭栩东	《特区经济》	2009-05-25	本文通过区位商的静动态对比，分析近几年珠三角九城市服务业发展情况，认为各城市服务业发展都比较快，但空间差异性和区位比较优势在一段时期内出现下降，同时，一些城市服务业在部分领域的规模和比较优势，与其所具有的资源禀赋和地理空间特性并不相符。
深圳特区新定位下服务经济发展的思考	王　红	《探求》	2009-05-26	本文认为，《珠江三角洲地区改革发展规划纲要》对深圳特区提出了新的战略定位，应基于当前深圳面临的新机遇，以自主创新力度的加大、产业结构的调整和深港的合作交流为支撑，进一步扩大服务领域的开放和推动经济管理体制对服务经济的适应，推动深圳服务经济发展。

题名	作者	文献来源	发表时间	摘要
珠江三角洲体育现代化研究的时代意义	栗燕梅 许宗祥	《广州体育学院学报》	2009-05-28	本文认为，珠江三角洲体育现代化研究是理论工作者和实践工作者激情探索的热点问题。本文就珠江三角洲体育现代化建设的时代意义，从历史机遇、崇高使命、丰富内涵、榜样示范、人民期盼、时代召唤等方面探析，参与热点问题讨论。
面向珠三角空气污染模拟的虚拟地理环境系统研究	徐丙立 林　珲 朱　军 邓丽华	《武汉大学学报》（信息科学版）	2009-06-05	本文通过构建面向珠三角城市群空气污染模拟的虚拟地理环境，从总体上展示了系统的框架、基于网格的模型集成以及污染可视化表达，旨在探讨构建面向珠三角空气污染的虚拟地理环境关键技术的可行性。
流动人口继续教育的影响因素及对策分析——对珠江三角洲农民工的调查	曾荣青 贯学鹏 贺义梅	《成人教育》	2009-06-10	本文以珠江三角洲的流动劳动力为研究对象，在大量实证调查研究的基础上，分析了流动人口参与继续教育的主要动机以及影响其参与继续教育的主要因素，并提出加强流动人口继续教育的对策。
论珠江三角洲区域经济聚集效应与一体化	杨　敏 周尚万	《社会主义研究》	2009-06-10	本文认为，珠江三角洲自改革开放以来，区域经济聚集不断扩展，其经济聚集的机理在于区位优势、政策优势、人脉优势和市场体制优势等，呈现出产业集群的层次不断提升，产业结构不断优化，外向型经济迅猛发展的城乡经济一体化发展局面。但随着经济的聚集，环境资源问题凸显，经济转型困难，因此，必须深入贯彻落实科学发展观，加快珠江三角洲区域经济一体化改革进程。
中小企业生存发展的困局与政策支持	罗　玲	《广东财经职业学院学报》	2009-06-15	本文提出，珠三角中小企业已成为转移农村劳动力的重要渠道和县域经济发展的中间力量，不仅给国民经济带来了生机和活力，对经济的持续稳定增长也起到了重要的推动作用。然而，伴随着珠江三角洲地区经济结构转型和经济增长方式转变，尤其是2008年美国次级债引发的全球金融危机的不断扩散蔓延，中小企业的生存发展面临着巨大的压力和挑战。本文在此基础上提出了政策取向的建议。

题名	作者	文献来源	发表时间	摘要
FDI 影响珠三角装备制造业自主创新能力的实证研究	谭蓉娟 阮娴静	《国际贸易问题》	2009-06-15	长期以来，FDI 进入对东道国自主创新能力的影响一直是关注的热点。珠江三角洲地区是我国承接国际装备制造业转移的重要区域之一，也是外商直接投资的重点地区。本文试图通过实证分析，对 FDI 对珠江三角洲装备制造业行业自主创新能力的影响进行量化研究，并对其装备制造业今后的发展提出相关的政策建议。
珠江三角洲机动车污染控制对策研究	王　琛 王伯光 钟流举 冯志诚 冯安明	《环境科学与技术》	2009-06-15	文章针对珠江三角洲地区机动车排放污染严重的实际问题，从机动车污染控制的技术、管理方面出发，提出制定严格的地方排放标准、完善 I/M 制度、加快燃油低硫化进程、控制高排放车辆、敦促重点城市同步限制摩托车、加速旧车淘汰、实施机动车环保标志、加强外地车辆管理等方面的建议。
大陆台资企业融资渠道研究——基于珠三角台资企业的问卷调查	王　鹏	《台湾研究集刊》	2009-06-15	融资困难是大陆台资企业生存与发展面临的主要问题。本文针对 69 家珠三角台资企业的问卷调查分析显示，除了企业内部融资外，大陆台资企业可选择的融资渠道主要包括向台湾、大陆以及第三地的金融机构和资本市场融资。受制于多方面因素，多数台资企业倾向于向大陆境外资本市场（尤其是香港资本市场）融资，导致融资渠道单一化。解决大陆台资企业融资问题，关键在于扩大资金来源，减少和消除融资障碍，使融资渠道从单一向多元化发展。
南沙开发与珠江三角洲区域 CBD 建设研究	王开泳 陈　田	《亚热带资源与环境学报》	2009-06-15	城市 CBD 是城市中最具活力最繁华的商务区，成为城市发展的品牌和形象，而在城市化水平较高的地区，建设区域 CBD，有助于凝聚区域发展优势，提高区域服务水平。本文着眼于整个珠江三角洲的发展，提出在南沙地区建设区域 CBD 的设想，分析了建设区域 CBD 的必要性和可能性，并对建设南沙 CBD 的功能定位和发展策略进行了初步探讨。
正式规则下的非正式合约安排——对《珠江三角洲的地权竞争：法律、习俗与政治力量》一文的评论	王　珺	《中国制度变迁的案例研究》	2009-06-15	本文认为，自 20 世纪 70 年代以来，解释产权起源与变迁一直是制度经济理论研究的一个重点问题，从产权变迁的视角看，产权作为一系列正式和非正式使用与转让资源的权利却存在着一个非正式安排向正式制度的转化过程。

题名	作者	文献来源	发表时间	摘要
珠江三角洲城市群连接道路功能分级体系研究	杨宏志 邓韵发 许金良	《重庆交通大学学报》（自然科学版）	2009-06-15	本文以珠江三角洲为例，分析了城市群区域交通特征、交通空间分布特征；基于交通区位论和经济引力模型，确定了珠江三角洲城市群连接道路交通网络框架；以功能为核心，将城市群连接道路功能划分为通道功能、干线功能、集散功能和服务地方功能4个层次；进行了功能分级，划分为高速公路、城市群连接道路Ⅰ级、城市群连接道路Ⅱ级、城市群连接道路Ⅲ级、地方道路5个等级，建立了城市群连接道路功能分级体系。
浅议中山市现代服务业的现状和发展	肖　红	《中国商贸》	2009-06-16	本文针对中山市现代服务业的现状及存在问题进行分析；对中山市现代服务业的定位及未来发展，提出合理化建议。
珠三角咸水入侵变化趋势及其动力因素影响分析	戚志明 包　芸	《广东广播电视大学学报》	2009-06-20	本文依据实测数据和文献资料总结得出了珠江三角洲咸水入侵的总体变化趋势，并着重分析了其动力因素的影响。90年代以前珠三角地区咸潮活动相对处于弱势状态，90年代以后特别是近年来咸水入侵则大为加剧，其动力因素影响主要包括径流、潮汐、地形地貌变化、海平面变化、风力风向等。文章最后提出了有关珠三角咸潮的观点看法和未来的研究展望。
经济转型与青年创业就业——以广东省东莞市为例	王义明	《广东青年干部学院学报》	2009-06-20	本文认为改革开放30年来，伴随珠江三角洲地区经济转型，东莞市青年创业就业状况发生很大变化，择业意向与理想实现路径偏离。青年创业呈现多元发展的特征。从创业者构成来看，包括社区青年创业、农村青年创业、务工青年创业、大学毕业生创业和青年人才创业；从创业领域来看，有农业产业、制造业、服务业和科技产业创业；从创业层次来看，有白手起家创业、小本经营创业、二代接班创业、产业升级创业等多层次。东莞青年不同群体、不同层次的创业存在不同的问题，需要加以引导。
实施珠三角人才规划的战略背景和意义	贺　岚	《广东经济》	2009-06-25	本文提出，全面实施《珠江三角洲地区改革发展规划纲要》已经成为影响珠三角乃至广东未来发展走势的头等大事，与此配套的人才发展战略更是其中的关键。文章分析了在当今产业转型升级之际，珠三角人才规划实施的战略背景和意义。

题名	作者	文献来源	发表时间	摘要
粤港澳知识产权法律制度研究比较	李广辉 张晓明	《国际经贸探索》	2009-06-25	本文认为，当前中国特别是珠三角地区面临产业结构优化升级，可以预见粤港澳以往前店后厂的合作模式将会发生嬗变，在粤港澳未来合作发展中知识产权也将是一个有待深入发展和潜力巨大的合作领域。因此，探寻粤港澳地区知识产权制度的差异，在发展中消除障碍，在实践中建立有效沟通机制意义重大。
珠江三角洲入海水道水质变化趋势分析	闻　平	《人民珠江》	2009-06-25	本文以实测数据为基础，以NH3-N为参数，以年均浓度为分析对象，采用线性（一元回归）分析法及向前3年滑动平均法，对1984~2005年以来珠江八大口门水道水质的年际变化进行趋势分析。结果表明，从整体上看，八口门水道NH3-N年均浓度均呈现上升的趋势，其中鸡啼门水道上升的速率最快。各水道在不同时期水质变化虽各有特点，但从2000年前后NH3-N年均浓度均迅速上升。
珠江水资源预警体系的建立及应用研究	姚章民 张建云 贺瑞敏	《水文》	2009-06-25	本文从水资源预警的基本概念出发，提出建立流域水资源预警体系的思路和预警指标的选择原则。根据珠江的水资源及开发利用特点以及存在的水资源突出问题，设计了一套适合于珠江水资源预警的指标体系。建立了珠江4个重点区域的干旱预警体系，并在珠江枯季水量调度工作中得到很好的应用，为珠江的水资源调配提供决策依据。
珠三角区域经济一体化的六个关键问题	姚华松 欧君秀	《特区经济》	2009-06-25	在全球化、区域经济一体化和集团化背景下，区域经济一体化成为珠三角区域可持续发展的重要内容和核心目标。本文就珠三角区域经济一体化的本质、意义、核心目标、发展阶段、障碍及对策等6个关键问题进行重点论述。
穗、深、港港口和航空物流对经济增长的作用	周平德	《经济地理》	2009-06-26	本文从定量角度分别研究了广州、深圳和香港港口和航空物流业对城市和区域经济增长的作用，运用回归模型确定港口物流和航空与经济增长之间的数量关系，发现它们呈非线性的三次曲线关系，然后采用边际效应和弹性分析分别计算出三地港口和航空物流业的单位增长给当地和区域经济带来的增长额度，提出协调区域物流产业，促进区域经济发展的若干对策建议。

题名	作者	文献来源	发表时间	摘要
珠江三角洲地区旅游空间结构分析与优化	肖光明	《经济地理》	2009-06-26	本文从代表性旅游资源、旅游网络、旅游发展轴、旅游中心地体系等方面对珠江三角洲地区旅游空间结构的现状进行了系统分析，认为有进一步优化的必要；同时提出四个方面的优化思路，包括：培育类型多样的旅游发展轴线、构建八大特色旅游文化板块、加快边缘区域的旅游发展、促进区域旅游流空间流动的相对均衡等。
以《纲要》为指引推动珠三角生产服务业新发展	徐印州	《广东商学院学报》	2009-06-28	本文提出，现代服务业发展的重点是生产服务业。珠三角的生产服务业近年来取得了突飞猛进的发展，但与世界发达国家和地区相比还存在一定差距。发展生产服务业不仅要有先行先试的决心和魄力，还要努力探寻发展的新思路、新模式。
旅游企业知识创新管理的认知与实践——以珠江三角洲地区为例	饶　勇	《旅游科学》	2009-06-30	本文通过对珠江三角洲地区近80家旅游企业知识创新管理活动现状的调查发现，对知识创新的需求日益增长与知识管理技术手段相对滞后是旅游企业内部的一对突出矛盾，而对隐性知识的高度依赖和标准化管理模式的盛行是造成旅游企业创新知识低转化率困境的根本原因。
珠三角西岸生态城市建设经验对长株潭“两型社会”建设的启示	许德鸿	《生态经济》	2009-07-01	本文认为，珠三角西岸城市珠海、江门、中山坚持保护环境的基本国策，加大保护环境的力度，把生态城市建设与两型社会建设有机结合起来，并取得了良好的经济效益与社会效益。珠三角西岸城市生态环境建设的经验对长株潭两型社会的建设有着重要的启示与借鉴价值。
积极贯彻落实《规划纲要》推动高校新一轮发展	刘　颖 何华萍 冯亚丽 洪　爽 唐　英	《中国科技信息》	2009-07-01	《珠江三角洲地区改革发展规划纲要》的出台，为广东高等教育的发展提供了重大的战略机遇，也对广东省属高校发展提出了新的要求和任务。本文就广东省属高校如何拉高标杆，以新的思路，谋划学校科学发展，提出一些建议。
城际轨道交通自动化系统的研究与发展	梁伟卓	《交通与运输》(学术版)	2009-07-05	文章以我国珠三角都市圈城际轨道交通自动化系统为研究对象，以系统思想为指导，对城际轨道交通自动化系统的若干问题进行了研究。主要内容包括：城际轨道交通自动化系统的研究意义、特点、内容、构建和发展趋势。

题名	作者	文献来源	发表时间	摘要
关于珠江三角洲地区区域警务协作机制建设的实践与思考	吴沙	《公安研究》	2009-07-10	本文认为，针对珠江三角洲地区治安呈现出一体化新态势的情况，警务工作应具有较强的联动效应。因此，加强区域警务协作、构建区域治安工作协作机制意义重大。区域警务协作机制的建立，各有关城市公安机关要建立警务信息共享机制，完善协作交流机制，逐步拓宽城市间警务协作领域，提高区域联合整治力度，构筑起城市安全防护圈。
珠江三角洲地区职业教育改革先行先试之探讨	徐治乐	《教育导刊》	2009-07-10	本文就珠三角地区如何整合职业教育力量，在大力发展职业教育中先行先试的问题进行探讨。
珠江三角洲“园区指向飞地型”产业转移	李松志 孙冬英 肖佑兴 严宽容	《商业研究》	2009-07-10	目前，珠江三角洲由于生产要素的抬高，产业升级与转型迫切。本文通过实证研究，探索了珠三角与外围地域创办园区指向飞地型产业转移的空间模式、成因、特征以及前景。
金融危机视域下珠三角产业升级研究	魏丽华	《商业研究》	2009-07-10	本文认为，珠三角制造业以劳动密集型、低成本、低利润、低技术含量、低附加值、缺乏自主品牌、核心竞争力弱为基本特征。随着国内原材料成本上升、政策环境日趋严厉，珠三角制造业的困境日益明显，而金融风暴的袭击更是加剧了制造业的生存危机。因此，推动珠三角制造业产业升级，迫在眉睫。
构建广深佛创意产业圈的思路与对策	燕雨林	《特区实践与理论》	2009-07-10	本文认为，创意产业以知识、智力、创意为资源，有物质低消耗、效益高产出的特点。发展创意产业对解决广东特别是珠三角地区目前发展中面临的环境和土地问题有巨大的促进作用，是广东争做实践科学发展观排头兵的必然选择。
基于物质流分析的可持续发展方法探讨——以珠江三角洲为例	尹科 彭晓春 陈志良 梁菁	《环境科学与技术》	2009-07-15	本文以珠江三角洲为例，选取区域物质总需求、区域过程总排放、区域总排放等指标，对珠江三角洲社会经济系统的物质流进行核算，认为珠江三角洲产业结构开始升级，环境朝着利好方向发展，但推行减量化生产，提高物质利用率，进一步推动循环经济发展迫在眉睫。

题名	作者	文献来源	发表时间	摘要
浅析珠三角都市圈城市轨道交通的作用	费安萍	《城市公共交通》	2009-07-15	珠三角都市圈城市轨道交通进入历史性的快速发展时期。本文从承担城市公共交通客运量、引导城市发展带动新城区建设、广州地区春运大交通格局、减少城乡差别和地区差别促进和谐社会的有效建设四个方面分析了珠三角都市圈城市轨道交通的作用。
粤港两大机场物流业竞合关系研究	文　雅	《广东经济》	2009-07-15	本文提出，粤港都在大力发展物流业，两地物流业不可避免地会出现竞争。珠三角要建设与港澳错位发展的国际物流中心，珠三角的民航机场要加强同港澳机场合作，构筑优势互补、共同发展的机场体系。
珠三角地区成立通用航空公司的可行性分析	陈文玲 张海峰	《国际航空》	2009-07-15	本文重点分析了在珠江三角洲地区发展通用航空的有利条件和市场需求保障，提出了在该地区成立通用航空公司的初步设想。
关于经济危机下珠三角产业升级的几点思考	曾　贵	《深圳职业技术学院学报》	2009-07-15	本文认为，珠三角产业升级要厘清两个认识误区，区内九市要结合市情进行非均衡产业升级，不能齐步并进；要统筹兼顾三大产业的升级，加快珠三角一体化进程，科学规划，做好产业迁移工作；加强与发达经济地区的产业合作，做好产业引进工作；提高自主创新能力，增强产业升级的内生能力。
在珠三角兴起中深圳的城市和产业定位	袁晓江	《深圳职业技术学院学报》	2009-07-15	本文认为，面对珠三角的兴起，深圳在城市定位方面仍要坚持国际化城市，保持建立特区以来的连续性。在产业方面，要巩固和强化电子信息产业的地位。
落实《纲要》精神着力推进深圳的民主法制建设	熊哲文	《深圳职业技术学院学报》	2009-07-15	本文全面总结了深圳改革开放三十年在民主法制建设方面所取得的成就；深入分析了深圳在扩大民主与依法治市等方面所面临的突出问题；提出了今后深圳民主法制建设改革创新的制度设计，即改革深圳市人民代表大会制度、提升深圳基层民主的制度化水平、完善建设法治政府的配套立法和积极稳妥地推进深圳司法体制改革等具有建设性的具体实施方案。

题名	作者	文献来源	发表时间	摘要
珠三角区域工业竞争力评价研究	吴二娇	《沈阳工业大学学报》（社会科学版）	2009-07-15	本文借鉴国内外相关研究的最新理论与方法，引用一套竞争实力、竞争潜力、竞争环境、竞争态势相结合的综合评价指标体系，以珠三角区域各市2008年统计年鉴中的各项数据为依据，考察其工业竞争力情况，并提出加强重点产业对经济的拉动、提高自主知识产权的占有量以及加大信息产业投入等政策建议。
珠江三角洲地区地下水污染调查内容综述	姚　普 刘　华 支兵发	《地下水》	2009-07-25	珠江三角洲地区地下水污染调查评价于2005年展开实施，本文简要综述该地区地下水污染调查内容，主要包括：污染源调查、地下水污染现状调查、水土测试指标的选取以及采样点的控制等。
珠江三角洲小河站产汇流分析	黄俊材	《广东水利水电》	2009-07-25	本文对珠江三角洲小河站双桥水文站设站以来所收集的雨量、蒸发、流量等水文数据进行系统的产汇流分析，得出其产汇流关系，结果表明，其产汇流参数具有较好的稳定性，可作为珠江三角洲西侧产汇流研究的依据。
金融危机下珠三角港口汽车物流策略探讨	彭火元	《水运工程》	2009-07-25	由于金融危机影响，南沙和新沙汽车滚装码头物流量明显不足，规模效益难以显现。本文通过对国内外一些港口汽车物流有益经验分析和借鉴，探讨港口发展应对策略。
继续推进改革、开放和创新开创珠三角发展新局面——《珠江三角洲地区改革发展规划纲要》（2008~2020年）之解读	姚华松 许学强	《特区经济》	2009-07-25	本文从人文地理学视角，对《纲要》进行深入解读：第一，珠江三角洲地区发展步入深水港时期，机遇和挑战并存，《纲要》对于珠江三角洲地区未来发展是及时的强心剂。第二，改革和开放是解决目前珠江三角洲地区面临诸多问题的关键，是开拓珠江三角洲未来的最主要凭借。第三，从珠江三角洲地区产业发展情况看，区域发展观的树立是构建现代产业体系的核心要务。第四，在分析完全市场条件下的经济一体化发展策略利弊基础上，提出政府引导型发展模式。
珠三角与环珠三角城市群空间经济联系优化研究	邓春玉	《城市问题》	2009-07-27	本文认为，珠三角与环珠三角已形成较为紧密的圈层结构，但是，空间经济联系与地缘经济关系匹配状况有待优化，主要外向服务部门的辐射与承接辐射能力有待提高。优化珠三角与环珠三角城市群空间经济联系，应加快环珠三角城市群快速交通网建设，培育承接极，调整产业结构，发挥地缘优势，实施反边缘化战略。

题名	作者	文献来源	发表时间	摘要
论珠江三角洲地区药品价格法律规制的完善	张富强 周　莹	《太平洋学报》	2009-07-28	本文认为，导致珠三角地区药价虚高愈演愈烈的成因，涉及市场调节和政府监管的双重失灵、相关法律制度缺失等因素。珠江三角洲地区应当认真借鉴长江三角洲地区、香港以及国外注重对药品价格法律规制的经验，加快地方立法步伐，首先从构建药品定价机制、药品价格监管机构制约机制和医药分开机制等方面着手，努力完善本地区药品价格监管的法律规制。
重任起锚机遇再现珠三角	梁学斌	《房地产导刊》	2009-08-01	本文认为，在金融危机背景下，珠三角面临内需立国和产业转移的宏观与区域的经济变革时期，《珠江三角洲地区改革发展规划纲要》着力于破除珠三角区域壁垒，构筑起一个以珠三角地区为核心，辐射内地省份、港澳地区和东南亚的综合性、开放统一的大市场，将全面加速泛珠一体化进程。
区域转型背景下环珠江三角洲地区城市总体规划探讨——以广东省肇庆市城市总体规划为例	张润朋 马向明	《规划师》	2009-08-01	本文提出，环珠江三角洲地区的城市应抓住珠三角区域转型的发展机遇，充分利用自身土地资源较为丰富、具有承接产业转移的良好条件，在总体规划中重点处理好工业发展与城市服务业发展空间、城镇建设与生态保护、区域一体化和城市特色保持的关系，通过实施精明增长策略、产业的平行推进策略和特色提升策略，克服区域转型发展带来的产业规模扩大、生态环境压力增大、城市特色同质化等问题。
广珠城际快轨中山至珠海段选线的规划分析	刘学成	《科技创新导报》	2009-08-01	本文对广珠城际快轨中山至珠海段的选线情况进行分析，探讨了城际快轨选线与规划结合的问题。
浅析珠江三角洲的城市化发展模式	王　娜	《山西建筑》	2009-08-01	本文针对广东省的城市化发展进行分析，提出候鸟型城市化发展模式，通过对比城市化发展过程中的不同之处，分析候鸟型城市化发展表现和特点，并对其缺陷提出改进措施。

题名	作者	文献来源	发表时间	摘要
珠三角地区经济增长与环境污染之间的关系	肖前兰	《生态经济》	2009-08-01	本文选取1990年到2006年工业废气排放总量作为解释变量，人均GDP、工业总产值占GDP的比重、环保投资占GDP的比重作为自变量，运用模型，通过简单的回归分析出珠三角地区环境保护与经济增长的关系。文章认为，随着经济的增长，珠三角地区的环境污染也呈上升趋势，但尚未达到工业发达国家所描述的倒U型曲线的拐点。在发展社会经济时应该将环境保护与发展经济结合起来，制定相关的法律制度降低环境的外部化程度，同时加大对环境建设的投资。
金融危机下珠三角可持续发展的战略实施——抓住世界生物技术革命及产业升级机遇	吴　楠 陈　健	《生态经济》	2009-08-01	本文认为，继信息产业后的全球新一轮高科技产业升级——世界生物技术革命已经开始，珠三角不能仅停留在夕阳性的"三来一补"和产业承接上，而应大力发展生物产业和生物产业集群，抢占21世纪世界生物技术革命历史机遇，实施珠三角生物产业强区战略，把生物产业培育为战略支柱产业。
珠三角切入信息一体化	刘晓峰	《通信世界》	2009-08-03	本文认为，珠三角通信一体化不能只理解为资费同城化，还应包括客户服务的一致性、客户体验的一致性和信息服务的一体化。经济要发展，通信需先行，珠三角通信业加速发展以及区域信息一体化提上了议事日程。
创建自主品牌与外贸战略演进——以珠江三角洲为例	李　莉 吕　英	《财会研究》	2009-08-05	本文认为，实施出口品牌战略是时代的需要、发展的选择。入世以来，中国企业参与国际竞争的国际环境、国内环境也在发生着不断变化，传统的依靠低生产成本、低价格营销竞争为主的外贸增长方式受到严重挑战，为适应这种改变，发展品牌战略已成为必要和迫切的任务。
区域产业结构协同的"双转移"战略：广东省证据	刘　力	《改革》	2009-08-15	本文认为：广东双转移战略在促进珠三角向广东欠发达地区产业转移的同时，具有促进两地产业升级和优化劳动力结构与空间配置作用。在双转移战略下，珠三角与欠发达地区的产业转移与劳动力转移过程具有空间相关性，由此引起的两地产业结构演化具有协同演化规律，有助于缩小区域差距并促进广东区域经济协调发展。

题名	作者	文献来源	发表时间	摘要
中国香港清洁生产伙伴计划对珠江三角洲地区节能减排效果的探讨	万军明	《环境污染与防治》	2009-08-15	本文提出，香港特区政府推出了清洁生产伙伴计划（CP3），旨在通过激励机制协助珠江三角洲地区的港资企业自愿参与节能减排行动。CP3 主要包括认知推广、实地评估、清洁生产技术及作业方式的示范项目以及核证改善项目的成效等内容。印刷行业 VOC 减排成效案例及一般性厂房节能方案评估结果表明，CP3 将有助于改善珠江三角洲区域空气质量。
珠三角区域城际轨道交通线网规划方案研究	周厚文	《铁道工程学报》	2009-08-15	本文提出采用需求分析法测算珠江三角洲城际轨道交通线网规模，根据珠三角城镇布局和空间结构形态构筑线网备选方案，并构建了合理的评价指标体系；提出运用层次分析法确定指标权重，采用模糊综合评判法建立珠三角区域城际轨道交通线网规划方案综合评价模型。
区域城际轨道交通线网规划探讨	周厚文	《铁道运输与经济》	2009-08-15	本文在论述区域城际轨道交通的概念和服务对象的基础上，梳理了城际轨道交通与铁路和城市轨道交通的关系，分析了城际轨道交通的速度层次，提出城际轨道交通线网规划应遵循的原则，并以珠江三角洲区域城际轨道交通线网规划为例加以说明。针对区域城际轨道交通线网规划中的问题，提出城际轨道交通发展的有关建议。
关于珠江三角洲档案一体化的构想	李致士	《中国档案》	2009-08-15	本文认为，构建珠三角档案一体化是档案部门落实《珠江三角洲地区改革发展规划纲要》的重要体现和具体措施。
珠江三角洲地区地下水锰的分布特征及其成因	梁国玲 孙继朝 黄冠星 荆继红 刘景涛 陈玺等	《中国地质》	2009-08-15	本文指出，珠江三角洲 9 市范围都存在地下水锰超标现象。珠江三角洲地区地下水中锰含量的分布与该地区的工业化程度以及所处的补、径、排条件密切相关。影响该地区地下水锰含量分布的因素主要有氧化还原环境、酸碱条件、地下水的总溶解固体、上覆盖层性质、地下水径流条件以及含水层介质等。
珠江三角洲地区旅游资源的基本特征与市域差异	肖光明 郭焕成	《资源科学》	2009-08-15	本文对珠江三角洲旅游资源的基本特征进行分析评价，并系统比较该区域九城市旅游资源的差异性。指出珠三角九城市旅游资源的数量、组合及其总体优劣势不尽相同，在各自旅游发展中的地位与作用也存在明显差异，并由此形成不同的旅游发展模式；有必要通过系统整合，以有效推进该区域的旅游资源空间一体化进程。

题名	作者	文献来源	发表时间	摘要
产业升级视角下珠江三角洲土地利用问题与对策探讨	黄　伟 林锦凤	《广东土地科学》	2009-08-18	本文通过探讨产业升级与土地集约利用的关系，分析珠江三角洲产业结构和土地利用现状，研究进一步调整区域产业布局，统筹协调珠江三角洲产业升级与土地集约利用，实现区域经济健康发展和土地可持续利用。
横琴开发的历史定位和战略意义	范时杰	《中共珠海市委党校、珠海市行政学院学报》	2009-08-18	本文认为横琴开发不仅能有力地推动珠海成为珠江口西岸核心城市，带动粤西经济，使珠三角的发展进入一个新阶段，而且能为我国在经济体制、政治体制、文化体制、教育体制、社会管理体制等方面进行更广泛、更深刻的新一轮改革提供重要经验，使广东在制度与体制创新方面再次走在全国前列，真正成为改革开放的先行区、示范区和试验区。
试论珠澳同城化	雷　雯	《中共珠海市委党校、珠海市行政学院学报》	2009-08-18	本文认为在一国两制原则下推进珠澳同城化，建立更紧密合作的经济联合体是实现《珠江三角洲地区改革发展规划纲要》与《横琴总体发展规划》战略任务的重要举措。把握当前推进珠澳同城化的关键因素与契机，对珠海经济特区乃至珠三角进一步深化改革和扩大开放，科学发展、先行先试具有重要的现实意义。
基于梯度转移理论的广东省产业转移研究	彭　兰 冯邦彦	《江苏商论》	2009-08-20	本文基于产业梯度转移理论，通过分析珠江三角洲地区和东西两翼、山区经济发展水平和结构的差异，以及各区域的特点，认为珠三角地区和非珠三角地区之间存在经济发展水平梯度性和产业结构的互补性，存在产业转移的可能性，并分析了产业转移目前存在的一些障碍，提出了相关的措施。
《珠三角规划纲要》实施与广东银行业的改革发展战略	杨育智	《南方金融》	2009-08-20	本文对《珠江三角洲地区改革发展规划纲要》的公布实施给珠三角未来发展格局带来的主要影响以及广东银行业面临的主要机遇和挑战进行分析研究，有针对性地提出了加强自身战略管理、把握机遇加大基础投入、致力金融创新、深化金融合作、确保风险可控等发展策略。
珠江三角洲一次大范围灰霾天气下的空气污染特征分析	刘　俊 袁　鸾 刘衍君	《环境科学导刊》	2009-08-25	本文利用粤港珠江三角洲区域空气监控网络的监测结果，对2006年10月珠江三角洲一次大范围灰霾过程进行分析，研究灰霾天气下珠江三角洲的空气污染特征。

题名	作者	文献来源	发表时间	摘要
珠江三角洲景观生态聚类分析	徐小飞 高　杨	《环境科学导刊》	2009-08-25	本文将珠江三角洲景观分为10个景观类型，并在两种空间层次下将珠江三角洲分别划分为9个和23个景观生态子区。通过各子区的景观指数对比分析，探讨研究区域范围内景观格局的空间差异，揭示人类活动、自然干扰等各种景观生态机制对区域景观生态的影响。
从FDI与经济增长的实证关系看珠三角改革发展纲要的落实——基于中山市的研究	陈　泉	《工业技术经济》	2009-08-25	外商直接投资与输入地的经济增长有着相互的促进作用，但作用效果由于利用外资的途径与方式不同而呈现差异。本文以珠江三角洲西岸的中山市为典型研究样本，探索和分析了FDI与中山市经济增长的关系，对此提出了相应的政策建议。
珠江三角洲历史文化村镇的类型及特征研究	罗瑜斌 肖大威	《华中建筑》	2009-08-25	本文根据村镇历史发展、功能特征、自然和人文景观等物质要素特点，将珠三角历史文化村镇划分为传统农耕聚落文化型、侨乡外来文化型、建筑遗产型、革命史迹型、商贸交通型和名人史迹型六种类型，并归纳出其以水为脉、以祠为宗、以墙为围、以巷为网的村镇整体格局特征以及岭南传统文化景观特征。
惠州市城乡经济社会统筹发展问题与对策	张禄祥 万　忠 梁俊芬 柴玲玲 等	《南方农村》	2009-08-25	本文从贯彻落实《珠江三角洲地区改革发展规划纲要》出发，根据惠州市城乡经济社会发展的基本概况，分析其在统筹城乡经济发展中存在的问题和制约因素，提出相关对策和建议。
惠州中山佛山三市统筹城乡发展推进一体化进程的经验与启示	罗国华	《南方农村》	2009-08-25	本文介绍惠州、佛山、中山三市统筹城乡发展的成果和经验，围绕三市经验谈落实《珠江三角洲地区改革发展规划纲要》的启示。
关于推进惠州市统筹城乡发展的几点思考	谭建平	《南方农村》	2009-08-25	本文围绕惠州市委提出建设五大基地，开展统筹城乡发展综合改革试点，努力探索统筹城乡发展的惠州模式的决定进行论述。
珠江三角洲城市体育先进社区体育活动点调查与分析	高建磊 刘永峰 鲁　毅	《体育学刊》	2009-08-28	本文对珠江三角洲城市体育先进社区体育活动点进行调查与分析，认为先进社区体育活动点仍存在组织管理、体育指导的不足，应充分整合和利用社区和学校资源。

题名	作者	文献来源	发表时间	摘要
浅谈珠江三角洲区域经济发展与工业产业结构升级	莫天宇	《知识经济》	2009-09-01	面对当前世界经济一体化进程的快速发展，珠江三角洲一直所依赖的比较优势、成本优势、市场竞争力优势正逐步减弱，产业结构升级日益紧迫。本文通过对珠江三角洲地区目前的工业产业结构体系状况，从区域经济发展的角度对其产业特点、基本情况进行分析，指出其产业结构在经济发展中存在的问题，提出对珠江三角洲区域经济发展有利的相关的应对措施建议。
知识经济下"核心-边缘"结构的嬗变——以珠江三角洲为例	张李明 韩丽	《经济研究导刊》	2009-09-05	以珠江三角洲为例，探讨知识经济下核心—边缘结构所特有的形式及对其形成的机制原因进行分析。结果表明，随着新经济的发展，在扩散效应、区域政策等机制的作用下和知识经济因素的影响下核心—边缘结构已发生了嬗变。主要表现为新经济下核心—边缘结构呈现出的新的形式：单核心结构、多核—核心边缘结构、空间一体化结构，在这三个阶段里核心体内容由劳动密集型、资本密集型产业转变为知识密集型产业。
珠三角地区新农村规划问题与对策探讨	欧阳旭 张北京 常峰波	《山西建筑》	2009-09-10	本文分析珠三角地区城乡发展特点，以及新农村规划面对的现实问题提出珠三角新农村规划的目标要求和对策建议。
珠江三角洲推进城乡就业一体化的思考	解韬	《广东社会科学》	2009-09-15	统筹城乡就业是统筹城乡发展的重要内容，也是建设社会主义和谐社会的内在要求。本文从社会经济发展的实际出发，论证了珠江三角洲实施城乡就业一体化的可行性，并对全面推进城乡就业一体化提出了若干政策建议。
珠三角产业集群可持续发展与公共政策选择	芮宏	《广西民族大学学报》（哲学社会科学版）	2009-09-15	本文从演进视角出发，运用路径依赖理论对珠三角产业集群发展进行分析，针对集群发展中存在的行政区划锁定、社会资本锁定和价值链低端锁定问题，按照如何规避和摆脱锁定状态的思路，提出推动珠三角产业集群可持续发展相关政策建议。
金融危机下以创业环境优化促进珠三角地区高新技术产业发展	杨洪涛 余雅婷	《科技管理研究》	2009-09-15	本文认为，加强政府支持，优化创业环境是当前珠三角地区高新技术发展的必然选择。文章通过建立创业环境指标体系，运用模糊分析法，将2005年与2008年的珠三角地区创业环境进行比较分析，得出该地区创业环境水平有所下降的结论；并针对存在的问题，提出相关建议和对策。

题名	作者	文献来源	发表时间	摘要
珠三角地区率先实现基本公共服务均等化的现实考量	达蕃钦	《岭南学刊》	2009-09-15	本文提出，珠三角地区率先实现基本公共服务均等化目标应从立法、制度化建设、制定民生发展规划及标准、完善纵向和横向转移支付制度、建立以基本公共服务均等化为导向的官员考核指标体系和政府问责制等方面进行系统研究和实践。
对推进珠江三角洲都市圈进一步发展的对策思考	李　涛	《企业导报》	2009-09-15	本文认为，改革开放以来，珠江三角洲区域经济高速发展的同时，也出现了不少制约其可持续发展的问题，深入研究并提出合理性政策，已成为推进珠江三角洲都市圈健康协调发展的当务之急。
珠三角产业转型：条件、主导机制与实现途径	李碧花	《上海经济研究》	2009-09-15	本文分析珠三角外在环境与内在机制约束，发现珠三角所处的东亚生产网络缺乏最终消费市场；在跨国公司主导的国际分工格局中，珠三角处于自然资源优势阶段；但劳动力优势出口模式制约了技术进步，珠三角产业转型的实现途径是市场制度化和发展生产性服务业。
珠江三角洲耕地土壤质量演化及其机制	钟继洪 余炜敏 骆伯胜 林兰稳 谭军等	《生态环境学报》	2009-09-18	本文通过对代表性区域的调查研究，探讨了珠江三角洲耕地土壤质量演化的趋势及其形成机制。伴随大量水田改种蔬菜、水果等经济作物而产生的耕作制度变化、利用强度增加以及相应的化学氮、磷肥料过量投入、蔬菜地施用石灰等管理措施，导致珠江三角洲耕地土壤有机质下降和产生新的养分非均衡化的主要影响因素。
外来工子女接受义务教育的现状及政策建议——以广东省珠江三角洲地区为例	葛新斌	《教育理论与实践》	2009-09-20	本文对广州、深圳、珠海、东莞、中山等地外来工子女接受义务教育进行调查，认为珠三角地区的义务教育工作虽取得很大成效，但外来工子女平等接受义务教育的权利仍未得到切实保障
欧盟经验对珠三角区域一体化的启示	陈瑞莲	《学术研究》	2009-09-20	本文认为，虽然欧盟的情况与珠三角有着许多不同之处，但欧盟推进区域一体化的理念思路、体制机制和政策工具等基本经验对于珠三角区域一体化发展有着重要的借鉴意义。以欧盟区域一体化为借鉴，将会为从制度层面推进珠三角区域一体化提供创新路向。

题名	作者	文献来源	发表时间	摘要
珠江三角洲“技工荒”的问题及政府应采取的政策研究	张晓艳	《硅谷》	2009-09-23	珠江三角洲经济进入快速增长期从而带动区域用工的需求。本文主要对引起技工荒问题的原因及对策提出看法和建议。
对外开放对全要素生产率的作用渠道研究——基于珠江三角洲的实证分析	郑　云	《经济问题》	2009-09-25	本文认为改革开放以来，珠江三角洲大量引进外资和开展进出口贸易，虽然极大地提高了该地区技术效率，但却没有促进该地区技术进步的提高，反而对该地区技术进步产生了挤出效应。
不断推进粤港澳区域经济一体化进程	陈广汉	《特区经济》	2009-09-25	本文认为，珠江三角洲凭借改革开放先行一步的制度创新优势、毗邻港澳的地缘优势和劳动力与土地的低成本优势，承接港澳产业转移，形成了粤港澳之间在制造业领域的“前店后厂”式跨境生产与服务的产业分工体系，也开启了粤港澳区域经济一体化的进程。
珠三角该向深圳学习什么	姚华松 许学强	《特区经济》	2009-09-25	基于深圳整体较高的发展位势，及其与珠三角其它城市的地理临近、经济联系密切、社会交往频繁和文化同源等特点，深圳能够为珠三角兄弟城市发展提供经验借鉴。本文从五个方面对深圳发展经验进行概括，分别是：①改革创新；②多元化策略；③高端集聚；④文化导向；⑤决策英明，对珠三角其它城市发展提供借鉴意义。
城乡体育协调发展研究	蓝国彬	《体育与科学》	2009-09-25	本文采用文献资料调研、问卷调查及统计分析等方法，以珠江三角洲为具体调查案例，对我国城乡体育发展的现状及影响因素进行研究。结果表明：我国城乡体育基础设施、组织指导、参与意识等方面差异显著；造成差异的原因存在于历史、经济、社会和管理等方面。提出建立与实现城乡公共体育服务均等化目标相适应的多元化管理体制等缩小差距、协调发展的建议。
珠三角港澳化及湾区中心化——关于大珠三角地区发展的几点思考	胡兆量	《城市问题》	2009-09-27	包括香港和澳门在内的大珠三角地区正迅速迈向世界级的城市群。本文指出，在大珠三角城市群发展过程中，有两点值得关注：一是珠三角产业调整出现港澳化趋势；二是珠江口沿岸湾区成为整个城市群的核心，出现中心化趋势。为此，要及时统一认识，加强粤港澳三方协调，共同促进大珠三角城市群成长，加速湾区建设。

题名	作者	文献来源	发表时间	摘要
广佛同城化思考	王　尚 赵　新	《现代商贸工业》	2009-10-01	同城化是新形势下加强区域协调与合作，发挥区域最大效率的重要途径。广州和佛山作为珠三角经济区的内核，对提升整个珠三角的对外竞争力有着极为深远的意义。本文介绍了同城化的概念、国内外同城化研究现状，分析了广州和佛山的地理位置和实现广佛同城化的条件，并提出了广佛在同城化过程中应注意的问题。
金融危机为珠三角产业走出低端化提供了机会	柏丙林 劳铖强	《开放导报》	2009-10-08	珠三角地区自上世纪80年代以来，通过发展加工贸易，形成了以劳动和资源密集型产业为主的产业结构，推动了经济的快速发展，这种产业形态也成为此次受到金融危机冲击的重要内因。本文从产业结构的角度出发，分析金融危机对珠三角工业所造成的冲击，并对珠三角在金融危机中进行产业升级进行了理论分析。
要素禀赋、适宜技术与珠三角产业结构调整	佘时飞	《企业活力》	2009-10-09	本文指出，根据国内外产业结构和技术结构升级规律，珠三角进行产业结构调整时必须遵循自身要素禀赋结构，在经济剩余和储蓄不断增强的条件下，促进储蓄向投资转化，深化珠三角的物质资本和人力资本，提高全要素生产率。
珠三角改革发展规划纲要金融配套立法体系的构建	张长龙	《金融理论与实践》	2009-10-10	本文认为，金融业位于珠三角重点发展的服务产业之首，必须建立一个与《纲要》配套的金融立法体系。该体系包括近期急需配套立法的项目，如跨境贸易人民币结算、CEPA补充协议六等方面的配套立法；需远期规划的立法项目，包括促进区域金融中心建设、建立金融改革创新综合试验区等方面的配套立法；金融合作类立法项目，包括珠三角内外部金融合作的配套立法。
基于SWOT分析的珠三角绿色物流发展研究	郑克俊	《物流科技》	2009-10-10	本文运用SWOT分析法，从外部机会、外部威胁、内部优势、内部劣势四个角度分析珠三角地区实施绿色物流的条件，归纳出珠三角地区发展绿色物流的SWOT战略矩阵，并对发展珠三角地区绿色物流提出一些对策建议。
珠三角区域工业竞争力比较分析及政策建议	刘　璟	《工业工程》	2009-10-15	本文通过定量化的方法，衡量和评价珠三角区域工业竞争力水平；利用层次分析法，对珠三角区域工业竞争力进行了实证研究，并提出相关政策建议。

题名	作者	文献来源	发表时间	摘要
珠江三角洲城乡就业一体化的思考	解　韬	《广东经济》	2009-10-15	本文认为，珠江三角洲地区在体制创新和结构调整进程中，其工业化、城镇化和现代化的步伐明显加快，农村劳动力就业状况发生了深刻变化。如何准确把握城乡就业一体化的现状与发展趋势，深入分析存在的问题，加快建立城乡劳动者平等就业制度，实现城乡统筹协调发展，构建和谐社会，具有十分重要的意义。
珠江三角洲地区休闲体育环境分析及建设对策	王　进 陈　华 陈　琦	《南京体育学院学报》（社会科学版）	2009-10-15	本文运用文献资料、社会调查、逻辑分析等研究方法从自然环境、经济环境、市场环境、政策环境、设施环境和文化环境六个方面分析了珠三角地区休闲体育环境的优势和劣势，并在此基础上提出珠三角地区休闲体育环境建设的对策。
中国珠江三角洲与东南亚四大三角洲多熟种植制度的时空格局研究	吕婷婷 刘　闯	《资源科学》	2009-10-15	中国珠江三角洲以及东南亚地区的红河三角洲、湄公河三角洲、湄南河三角洲和伊洛瓦底江三角洲皆是重要农业生产基地。随着人口快速增长，粮食需求也随之大幅度增长，在耕地数量有限的情况下，多熟种植制度在解决粮食问题上起着决定性作用。本文基于时间序列的MODIS-NDVI数据对五大三角洲地区的多熟制进行了遥感反演，并对其时空格局进行了分析。
珠江三角洲产业升级中土地利用问题及对策探讨	林锦凤 黄　伟 曹树娜 黄奕华	《广东土地科学》	2009-10-18	本文通过总结珠三角产业结构现状和土地利用现状，分析产业升级与土地利用的关系，研究如何在珠三角产业升级进程中实现土地的集约利用问题。
珠三角生物医药产业的发展优势	董国俊 张　苹	《现代商业》	2009-10-18	本文认为，珠三角生物医药产业的发展有着得天独厚的优势，在政府政策引导下，在以广州为中心的生物医药产业发展促动下，正逐步稳定的向前发展。珠三角生物医药产业的持续发展进程，为我国生物医药产业发展起到推波助澜的作用。
加强珠澳公务员培训交流促进珠澳同城化	雷　雯 李　静	《中共珠海市委党校、珠海市行政学院学报》	2009-10-18	本文认为加强两地公务员培训和交流，把握当前推进珠澳同城化的关键因素与契机，对珠海经济特区进一步深化改革、扩大开放，科学发展、先行先试；对澳门实现持久的繁荣和稳定具有重要的现实意义。

题名	作者	文献来源	发表时间	摘要
乡村景观空间演变的文化解读——以珠江三角洲为例	范建红 陈 烈 寇 军	《建筑学报》	2009-10-20	本文从乡村景观是一个复合生态系统出发，论述了其空间演变经历的传统 - 竞争 - 支配 - 演替（同化）4个阶段，并以珠江三角洲为例，提出乡村景观的空间演变与文化的传播及入侵的密切关系，并从物质文化、精神文化及制度文化三方面进行珠江三角洲乡村景观空间演变的阐释。
珠三角地区乡村林业的变迁及其对林权改革的影响	程庆荣 杨海燕 汪迎利 蒋谦才	《广东林业科技》	2009-10-20	本文以中山市三乡、南区和五桂山为调查点，采用召开社区村民会议、绘制社区土地资源利用图和横断面图等方法，调查了乡村林业发展、制度变迁与林权改革的现状。并对村民的参与性在林权改革中的地位和作用进行了分析，提出珠江三角洲地区的林权改革存在的问题与推进改革的政策建议。
粤港澳经济一体化的利益规制研究	程永林	《阴山学刊》	2009-10-20	本文认为，由于粤港澳三地政府治理模式存在差异，地区产业集群的内部治理欠缺规范，区域产业集群之间的同质化竞争比较突出，要促进粤港澳经济一体化进程，必须注意避免无序竞争，扩大区域市场范围，提升制度供给效应，采取政府主导、企业跟进和协会生成的多方并进方式，确立利益协调机制与政府规制边界，从而降低区域交易成本，实现区域经济一体化。
新经济下的制度创新及其对珠三角改革发展的启示	代 明 张晓鹏	《广东工业大学学报》（社会科学版）	2009-10-25	本文在对新经济下的制度创新成果进行总结、梳理的基础上，探讨和分析了这一时期制度创新的特点和作用。
珠江三角洲与香港经济互补性浅析	邓文华	《产业与科技论坛》	2009-10-25	本文通过分析比较珠江三角洲和香港两地经济发展的特点、各自优势和劣势及两地经济发展之间的关系，阐明珠江三角洲与香港在经济领域存在经济互补的原因、实现经济互补的可行性、加强两地经济互补的意义等相关问题，并就如何通过加强两地经济互补提出建议。

题名	作者	文献来源	发表时间	摘要
FDI与前沿技术进步、技术效率的关系研究——基于DEA的珠江三角洲城市面板数据分析	李景睿	《国际经贸探索》	2009-10-25	本文对珠江三角洲9个城市的实证研究表明：前沿技术进步和技术效率的改变对全要素生产率的贡献有一个明显的分水岭，全要素生产率的增长在1996~2002年主要来源于前沿技术进步，2002~2007年则主要来源于技术效率的改进。随着技术效率提升空间的逐渐消失，前沿技术进步是全要素生产率增长的必然选择。FDI的引进显著地提高了前沿技术进步，扩大了技术效率提升的空间。
贯彻珠三角规划纲要统筹广东城乡发展——来自珠海、中山、江门三市的调研报告	王厚俊 杨　军 吴　晨 杨守玉 黄红球 周　辉	《南方农村》	2009-10-25	本文对珠海、中山和江门三市提高城乡规划和建设管理、加强农村基础设施建设、促进城乡基本服务均等化和以城带乡、以工补农等方面进行调研分析，并对发现的问题提出了相应的对策建议。
浅谈珠江三角洲内河涌综合整治排涝规划的几个关键问题	陈茂益 梅桂萍	《人民珠江》	2009-10-25	珠江三角洲城市内河涌综合整治，其中排涝是一个重要内容，本文根据佛山市南海区解放涌水系规划，重点介绍标准选用、计算公式选用及计算方法，引入水面率及兴建调蓄湖对排涝规模的影响等问题，对水利的可持续发展提出建议。
“向深圳学习”的五个基本问题——兼论“珠三角龙头之争”该休矣	姚华松	《特区经济》	2009-10-25	本文对向深圳学习这一论题进行分解，包括五个基本问题：①为什么要学习；②为什么要向深圳学习；③学习深圳什么方面；④是填鸭式的学习吗；⑤与广州首善之区的定位矛盾吗。重要结论是珠三角龙头之争应该中止。
粤港合作进一步深化的探讨	张　运 颜世辉	《特区经济》	2009-10-25	本文认为，粤港两地应在现有基础上，进一步加强彼此合作，超越制度与政策环境的差异，经济发展水平的差距，作为一个经济整体，协同发展。在制度、资本、技术与产业方面加强合作，促进产业内部与外部转移，彼此产业结构的升级，以利于经济的分工与互补发展。在此基础上，加快珠三角都市带的形成，并以珠三角都市带为龙头，带动整个泛珠三角的发展。

题名	作者	文献来源	发表时间	摘要
广佛同城的发展条件和障碍分析	梅伟霞	《特区经济》	2009-10-25	本文认为，广佛同城作为珠三角一体化的最佳试点和突破口，已是天时、地利、人和齐备。但广佛同城依然面临诸多难题和障碍，只有搞好利益协调，认真解决好内部整合、利益分配、适度竞争、城市管理、跨区协调等关键问题，实现政府和市场的握手，才能形成1+1>2的共振效应，真正同城化。
关于城市灰霾的治理——以珠江三角洲地区为例	谭明华	《城市问题》	2009-10-27	本文认为，珠江三角洲地区近年来城市灰霾污染加重的主要原因是区域经济活动量的激增。在发达的市场经济背景下，相对于灰霾治理的技术对策，影响人们经济行为的经济对策具有更高的效率。这些经济对策主要包括：在灰霾治理中突出政府纠正市场失灵的责任；公共支出向灰霾治理的基础科研与应用项目倾斜；运用财政税收的激励调节机制；鼓励补贴使用低排放技术；探索排放权的市场化交易；开展区域性的协调治理。
游憩空间与城市交通的整合设计研究——以珠三角旧城滨水地段为例	梁志超 罗建河	《南方建筑》	2009-10-31	游憩是后工业社会生活的一个重要特征，是城市现代化进程当中的一项重要内容。文章以珠三角旧城滨水地段游憩空间设计为例，探讨游憩空间与城市交通整合设计的相关问题。
异地转移还是就地升级——金融危机中的产业集群政策选择	徐建牛 李　怀	《西北师大学报》(社会科学版)	2009-11-05	本文在对近十年来珠三角地区的产业集群政策，尤其是最近几年推行的异地转移政策进行回顾和反思的基础上指出，通过优化产业组织和提升价值链实现就地升级是应对危机较为稳妥的选择。目前集群政策的重点不是异地转移，而是通过社会信用体系建设、知识产权保护、融资渠道疏通和行业协会培育等方面制度创新，为产业集群就地升级提供一个良好外部环境。
珠江三角洲产业空间协调的政策取向	方忠权 余国扬	《热带地理》	2009-11-15	珠三角在经济发展水平提高的同时，空间发展的矛盾和冲突也在加剧，而产业空间的协调问题首当其冲，直接影响到产业结构的调整升级和土地资源的集约利用。本文认为珠三角核心区优势产业虽然出现走出去和产业转移的迹象，但扩散的时机尚未完全成熟。因此，在产业空间协调的重点和方向上，应该是强化产业的空间集聚在大的空间尺度中进行产业协调，通过政府的推动与适度干预，引导企业向资金、技术密集型转向，提高空间利用效率。

题名	作者	文献来源	发表时间	摘要
珠江三角洲河网与河口夏季水沙通量的模拟	胡嘉镗 李适宇	《水利学报》	2009-11-15	本文利用一、三维水动力与泥沙耦合模型，计算珠江三角洲河网与河口夏季水沙通量，构建其收支模式，并分析水沙迁移路径与泥沙沉积特征。
澳门经济结构优化及在珠江三角洲都会区的定位	陈文鸿 钟民杰	《当代港澳研究》	2009-11-15	本文通过分析1998-2007年澳门的经济和行业资料，认为博彩业已经成为了澳门最为重要并且发展最快的产业，并对其经济结构产生了重要的影响；但在促进当地经济发展的同时也造成了一些负面的影响，如贫富分化、住房紧张以及就业结构错位等问题。根据珠江三角洲经济一体化的趋势，本文提出了基于创立优势产业前提下的政策建议。
珠三角城市旅游经济空间差异与协调发展战略研究	肖光明	《地理与地理信息科学》	2009-11-15	本文分析了珠三角城市旅游经济空间差异的基本特征，包括国内旅游收入、海外旅游收入空间差异的总体变化，城市旅游经济发展水平与旅游产业地位的分异性，近年来核心城市与外围城市在旅游规模位序、旅游发展状态方面的变化特点；最后提出缩小珠三角城际旅游经济差异的协调发展战略。
浅淡珠三角城镇排水管网的改造	陈广华 罗建中	《广西轻工业》	2009-11-15	针对珠江三角洲城镇排水管网改造难道大，问题多，导致配套的污水处理厂失去应有的处理效能等问题，本文阐述了对珠三角城镇排水管网改造的构想，以疏通与勘察旧排水管网为基础，建立完善的排水管网GIS系统，同时贯彻排水管网与污水厂建设的三同时原则，合理选择排污体系，延河岸修筑截污渠代替截污管进行截污，以实现资源的合理利用。
论珠三角地区物流园区的发展现状及对策	况　漠	《广州大学学报》(社会科学版)	2009-11-15	本文通过分析珠三角地区物流园在规划、建设及政府的角色定位等方面存在的问题，提出了促进珠三角地区物流园区发展优化的对策。
推动企业低碳发展的探索和实践——珠江三角洲地区低碳生产项目介绍	胡其颖	《节能》	2009-11-15	本文介绍由世界自然基金会香港分会发起，荷兰Ecofys北京公司以及香港生产力促进会共同实施的低碳生产项目的背景、目标、评分体系和前期试点。该项目为企业提供一套计算和报告企业碳足迹的软件工具，同时通过采用温室气体排放管理清单和最佳实践技术清单，帮助企业发现并确定潜在的节能领域。

题名	作者	文献来源	发表时间	摘要
珠江三角洲生态公益林林分改造技术探讨	张亮 黄华蓉 柯碧英 路光超 陈红跃	《林业实用技术》	2009-11-15	本文简要介绍了珠三角生态公益林林分改造情况、改造原则、树种选择技术和造林措施，并针对珠三角生态公益林林分改造中存在的问题提出了建议。
全球生产网络化与珠三角加工贸易产业转型升级	梁小萌 皮莉莉	《岭南学刊》	2009-11-15	本文认为，全球生产网络化对珠江三角洲加工贸易产业转型升级的影响和效用体现在影响加工贸易产业的合作链条、技术知识获取和人力资本积累上，未来珠三角加工贸易的转型升级目标在于价值链攀升、知识化和体系化，在现有条件下应转变加工贸易产业发展观念、加强本地产业配套和创建学习型加工贸易企业及加强外资政策与加工贸易产业政策的交互作用。
珠三角产业转型的可行路径和创新战略研究	王浩	《煤炭经济研究》	2009-11-15	本文认为，珠三角地区传统发展模式正面临着重大挑战，如环境与资源能源矛盾日益突出、世界经济不确定性因素增多、区域间竞争压力增大、劳动力成本持续上升，珠三角地区迫切需要加快经济社会转型步伐，创新发展思路和发展模式，依据市场原则和价值规律，对产业与劳动力进行科学调整与战略转移。
环珠三角地区产业发展选择	肖顺发	《特区实践与理论》	2009-11-15	《珠江三角洲地区改革发展规划纲要》中，出现了环珠三角地区的概念。本文试图研究环珠三角地区的产业发展选择问题，以供相关政府部门决策参考。
江门在珠三角一体化中的定位与发展	戴建春	《五邑大学学报》(社会科学版)	2009-11-15	本文认为，改革开放以来，江门经济社会得到长足发展，但与珠三角核心城市相比仍明显落后。江门应正视现实、准确定位，发挥侨乡优势南联港澳，依托地利东抱珠三角核心区,西挂西部欠发达地区，联动发展共创多赢；同时，要自力更生充分发挥自身独特优势、潜能，以求在珠三角一体化进程中，实现经济社会的高速发展。
金融危机对外向型企业就业的影响——基于珠三角地区外向型企业的调查	屈小博	《中国劳动经济学》	2009-11-15	本文以外向型企业经营状况和劳动就业的微观层面资料与数据为基础，结合国际市场需求、人民币升值、劳动合同法、出口退税政策、融资成本等影响企业经营的外部因素，分析金融危机对中国劳动就业带来的直接和间接的冲击与影响，阐述这种冲击和影响的主要特征，提出了应对金融危机、减少就业损失的思路与对策。

题名	作者	文献来源	发表时间	摘要
珠江三角洲城市尺度规划对大气环境的影响效应	王雪梅 陈 燕 蒋维楣 吴志勇 林文实	《中山大学学报》(自然科学版)	2009-11-15	本文以珠江三角洲不同时期的下垫面为例，选取2001年3月的气象条件，采用数值模拟手段，模拟并分析比较该地区城市群的发展对城市气象环境的影响。同时利用城市尺度规划大气环境评估体系，对广州城市发展规划进行评估，给出影响和优劣比较的定量结果。
民生档案信息资源共享管理机制的构建——以广东珠江三角洲地区为例	邹富联 杜永红	《北京档案》	2009-11-20	本文认为，档案信息在更大范围的应用和共享是档案工作的最终目的，也是档案工作进一步发展的内在要求。通过数字化转换和加工来挖掘档案信息，通过网络向社会公布，实现共享，已成为未来档案事业发展的必然趋势。
区域金融发展差异的经济效应——基于珠三角与粤西地区比较研究	古学彬 方茂扬 孙丽霞	《广东金融学院学报》	2009-11-20	本文认为，珠三角与粤西地区相比不论是区域金融发展水平、区域金融结构还是区域金融积聚效应都存在明显差异。区域金融的差异导致了区域经济综合竞争力的差异和区域金融的辐射效应的差异。因此，在构建珠三角区域金融中心同时，一方面要避免区域经济差距拉大，一方面还要发挥区域金融的辐射效应，这样才有可能实现区域经济协调发展。
农民工参加集体行动及集体行动参加次数的影响因素分析——基于对珠江三角洲地区农民工的调查	李超海	《中国农村观察》	2009-11-21	本文利用问卷调查所得数据，分析农民工集体行动和集体行动参加次数的影响因素。实证结果显示，年龄、受教育程度、对《劳动法》的认知、是否参加同乡会对农民工是否参加集体行动有显著影响；受教育程度、有无签订劳动合同、打工地朋友数量和城市经济发展水平对农民工集体行动参加次数有显著影响。
论珠三角地区先行先试中的检察职能发挥	李 璐	《法制与社会》	2009-11-25	珠江三角洲地区面对改革实验，先行先试可能带来种种涉法涉检新情况、新问题，本文论述此过程中检察职能如何发挥出应有的效果，保障珠三角地区的社会和谐与科学发展的问题。
全球商业革命下的瀑布效应与虹吸效应——应用于对泛珠江三角洲和台湾区域经济分工与协作的初步分析	宋方涛	《国际经贸探索》	2009-11-25	本文介绍全球商业革命的三个特征以及发展中国家所面临的挑战；分析全球商业革命影响下逐渐形成的新的全球商业秩序的本质属性；提出系统集成关系中的虹吸—瀑布效应模型，虹吸效应和瀑布效应对于产业结构演变的影响，及发展中国家在新的全球商业秩序中的困境，并应用上述理论对泛珠江三角洲和台湾区域经济分工与协作进行了初步分析。

题名	作者	文献来源	发表时间	摘要
金融海啸下珠三角运动服装业的“危”与“机”	许　玲 许宗祥	《国际经贸探索》	2009-11-25	本文运用珠三角运动服装业最新的运行数据，从资源禀赋、销售业绩、贸易影响要素入手，以产业升级为切入点，综合分析该产业在全球运动服装产业价值链上所处位置，深度剖析珠三角运动服装业在当前金融危机背景下所面临的危与机，提出产业优化升级路径和实施策略。
珠三角城市金融辐射力实证研究	黎平海 王　雪	《国际经贸探索》	2009-11-25	本文运用企业选址理论并结合金融中心发展实践，构建金融竞争力评估指标体系，采用因子分析法对珠三角区域内九城市的金融竞争力进行排名。在此基础上，利用经济地理学中的威尔逊模型测算出珠三角区域内中心城市的金融辐射半径，并以此来量化金融辐射力。
基于线性矩法的珠江三角洲区域洪水频率分析	杨　涛 陈　喜 杨红卫 谢海文	《河海大学学报》(自然科学版)	2009-11-25	本文采用线性矩法及珠江三角洲19个水位站近50a的年最高实测洪水位，在水文站点一致性分析及水文相似区鉴别基础上，进行区域洪水频率计算及空间特征分析。
安全——珠三角发展目标的重要维度	姚华松 许学强	《特区经济》	2009-11-25	基于以人为本的发展理念，安全成为珠三角未来发展的重要维度。本文阐述了安全珠三角的表征形态及特点：生命安全、就业安全、住房安全、产业安全、形象安全、能源安全、环境安全、空间安全、社保安全和全民安全。
正确有效运行检察权服务和保障实施《珠江三角洲地区改革发展规划纲要》	陈　虹	《法制与社会》	2009-12-05	本文认为，珠江三角洲检察机关应从实际出发，改变检察权运行不均衡的现状，通过实行省检察院垂直领导体制改革，实现真正意义上的珠江三角洲检察一体化，确保检察权运行的独立性、统一性和整体性，为服务和保障《珠江三角洲地区改革发展规划纲要》的实施提供良好法治环境。
实现循环经济理念下的城市群集约化发展	靳香玲	《中国财政》	2009-12-05	本文指出，城市群是城市化发展到一定水平的标志和产物，也是支撑经济发展与国际分工的基本地域单元。以长江三角洲、珠江三角洲和环渤海地区三大城市群为代表，我国城市群建设取得了举世瞩目的成就，实现了高速发展，但同时也面临着重复建设、恶性竞争等问题，尤其由于城市群中城市分布密集，城市间的资源耗用和环境污染往往形成叠加效应，环境问题更为突出。

题名	作者	文献来源	发表时间	摘要
地方立法先行先试——实施《珠江三角洲地区改革发展规划纲要（2008～2020年）》的建议	马俊军	《广东行政学院学报》	2009-12-10	本文认为，广东省人大应当行使地方立法权，制定《珠江三角洲地区改革发展规划纲要（2008~2020年）实施条例》，将《纲要》的实施落实到法律层面。
当前我国城市化发展中的问题与对策——以珠江三角洲为例	吴　强	《理论导刊》	2009-12-10	本文认为，随着我国经济的快速发展，城市化进程在加快。但席卷世界的金融危机，对我国经济影响不可低估，对外向型经济为主的东南沿海地区影响更大。面对着经济发展速度下滑，城市化进程减缓的挑战，只有科学界定不同经济区域城市化发展阶段，实施城市群发展一体化、城乡发展一体化，并理顺房价，改革户籍制度，才会使城市化健康发展。
基于重化工业发展的珠江三角洲工业空间结构演变研究	夏丽丽 闫小培	《人文地理》	2009-12-15	本文探讨了重化工业空间的一般特征及基于重化工业发展的珠三角工业空间结构演变。结果表明，珠三角重化工业发展的空间结构效应主要表现为形成工业空间集聚的新要素；大城市工业核心功能更加突出，工业发展空间分异日益显著；形成新的地方性工业节点以及临海工业空间逐步形成，并从促进珠三角区域经济、空间协调发展的角度提出了几点建议。
区域产业空心化成因探析：以珠江三角洲为例	顾慧君	《产业经济评论》	2009-12-15	以珠三角为代表的沿海经济发达地区近年出现了超出往常的企业外迁现象，由于短时间内替代性的产业升级难以到位，区域产业空心化的隐忧开始浮现。本文在对产业升级和产业迁移的相关理论进行梳理的基础上,分析企业迁移的决定因素以及产业升级所需条件，进而研究区域产业空心化的成因；最后，以珠三角制造业为对象展开分析并给出相应的对策建议。
珠江三角洲城市群震害损失预测初步研究	何　萍 傅冠华	《华南地震》	2009-12-15	本文阐述珠江三角洲城市群的发展现状及其地震活动性，分析了城市群的地震灾害特点，并利用现有的震害评估模型及基础数据对珠江三角洲城市群进行震害损失模拟，结果证明城市群震害损失较非城市群更严重，并提出了防御城市群地震灾害的措施。

题名	作者	文献来源	发表时间	摘要
试论珠江三角洲民营企业财务会计与融资难的关系与对策	庄壮辉	《企业家天地下半月刊》（理论版）	2009-12-15	本文通过对珠三角民营企业财务会计目的、内控管理、资产负债等因素的剖析，分析其与银行、担保公司融资管理的关系，提出解决民营企业融资难的对策。
构建服务型社会管理体制机制	孙志凯	《中共珠海市委党校、珠海市行政学院学报》	2009-12-18	本文认为，以世界眼光构建服务型社会管理体制机制，是应对珠三角社会深度变革所带来的挑战和压力的必然选择。要以转变行政理念为先导，积极调动各种社会力量，致力于社会公共服务体系和服务市场秩序建设。
关于深化珠港澳区域经济合作的思考	陈　茵	《中共珠海市委党校、珠海市行政学院学报》	2009-12-18	本文认为，当前，要以贯彻落实《珠江三角洲地区改革发展规划纲要》为契机，通过积极探索合作新机制，进一步拓展合作领域，有效突破理念性、体制性及利益协调等方面存在的障碍，不断开创珠港澳区域经济合作新局面。
珠江三角洲的桑基鱼塘及其旅游开发研究	郭盛晖 郭盛煌	《广州番禺职业技术学院学报》	2009-12-20	本文认为，桑基鱼塘是一种具有特殊结构和功能的土地利用模式，它在珠江三角洲地区盛行了数百年，如今已日渐式微，正面临或完全消亡或保护利用的关键时期。桑基鱼塘也是一种独特的农业文化景观，具有多方面的旅游价值，如果能采取有效对策科学合理地进行旅游开发，将有助于珠江三角洲桑基鱼塘的保护与发展。
新发展形势下的珠三角公共信息安全联动体系的构建研究	林春亮	《广州广播电视大学学报》	2009-12-20	本文指出，珠三角地区改革发展规划纲要的提出，为地区公共信息的发展提出了新要求，建立起地区公共信息安全的联动体系，有利于提高地区信息交流，保证信息沟通渠道的安全畅通，不断提高各地市联合公共服务、公共管理的能力，保证珠三角地区加快经济一体化的步伐。
珠三角服务业外商直接投资的经济增长效应	谭蓉娟 秦陇一	《国际经贸探索》	2009-12-25	近年来，珠江三角洲吸引外商直接投资的重点由制造业转向服务业。本文通过对珠江三角洲九市服务业2000～2008年的相关数据进行面板数据分析，剖析了影响珠三角服务业发展的主要因素，探讨了其FDI的经济增长效应。

题名	作者	文献来源	发表时间	摘要
发达地区流动人口继续教育需求探析——基于珠江三角洲部分城市的社会调查	曾荣青	《河北大学成人教育学院学报》	2009-12-25	本文以珠江三角洲的流动人口为研究对象，在实证调查研究的基础上，分析了流动人口的主要特点，参与继续教育的主要动机以及影响其参与继续教育的主要因素，并提出加强流动人口继续教育的对策。
产业升级与高技能人才供给结构性失衡的影响因素研究——以广东省珠江三角洲地区为例	谌新民 潘　彬	《华南师范大学学报》（社会科学版）	2009-12-25	珠江三角洲地区存在严重的产业结构与高技能人才供给失衡，这不仅体现在高技能人才数量的短缺，更表现为结构上的不匹配。通过增加高素质的技能人才供给以满足产业优化升级对人力资源的需求是目前亟待解决的一个突出难题。基于实地调研资料，文章从三个层面分析，认为收入水平、职业资格证书和职业培训是影响高技能人才供给的重要因素，应从改善公共产品供给视角提供更好的公共政策设计。
珠江三角洲地区发展新能源和可再生能源的经济政策对策思考	李　坪 梅林海	《特区经济》	2009-12-25	本文认为，发展新能源和可再生能源是支撑珠江三角洲地区经济发展重要基础，可推动形成珠江三角洲地区新的经济增长点，还是减少珠江三角洲地区环境治理成本的有力措施，这是珠江三角洲地区经济发展面临的非常迫切的共同课题，应通盘考虑，加强合作，突出重点，大力推进。
珠江三角洲生态经济发展主要问题及对策研究	谭三清 熊友波 张　贵	《特区经济》	2009-12-25	实施生态经济发展战略是珠三角在21世纪的必然选择。本文对珠三角生态经济发展中生态环境问题、土地资源问题及产业结构等主要问题进行了分析。提出了实行生态功能区划、构建区域生态结构体系，优化城市规模扩张模式、实现城乡融合，调整产业结构、不断探索生态经济在珠三角的发展模式，创新政府对生态经济的管理等对策。
红三角合作承接珠三角产业转移研究	陈　晨	《特区经济》	2009-12-25	本文分析红三角城市承接珠三角产业转移的现状与存在的问题，提出以政府联合协会模式加强红三角合作承接产业转移的构想，并着重通过郴州与另外两个城市的比较，得出郴州应错位承接产业转移、加强人才引进等具体对策。
珠三角地区房地产投资环境评价	周　飞 陈士银 吴雪彪	《特区经济》	2009-12-25	本文通过建立评价指标体系，采用层次分析法，对珠三角地区房地产投资环境进行定量评价。

题名	作者	文献来源	发表时间	摘要
珠三角水乡旅游开发经营模式初探——以中山市民众镇裕安村为例	徐文雄 肖宁宁	《乡镇经济》	2009-12-25	如何进行有效的管理和开发，是水乡旅游生存和发展的关键。本文结合珠江三角洲的地域特色，通过对裕安村进行实地考察和访谈，得出一种新型的珠江三角洲水乡旅游开发经营模式，以此丰富水乡旅游开发的理论研究，并为珠江三角洲水乡旅游与社会的和谐发展提供指导。
珠江三角洲冲积平原湿地发展初探——以广州市南沙区为例	曾绮微 郑康振 陈　耿 陈桂珠	《中国城市林业》	2009-12-28	本文以广州南沙区为例，综述了珠江三角洲冲积平原湿地的形成过程与开发利用，探讨此类湿地的特殊性及其对城市生态环境的重要性和威胁因子。
保持珠三角地区民工队伍稳定性的经济分析	张良桥 王　璐	《顺德职业技术学院学报》	2009-12-30	本文指出，造成民工供给对经济变化敏感的根本原因在于民工务工收益增长的幅度低于务工成本增长幅度，使得民工供给长期处于鞍点均衡状态，从而造成了民工供给不稳定。因此，要在珠三角地区保持一支稳定的民工队伍就需要提高民工务工收益、降低务工成本，减少民工供给对经济变化的敏感性。
珠江三角洲水乡聚落形态	陆　琦 潘　莹	《南方建筑》	2009-12-31	本文认为珠江三角洲地区水乡是以连片桑基鱼塘或果林、花卉商品性农业区为开敞外部空间，具有浓郁广府民系地域建筑风格和岭南亚热带气候植被自然景观特征的水乡聚落类型。珠三角地区水乡为岭南水乡的典型，其聚居空间格局包括线型水乡、块型水乡和网型水乡等。水乡空间形态构成，表现在村落水口、河涌水道、街巷空间和民居建筑等，综合形成水乡聚居形态的空间统一体。

文献法规

文献法规

珠江三角洲地区改革发展规划纲要（2008~2020年）

国家发展和改革委员会

二〇〇八年十二月

前　言

珠江三角洲地区是我国改革开放的先行地区，是我国重要的经济中心区域，在全国经济社会发展和改革开放大局中具有突出的带动作用和举足轻重的战略地位。改革开放以来，在党中央、国务院的正确领导下，珠江三角洲地区锐意改革，率先开放，开拓进取，实现了经济社会发展的历史性跨越，为全国改革开放和社会主义现代化建设做出了重大贡献。当前，国内外经济形势发生深刻变化，珠江三角洲地区正处在经济结构转型和发展方式转变的关键时期，进一步的发展既面临严峻挑战，也孕育着重大机遇。在改革开放30周年之际，从国家战略全局和长远发展出发，为促进珠江三角洲地区增创新优势，更上一层楼，进一步发挥对全国的辐射带动作用和先行示范作用，特制定珠江三角洲地区改革发展规划纲要。

本规划纲要的规划范围是，以广东省的广州、深圳、珠海、佛山、江门、东莞、中山、惠州和肇庆市为主体，辐射泛珠江三角洲区域，并将与港澳紧密合作的相关内容纳入规划。规划期至2020年。

本规划纲要是指导珠江三角洲地区当前和今后一个时期改革发展的行动纲领和编制相关专项规划的依据。

一、加快珠江三角洲地区改革发展的重要意义

（一）30年改革发展的成就

改革开放30年来，珠江三角洲地区充分发挥改革“试验田”的作用，率先在全国推行以市场为取向的改革，较早地建立起社会主义市场经济体制框架，成为全国市场化程度最高、市场体系最完备的地区；依托毗邻港澳的区位优势，抓住国际产业转移和要素重组的历史机遇，率先建立开放型经济体系，成为我国外向度最高的经济区域和对外开放的重要窗口；带动广东省由落后的农业大省转变为我国位列第一的经济大省，经济总量先后超过亚洲“四小龙”的新加坡、香港和台湾，奠定了建立世界制造业基地的雄厚基础，成为推动我国经济社会发展的强大引擎；人口和经济要素高度聚集，城镇化水平快速提高，基础设施比较完备，形成了一批富有时代气息又具岭南特色的现代化城市，成为我国三大城镇密集地区之一；城乡居民收入水平大幅提高，覆盖城乡的社会保障体系初步形成，教育、科技、文化、卫生、体育等各项社会事业迅速发展，公共服务体系基本建立。珠江三角洲地区已经站在了一个新的更高的历史起点上。珠江三角洲地区改革发展的巨大成就雄辩地证明，发展是硬道理，改革开放是发展中国特色社会主义、实现中华民

族伟大复兴的必由之路。

(二) 面临的挑战和机遇

在经济全球化和区域经济一体化深入发展，尤其是当前国际金融危机不断扩散蔓延和对实体经济的影响日益加深的背景下，珠江三角洲地区的发展受到严重冲击，国际金融危机的影响与尚未解决的结构性矛盾交织在一起，外需急剧减少与部分行业产能过剩交织在一起，原材料价格大幅波动与较高的国际市场依存度交织在一起，经济运行困难加大，深层次矛盾和问题进一步显现。主要是：产业层次总体偏低，产品附加值不高，贸易结构不够合理，创新能力不足，整体竞争力不强；土地开发强度过高，能源资源保障能力较弱，环境污染问题比较突出，资源环境约束凸显，传统发展模式难以持续；城乡和区域发展仍不平衡，生产力布局不尽合理，空间利用效率不高；社会事业发展相对滞后，人力资源开发水平、公共服务水平和文化软实力有待进一步提高；行政管理体制、社会管理体制等方面的改革任务仍然繁重，改革攻坚难度越来越大。另一方面，珠江三角洲地区也面临着重大机遇：国际产业向亚太地区转移的趋势不会改变，亚洲区域经济合作与交流方兴未艾，中国—东盟自由贸易区进程加快；我国仍处在重要战略机遇期，工业化、信息化、城镇化、市场化、国际化深入发展，粤港澳三地经济加快融合，经济发展具有很强的后劲；特别是经过改革开放30年发展，珠江三角洲地区积累了雄厚的物质基础，经济实力、区域竞争力显著增强，这些都为珠江三角洲地区加快改革发展提供了有利条件和广阔空间。

(三) 重要意义

在新形势下，推进珠江三角洲地区加快改革发展，充分发挥自身优势，着力解决突出问题，变压力为动力，化挑战为机遇，把国际金融危机带来的不利影响降到最低程度，加快推动经济社会又好又快发展，既是该地区转变经济发展方式的必然选择，也是我国当前保持经济增长的迫切要求和实现科学发展的战略需要。加快珠江三角洲地区的改革发展，有利于推进珠江三角洲地区经济结构战略性调整，增强经济发展的动力和活力；有利于提高我国的综合实力、国际竞争力和抵御国际风险的能力，更好地参与国际经济合作与竞争；有利于辐射和带动环珠江三角洲和泛珠江三角洲区域的经济发展，促进形成优势互补、良性互动的区域经济发展新格局；有利于贯彻“一国两制”方针，保持港澳地区长期繁荣稳定；有利于深化体制机制创新，为建立实现科学发展的体制机制探索新路径、提供新经验。

二、总体要求和发展目标

(一) 指导思想

高举中国特色社会主义伟大旗帜，以邓小平理论和“三个代表”重要思想为指导，深入贯彻落实科学发展观，进一步解放思想，坚持改革开放，努力争当实践科学发展观的排头兵。着力构建现代产业体系，加快发展方式转变，率先建立资源节约型和环境友好型社会；着力推进科技进步，增强自主创新能力，率先建立创新型区域；着力解决民生突出问题，促进城乡区域协调发展，率先构建社会主义和谐社会；着力深化体制改革，勇于推进体制机制创新，率先建立完善的社会主义市场经济体制；着力加强与港澳合作，扩大对内对外开放，率先建立更加开放的经济体系。要把解决当前问题与谋划长远发展结合起来，保持珠江三角洲地区经济平稳较快发展，为保持港澳地区长期繁荣稳定提供有力支撑，为我国改革开放和社会主义现代化建设做出新的更大贡献，率先建成全面小康社会和基本实现现代化。

(二) 战略定位

——探索科学发展模式试验区。赋予珠江三角洲地区发展更大的自主权，支持率先探索经济发展方式转变、城乡区域协调发展、和谐社会建设的新途径、新举措，走出一条生产发展、生活富裕、生态良好的文明发展道路，为全国科学发展提供示范。

——深化改革先行区。继续承担全国改革“试验田”的历史使命，大胆探索，先行先试，全面推进经济体制、政治体制、文化体制、社会体制改革，在重要领域和关键环节率先取得突破，为实现科学发展提供强大动力，为发展中国特色社会主义创造新鲜经验。

——扩大开放的重要国际门户。坚持“一国两制”方针，推进与港澳紧密合作、融合发展，共同打造亚太地区最具活力和国际竞争力的城市群。创新国际区域合作机制，全面提升经济国际化水平，完善内外联动、互利共赢、安全高效的开放型经济体系。

——世界先进制造业和现代服务业基地。坚持高端发展的战略取向，建设自主创新新高地，打造若干规模和水平居世界前列的先进制造产业基地，培育一批具有国际竞争力的世界级企业和品牌，发展与香港国际金融中心相配套的现代服务业体系，建设与港澳地区错位发展的国际航运、物流、贸易、会展、旅游和创新中心。

——全国重要的经济中心。综合实力居全国经济区前列，辐射带动能力进一步增强，形成以珠江三角洲为中心的资源互补、产业关联、梯度发展的多层次产业圈，建设成为带动环珠江三角洲和泛珠江三角洲区域发展的龙头，成为带动全国发展更为强大的引擎。

（三）发展目标

当前和今后一段时间，必须充分估计形势的严峻性和复杂性，坚定信心，迎难而上，把保持经济平稳较快发展作为首要任务，抓紧落实中央关于扩大内需的各项部署。要结合珠江三角洲地区的实际，大力改善民生和启动最终消费需求，大力拉动民间投资，大力促进外贸出口，形成促进经济增长的合力。

到 2012 年，率先建成全面小康社会，初步形成科学发展的体制机制，产业结构明显升级，自主创新能力明显增强，生态环境明显优化，人民生活明显改善，区域城乡差距明显缩小，区域一体化格局初步形成，粤港澳经济进一步融合发展。人均地区生产总值达到 80000 元，服务业增加值比重达到 53%；城乡居民人均收入比 2007 年显著增长，平均期望寿命达到 78 岁，社会保障体系覆盖城乡，人人享有基本公共服务；城镇化水平达到 80%以上；每新增亿元地区生产总值所需新增建设用地量下降，单位生产总值能耗与世界先进水平的差距明显缩小，环境质量进一步改善。

到 2020 年，率先基本实现现代化，基本建立完善的社会主义市场经济体制，形成以现代服务业和先进制造业为主的产业结构，形成具有世界先进水平的科技创新能力，形成全体人民和谐相处的局面，形成粤港澳三地分工合作、优势互补、全球最具核心竞争力的大都市圈之一。人均地区生产总值达到 135000 元，服务业增加值比重达到 60%；城乡居民收入水平比 2012 年翻一番，合理有序的收入分配格局基本形成；平均期望寿命达到 80 岁，实现全社会更高水平的社会保障；城镇化水平达到 85%左右，单位生产总值能耗和环境质量达到或接近世界先进水平。

三、构建现代产业体系

促进信息化与工业化相融合，优先发展现代服务业，加快发展先进制造业，大力发展高技术产业，改造提升优势传统产业，积极发展现代农业，建设以现代服务业和先进制造业双轮驱动的主体产业群，形成产业结构高级化、产业发展集聚化、产业竞争力高端化的现代产业体系。

（一）优先发展现代服务业

支持珠江三角洲地区与港澳地区在现代服务业领域的深度合作，重点发展金融业、会展业、物流业、信息服务业、科技服务业、商务服务业、外包服务业、文化创意产业、总部经济和旅游业，全面提升服务业发展水平。支持广州市、深圳市建设区域金融中心，构建多层次的资本市场体系和多样化、比较完善的金融综合服务体系。支持符合条件的优质企业上市融资，扩大直接融资比重。培育具有国际竞争力的金融控股集团，尽快在深圳证券交易所推出创业板、完善代办股份转让系统，支持建设广东金融高新技术服务区。大力发展金融后台服务产业，建设辐射亚太地区的现代金融产业后援服务基地。发展一批具有国际影响力的专业会展，扩大中国（广州）进出口商品交易会、中国（深圳）国际高新技术成果交易会、中国（珠海）国际航空航天博览会、中国（广州）中小企业博览会、中国（深圳）国际文化产业博览交易会的国际影响力，打造世界一流的会展品牌。推进白云空港、宝安空港、广州港、深圳港等一批枢纽型现代物流园区建设，完善与现代物流业相匹配的基础设施，带动广东建设世界一流的物流中心。建设以珠江三角洲地区为中心的南方物流信息交换中枢，进一步确立珠江三角洲地区的国际电子商务中心地位。着力发展外包服务业，到2012年，培育2–3个国家级国际服务外包基地城市，形成较为完整的国际服务业外包产业链。支持发展研究设计、营销策划、工程咨询、中介服务等第三方专业服务机构，促进科技服务业和商务服务业发展。加快发展人力资源服务业，扶持一批立足本地、辐射全国、具有国际竞争力的人力资源服务机构，促进人力资源合理流动和有效配置。培育一批创意产业集群，加快建设珠江三角洲国家级软件和动漫产业基地。大力发展总部经济，鼓励国内外大型企业以及有影响力的中介服务机构在珠江三角洲地区设立总部或分支机构。建设全国旅游综合改革示范区，建成亚太地区具有重要影响力的国际旅游目的地和游客集散地。到2020年，现代服务业增加值占服务业增加值的比重超过60%。

（二）加快发展先进制造业

充分利用现有基础和港口条件，重点发展资金技术密集、关联度高、带动性强的现代装备、汽车、钢铁、石化、船舶制造等产业，坚持走新型工业化道路。加快发展装备制造业，在核电设备、风电设备、输变电重大装备、数控机床及系统、海洋工程设备5个关键领域实现突破，形成世界级重大成套和技术装备制造产业基地。加快发展以自主品牌和自主技术为主的汽车产业集群，打造2–3家产值超千亿元的特大型汽车制造企业，建设国际汽车制造基地。发展大功率中低速柴油机等船舶关键配套装备，打造产能千万吨级的世界级大型修造船基地和具有现代化技术水平的海洋工程装备制造基地。以宝钢重组韶钢、广钢为契机，建设现代化的千万吨级湛江钢铁基地。集约发展石化产业，集中力量在深水港口条件好、环境承载能力相对较大的沿海地区，依托条件较好的现有企业，高标准建设2–3个千万吨级炼油、百万吨级乙烯炼化一体化工程，力争形成世界先进水平的特大型石油化工产业基地。支持发展通用飞机制造产业，壮大新能源汽车产业。大力培育精细化工、医药等产业，提升规模和水平，形成新的经济增长点。到2020年，先进制造业增加值占工业增加值的比重超过50%。近期，要适度控制新增产能，加快结构调整，为长远发展奠定基础。

（三）大力发展高技术产业

坚持全面提升与重点突破相结合，突出自主创新和产业集聚，培育壮大新兴产业，建成全球重要的高技术产业带。着力发展高端产业和产业链高端环节，加快提升高技术产业核心竞争力。引导生产要素向优势地区、产业基地和产业园区集聚，促进形成产业特色鲜明、配套体系完备的高技术产业群。重点发展电子信息、生物、新材料、环保、新能源、海洋等产业。电子信息领域重点发展软件及集成电路设计、新型平板显示、半导体照明、新一代宽带无线移动通信、下一代互联网、数字家庭等产业，促进数字视听产品转型升级，提升通信设备在全球的竞争优势，建设现代信息产业基地。生物领域重点加强干细胞、转基因、生物信息等关键技术和重要产品研制，大力发展生物医学、生物育种等产业。新材料领域重点发展新型电子材料、特种功能材料、环境友好材料和高性能结构材料等。环保领域着力发展环保技术与装备、环境服务产业等。新能源领域重点发展风能、太阳能等清洁能源。海洋领域重点发展海洋生物、海洋资源综合利用等。围绕重点领域实施高技术产业化重大专项，加大对高技术产业化项目的支持力度。推进高新技术产业开发区“二次创业”，重点加快广州科学城（北区）和深圳高新技术产业带建设，加快科研、标准化与科技成果产业化三同步步伐，把广州、深圳国家高新技术产业开发区建设成为全国领先的科技园区。到2012年，培育形成3–5个产值规模超千亿元的新兴产业群，重点打造3–5家销售收入达千亿元、具有全球影响力的跨国企业。到2020年，高技术制造业增加值占工业增加值的比重达30%。

(四) 改造提升优势传统产业

实施改造提升、名牌带动、以质取胜、转型升级战略，做优家用电器、纺织服装、轻工食品、建材、造纸、中药等优势传统产业，提高产业集中度，提升产品质量，增强整体竞争力。积极采用高新技术、先进适用技术和现代管理技术改造提升优势传统产业，推动产业链条向高附加值的两端延伸。以提高产业链配套能力、增加产品附加值为重点，加大研发投入，强化工艺设计，提高技术装备水平，大力发展环保、节能、高附加值产品，推动优势传统产业向品牌效益型转变。加快优势传统产业组织结构调整，打造一批具有知名品牌的龙头企业。发挥龙头企业、名牌产品和驰名商标的带动作用，打造佛山家电和建材、东莞服装、中山灯饰、江门造纸等具有国际影响力的区域品牌，做大做强产业集群。提高优势出口产品的技术含量和附加值，提高自主品牌出口产品比重。提高产业准入门槛，促进资源型低端产业逐步退出，淘汰落后产业和落后生产能力。

(五) 积极发展现代农业

按照高产、优质、高效、生态、安全的要求，加快转变农业发展方式，优化农业产业结构，建立具有岭南特色的都市型、外向型现代农业产业体系，率先实现农业现代化。稳定粮食面积，建设标准农田，实施优质稻产业工程，确保现有粮食生产能力不下降、粮食安全保障能力不降低。加强蔬菜、水产和畜禽等鲜活农产品基地建设，突破农产品保鲜加工和流通瓶颈，建设具有国际竞争力的园艺产业带和农产品现代物流体系。加强基本农田保护区建设，改造水利灌溉设施，加强良种繁育和动植物防疫等基础设施建设，不断优化农业设施装备结构，健全农业社会化服务体系。推进农业科技创新和成果转化，提高科技对农业的贡献率，高标准建成若干个国家级现代农业园区。完善农村集体土地股份合作制，推进农业产业化、规模化、集约化经营，提高劳动生产率和土地产出率。全力推进农业标准化，建立健全"从田头到餐桌"的农产品及食品良好生产规范、质量安全监督管理体系及产品可追溯制度。强化农业支持保护体系，增强农业抗风险能力。加强农业国际合作，拓展珠江三角洲外向型农业的广度和深度，增强国际竞争力和可持续发展能力。

(六) 提升企业整体竞争力

通过淘汰一批落后企业，转移一批劳动密集型企业，提升一批优势企业，培育一批潜力企业，推动企业组织结构调整。大力推进企业信息化，切实提高企业管理水平。当前，要综合运用各种有效手段，帮助困难企业度过难关，同时鼓励和支持优势企业围绕主业实施行业并购和重组，形成一批拥有自主知识产权和世界级品牌、具有国际竞争力的大企业。发挥大企业在产业链中的核心作用，带动中小企业发展，形成以大企业为龙头、中小企业专业化配套的协作体系。到2012年，年主营业务收入超百亿元企业达到100家以上，其中超千亿元企业8家左右，世界名牌产品数量翻一番。到2020年，年主营业务收入超千亿元企业达到20家左右，世界名牌产品达到20个左右。

四、提高自主创新能力

完善自主创新的体制机制和政策环境，构建以企业为主体、以市场为导向、产学研结合的开放型区域创新体系，率先建成全国创新型区域，成为亚太地区重要的创新中心和成果转化基地，全面提升国际竞争力。

(一) 推进核心技术的创新和转化

围绕现代产业发展的需求，着力抓好关键领域的引进消化吸收再创新和集成创新，积极推进原始创新，加快创新成果转化，实现产业技术跨越式发展。重点开展电子信息、生物与新医药、先进制造、新材料、节能与新能源、环保与资源综合利用、现代农业等关键领域的自主创新，掌握一批行业核心和共性技术。实施产业前沿技术重大攻关计划，开展关键领域联合科技攻关，实施节能减排与可再生能源、创新药物的筛选与评价、下一代互联网、新一代移动通信等自主创新重大专项，支持产学研合作和区域联合承担国家重大科技专项。加强大学科技园、科技成果孵化器和中试基地建设，新建一批创新成果产业化基地，组织实施高技术产业化示范工程，支持国家重大创新成果在珠江三角洲地区转化。大力发展技术评估、产权交易、成果转化等科技中介服务机构，构建技术转移平台，促进创新成果转化。力争到2012年，年发明专利申请量达600件/百万人口，在一些重点领域自主创新接近或达到世界先进水平。到2020年，基本实现由“广东制造”向“广东创造”转变。

（二）强化企业自主创新主体地位

引导创新要素向企业集聚，鼓励企业加大研发投入，强化本土企业在自主创新中的主体地位。支持探索促进自主创新的政策举措，鼓励率先建立和完善增强企业自主创新能力的政策体系。完善企业自主创新激励机制，全面落实企业研发费用税前加计扣除等自主创新优惠政策，加大创新产品的政府采购力度。支持企业与全国高等院校、科研院所共建高水平的技术研发机构和人才培养机构，组建企业技术中心，共同承担国家重大科技项目。加强行业公共技术平台和创新服务体系建设，为企业自主创新提供公共服务支撑。培育一批创新能力强、经济效益好的创新型企业，重点支持打造50家国家级和10家世界领先的创新型龙头企业。

（三）构建开放型的区域创新体系

加强区域合作与国际合作，完善区域创新布局，加强创新能力建设，构建开放融合、布局合理、支撑有力的区域创新体系。深化粤港澳科技合作，建立联合创新区，支持联合开展科技攻关和共建创新平台。规划建设深港创新圈，加强穗港产学研合作，加快国家创新型城市建设，形成以广州－深圳－香港为主轴的区域创新布局。支持广州国家级开发区开展创新发展模式试验。实施企业国际合作创新试点，鼓励企业设立境外研发机构，积极承接跨国公司研发中心转移。完善创新平台的运行管理机制，建立健全科研设备和科技信息开放共享制度，强化创新平台的公共服务功能。加快建设深圳国家高技术产业创新中心、华南新药创制中心、广州国际生物岛等重大创新平台。到2012年，建成具有现代运行管理机制的国家重点实验室、工程中心、工程实验室等100家创新平台。到2020年，形成较为完善的区域性国际化创新体系。

（四）深化国家与地方创新联动机制

国家有关部门与广东省联合开展自主创新综合试验，积极推进协调管理、考核评价、科技体制等方面的体制机制改革，促进国家与地方创新资源的高效配置和综合集成，上下联动凝聚创新合力。设立省部产学研合作重大科技项目，实施“产学研合作综合示范企业”行动计划和省部企业科技特派员行动计划。支持国家重点高校、科研院所与珠江三角洲地区联合，组建100个左右省部产学研技术创新联盟，共建一批高水平的研究型大学、科研机构、重大创新平台和省部产学研合作示范基地。支持在珠江三角洲地区布局建设国家重大科技基础设施、重要科研机构和重大创新能力项目，积极推进中国科学院与广东省自主创新战略合作，加快建设散裂中子源、南方深海海洋科技创新基地、中科院广州生命健康研究院、中国华南超级计算中心、中科院广州工业技术研究院、中科院深圳先进技术研究院等共建项目。

（五）加强自主创新环境建设

加强自主创新投入、知识产权保护、人才等支撑体系建设。优化整合财政资源，加大财政投入。完善创新创业融资环境，积极发展知识产权质押、租赁融资和创业投资，探索组建服务自主创新的新型金融组织，开展科技保险试点。实施知识产权和技术标准战略，加大知识产权保护和应用力度，支持开展行业、国家和国际标准的制订工作。支持开展工业设计人员等职业能力评价认证体系试点。创新人才引进、培养、评价、任用、表彰激励和服务保障机制，实施高端人才引进计划和培养工程，发挥“中国留学人员广州科技交流会”等人才引进平台的作用，建设一支高层次、国际化的优秀人才队伍。到2012年，研究与发展经费支出占地区生产总值的比重达2.5%，研发人员总量达28万人左右。到2020年，形成要素完备、支撑有力、开放包容的自主创新环境。

五、推进基础设施现代化

按照统筹规划、合理布局、适度超前、安全可靠的原则，紧紧抓住当前扩大内需的战略机遇，加快交通、能源、水利和信息基础设施建设，推进区域基础设施一体化发展，提高保障水平，实现基础设施现代化。

（一）建设开放的现代综合交通运输体系

大力推进交通基础设施建设，形成网络完善、布局合理、运行高效、与港澳及环珠江三角洲地区紧密相连的一体化综合交通运输体系，使珠江三角洲地区成为亚太地区最开放、最便捷、最高效、最安全的客流和物流中心。尽快建成珠江三角洲城际轨道交通网络，完善区内铁路、高速公路和区域快速干线网络，增强珠江口东西两岸的交通联系。重点建设环珠江三角洲地区高速公路、中山至深圳跨珠江口通道、港珠澳大桥、深港东部通道、广深港高速铁路、沿海铁路、贵州至广州铁路、南宁至广州铁路，以及广州、深圳、佛山、东莞城市轨道交通等重大项目。加强城市公共交通基础设施及广州、深圳、珠海等交通枢纽建设，完善区域公交网络。提高珠江三角洲高等级内河航道网的现代化水平，有效整合珠江口港口资源，完善广州、深圳、珠海港的现代化功能，形成与香港港口分工明确、优势互补、共同发展的珠江三角洲港口群体。加快广州白云国际机场扩建，巩固其中心辐射地位并提高国际竞争力，扩容改造深圳宝安机场，提升其服务水平，将其发展为大型骨干机场。加强珠江三角洲民航机场与港澳机场的合作，构筑优势互补、共同发展的机场体系。到2012年，珠江三角洲高速公路通车里程达3000公里，轨道交通运营里程达1100公里，港口货物吞吐能力达9亿吨，集装箱吞吐能力达4700万标箱，民航机场吞吐能力达8000万人次；到2020年，轨道交通运营里程达2200公里，港口货物吞吐能力达14亿吨，集装箱吞吐能力达7200万标箱，民航机场吞吐能力达1.5亿人次。

（二）构建清洁安全可靠的能源保障体系

统筹区域内外能源基础设施建设，以电力建设为中心，构建开放、多元、清洁、安全、经济的能源保障体系，满足珠江三角洲地区经济社会发展需要。加快开展前期工作，规模化发展核电，延伸核电产业链，推进核电自主化，把广东建成我国重要的核电基地和核电装备基地。优化发展火电，在沿海沿江建设一批环保型骨干电厂，在珠江三角洲区内负荷中心建设支撑电源，统筹推进区域热电冷联供和清洁发电示范工程。合理配置广东省内电源和“西电东送”外区电源，确保电网安全稳定运行。进一步完善珠江三角洲电网和跨区域输电通道，构建电力安全体系及应急处置体系，提高电网抗灾害能力和电力减灾应急能力。在符合国家重点油气项目战略规划布局的前提下，加快油气基础设施建设及LNG接收站建设，统筹推进油气管网一体化，建设区域石油流通枢纽和交易中心。稳步推进能源储备工程，建设石油储备基地和大型煤炭中转基地。加强国内外能源合作，多渠道开拓能源资源。积极开发新能源和可再生能源，重点建设风力发电场和太阳能利用工程。到2020年，建成供应能力强、结构优、效率高的现代能源保障体系。

（三）建设人水和谐的水利工程体系

加快推进水利基础设施建设，完善水利防灾减灾工程体系，优化水资源配置，强化水资源保护和水污染治理，确保防洪安全、饮水安全、粮食安全和生态安全，建立现代化水利支撑保障体系。重点推进北江乐昌峡、湾头、大藤峡水利枢纽建设，实施景丰联围、江新联围、中顺大围等重要江海堤围加固达标工程以及防洪排涝工程，加快病险水库除险加固。继续实施珠江河口整治工程，统筹协调珠江流域防洪工程标准，完善防洪防潮抗旱指挥系统和防御超标准洪水预案建设。建立省部合作珠江三角洲中小尺度气象灾害监测预警中心。继续加强江河治理和水生态保护的基础设施建设，加快水文、水资源和水环境实时监控系统建设。建立合理高效的水资源配置和供水安全保障体系，重点推进广州西江引水、珠海竹银水源等水资源调蓄工程建设，加强珠江流域水资源统一管理，实施西江上游骨干水库和东江三大水库的联合调度，保障珠江三角洲及港澳地区的供水安全。加强农业、工业和生活节水工作，提高水资源利用效率。到2020年，广州、深圳市市区防洪防潮能力达到200年一遇，其他地级市市区达到100年一遇，县城达到50年一遇，重要堤围达到50–100年一遇；供水水源保证率大中城市达97%以上，一般城镇达90%以上，水源水质均达到水功能区水质目标。

（四）构建便捷高效的信息网络体系

按照构建“数字珠江三角洲”的总体要求，突破区划、部门、行业界限和体制性障碍，加大信息基础设施建设力度，加快部署新一代移动通信网络，分区域、按步骤推进无线宽带城市群建设，构建“随时随地随需”的珠江三角洲信息网络。统筹信息网络规划、建设和管理，率先推进电信网、互联网和广播电视网“三网融合”，促进网络资源共享和互联互通。建设南方现代物流公共信息平台，率先发展“物联网”，推进基础通信网、应用网和射频感应网的融合。建设政府信息资源共享平台，构建信息安全保障体系。统筹珠江三角洲基础地理信息资源的开发利用。到2012年，互联网普及率和家庭宽带普及率分别达90%和65%以上，无线宽带人口覆盖率达60%左右。到2020年，珠江三角洲地区进入全球信息化先进水平行列。

六、统筹城乡发展

按照城乡规划一体化、产业布局一体化、基础设施建设一体化、公共服务一体化的总体要求，着力推进社会主义新农村建设，完善和提升城市功能，率先形成城乡一体化发展新格局。

（一）提高城乡规划和建设管理水平

切实加强统筹城乡的规划布局，建设与经济发展水平相适应的现代化城乡示范区，打造具有岭南特色的宜居城乡。建立以主体功能区规划为基础，国民经济和社会发展规划、土地利用规划及城乡规划相互衔接的规划体系。合理划定功能分区，明确具体功能定位，改变城乡居民区与工业、农业区交相混杂的状况，优化城乡建设空间布局。按照一体化的要求，统筹编制城乡规划，加强配套设施建设，改善农村人居环境。因地制宜改造城中村、拆除空心村、合并小型村，加快推进城乡新社区建设。加强城乡非农产业空间布局的统一规划，优化农村产业结构，统筹城乡产业发展。探索城乡统一规划、统一建设、统一管理的新机制，提高城乡规划建设管理水平。提高规划制定的公开性、透明性和群众参与度，推进规划编制和实施的法制化进程。

（二）加强农村基础设施建设

提高城乡基础设施建设一体化水平，着力加强农村基础设施建设。大力推进农村饮水安全工程，提高农村供水保证率和质量安全水平。提高农村公路建设等级和标准，健全农村公路管护机制，完善农村路网体系，加快农村出行公交化步伐，2020年建成覆盖城乡、方便快捷的公交客运网络。加快农村现代物流基础设施建设，鼓励城市商贸流通企业向农村延伸，健全城乡连锁经营体系。推进建设农村清洁、经济的能源体系，进一步健全城乡统一供电网络，推广农村沼气、生物质清洁燃料、太阳能等可再生能源技术，实现农村居民普遍用上清洁经济能源目标。实施农村清洁工程，加快建设农村垃圾、污水集中处理系统，实现农村废弃物和人畜粪便无害化处理，改善农村卫生条件和人居环境。

（三）促进城乡基本公共服务均等化

统筹教育、卫生、文化、社会保障等公共资源在城乡之间的均衡配置，把社会事业建设的重点放在农村。全面提高财政保障农村公共事业水平，加快建立城乡统一的公共服务制度，健全以常住人口为目标人群的公共服务体系，率先实现基本公共服务均等化。完善农村义务教育经费保障机制，严把农村教师准入关，建立教师退出机制，提高农村教育师资水平，促进城乡义务教育均衡发展。加强面向农村的职业教育培训。加强农村医疗卫生基础设施建设，全面改善农村预防保健和医疗救治条件，完善新型农村合作医疗制度，着力构建城乡一体的公共卫生服务体系、医疗服务体系、医疗保障体系和药品供应保障体系。加强农民工权益保护，逐步实现农民工子女就学、公共卫生等公共服务与城镇居民享有同等待遇。统筹城乡就业，加快建立城乡一体的人力资源市场和公平竞争的就业制度。加快建立与经济社会发展水平相适应、城乡统筹的社会保障体系。健全农村养老保险制度，切实做好被征地农民的就业培训和社会保障工作。大力发展农村社会福利和慈善事业，建立制度相对统一、待遇标准有别的城乡居民最低生活保障制度，逐步提高最低生活保障标准和补助水平，完善农村五保供养、灾民和孤儿救助政策，全面提高社会福利整体水平。大力推进农村公共文化设施建设，以社区和乡村基层文化设施为基础，完善城乡公共文化服务体系。加强农村基层组织建设，提高城乡社会管理一体化水平。

（四）建立以城带乡、以工补农新机制

建立健全财政、金融等支农政策体系，完善城乡对口支援机制，逐步形成以城带乡、以工补农新机制。完善财政支农保障机制，实现各级财政支农投入增长幅度高于经常性收入增长幅度。调整政府投资、土地出让收益和耕地占用税新增收入使用结构，大幅度提高用于“三农”的比例。加快发展适合农村特点的新型金融机构（组织）和以服务农村为主的地区性金融机构，推进农村信贷担保机制和农村信用体系建设，扩大政策性农业保险覆盖面，积极支持开展水稻、生猪、渔业、森林保险。到2020年建成资本充足、运行安全、功能完善的农村金融体系。加强城市对农村教育、医疗卫生、文化等领域的对口支援，增强城市对农村、二三产业对农业的带动作用。

七、促进区域协调发展

按照主体功能区定位，优化珠江三角洲地区空间布局，以广州、深圳为中心，以珠江口东岸、西岸为重点，推进珠江三角洲地区区域经济一体化，带动环珠江三角洲地区加快发展，形成资源要素优化配置、地区优势充分发挥的协调发展新格局。

（一）发挥中心城市的辐射带动作用

广州市要充分发挥省会城市的优势，增强高端要素集聚、科技创新、文化引领和综合服务功能，进一步优化功能分区和产业布局，建成珠江三角洲地区一小时城市圈的核心。优先发展高端服务业，加快建设先进制造业基地，大力提高自主创新能力，率先建立现代产业体系。增强文化软实力，提升城市综合竞争力，强化国家中心城市、综合性门户城市和区域文化教育中心的地位，提高辐射带动能力。强化广州佛山同城效应，携领珠江三角洲地区打造布局合理、功能完善、联系紧密的城市群。将广州建设成为广东宜居城乡的“首善之区”，建成面向世界、服务全国的国际大都市。深圳市要继续发挥经济特区的窗口、试验田和示范区作用，增强科技研发、高端服务功能，强化全国经济中心城市和国家创新型城市的地位，建设中国特色社会主义示范市和国际化城市。

（二）优化珠江口东岸地区功能布局

以深圳市为核心，以东莞、惠州市为节点的珠江口东岸地区，要优化人口结构，提高土地利用效率，提升城市综合服务水平，促进要素集聚和集约化发展，增强自主创新能力，面向世界大力推进国际化，面向全国以服务创造发展的新空间，提高核心竞争力和辐射带动能力。着力建设深圳通讯设备、生物工程、新材料、新能源汽车等先进制造业和高技术产业基地。加快东莞加工制造业转型升级，建设松山湖科技产业园区。积极培育惠州临港基础产业，建设石化产业基地。珠江口东岸地区要加快发展电子信息高端产品制造业，打造全球电子信息产业基地。大力发展金融、商务会展、物流、科技服务、文化创意等现代服务业，推进产业结构优化升级，构建区域服务和创新中心。

（三）提升珠江口西岸地区发展水平

以珠海市为核心，以佛山、江门、中山、肇庆市为节点的珠江口西岸地区，要提高产业和人口集聚能力，增强要素集聚和生产服务功能，优化城镇体系和产业布局。珠海要充分发挥经济特区和区位优势，加快交通基础设施建设，尽快形成珠江口西岸交通枢纽，增强高端要素聚集发展功能和创新发展能力，提升核心竞争力，提高发展带动能力，建成现代化区域中心城市和生态文明的新特区，争创科学发展示范市。加快建设珠海高栏港工业区、海洋工程装备制造基地、航空产业园区和国际商务休闲旅游度假区。重点发展佛山机械装备、新型平板显示产业集聚区和金融服务区，中山临港装备制造、精细化工和健康产业基地，江门先进制造业重点发展区，肇庆传统优势产业转型升级集聚区。珠江口西岸地区要规模化发展先进制造业，大力发展生产性服务业，做大做强主导产业，打造若干具有国际竞争力的产业集群，形成新的经济增长极。

（四）推进珠江三角洲区域经济一体化

珠江三角洲地区九市要打破行政体制障碍，遵循政府推动、市场主导，资源共享、优势互补，协调发展、互利共赢的原则，创新合作机制，优化资源配置。要制定珠江三角洲地区一体化发展规划。探索建立有利于促进一体化发展的行政管理体制、财政体制和考核奖惩机制。在省政府的统一领导和协调下，建立有关城市之间、部门之间、企业之间及社会广泛参与的多层次合作机制。以广州佛山同城化为示范，以交通基础设施一体化为切入点，积极稳妥地构建城市规划统筹协调、基础设施共建共享、产业发展合作共赢、公共事务协作管理的一体化发展格局，提升整体竞争力。推进城市规划一体化，优化珠江三角洲城市群的空间结构布局。加快建设珠江三角洲城际快速轨道交通系统，推进高速公路电子联网收费，撤除普通公路收费站，减少高速公路收费站，建立统一的综合交通运输体系。统筹推进能源基础设施一体化，形成统一的天然气输送网络和成品油管道网络，实现区域内油、气、电同网同价。统筹规划信息基础网络，统一信息交换标准和规范，共建共享公共信息数据库。统筹跨行政区的产业发展规划，构建错位发展、互补互促的区域产业发展格局，推进产业协同发展。协同构建区域环境监测预警体系，建立区域联防协作机制，实现区内空气和水污染联防联治。加强社会公共事务管理协作，推进区域教育、卫生、医疗、社会保障、就业等基本公共服务均等化。到2012年，基本实现基础设施一体化，初步实现区域经济一体化。到2020年，实现区域经济一体化和基本公共服务均等化。

（五）带动环珠江三角洲地区加快发展

环珠江三角洲地区是指粤东、粤西、粤北及周边省、区的相邻地区。要充分发挥珠江三角洲地区的辐射、服务和带动功能，促进要素流动和产业转移，形成梯度发展、分工合理的多层次产业群和优势互补、互利共赢的产业协作体系。加强基础设施建设，完善港口运输系统，形成贯通珠江三角洲地区、连接周边地区的高速公路、铁路通道。推动珠江三角洲地区劳动密集型产业梯度转移。加快建设粤东、粤西地区石化、钢铁、船舶制造、能源生产基地，形成沿海重化产业带，培育粤北地区成为珠江三角洲地区先进制造业的配套基地。健全珠江三角洲地区对粤东、粤西、粤北地区的挂钩帮扶机制，创新帮扶方式，促进产业和劳动力"双转移"，重点扶持主导产业集聚发展的产业转移示范园区，形成产业集群，在有条件的产业转移园区设立封闭管理的海关特殊监管区域或保税监管场所。加快粤东、粤西、粤北地区农村人口向城镇转移，扩大区域中心城市规模，在粤东、粤西、粤北地区培育新的经济增长极。

八、加强资源节约和环境保护

实行最严格的耕地保护制度和节约用地制度，提高资源节约集约利用水平，切实加强环境保护和生态建设，增强区域可持续发展能力，率先建立资源节约型和环境友好型社会。

（一）节约集约利用土地

严格执行土地利用总体规划和年度计划，切实落实耕地和基本农田保护目标。统筹建设占用和补充耕地规模，积极整理开发部分低效园地山坡地补充耕地，加大土地整理复垦力度，严格实行耕地占补平衡。积极探索耕地保护严、建设占地少、用地效率高的科学发展道路，创新土地管理方式，建设国家节约集约用地试点示范区。支持加大闲置土地处置力度，盘活存量建设用地。有效保护河口和海岸湿地，合理有序将围填海造地和滩涂资源用于非农建设，减少对现有耕地的占用。加强土地需求调控，实行更严格的区域土地供应政策、土地使用标准和市场准入标准，实行差别化供地政策，积极推进工业园区按照产业集聚、布局合理、用地集约的原则进行提升改造，推进交通基础设施、城乡建设用地集约化。探索用地审批制度改革，简化程序，强化监督。探索建立土地收益调节机制，利用经济手段提高土地利用集约化水平。

（二）大力发展循环经济

坚持开发节约并重、节约优先，按照减量化、再利用、资源化的原则，大力推进节能节水节材，加强资源综合利用，全面推行清洁生产，形成低投入、低消耗、低排放和高效率的经济发展方式。落实节能减排目标责任制，严格实施新建项目节能评估和审查制度。抓好重点用能单位节能管理，加快工业、建筑、交通等领域的节能降耗技术改造，到2020年单位地区生产总值能耗下降到0.57吨标准煤。鼓励发展符合国家政策的资源综合利用项目，推动垃圾发电、余热利用发电等工程建设。加强用电需求侧管理，建立节电管理长效机制。实行用水总量控制和定额管理，到2020年，工业用水重复率达到80%。建设城镇再生水利用系统。制定清洁生产推行规划，指导和督促企业推行清洁生产。制定循环经济推进规划，积极探索有利于资源节约和循环经济发展的地方性价格、财政政策，建成一批符合循环经济发展要求的工业园区，形成资源高效利用、循环利用的产业链。鼓励生产和使用节能节水节材产品、可再生产品和节能环保汽车，形成健康文明、节约资源的生产和消费模式。

（三）加大污染防治力度

坚持预防为主、综合治理的方针，提高环境管理水平，创新环境管理机制，切实解决危害人民群众身体健康和影响经济社会发展的突出问题。采取严格有力措施，降低污染物排放总量。科学规划产业布局，避免产业转移中的污染扩散。引导工业企业进园区，废水集中处理。加快规划和建设城镇污水处理设施和配套管网，强化对已建成设施的运营监管。加快规划和建设城镇垃圾处理设施，完善垃圾收运体系。加强省界水质监督监测和入河排污口监督管理。加强水环境管理，着力加强粤港澳合作，共同改善珠江三角洲整体水质，减少整体水污染量，提升污水处理水平。加强饮用水源地建设和保护，确保饮用水安全。陆海统筹，控制近岸海域污染。建立健全大气复合型污染监测和防治体系，着力解决大气灰霾问题。积极治理农业面源污染，重点控制禽畜、水产养殖污染。加强固体废物处理处置，有效控制并加强治理持久性有机污染物、重金属等对土壤的污染，改善耕地质量，确保农业生产安全。制定更严格的区域环境标准，统筹环保基础设施建设，鼓励环境管理体制机制创新和先行先试，充分利用价格、财政、金融等经济手段，率先建立政府、企业、公民各负其责、高效运行的环境管理机制。到2012年，城镇污水处理率达到80%左右，城镇生活垃圾无害化处理率达到85%左右，工业废水排放达标率达到90%；到2020年，城镇污水处理率达到90%以上，城镇生活垃圾无害化处理率达到100%，工业废水排放完全达标。

（四）加强生态环境保护

优化区域生态安全格局，构筑以珠江水系、沿海重要绿化带和北部连绵山体为主要框架的区域生态安全体系。保护重要与敏感生态功能区，加强自然保护区和湿地保护工程建设，修复河口和近岸海域生态系统，加强沿海防护林、红树林工程和沿江防护林工程建设，加强森林经营，提高森林质量和功能，维持生态系统结构的完整性。加强珠江流域水源涵养林建设和保护，综合治理水土流失。推进城市景观林、城区公共绿地、环城绿带建设，促进城乡绿化一体化，加快建成沿公路和铁路的绿化带，维护农田保护区、农田林网等绿色开敞空间，形成网络化的区域生态廊道。实施生态保护分级控制，探索建立流域、区域统筹的生态补偿机制。到2020年，城市人均公园绿地面积达到15平方米，建成生态公益林90万公顷，建成自然保护区82个。

九、加快社会事业发展

以改善民生为重点，大力发展各项社会事业，切实做到全体人民学有所教、劳有所得、病有所医、老有所养、住有所居，打造全国高水平、高品质社会事业发展示范区，促进人的全面发展，实现人民幸福安康、社会和谐进步。

（一）优先发展教育

——优化基础教育结构。合理配置义务教育办学资源，逐步解决常住人口子女平等接受义务教育问题。从实际情况出发，由地方财政统筹考虑，逐步实现普及学前到高中阶段教育。以中等职业教育为重点，大力发展职业教育，率先实现农村中等职业教育免费。推进校企合作，建设集约化职业教育培训基地，面向更大区域配置职业技术教育资源，把珠江三角洲地区建设成为我国南方重要的职业技术教育基地。高等教育普及化水平进一步提高，显著提升高校科技创新与服务能力。

——以新的思维和机制推动高等教育发展上水平。支持港澳名牌高校在珠江三角洲地区合作举办高等教育机构，放宽与境外机构合作办学权限，鼓励开展全方位、宽领域、多形式的智力引进和人才培养合作，优化人才培养结构。加大对国家重点建设大学支持力度，到2020年，重点引进3–5所国外知名大学到广州、深圳、珠海等城市合作举办高等教育机构，建成1–2所国内一流、国际先进的高水平大学。

——争创国家教育综合改革示范区。制定中长期教育发展纲要，率先探索多种形式的办学模式和运作方式。改革应试教育模式，全面实施素质教育。积极开展教学改革和教师队伍建设改革试验，深化人才培养模式改革，探寻符合人类文明成果传承规律的教育方式。扩大高等教育办学自主权，推进高等学校治理模式改革。积极探索完善以政府投入为主，多渠道筹措教育经费的教育经费保障机制。

（二）完善医疗卫生服务

——提高公共卫生和医疗服务水平。加强疾病预防控制、妇幼保健、精神卫生、职业卫生等公共卫生机构建设。加强重大疾病防控、医疗救治和卫生监督体系建设，提高突发公共卫生事件应急处置能力。大力发展城乡基层医疗卫生服务体系，提高医疗卫生服务水平，切实解决人民群众看病就医问题。深入开展爱国卫生运动，普及国家卫生镇。到2012年，率先建立覆盖城乡居民的基本医疗卫生制度；到2020年，实现城乡居民人人享有优质的医疗卫生服务。

——优化配置医疗卫生资源。统筹规划和使用大型医疗设备、检验仪器，启动门急诊病历“一本通”和医疗机构医学检验、医学影像检查结果互认，考虑实际服务人口等因素合理确定大型医疗设备配置数量。推动医疗卫生资源向农村基层、城市社区倾斜。统筹高层次医学人才和面向基层的实用卫生人才的培养与引进。充分发挥中医药在预防保健医疗服务中的独特优势，加快基层医疗卫生机构中医科、中药房的标准化、规范化建设，率先建立健全中医“治未病”预防保健服务网络。

——推进医疗卫生机构管理体制和运行机制改革。开展公立医院改革试点，破除以药补医模式，完善公立医院经济补偿机制。积极促进非公医疗卫生机构发展，形成投资主体多元化、投资方式多样化的办医体制。探索政事分开、管办分开、医药分开、营利性和非营利性分开的实现形式，在医药卫生体制改革中发挥试验区作用。

（三）健全住房保障体系

——大力推进保障性住房建设。落实廉租住房、经济适用住房建设用地划拨、税费减免等优惠政策，加大政府投入力度，增强廉租住房对低收入住房困难人口的保障作用。

——完善住房货币分配和政策性租赁机制。建立住房货币补贴标准与住房市场价格、居民收入水平等相适应的动态调整机制。完善住房公积金制度，适当提高住房公积金在工资总额中的比例，发挥公积金在住房保障方面的作用，增强职工住房支付能力。推行政策性租赁住房制度，满足新就业职工、中低收入住房困难家庭和符合规定条件的暂住人员的基本住房需求。

（四）完善就业和社会保障体系

——加快完善促进就业的政策体系和服务体系。落实促进就业的各类优惠政策，统筹城乡和省内外各类群体劳动者就业。强化农村劳动者职业技能培训，提高其转移就业能力，把珠江三角洲地区打造成为全国农村劳动者转移就业职业技能培训示范区。着力提升劳动者职业技能素质，建设全国一流的职业技能开发评价示范基地。完善创业扶持政策，健全创业服务体系，加强创业培训，构建全国性的创业带动就业孵化基地。全面实行劳动合同制度和集体合同制度，健全劳动保障监察体系和劳动争议调解仲裁机制，依法维护劳动者合法权益。强化安全生产监督管理，加强职业病防治。

——完善覆盖城乡惠及全民的社会保障网。建立健全养老保险制度体系，扩大城镇基本养老保险范围，逐步做实基本养老保险个人账户，实现养老保险省级统筹。建立新型农村养老保险制度。尽快实现养老保险关系无障碍转移。到2012年，城镇户籍从业人员参保率达到95%以上、外来务工人员参保率达到80%以上，农村养老保险参保率达到60%以上，其中，被征地农民参保率达到90%以上。建立健全统筹城乡、保障基本医疗、满足多层次需要的医疗保障体系，实现全民医保。深化失业保险制度改革，扩大工伤保险和生育保险覆盖面。大力推动所有用人单位依法为农民工办理参加工伤保险，建设国家级工伤康复基地。逐步建立覆盖城乡退休人员的社会化管理服务体系。完善以最低生活保障为基础的社会救助体系，加强社会福利、优抚安置和救灾应急保障机制。建立健全社会保障待遇调整机制，逐步提高社会保障水平。到2020年，建成比较完善、保障有力的社会保障体系。

（五）建设和谐文化

——提升公民文明素质。创新社会主义核心价值教育模式，使社会主义核心价值体系融入国民教育和精神文明建设全过程。弘扬中华优秀传统文化和岭南特色文化，培育创业、创新、诚信精神，打造具有时代特征的新时期广东人精神，促进物质文明和精神文明共同发展。以增强诚信意识为重点，加强社会公德、职业道德、家庭美德和个人品德建设。建设学习型社会，形成热爱学习、崇尚知识的良好氛围。

——建立覆盖城乡的公共文化服务体系。实施基础文化设施覆盖工程，构建完善的市、县（市、区）、乡镇（街道）、行政村（社区）四级公共文化设施网络，到2012年，基层文化建设各项主要指标达到全国领先水平，建成城市“十分钟文化圈”和农村“十里文化圈”，确保城乡群众能够免费享受各种公益性文化服务。创新公共文化服务方式，加快建立健全文化信息资源共享网络服务体系，推进公共文化流动服务工程建设，打造全国性的公共文化建设示范区。积极挖掘、抢救文化遗产资源，有效保护并传承具有历史和科学价值的文化遗产。到2020年，形成服务优质、覆盖全社会的公共文化服务体系。

——推进文化创新。深化文化体制改革，积极推进国有经营性文化单位转企改制，建立和完善文化产业竞争机制，培育多元化、市场化的生产和消费空间，形成富有活力的文化产品生产和服务经营机制。实施高端文化人才引进工程，激励优秀文化产品创作，打造优秀文化艺术品牌，不断推进先进文化发展，形成积极向上、特色鲜明、结构优化、科技含量高的文化产业体系，更好地满足人民群众多层次、多方面、多样化的精神文化需求。到2020年，文化产业增加值占地区生产总值的8%。

十、再创体制机制新优势

继续发挥珠江三角洲地区特别是经济特区的“试验田”和示范区作用，以行政管理体制改革为突破口，深化经济体制和社会管理体制改革，健全民主法制，在重要领域和关键环节先行先试，率先建立完善的社会主义市场经济体制，为科学发展提供强大动力。

（一）创新行政管理体制

——根据建立中国特色社会主义行政管理体制的总体要求，按照经济调节、市场监管、社会管理和公共服务的基本定位，遵循精简、统一、效能的改革方向，着力转变职能、理顺关系、优化结构，充分发挥市场在资源配置中资源的基础性作用，努力建设服务政府、责任政府、法制政府和廉洁政府。全面推进政企、政资、政事、政府与市场中介组织分开。凡是能够由市场机制调节的事，坚决放给市场；凡是应由企业自主决策的事，一律交还企业；凡是能够由社会组织解决的事，积极移交社会组织管理；凡是应由政府承担的职责，要切实履行好。政府要把精力集中到落实国家宏观调控的政策措施，改善发展环境，推动经济发展，促进就业和社会保障，加强市场监管，规范市场秩序，加快社会事业发展，切实保护生态环境等方面上来。增强处置突发公共事件和社会治安综合治理的能力。按照财力与事权相匹配的原则，科学配置地方各级政府的财力，增强市（地）、县（市）政府提供公共服务的能力。进一步理顺和明确垂直管理部门与地方政府权责关系。制定各项配套措施，完善各级政府主要职责的考核、审计和问责制度。

——进一步优化政府组织体系和运行机制。支持深圳市等地按照决策权、执行权、监督权既相互制约又相互协调的要求，在政府机构设置中率先探索实行职能有机统一的大部门体制，条件成熟时在珠江三角洲地区及全省推行。选择部分有条件的地方推行机构编制科学化、规范化、法制化管理试点，探索机构编制管理与财政预算、组织人事管理的配合制约机制，合理配置行政事业编制。适应经济社会发展需要，选择有条件的地方合理调整行政区划。试行省直管县体制，进一步扩大县级政府经济社会管理权限。积极推进乡镇机构改革。按照强镇扩权的原则，对具备一定人口规模和经济实力的中心镇赋予部分县级经济社会管理权限；对与县级政府驻地联系紧密的乡镇，在条件成熟时转为县级政府的派出机构；对规模较大和城镇化水平较高的特大型乡镇，整合设立地级市的市辖区。创新乡镇事业站所管理体制，构建新型农业社会化服务体系。

——改进政府管理和服务方式。深化行政审批制度改革，继续清理和调整行政审批项目，进一步减少和规范行政审批。支持中山市开展创新审批方式改革试点。改进企业登记方式，试行告知承诺制。推进行政事业性收费改革，减少收费项目，率先在珠江三角洲地区实行审批管理“零收费”制度。建立和完善跨部门统一互联的电子政务平台，积极推行网上办公和政务处理。完善行政监督制度，加快推进省、市、县和镇级电子监察系统的四级联网。推进政务公开，完善政府信息发布制度，充分发挥政务信息对经济社会活动和人民群众生产生活服务的引导作用。强化行政规划和行政指导，扩大委托购买服务和合约式管理，推行现代行政管理方式，降低管理成本，提高工作效率。实现政府管理方式向规范有序、公开透明、便民高效的根本转变。

——按照责权利相统一的要求，构建专业管理相对集中、综合管理重心下移的城市管理体制。整合行政执法资源，建立综合行政执法体系，减少行政执法层次，避免政出多门。建立政府内部相关领域信息共享和联动工作机制。健全行政执法争议协调机制，完善行政执法责任制、评议考核制和责任追究制。深化城市公用事业改革，建立多元化的投资机制和规范高效的运营机制，逐步放开公用事业的建设和运营市场。创新公用事业监管模式，构建政府、公众和社会三方共同参与、有机结合的监管评价体系。

（二）深化经济体制改革

——农村经济体制改革。稳定和完善农村基本经营制度，现有土地承包关系要保持稳定并长久不变，制定实施相关配套政策。培育农民新型合作组织，大力发展农民专业合作组织，发展多元化的农业社会化服务体系。积极推进集体林权制度改革，确立农民经营主体地位。积极培育和发展农村土地承包经营权流转市场，支持有条件的地方发展多种形式的规模经营。全力推进农村土地确权登记发证工作，做好农村各类土地登记资料的收集、整理、共享和汇交管理，提供农村土地登记结果查询服务。继续深化征地制度改革，逐步缩小征地范围，完善征地补偿机制，依法征收农村集体土地，按照同地同价原则及时足额给农村集体组织和农民合理补偿，解决好被征地农民就业、住房、社会保障。加快推动农村集体建设用地使用权流转，逐步实现集体建设用地与国有土地同地同价，建立城乡统一的土地市场。创新宅基地管理制度，严格宅基地管理，依法保障农户宅基地用益物权。开展城镇建设用地增加与农村建设用地减少挂钩试点，优化土地利用结构和布局。健全农业投入保障机制。建立政府引导、多方投入的村级公益事业建设新机制，制定村级公益事业建设“一事一议”财政奖补办法。重构农村信用基础，开辟农村金融服务新路子。支持惠州、佛山、中山等市开展统筹城乡发展综合改革试点。

——财政和投资体制改革。按照基本公共服务均等化和主体功能区建设的要求，完善公共财政体系。探索建立财政预算编制、预算执行和监督审查既相互制衡又相互协调的财政管理体制。健全财力与事权相匹配的体制，理顺各级财政收入分配关系。调整财政支出结构，重点向有利于促进基本公共服务均等化的领域倾斜。增加体现主体功能区的因素，健全转移支付办法。改革财政资金分配办法，建立和完善通过制度健全、公开透明方式取得财政资金的机制。完善投资项目管理，扩大地方投资项目审批核准权限。完善政府投资管理制度，规范政府投资行为，开展政府投资项目公示试点。

——金融改革与创新。允许在金融改革与创新方面先行先试，建立金融改革创新综合试验区。支持符合条件的企业发行企业债券。培育股权投资机构。建立创业投资引导基金，发展创业投资。创新中小企业融资模式，积极建立中小企业信用担保基金和区域性再担保机构，发展小额贷款公司和中小企业投资公司。稳步推进金融业综合经营试点。稳妥开展和创新人民币外汇衍生产品交易，便利各类经济主体汇率风险管理。研究开放短期出口信用保险市场，扩大出口信用保险的覆盖面，支持外向型企业做大做强。在国家外汇管理改革的框架下，深化境外投资外汇管理改革，选择有条件的企业开展国际贸易人民币结算试点。健全内部控制和风险防范机制，加强金融监管，防范和化解金融风险。

——企业体制改革。借鉴先进国家国有企业治理经验，创新国有资产运营和监管模式。完善国有资本有进有退、合理流动的机制，加快国有经济布局和结构调整，积极推进国有企业公司制股份制改革，大力发展混合所有制经济，促进国有企业整体改制上市，进一步增强国有经济活力、控制力和影响力。积极推动国有资产向关键领域、支柱产业和先导产业集中。建立现代企业制度，完善法人治理结构。改革和完善国有企业经营管理人才选拔任用制度，建立职业经理人市场。建立健全国有企业风险管理体系。探索发展多种形式的新型集体经济。运用资本转让、股权结构调整、企业整合和其他有效形式，推进集体企业改革。大力发展民营经济，放宽非公有制企业的投资领域和行业限制，合理引导进入金融服务、公用事业、基础设施建设等领域。鼓励非公有制企业自身改革，建立现代法人治理结构，做大做强。

——完善市场环境。加快推进电、油、气、

水、矿产等资源性产品及要素价格改革，建立反映市场供求状况、资源稀缺程度和环境损害成本的价格形成机制。改革土地供给制度，完善经营性用地土地使用权的招标、拍卖和挂牌制度，强化市场机制对配置土地资源的基础性作用。进一步打破行政性垄断和地区封锁，推进市场一体化。推进水务管理体制改革。完善行政执法、行业自律、舆论监督、群众参与相结合的市场监管体系。创新市场监管模式，健全行政执法与司法相衔接的监管机制。规范市场经济秩序，健全产品质量监管机制。加快社会信用体系建设，建立和完善以组织机构代码和身份证号码等为基础的实名制信用信息体系。建立健全企业信用警示、惩戒以及信用预警机制，营造诚实守信的社会环境。探索适度开放信用服务市场。清理、完善现有政策法规。规范市场经济秩序，建立稳定规范的政策和法制环境。

（三）推进社会管理体制改革

——完善社会管理制度，创新社会管理方式。借鉴发达国家和地区的先进经验，不断完善公共治理结构。推进基层社会管理体制改革，理顺政府与城乡自治组织的关系。整合社会管理资源，增强基层自治功能。完善社区管理体制，构建社区公共资源共享机制和综合治理机制。创新治安管理与城市管理、市场管理、行业管理等有机结合的新模式。率先全面完成事业单位分类改革。采取政府直接提供、政府委托社会组织提供和政府购买等方式，形成多元化的公共服务供给模式。鼓励社会组织和企业参与提供公共服务，提高公共服务的能力和效率。积极培育志愿服务队伍。简化社会组织注册登记办法。支持珠海等市开展社会管理综合改革试点。

——调节收入分配。调整国民收入分配结构，逐步提高居民收入所占比重，提高劳动报酬在初次分配中的比重。建立最低工资标准与经济发展及物价增长相适应的联动机制。建立健全工资集体协商、最低工资、工资支付保障、工资指导线和企业薪酬调查等制度，着力提高低收入劳动者的工资水平，逐步提高企事业离退休人员收入水平。增加城乡居民尤其是农村居民的财产性和转移性收入。建立和完善确保农民收入持续增长的长效机制。加大对收入分配的调节力度，逐步缩小社会不同阶层收入差距。

——推进户籍管理制度改革。实行城乡居民户口统一登记管理制度。改革和调整户口迁移政策，逐步将外来人口纳入本地社会管理。推动流动人口服务和管理体制创新，放宽中小城市落户条件，使在城镇稳定就业和居住的农民有序转变为城镇居民。适应产业转型升级要求，完善中级以上技能流动就业人员户口准入政策。探索和完善流动人口积分制管理办法，引导流动人口融入所在城市。全面推行居住证及“一证通”制度，加强流动人口管理与服务。完善境外在粤人员登记管理制度。

（四）推进民主法制建设

——着力构建法治政府。坚持依法行政，规范执法行为，严格按照法定权限和法定程序办事，维护法律权威。树立有权必有责、用权受监督、侵权须赔偿、违法受追究的法制观念，强化公务员法制和责任意识，全面落实行政执法责任制。加快推进政务公开，提高执法效能，强化执法监督，探索建立科学、严谨的法治评价体系。推进司法公开，保证司法公正，加强司法救助和法律援助。探索改进立法方式，建立法规规章多元起草机制，探索从制度上完善立法起草、咨询论证程序的有效途径。建立健全立法听证会等扩大公民有序政治参与的制度和机制。建立立法后评估和法规规章定期清理制度。

——推进决策科学化、民主化。完善重大决策的规则和程序。健全重大事项集体决策、专家咨询、公众参与和决策评估等制度。建立决策反馈纠偏机制和责任追究制度。完善人大代表、政协委员监督与参政、议政制度和联系选民制度。健全重大决策征求民主党派和无党派人士意见的规则与程序，使之制度化、规范化。扩大公民有序的政治参与，引导公民依法行使权力和履行义务。加强新闻舆论监督，充分发挥互联网的监督作用。加强科学决策程序的研究和制定，保障公民的知情权、表达权、参与权和监督权等合法权益。健全和发展基层民主制度，保证城乡居民享有更多更切实的民主权利。

（五）充分发挥经济特区的改革开放先行作用

经济特区是全国改革开放的一面旗帜。在新的历史时期，经济特区要继续发扬敢为人先、大胆探索、改革创新的精神，勇当深化改革开放、再创体制机制新优势的先锋，在推进珠江三角洲地区和全国的改革开放中发挥窗口、试验、示范和带动作用，在解放思想、改革开放、落实科学发展观和构建社会主义和谐社会等方面走在前列。经济特区特别是深圳综合配套改革试验区，要制定综合配套改革总体方案，有序推进改革，允许在攻克改革难题上先行先试，率先在一些重点领域和关键环节取得新突破。

十一、构建开放合作新格局

进一步发挥“窗口”作用，以粤港澳合作、泛珠江三角洲区域合作、中国—东盟合作为重要平台，大力推进对内对外开放，全面加强与世界主要经济体的经贸关系，积极主动参与国际分工，率先建立全方位、多层次、宽领域、高水平的开放型经济新格局。

（一）提升开放型经济水平

——创新对外贸易发展方式。发挥在全国的龙头带动和示范作用，优化进出口结构，坚持以质取胜，加快推进对外贸易从货物贸易为主向货物贸易与服务贸易并重转变。积极推动外贸经营模式的转变，运用全球资源，延伸产业的国际链条，发展高端贸易。鼓励加工贸易延伸产业链，扶持一批有规模、有优势的加工贸易企业从贴牌生产、委托设计向自主品牌转型，增强设计研发能力和品牌营销能力，增加内销业务，支持建设全国加工贸易转型升级示范区。科学规划、合理设立海关特殊监管区和保税业务监管网点，支持珠江三角洲地区保税加工业和保税物流业可持续健康发展，在制定全国海关特殊监管区域规划中，统筹考虑设立白云空港综合保税区问题。大力发展金融、软件、文化等服务贸易，建立一批国际服务外包基地。率先实行符合国际惯例的质量、安全、环境、技术、劳工等标准，加快“电子口岸”建设，实现海关查验、检验等方面的规范化、国际化、便利化。服务贸易占进出口总额的比重2012年达20%，到2020年达40%以上。

——提高利用外资水平。积极吸引世界500强企业和全球行业龙头企业投资，严格限制低水平、高污染、高能耗的外资项目进入。引导外资投向高新技术产业、现代服务业以及研发、营运中心等，推动能源、交通、环保、物流、旅游等领域国际合作。积极开展金融、教育、医疗、文化等领域中外合资、合作试点。积极引导和鼓励海外优秀人才前来创业、投资。实现利用外资从资金为主提升到以先进技术、管理经验和高素质人才为主，从制造业为主向制造业与服务业并重的转变。

——加快实施“走出去”战略。鼓励有条件的企业在国外建立生产基地、营销中心、研发机构和经贸合作区，开展境外资源合作开发、国际劳务合作、国际工程承包；购并国外掌握关键技术的中小企业、研发机构和营销网络。完善支持企业“走出去”的总体协调机制，在资金筹措、外汇审核、人员进出、货物通关、检验检疫、项目管理等方面建立便捷高效的境内支撑体系，在领事保护、风险防范、信息沟通、政府协调等方面建立境外服务体系。到2020年，形成10个年销售收入超200亿美元的本土跨国公司。

——努力构建规范化、国际化的营商环境。合理利用国际惯例与规则，积极参与国际规则、标准的制定，主动建立与其相适应的体制机制。强化合约精神、法治观念和商业信用意识，建立完善的法制、透明稳定的商业制度和规范的商业纠纷解决机制，培育熟悉国际规则的金融、法律、会计等方面专业人才队伍。在企业设立、经营许可、人才招聘、产权登记和跨境交易等方面提供便利、高效的服务，保护投资者权益，与港澳共建全球营商环境最佳的地区之一。

——积极防范国际经济风险。建立对国际经

济风险的预警机制和防范机制，主动应对和防范国际经济风险。健全跨境资金流动监控和预警机制。积极防范由国际金融创新与合作、跨国产业并购、国际产业技术标准调整、国际贸易争端、汇率变动、国际能源资源价格波动等带来的风险。

（二）推进与港澳更紧密合作

——推进重大基础设施对接。本着互惠互补的原则，加强与港澳的协调合作，充分发挥彼此的优势，支持与港澳在城市规划、轨道交通网络、信息网络、能源基础网络、城市供水等方面进行对接。加快建设广深港客运专线，尽快开工建设港珠澳大桥、深圳东部过境高速公路和与香港西部通道相衔接的高速公路等基础设施，积极推进莲塘／香园围口岸规划与建设，积极推进深港空港合作等项目。支持港口、码头、机场等基础设施建设、运营和管理等方面的合作。支持共同规划实施环珠江口地区的“湾区”重点行动计划。积极开展与港澳海关合作，深化口岸通关业务改革，探索监管结果互认共享机制，加强在打击走私、知识产权保护方面的合作。支持广东省与港澳地区人员往来便利化，优化“144小时便利免签证”。

——加强产业合作。全力支持在珠江三角洲地区的港澳加工贸易企业延伸产业链条，向现代服务业和先进制造业发展，实现转型升级。同时支持劳动密集企业顺利过渡，并协助港资企业拓展内地市场，以增加应对外部环境急剧变化的能力。深化落实内地与港澳更紧密经贸关系安排（CEPA）力度，做好对港澳的先行先试工作。支持粤港澳合作发展服务业，巩固香港作为国际金融、贸易、航运、物流、高增值服务中心和澳门作为世界旅游休闲中心的地位。坚持上下游错位发展，加强与港澳金融业的合作。支持港澳地区银行人民币业务稳健发展，开展对港澳地区贸易项下使用人民币计价、结算试点。鼓励共同发展国际物流产业、会展产业、文化产业和旅游业。加大开展银行、证券、保险、评估、会计、法律、教育、医疗等领域从业资格互认工作力度，为服务业的发展创造条件。支持珠江三角洲地区企业到香港上市融资。支持科技创新合作，建立港深、港穗、珠澳创新合作机制。规划建设广州南沙新区、深圳前后海地区、深港边界区、珠海横琴新区、珠澳跨境合作区等合作区域，作为加强与港澳服务业、高新技术产业等方面合作的载体。鼓励粤港澳三地优势互补，联手参与国际竞争。

——共建优质生活圈。鼓励在教育、医疗、社会保障、文化、应急管理、知识产权保护等方面开展合作，为港澳人员到内地工作和生活提供便利。推动专业技能人才培训的合作。完善粤港澳三地传染病疫情信息通报与联防联控、突发公共卫生事件应急合作机制和食品、农产品卫生事件互通协查机制。支持建立劳动关系协调合作机制。共同建立绿色大珠江三角洲地区优质生活圈。鼓励建立污染联防联治机制，开展治理环境污染、共建跨境生态保护区、保护水库集水区。支持粤港共同研究合作发展清洁能源及可再生能源，实施清洁生产等方面的合作，建设具有经济效益的区域能源供应销售网络。确保输港澳农副产品和供水的优质安全。支持粤港澳合作推行清洁能源政策，逐步实现统一采用优于全国其他地区的汽车燃料、船舶燃油与排放标准，力争改善珠江三角洲地区空气质量。支持发展珠江三角洲区域的循环经济产业，鼓励粤港澳开展物料回收、循环再用、转废为能的合作，研究废物管理合作模式。

——创新合作方式。加强与港澳协调沟通，推动经济和社会发展的合作。支持粤港澳三地在中央有关部门指导下，扩大就合作事宜进行自主协商的范围。鼓励在协商一致的前提下，与港澳共同编制区域合作规划。完善粤港、粤澳行政首长联席会议机制，增强联席会议推动合作的实际效用。坚持市场为主、政府引导的原则，进一步发挥企业和社会组织的作用，鼓励学术界、工商界建立多形式的交流合作机制。

（三）提升对台经贸合作水平

依托珠江三角洲地区现有台资企业，进一步

扩大对台经贸合作，拓展合作领域。支持建立多种交流机制，加大协会、商会等民间交流力度，鼓励开展经贸洽谈、合作论坛和商务考察。加强与台湾在经贸、高新技术、先进制造、现代农业、旅游、科技创新、教育、医疗、社保、文化等领域合作。加强海峡西岸农业合作，推进珠海金湾台湾农民创业园和佛山海峡西岸农业合作实验区建设。积极为台商创造良好的营商和生活环境，鼓励开办台商子弟学校和建立相关的医疗、工伤保险机制。鼓励粤东地区利用地缘、人文相通的优势，发展对台贸易，提升对台经贸合作水平。

（四）深化泛珠江三角洲区域合作

将泛珠江三角洲区域合作纳入全国区域协调发展总体战略，继续深化合作，促进东中西部地区优势互补、良性互动、协调发展。加强指导协调，不断完善合作机制和合作规划，创新合作模式，探索设立合作项目专责小组等方式，确保合作取得实效。促进资金、技术、人才、信息、资源等要素的便捷流动，推进产业区域合作。加快省际通道建设，构筑以珠江三角洲地区为核心向周边地区辐射的综合交通网络。继续实施以“西电东送”为重点的能源合作，完善输电网络建设。推进生态环境建设、加强保护水源和污染防治的合作。开展科技、人才、知识产权保护、旅游等方面的合作，建设区域技术、人力资源、无障碍旅游区等合作平台。加快信息基础设施建设，推动电子商务合作。主动消除行政壁垒，建立企业信用信息共享机制、联合执法机制、维权联动机制和检测结果互认制度，支持加快形成公平开放、规范统一的大市场。

（五）加强与东盟等国际经济区域的合作

开展与国际经济区域和新兴市场多层次、多方式、多领域的合作，构建多元化的国际经贸合作格局。在中国－东盟自由贸易区框架协议下，支持与东盟国家有关机构建立对话协调机制和友好省州、城市关系，鼓励开展民间对话交流，举行经贸洽谈会，扩大文化交流。支持与新加坡等东盟先进国家加强经济、技术、园区管理、人才培训等多方面的合作。鼓励资金技术优势企业到东盟国家开展资源开发、产品营销、基础设施建设、农产品种植加工和水产品养殖加工等方面的合作，鼓励优势产业向东盟国家发展，扩大对东盟的进出口贸易。鼓励与东盟开展旅游合作，建立旅游便利签证合作机制。扩大与欧盟、北美自由贸易区在经济、技术、人才、贸易等方面的合作，大力开拓印度、俄罗斯、巴西和中东地区等新兴市场，加强与澳大利亚、新西兰以及南美、非洲各国的经贸合作，开创多元化的国际经贸合作局面。充分利用中国（广州）进出口商品交易会、中国（广州）中小企业博览会、中国（深圳）国际高新技术成果交易会、广东国际咨询会、友好省州及城市等合作平台，推动更高层次的对外开放与交流。

十二、规划实施的保障机制

要充分认识推进珠江三角洲地区改革发展的重大意义，切实加强对规划实施的组织领导，完善规划实施机制，保障规划顺利实施。

（一）加强组织领导

广东省和国务院有关部门要切实加强对规划纲要实施的组织领导，制定实施方案，明确工作分工，完善工作机制，落实工作责任。要在国家有关部门的指导下，编制有关重点领域的专项规划。要按照本规划纲要确定的功能定位和发展重点，抓紧推进相关项目的组织实施。要从解决当前最紧迫、最突出、最重大的问题入手，实化措施，为规划纲要的顺利实施奠定基础。在规划纲要的实施过程中，要注意研究新情况，解决新问题，总结新经验，重大问题要及时向国务院报告。

（二）加强统筹协调

国务院有关部门要结合各自职能，加强对规划纲要实施的指导。要依据本规划纲要的要求，制定本部门支持珠江三角洲地区改革发展的具体政策措施，在有关规划编制、政策实施、项目安排、体制创新等方面给予积极支持，并做好组织协调工作。要加强部门之间的沟通和协调，指导和帮助地方解决规划纲要实施过程中遇到的问题。

（三）加强监督检查

国家发展改革委要会同有关部门加强对本纲要实施情况的跟踪分析，做好各项工作和政策措施落实的督促检查工作。会同广东省人民政府定期组织开展规划实施情况的评估，并将实施情况向国务院报告。完善社会监督机制，鼓励公众积极参与规划的实施和监督。

推进新时期、新阶段珠江三角洲地区的改革发展，使命光荣，任务艰巨，责任重大。要以实施规划纲要为契机，动员广大人民群众，振奋精神，解放思想，开拓进取，奋力拼搏，推动珠江三角洲地区在全国改革开放和社会主义现代化建设新的伟大历史征程中，开创新局面，建立新业绩，铸造新辉煌。

中共广东省委、广东省人民政府关于贯彻实施《珠江三角洲地区改革发展规划纲要（2008~2020年）》的决定

为全面贯彻实施国务院批准的《珠江三角洲地区改革发展规划纲要（2008~2020年）》（以下简称《规划纲要》），推动全省特别是珠江三角洲地区在新起点上增创新优势、再造新辉煌，在争当实践科学发展观排头兵的进程上迈出更大步伐，取得更大成就，现作如下决定。

一、充分认识贯彻实施《规划纲要》的重大意义

《规划纲要》明确把加快珠江三角洲地区的改革发展上升为国家战略，并赋予“科学发展、先行先试”的重大使命。这是党中央、国务院在新的历史时期从全局出发，对我国改革发展作出的新的重大战略部署，为我省特别是珠江三角洲地区今后一个时期的改革发展从根本上指明了前进方向。贯彻实施《规划纲要》，对于全省有效应对国际金融危机影响，保持经济平稳较快发展，加快经济社会全面转入科学发展轨道，争当实践科学发展观的排头兵具有重大的现实意义和深远的历史意义。各级党委和政府特别是珠江三角洲各市要把思想和行动统一到中央的战略决策上来，统一到省委、省政府的部署要求上来，进一步增强使命感、责任感和紧迫感，切实把贯彻实施《规划纲要》作为当前和今后一个时期的重大战略任务来抓。要深刻领会、准确把握《规划纲要》对珠江三角洲地区改革发展新的战略定位和目标任务，全面落实《规划纲要》提出的规划部署、重点任务和政策措施，进一步提振信心、激发斗志，进一步解放思想、开拓创新，进一步求真务实、真抓实干，推动全省特别是珠江三角洲地区立足新起点、形成新优势、再上新水平。

二、贯彻实施《规划纲要》的总体目标和基本原则

（一）总体目标

按照《规划纲要》提出的发展目标，围绕把珠江三角洲地区建设成为探索科学发展模式试验区、深化改革先行区、扩大开放的重要国际门户、世界先进制造业和现代服务业基地、全国重要的经济中心的战略定位，进一步细化方案，明

确目标要求，量化定性指标，分解定量指标，落实工作责任，推动珠江三角洲地区“一年开好局，四年大发展，十年大跨越”。

——一年开好局。确保实施《规划纲要》开好局，起好步，取得初步成效。全省上下形成贯彻实施《规划纲要》、推动新一轮大发展的共同意志和扎实行动。《规划纲要》规定的目标任务、进度要求和责任分解落实到位，落实《规划纲要》的体制机制初步健全。珠江三角洲地区力争率先克服国际金融危机影响、保持经济平稳较快发展。2009 年，珠江三角洲地区生产总值达到 31500 亿元，人均地区生产总值达到 65200 元(2007 年价，按 2008 年平均汇率 1：6.95 计算约折合 9381 美元，下同)，城镇化水平达到 80.1%。

——四年大发展。《规划纲要》第一阶段目标顺利完成，珠江三角洲地区率先建成全面小康社会，经济实力、自主创新能力和国际竞争力显著增强，发展方式转变取得明显成效，基本形成现代产业体系框架，基本实现区域经济一体化，基本建成惠及全民的社会保障体系，医疗卫生、教育、文化等公共服务水平显著提升，宜居城乡建设取得明显成效。到 2012 年，珠江三角洲地区生产总值达到 40000 亿元，人均地区生产总值达到 80000 元（约折合 11500 美元），城镇化水平达到 81.0%。

——十年大跨越。《规划纲要》发展目标全面完成，珠江三角洲地区在全国率先基本实现社会主义现代化。到 2020 年，珠江三角洲地区生产总值比 2007 年增长约 2 倍，达到 72500 亿元，力争赶上韩国；人均地区生产总值达到 135000 元（约折合 19400 美元），超过台湾地区现有水平，实现从上中等收入水平向高收入国家和地区水平迈进的目标。城镇化水平达到 85.0%，生态环境明显改善。建成社会主义市场经济体系，建成世界先进制造业、现代服务业基地和全国创新型区域。全面建立城乡一体化的社会保障体系，实现公共服务均等化。与港澳紧密合作共同建成亚太地区最具活力和国际竞争力的城市群。

（二）基本原则

深入贯彻落实科学发展观，认真贯彻落实胡锦涛总书记参加十一届全国人大二次会议广东代表团会议时的重要讲话精神，认真落实《规划纲要》确定的各项任务，把促进经济平稳较快发展作为首要任务，着力推进以民生为重点的社会建设，为珠江三角洲地区的长远发展打下坚实基础。必须坚持以下六个基本原则：

——科学发展、先行先试。必须牢牢把握“科学发展、先行先试”这一核心，提倡“先干不评论、先试不议论、时间作结论”的创新理念，只要法律政策没有明令禁止的都大胆去干去闯去试，积极营造敢闯敢试、鼓励创新、宽容失败、追求卓越的宽松环境，努力在推动科学发展和完善科学发展体制机制上不断取得新进展。

——立足当前、着眼长远。必须从解决珠江三角洲地区最紧迫、最突出、最重大的问题入手，细化政策，实化措施，务求尽快取得实实在在的成效。着眼于新的战略定位，科学编制《规划纲要》各项发展规划，把定性要求转为显化指标，谋划长远又好又快发展。

——辐射带动、服务全局。必须坚持面向世界、服务全国，进一步扩大开放，深化与港澳和东盟的合作，加快推进珠江三角洲地区一体化进程，提升核心竞争力和辐射、服务、示范能力，带动环珠三角地区和服务泛珠三角地区加快发展。

——整体推进、重点突破。必须坚持统筹协调，以点带面、整体推进、分步实施，全面推进《规划纲要》提出的各项工作。结合实际理清本地本部门的重点工作、重点项目和重点改革，集中精力和资源率先取得突破。

——以人为本、改善民生。必须把发展经济与改善民生更好地统一起来，在加快发展经济的同时，着力完善和落实改善民生及发展教育、文化、卫生、体育等社会事业的普惠政策，实现人人享有基本公共服务和社会保障，加快建设平安和谐广东，不断提高城乡居民的生活质量和幸福感。

——上下联动、合力发展。必须积极争取国

家各部门的支持，认真落实各项省部合作协议。充分调动和发挥各方面的积极性、主动性、创造性，团结带领广大干部群众解放思想、开拓创新、奋力拼搏，形成推进《规划纲要》实施的强大合力。

三、狠抓重点工作落实

贯彻实施《规划纲要》要突出重点、狠抓关键。围绕《规划纲要》提出的九大任务，着力抓好以下六项工作：

（一）积极应对国际金融危机影响，保持经济平稳较快发展。按照“三促进一保持”的要求，认真落实中央和省扩内需、调结构、保增长、保民生、保稳定的各项决策部署，把国际金融危机的负面影响降到最低程度，为贯彻实施《规划纲要》、促进珠江三角洲地区长远发展奠定坚实基础。要积极扩大政府投资，激活民间投资，促进投资平稳较快增长和结构优化。积极开拓国内市场，千方百计启动和激发消费需求特别是最终消费需求，着力扩大家电、汽车、住房和旅游消费。狠抓出口产品结构调整，大力开拓多元化国际市场，力保出口稳定增长。

（二）加快发展方式转变，推动珠江三角洲地区转型升级。以建设现代产业体系为核心，促进珠江三角洲地区经济结构、社会管理转型升级。扎实抓好《规划纲要》确定的重大产业基地和重大产业项目建设，推动现代服务业、先进制造业、高新技术产业和都市型外向型现代农业加快发展。大力实施知识产权战略，完善自主创新的体制机制和政策环境，突出推进引进消化吸收再创新和集成创新。积极运用高新技术、先进适用技术、公知公用专利技术和现代管理技术改造提升优势传统产业。实施更严格的环保标准，大力推进节能节水节材节地和资源综合利用，积极培育低碳经济和循环经济。加快环保基础设施建设，强化大气和水污染防治，提高生态环境建设水平。大胆借鉴国际先进经验推进社会管理体制改革，提高社会管理水平。推动珠江三角洲各市加快建设法治政府。

（三）全面推进珠江三角洲地区经济社会一体化，着力增强城市群整体竞争力。以广州、佛山同城化为示范，积极推动广佛肇（广州、佛山、肇庆）、深莞惠（深圳、东莞、惠州）、珠中江（珠海、中山、江门）经济圈建设，加快区域经济社会一体化进程。抓紧编制基础设施、产业布局、城乡规划、环境保护、公共服务五个一体化发展规划，构建城市规划统筹协调、基础设施共建共享、产业发展合作共赢、公共事务协作管理的一体化发展格局。打破珠江三角洲各市的行政体制障碍，按照政府推动、市场主导、互利共赢的原则，完善协调联动机制，优化资源配置。积极探索有利于促进区域经济社会一体化的行政管理体制、财政体制和考核奖惩机制。

（四）增强珠江三角洲地区辐射带动环珠三角地区发展能力，务实推进泛珠三角区域合作。把提升珠江三角洲地区，辐射带动东西北地区发展作为实施《规划纲要》的重要举措，推动资源由按行政区域配置向按经济区域配置转变。加大力度推进产业和劳动力“双转移”工作，加强产业转移示范园区建设，科学规划、设立海关特殊监管区和保税业务监管网点，推动珠江三角洲地区劳动密集型、资金密集型企业加快向东西北地区转移。粤东西北地区要积极配合和对接《规划纲要》的实施，主动接受珠江三角洲地区的辐射带动。完善泛珠三角区域合作机制和规划，推进基础设施、生态环境保护、科技、旅游、能源等合作，促进资金、技术、人才、信息、资源等要素区域间便捷流动。

（五）推动粤港澳合作再上新台阶，建设高水平的开放型经济。推进与港澳更紧密合作，不断拓展三地合作的深度和广度。认真贯彻落实中央支持香港、澳门发展的政策措施，与港澳共同推进实施《规划纲要》，合作推进基础设施建设，全面加强产业建设、环保和教育等重点领域的合作，共建优质生活圈。大力推进 CEPA 政策先行先试工作，重点在金融、旅游、创意设计、知识产权等领域实现重大突破。落实支持澳门经济适度多元化发展措施，积极推进横琴新区开发建设。创新合作方式，进一步完善粤港、粤澳合作联席会议机制。提升粤台合作水平。大力实施产品竞争力、企业国际化、产业高端化战略，全面加强与世界主要经济体的经贸关系，加快从参与国际低端竞争向参与国际高端竞争转变，提升在全球价值链中的地位。加快外经贸发展方式转变，力促加工贸易转型升级，优化利用外资结构，支持有条件的企业加快"走出去"，全面提高开放型经济水平。

（六）深入推进改革创新，努力构建体制机制新优势。坚持社会主义市场经济的改革方向，充分用好用活《规划纲要》赋予的"先行先试"权，大胆改革创新，努力探索科学发展的新途径、新举措和新机制，为新一轮发展提供强大动力。围绕落实基本公共服务均等化和主体功能区规划，加快建立相关体制机制，形成市场配置资源、企业自主发展、政府宏观调控的良好格局。坚持"破"、"立"结合，以行政管理体制改革为突破口，全面推进社会管理、财税投资、统筹城乡发展等领域改革，努力在重点领域和关键环节率先取得突破。尊重基层和群众的首创精神，及时把推动《规划纲要》实施中的好经验好办法上升为政策和制度。

四、切实加强对贯彻实施《规划纲要》工作的领导

（一）加强领导，落实责任。充分发挥省《规划纲要》实施工作领导小组（以下简称省领导小组）及其办公室的职能作用，强力推进《规划纲要》的全面贯彻落实。珠江三角洲各市要成立相应的领导和工作机构，其他各市也要明确领导机构，负责推动本地贯彻实施《规划纲要》的工作。珠江三角洲各市政府一把手是本地实施《规划纲要》的第一责任人，负总责、亲自抓。要排出完成《规划纲要》目标任务的时间表，明确牵头单位和工作要求，建立一级抓一级、层层抓落实的责任机制。

（二）加强协调，完善机制。加强与中央部委的沟通衔接。省直有关部门要密切配合、协调联动。建立健全珠江三角洲各市间的沟通协调机制，统筹珠江三角洲和东西北地区发展。建立完善督查制度，定期开展监督检查工作。要通过《规划纲要》的实施，全面检验、改进、完善各项工作制度，使实施《规划纲要》的过程变为完善工作机制、推动工作上水平的过程。

（三）加强宣传，凝聚力量。各地各有关部门要制定《规划纲要》的宣传方案，策划一批宣传报道主题，以多种形式广泛深入宣传《规划纲要》，充分发动和依靠人民群众，营造全社会共同支持《规划纲要》实施的良好氛围。及时总结实施《规划纲要》中改革创新、攻坚破难的好经验、好做法，形成示范带动效应。

（四）加强考核，科学评估。省领导小组要尽快制定考核评估实施办法，每年组织对各地各部门贯彻实施《规划纲要》工作情况的考核。要把各地各部门贯彻实施《规划纲要》的工作情况纳入干部考核内容，作为组织、人事部门考核干部的重要依据。省有关部门和珠江三角洲各市要积极配合国家有关部门，抓好对我省实施《规划纲要》情况的评估，不断探索和完善推进《规划纲要》落实的有效办法。

贯彻实施《规划纲要》的具体工作安排，由《〈珠江三角洲地区改革发展规划纲要（2008~2020年）〉实施方案》予以明确。

中共广东省委、广东省人民政府关于推进与港澳更紧密合作的决定

为贯彻落实《珠江三角洲地区改革发展规划纲要（2008~2020年）》（以下简称《规划纲要》）精神，进一步深化改革开放，推进与港澳更紧密合作，现作出如下决定。

一、推进与港澳更紧密合作具有重大意义

粤港澳地区经济基础雄厚，交通发达，工业化、城镇化、市场化、国际化程度高，是当今世界上最具活力的地区之一。改革开放30年来，粤港澳合作促进了三地的繁荣发展，带动辐射了全国，为保持香港、澳门繁荣稳定作出了重要贡献。

推进与港澳更紧密合作是适应经济全球化和区域经济一体化趋势的需要，是三地人民的共同愿望，是贯彻落实《规划纲要》的重要举措，有利于携手应对当前国际金融危机，增强粤港澳区域国际竞争力；有利于推动"一国两制"的成功实践，维护港澳地区的长期繁荣稳定；有利于推动我国改革开放取得新突破，开创对外开放新局面；有利于广东科学发展、先行先试，为全国建立实现科学发展的体制机制探索新路径、提供新经验。

二、指导思想、基本原则和战略目标

（一）指导思想。坚持"一国两制"方针，深入贯彻落实科学发展观，以解放思想和改革开放为动力，以深入实施CEPA为基础，推进与港澳更紧密合作，联手推进产业结构调整和优化升级，推进与港澳基础设施对接，推进建设大珠三角优质生活圈，推进与港澳社会管理交流合作，率先建立更加开放的经济体系，努力使粤港澳区域成为亚太地区最具活力和国际竞争力的城市群，为全国进一步改革开放创造新经验，为保持港澳地区长期繁荣稳定提供有力支撑，为成功实践"一国两制"作出新贡献。

（二）基本原则。坚持互利共赢，平等协商；坚持政府推动，市场主导；坚持先易后难，重点突破；坚持先行先试，创新发展。

（三）战略目标。到2012年，我省产业结构进一步优化提升，与香港国际金融中心相配套的现代服务业体系更加完善，重大基础设施实现对接，绿色大珠三角优质生活圈稳步建立，人员、货物等要素流动更加便捷，借鉴港澳先进经验改革我省社会管理体制机制取得突破，政府、民间等多层次的合作模式和机制逐步建立健全，与港澳经济逐步融合发展，形成分工合作、优势互补、错位发展的国际航运、金融、物流、贸易、会展、旅游和创新中心，成为全球最具核心竞争力的大都市圈之一。

到2020年，推动我省与港澳进一步融合发展，实现区域内要素流动快速化、产业结构高级化、运行机制市场化、区域经济国际化，形成最具活力和竞争力的世界级城市群，成为辐射带动能力强的经济增长极。

三、推进与港澳服务业的紧密合作

（一）落实服务业对港澳开放在广东先行先试政策措施。对港澳现代服务业项目，给予与内资企业同等财政专项配套资金扶持和税收、信贷担保、贴息等优惠政策。切实抓好广州、深圳、珠海、佛山、东莞5个重点城市服务业对港澳扩大开放的先行先试工作。推进银行、证券、保险、评估、会计、法律、教育培训、医疗等领域从业资格互认工作。大力发展品牌运营、营销策

划等中介服务机构，培育粤港澳中介咨询统一大市场。积极引进港澳有优势的信息、科技、金融服务外包，构建服务外包品牌，联手建设全球重要的服务外包基地。

（二）建设与港澳错位发展的国际航运、物流和会展中心。以大珠三角港口群、空港群物流合作为重点，建设广州空港经济区，推进深港空港合作等项目。鼓励与港澳物流企业深化合作，推动物流资本融合和公共信息共享，加快物流标准化建设，逐步统一物流标准。加强与港澳交通运输同业协会合作，构建货运、物流企业交流平台。鼓励与港澳会展业加强合作，扩大广交会、高交会、中博会和文博会的国际影响力，共同举办具有国际影响力的专业和综合展会，构建大珠三角国际会展品牌。

（三）推进教育培训合作。积极推进与港澳的高等教育合作，支持港澳高校在我省合作办学，探索引进港澳高校在粤举办教育机构的可行办法。利用港澳考试机构的权威性和国际认同度，共建教育信息平台，探索提供教育考试和培训服务。推动与港澳教育合作向普通教育、职业培训等领域延伸，引进港澳知名职业教育培训机构，建立多层次的职业培训体系。鼓励港澳投资者在我省建设职业教育培训基地，为产业转型升级提供技能人才支撑。加强与港澳人才市场对接。

（四）推进金融合作与创新。支持巩固香港国际金融中心地位，推动构建粤港澳金融共同市场。加快粤港票据联合结算系统和粤港外币实时支付系统的推广应用，推进我省与港澳地区贸易的人民币结算试点，共同建设人民币结算基地。支持金融部门加强人民币跨境流通基础设施建设，支持港澳银行扩大人民币业务。支持珠三角地区企业到香港上市融资。加大引进港澳金融机构的力度，支持与港澳金融机构加强股权、业务和技术合作，积极承接港澳金融后台服务。以我省金融高新技术服务区为基础，建设面向港澳及国际市场的金融后台服务基地。完善港澳资企业金融服务体系，鼓励珠三角的港澳资企业在港发行人民币债券。

（五）加强旅游合作。鼓励旅游企业互设营业网点或分支机构，吸引更多的港澳投资商来粤独资或联合开发旅游资源和旅游产品。共同发展跨区域旅游企业集团。充分利用“144小时便利免签证”和旅游便利化措施，落实深圳居民办理一年多次往返香港旅游签注政策，大力发展旅游商品制造业，构建休闲旅游黄金线路，使粤港澳成为亚太地区重要的国际旅游目的地和游客集散地。

四、推进在粤的港澳资企业转型升级

（一）帮助港澳资企业增强应对国际金融危机的能力。采取有效措施支持在粤港澳资企业特别是中小企业应对国际金融危机，缓解经营困难。加大财政专项资金支持力度，加强金融服务，减免行政收费，提供税收优惠，简化行政审批手续，保障水、电、煤供应，加强就业服务，为企业发展营造良好的市场环境和政策支持。

（二）引导加工贸易企业转型升级。采取扶持措施，设立专项资金，引导在粤港澳资加工贸易企业进行技术改造，实现转型升级。协助加工贸易企业开拓国内市场，创立自主品牌，扩大内销份额。引导珠三角有需要的港澳资加工贸易企业自愿向省内产业转移园区有序转移和集聚，形成新的产业配套和集群发展。

（三）加快发展先进制造业和高新技术产业。制订引导外商投资优先发展产业目录，联合港澳承接国际先进制造业、高新技术产业转移，重点发展软件及集成电路设计、新型平板显示、数字家庭、环保技术与装备、环境服务等产业，促进现代装备制造业、重型工业和临港基础产业发展。加快建设广州南沙新区、东莞松山湖科技产业园等先进制造业和高新技术产业载体，推动我省产业结构优化升级。突出产业链的整合，提高区域产业整体竞争力。

五、加强与港澳自主创新合作

（一）推进科技创新合作。构建开放融合、布局合理、支撑有力的区域创新体系，形成广州—深圳—香港为主轴的区域创新布局。建立健全科研设备和科技信息开放共享制度，强化创新平台的公共服务功能。加强与港澳产学研合作，发挥港澳高校和科研机构的优势，吸引国际高端创新人才，推动科研、标准化和科研成果产业化三同步。以建设粤港澳科技产业园、深港创新圈和穗港、珠澳、莞港创新合作基地为重点，推动建立粤港澳联合创新区，联合开展科技攻关，努力建设亚太地区重要的创新中心和成果转化基地。

（二）加强工业设计合作。引进港澳先进设计理念，加大研发投入，强化工艺设计，提高传统优势产业的竞争力。重点在服装、灯饰、家具、五金、皮革等产业特别是专业镇，引入港澳的设计服务，共同开展设计人才培养、培训，加速产品更新换代和升级，建立珠三角时尚产品国际展示平台，建设工业设计产业基地。

（三）加强文化创意产业合作。推动港澳国际时尚与中华民族优秀文化相结合，发展具有岭南特色的文化创意产业。加强与港澳在影视制作、动漫、广告设计等方面的交流与合作。制定产业发展规划和投融资扶持政策，培育一批文化创意产业集群。推动与港澳文化资源共享、文化市场逐步开放，加快建设珠三角国家级软件和动漫产业基地。

（四）加强知识产权保护合作。充分利用全球知识产权资源，推进与港澳在知识产权保护、宣传、培训、教育、研究以及申请注册等方面深化合作。加强信息交流、资源共享、单证核查和案件跟踪调查，完善粤港澳知识产权资料库，形成科技创新保障机制。加强与港澳海关知识产权保护合作，依法打击跨境知识产权违法犯罪行为，构建高效严密的跨境知识产权保护体系。

六、推动粤港澳重大基础设施对接

（一）加强重大基础设施规划协调。加强在城市规划、交通网络、信息网络、能源基础网络、城市供水网络等方面的对接。鼓励与港澳从城市的产业协同发展和项目合作上升到城市协同发展，推动人力、土地、资本、技术、信息等生产要素和市场的整合，统筹建设和运营交通、能源、通信、水利、环保等重大基础设施，促进区域布局调整、资源整合和功能互补。

（二）加快跨界重大基础设施一体化建设。以构建综合交通运输体系为目标，建设层次分明的综合交通网络，探索形成大珠三角一小时通勤圈。加快推进港珠澳大桥、广深港客运专线、港深机场铁路、深港东部过境高速公路、与香港西部通道相衔接的高速公路、京港澳国家高速公路广珠段、广珠城际快速轨道及延伸至澳门段等跨界交通项目建设。推动港深、珠澳轨道交通项目建设，进一步发展跨界公共交通服务。加快推进与港澳在机场、港口、码头等基础设施建设、运营和管理方面的紧密合作，提高大珠三角机场群、港口群的整体竞争力。研究探索打破深港、珠澳电信业分网运行模式。推动建设粤港澳邮政分拨中心。

（三）推进口岸改革与合作。推动我省境内的海关、边检、检验检疫整合信息系统，建立"电子口岸数据库"，实现通关信息资源共享。对进出口货物实行一次报关、一致放行，对出入境人员实行"自助式"查验。推动公务、商务、高科技从业和劳务人员实行"卡式化"通关。积极推进查验模式改革，实现查验结果互认，探索口岸一站式管理，研讨探索实行"两地一检"、单边验放，提高口岸通关效率。积极推进莲塘/香园围口岸规划与建设，合理划分深港、珠澳现有陆路口岸功能定位，提高口岸通关能力。

七、建设大珠三角优质生活圈

（一）加强教育、医疗服务合作。积极解决在粤工作的港澳人士子女教育问题，扩大粤港澳高等学校互招学生规模。引进港澳资本进入我省医疗服务市场，在办理审批许可过程中提供高效服务，自主选择经营性质，兴办高水平的综合性或特色专科门诊部，为社会提供高层次医疗服务。完善与港澳医疗机构转诊及沟通机制，对港澳居民在我省境内就医实行国民待遇，发展港澳居民意外急救医疗保险服务，为港澳居民在粤就医提供便利。推进与港澳中医药合作，支持扩大省中医院珠海医院规模，在横琴岛创办粤港澳合作中医养生保健园区。

（二）加强卫生和食品药品安全合作。完善粤港澳传染病疫情信息通报与联防联控、突发公共卫生事件应急合作机制。完善食品、农产品卫生事件互通协查机制，共同打击食品走私活动。探索建立药品安全监管信息沟通机制。加快珠海竹银水源调蓄工程建设，确保输港澳农副产品和供水的优质安全。建立食品安全技术标准的协调机制，加强食品安全法规、技术标准等合作，统一协调食品安全质量标准。

（三）加强社会保障和福利合作。建立劳动关系协调合作机制。推动与港澳建立用人单位劳动守法信息共享平台，加强对企业欠薪逃匿经营者的执法合作。对在我省的港澳流动人口实行就业援助、医疗保险，为与我省企事业单位建立劳动关系的港澳人士提供工伤保障等辅助性福利计划。支持港澳服务提供者到我省营办养老、残疾人等社会福利机构，提供与省内其他社会福利机构同等的优惠政策。

（四）加强生态环境保护合作。推动与港澳建立区域污染联防联治机制，完善区域空气质量监测网络和大气复合污染防治体系。构建区域水污染预警系统，加大在深圳湾、大鹏湾、珠江口水污染防治和水质管理的合作，促进水污染治理。加强珠江流域水资源统一管理，实施西江上游骨干水库和东江三大水库的联合调度，保障珠三角及港澳地区的供水安全。支持建设跨界生态保育区和生态廊道，构建深圳福田红树林自然保护区湿地生态系统。鼓励与港澳开展物料回收、循环再用、转废为能的合作，研究废物管理合作模式，大力发展循环经济。

八、加强与港澳社会管理合作

（一）加强社会组织合作。完善与港澳民间合作机制，建立企业、行业和商会之间的合作互动平台，拓展三地在社会民生、社区治安管理、专业服务等领域的合作。推进公共服务社会化和市场化改革，引入港澳专业化社会服务参与我省公共事务管理的商业化运作。建立专业化社会工作者和志愿者队伍，与港澳地区互派专业社工或专职人员参与社会组织的服务与运作、开展业务培训和研讨、提供咨询服务等。

（二）合作建设规范化、国际化的营商环境。推动与港澳开放型经济体系对接，建立完善的法制、透明稳定的商业制度和规范的商业纠纷解决机制。减少和规范行政审批，在企业设立、经营许可、人才招聘、产权登记和跨境交易等方面提供便利高效的服务。强化合约精神、法制观念和信用意识，保护投资者权益，营造诚实守信的社会环境。完善行政执法、行业自律、舆论监督、群众参与相结合的市场监管体系，创造公平透明的竞争环境。

（三）加强司法和社会治安管理的合作。加强个案协查，研究推动签订司法协助协议，密切与港澳警方及相关执法机构的合作，定期会晤，互通情报，推动在调查取证、缉捕案犯、追缴赃物赃款、缉毒缉私等方面的协助合作。探索建立三地警方网上合作平台。建立完善三地应急协调机制，提高应急管理合作水平。

九、建设亚太地区最具活力和国际竞争力的城市群

（一）制定区域合作发展战略。在协商一致的前提下，与港澳共同编制基础设施等区域合作专项规划，推动制定粤港澳空间发展战略。推动共同举办“大珠三角协调发展战略研究论坛”，设立“大珠三角城乡发展共同研究基金”，与港澳合作开展城市规划与发展研究，联合研究规划建设标准，探索建立一体化的空间规划体系。举办粤港澳台合作交流博览会，加强与港澳在城市管理方面的交流与合作，借鉴港澳现代城市管理经验，提高我省城市管理水平。

（二）积极开展跨界地区协调发展合作。实施环珠江口地区的＂湾区＂重点行动计划，建设深港、广佛、珠澳核心都市区，开展更紧密的互

动与协作，构建全球性的生产、服务与创新中心和国际化优质生活社区，增强城市群的核心竞争力。加强在深圳前后海地区、深港边界区、珠海横琴新区、珠澳跨境合作区等规划建设的合作。加快推进区域公共服务设施建设和运营的合作。

（三）借助港澳提高对外开放水平。充分发挥毗邻港澳的区位优势，借鉴纽约、东京、伦敦等世界级城市群的经验，争取设立大珠三角推介会，联合港澳向海外推介大珠三角。联合参与国际研发和科技创新，提升粤港澳区域的整体国际竞争力，构建大珠三角区域形象和品牌，力争成为支撑国家经济发展和参与国际竞争的核心区域。

十、推进与港澳更紧密合作的保障措施

（一）加强组织领导和统筹协调。各级党委、政府要高度重视与港澳的紧密合作，把推进与港澳更紧密合作摆上重要位置，定期听取港澳工作部门汇报，设立促进合作的专项资金。建立健全港澳事务工作机制，省港澳办要加强对全省港澳工作的归口管理，发挥统筹协调作用，完善工作制度。各地要在新一轮地方政府机构改革中，进一步加强港澳工作机构的职责和充实人员。各地各部门要加强沟通，各负其责，形成合力。

（二）建立健全合作机制。在中央有关部门的指导下，推动扩大合作事宜的自主协商范围，签订合作框架协议，抓紧落实《规划纲要》有关推进与港澳更紧密合作的目标定位和政策措施。探索建立粤港澳三方合作机制，继续办好粤港、粤澳合作联席会议及有关工作会议，加强粤港、粤澳合作联络办公室工作。创新合作方式，建立以联席会议共识引导市场行为的传导机制，增强推动合作的实际效用。在现有专责小组基础上，推动组建合作协调委员会。

（三）营造良好社会氛围。推动成立粤港澳民间合作机构，支持工商企业界、专业服务界加强交流合作，拓宽社会科学界、理论学术界的合作渠道，引导媒体建立对接机制，举办粤港澳台合作论坛。

汉语拼音主题索引

说　明

一、本索引采用主题分析方法，款目按汉语拼音字母（同音字按声调）顺序排列。

二、文中的分目题用黑体字标明，其余用宋体字排印。

三、索引款目后的数字表示内容所在的页码，数字后的拉丁字母（a、b）表示栏别（即版面的左、右栏）。

四、同一主题的内容在文中多处出现的，在其款目后用不同的页码标明。

五、本书附录部分的《统计资料》、《珠三角发展研究论文摘要》、《文献法规》等篇目未作索引。

六、为了方便从不同名词述语检索相关内容，索引中部分主题词使用“见”，作相互参照。

H

L

M

N

P

Q

R

S

T

W

Z